四川省志

Sichuan Shengzhi

附录

1986—2005

【第九十一卷】

四川省地方志编纂委员会 编

方志出版社
Publishing House of Local Records

图书在版编目（CIP）数据

四川省志. 附录 : 1986—2005 / 四川省地方志编纂委员会编.— 北京 : 方志出版社，2020.9
ISBN 978-7-5144-4351-6

Ⅰ. ①四… Ⅱ. ①四… Ⅲ. ①四川—地方志—1986—2005 Ⅳ. ①K297.1

中国版本图书馆CIP数据核字(2020)第191704号

四川省志·附录(1986—2005)

编　　者：	四川省地方志编纂委员会
责任编辑：	陈　菁
出 版 者：	方志出版社
	地址　北京市朝阳区潘家园东里9号（国家方志馆4层）
	邮编　100021
	网址　http://www.zgfzcb.cn
发　　行：	方志出版社图书经销中心
	电话（010）67110500
经　　销：	各地新华书店
印　　刷：	成都市前智印务有限责任公司
设计制作：	成都怡生网络文化传播有限公司
开　　本：	889×1194　　1/16
彩插印张：	1
正文印张：	27.5
字　　数：	708千字
版　　次：	2020年9月第1版　　2020年9月第1次印刷
印　　数：	0001～2000册

ISBN 978-7-5144-4351-6　　　定价：343.00 元

工作规范 GONGZUO GUIFAN

四川人大
四川省人民代表大会常务委员会
坚持党的领导、人民当家作主、依法治国有机统一

首页 | 综合要闻 | 领导活动 | 会议报道 | 立法工作 | 监督工作 | 代表工作 | 基层人大 | 观点理论 | 建言献策 | 对外交流 | 机关工作

会议专题
人民代表大会　常委会会议　主任会议

热点专题
实现伟大中国梦 建设美丽繁荣和谐四川
践行节能低碳 建设美丽家园
芦山地震专题
四川省十二届人大一次会议专题
学习贯彻省第十次党代会精神
四川省第十一届人民代表大会第五次会议专题
四川省人大代表密切联系群众为群众办实事经验交流会材料汇编

当前位置：主页 > 法制园地 > 法律法规 > 四川省法规 >

四川省地方志工作条例

时间:2013-12-02 来源:四川人大网

（2003年7月24日四川省第十届人民代表大会常务委员会第四次会议通过
2013年11月28日四川省第十二届人民代表大会常务委员会第六次会议修订）

第一条 为全面、客观、系统地记述本行政区域地情，科学地积累、保存与开发、利用地方文献，依据国务院《地方志工作条例》，结合四川省实际，制定本条例。

第二条 四川省行政区域内各级各类地方志的编纂、管理和开发利用工作，适用本条例。

2003年7月24日，四川省第十届人民代表大会常务委员会第四次会议通过《四川省地方志工作条例》。2013年11月28日，四川省第十二届人民代表大会常务委员会第六次会议修订《四川省地方志工作条例》

2007年11月13日，四川省人民政府发布《〈四川省地方志工作条例〉实施办法》

1986—2005年，四川省有关地方志工作的重要文件

四川省地方志工作机构通讯录、修志工作手册与地方志简报

工作会议 GONGZUO HUIYI

1986年11月，四川省地方志编纂委员会组织召开四川省民族地区修志工作会议

1996年6月15—16日，四川省第五次地方志工作暨表彰大会在成都市召开

1996年12月11日，四川省地方志编纂委员会全体委员会议在成都市召开，图为全体委员合影

1996年12月26日，四川省1996年度地方志工作会议在成都市召开，图为参会人员合影

1996年12月，四川省地方志编纂委员会召开四川省1996年度地方志工作会议

1997年11月，四川省地方志学术研讨会召开，图为参会人员合影

2000年11月，四川省第六次地方志工作总结表彰大会在成都市召开，图为四川省领导与地方志工作先进单位进个人合影

2005年8月，四川省续修志书试点工作经验交流会在宜宾市召开，图为参会人员合影

2005年11月23日，四川省第七次地方志工作暨先进表彰大会在成都市召开，图为参会人员合影

工作现场与培训 GONGZUO XIANCHANG YU PEIXUN

2005年8月，四川省地方志办公室主任、主编培训班在成都市举行，图为参训人员合影

2008年12月11日，《四川省志·电力工业志（1986—2005）》分卷编纂委员会召开《四川省志·电力工业志（1986—2005)》初审会

2013年3月29日，《四川省志（1986—2005）》第11次终审会在成都市召开，会议集中审查《四川省志·审判志（1986—2005）》《四川省志·旅游志（1986—2005）》。四川省人民政府副秘书长、《四川省志(1986—2005）》审核委员会副主任薛康（中）主持会议。四川省人民政府顾问、《四川省志（1986—2005）》审核委员会顾问蒋先继（右四）参加会议

2015年2月3日，《四川省志（1986—2005）》第22次终审会在成都市召开。会议集中审查《四川省志·邮政志（1986—2005）》《四川省志·黄龙志》。四川省人民政府副秘书长、《四川省志（1986—2005）》审核委员会副主任陈越良（中）主持会议

2016年10月，四川省交通运输厅交通史志总编室编辑人员在审读《四川省志·交通志（1986—2005）》

2017年8月30日，《四川省志（1986—2005）》审核委员会副主任、四川省人民政府参事室主任蔡竞（中）主持召开《四川省志（1986—2005）》第35次终审会

2017年12月21日，《四川省志（1986—2005）》第37次终审会在成都市召开。会议集中审查《四川省志·财政志（1986—2005）》《四川省志·烟草志（1986—2005)》。四川省地方志工作办公室党组书记、主任，《四川省志（1986—2005）》总编、《四川省志（1986—2005）》审核委员会委员马小彬（中）主持会议

2020年7月30日，《四川省志（1986—2005）》第45次终审会在成都市召开。会议集中审查《四川省志·总述（1986—2005）》《四川省志·人物志（1986—2005）》。图为《四川省志（1986—2005）》审核委员会专家与《四川省志·人物志（1986—2005）》编辑组全体人员合影（前排从左至右为：四川省地方志工作办公室党组书记、主任陈建春；四川省社会科学院历史所研究员、四川省社会科学院移民与客家研究中心主任、《四川省志（1986—2005）》审核委员会专家陈世松；四川省社会科学院历史所研究员、四川省历史学会会长、四川省文史研究馆馆员、《四川省志（1986—2005）》审核委员会专家谭继和；四川大学历史文化旅游学院博士生导师、教授，《四川省志（1986—2005）》审核委员会专家陈廷湘；四川省民宗委民族研究所副研究员罗凉昭）

工作成果 GONGZUO CHENGGUO

1993年3月5—11日，全国新编地方志成果展览会在北京市举行，四川省地方志编委会、成都市地方志编委会、重庆市地方志编委会分别单独参展。四川省送展的各级志书、部门志、企业志、地情文献、资料汇编约300余种，图为四川省展厅

1999年10月18日，全国新编地方志成果展在北京市举行，图为四川省展区

1999年10月，四川省部分1993年、1997年两次全国新编地方志成果获奖志书在全国新编地方志成果展特展区参加特展

四川省志、市（县）志部分分卷获全国地方志奖

2000年，四川省地方志系统圆满完成第一轮三级志书编纂任务，形成地方志成果10283种。图为第一轮《四川省志》

2020年7月31日，《四川省志（1986—2005）》第45次终审会在成都市召开，《四川省志·总述（1986—2005）》《四川省志·人物志（1986—2005）》通过终审。至此，第二轮《四川省志（1986—2005）》各分卷全部进入出版程序。图为部分第二轮《四川省志（1986—2005）》

四川省地方志编纂委员会成员

《四川省志（1986—2005）》
审核委员会成员

主　　任	王　宁			
副 主 任	蔡　竞			
委　　员	马小彬	冯宝运	何晓平	胡品生
	王孝平	谭继和	陈世松	陈廷湘

《四川省志（1986—2005）》
总编、副总编

总　　编	陈建春			
副 总 编	赵　行	邓　瑜	陶利辉	熊　倩
	张兆法	高伟明	朱艳林	牛　淼

《四川省志·附录（1986—2005）》
责任总编、责任编辑

责任总编	邓　瑜	
责任编辑	朱艳林	冯国梅

《四川省志·附录（1986—2005）》
编纂委员会

《四川省志·附录（1986—2005）》
编辑室

《四川省志（1986—2005）》
凡　　例

一、本书编纂工作以马克思列宁主义、毛泽东思想、邓小平理论、“三个代表”重要思想、科学发展观、习近平新时代中国特色社会主义思想为指导，坚持辩证唯物主义和历史唯物主义的立场、观点和方法，全面、客观地记述四川省行政区域内自然、政治、经济、文化和社会的历史与现状。

二、本书系中华人民共和国成立后首部《四川省志》续编，总名《四川省志（1986—2005）》，由总类、大事纪述、专志、人物、市（州）概况、附录共92卷构成。各分卷名称为《四川省志·××志（1986—2005）》或《四川省志·××志》（后者为特色志志名），设中英文目录。

三、本书上限一般起自1986年，下限一般截至2005年。对前志未设之分卷或篇章从事物发端写起；对前志漏载、误载的某些事项进行补载、更正；对前志记载后变化不大的某些事项进行简要复载；升格详载具有地方特色的某些事项。

四、本书记述的地域范围以1986—2005年四川省行政区划为准。

五、本书采用述、记、志、传、图、表、录等体裁，以志为主。

六、本书总类卷设序言、凡例、总述、卷目等，为各卷之首，全书之纲。关于自然环境、建置沿革、经济与社会历史发展状况等基本省情在总述中作简要复载或反映。各专志（分卷）根据社会分工和学科分类的实际，按“以类相从”或“突出地方特色”的原则设立，以篇、章、节横分类别，节、目以下纵述史实，立足反映四川省行政区域某一事物（事业、行业）断限期内历史与现状的全貌。人物志卷采用传、录、表诸种表述形式，坚持“生不立传”原则，在世人物的突出事迹以事系人载入相关分卷。人物传统一收入人物志。本书大事记以编年体为主，辅以纪事本末体。为完整记述一些重要事物，保存有价值史料，有些分卷设置了专记。

七、本书使用规范的现代语体文记述，行文严谨、朴实、简洁、流畅。使用规范汉字，用词概念准确，符合现代汉语语法规范。使用的标点符号、数字、计量单位等均按国家规定的统一标准书写。

八、本书使用公元纪年，各卷正文（除引文外）采用第三人称表述；行文涉及机构、会议、文件、职衔、地名等，均按当时称谓；除涉及人名、地名、纪年和简称等项采用括注外，其余采用页下脚注。

九、本书资料来源于文献、档案、报刊、书摘、口碑及实地调查等，所用资料均经各修志部门考证、核实。各分卷数据一般采用省统计局公布的数据，省统计局缺乏的，采用有关部门正式提供的数据。

十、各分卷图片分为前置图片和随文插图，随文插图和表格均以篇为单位依次排序编号；所用地图均以省测绘局审定的为准。

十一、各分卷需要特别说明的事项，均在各分卷的《编辑说明》中注明。

《四川省志·附录（1986—2005）》
编 辑 说 明

一、本志分为三辑：重要文献辑存、重大事件专题记述、《四川省志（1986—2005）》编纂始末和首轮省志分卷获奖志书简介。重要文献辑存包括法规、规章和重要文件，主要作为其他省志分卷的补遗，按最终修订日期先后排列；重大事件专题记述选取11件发生在经济、文化、科技、环保、交通、社会福利等领域的大事进行记述；第三辑主要反映《四川省志（1986—2005）》编纂过程以及首轮省志分卷获奖志书基本情况。

二、本志记述的地域范围以断限期内四川省行政区划为准，1997年6月底前含今重庆市辖区。

三、本志资料主要来源于《四川方志简史》、《四川年鉴》（1986—2005）、《四川省志（1986—2005）》各分卷（本卷除外）、四川省社科联1986—2005年四川省哲学社会科学优秀成果奖获奖名单、档案及其他各种综合性资料。此外，编辑室还收集了《四川日报》《中国地方志》《巴蜀史志》等大量报刊资料。

四、本志涉及的人物（尤其是领导人物）以及事件，依当时习惯提法及实际情况记述。

目　　录

第一辑　重要文献辑存

第二辑　重大事件专题记述

第三辑　《四川省志（1986—2005）》编纂始末和首轮省志分卷获奖志书简介

Contents

第一辑　重要文献辑存

一、法规、规章

（一）法　规

四川省老年人合法权益保护条例

（1989年3月10日四川省第七届人民代表大会常务委员会第八次会议通过）

第一条 为保护老年人的合法权益，发扬尊老、爱老、养老的美德，树立良好的社会风尚，实现老有所养、老有所为、老有所医、老有所学、老有所乐，根据《中华人民共和国宪法》《中华人民共和国婚姻法》《中华人民共和国继承法》等法律规定，结合本省实际情况，制定本条例。

第二条 本条例所称老年人，是指六十周岁以上的公民。

第三条 本条例所称的老年人的合法权益，是指宪法和法律规定老年人应享有的政治权利、人身自由权、受赡养扶助权、婚姻自由权、财产权、继承权、居住权和从国家、社会获得物质帮助权等权利。

第四条 保护老年人合法权益是全社会的共同责任。每个公民都应当尊敬爱护老年人，依法履行对老年人应尽的义务，使老年人在社会、家庭生活中的合法权益得到保障。

第五条 地方各级人民政府负责领导和组织老年人保护工作。

地方各级人民政府的民政部门主管本条例的实施，负责检查、督促、协调老年人合法权益的保护工作。地方各级人民政府的劳动、人事部门，以及各级老龄组织机构予以协助。

地方各级国家机关、社会团体、企业事业组织、基层群众性自治组织要按照各自的职责，负责本单位、本系统、本地区的老年人保护工作。

工会、共产主义青年团、妇女联合会和有关的组织应当反映老年人的合理要求，协助各级人民政府做好老年人合法权益的保护工作。

第六条 保护老年人的政治权利。任何单位和个人都不得歧视老年人，不得限制老年人享有参加政治活动和社会活动的权利。

第七条 老年人的人身自由和人格尊严不受侵犯。严禁侮辱、虐待、遗弃老年人。

第八条 老年人有受赡养扶助的权利，依法负有赡养义务的子女或孙子女，外孙子女等，必须赡养扶助父母或者祖父母、外祖父母：

（一）赡养人必须保证老年人的基本生活不低于赡养人家庭的平均水平；与老年人同地生活的赡养人应承担老年人力不能及的家务劳动；与老年人异地生活的赡养人应对老年人的生活给以妥善安排，使其生活得到保障。

（二）农村中与缺乏或者丧失劳动能力的老年人分居的赡养人，应帮助或负责耕种老年人的承包地、自留地、收益归老年人，不得强行索要或扣留。

（三）当老年人患病时，赡养人应及时给予治疗；老年人丧失生活自理能力的，赡养人应负责照料。

（四）赡养人不得强迫老年人去做力不能及的劳动。

家庭的其他成员或者亲属应当支持、帮助赡养人履行赡养扶助的义务。

赡养人不得以放弃继承权或其他任何理由，拒绝履行赡养老年人的义务。赡养人不履行赡养义务时，无劳动能力或者生活困难的老年人，有要求赡养人给付赡养费的权利。赡养人拒不付给赡养费的，老年人有权要求赡养人所在单位负责扣付；是农民或者城镇居民的，由所在乡（镇）人民政府或者街道办事处责令其付给，村民委员会（居民委员会）应予协助。

第九条　老年人的合法收入、房屋、储蓄、生活用品、文物、图书资料、林木、牲畜和法律允许公民所有的生产资料及其合法财产受法律保护，任何组织和个人不得侵占、挪用和破坏。

老年人有权依法处分自己的财产，任何组织和个人不得干涉。老年人可以拒绝有独立生活能力的成年子女提出的经济资助的要求。

第十条　老年人的住房，产权属老年人的，任何人不得强占，非经老年人授权，子女或者其他亲属不得将房屋变卖、出租、拆除或者非法改变老年人的住房条件；经老年人同意，由子女或者其他亲属出资改建或扩建新房的，应事先订立协议，明确老年人享有的房产权份额和使用权。

老年人的住房属赡养人的，赡养人应照顾老年人的特殊需要，妥善安排老年人的住房，不得强迫老年人迁居条件低劣的房屋。

第十一条　保护老年人婚姻自由的权利。任何人不得干涉老年人离婚、再婚的自由，不得妨碍老年人再婚后的家庭生活。

再婚的老年人有权选择住址和支配个人财产，任何人不得干涉。

第十二条　老年人有依法继承配偶、子女等亲属遗产的权利，也有权依法用遗嘱等方式处分自己的财产。

赡养人遗弃老年人，或者虐待老年人情节严重的，依法丧失继承老年人遗产的权利。

第十三条　离休退休人员按国家规定享有的政治、经济、文化、医疗、福利以及其他方面的待遇必须切实得到保障，不得随意降低或取消。

离休退休人员的离休工资或退休费，以及离休退休人员应享有的各种补贴费，其所在单位必须按规定按时付给，不得拖延、克扣或者移作他用。

第十四条　按照国家有关规定，老年人可以从事力所能及的社会劳动或社会公益活动，他们取得的合法收入受法律保护。

鼓励老年人建立自助组织。有条件的地方可以建立老年基金会。

第十五条　发展老年人福利事业，加强社会保障工作。鼓励各种途径筹集资金兴办养老（敬老）院、老年公寓、社会福利院等老年人福利设施；鼓励有条件的单位或个人集资兴办老年人文化活动中心等文化服务设施。

规划、建设城镇居民区，应设置为老年人服务的设施。

第十六条 没有经济收入的城镇孤寡老年人，由民政部门进行社会救济，保障其基本生活。

农村孤寡老年人的供养，由乡（镇）人民政府统筹安排，并落实到村组，其生活标准不得低于当地农民的中等生活水平，并认真落实保吃、保穿、保住、保医、保葬的供养制度。

第十七条 医疗卫生单位要为老年人看病提供方便。医疗单位要积极创造条件，设立老年门诊、老年病床或家庭病床，要为患有疾病行动不便的老年人出诊到户。

第十八条 发展老年人文化、教育、体育事业。文化、娱乐、公园、体育场所应为老年人开展文体活动提供方便和优惠服务。

第十九条 公共交通部门要为老年人乘车、乘船等提供便利，建立和健全为老年乘客特殊服务的设施和制度。

第二十条 工业、商业、服务部门要重视生产、经营老年人需要的用品，设立为老年人服务的项目，方便老年人的生活。

第二十一条 每年“重阳节”（农历九月初九）为我省敬老日。社会各方面要组织广泛的、各种形式的敬老、爱老活动。

第二十二条 机关、社会团体、企业事业单位、基层群众性自治组织对尊老、爱老、养老和保护老年人合法权益成绩显著的单位和个人，应当给予表彰或奖励。

第二十三条 报刊、广播、电视等新闻单位和文化艺术部门要提倡和发扬尊老、爱老、养老的社会风尚，揭露和反对侵犯老年人合法权益的行为。

第二十四条 老年人应学习法律、遵守法律，依法维护自身权益，履行法律规定的义务，正确处理与子女、亲属、邻里的关系。

第二十五条 对侵犯老年人合法权益的行为，老年人有权向有关部门反映、控告或者向人民法院提起诉讼，任何人不得压制或阻挠。

在处理老年人利益的家庭纠纷时，应注重调解，妥善解决。人民调解委员会或者有关部门应老年人要求进行调解达成协议的，协议书除送达双方当事人，还可送履行义务人所在单位督促履行；或交居民委员会、村民委员会督促履行。

第二十六条 对侵犯老年人合法权益的行为，任何组织和公民都有权制止、检举、揭发。

有关机关、社会团体、企业事业单位、基层群众性自治组织、农村经济合作组织和人民法院对侵犯老年人合法权益行为的揭发、检举、起诉应当及时处理，不得推诿、搪塞，因玩忽职守造成严重后果的，应依法追究有关人员的责任。

第二十七条 违反本条例规定，情节轻微的，由所在单位或者基层群众性自治组织予以批评教育，并责令其改正；情节较重或经批评教育仍不改正的，由所在单位或者有关组织给予适当处分；情节严重的，从重处分，直至依法追究刑事责任。违反本条例规定的单位，当地政府和主管部门应督促其纠正，经教育不改的，应追究单位领导人的责任。

违反本条例，侵犯老年人合法权益的行为，凡属国家法律、法规有处理、制裁规定的，按国家法律、法规的规定处理。

第二十八条 本条例自公布之日起施行。

四川省《扫除文盲工作条例》实施办法

（1991年4月26日四川省人民政府发布，根据1994年10月20日四川省人民政府关于修改《四川省〈扫除文盲工作条例〉实施办法》的决定修正发布）

第一条　为了加速扫除文盲工作，提高我省各族人民的文化素质，根据国务院《扫除文盲工作条例》，结合四川实际，制定本办法。

第二条　凡具备接受扫盲教育能力的十五至四十周岁的文盲、半文盲公民，均列为扫盲对象，由其所在乡（镇）人民政府、城市街道办事处或企业事业单位逐一核实、登记造册。

动员、鼓励四十周岁以上的文盲、半文盲公民参加扫除文盲的学习。

第三条　各级人民政府应当加强对扫除文盲工作的领导，根据上级人民政府的总体部署，结合当地实际，制定具体规划和措施，组织有关方面具体实施，按规划要求完成扫除文盲任务。

各级教育行政部门应当加强对扫除文盲工作的具体管理、指导。

城乡基层单位的扫除文盲工作，在当地人民政府的领导下，由单位行政领导负责。

村民委员会、居民委员会应当积极协助组织扫除文盲工作。

第四条　扫除文盲与普及初等义务教育应当统筹规划，同步实施。

既未基本普及初等义务教育又未基本扫除文盲的地区，应抓紧做好基本普及初等义务教育和基本扫除文盲工作，在限期内同时实现基本普及初等义务教育和基本扫除文盲目标；有条件的，也可先于基本普及初等义务教育实现基本扫除文盲目标。

已经基本普及初等义务教育尚未完成基本扫除文盲的地区，应在继续开展普及初等义务教育的同时，抓紧做好扫除文盲工作，在五年内实现基本扫除文盲的目标。

已经基本扫除文盲尚未基本普及初等义务教育的地区，应抓紧扫盲工作后的继续教育，防止复盲，同时做好普及初等义务教育工作。

已经基本扫除文盲和基本普及初等义务教育的地区，应继续扫除剩余文盲，防止产生新文盲和复盲。

第五条　扫除文盲教育应与成人技术教育相结合，讲求实效，以提高扫盲对象的文化水平、技术素质，推动当地经济发展。

扫除文盲教育的教材，由省教育行政部门审定；用少数民族语言文字扫盲的扫盲教材，由自治州教育行政部门组织编写，报省教育行政部门审定。

第六条　扫除文盲教学，应当使用全国通用的普通话。在少数民族地区可以使用本民族语言文字教学，也可以使用当地各民族通用的语言文字教学。

第七条　个人脱盲的标准是，农民识一千五百个汉字，企业和事业单位职工、城镇居民识两千个汉字，能够看懂浅显通俗的报刊、文章，能够记简单的账目，能够书写简单的应用文。

少数民族使用本民族语言文字扫盲的个人脱盲标准，由自治地方的人民政府提出，报省人民政府批准。

第八条　基本扫除文盲乡（镇）、城市街道和企业事业单位的标准是：十五至四十周岁人口的非文盲人数，在农村达到百分之八十五以上，在企业、事业单位和城镇达到百分之九十以上；组织脱盲人员继续学习提高，防止出现复盲现象；农村的乡（镇）、城市的街道还必须同时符合基本普及初等教育的要求。

基本扫除文盲县（市、区）的标准是：所属各乡（镇）、城市街道和企业事业单位均已达到基本扫除文盲标准。

第九条　扫除文盲实行考核、验收制度。考核、验收必须坚持标准，确保扫盲质量，扫除文盲的学员，由所在乡（镇）人民政府、城市街道办事处或企业事业单位组织考核，对达到脱盲标准的，发给“脱盲证书”。

基本扫除文盲的县（市、区），由省人民政府验收，或由省人民政府委托市州人民政府、地区行政公署验收，报省人民政府核准；乡（镇）、城市的街道，由县（市、区）人民政府验收；企业事业单位，由所在地县（市、区）人民政府验收。对符合标准的，发给“基本扫除文盲单位证书”。

考核、验收的具体办法，由省教育行政部门另行规定。

第十条　市州人民政府、地区行政公署对基本扫除文盲的县（市、区），县（市、区）人民政府对基本扫除文盲的乡（镇）、城市街道、企业事业单位，应定期复查，发现非文盲比例在规定标准以下的，责令采取措施，限期达到标准；限期内未达到标准的，撤销其“基本扫除文盲单位证书”。

第十一条　各级人民政府应当制定措施，督促基本扫除文盲的单位制定规划，继续扫除剩余文盲，使十五周岁至四十周岁人口中的非文盲人数达到百分之九十五以上，并努力扫除四十周岁以上的文盲、半文盲。

乡（镇）人民政府、城市街道办事处、企业事业单位还应做好脱盲学员的巩固、提高工作，组织他们继续学习，不断提高其文化水平和政治思想素质。

第十二条　鼓励社会上一切有扫除文盲能力的人员参与扫除文盲教学活动。

当地中小学在做好教学的同时，应当积极组织教师、部分学生参加扫盲教学。十五周岁以下（含十五周岁）少年中的文盲、半文盲，由当地小学负责脱盲。十二周岁以下的，计算小学入学率；十三至十五周岁的，计算小学名额。

当地其他普通学校、文化馆（站）等有关方面均应积极承担扫除文的教学工作。

乡（镇）农民文化技术学校是进行扫盲和扫盲后继续教育的重要阵地，要加强建设和管理，发挥其多功能作用。

第十三条　扫除文盲的教师由乡（镇）、街道、村和企业事业单位聘用，并给予相应报酬。

从事扫盲和扫盲后继续教育工作的公办、民办专职教师，属教育行政部门配备的，其调资、晋级、评定职称、评选先进等，应分别与全日制学校的公办或民办教师同等对待。从事扫盲和扫盲后继续教育工作的教师，属长期聘用的，由聘用方参照民办教师的待遇执行。企业专职扫盲教师，其工资福利待遇与所在单位职工同等对待。

全社会都应关心、尊重扫盲教师。扫盲教师应热爱扫盲工作，热心为群众服务。

第十四条　各级人民政府应当在教育事业编制中充实县、乡（镇）成人教育专职工作人员，加强对农村扫除文盲工作的管理。

第十五条　扫除文盲和扫盲后继续教育所需经费采取多渠道办法解决。除下列各项外，由地方各级人民政府给予必要的补助：

（一）农村征收的教育费附加，按不低于当年征收总数的百分之十用于扫盲教育及扫盲后的继续教育；

（二）城镇征收的教育费附加，应当安排一部分用于扫盲教育；

（三）企业事业单位的扫除文盲经费，在职工教育经费中列支。

农民教育经费占教育经费实际支出的比例不低于百分之二；少数民族地区可划出一定比例开发资金用于扫盲和扫盲后的继续教育。扫盲任务重的县（市、区），农民教育经费主要用于扫盲。

各级教育行政部门在扫除文盲工作中，培训专职工作人员和教师，编写教材和读物，开展教研活动，以及交流经验和奖励先进等所需费用，在教育事业费中列支。

鼓励社会力量和个人自愿资助扫除文盲教育。

第十六条　乡（镇）人民政府、城市街道办事处、企业事业单位应按上级部署、要求，规定扫盲对象的脱盲期限，对逾期达不到个人脱盲标准的，应责令其继续参加扫除文盲学习。

第十七条　任何单位不得招收未达到个人脱盲标准的扫盲对象为职工。征用土地后依法安置的文盲农民，应参加扫盲学习，达到个人脱盲标准后才能就业。

第十八条　扫除文盲工作实行行政领导责任制。扫盲任务应当列为县（市、区）、乡（镇）、城市街道和企业事业单位行政负责人的职责，作为考核工作成绩的一项重要内容。

对未按规定完成扫除文盲任务的单位，由上级人民政府处理。

下级人民政府应定期向上一级人民政府报告扫除文盲工作的情况，接受检查、监督。

第十九条　任何单位、个人不得在扫除文盲的考核、验收、复查工作中弄虚作假，违者，上级人民政府应责令有关部门对直接责任人和有关负责人予以行政处分，对实际未达到基本扫除文盲单位标准的，撤销其“基本扫除文盲单位证书”。

第二十条　地方各级人民政府应当对在扫除文盲工作中成绩显著的单位或个人予以表彰、奖励。

第二十一条　本办法执行中的具体问题由省教育委员会负责解释。

第二十二条　本办法自发布之日起施行。

四川省《中华人民共和国城市居民委员会组织法》实施办法

（1994年12月3日四川省第八届人民代表大会常务委员会第十二次会议通过）

第一章　总　则

第一条　为了加强城市居民委员会建设，促进基层社会主义民主法制建设和物质文明、精神文明建设的发展，根据《中华人民共和国城市居民委员会组织法》，结合四川实际，制定本办法。

第二条 居民委员会是居民在法律规定范围内自我管理、自我教育、自我服务的基层群众性自治组织。

第三条 县（市、区）人民政府及其街道办事处对居民委员会的工作给予指导、支持和帮助，尊重居民委员会的民主自治权利，引导、帮助居民委员会提高民主自治的意识和能力。

居民委员会协助县（市、区）人民政府及其街道办事处开展工作，积极完成属于居民委员会职责范围内的各项任务。

第四条 各级人民政府的民政部门对实施《中华人民共和国城市居民委员会组织法》和本办法有督促检查的职责。

第二章 居民委员会

第五条 居民委员会根据居民居住状况、人口多少，按照便于居民自治的原则，一般在100户至700户的范围内设立。

居民委员会的设立、撤销和规模调整，由街道办事处提出，经居民会议讨论通过，县（市、区）人民政府批准，报市（州）人民政府、地区行政公署备案。

第六条 居民委员会由主任、副主任和委员共5至9人组成。其成员人数由街道办事处根据居民委员会的规模、工作任务和经济状况确定。

居民委员会成员中，应有妇女和青年。多民族居住地区的居民委员会，应有人数较少的民族的成员。

第七条 居民委员会根据需要设人民调解、治安保卫、公共卫生、经济管理、社会福利、计划生育等委员会。居民委员会成员可以兼任下属委员会的成员。居民较少的委员会可不设下属委员会，由居民委员会成员分工负责有关的工作。

第八条 居民委员会的任务：

（一）对居民宣传国家的宪法、法规、法规和政策，维护居民的合法权益，教育居民遵纪守法，自觉履行依法应尽的义务。

（二）积极兴办和组织、支持居民兴办经济实体，发展多种经营，开展多种形式的便民利民生产、生活服务业。

（三）开展多种形式的社会主义精神文明建设活动，教育居民发扬爱国主义、集体主义精神，艰苦朴素、移风易俗、尊老爱幼、扶困助残、爱护公共财物，树立文明礼貌的社会主义新风尚。

（四）依法调解民间纠纷，促进家庭和睦和邻里团结；协助县（市、区）人民政府及其街道办事处搞好社会治安综合治理，配合司法机关做好本居住地区内违法人员等的帮教工作。

（五）协助县（市、区）人民政府及其街道办事处做好计划生育、公共卫生、优抚救济、青少年教育和待业青年、流动人口的管理等项工作。

（六）监督执行居民会议的决定、决议和居民公约。

（七）向县（市、区）人民政府及其街道办事处反映居民的意见、要求和建议。

（八）教育居民互相尊重，互相帮助，加强民族团结。

（九）协助县（市、区）人民政府及其街道办事处完成应由居民委员会办理的其他事项。

第九条　居民委员会决定问题时，采取少数服从多数的原则，由全体成员的过半数通过方能有效。

第十条　居民委员会进行工作，应当坚持实事求是、群众路线，充分发扬民主，认真听取不同意见，不得打击报复，不得徇私舞弊。

第十一条　居民委员会主任、副主任和委员每届至少培训一次，分别由县（市、区）人民政府或街道办事处有计划地组织。培训经费由县（市、区）人民政府解决。

第十二条　居民委员会依法管理本居民委员会的财产，任何单位和个人不得侵犯。

居民委员会组织和兴办的经济实体、便民利民社区服务业，各级工商、税务、卫生等部门应积极支持，并依法进行管理。

居民委员会的经济收入，应主要应用于本居住地区的公共事务和公益事业。

第十三条　居民委员会办理本居住地区的公共事务、公益事业所需费用，经居民会议讨论确定，应当根据自愿原则向居民和居住地区的受益单位筹集。

居民委员会必须建立健全财务管理制度，每年的财务收支账目都要张榜公布，接受本居住地区居民、经济组织和受益单位的监督。

第十四条　居民委员会的工作经费和居民委员会主要成员的生活补贴费，由省、市（地、州）、县（市、区）人民政府解决，并应随经济的发展而相应提高，具体办法由省人民政府制定。经居民会议同意，也可以从居民委员会的经济收入中适当补助。

第十五条　各级人民政府对做出显著成绩的居民委员会及其成员应当给予表彰和奖励。

对从事居民委员会工作3届以上，因年老体弱等正常原因离职后无固定收入的居民委员会成员，县（市、区）人民政府可给予适当补助，具体办法由县（市、区）人民政府制定；对离职后有固定收入的居民委员会成员，在离职时居民委员会可给予一次性补助，费用从居民委员会的经济收入中开支。

有条件的地方可为无固定收入的居民委员会成员提供社会保险。

第十六条　居民委员会的办公用房，由县（市、区）人民政府或街道办事处统筹解决。凡新建居民住宅区或改造居民住宅旧区，必须把居民委员会的办公用房纳入规划，并按照居住区公共设施配套建设的有关规定建设。居民委员会自建办公用房的，国土、城建、规划等有关部门应予以支持。

第十七条　居民委员会按居民的居住状况可以分设若干居民小组，各居民小组设居民小组长。居民小组长在居民委员会领导下开展工作，其主要任务是：贯彻执行居民会议和居民委员会的决定，完成居民委员会布置的工作，协调处理组内各项事务，及时反映居民的意见、要求和建议。

居民小组的设立、撤销或调整范围，由居民委员会提出，经居民小组讨论同意，报所在地街道办事处备案。

第十八条　机关、团体、部队、企业事业单位不参加所在地居民委员会，但应支持所在地居民委员会的工作，并遵守居民委员会的有关决定和居民公约。居民委员会讨论的问题涉及有关单位时，有关单位应当派代表参加。

前款所列单位的职工及家属、军人及随军家属，参加居住地区的居民委员会；其家属聚居区单独成立的家属委员会，承担居民委员会的工作，接受县（市、区）人民政府及其街道办事处和本单位的指导。家属委员会的工作经费和家属委员会成员的生活补贴费、办公用房，由所在单位解决。

第十九条　县（市、区）人民政府有关部门需要居民委员会或者它的下属委员会协助进行的工作，应当经县（市、区）人民政府或街道办事处同意并统一安排。由此产生的费用，由双方协商解决。

第三章　居民委员会的选举、撤换、补选

第二十条　居民委员会主任、副主任和委员，由本居住地区的居民会议选举产生。居民委员会每届任期3年，其成员可以连选连任。

第二十一条　居民委员会的选举工作由选举领导小组主持，在街道办事处的指导下进行。选举领导小组的人选，由街道办事处提名，与居民会议协商确定。选举经费由街道办事处财政负担；没有街道办事处财政的，由上一级财政负担。

第二十二条　居民委员会成员的候选人，由选举领导小组根据较多数居民的意见确定，在选举日的3天以前公布。

居民委员会成员实行差额选举。如果提名的候选人数和应选人数相等，也可以实行等额选举。

第二十三条　居民委员会的选举，一般采取无记名投票的方式进行。参加居民会议过半数的人参加投票，选举有效。候选人获得参加选举的居民过半数的选票方能当选。

选举结果由选举领导小组宣布，报县（市、区）人民政府备案。

第二十四条　居民委员会成员应当带头遵纪守法，廉洁奉公，坚持原则，办事公道，作风民主，密切联系群众，热心为居民服务，主动接受居民监督。

对不称职的成员，经居民会议讨论通过，可以撤换。

居民委员会成员出缺时，可召开居民会议，按本办法第22条第2款、第23条的规定进行补选。

居民委员会成员被撤换或补选的，由居民委员会报街道办事处备案。

第二十五条　居民委员会下属委员会的成员任免由居民委员会决定。

第二十六条　居民小组长由居民小组会议推选，每届任期3年，可以连选连任。

第四章　居民会议

第二十七条　居民会议由本居住区18周岁以上的居民组成。

居民会议可以由本居住区全体18周岁以上的居民或者每户派代表参加，也可以由每个居民小组选举代表2至3人参加。

居民委员会向居民会议负责并报告工作。

第二十八条　居民会议行使下列职权：

（一）讨论决定本居住区公益事业的年度计划和发展规划；

（二）对居民委员会的工作实施监督，听取并讨论居民委员会的工作报告和财务收支情况报告；

（三）决定居民委员会成员的撤换或补选；

（四）讨论制定居民公约；

（五）改变或撤销居民委员会不适当的决定；

（六）讨论涉及本居住区全体居民利益的其他事项。

第二十九条　居民会议由居民委员会召集并主持。居民会议每年至少召开1次。涉及全体居民利益的重大问题，居民委员会必须提请居民会议讨论决定。

第三十条　居民会议必须有过半数的人出席，才能举行。居民会议的决定应由出席人的过半数通过方能有效。居民会议的决定，全体居民必须执行。

第三十一条　属居民会议职权范围但不需要表决通过的有关事项，可由居民小组召集居民讨论。居民委员会根据需要可以召集各居民小组的部分居民商议居民依法自治的有关事项。

第三十二条　居民会议根据本居住区的具体情况制定居民公约，报街道办事处备案。全体居民应当遵守居民公约。

居民公约不得与宪法、法律、法规相抵触，并随情况的变化适时进行修改、补充和完善。

第五章　附　则

第三十三条　乡、民族乡、镇人民政府所在地设立的居民委员会适用本办法。

第三十四条　本办法适用中的具体问题由省民政厅解释。

第三十五条　本办法自公布之日起施行。

四川省《中华人民共和国城市规划法》实施办法

（1991年5月28日四川省第七届人民代表大会常务委员会第二十三次会议通过，1995年6月20日四川省第八届人民代表大会常务委员会第十五次会议修订）

第一章　总　则

第一条　为了科学合理地制定城市规划，加强城市规划管理，保证城市规划的实施，促进城市经济、社会的发展，根据《中华人民共和国城市规划法》，结合四川实际，制定本办法。

第二条　在四川省行政区域内制定和实施城市规划，在城市规划区内进行建设，必须遵守《中华人民共和国城市规划法》和本办法。

第三条　本办法所称城市，是指国家按行政建制设立的市和镇。

本办法所称城市规划区，是指城市市区、近郊区以及城市行政区域内城市规划确定的机场、开发区、风景名胜区、历史文物保护区、城市水源保护区、重要交通电力设施和其他因城市建设和发展需要实行规划控制的区域。城市规划区的具体范围由城市人民政府在编制的城市总体规划中划定。

第四条　城市规划必须贯彻严格控制大城市规模、合理发展中等城市和小城市的方针，促进生产力和人口的合理布局。

城市规划必须从实际出发，正确处理近期建设和远景发展的关系，正确处理城市和乡村的关系。

在城市规划区内进行建设，必须坚持适用、经济的原则，贯彻勤俭建国的方针；坚持经济效益、社会效益、环境效益的统一。

第五条　城市规划应当科学划定规划区范围，贯彻珍惜土地、保护耕地、合理用地、节约用地的原则。

第六条　城市规划应当与国民经济和社会发展计划相衔接，批准的城市规划确定的基础设施和公用设施建设项目，应当按照国家基本建设程序的规定纳入城市国民经济和社会发展计划，按计划分步实施。

第七条　城市总体规划和国土规划、区域规划、江河流域规划、土地利用总体规划应相互协调。

第八条　省、市、州、县人民政府和地区行政公署应把城市规划的编制和实施作为重要职责，加强对城市规划工作的领导。

第九条　省人民政府城市规划行政主管部门主管全省的城市规划工作。

市、州、县人民政府和地区行政公署城市规划行政主管部门主管本行政区域内的城市规划工作。

区、镇人民政府和街道办事处协助市、县城市规划行政主管部门实施本镇城市规划管理工作。

第十条　任何单位和个人都有遵守城市规划和服从城市规划管理的义务，并有权对违反城市规划的行为进行检举和控告。

第二章　城市规划的编制和审批

第十一条　编制城市规划应当注意保持和改善城市生态环境，防止污染和其他公害，加强城市绿化建设和市容环境卫生建设，保护历史文物遗产和自然景观。民族自治地方的城市规划应当注意保持民族传统和地方特色。

第十二条　省、市、州人民政府和地区行政公署分别负责组织编制本行政区域内城镇体系规划用于指导城市规划的编制。

城市人民政府应当按照《中华人民共和国城市规划法》制定城市规划的规定要求，编制城市总体规划和详细规划。

城市总体规划应当包括：城市的性质、发展目标和发展规模，城市主要建设标准和定额指标，城市建设用地布局、功能分区和各项建设的总体部署，城市综合交通体系和河湖、绿地系统，各项专业规划，近期建设规划。

设市城市和县人民政府所在地镇的总体规划，应当包括市或者县的行政区域的城镇体系规划。

大城市、中等城市应当在总体规划基础上编制分区规划。

城市规划区内的开发区，必须纳入城市总体规划，统一管理；与城市规划区相连的开发区，由其市人民政府修编城市总体规划后，纳入城市总体规划统一管理；远离城镇的开发区，由其所在地县（市）以上人民政府编制开发区总体规划。

城市详细规划应当在总体规划或者分区规划的基础上，根据建设的需要，按规定的深度要求，编制控制性详细规划或修建性详细规划。

第十三条　城市人民政府在编制城市规划时，应当广泛征求意见，进行多方案比较论证。有关部门和单位应当提供必要的基础资料。还应负责编制相应的专业规划方案，纳入城市总体规划编制。

第十四条　在城市人民政府领导下，城市规划行政主管部门组织具有相应资质等级的城市规划设计单位承担城市规划的编制工作。禁止无证规划设计单位承担或者规划设计单位超越等级承担城市规划设计任务。

规划设计单位的资质等级除国家审批的外，由省城市规划行政主管部门审批。

第十五条　城市规划实行分级审批。

百万人口以上城市的总体规划，由省人民政府审查同意后，报国务院审批。

前款规定以外的设市城市、自治州和地区行政公署管辖的县人民政府所在地镇、省人民政府指定的市管辖的县人民政府所在地镇的总体规划，由市、州人民政府和地区行政公署审查同意后，报省人民政府审批。

远离城镇的国家和省批准的开发区的总体规划，由所在地县（市）人民政府报市、州人民政府或地区行政公署审查同意后，报省人民政府审批；其他开发区的总体规划，由市、州人民政府或地区行政公署审批，并报省人民政府城市规划行政主管部门备案。

除由省人民政府指定以外的县人民政府所在地镇和市、州人民政府、地区行政公署指定的建制镇的总体规划，由县人民政府审查同意后，报市、州人民政府和地区行政公署审批，并报省人民政府城市规划行政主管部门备案。

本条第三款和第五款规定以外的建制镇的总体规划，经市、州人民政府和地区行政公署城市规划行政主管部门审查签署意见后，由县人民政府审批。

市、县人民政府在向上级人民政府报请审批城市总体规划前，须经同级人民代表大会或其常务委员会审查同意。

城市分区规划由城市人民政府审批。

城市详细规划由城市人民政府审批。编制分区规划的城市详细规划，除重要的详细规划由城市人民政府审批外，可以由城市人民政府委托城市规划行政主管部门审批。

国家和省批准的开发区的详细规划，由市、州人民政府或地区行政公署审批，其他开发区的详细规划由市、县人民政府审批。

单独编制的城市专业规划的审批，除国家和省明确规定的以外，由当地县以上人民政府审批。

第十六条　城市人民政府可以根据城市经济和发展需要，对城市总体规划进行局部调整，报同级人民代表大会常务委员会和原批准机关备案；但涉及城市性质、规模、发展方向和总体布局的重大变更的，须经同级人民代表大会或其常务委员会审查同意后报原批准机关审批。

第三章　城市规划的实施和管理

第十七条　城市规划实行集中领导，统一管理。城市规划一经批准，城市人民政府应当公布，并按批准的规划认真组织实施，涉及国家机密的规划文件、图纸、资料，按照国家保密法办理。

城市人民政府应当定期检查城市规划的实施情况，并向同级人民代表大会或其常务委员会和批准机关做出报告。

第十八条　在城市规划区内的土地利用和各项建设，必须符合城市规划，服从规划管理。任何单位和个人必须服从城市人民政府根据城市规划做出的调整用地等方面的决定。

第十九条　城市旧区改建和新区开发必须坚持统一规划、合理布局、因地制宜、综合开发，配套建设的原则和先规划、后开发，先规划、后建设的建设程序。要有利生产，方便生活。各项工程的选址、定点，不得妨碍城市的发展，危害城市的安全，污染和破坏城市环境、城市风貌，影响城市各项功能的协调。

城市旧区改建应当遵循加强维护、合理利用、调整布局、逐步改善的原则。

旧区改建的重点是危房区、棚户区，以及市政公用设施简陋、交通阻塞、环境污染严重的地区。要严格控制建筑密度和容量，限制零星插建。

第二十条　城市规划区内土地使用权的出让、转让，必须符合城市规划。土地使用者需要改变已经确定的土地使用性质，必须取得市规划行政主管部门的批准。

第二十一条　任何单位和个人在城市规划区内的土地利用和从事下列建设活动，须经城市规划行政主管部门审查，服从城市规划管理。

（一）新建、扩建、改建各类房屋、构筑物；

（二）城市道路、过境公路、铁路、机场、港口、索道、桥涵、地下通道、广场、停车场及附属设施建设；

（三）城市供水、供气、供电管道及城市水源地设施、排水管道及污水处理设施、电力输送线路及供电设施、通讯线路及附属设施建设；

（四）城市河湖水系整治、水利工程、防洪工程、水文标志建设；

（五）城市抗震、防震、消防、人防工程建设，公园、公共绿地、城市雕塑工程建设；

（六）集贸市场、测量标志、交通能源设施、环保环卫设施建设；

（七）开发区的一切建设活动；

（八）其他与城市规划管理有关的建设。

第二十二条　城市规划管理实行建设工程选址意见书、建设用地规划许可证、建设工程规划许可证制度。

建设工程选址意见书、建设用地规划许可证和建设工程规划许可证由市、县人民政府城市规划行政主管部门核发。其中设市城市规划区中属于县人民政府管辖的地区，由当地县人民政府城市规划行政主管部门报上级城市人民政府城市规划行政主管部门审定同意后核发。

第二十三条　建设工程选址意见书的办理程序：

（一）建设项目预可行性研究，根据项目管理权限，应有相应城市规划行政主管部门参加；

（二）建设单位或个人持项目建议书批准文件提出选址申请，由城市规划行政主管部门根据城市规划要求和建设项目的性质、规模，提出项目选址定点建议和规划设计要求；

（三）建设单位或者个人提交批准的建设项目可行性研究报告，经城市规划行政主管部门审查同意，核建设工程选址意见书，其中，属于国家和省的大中型建设项目的选址意见须经省城市规划行政主管部门的审查同意。

第二十四条　建设用地规划许可证的办理程序：

（一）建设单位或者个人持建设项目批准文件向城市规划行政主管部门提出定点申请，由城市规划行政主管部门核定建设项目用地位置和界限，提供规划设计条件；

（二）建设单位或者个人提交总平面布置图或者初步设计方案，经城市规划行政主管部门审查同意，核发建设用地规划许可证。

建设单位或者个人取得建设用地规划许可证后，方可向县以上人民政府土地管理部门申请用地。

第二十五条 建设工程规划许可证的办理程序：

（一）建设单位或者个人持建设项目批准文件和建设用地证件向城市规划行政主管部门提出建设申请；

（二）城市规划行政主管部门根据城市规划提出规划设计要求，作为工程设计的依据；

（三）城市规划行政主管部门审查建设项目设计方案；

（四）建设单位或者个人提交建设工程施工图，经城市规划行政主管部门审查，确认符合城市规划要求后，核发建设工程规划许可证。

建设单位或者个人持建设工程规划许可证和其他有关批准文件，办理开工手续；经城市规划行政主管部门现场验线后，方可施工。

第二十六条 在城市规划区内，个人在原宅基地上申请扩建、改建私有住宅或其他建筑的，应当持房屋产权证件、土地使用权属证件、户籍证件，经城市街道办事处或者乡、镇人民政府签署意见后，向城市规划行政主管部门申请办理建设工程规划许可证。

第二十七条 城市规划行政主管部门在进行城市规划管理过程中，涉及有关收费事宜，由省人民政府另行规定。

第二十八条 建设用地规划许可证和建设工程规划许可证规定的内容及附件、附图，不得擅自变更，确需变更的，须经城市规划行政主管部门同意，办理变更手续。

第二十九条 建设用地规划许可证办理后一年内未按规定办理用地手续的，建设用地规划许可证自行失效。

建设工程规划许可证办理后六个月内未开工，又未办理延期手续的，建设工程规划许可证自行失效。

第三十条 在城市规划区内进行临时建设的，必须向城市规划行政主管部门申请定点，经审查同意后，向土地管理部门办理临时用地手续，再由城市规划行政主管部门核发临时建设工程规划许可证。

临时建设工程的使用期限不得超过两年。

确需延长使用期限的，须经城市规划行政主管部门批准。临时建设工程使用期满，使用单位或者个人必须无条件自行拆除。临时建设工程在使用期限内，因国家建设需要拆除的，使用单位或者个人必须在规定期限内无条件自行拆除，交还临时用地，国家不予安置和补偿。

批准临时使用的土地，不得修建永久性建筑物、构筑物和其他设施。

临时建筑物、构筑物不得出租、转让、买卖或者改变其使用性质。

第三十一条 县以上城市人民政府城市规划行政主管部门应当建立健全城市规划检查制度，依法实施监督。

城市规划行政主管部门有权对城市规划区内的建设用地和建设工程是否符合规划要求进行检查。被检查者必须如实提供情况和必要的资料。

城市规划管理检查人员执行检查公务时，应当持城市规划管理检查证，城市规划管理检查证由省人民政府城市规划行政主管部门印发。

城市规划行政主管部门要严格依法办事，秉公执法。城市规划管理检查人员要忠于职守，勤政廉洁，并有责任按照国家有关法律、法规的规定为被检查者保守技术秘密和业务秘密。

第三十二条 城市规划行政主管部门应当参加城市规划区内建设工程的竣工验收，验收合格的，予以签章。建设单位应在工程竣工验收后六个月内向城市规划行政主管部门报送有关竣工资料。

第四章 奖励与处罚

第三十三条 凡符合下列条件之一的单位和个人，由县以上人民政府或者城市规划行政主管部门给予表彰奖励：

（一）执行《中华人民共和国城市规划法》和本办法成绩显著的；

（二）从事城市规划科学技术研究和推广先进技术成绩显著的；

（三）严格查处违法建设行为和检举、控告违反《中华人民共和国城市规划法》和本办法行为有功的。

第三十四条 在城市规划区内，未取得建设用地规划许可证而取得建设用地批准文件，占用土地或者转让土地使用权的，批准文件和土地转让文件无效，占用的土地由县以上人民政府责令退回，并追究违法单位和直接责任人的行政责任。

改变建设用地规划许可证规定内容的，由城市规划行政主管部门责令当事人限期改正。在改正前，对其建设申请不得予以审批。

利用失效的建设用地规划许可证，占用土地或者转让土地使用权的，占用或者转让的土地由县以上人民政府责令退回。

买卖、转让建设用地规划许可证，许可证自行失效，占用或者转让的土地由县以上人民政府责令退回。

第三十五条 在城市规划区内，有下列行为之一，影响城市规划，尚可采取改正措施的，由县以上人民政府城市规划行政主管部门责令限期改正，并处违法工程造价百分之五至百分之二十的罚款。被处罚的单位或个人应补办手续，完成应缴的税费。罚款一律上交同级财政，并使用财政部门统一印制的罚没专用收据。

（一）未取得建设工程规划许可证进行建设的；

（二）改变建设工程规划许可证确定的内容进行建设的；

（三）买卖、转让建设工程规划许可证进行建设的；

（四）利用失效的建设工程规划许可证进行建设的；

（五）其他违反城市规划进行建设的。

第三十六条 在城市规划区内违反规划规定进行建设，严重影响城市规划的，由县以上人民政府城市规划行政主管部门责令停止建设、限期拆除或者没收违法建筑物、构筑物或其他设施。

违法建设单位在接到处罚通知后仍继续施工的，由县以上人民政府责成有关部门强制执行或由城市规划行政主管部门申请人民法院强制执行。

第三十七条 在城市规划区内，临时建设工程使用期满后擅自延长使用期限的，临时建设工程未按规定自行拆除的，出租、转让、买卖临时建筑物、构筑物和其他设施或改变其使用性质的，由县以上人民政府责成有关部门强行拆除或由城市规划行政主管部门申请人民法院强制拆除。

第三十八条　在城市规划区内，未经有关主管部门批准开采砂石、取土、弃土、堆放废渣垃圾或者填挖水面等改变地形、地貌、市容、市貌，影响城市规划的，由城市规划行政主管部门责令停止上述活动，限期处理，恢复原有地形、地貌，或者由有关主管部门依法进行处理。

第三十九条　对未取得建设工程规划许可证件或者违反建设工程规划许可证件的规定进行建设的单位负责人和有关责任人员，可以由其所在单位或者上级主管机关给予行政处分。

第四十条　当事人对城市规划行政主管部门做出的行政处罚决定不服的，可以在接到处罚通知之日起十五日内，向做出处罚决定机关的上一级机关申请复议；对复议决定不服的，可以在接到复议决定之日起十五日内，向人民法院起诉。当事人也可以在接到处罚通知之日起十五日内，直接向人民法院起诉。但在复议和起诉期间当事人必须执行停建等行政决定。当事人逾期不申请复议、也不向人民法院起诉，又不履行处罚决定的，由做出处罚决定的机关依法申请人民法院强制执行。

第四十一条　拒绝、阻碍城市规划管理人员执行公务的，由公安机关依照《中华人民共和国治安管理处罚条例》进行处罚；情节严重构成犯罪的，由司法机关依法追究刑事责任。

第四十二条　城市规划行政主管部门工作人员玩忽职守、滥用职权、索贿受贿、徇私舞弊的，由其所在单位或者上级主管机关给予行政处分；构成犯罪的，由司法机关依法追究刑事责任。

第五章　附　则

第四十三条　未设镇建制的工矿区居民点、集镇和市、地、州级以上的风景名胜区参照本办法执行。

第四十四条　本办法具体应用中的问题，由省人民政府城市规划行政主管部门负责解释。

第四十五条　本办法自公布之日起施行。

四川省社会治安综合治理条例

（1995年10月19日四川省第八届人民代表大会常务委员会第十七次会议通过）

第一章　总　则

第一条　为了维护社会治安秩序，保障改革开放和社会主义现代化建设顺利进行，根据全国人民代表大会常务委员会《关于加强社会治安综合治理的决定》和有关法律、法规，结合四川实际，制定本条例。

第二条　参与社会治安综合治理是全社会的共同责任。要动员和组织全社会的力量，运用政治的、法律的、行政的、经济的、文化的、教育的等多种手段，整治社会治安秩序，预防和惩治违法犯罪。

第三条　社会治安综合治理必须坚持打击和防范并举，治标和治本兼顾，重在治本的方针，遵循谁主管谁负责、专门机关与群众路线相结合、条块结合以块为主和属地管理的原则。

第四条　社会治安综合治理的主要任务：

（一）打击各种违法犯罪活动，依法严惩严重危害社会治安的刑事犯罪分子；

（二）采取各种措施，严密管理制度，加强治安防范，堵塞违法犯罪的漏洞；

（三）开展对全体公民特别是青少年的政治思想教育和法制教育，提高公民道德素质，增强全社会的法制观念；

（四）鼓励公民自觉维护社会治安秩序，同违法犯罪行为作斗争；

（五）调解民间纠纷，缓解社会矛盾，消除不安定因素；

（六）教育、挽救和改造违法犯罪人员，做好对刑满释放和解除劳动教养人员的安置、帮教工作，减少重新违法犯罪；

（七）加强基层组织建设，落实社会治安综合治理各项措施。

第二章　组织协调

第五条　各级人民政府统一组织实施本行政区域内社会治安综合治理工作，把社会治安综合治理纳入经济和社会发展规划和年度计划，建立社会治安综合治理领导责任制和目标管理责任制，督促各部门、各单位完成社会治安综合治理任务。

各级人民政府主要负责人为本行政区域社会治安综合治理工作责任人，全面负责本行政区域社会治安综合治理工作。

第六条　省、市（地、州）、县（区、市）社会治安综合治理委员会，负责组织指导本行政区域社会治安综合治理工作，其主要职责是：

（一）贯彻执行有关社会治安综合治理的法律、法规和方针政策；

（二）研究制定和组织落实社会治安综合治理的措施；

（三）组织、指导、协调、督促和检查各部门、各单位的社会治安综合治理工作；

（四）总结、推广社会治安综合治理的典型经验、表彰社会治安综合治理先进单位和个人；

（五）对不履行本条例规定的职责，导致本地区、本部门、本单位社会治安混乱的负责人给予通报批评，或者提出政纪处分的建议；

（六）办理有关社会治安综合治理的其他事项。

社会治安综合治理委员会设立办事机构，负责办理日常工作。

第七条　乡、镇、城市街道社会治安综合治理领导机构的主要职责是：

（一）贯彻执行上级有关社会治安综合治理工作的部署，制定本乡、镇、街道社会治安综合治理工作计划，并组织实施；

（二）协调、检查本辖区内各单位的社会治安综合治理工作；

（三）指导、帮助村民委员会、居民委员会做好社会治安综合治理工作；

（四）组织、开展各种形式的治安防范活动，建立健全群防群治网络；

（五）及时掌握社会治安动态，消除危害社会治安的隐患；

（六）依照有关规定确定对本辖区内的单位和个人的奖励与处罚；

（七）办理社会治安综合治理的其他事项。

第八条　各级人民政府及其工作部门、企业事业单位、社会团体和其他社会组织，应实行社会治安综合治理领导责任制和目标管理责任制，做到各尽其职、各负其责。

第三章　司法机关的职责

第九条　司法机关是惩治违法犯罪，维护社会治安的专门机关，应当密切协作配合，形成合力，发挥打击犯罪，维护社会治安秩序的整体效能。

第十条　公安机关是社会治安的主管部门，在社会治安综合治理中的主要职责是：

（一）加强侦查破案和预审工作，严厉打击盗窃、抢劫、行凶杀人等各种严重危害社会治安的犯罪活动；

（二）查禁和打击卖淫嫖娼、聚众赌博、制作贩卖传播淫秽物品、拐卖妇女儿童、贩毒吸毒、利用封建迷信骗钱害人等违法犯罪活动；

（三）加强治安管理，及时查处治安案件，重点加强对流动人口、重点公共场所和特种行业的治安管理，强化对出租房屋、出租汽车和重点防范区的治安防范工作；

（四）加强枪支弹药、管制刀具、易燃易爆物品的管理；

（五）加强消防、交通、边防管理，预防事故，消除隐患，维护公共安全；

（六）加强对基层治安保卫组织、社会保安组织的监督管理，强化内部保卫工作，协助健全群防群治网络和治安控制体系；

（七）加强对管制、缓刑、监外执行、假释、剥夺政治权利等人员的管理、教育和改造工作；

（八）协助、指导有关部门做好轻微违法犯罪青少年的教育、感化和挽救工作。

第十一条　检察机关在社会治安综合治理中的主要职责是：

（一）行使检察职能，严厉打击严重危害社会治安的刑事犯罪活动和经济犯罪活动；

（二）结合办案提出检察建议，推动有关单位建章建制和加强治安防范工作；

（三）做好对免诉人员的回访、考查工作，检查督促被判处管制、缓刑、剥夺政治权利和被决定假释、监外执行人员的改造教育工作；

（四）加强对监所的监督；

（五）及时受理控告、申诉和处理来信来访，缓解、疏导社会矛盾。

第十二条　审判机关在社会治安综合治理中的主要职责是：

（一）加强刑事审判工作，依法严惩严重危害社会治安的刑事犯罪分子和严重经济犯罪分子；

（二）及时审理民事、经济、行政案件，做好告诉申诉和执行工作，及时妥善处理各种纠纷，防止矛盾激化，减少社会不安定因素；

（三）加强对人民调解委员会的业务指导；

（四）结合办案提出司法建议，促进有关单位加强管理，堵塞漏洞，消除各种治安隐患；

（五）加强和改进未成年人犯罪的审判工作，教育、感化挽救犯罪青少年；

（六）做好减刑、假释工作和缓刑人员的考查、教育工作。

第十三条　国家安全机关应及时查处危害国家安全的违法犯罪活动加强对公民维护国家安全的教育，动员和组织人民群众防范和制止危害国家安全的违法犯罪，维护社会稳定。

第十四条　司法行政机关在社会治安综合治理中的主要职责是：

（一）做好在全体公民中开展法制宣传教育的组织、协调工作；

（二）开展人民调解和基层法律服务工作，化解民间纠纷，缓解社会矛盾；

（三）加强对服刑、劳动教养人员的管理教育和改造工作，提高改造质量，减少重新犯罪；

（四）做好公证、律师管理工作，保护公民、法人的合法权益，预防和减少纠纷。

（五）协调、督促乡镇政府、居民委员会、村民委员会和有关单位做好对刑满释放人员和解除劳动教养人员的安置帮教工作。

第十五条　司法机关对于公民的控告和检举，必须及时受理，不得推诿。对不属于本部门办理的控告和检举，依照法律法规的规定移送有管辖权的机关，受移送的机关必须认真办理。

第四章　社会责任

第十六条　各机关、企业事业单位、社会团体和其他社会组织应当加强内部治安防范措施，建立健全内部管理制度，对所属职工进行思想政治教育和法制教育，预防违法犯罪案件和治安灾害事故的发生。

各机关、企业事业单位、社会团体和其他社会组织的主要负责人为本单位社会治安综合治理工作的第一责任人。

第十七条　各机关、企业事业单位、社会团体和其他社会组织应当结合自身业务工作，参与并督促其下属单位和管理对象参与社会治安综合治理，对可能引发治安案件和刑事案件的纠纷、事故及其他隐患，必须及时妥善处理，并协助司法机关查处违法犯罪活动。

第十八条　教育行政主管部门和各级各类学校应加强学生的思想品德教育和法制教育，加强校风校纪建设，配合社会、家庭对学生的校外活动进行管理、引导，预防和减少学生违法犯罪。

第十九条　民政部门应抓好基层政权和群众自治组织建设，指导村规民约的制定和执行，及时调处行政区划和边界纠纷，做好收容遣送游浪乞讨人员的工作。

第二十条　工商行政管理部门应加强集贸市场的治安防范和从业人员的教育管理，配合公安机关加强公共场所、特种行业的治安管理。

第二十一条　劳动行政主管部门应做好失业人员的职业培训和职业介绍的管理工作；加强对劳务市场和外来求职人员的管理，对刑满释放、解除劳动教养人员的就业进行指导和帮助。

劳动争议仲裁委员会应依法及时妥善处理劳动争议，避免矛盾激化。

第二十二条　卫生行政主管部门应与有关部门配合，加强医药市场和医疗秩序的管理，依法管理麻醉药品和精神药品，组织做好吸毒人员的治疗、康复工作和性病、艾滋病的预防、检查、收治工作。

第二十三条　建设行政主管部门应根据维护社会治安的需要，监督建设单位将住宅建筑中必要的安全防范设施纳入住宅设计标准。

第二十四条　交通、铁路、民用航空部门应加强对车、船、飞机和车站、港口、机场的治安管理工作的领导，协同司法机关打击劫持人员、抢劫盗窃财物和货运物资、破坏交通设施等违法犯罪活动，查缉流窜犯罪分子，消除各种事故隐患，确保交通运输安全。

第二十五条　文化、新闻出版、广播电视部门应坚持正确的舆论导向，组织开展道德、纪律、法制宣传教育，组织提供健康向上的精神产品，鼓励开展健康有益的文化娱乐活动，加强文化市场管理，制止和取缔宣扬反动、淫秽、暴力、赌博及封建迷信的文学、美术、音乐、摄影、戏曲等作品的出版、制作、销售和上演。

第二十六条　民族、宗教事务管理部门应宣传国家有关民族、宗教法规和政策，会同有关地区、部门、单位及时疏导、调解和处理民族、宗教纠纷。

第二十七条　国土、农业、林业、水电、化工和计划生育等行政执法部门应严格依法行政、依法管理，及时处理各种矛盾和纠纷，防止和减少治安案件的发生。

第二十八条　经济、贸易管理部门和企业主管部门应组织、监督企业落实社会治安综合治理领导责任制和目标管理责任制。

第二十九条　工会、共青团、妇联等群众团体应根据自身特点，开展形式多样的思想政治工作和法制宣传教育，对有轻微违法行为的人员做好帮教工作。

第三十条　驻川部队和省内的人民武装警察部队应协助地方政府做好社会治安综合治理工作，开展军警民治安联防和军警民共建文明单位活动。人民武装部门应当组织民兵参加社会治安综合治理活动。

第三十一条　精神文明建设主管部门负责统筹开展创建文明单位、文明城市、文明片区、文明乡村等共建活动，倡导见义勇为和移风易俗，努力提高城乡人民的道德水准和文明素质。

第三十二条　村民委员会、居民委员会的主要职责是：

（一）宣传宪法、法律、法规和国家政策，教育村民、居民履行依法应尽的义务；

（二）建立健全治安保卫组织和人民调解组织，做好本辖区的治安防范工作，调解民间纠纷；

（三）协助司法机关查处辖区内发生的各种违法犯罪案件；

（四）协助司法机关对依法被判处管制、缓刑、剥夺政治权利和被决定假释，监外执行人员的监督、考查和教育。

（五）教育有轻微违法犯罪行为的人员；

（六）协助有关部门做好刑满释放人员、解除劳教人员的安置帮教工作；

（七）制定村规民约、居民公约，并监督执行。

第三十三条　家庭应正确处理家庭成员之间、邻里之间的关系，配合社会、学校对青少年子女开展思想品德教育和法制教育，加强住所安全防范。

第三十四条　公民应自觉遵纪守法，积极检举、揭发和制止违法犯罪行为，有义务向司法机关如实做证。

第五章　社会保障

第三十五条　鼓励和提倡向犯罪分子作斗争的见义勇为行为。

对公民因见义勇为负伤的，任何单位和公民都有救助的责任，医疗单位必须无条件及时进行抢救治疗。

第三十六条　县级以上社会治安综合治理委员会建立维护社会治安见义勇为奖励基金，专项用于对见义勇为人员的奖励和救济。

维护社会治安见义勇为奖励基金由同级财政部门拨给和由单位、个人自愿捐助组成。其收支情况接受同级财政部门的监督。

第三十七条　公民为维护社会治安同违法犯罪行为作斗争而牺牲的，由所在单位按因公牺牲对待；本人无工作单位的，由其户口所在地的民政部门和农村集体经济组织参照因公牺牲的抚恤办法对其家属给予补助；符合烈士条件的，可报请省人民政府批准为烈士，其家属享受革命烈士家属待遇。

第三十八条　公民同违法犯罪行为作斗争误工的，视同出勤；致伤致残的，职工由所在单位按因工伤残对待；无工作单位并符合评残条件的，由民政部门办理评残手续，按国家规定享受有关待遇。

同违法犯罪行为作斗争致残尚有工作能力的失业人员，各用人单位应按照《中华人民共和国残疾人保障法》的有关规定优先妥善安置，职业介绍机构应当优先向用人单位推荐；对牺牲或者完全丧失劳动能力的，各用人单位应当优先招收、聘用其一名符合招工条件的近亲属就业。

第三十九条　公民同违法犯罪行为作斗争负伤的医疗费、护理费、生活费、营养费、误工补助费、交通费等，由加害的违法犯罪人员或其监护人承担。违法犯罪人员或其监护人无法承担的部分，负伤人员属单位职工的，由所在单位按因工负伤解决；负伤人员无工作单位或单位负担确有困难的，由负伤人员户口所在地的县级财政解决。

第四十条　对见义勇为人员救治、评残、困难补助、烈士申报等工作，由当地社会治安综合治理委员会负责督促有关部门办理。

第六章　奖励与处罚

第四十一条　符合下列条件之一的，由各级社会治安综合治理委员会或者有关主管机关表彰奖励；贡献突出的，由同级社会治安综合治理委员会推荐，报有关机关批准，给予记功、晋级或者授予荣誉称号：

（一）落实社会治安综合治理目标管理责任制，成绩显著的；

（二）检举揭发违法犯罪分子，见义勇为同违法犯罪分子作斗争，抢救和保护国家、集体财产及人民生命，事迹突出的；

（三）教育、挽救和改造违法犯罪人员或者安置、帮教刑满释放、解除劳动教养人员成绩显著的；

（四）调解民间纠纷成绩显著的；

（五）预防、制止刑事犯罪或者治安灾害事故成绩显著或者有突出贡献的；

（六）协助司法机关破获重大特大案件的；

（七）社会治安综合治理理论研究成果被采纳，社会效果显著的；

（八）其他对社会治安综合治理工作有重大贡献的。

第四十二条　有下列情形之一的单位，在当年及第二年度内不得评为文明单位或者综合性先进单位，直接负责的主管人员和其他直接责任人员，在本部门、本单位治安面貌改变之前，不得评为先进、模范，不得晋级、晋职，并可给予行政处分；情节严重，构成犯罪的，依法追究刑事责任：

（一）不按本条例规定履行职责，对公民、组织的报案不依法及时受理，公民、组织要求人身、财产保护拒绝履行法定职责的；

（二）不按本条例规定履行职责，致使本部门、本单位治安问题突出，发生特大案件或者恶性事故，造成重大经济损失或严重后果的；

（三）对本部门、本单位矛盾处理不力，导致矛盾激化，危害社会稳定的；

（四）发生刑事案件或者重大治安案件故意不报或者隐瞒事实真相的。

对弄虚作假骗取荣誉、奖励的，由批准机关撤销其荣誉、奖励，并由有关部门给予行政处分。

第四十三条　对不履行本条例规定职责的单位，同级社会治安综合治理委员会应当督促其履行或者给予通报批评，对其主要负责人可向其主管部门或者行政监察机关提出政纪处分的建议，上级主管机关可对主要负责人和直接责任人员给予行政处分；构成犯罪的，依法追究刑事责任。

第四十四条　对政法干警、治安积极分子、见义勇为者、证人和检举人、揭发人打击报复，构成犯罪的，依法追究刑事责任；情节较轻的，分别由所在单位、主管部门、行政监察机关给予行政处分。

第四十五条　群防群治组织必须依法办事，接受社会监督，其成员有徇私舞弊、敲诈勒索或者其他违法行为的，由司法机关依法查处。

第七章　附　则

第四十六条　本条例自公布之日起施行。

四川省收容遣送条例

（1995年12月20日四川省第八届人民代表大会常务委员会第十八次会议通过）

第一章　总　则

第一条　为了维护社会秩序，促进社会稳定，根据国家有关法律，结合我省实际，制定本条例。

第二条　收容遣送是一项社会行政管理工作，应坚持收容遣送和教育救助相结合的原则。

第三条　民政部门是收容遣送工作的行政主管部门。收容遣送的具体工作由民政、公安部门共同承担，政府其他有关部门、社会各方面应支持配合。

收容遣送机构的设立、变更、撤销由省人民政府批准。

第四条　省、市（地、州）、县（市、区）各级人民政府应切实保障收容遣送工作必需的经费。

第五条　被收容人员的合法权益受法律保护。被收容人员对收容遣送机构及收容遣送工作人员的侵权行为，有权向有关部门检举、控告。

第六条　四川省行政区域内的收容遣送工作，按照本条例执行。

第二章　职　责

第七条　公安机关负责城市市区、县级人民政府所在地的镇和非城市风景名胜旅游区收容对象的收容，民政部门予以协助。

第八条　民政部门的收容遣送机构具体负责被收容人员的接收、审查、管理和遣送。收容遣送工作员应有统一的证件和标志。

公安机关协助民政部门对被收容遣送人员进行审查、管理和遣送；公安机关应在收容遣送机构设立公安派出机构或派驻人民警察，负责收容遣送中的治安管理。

第九条　卫生行政部门负责落实医疗机构对被收容人员中的危重病人、急性传染病人、精神病人的治疗。民政部门设立的精神病医院应协助卫生行政部门对被收容人员中的精神病人的治疗。

铁路、交通运输主管部门应为收容遣送工作提供购票、进出站（港）、上下车（船）的便利条件。

粮食主管部门应按国家政策规定负责解决被收容人员的粮油供应。

第十条　收容遣送工作所需业务经费应纳入同级财政预算，由同级民政、公安部门专款专用，年终经同级财政审核报销。

第十一条　被收容人员户籍所在地的县（市、区）人民政府负责领导、监督被遣返人员的接收、安置工作。

第三章　收　容

第十二条　下列人员属收容对象，应当收容：

（一）乞讨或者变相乞讨的；

（二）露宿街头生活无着的；

（三）无正常居所、无合法证件、无正当生活来源而流浪的；

（四）根据有关政策规定应当收容的。

第十三条　公安机关应当及时将收容对象移交收容遣送机构。民政部门应当在接收收容对象后24小时内做出是否收容的决定。

第十四条　收容遣送机构对被收容人员非法携带的危险、有毒、有害物品和其他违禁物品，予以收缴；对其贵重财物及不宜带入待遣场所内的物品，出具收据后代为妥善保管。

第四章　管　理

第十五条　收容遣送机构对待遣的被收容人员实行集中管理。对待遣的女性被收容人员，由女性工作人员负责生活管理。对待遣的未成年人或有残疾的被收容人员，实行保护性管理。

第十六条　收容遣送机构应当加强对被收容人员的思想教育和法纪教育。

第十七条　有劳动能力的被收容人员在待遣期间，收容遣送机构应当组织其参加自筹食宿和交通等费用的劳动。被收容人员参加劳动的报酬标准，按照省劳动行政部门和省民政部门规定执行。

第十八条　收容遣送机构对被收容人员应当进行文明管理，按规定标准安排被收容人员的生活，配置必要的生活、卫生、教育设施，照顾老幼病残和孕妇，尊重少数民族生活习惯，对患病者应当及时给予治疗。

第十九条　被收容人员不得有下列行为：

（一）阻挠人民警察、收容遣送工作人员执行公务；

（二）侵犯其他被收容人员的人身权利、财产权益；

（三）毁损公共财物；

（四）违反收容遣送机构的规章制度。

第二十条　收容遣送工作人员，不得对被收容人员有下列行为：

（一）打骂、体罚、虐待、侮辱；

（二）敲诈、勒索、侵吞或收受财物；

（三）克扣生活供应品，非法收缴财物；

（四）差遣其为管理人员服务；

（五）非法检查私人信件；

（六）扣压申诉、控告材料；

（七）故意丢弃被遣送人员。

第二十一条　被收容人员在收容遣送期间的食宿、交通、医疗等费用，由本人或其监护人支付，本人或其监护人确有困难或无力支付的，可向民政部门申请补助。

第二十二条　被收容人员在收容遣送期间因病死亡的，收容遣送机构应及时通知其配偶、监护人、直系亲属或者所在单位，无法通知的，应登报公告。

被收容人员在收容遣送期间非正常死亡的，收容遣送机构应当及时向公安机关报告。

第五章　遣　送

第二十三条　收容遣送机构应及时组织遣送被收容人员。

被收容人员的待遣时间，省内的不得超过15日，省外的不得超过30日。对屡遣屡返、长期外流乞讨或变相乞讨和以乞讨为手段骗取财物的人员，经主管民政部门批准，可以适当延长待遣时间，但延长的待遣时间不得超过60日。

有下列情形之一的，经主管的民政部门批准并做出书面决定，可以延长待遣时间，但下列情形消失后，必须立即遣送：

（一）经医生证明，需要住院治疗或者留站观察病情；

（二）交通受阻；

（三）其他特殊情况。

第二十四条 收容遣送机关应当指派专人按照下列规定遣送被收容人员：

（一）被收容人员属本县（市、区）的，送达到户籍地的乡镇人民政府或城镇街道办事处；

（二）被收容人员不属本县（市、区）的，送达到国家和省规定的外地收容遣送机构。

收容遣送机构将被收容人员送达到规定的目的地后，接收单位应当填写回执。

第二十五条 被收容人员的配偶、直系亲属、监护人或者所在单位到收容遣送机构认领被收容人员的，应予准许。

要求自行返回或主动到民政部门求助、有返回原籍能力的被收容人员，经收容遣送机构批准，可让其自行返回原籍。

第二十六条 收容遣送机构发现被收容遣送人员有违法犯罪事实的，应及时移送公安、司法机关处理。

第六章 安 置

第二十七条 对被遣返人员的安置，以所在单位或家庭为主，国家和社会为辅。

第二十八条 被遣返人员户籍所在地的乡、镇人民政府或城市街道办事处负责被遣返人员的接受工作。

被遣返人员有工作单位的，由所在单位接收安置；无工作单位的，由家庭或监护人接收。

第二十九条 被遣返人员无工作单位、无家可归、无依无靠，但有劳动能力的，由流出地乡、镇人民政府或城市街道办事处安置；无劳动能力的，城镇的经民政部门批准，由流出地社会福利机构收养，农村中符合五保供养条件的，按五保供养对象对待。

对屡遣屡返、无家可归而又有劳动能力的被收容人员，经省民政厅批准后，可以送安置农场，予以安置。

第三十条 被收容人员住址不清的，由流入地民政部门视不同情况分别处理。

第三十一条 被遣返人员户籍已被注销的，遣返后公安机关应予重新落户。

第七章 法律责任

第三十二条 被收容人员违反本条例第十九条规定的，收容遣送机构可以予以训诫；违反《中华人民共和国治安管理处罚条例》的，由公安机关给予处罚；构成犯罪的，依法追究刑事责任。

第三十三条 被收容人员对收容决定、收缴违禁物品决定、延长待遣时间决定或者超过待遣时间未予遣送不服的，可以依法申请行政复议或者提起行政诉讼。

第三十四条 收容遣送工作人员违反本条例第二十条规定的，由主管机关视情节给予批评教育、行政处分；构成犯罪的，依法追究刑事责任。

第三十五条 对违反本条例第二十八条、第二十九条规定的，县（市、区）以上人民政府可视情节轻重，对直接责任人员、单位负责人或者监护人给予批评教育或行政处分。

第八章　附　则

第三十六条　本条例应用中的问题由省民政厅负责解释。

第三十七条　本条例自公布之日起施行。

四川省鼓励外商投资条例

（1992年12月1日四川省第七届人民代表大会常务委员会第三十二次会议通过，根据1995年10月19日四川省第八届人民代表大会常务委员会第十七次会议《关于修改〈四川省鼓励外商投资条例〉的决定》第一次修正，根据1996年12月24日四川省第八届人民代表大会常务委员会第二十四次会议《关于修改〈四川省鼓励外商投资条例〉的决定》第二次修正）

第一章　总　则

第一条　为了改善投资环境，鼓励外商投资，引进先进技术和管理经验，促进四川经济发展，根据《中华人民共和国中外合资经营企业法》、《中华人民共和国中外合作经营企业法》、《中华人民共和国外资企业法》和国务院《关于鼓励外商投资的规定》以及有关法律、法规的规定，结合四川实际，制定本条例。

第二条　本条例适用于外国的公司、企业和其他经济组织或者个人（以下简称外国投资者）在四川省行政区域内投资兴办的中外合资经营企业、中外合作经营企业、外资企业和以其他形式进行投资的企业（以下简称外商投资企业）。

第三条　外国投资者的投资、获得的利润和其他合法权益，受中华人民共和国法律、法规的保护。

外商投资企业的一切活动须遵守中华人民共和国的法律、法规。

第四条　鼓励外国投资者在凉山州、甘孜州、阿坝州、黔江地区等少数民族地区和边远地区投资。

鼓励外国投资者在高新技术开发区、工业开发区、旅游开发区投资。

第五条　鼓励外国投资者投资于下列项目：

（一）农业综合开发和使用新技术的农副产品深加工项目；

（二）林业开发；

（三）资源开发与综合利用；

（四）能源建设和节能；

（五）交通运输基础建设；
（六）现有大中型企业的技术进步；
（七）先进技术；
（八）产品出口；
（九）市政基础设施建设；
（十）环境保护和生态平衡；
（十一）旅游业开发；
（十二）高、中等职业教育。

第二章　投资方式与出资形式

第六条　外国投资者可以下列方式投资：
（一）举办合资经营企业、合作经营企业和外资企业；
（二）购买股票、参股经营或购买债券等有价证券；
（三）开展补偿贸易、来料（件）加工装配；
（四）购置房产；
（五）依法取得土地使用权，开发经营或者成片开发；
（六）国家法律允许的其他投资方式。
经省、市（地、州）有关部门批准，可以租赁和购买现有中小型企业。
第七条　外国投资者可以下列形式出资：
（一）可自由兑换的外币和在中国境内投资经营获得的利润或其他合法收入；
（二）机器设备、其他物料；
（三）工业产权、专有技术；
（四）其他财产。

第三章　外商投资企业的申报、审批程序

第八条　兴办中外合资经营企业、中外合作经营企业，按下列程序申报、审批：
（一）向有关行政主管部门申报项目建议书和可行性研究报告；
（二）向工商行政管理部门申请名称核准登记；
（三）向对外经济贸易行政管理部门申报合同、章程；
（四）向工商行政管理部门申请工商登记注册；
（五）在工商登记注册后，应在三十日内到所在地的税务机关登记注册。
兴办外资企业按下列程序申报、审批：
（一）向工商行政管理部门提交申请名称核准登记；
（二）向对外经济贸易行政管理部门提交申请文书和申报章程；
（三）向工商行政管理部门申请工商登记注册；

（四）在工商登记注册后，应在三十日内到所在地的税务机关登记注册。

第九条　申请批准项目建议书和可行性研究报告，应提交下列文书：

（一）项目建议书和可行性研究报告文本；

（二）合资、合作各方共同签署的协议；

（三）外国投资者的资格证明和资信证明；

（四）环境保护行政管理部门批准的环境影响报告书。

第十条　申请名称核准登记应提交投资者的资格证明、资信证明和组建负责人签署的申请书。兴办中外合资经营企业、中外合作经营企业还应同时提交项目建议书和可行性研究报告、批准文书。

第十一条　兴办中外合资经营企业、中外合作经营企业申报合同、章程应提交下列文书：

（一）合资、合作各方法定代表人或法定代表人授权签署的合同、章程及其附件；

（二）合资、合作各方的资格证明和资信证明；

（三）项目建议书和可行性研究报告、批准文书；

（四）董事会成员名单及各方的委派书；

（五）企业名称核准通知书；

兴办外资企业申报章程应提交下列文书：

（一）投资者法定代表人或法定代表人授权签署的章程；

（二）董事会成员名单及委派书或法定代表人名单；

（三）企业名称核准通知书；

（四）设立外资企业申请表及申请报告。

第十二条　申请工商登记注册应提交外商投资企业登记申请书、公司（企业）住所证明、企业章程和批准文书。兴办中外合资经营企业、中外合作经营企业还应提交合同和董事会成员及正、副总经理的任职文件。

第十三条　人民政府有关部门应简化外商投资企业审批手续。

第四章　物资进出口

第十四条　外商投资企业为生产出口产品所需进口机器设备、生产用车辆（指运输用货车、特种车和客货两用车）、原材料、燃料、散件、零部件、元器件、配套件、除国家另有规定外，免领进口许可证，由海关实行监管，并依法接受进出口商品检验后，海关凭进出口商品检验合格证明、批准成立企业的文书、合同或进出口合同验放。

第十五条　按照本条例第十四条免领进口许可证进口的物资，只限于本企业自用，未经海关批准，不得在国内转让出售。

第十六条　外商投资企业外籍常驻人员在取得长期居住证件后，可根据自己的需要，向海关申请进口自用合理数量的生活用品和交通工具，免领进口许可证。

第十七条　外商投资企业生产的产品，可自主经营出口，产品经依法接受进出口商品检验后，海关凭进出口商品检验合格证明、产品出口合同验放。凡属国家规定需领取出口许可证的，每半年向省对外经济贸易行政管理部门申领一次。

外商投资企业可自行组织其产品出口，也可委托有外贸经营权的公司代理出口。

第十八条 外商投资企业为平衡当年外汇收支，向省对外经济贸易行政管理部门申请，经批准，可购买国家统一经营范围以外的商品出口；经原审批机构批准，可适当扩大生产经营范围。

第十九条 生产出口产品的外商投资企业，可根据需要提出申请，经海关批准，设立保税仓库、保税工厂和“信誉良好企业”。

第五章 税 收

第二十条 外商投资企业所得税税率为30%；实行沿海开放城市政策的地区投资兴办的生产性外商投资企业，减按24%的税率征收企业所得税。从事下列项目的生产性外商投资企业，经税务机关批准，可减按15%的税率征收企业所得税：

（一）技术密集、知识密集型的项目；

（二）外商投资额在3000万美元以上，回收投资时间长的项目；

（三）能源、交通、港口建设的项目。

设在经国务院批准设立的经济技术开发区的生产性外商投资企业和设在经国务院确定的国家高新技术产业开发区内被认定为高新技术企业的外商投资企业，减按15%的税率征收企业所得税。

第二十一条 凡生产性外商投资企业，经营期在十年以上的，从开始获利年度起，第一、二年免征企业所得税，第三年至第五年减半征收企业所得税。

在国务院确定的国家高新技术产业开发区设立的被认定为高新技术企业的外商投资企业，经营期在十年以上的，从开始获利年度起，第一、二年免征企业所得税，第三年至第五年按规定的税率减半征收企业所得税。

产品出口企业在规定的减免企业所得税期满后，凡企业出口产品产值占当年产值70%以上的，当年可减半征收企业所得税。符合上述条件的按15%的税率缴纳企业所得税的产品出口企业，减按10%的税率征收企业所得税。

先进技术企业在规定的减免企业所得税期满后，可以延长三年减半征收企业所得税。

对设在本条例第四条第一款规定的地区和向本条例第五条第一项、第二项规定的项目投资的外商投资企业，在规定的减免企业所得税期满后，经企业申请，税务机关批准，在以后的十年内可减征企业应纳所得税额的15%—30%。

第二十二条 凡生产性外商投资企业，经营期在十年以上的，从开始获利的年度起，第一、二年免征地方所得税，第三年到第五年减半征收地方所得税。经营期不满十年的生产性外商投资企业和经营期十年以上的非生产性外商投资企业，从开始获利年度起，第一年免征地方所得税，第二年减半征收地方所得税。

对设在本条例第四条规定的区域和向本条例第五条第一项、第二项、第三项、第六项、第七项、第八项、第十项规定的项目投资的生产性外商投资企业，经营期在十年以上的，在规定的减免地方所得税期满后，经企业申请，税务机关批准，可在第六至第十年继续减半征收地方所得税。

对向本条例第五条第四项、第五项、第九项、第十一项规定的项目投资的外商投资企业，经营期在十年以上的，经企业申请，税务机关批准，免征地方所得税。

当年出口产品产值占企业年产值50%以上的产品出口企业，当年可免征地方所得税。

第二十三条　外商投资企业的外国投资者，将从企业获得的利润再投入该企业，增加注册资金，或作为资本开办其他外商投资企业，经营期不少于五年的，经投资者申请，税务机关批准，退还其再投资部分已缴纳所得税的40%税款。再投资举办的是产品出口企业和先进技术企业，且经营期不少于五年的，则全部退还其再投资部分已缴纳的企业所得税税款。

第二十四条　非生产性外商投资企业三年免征房地产税和车船使用牌照税；生产性外商投资企业十年免征房地产税和车船使用牌照税。

向本条例第五条规定项目投资的外商投资企业，在经营期内，免征房地产税和车船使用牌照税。

第二十五条　外商投资企业由于特殊原因需要缩短固定资产折旧年限，经企业申请，税务机关批准，可以加速固定资产折旧。

第二十六条　外国投资者从外商投资企业获得的利润（股息），免征所得税。

第六章　外汇管理

第二十七条　外商投资企业可在有权经营外汇业务的银行或其他金融机构开立外汇账户。外商投资企业因业务需要，经省外汇管理机关批准，也可在中国境外开立账户。

外商投资企业一切正当的外汇收入均可保留现汇，并全额进入企业外汇账户。

第二十八条　外商投资企业可以通过国内的外汇调剂市场调剂外汇余缺。

第二十九条　外商投资企业可以向境内外金融机构或境外企业、个人筹措外汇资金，并按规定到该外商投资企业所在的外汇管理机关办理外债登记手续。

第三十条　外商投资企业进口生产经营所需设备、物料等，均凭审批机关批准的合同、章程和有效进口凭证付汇。

外商投资企业经批准设在境外的分支机构或办事机构，其所需经费或营运资金，经省外汇管理机关批准后，可以汇出境外。

第三十一条　外国投资者从外商投资企业获得的利润和其他合法收入，以及在企业终止时，分得的资金，可依法汇出境外。

外商投资企业的外籍职工的工资收入和其他合法收入，可依法汇出境外。

第七章　土地使用

第三十二条　外商投资企业用地可通过国家划拨或者出让、转让、租赁等方式获得。

外商投资企业依法获得的土地使用权受中华人民共和国法律、法规的保护。

第三十三条　外商投资企业以出让方式获得的土地使用权，在有效使用期内可以依法转让、出租和抵押。

外商投资企业以出让方式获得的土地使用权，在有效使用期内不再缴纳场地使用费和城镇国有土地使用税。

第三十四条　外商投资企业以划拨方式取得土地使用权的，无论是征用集体的土地，还是利用企业的场地，都应交纳场地使用费。场地使用费按国家规定批准的50%缴纳。

凡设在本条例第四条规定区域的外商投资企业和从事农业、林业、市政基础设施建设、土地开发、环境保护、教育、科研、卫生事业的外商投资企业，按国家规定的标准10%—15%缴纳场地使用费。

第三十五条 产品出品企业和先进技术企业，经营期在五年以上不满十年的，从经营年度起，免收场地使用费三年；经营期在十年以上的，再免收场地使用费二年。

凡企业出口产品产值占当年企业产值50%以上的，在规定的免收场地使用费期满后，经企业申请，有关部门审核，当年可减半计收场地使用费。

第三十六条 外商投资企业缴纳的场地使用费，可计入企业生产成本。

外商投资企业缴纳场地使用费后，免缴城镇国有土地使用税。

第三十七条 外商投资企业依法以出让方式取得土地使用权的最高年限，居住用地七十年；商业、旅游、娱乐用地四十年；工业用地、综合用地和其他用地五十年。

第八章 生产经营

第三十八条 外商投资企业的水、电、气供应，纳入各地区计划。收费标准与当地国有企业同等对待，交纳人民币。

外商投资企业可以使用原有电网，也可以申请架设专用线。凡架设输电专用线的，保证供应生产用电。

第三十九条 外商投资企业生产所需原辅材料，可以自行在国内外采购，也可以通过物资行政管理部门组织供应。

第四十条 外商投资企业建设工程及生产经营所需资金，均可向开户银行申请贷款。经有权机关批准，外商投资企业可以发行三年期以下的企业债券。

第四十一条 外商投资企业的货物运输，铁路、公路、水运和民用航空部门按国有企业同等对待，统筹安排。

第九章 劳动人事

第四十二条 外商投资企业有权自行确定企业内部机构设置和人员编制。所需的工人、专业技术人员和经营管理人员，由企业自主招聘。需要跨地区招聘的，按国家有关规定办理。各单位应予支持，允许流动。外商投资企业要为中方职工建立待业保险、养老保险、医疗保险和工伤保险，并在劳动保护等方面，按照国家有关法律法规的规定，保障员工的合法权益。

第四十三条 外商投资企业可以聘用国家分配的应届毕业研究生和大中专毕业生，也可以聘用留学回国人员。外商投资企业如需聘用应届毕业的大中专生、研究生，应向省人才交流中心提出申请，列入国家分配计划。

被聘用到外商投资企业的专业技术和经营管理人员、应届毕业的研究生和大中专毕业生，其人事档案由当地政府人事部门人才交流机构管理。

第四十四条 外商投资企业员工的聘用或解聘，由企业依法自行决定。外商投资企业与员工因履行劳动合同发生争议，由劳动争议仲裁机构仲裁。对仲裁不服的，可依法向人民法院起诉。

外商投资企业聘用的高级管理人员，在聘用期内，未经董事会或其决策机构同意，任何单位不得调动。

第四十五条 外商投资企业可自行确定员工的工资水平、工资形式、津贴及奖惩制度等。

第十章 其 他

第四十六条 外商的投资企业与国内企业再合营，外国投资者的投资比例在25%以上，经申请批准，可视同外商投资企业，享受本条例规定的优惠。

第四十七条 外商投资企业的外籍员工，在四川省行政区域内的旅游涉外饭店食宿和在医院就医，凭对外经济贸易行政管理部门颁发的有效证件用人民币结算，并按国内公民同质同价对待。

第四十八条 外商投资企业安装、租用电信设施，邮电部门应优先办理，安装费用和国内电信费用的收费标准等同国有企业，以人民币计收。

第四十九条 外商投资企业需要派人出国考察、推销等，其出国手续由企业直接向省对外经济贸易行政管理部门申报。

外商投资企业外籍员工及其随行眷属因商务活动需要多次出入境者，可向公安机关申请办理在一定期限内可多次出入境的证件。

第五十条 外国的投资者，可委托在大陆的亲友为代理人，参加外商投资企业的管理。

外国投资者可在四川省行政区域内的城镇购买自用住宅，并可转让和继承。

第五十一条 对引荐外资有贡献的单位和个人，可给予表彰、奖励。

第五十二条 对违反本条例规定的单位和个人，外国投资者和外商投资企业可向四川省各级人民政府对外经济贸易行政管理机关申诉和举报，直至向人民法院起诉。

第十一章 附 则

第五十三条 香港、澳门、台湾同胞和华侨在四川省行政区域内投资的，除法律、法规另有规定者外，按本条例执行。

第五十四条 本条例具体应用中的问题由四川省对外经济贸易委员会解释。

第五十五条 本条例自公布之日起施行。

四川省《中华人民共和国妇女权益保障法》实施办法

（1994年4月2日四川省第八届人民代表大会常务委员会第八次会议通过，根据1997年10月17日四川省第八届人民代表大会常务委员会第二十九次会议《关于修改四川省〈中华人民共和国妇女权益保障法〉实施办法的决定》修正）

第一章 总 则

第一条 为了保障妇女的合法权益，根据《中华人民共和国妇女权益保障法》和有关法律、法规，结合四川实际，制定本办法。

第二条 妇女在政治权利、文化教育权益、劳动权益、人身权益、婚姻家庭财产权益等方面，与男子一律平等。

第三条 保障妇女合法权益是全社会的共同责任。国家机关、社会团体、企业事业单位和城乡基层群众性自治组织应按照《中华人民共和国妇女权益保障法》和本办法的规定，保障妇女合法权益。

公民应当自觉维护妇女的合法权益，对侵害妇女合法权益的行为应及时向有关部门举报，任何单位和个人不得压制和打击报复。

第四条 各级人民政府负责本办法的实施。

县级以上人民政府设立妇女权益保障委员会，负责督促、检查、指导、协调有关部门做好妇女权益保障工作。保障委员会的主任由同级人民政府的负责人担任。保障委员会的日常工作由同级妇女联合会承担。

乡（镇）人民政府和城市街道办事处应有专人负责妇女权益保障工作。

第五条 各级妇女联合会代表和维护妇女的利益，协助各级人民政府做好妇女权益保障工作。

工会、共产主义青年团应当在各自的职责范围内，做好妇女权益的保障工作。

第六条 农村村民委员会和城镇居民委员会应协助乡（镇）人民政府或城市街道办事处做好妇女权益保障工作。

第七条 各级人民政府鼓励和教育妇女自尊、自信、自立、自强，运用法律维护自身的合法权益。

妇女应当遵守国家法律，尊重社会公德，履行法律所规定的义务。

第二章 政治权利

第八条 各级人民代表大会的代表中应当有适当数量的妇女代表，并逐步提高妇女代表的比例。

第九条　各级人民政府应当积极培养和选拔女干部。国家机关、社会团体、企业事业单位在任用干部时，应坚持男女平等的原则。各级人民政府的领导成员中，应有适当数量的妇女。

民族自治地方应当根据有关法律、法规，结合本地实际，培养和选拔少数民族妇女干部。

第十条　职工代表大会和工会委员会中，女职工代表应占适当比例。

第十一条　农村村民委员会和城镇居民委员会成员中，应当有妇女。村（居）民委员会可设立妇女委员会。

第十二条　各级妇女联合会及其团体会员，应当有计划地推荐女干部。

国家机关、社会团体、企业事业单位要尊重妇女组织的推荐意见。

第三章　文化教育权益

第十三条　各级人民政府应重视发展妇女的文化、教育和体育事业，开展妇女文化、教育、体育活动，提高妇女自身素质。

第十四条　国家机关、社会团体、企业事业单位应当为妇女接受文化教育提供机会、创造条件。在入学、升学、出国留学、授予学位等方面不得对妇女作歧视性的规定。

第十五条　各类学校在招收新生时，除国家规定的特殊专业外，不得对女生附加条件，不得提高女生的录取分数线或限制女生录取比例。

第十六条　父母或其他监护人必须保证适龄女性少年儿童入学接受义务教育。

适龄女性少年儿童因患疾病或其他特殊情况需要免予入学或延缓入学的，应由其父母或其他监护人提出申请，经县级以上教育主管部门或乡级人民政府批准；患疾病的还应出具县级以上教育主管部门指定的医疗卫生机构的证明。

第十七条　初级中等以上各类学校应根据女性青少年的特点，开设青春期生理、心理常识课，保障青少年的身心健康发展。

第十八条　国家机关、社会团体、企业事业单位女职工参加进修、接受成人教育和职业技术培训，享有与男职工同等的权利。

女职工获得劳动模范、先进生产（工作）者、“三八红旗手”等荣誉称号的，在同等条件下可优先参加进修、接受成人教育和职业技术培训。

第十九条　地方各级人民政府应督促有关部门将扫除妇女文盲、半文盲的工作纳入成人教育总体规划，并制定年度实施计划。为女性文盲、半文盲在规定的脱盲期限内参加扫盲学习，达到脱盲标准创造条件。

第四章　劳动权益

第二十条　任何单位在录用职工或劳动组合时，除国家规定的不适合妇女的特殊工种和岗位外，不得以性别为由拒绝录用、聘用妇女或对妇女提高录用、聘用标准。

禁止任何单位和个人招收、雇（聘）用未满十六周岁的女性少年儿童务工、经商。

第二十一条　大学、中等专业学校和职业技术学校的女毕业生，享有与男生平等的就业机会和权利，任何单位和个人不得歧视。

第二十二条　任何单位均应遵守和执行国家有关女职工劳动保护、劳动保险、妇女保健等方面的规定，不断改善劳动环境和劳动条件，保护女职工的劳动安全和健康，禁止安排女职工从事国家规定的妇女禁忌的劳动。

第二十三条　女职工在经期、孕期、产期、哺乳期受特殊保护，任何单位不得以结婚、怀孕、产假、哺乳等为由辞退女职工或单方面解除劳动合同，降低其基本工资，不得擅自减少或取消其产假、晚育假或哺乳时间。

第二十四条　女职工享有与男职工同等的住房分配权和福利待遇。

任何单位在分配住房、集资建房、购房和确定职工其他福利待遇方面，不得对女职工做出歧视性规定。

第二十五条　任何单位辞退女职工或者给予女职工行政处分，应征求本单位妇女组织的意见。

第二十六条　建立职工生育社会保险制度。由政府劳动部门所属的社会保险机构统一筹集、建立职工生育保险基金。具体办法由省人民政府制定。

第五章　人身权利

第二十七条　妇女的人身权利不受侵犯。

禁止殴打、虐待、侮辱、歧视家庭中的女性成员或雇（聘）用的女性员工。被殴打、虐待、侮辱、歧视的妇女向有关部门投诉的，有关部门应及时查处。

禁止溺、弃、残害女婴；禁止歧视、虐待生育女婴的妇女和不生育、无生育能力的妇女；禁止用迷信、暴力手段残害妇女；禁止虐待、遗弃老年妇女。

第二十八条　禁止拐卖、绑架妇女或收买被拐卖、绑架的妇女。

乡（镇）人民政府、城市街道办事处和有关部门应当妥善安排回家乡的被拐卖妇女的生产和生活，任何单位和个人不得歧视。

第二十九条　禁止卖淫、嫖娼；禁止组织、强迫、引诱、容留、介绍妇女卖淫和提供色情服务。

收容教育卖淫妇女的场所应当加强文明管理，对被收容妇女应进行道德法律教育和性病检查、治疗。禁止对被收容妇女进行体罚，或以其他方式侵犯其人身权利。

第三十条　妇女按规定接受婚前健康检查，应由指定的医疗机构进行。禁止擅自增加婚前健康检查的项目。

不得利用健康检查和孕情检查歧视、侮辱妇女。

第三十一条　禁止任何单位和个人对怀孕妇女进行胎儿性别鉴定。

第六章　婚姻家庭财产权益

第三十二条　任何人不得利用封建迷信或家族关系干涉妇女婚姻和不生育自由；不得干涉妇女再婚或不再婚的自由。

第三十三条　妇女结婚或离婚后，可按户籍管理规定在男方户籍所在地或婚前户籍所在地安家落户。

农村妇女与城镇男子结婚，其户籍未迁往男方所在地的，婚前所在地应保留其户籍。

第三十四条　婚前个人所有但婚后由夫妻双方共同使用管理的房屋、贵重生活资料以及其他生产资料，夫妻按房改政策购买的房屋等，按规定应视为夫妻共有财产的，离婚时均按夫妻共有财产分割。双方另有约定的除外。

离婚时分割共有住房和其他财产，适当照顾女方和未成年子女。

第三十五条　夫妻共同租用的房屋，离婚后由男方继续租用的，女方另行租房居住有经济困难，男方应给予适当的经济帮助。

共同租用的房屋是指：

（一）婚前由男方承租的房屋，婚姻关系存续五年以上的；

（二）婚后以男方名义承租的房屋；

（三）婚姻关系存续期间因动迁而取得租用权的房屋；

（四）夫妻双方为同一单位职工租用本单位的房屋；

（五）其他认定为夫妻共同租用的房屋。

第三十六条　夫妻居住男方单位的房屋，离婚时女方无房居住的，女方单位应予解决，确实无法解决或女方无单位的，男方应帮助解决或给予一次性经济帮助。

第三十七条　夫妻离婚后女方发现男方在离婚时隐瞒夫妻共有财产的，可以向人民法院提起诉讼或向人民检察院提出申诉，要求重新处理。

第三十八条　任何人不得干涉离婚妇女或丧偶妇女处理个人财产或携带个人财产再婚。

第七章　法律责任

第三十九条　妇女的合法权益受到侵害时，被侵害人有权要求有关主管部门处理或者依法向人民法院提起诉讼；也可向妇女组织投诉，妇女组织有权要求和督促有关部门及时查处。

第四十条　违反本办法侵害妇女合法权益，其他法律、法规有处罚规定的，按其规定处罚。

第四十一条　有下列侵害妇女合法权益行为之一尚不构成犯罪的，由其户籍所在地或经常居住地的乡（镇）人民政府、城市街道办事处予以批评教育；属干部、职工的，由所在单位或上级主管部门责令改正，并根据其情节轻重给予行政处分：

（一）利用封建迷信或家族关系干涉妇女婚姻自由的；

（二）歧视、虐待生育女婴或不生育、无生育能力妇女的；

（三）拒绝妇女按照本办法或有关户籍管理规定落户的；

（四）虐待家庭中的女性成员或雇（聘）用的女性员工的；

（五）侵害妇女其他合法权益的。

第四十二条　擅自进行婚前医学检查或增加婚前医学检查项目的，由县级以上卫生行政部门按照有关法律、法规的规定处理。

第四十三条　国家机关、社会团体、企业事业单位和城乡基层群众性自治组织侵害妇女合法权益的，依法追究有关领导人员和直接责任人员的责任。

第四十四条　当事人对按照本办法第四十一条的规定所做出的行政处罚决定不服的，可以根据有关法律、法规申请复议或提起诉讼。

第八章　附　则

第四十五条　本办法由四川省人民代表大会常务委员会解释。

第四十六条　本办法自公布之日起施行。《四川省保护妇女儿童合法权益的若干规定》同时废止。

四川省《中华人民共和国水土保持法》实施办法

（1993年12月15日四川省第八届人民代表大会常务委员会第六次会议通过，根据1997年10月17日四川省第八届人民代表大会常务委员会第二十九次会议《关于修改四川省〈中华人民共和国水土保持法〉实施办法的决定》修正）

第一章　总　则

第一条　为预防和治理水土流失，保护和合理利用水土资源，减轻水、旱、风沙灾害，改善生态环境，更好地发展生产，根据《中华人民共和国水土保持法》（以下简称《水土保持法》）和《中华人民共和国水土保持法实施条例》（以下简称《条例》）及有关法律、法规，结合四川实际，制定本办法。

第二条　本办法所称水土保持，是指对自然因素和人为活动造成的水土流失采取的预防和治理措施。

第三条　凡在四川省行政区域内，从事可能引起水土流失的自然资源开发、生产建设及其他活动的单位和个人，必须遵守《水土保持法》、《条例》和本办法。

第四条　国家对水土保持工作实行预防为主，全面规划，综合防治，因地制宜，加强管理，注重效益的方针。

开发、利用水土资源的单位和个人，应负责对所开发、利用水土资源的保护。造成水土流失的，应负责治理。

第五条　地方各级人民政府必须把水土保持工作列为重要职责，应当加强水土保持的宣传教育工作，普及水土保持科学知识，鼓励开展水土保持科学技术研究，提高水土保持科学技术水平，推广水土保持的先进技术，有计划地培养水土保持科学技术人才。

第六条　四川省水行政主管部门主管全省的水土保持工作。市（地、州）、县（市、区）水行政主管部门主管本行政区域的水土保持工作。各级水行政主管部门的水土保持监督管理机构，主管本辖区水土保持工作的具体事务。水土保持监督队伍应当保持相对稳定。

有关部门按照《水土保持法》和《条例》及本办法规定，在当地政府统一领导下，与水行政主管部门密切配合，作好与水土保持相关的工作。

第七条 县级以上地方人民政府的水行政主管部门，应当在调查评价水土资源的基础上，会同有关部门编制水土保持规划。水土保持规划须经同级人民政府批准。县级以上地方人民政府批准的水土保持规划，须报上一级人民政府水行政主管部门备案。水土保持规划的修改，须经原批准机关批准。

第八条 一切单位和个人都有权对下列破坏水土资源、造成水土流失的行为之一的单位和个人，向当地人民政府水行政主管部门或者其他有关部门进行检举、揭发：

（一）毁林或毁草场开垦，破坏植被的；

（二）违法开垦荒坡地的；

（三）向江河、水库、输水渠道、湖泊和指定以外的自然排洪沟渠倾倒砂、石、土、尾矿、废渣的；

（四）破坏水土保持设施的；

（五）有破坏水土资源、造成水土流失的其他行为的。

第九条 地方各级人民政府或其水行政主管部门应对下列单位或个人给予表彰、奖励：

（一）预防、治理水土流失，管理水土保持设施成绩突出、效益显著的；

（二）同破坏水土保持行为作斗争成绩显著的；

（三）对水土保持科学技术有重大发明、创造、革新或在水土保持工作其他方面有重大贡献的；

（四）在水土保持教育、宣传、技术推广或管理工作中取得显著成效的。

第二章 预 防

第十条 禁止毁林开垦、烧山开荒和在陡坡地、干旱地区铲草皮、挖树兜。

禁止在崩塌滑坡危险区、泥石流易发区取土、挖砂、采石。

禁止在铁路、公路、堤防、河道、渠道、水工程界定的管护区范围内开山采石、挖土和堆弃土石、尾矿、废渣等。

崩塌滑坡危险区、泥石流易发区的范围，由县级以上地方人民政府划定并公告。

第十一条 禁止在二十五度以上陡坡地开垦种植农作物。

禁止开垦的陡坡地的具体范围由当地县级人民政府划定并公告。

本办法实施前已在禁止开垦坡度以上的陡坡地上开垦种植农作物的，应在建设基本农田的基础上，根据实际情况，逐步退耕，植树种草恢复植被；短期内不能退耕的，应由县级人民政府做出规划，逐步修成梯地、梯田，或者采取其他水土保持措施。

第十二条 依法申请开垦荒坡地的，必须同时提出防止水土流失的措施。开垦禁止开垦坡度以下、五度以上集体所有的荒坡地，必须经县级人民政府水行政主管部门所属的水土保持监督管理机构批准；开垦国有荒坡地，必须经县级人民政府水行政主管部门所属的水土保持监督管理机构同意后，方可向县级以上人民政府申请办理土地开垦手续。

本办法实施前已在禁止开垦坡度以下、五度以上的坡地上开垦种植农作物的，必须采取水土保持耕作措施，有条件的应当逐步改造梯地或梯田。

第十三条 对禁止开垦坡度以上的荒坡地，不得全垦整地造林。在五度以上，禁止开垦坡度以上坡地整地造林，抚育幼林和栽种经济林木，必须采取水土保持措施，防止水土流失。

第十四条 在山区、丘陵区修建铁路、公路、水工程，开办矿山企业、电力企业和其他大中型工业企业，其建设项目环境影响报告书中的水土保持方案必须先经过科学论证。论证所需费用，在建设项目可行性研究费中列支。论证后的水土保持方案，经该项目审批权限的同级人民政府水行政主管部门批准后，计划部门方能审批立项。

山区、丘陵区已建和在建的工矿企业和各种工程项目，造成水土流失尚未治理的，应采取水土保持措施，并自本办法实施之日起一年内编制水土保持方案，报该工程审批权限的同级人民政府水行政主管部门批准后，由工程所在地的水土保持监督管理机构监督实施。

水土保持方案，按《水土保持法》第十八条的规定编制。

第十五条 在山区、丘陵区依照《矿产资源法》的规定开办乡镇集体矿山企业和个体采矿，必须持有县级以上地方人民政府水行政主管部门同意的水土保持方案，方可申请办理采矿批准手续。

第十六条 山区、丘陵区的工程建设项目，其水土保持方案按工程审批权限，由同级人民政府水行政主管部门审批。

第十七条 山区、丘陵区建设项目中的水土保持设施，必须与主体工程同时设计、同时施工、同时投产使用。建设工程中的水土保持设施验收，应当有水行政主管部门参加并签署意见。水土保持设施验收不合格的，建设工程不得投产使用。

第十八条 在林区采伐林木的，其采伐方案中必须有经水行政主管部门同意的采伐区水土保持措施。林业行政主管部门批准采伐方案后，应当将采伐方案抄送水行政主管部门，共同监督实施采伐区水土保持措施。

第十九条 对水行政主管部门投资营造的水土保持林、水源涵养林和防风固沙林进行抚育更新性质的采伐时，所提取的育林基金必须用于营造水土保持林、水源涵养林和防风固沙林。

第二十条 山区、丘陵区的乡（镇）、村和农场、林场、牧场应建立封山育林、育草制度。用木材培育木耳、香菇、烧木炭、砖瓦，从事挖药材、开石等农副业生产，应防止破坏植被造成水土流失。

第二十一条 任何单位和个人不得侵占、破坏水土保持设施和水土保持试验场地。

单位和个人在建设和生产过程中，因建设、生产确需而不得不损坏水土保持设施的，应当向直接管理该设施的水行政主管部门交纳所损坏部分的补偿费。其补偿费必须专项用于水土保持设施建设。

第三章 治 理

第二十二条 县级以上地方人民政府应根据水土保持规划，以小流域为单位，组织有关部门和单位有计划地对水土流失进行治理，并建立水土流失综合防治体系。

小流域的水土流失治理，由县级以上地方人民政府水行政主管部门依据本行政区域的水土保持规划，制定实施方案和设计任务书，治理完成后按国家小流域治理标准验收。

第二十三条　国有土地的水土流失，由地方人民政府或土地使用单位负责治理；集体所有土地的水土流失，由农业集体经济组织或土地承包人负责治理。

第二十四条　治理水土流失应贯彻自力更生为主、国家补助为辅、依靠群众劳动积累的原则。鼓励水土流失的农业集体经济组织和农民投资投劳，结合治理水土流失，对土地进行综合开发、利用，谁治理谁受益。

农民依照承包合同进行水土流失治理，在修建梯田、梯地中增加的耕地面积归承包者使用，并按有关政策规定，对农业税或农林特产税给予减征或免征。

单位、个人在水土流失的荒山、荒坡、荒沟投资投劳，承包栽种的经济林、果木林及其果实，归承包者所有，并从受益当年起，五年内按有关规定减征或免征农林特产税。在承包合同有效期内，若承包人死亡时，继承人可以依照承包合同的约定继续承包。

第二十五条　地方各级人民政府应将水土保持规划确定的任务，纳入国民经济和社会发展计划，安排专项资金，进行重点治理。随着财政收入的增长，其专项资金应逐步增加。

有水土流失防治任务的地方，应从小型农田水利补助费中安排10%—20%的经费用于水土保持。

县级以上地方人民政府可从水土保持经费中，安排部分资金实行有偿使用，实行有偿使用的资金，必须专项用于水土保持，设立专账，周转使用。

第二十六条　基本建设和生产过程中产生的土、石、废渣或尾矿、尾渣等，其堆放应符合水土保持规定，并视当地情况采取修筑拦渣坝、围渣堰及覆土造地等措施对废弃物进行妥善处理。本办法实施前，已建或者在建并造成水土流失的生产建设项目、已堆放的土、石、废渣或尾矿、尾渣不符合水土保持规定的，有关单位或个人应在本办法实施之日起一年内进行整治。

山区、丘陵区的露天采矿场或土建工程开挖面，应及时整修场地，植树种草，恢复植被。

第二十七条　已经发挥效益的水利、水电工程，应根据自身水土流失防治的需要，每年从收取的水费、电费中提取部分资金，由该水利、水电工程掌握，专项用于工程管护范围的水土保持。该水土保持工作由水行政主管部门分级负责组织检查验收。

第二十八条　任何单位和个人在建设和生产过程中，必须采取水土保持措施，对造成的水土流失负责治理。因技术等原因无力自行治理的，必须交纳防治费，由水行政主管部门统一组织治理。

建设项目中的水土流失防治费用，从基本建设投资中列支；生产过程中发生的水土流失防治费用，从生产费用中列支。

防治费的收取标准和使用管理办法由省水行政主管部门会同省财政、物价部门制定。

第四章　监　督

第二十九条　省水行政主管部门根据国务院水行政主管部门的统一部署，建立水土保持监测网络，对全省的水土流失动态进行监测预报并定期公告。市（地、州）、县（市、区）水行政主管部门根据省水行政主管部门的部署，负责监测本行政区域的水土流失动态、防治情况和效益等，并定期公告。

水土保持监测网络的具体设置和管理办法，由省水行政主管部门根据国务院水行政主管部门的规定制定。

第三十条　县级以上地方人民政府水行政主管部门及其所属的水土保持监督管理机构，应当对《水土保持法》、《条例》和本办法的执法情况实施监督检查。

有水土流失防治任务的乡（镇）人民政府，应有专人负责本乡（镇）范围内的水土保持监督工作。

水土保持监督人员，凭县级以上地方人民政府颁发的《中国水土保持监督检查证》，有权对本行政区域的水土流失及防治情况进行现场监督检查。被检查单位或个人必须如实报告情况，不得隐瞒。

国家确定的水土流失重点防治区所在市（地、州）的水土保持监督人员，由省人民政府颁发《中国水土保持监督检查证》，有权对跨本辖区的国家确定的水土流失重点防治区水土保持工作进行现场检查监督。

第三十一条　水土保持监督人员必须经有关部门严格考核合格后，方能上岗工作。经考核合格的水土保持监督人员下岗，应经原考核部门批准，并收回《中国水土保持监督检查证》。其具体办法，由省水行政主管部门制定。

第三十二条　国家和地方安排的水土保持经费，其中20%用于预防、监督、管护。

第五章　法律责任

第三十三条　违反本办法规定有下列行为之一的，按《水土保持法》有关规定处罚；需要处以罚款的，按《条例》规定的标准执行：

（一）违反本办法第十条二款规定在崩塌滑坡危险区、泥石流易发区取土、挖砂、采石的；

（二）违反本办法第十一条一款规定，在禁止开垦坡度以上的陡坡地开垦种植农作物的；

（三）违反本办法第十二条一款规定，擅自开垦禁止开垦坡度以下，五度以上荒坡地的；

（四）违反本办法第十八条规定，在林区采伐林木不采取水土保持措施，造成严重水土流失的；

（五）违反本办法第二十八条一款规定，在生产和建设过程中造成水土流失不进行治理的。

第三十四条　违反本办法规定，有下列行为之一的，由县级以上地方人民政府水行政主管部门处罚；构成犯罪的，由司法机关依法追究刑事责任：

（一）违反本办法第十条一款规定的，责令立即停止破坏行为，限一年内植树种草，恢复植被，并处以造成的水土流失面积每平方米1—2元罚款。

（二）违反本办法第十三条规定，对禁垦坡度以上的荒坡地全垦整地造林的，责令立即停止违法行为，限期恢复植被。

（三）违反本办法第十七条规定的，责令立即停止违法行为，并可处以该项目水土保持设施造价5%—10%的罚款。

（四）违反本办法第十九条规定的，由水行政主管部门报请县级以上地方人民政府决定，责令限期改正。

（五）违反本办法第二十一条一款规定的，责令限期恢复原状，赔偿直接经济损失。

（六）违反本办法第二十六条规定的，责令停止违法行为，限期治理，并处以500—5000元的罚款。

第三十五条　本办法第三十四条所列违法行为发生在国家水土流失重点防治区内需要处以罚款的，其罚款标准应为各该项罚款的五至十倍。

第三十六条　因违法造成水土流失致使他人遭受损害的，应负损害赔偿责任。

第三十七条　拒绝、阻碍水土保持监督人员执行职务未使用暴力、威胁方法的，由公安机关依照《中华人民共和国治安管理处罚条例》的规定处罚；构成犯罪的，由司法机关依法追究刑事责任。

第三十八条　罚款按《四川省罚款和没收财物行政处罚管理办法》规定执行。

第三十九条　当事人对行政处罚决定不服的，可以在接到处罚通知之日起十五日内向做出处罚决定的机关的上一级机关申请复议；当事人也可以在接到处罚通知之日起十五日内直接向人民法院起诉。

复议机关应当在接到复议申请之日起六十日内做出复议决定。当事人对复议决定不服的，可以在接到复议决定之日起十五日内向人民法院起诉。复议机关逾期不做出复议决定的，当事人可以在复议期满之日起十五日内向人民法院起诉。

当事人逾期不申请复议也不向人民法院起诉，又不履行处罚决定的，做出处罚决定的机关可以申请人民法院强制执行。

第四十条　水土保持监督人员在执行职务时玩忽职守、滥用职权、贪赃枉法的，由所在单位或上级主管部门给予行政处分；构成犯罪的，由司法机关依法追究刑事责任。

第六章　附　则

第四十一条　本办法具体应用中的问题，由四川省水行政主管部门负责解释。

第四十二条　本办法自公布之日起施行。1983年5月9日四川省人民政府发布的《四川省水土保持工作细则》同时废止。

四川省禁毒条例

（1993年10月28日四川省第八届人民代表大会常务委员会第五次会议通过，根据1997年10月17日四川省第八届人民代表大会常务委员会第二十九次会议《关于修改〈四川省禁毒条例〉的决定》修正）

第一章　总　则

第一条　为了严惩走私、贩卖、运输、制造毒品和非法种植毒品原植物等犯罪活动，严禁吸食、注射毒品，保护公民身心健康，维护社会治安秩序，根据《全国人民代表大会常务委员会关于禁毒的决定》和有关法律、法规，结合四川实际，制定本条例。

第二条 本条例所称的毒品是指鸦片、海洛因、吗啡、大麻、可卡因、甲基苯丙胺以及国家管制的盐酸二氢埃托啡、杜冷丁等其他能够使人形成瘾癖的麻醉药品和精神药品。

第三条 严惩走私、贩卖、运输、制造毒品和非法种植毒品原植物等犯罪活动，严禁吸食、注射毒品，要实行综合治理的方针和专门机关与群众路线相结合、惩罚与教育相结合的原则，坚持有毒必肃、贩毒必惩、种毒必究、吸毒必戒。

第四条 各级人民政府组织、协调禁毒工作；公安机关是禁毒工作的主管部门。

第五条 公安机关、检察机关、审判机关、司法行政机关在禁毒工作中必须严格履行各自的法定职责。卫生、医药、民政、工商、化工、轻工、商业、海关、民航、铁路、交通、教育等有关部门和乡（镇）人民政府、街道办事处要各负其责，切实落实防范、管理、教育等措施，积极参与禁毒工作。一切国家机关、社会团体、企业事业单位以及村民委员会、居民委员会都负有在本辖区、本系统、本单位禁毒的责任，都要开展禁毒的宣传教育，配合做好禁毒工作。

第二章 处 罚

第六条 有下列情形之一的，依照《全国人民代表大会常务委员会关于禁毒的决定》追究刑事责任：

（一）走私、贩卖、运输、制造毒品的；

（二）非法持有鸦片二百克以上、海洛因十克以上或者其他毒品数量较大的；

（三）包庇走私、贩卖、运输、制造毒品的犯罪分子，为犯罪分子窝藏、转移、隐瞒毒品或犯罪所得的财物，或者掩饰、隐瞒出售毒品获得财物的非法性质和来源的；

（四）非法运输、携带醋酸酐、乙醚、三氯甲烷或其他经常用于制造麻醉药品和精神药品的物品进出境，或者明知他人制造毒品而为其提供这些物品的；

（五）非法种植罂粟五百株以上或其他毒品原植物数量较大，或者非法种植罂粟、大麻等毒品原植物经公安机关处理后又种植或抗拒铲除的；

（六）强迫、引诱、教唆、欺骗他人吸食、注射毒品的；

（七）容留他人吸食、注射毒品并出售毒品的；

（八）依法从事生产、运输、管理、使用国家管制的麻醉药品、精神药品的人员违反国家规定，向走私、贩卖毒品的犯罪分子或者向吸食、注射毒品的人提供国家管制的麻醉药品、精神药品的。

第七条 严禁在出售的食品、饮料等食物中掺入罂粟壳、罂粟籽等有害物品。对违反本规定的个人，由公安机关依照《中华人民共和国治安管理处罚条例》第三十一条第二款的规定处罚。对违反本规定的单位，由公安机关处五千元以上五万元以下罚款，并可责令停业整顿一至三个月，对单位的直接责任人和指使的主管人员依照《中华人民共和国治安管理处罚条例》第三十一条第二款的规定处罚。违反本规定构成犯罪的，由司法机关依法追究刑事责任。

第八条 有下列情形之一，尚不够追究刑事责任的，实行劳动教养，并由公安机关处一千元以上一万元以下罚款：

（一）容留、介绍他人吸食、注射毒品的；

（二）故意为他人提供吸食、注射毒品的器具的；

（三）非法买卖、运输罂粟籽、罂粟苗和其他毒品原植物种籽、幼苗的；

（四）强迫、诱使他人售给、注射国家管制的麻醉药品、精神药品的或者开具不符合有关规定的处方、证明以骗取国家管制的麻醉药品、精神药品的。

第九条　因毒品违法犯罪，受过刑事处罚、劳动教养或行政处罚后，又进行毒品违法活动，尚不够追究刑事责任的，实行劳动教养，从重处罚，并由公安机关处三千元以上一万元以下罚款。

第十条　吸食、注射毒品的，由公安机关处十五日以下拘留，可单处或者并处二千元以下罚款；吸食、注射毒品经强制戒除后又吸食、注射毒品的，实行劳动教养。

第十一条　任何单位和个人不得以任何理由在任何地方非法种植罂粟或其他毒品原植物。

非法种植罂粟不满五百株或其他毒品原植物数量较小的，由公安机关处十五日以下拘留，可并处三千元以下罚款；对非法种植的毒品原植物，由乡（镇）人民政府和公安机关强制铲除，村民委员会应积极协助。

非法种植毒品原植物，在收获前已经自动铲除的，可免除处罚。

第十二条　对于散存民间的鸦片、海洛因或其他毒品，任何人都必须向公安机关或乡（镇）人民政府主动交出。

非法持有鸦片不满二百克、海洛因不满十克或其他毒品数量较小的，由公安机关处十五日以下拘留，可单处或并处二千元以下罚款。

非法持有毒品数量较小，向公安机关或乡（镇）人民政府主动交出的，可从轻、减轻或免除处罚。

第十三条　有毒品违法犯罪活动的人员，向有关机关或所在单位主动交代问题，坦白供述自己的违法犯罪事实，或者检举他人违法犯罪事实以及有其他立功表现的，可从轻、减轻或免除处罚。

第十四条　强迫、引诱、教唆、欺骗未成年人进行毒品违法犯罪活动的，因毒品违法犯罪行为被处罚后又犯的，或者国家公务员及其他国家工作人员违法犯罪的，从重处罚。

第十五条　对多次进行毒品违法犯罪活动，未经处理的，毒品数量累计计算，从重处罚。

第三章　戒毒措施

第十六条　对吸食、注射毒品成瘾的人员，经县级以上公安机关决定，送戒毒所强制集中戒毒，期限为三个月至六个月，因戒毒需要延期的，经原作出强制戒毒决定的公安机关批准可以延期，但实际执行期限不得超过一年；毒瘾较轻的，由公安机关责令限期自行戒毒。

第十七条　县级以上人民政府根据需要，设立戒毒所。对于被送交戒毒所强制集中戒毒的人员，戒毒所必须接收。

对被强制集中戒毒人员的管理和教育，由公安机关负责；检查和治疗，由卫生部门负责。

第十八条　被强制集中戒毒的人员，在强制集中戒毒期间的生活费用和戒毒医疗费用自理。

第十九条　被强制集中戒毒的人员，在强制集中戒毒期间因毒瘾发作而自伤、自残或者死亡的，责任自负。

第二十条　对吸食、注射毒品成瘾的人员，在看守所、收容教育所等羁押场所羁押的，由公安机关负责对其强制戒毒；被移送劳动改造、劳动教养的，由劳改、劳教部门负责对其强制戒毒。

第二十一条 被责令限期自行戒毒的人员，要按照公安机关的要求定期报告戒毒情况。

被责令限期自行戒毒人员的亲属和所在单位、村民委员会、居民委员会要对被责令限期自行戒毒的人员做好帮教工作。

公安机关对被责令限期自行戒毒的人员要加强管理、教育和定期检查。

被责令限期自行戒毒的人员在限期内没有戒除毒瘾的，送戒毒所强制集中戒毒。

第二十二条 卫生部门应根据需要设立戒毒医疗机构，为被责令限期自行戒毒的人员和其他自行戒毒人员提供戒毒医疗服务。

第四章 防范与管理

第二十三条 违反《麻醉药品管理办法》、《精神药品管理办法》，生产、经营国家管制的麻醉药品、精神药品的，由卫生行政机关没收麻醉药品、精神药品和非法所得，处非法所得金额五倍至十倍的罚款，责令停业整顿，吊销生产、经营许可证；致使麻醉药品、精神药品流失社会，为走私、贩卖毒品的犯罪分子或者注射、吸食毒品的人所利用的，由公安机关处非法所得金额十倍的罚款，责令停业整顿，由卫生行政机关吊销生产、经营许可证；构成犯罪的，依法追究刑事责任。

第二十四条 违反《麻醉药品管理办法》、《精神药品管理办法》，利用工作方便，为他人或自己开具不符合有关规定的处方、证明，骗取麻醉药品、精神药品的，除由卫生行政机关没收麻醉药品、精神药品，由其所在单位给予行政处分外，并由公安机关处二千元以下罚款；致使麻醉药品、精神药品为走私、贩卖毒品的犯罪分子或者吸食、注射毒品的人所利用的，由公安机关处三千元以上五千元以下罚款；构成犯罪的，依法追究刑事责任。

第二十五条 对生产、经营醋酸酐、乙醚、三氯甲烷或者其他经常用于制造麻醉药品和精神药品的物品实行登记制度，对运输这些物品实行许可证制度，严格管理。具体办法由省人民政府规定。

第二十六条 违反有关规定，生产、经营醋酸酐、乙醚、三氯甲烷或者其他经常用于制造麻醉药品和精神药品的物品的，由有关主管机关处三千元以上三万元以下罚款，责令限期整顿；经整顿仍不改正的，处前次罚款金额五倍至十倍的罚款，对单位直接负责的主管人员和其他直接责任人员处三千元以上五千元以下罚款。

第二十七条 违反有关规定，运输醋酸酐、乙醚、三氯甲烷或者其他经常用于制造麻醉药品和精神药品的物品的，由公安机关吊销运输许可证，处一万元以上五万元以下罚款，责令限期整顿；经整顿仍不改正的，处前次罚款金额五倍至十倍的罚款，对单位直接负责的主管人员和其他直接责任人员处五千元以上一万元以下罚款。

第二十八条 为走私、贩卖、运输、制造毒品的犯罪分子收购、运输醋酸酐、乙醚、三氯甲烷或者其他经常用于制造麻醉药品和精神药品的物品而构成犯罪的，依法追究刑事责任。

第二十九条 旅馆业、娱乐服务业、交通运输业、出租房屋业等单位的有关人员和业主，不得为毒品违法犯罪提供任何方便条件。对发生的毒品违法犯罪活动，要及时报告公安机关，并采取有效措施予以制止。

为毒品违法犯罪活动提供方便条件的，由公安机关处一万元以下罚款；对单位直接负责的主管人员和其他直接责任人员，由公安机关处五千元以下罚款；构成犯罪的，依法追究刑事责任。

对发现的毒品违法犯罪活动知情不举或不采取措施予以制止的，由公安机关处三千元以下罚款；对单位直接负责的主管人员和其他直接责任人员，由公安机关处一千元以下罚款。

公安机关还可责令上述单位和业主限期整顿；经整顿仍不改正的，处前次罚款金额三倍至五倍的罚款。

第五章 其他规定

第三十条 公民发现有毒品违法犯罪活动的，都应当向有关机关检举、揭发。对检举、揭发毒品违法犯罪活动的公民，各级人民政府及其有关部门应当予以保护和奖励。

对检举、揭发毒品违法犯罪活动的公民进行打击报复的，依法给予治安处罚；构成犯罪的，依法追究刑事责任。

第三十一条 阻碍禁毒工作人员执行公务的，依法给予治安处罚；构成犯罪的，依法追究刑事责任。

第三十二条 对查获的毒品、经常用于制造麻醉药品和精神药品的物品、吸食注射毒品的器具以及毒品违法犯罪的其他工具，依法予以全部没收，按照有关规定处罚。

第三十三条 对毒品违法犯罪的非法所得、由非法所得所获得的收益以及供毒品违法犯罪使用的财物，依法予以全部没收。

禁毒罚款和没收必须出具省财政厅监制的禁毒罚没专用收据，并全部上交县级以上财政，任何单位和个人都不得以任何理由截留、提成或私分。

第三十四条 禁毒工作所需经费由地方财政及时拨付。禁毒经费必须专款专用，不得挪作他用。

第三十五条 禁毒工作人员在禁毒工作中包庇或者私放违法犯罪人员、徇私舞弊、敲诈勒索、贪污受贿、玩忽职守等构成犯罪的，依法追究刑事责任。

第三十六条 国家公务员及其他国家工作人员进行毒品违法犯罪活动的，除依法处理外，其所在单位或主管机关要给予行政处分直至开除公职。

第三十七条 对依照本条例作出的行政处罚、行政强制措施不服的，可在接到通知之日起十五日内向上一级主管机关申请复议；对行政复议决定不服的，可在接到复议决定书之日起十五日内向人民法院提起诉讼。

第六章 附 则

第三十八条 本条例具体应用中的问题，由省公安厅负责解释。

第三十九条 本条例在四川省行政区域内适用。

第四十条 本条例自公布之日起施行。

四川省饮用水水源保护管理条例

（1995年10月19日四川省第八届人民代表大会常务委员会第二十七次会议通过，根据1997年10月17日四川省第八届人民代表大会常务委员会第二十九次会议批准的《关于修改〈四川省饮用水水源保护管理条例〉的决定》修正）

第一章　总　则

第一条　为防治饮用水水源污染，保障人体健康，促进经济建设发展，根据《中华人民共和国水污染防治法》等法律、法规，结合四川实际，制定本条例。

第二条　四川省行政区域内所有集中式供水的生活饮用水水源保护管理工作，均适用本条例。

第三条　各级人民政府应当对本行政区域内的饮用水水源质量负责，把保护饮用水水源规划纳入城市总体规划、城市环境综合整治和水污染防治规划、计划，加强市政工程设施建设，保证饮用水水源保护区的水质符合规定标准。

第四条　县级以上人民政府环境保护行政主管部门对所辖行政区域的饮用水水源保护实施统一监督管理。

各级建设、卫生、水利、地矿、交通、林业、农业、乡镇企业等有关行政主管部门，依照各自职责，协同环境保护行政主管部门对饮用水水源的保护实施监督管理。

第五条　一切单位和个人都有保护饮用水水源的义务，并有权对污染和损害饮用水水源的行为进行检举。

第六条　对保护饮用水水源有显著成绩的单位和个人，由人民政府给予表彰奖励。

第二章　饮用水水源保护区的划分和水质标准

第七条　按照不同的取水方式，饮用水水源保护区划分为地表水源保护区、地下水源保护区。根据防护要求，分别划分为一级保护区、二级保护区和准保护区。

地表水源保护区陆域划分按照水域正常水位线起算。

第八条　江河饮用水水源保护区一般划分为：

一、一级保护区，从取水点起算，上游1000米至下游100米的水域及其河岸两侧纵深各200米的陆域；

二、二级保护区，从一级保护区上界起上溯2500米的出域及其河岸两侧纵深各200米的陆域；

三、准保护区，从二级保护区上界起上溯5000米的水域及其河岸两侧纵深各200米的陆域。

第九条　湖泊、水库饮用水水源保护区一般划分为：

一、一级保护区，以取水点为中心，半径500米范围内的水域、陆域；渠道上从输出口至取水点的水渠水域及其两侧纵深各200米内的陆域；

二、二级保护区，包括一级保护区以外的水域和正常蓄水线以上200米内的陆域以及从流入湖泊、水库的河流的入口上溯2500米的水域及其河岸两侧纵深各200米内的陆域；

三、准保护区，从二级保护区河道上界起上溯5000米的水域及其河岸两侧纵深各200米内的陆域。

第十条 各地根据具体情况，对第八条、第九条规定确需调减范围的，应当报经上级人民政府批准。

第十一条 地下水饮用水源保护区一般划分为：

一、一级保护区，以取水井为中心，半径30米范围内；

二、二级保护区，以取水井为中心，半径30米至2倍影响半径内；

三、准保护区，根据地下水的补给径流条件确定。

承压含水层的地下水饮用水源保护区，由各地根据含水层水文地质条件和埋藏条件划定。

第十二条 饮用水水源保护区由省人民政府依法划定。

省人民政府可以委托市、州人民政府、地区行政公署划定饮用水水源保护区，具体办法由省人民政府另行规定。

第十三条 划定饮用水水源保护区应明确其地理界线。饮用水厂，必须在保护区边界设置标志牌或标志桩。

第十四条 地表水饮用水源保护区的水质标准应当符合下列规定：

一、一级保护区的水质不得低于国家规定的地表水二类环境质量标准；

二、二级保护区的水质不得低于国家规定的地表水三类环境质量标准；

三、准保护区的水质按国家规定的地表水期环境质量标准中的三类标准控制。

第十五条 地下水饮用水源保护区的水质标准应符合国家规定的生活饮用水卫生标准的要求。

第十六条 跨行政区域的河流、湖泊、水库、输水渠道，其出境水质应符合《四川省地面水水域功能划类管理规定》的要求。

第三章 地面水饮用水源的保护

第十七条 地表水饮用水源一级、二级保护区和准保护区内禁止从事下列活动：

一、破坏水源涵养林、护岸林或者与水源保护相关的植被；

二、倾倒工业废渣、生活垃圾、粪便及其他废弃物；

三、装载有毒有害物质、油类、粪便而无防渗、防溢、防漏设施的船舶和车辆通过保护区；

四、使用剧毒和高残留农药；

五、使用炸药、毒药捕杀水生动物。

第十八条 地表水饮用水源级保护区内禁止从事下列活动：

一、向水域排放污水；

二、新建、改建、扩建对水源有污染危害的建设项目；

三、放养禽畜和从事网箱养殖；

四、从事旅游和其他可能污染水源的活动；

五、集中堆放工业废渣、生活垃圾、粪便和其他废弃物；

六、建立墓地和掩埋动物尸体；

七、新建港口、码头。

本条例施行前已有的排污口责令限期拆除或改道。

第十九条　地表水饮用水源二级保护区内，必须遵守下列规定：

一、不得新建扩建严重污染水域的建设项目，改建和技术改造项目必须削减污染物排放量；

二、已有的排污口必须削减污染物排放总量，保证保护区内水质符合地表水三类环境质量标准；

三、根据水质水量，严格控制网箱养殖规模。

第二十条　地表水饮用水源准保护区内，必须遵守下列规定：

一、不得新建小型制浆造纸、印染、化工、制革、电镀、土焦及其他严重污染水源的项目；

二、向水域排放污水，严格实行浓度和总量双控制。

第四章　地下水饮用水源的保护

第二十一条　地下水饮用水源一、二级保护区和准保护区内禁止从事下列活动：

一、破坏水源涵养林和水源保护相关的植被；

二、利用渗坑、渗井、裂隙、溶洞等排放污水和其他废弃物；

三、利用透水层孔隙、裂隙、溶洞和废弃矿坑储存油类、放射性物质、有毒有害化工物品、农药等；

四、设置垃圾、粪便和易溶、有害废弃物集中堆放场或转运站。

从事地质钻探过程中，须采取防护措施，防止污染地下水源。

第二十二条　地下水饮用水源一级保护区内，还应禁止从事下列活动：

一、建设与取水设施无关的建筑物或者构翁物；

二、建设输送污水的渠道。

第二十三条　地下水饮用水源二级保护区内不得从事下列活动：

一、新建化工、电镀、皮革、制浆造纸、冶炼、放射性、印染、炼焦、炼油及其他严重污染建设项目；

二、擅自凿井取水；

三、堆放化工原料、矿物油类及有毒有害物品；

四、建立墓地和掩埋动物尸体。

地下水饮用水源一、二级保护区内，对已建成的污染严重的建设项目，应当责令限期治理或者转产、搬迁。

第二十四条　地下水饮用水源准保护区内必须遵守下列规定：

一、人工回灌水的水质不得低于国家规定的地面水三类环境质量标准；

二、农田灌溉水质应当符合国家农田灌溉水质标准；

三、科学施用农药、化肥。

第五章　监督管理

第二十五条　各级人民政府应当对本辖区饮用水水源的保护工作统筹规划，组织协调，监督有关部门按各自的职责分工搞好饮用水水源的保护工作。

第二十六条　县级以上人民政府环境保护行政主管部门的主要职责是：

一、组织有关部门制定饮用水水源保护区水污染防治规划并监督实施；

二、依法实施水污染物排放许可证制度；

三、组织对饮用水水源二级保护区、准保护区及排污单位排污口的水质监测；

四、监督、检查饮用水水源保护区内水污染防治法律、法规的执行。

第二十七条　建设行政主管部门应当会同有关部门制定城市总体规划，饮用水供水计划，合理设置取水口，按照饮用水水源保护区水污染防治规划调整不合理的取水口，督促取水单位设置保护区标志牌、桩。并负责督促有关单位对饮用水水源保护区的陆域的废渣、垃圾进行清除，以及排水管网设施和污水、生活废弃物处理设施的建设管理。

第二十八条　水利、地矿、建设行政主管部门应当按照各自的职责分工加强水资源的管理、水源保护和水质监测，参与水污染防治规划的制订，协同环境保护行政主管部门对水污染防治实施监督。

第二十九条　卫生行政主管部门负责一级保护区内饮用水水源的水质卫生监测和卫生监督管理，参与保护区的划定和水污染防治规划等工作。

第三十条　农业行政主管部门应当对饮用水水源保护区内农药、化肥施用和禽畜粪便处理加强管理。

乡镇企业行政主管部门应加强饮用水源保护区内乡镇企业废水、废渣的监督管理。

第三十一条　交通部门的港航监督机关负责监督责任单位收集、处理船舶含油污水和废弃物，并按照水污染防治规划，会同有关部门对布局不合理的码头进行调整，参与有关通航水域取水工程的审批，加强对饮用水水源保护区内通航水域船舶污染的监督。

第三十二条　林业行政主管部门负责饮用水水源保护区的水源涵养林及相关植被的保护和管理。

第三十三条　发生饮用水水源污染事故的单位，必须迅速采取措施，通知有关取水单位，并立即报告当地人民政府和环境保护、卫生、水利等部门。

第三十四条　出现饮用水水源受到严重污染或威胁供水安全等紧急情况时，当地人民政府应当采取强制性应急措施，责令排污单位停止生产和消除污染。

第三十五条　各级环境保护行政主管部门或者依法行使环境监督管理的部门，有权对管辖范围内的排污单位进行现场检查，被检查单位必须如实反映情况，提供资料，不得以任何借口拒绝或者妨碍检查人员执行公务。

检查人员执行公务时，应当出示行政执法证件，并有责任为被检查单位保守技术、业务秘密。

第六章　法律责任

第三十六条　违反第十七条（二）；第十八条（五）；第二十一条（一）、（三）、（四）；第二十三条（三）规定的，依照《中华人民共和国水污染防治法实施细则》第三十一条（四）条规定予以处罚。

第三十七条　违反第十八条第二款排污口限期改道和第二十三条第二款限期治理规定的，依照《中华人民共和国水污染防治法实施细则》第三十二条的规定予以处罚。

第三十八条　违反第十八条（一）、（二）；第十九条（一）、（二）；第二十条（一）、（二）；第二十二条（一）、（二）；第二十三条（一）规定的责令限期拆除或关闭，并处以罚款，对单位处以5000元以上10万元以下，对个人处以300元以上3000元以下的罚款。

第三十九条　违反第十八条（三）、（四）；第十九条（三）规定的，对单位处以500元以上1万元以下的罚款，违反第十八条（六）、第二十三条（四）规定的，对单位处以1000元以上1万元以下的罚款。

对违反前款规定的个人处以：100元以上3000元以下的罚款。

第四十条　罚款由环境保护行政主管部门决定，责令停业、限期治理或限期拆除，由县以上人民政府决定。

第四十一条　本条例规定的罚款收缴按照《中华人民共和国行政处罚法》执行。

第四十二条　对违反本条例规定被处罚的单位和个人，并不免除消除污染、排除危害和赔偿损失的责任。

第四十三条　当事人对行政处罚决定不服的，可以在接到处罚通知之日起十五日内，向做出处罚决定的机关的上一级机关申请复议，也可以直接向人民法院起诉；对复议决定不服的，可以在接到复议决定书之日起十五日内，向人民法院起诉。当事人逾期不申请复议，也不向人民法院起诉、又不履行处罚决定的，由做出处罚决定的机关申请人民法院强制执行。

第四十四条　造成饮用水水源重大污染事故，导致公私财产重大损失或者人身伤亡后果，构成犯罪的，依法追究刑事责任。

第四十五条　拒绝、妨碍检查人员依法执行公务的，由公安机关依照《中华人民共和国治安管理处罚条例》的规定予以处罚；构成犯罪的，依法追究刑事责任。

第四十六条　各级环境保护行政主管部门和依法行使环境监督管理部门的工作人员玩忽职守、滥用职权、徇私舞弊、索贿受贿的，由有关部门给予行政处分；构成犯罪的，依法追究刑事责任。

第七章　附　则

第四十七条　农村分散式饮用水水源的保护，按照国家规定的《农村实施生活饮用水卫生标准准则》执行。

第四十八条　饮用水水源保护区以外的水源保护按照《中华人民共和国水污染防治法》执行。

第四十九条　本条例具体应用中的问题由四川省环境保护行政主管部门解释。

第五十条　本条例自公布之日起施行。

四川省预防控制狂犬病条例

（1997年10月17日四川省第八届人民代表大会常务委员会第二十九次会议通过）

第一章　总　则

第一条　为了预防、控制和逐步消灭狂犬病，保障公民人身安全，根据国家有关规定，结合本省实际，制定本条例。

第二条　预防控制狂犬病，以预防为主，实行犬只综合管理。对任何犬只都必须进行登记、免疫、检测。

第三条　地方各级人民政府对预防控制狂犬病工作要加强组织领导和督促检查。

本条例卫生厅会同公安、工商、畜牧行政部门，按各自的分工，负责实施和监督执行。

第四条　四川省境内的城乡机关、团体、部队、学校、企事业单位和全体公民，都必须遵守本条例，并对违反者有权制止、报告。

第二章　犬只管理

第五条　城市（城镇）、近郊区、工矿区、游览区、港口、码头、车站和机场为犬只限养区。

发生人、畜狂犬病的城市街道、农村居民点及其附近一至三公里范围内，自发生疫情三年内为狂犬病疫点。疫点所在的县（市、区），自发生疫情三年内为狂犬病疫区。与疫区毗邻的非疫区街道、农村，自发生疫情三年内为狂犬病防护带。

第六条　疫点禁止养犬。

农村的疫区、狂犬病防护带养犬，须经当地乡、镇人民政府批准；限养区内除警卫犬、军犬、科研犬、观赏犬、演艺犬外，一律禁止饲养其他犬只。限养区饲养的犬只，须经当地县（市、区）公安机关批准。经批准养犬的，由批准机关发给准养证书。

观赏犬的具体种类由省畜牧行政部门会同省公安机关确定、公布。

第七条　饲养犬只，犬主必须带犬到当地畜禽防疫机构进行犬只登记、免疫，领取和拴挂犬只免疫标志，并按规定带其到当地畜禽防疫机构进行定期检测。

兽用狂犬病疫苗由国家批准定点生产，畜禽防疫检疫单位统一经营。禁止其他单位和个人生产、经销。

第八条　犬只管理、免疫和检测，按规定收取费用。

第九条　犬只必须拴养或圈养。拴养犬只的绳链不得超过三米。除司法机关因侦查需要外，任何单位和个人不得带犬进入公共场所。在限养区除观赏犬外不得携带犬只进行户外活动，疫区犬只不准携、运出疫区。

第十条　凡未经审批、免疫、检测的犬只禁止交易。非观赏犬严禁在城市的犬只交易市场交易。

第十一条　出售犬只、犬皮、犬肉的，必须出示家犬免疫、检疫证明。

犬只自然死亡或被捕杀的，养犬单位或个人必须向原发证单位退还家犬免疫证明。

第三章　疫情处理

第十二条　发现人或犬只、其他动物患狂犬病，任何单位和个人都有义务及时向当地人民政府或卫生防疫、畜禽防疫检疫单位报告。

第十三条　发现狂犬病疫情后，当地人民政府应建立狂犬病预防控制指挥机构，按本条例第五条第二款规定确定疫点和疫区，组织各方面力量迅速捕杀疫点的全部犬只和患狂犬病的其他动物，并将疫情及时通报给毗邻地区。

同疫区毗邻的县级人民政府应按本条例第五条第二款规定确定防护带，与疫区密切配合，组织有关部门采取联防措施，避免狂犬病传入。

第十四条　狂犬、疑似狂犬病的犬只以及患狂犬病的其他动物被捕杀或自然死亡的，其尸体必须全部火化，严禁剥皮、食用、出售。

第十五条　被狂犬或疑似患狂犬病的其他动物咬伤的人，应当到医疗防疫单位立即诊治，注射人用狂犬病疫苗。因狂犬病死亡的人，必须强行火化。

人用狂犬病疫苗由国家批准定点生产，卫生防疫单位统一经营，保障供应；禁止其他单位和个人擅自生产、经销。

第十六条　做好狂犬病患者的隔离、监护工作，避免其抓伤或咬伤他人传播狂犬病。

第四章　奖励和处罚

第十七条　对认真执行本条例，在预防控制狂犬病工作中做出显著成绩或有突出贡献的单位、个人由县级人民政府给予表扬或奖励。

凡连续三年经省考核达到基本消灭狂犬病标准的县（市、区），由省人民政府给予表彰。

对未按本条例认真开展预防控制狂犬病工作的县（市、区）等单位，应予批评教育，并责令其限期完成任务。

第十八条　违反本条例的，按照以下规定处理：

（一）在疫点饲养犬只，或在疫区、狂犬病防护带未经批准饲养犬只，或未按规定拴养或圈养犬只，或非法带犬进入公共场所，在城市（城镇）、工矿区、港口、码头、车站和机场由当地公安机关组织捕杀犬只，并对责任人处以每只犬一百元至一千元罚款；在其他地方由当地乡（镇）人民政府组织捕杀犬只，并对责任人处以每只犬四十元至五百元罚款。

（二）饲养的犬只不按规定登记、免疫和定期检测，责令责任人限期登记、免疫、检测，在规定限期内拒不履行的，处以每只犬二十元至一百元罚款，并限期办理登记、免疫、检测手续。在城市（城镇）、工矿区、港口、码头、车站和机场由当地公安机关负责处理，在其他地方由当地乡（镇）人民政府负责处理。

（三）携带、运输犬只出疫区，非法设置犬只交易市场，或买卖、转让无免疫检疫证明的犬只、犬皮、犬肉的，由当地畜牧、工商行政、公安等部门按有关规定予以处理。

（四）非法生产、经销人用或兽用狂犬病疫苗的，由当地卫生、畜牧或工商行政管理部门责令责任人停止其非法行为，没收其疫苗和非法所得，并处以非法所得五至十倍的罚款，并追究提供狂犬病疫苗的单位和个人的责任。

（五）国家工作人员在预防控制狂犬病工作中徇私舞弊、玩忽职守的，由主管部门给予行政处分。

（六）对检举、揭发不遵守本条例行为的人打击报复的，由责任人所在的乡（镇）人民政府、街道办事处，视其情节轻重，分别给予批评教育、行政处分、经济处罚，或由公安机关按《中华人民共和国治安管理处罚条例》处理。

（七）拒绝、阻碍国家工作人员在预防控制狂犬病工作中依法执行职务，未使用暴力威胁方法的，由当地公安机关按《中华人民共和国治安管理处罚条例》的有关规定处罚。

（八）以上各款的罚没收入按规定上缴国库。

（九）违反本条例的行为造成他人经济损失或致他人伤亡的，责任人应当负责赔偿、承担医药费或丧葬费和抚恤金。

（十）以上各款中，触犯刑律的，由司法机关依法追究刑事责任。

第十九条　当事人对行政机关处罚决定不服的，可以在接到处罚决定通知之日起十五日内向做出处罚决定机关的上一级行政机关申请行政复议；对复议决定不服的，可以在接到复议决定之日起十五日内向人民法院提起行政诉讼。当事人也可以直接向人民法院提起诉讼。当事人逾期不申请复议或者不向人民法院起诉又不履行处罚决定的，由做出处罚决定的机关申请人民法院强制执行。

第五章　附　则

第二十条　省人民政府可根据本条例制定实施办法。

第二十一条　民族自治州、自治县的人民代表大会常务委员会，可根据本条例的原则和当地实际情况，制定本自治州、自治县预防控制狂犬病的办法，报省人民代表大会常务委员会批准后实施。

第二十二条　本条例实施中的具体问题，由省卫生厅负责解释。

第二十三条　本条例自公布之日起施行。

四川省人民代表大会常务委员会任免国家机关工作人员办法

（1989年3月10日四川省第七届人民代表大会常务委员会第八次会议通过，根据1999年6月1日四川省第九届人民代表大会常务委员会第九次会议《关于修改〈四川省人民代表大会常务委员会人事任免办法〉的决定》修正）

第一章　总　则

第一条　根据《中华人民共和国宪法》、《中华人民共和国地方各级人民代表大会和地方各级人民政府组织法》、《中华人民共和国人民法院组织法》、《中华人民共和国人民检察院组织法》、《中华人民共和国法官法》、《中华人民共和国检察官法》和全国人民代表大会常务委员会的有关规定，结合我省实际情况，制定本办法。

第二条　省人民代表大会常务委员会（以下简称“省人大常委会”）任免国家机关工作人员，必须坚持任人唯贤、德才兼备、群众公认、注重实绩的原则和干部革命化、年轻化、知识化、专业化的要求，严格依照宪法、法律规定的程序办理。

第二章　任免范围

第三条　在省人民代表大会闭会期间，省人大常委会根据省长的提名，决定省人民政府副省长的个别任免，由省人民政府报国务院备案。

在省人民代表大会上未当选的副省长候选人，根据工作需要和本人条件，可在适当时候再次向省人民代表大会推荐，但不得提请本届省人大常委会个别任命为同一职务。

第四条　在省人民代表大会闭会期间，省人民政府省长、省高级人民法院院长、省人民检察院检察长因故不能担任职务时，省人大常委会根据主任会议提名分别从省人民政府、省高级人民法院、省人民检察院副职领导人中决定代理省长、代理院长、代理检察长。如果上述副职中没有合适人选，可根据推荐机关建议，由主任会议提名，省人大常委会决定任命合适人选为副省长、副院长、副检察长，再决定其为代理省长、代理院长、代理检察长。决定的代理检察长分别报最高人民检察院和全国人大常委会备案。

第五条　根据省长提名，省人大常委会决定省人民政府组成人员的任免。

第六条　根据省高级人民法院的建议，由省人大常委会主任会议提名，省人大常委会决定地区中级人民法院院长的任免。

第七条　根据省高级人民法院院长的提名，省人大常委会任免省高级人民法院和地区中级人民法院副院长、庭长、副庭长、审判委员会委员、审判员。

第八条　根据省人民检察院检察长的提名，省人大常委会决定任免省人民检察院分院检察长。

第九条　根据省人民检察院检察长的提名，省人大常委会任免省人民检察院和省人民检察院分院副检察长、检察委员会委员、检察员以及人民检察院在铁路、劳改农场、工矿、林区等设置的人民检察院检察长、副检察长、检察委员会委员、检察员。

第十条　省辖市、自治州的人民检察院检察长以及地区所属县（市）人民检察院检察长，在市、州、县人民代表大会选出或免职后，由省人民检察院检察长提请省人大常委会批准任免。未批准任免以前，仍由原任检察长履行职责。

第十一条　在省人民代表大会闭会期间，根据省人大常委会主任会议提名，省人大常委会补充任命省人民代表大会专门委员会的个别副主任委员、部分委员。

第十二条　根据省人大常委会主任会议提名，省人大常委会任免省人大常委会副秘书长，省人大常委会办事机构、工作机构主任、副主任，省人大常委会地区工作委员会主任、副主任、秘书长、委员。

第十三条　在省人民代表大会闭会期间，省人大常委会主任因为健康情况不能工作或者缺位时，省人大常委会根据主任会议提名，在副主任中推选一人代理主任的职务，直到主任恢复健康或者省人民代表大会选出新的主任为止。

第十四条　省人民代表大会换届时，省人民政府组成人员，地区中级人民法院院长，省人民检察院分院检察长，须在新一届国家机关领导人员选举产生后的两个月内，提请省人大常委会决定任命。由省人大常委会任命的其他人员，如无变动，不再重新任命。

第十五条　提请省人大常委会任命的国家机关工作人员，两次未获通过的，不得再提请本届省人大常委会任命为同一职务。

第三章　任免程序

第十六条　提请省人大常委会审议的任免案，必须在常委会举行会议二十日前报送省人大常委会，提交任免报告并附《提请任免国家机关工作人员情况表》、考察材料及需要作说明的书面材料。

省人大常委会承办任免国家机关工作人员的机构应对提交省人大常委会的任免案进行初步审查，提出意见和建议，并报告主任会议。

第十七条　提请省人大常委会任免地区中级人民法院院长、副院长、庭长、副庭长、审判委员会委员、审判员，省人民检察院地区分院检察长、副检察长、检察委员会委员、检察员，应先征求省人大常委会地区工作委员会的意见，并在任免案中说明。

第十八条　凡向省人大常委会提出的任免案，由主任会议决定提请常委会会议审议。

第十九条　省人大常委会会议在审议任免案时，提请人或提请人委托的有关部门负责人应到会介绍情况、听取意见、回答询问。

第二十条　省人大常委会审议省人民政府组成人员、省高级人民法院副院长、省人民检察院副检察长的任命时，可通知拟任命人到会，回答常委会组成人员的询问。

第二十一条　省人大常委会会议在审议任免案中，认为情况不清，任免理由不充分，需作进一步了解的，经主任会议提出，征得多数委员的同意，可以暂不提付表决，待了解清楚提出书面报告后再行审议。

第二十二条　省人大常委会的任免案，应由常委会以全体组成人员的过半数通过。表决结果由会议主持人当场宣布。

国家机关同一职务人员的任、免，应先表决免职，再表决任职。

任免省人民政府组成人员，省高级人民法院副院长和地区中级人民法院院长，省人民检察院副检察长和分院检察长，补充任命省人大专门委员会副主任委员、委员，任免省人大常委会副秘书长，办事机构、工作机构主任、副主任，省人大常委会地区工作委员会主任、副主任、秘书长，采取逐人无记名方式表决。对其他人员的任免可合并无记名表决，个别有争议的，单独无记名表决。

第二十三条　提请任命新设机构领导人职务的，须附上级机关批准设立该机构的文件。

第二十四条　由省人大常委会任免和决定撤销职务的人员，其任职离职时间以常委会会议通过的时间为准，在未通过之前，不得先行到职、离职和对外公布。

第二十五条　省人大常委会任免的人员，由省人大常委会向提请机关发任免通知，对决定任命和任命的人员发给任命书。

第四章　辞职、撤职及其他事项

第二十六条　在省人民代表大会闭会期间，省长、副省长、省高级人民法院院长、省人民检察院检察长、省人大常委会组成人员可以向省人大常委会提出辞职，由省人大常委会决定是否接受辞职，在决定接受辞职后，报省人民代表大会备案。

接受省人民检察院检察长的辞职后，由省人民检察院报经最高人民检察院检察长提请全国人大常委会批准。

省人大常委会可以接受由省人大常委会决定任命、任命的国家机关工作人员的辞职。其辞职请求由提请任命人提请省人大常委会决定，未决定前，辞职人不得先行离职。

根据省人民检察院检察长的提请，省人大常委会批准市、州和地区所辖县（市）人民检察院检察长的辞职。

第二十七条　省人民代表大会闭会期间，省人大常委会组成人员、专门委员会组成人员，如果需要担任国家行政机关、审判机关、检察机关职务，以及履行律师职务，须先向省人大常委会辞去所担任的省人大常委会组成人员、省人大专门委员会组成人员的职务。

第二十八条　省人民代表大会闭会期间，省人大常委会主任会议、省人大专门委员会、省人大常委会组成人员五人以上联名，可以提出撤销个别副省长和省人大常委会决定任命、任命、批准任命的国家机关工作人员职务的议案。

在省人民代表大会闭会期间，省人大常委会主任会议可以提出撤销省高级人民法院院长职务的议案。议案经省人大常委会决定后，由省高级人民法院报最高人民法院提请全国人大常委会批准。

第二十九条　在省人民代表大会闭会期间，省长可以向省人大常委会提出撤销个别副省长职务的议案。

省长、省高级人民法院院长、省人民检察院检察长可以向省人大常委会提出撤销由其提请省人大常委会决定任命、任命的国家机关工作人员职务的议案。

第三十条　根据省高级人民法院院长的提请，省人大常委会批准撤销市、州和地区所辖县（市）人民法院院长的职务。

根据省人民检察院检察长的建议，由省人大常委会主任会议提名，省人大常委会决定撤销市、州、县（市、区）人民检察院检察长、副检察长、检察委员会委员的职务。

根据省人民检察院检察长的提请，省人大常委会批准罢免市、州和地区所辖县（市）人民检察院检察长的职务。

第三十一条　凡提请省人大常委会撤销国家机关工作人员职务的议案，提案人须书面说明撤销其职务的理由和依据。被提出撤销职务的人员，可以在主任会议或常委会会议上陈述意见，也可书面陈述意见。

省人大常委会主任会议提出的撤职案，由省人大常委会会议审议；省人大专门委员会提出的撤职案，由主任会议决定提请省人大常委会审议；省人大常委会组成人员五人以上联名提出的撤职案，由主任会议决定是否提请省人大常委会会议审议。不提请审议的，应当向常委会报告并向提案人说明。

通过撤销国家机关工作人员职务的议案，采取无记名方式表决。

省人大常委会撤销职务的决定，须通知提案人。

第三十二条　由省人大常委会任命的国家机关工作人员，因机构撤销、合并、更名的，需重新任免。

省人大常委会任命的国家机关工作人员，在任期内死亡的，其职务由原提请任命机关注销，报省人大常委会备案。

由省人大常委会任命的国家机关工作人员，除撤销职务外，凡给予其他行政处分的，应在处理单位报省人大常委会备案。

第三十三条　由省人大常委会任命的国家机关工作人员，如需因工作需要作个别变动的，须经省人大常委会免职后，再行离职。

第三十四条　由省人民代表大会选举产生的人员，需要离休、退休的，应由本人向省人民代表大会提出辞职，省人民代表大会闭会期间向省人大常委会提出辞职，在省人民代表大会或常务委员会决定接受其辞职后办理离休、退休手续。

第三十五条　辞退由省人大常委会任命的国家机关工作人员，应在省人大常委会免去或撤销其职务后再办理辞退手续。

第五章　监督与考核

第三十六条　省人大常委会任命的国家机关工作人员，应接受省人民代表大会、省人大常委会、省人大代表和人民群众的监督。

省人大常委会通过审议工作报告、视察工作、提出询问、质询、听取汇报和述职、评议工作等方式监督、考核由省人大常委会任命的国家机关工作人员在任职期间遵守宪法、法律、法规和依法履行职责、为政清廉的情况。

第三十七条　省人大常委会接受公民对省人大常委会任命的国家机关工作人员的检举、揭发和控告，根据有关法律规定认真处理。

第六章 附则

第三十八条 本办法由省人大常委会负责解释。

第三十九条 本办法自公布之日起施行。

四川省保护和奖励见义勇为条例

（2000年5月9日四川省第九届人民代表大会常务委员会第十六次会议通过）

第一章 总 则

第一条 为弘扬正气，鼓励见义勇为，加强社会治安综合治理，促进社会主义精神文明建设，根据有关法律法规规定，结合四川实际，制定本条例。

第二条 本条例所称见义勇为，是指公民在履行特定义务以外，为保护国家、集体利益或他人人身、财产安全，不顾个人安危，同各种违法犯罪作斗争或者抢险救灾的行为。

第三条 本条例适用于在四川省行政区域内发生的见义勇为行为。

第四条 机关、企事业单位和基层组织应当对见义勇为进行表彰和奖励。

对有突出表现的见义勇为个人或群体，由各级人民政府依照本条例的规定进行表彰和奖励。

第五条 见义勇为人员的合法权益依法受保护。见义勇为负伤人员享有被救助的权利。

第六条 对见义勇为人员的保护，坚持及时、有效的原则；对见义勇为人员的奖励，坚持精神鼓励与物质奖励相结合的原则。

第七条 各级人民政府负责实施本条例，具体工作由各级社会治安综合治理委员会办事机构负责。

公安、人事、民政、财政、劳动保障、教育、卫生、保险等部门，应在各自的职责范围内协助做好对见义勇为人员的保护和奖励工作。

宣传、文化、精神文明建设部门及各新闻媒体应积极宣传见义勇为先进事迹。

第二章 确 认

第八条 任何单位和个人都可以向社会治安综合治理委员会办事机构和公安等有关部门反映见义勇为事迹。社会治安综合治理委员会办事机构接到有关反映后，应当会同有关部门及时了解、核实情况。有关部门、单位和个人应当积极配合。

第九条　见义勇为行为经社会治安综合治理委员会办事机构审核后，报同级人民政府确认，并向社会公布。

第十条　见义勇为人员，有下列情形之一的，社会治安综合治理委员会办事机构应在报同级人民政府确认前向社会广泛征询意见：

（一）报市（州）以上人民政府（行政公署）表彰奖励的；

（二）申报“革命烈士”称号的；

（三）社会反响较大需要征询意见的其他情况。

公民对前款规定的见义勇为行为有异议的，应当自征询意见之日起15日内向征询机关提出。

第三章　保　护

第十一条　见义勇为行为发生地的单位和个人有义务将见义勇为负伤人员及时护送到医疗机构。

医疗机构及其医务人员应及时对见义勇为负伤人员进行抢救。

见义勇为受益人有保全证据、提供真实情况、救助见义勇为人员的责任。

第十二条　救治见义勇为负伤人员的费用，由公安机关责令致害人及其监护人及时支付；无致害人或致害人及其监护人无力承担的，由见义勇为人员所在工作单位暂付；工作单位无力暂付或者无工作单位的，从见义勇为保护奖励基金中暂付；紧急情况下，由医疗机构垫付。

第十三条　见义勇为伤残人员的医疗、误工及伤残后的生活补助等法定费用或见义勇为牺牲人员的丧葬费、生前抚养（扶养）人的必要生活费等法定费用，按下列顺序解决：

（一）致害人及其监护人承担；

（二）见义勇为人员所在单位承担或保险机构按规定支付；

（三）从保护奖励见义勇为基金中支付；

（四）当地县级以上人民政府财政解决。

第十四条　见义勇为人员参加了医疗、养老等社会保险和商业保险的，按照保险的有关规定办理。参加了工伤保险的，经县以上劳动鉴定机构确认和评定伤残等级，由社会保险部门按有关规定给予工伤保险。未参加工伤保险的，由所在单位按因工伤残规定处理。

第十五条　公民因见义勇为负伤而误工的，所在单位应按工伤对待，其负伤治疗期间的工资、奖金、福利待遇等应与在职职工相同。

第十六条　职工因见义勇为部分丧失劳动能力的，由所在单位安排力所能及的工作，若待遇低于原工资标准的，按原工资标准执行。确实无法安排工作的，可离岗退养，其待遇享受因工致残同类人员的待遇。

职工因见义勇为完全丧失劳动能力的，应当按因工致残办理伤残、退休手续，享受相应的待遇。

公民因见义勇为部分或完全丧失劳动能力无固定收入的，由当地民政部门作为社会救济对象予以救济。

第十七条　因见义勇为牺牲的人员，符合烈士条件的，依照《革命烈士褒扬条例》的有关规定办理；不符合烈士条件的，由民政部门参照国家有关因战死亡的民兵民工抚恤规定办理。

第十八条　见义勇为牺牲人员的配偶、子女及其扶养的亲属，在工作、学习、生产、生活中确有困难的，当地人民政府和有关部门、单位应给予重点照顾和帮助。

第十九条 对不宜公开或本人不愿公开的见义勇为人员，社会治安综合治理委员会办事机构等有关部门应当为其保密。

对见义勇为人员及其家属，公安机关等部门应当采取有效措施予以保护，防止打击报复。

第二十条 见义勇为人员因见义勇为造成经济损失的，可依法向致害人追偿或要求受益人补偿。

第二十一条 见义勇为人员的合法权益未得到保护的，可以向当地司法行政机关申请法律援助。

第四章 奖 励

第二十二条 对见义勇为人员，经确认后，由人民政府给予下列表彰和奖励：

（一）嘉奖；

（二）记功；

（三）授予荣誉称号；

（四）颁发奖金。

以上表彰和奖励可单独或合并使用。

第二十三条 荣誉称号分为“见义勇为公民”、“见义勇为勇士”和“见义勇为英雄”。

“见义勇为公民”由县级人民政府批准授予；“见义勇为勇士”由市（地）、州人民政府（行政公署）批准授予；“见义勇为英雄”由省人民政府批准授予。

第二十四条 获“见义勇为公民”、“见义勇为勇士”、“见义勇为英雄”称号的见义勇为人员，可享受如下特殊照顾：

（一）符合就业条件的，享受优先待遇；

（二）本人或其子女符合征兵条件且自愿的，优先推荐应征入伍；

（三）符合国家公务员录用条件的，优先录用；

（四）属农村户口且本人自愿的，可安排转为当地城镇户口；

（五）在校学生可享受本校最高奖学金。

第二十五条 县级以上人民政府应设立见义勇为保护奖励基金，由社会治安综合治理委员会办事机构具体管理。见义勇为保护奖励基金的来源：

（一）本级人民政府财政预算拨款；

（二）社会团体、企业事业单位及个人捐赠；

（三）基金收益和其他合法收入。

第二十六条 见义勇为保护奖励基金用于：

（一）奖励见义勇为人员；

（二）按照本条例的规定资助见义勇为伤残人员和牺牲人员家属。

见义勇为保护奖励基金的筹集与使用、管理办法，由省社会治安综合治理委员会办事机构会同省财政部门制定。

第二十七条 见义勇为保护奖励基金应严格按照预算外资金管理，实行收支两条线，专款专用，接受财政、审计及捐赠人的监督。

第五章　法律责任

第二十八条　对见义勇为负有确认、保护、奖励职责的国家机关工作人员，贪污，挪用见义勇为保护奖励基金，或者滥用职权、玩忽职守、徇私枉法的，由有关部门给予行政处分；触犯刑律的，由司法机关依法追究刑事责任。

第二十九条　弄虚作假骗取见义勇为表彰、奖励的，由社会治安综合治理委员会办事机构核实后，报原批准机关取消表彰、奖励，追回所获奖励、补助经费，并依法追究有关单位、人员的行政责任或法律责任。

第三十条　医疗机构及其医务人员推诿、拖延或拒绝抢救见义勇为负伤人员造成后果的，由其所在单位或主管部门对责任人员给予行政处分；情节严重的，依照有关法律法规的规定予以处罚。

第三十一条　打击、报复、诬陷见义勇为人员的，由其所在单位或主管部门给予行政处分；构成违反治安管理行为的，由公安机关予以处罚；独犯刑律的，由司法机关依法追究刑事责任。

第六章　附　则

第三十二条　四川省人民政府依照本条例制定实施细则。

第三十三条　本条例自2000年10月1日起施行。

四川省《中华人民共和国节约能源法》实施办法

（2000年11月30日四川省第九届人民代表大会常务委员会第二十次会议通过）

第一条　为了推进全社会节约能源，提高能源利用效率和经济效益，保护环境，促进全省经济和社会可持续发展，根据《中华人民共和国节约能源法》，结合四川实际，制定本办法。

第二条　在本省行政区域内从事能源开发、利用、管理及其相关活动的单位和个人，均应遵守本办法。

第三条　各级人民政府应当加强节能宣传和教育，普及节能科学知识，增强全社会的节能意识。

能源的利用应当坚持开发与节约并举，把节约放在首位，提高利用效率的方针；节能工作应当遵循依法管理、技术进步、降耗增效、保护环境的原则。

第四条　县级以上人民政府经济贸易委员会或者同级人民政府指定的主管节能工作的行政部门（以下简称节能行政主管部门）主管本行政区域内的节能管理和监督工作。

省、设区的市经济贸易委员会设立的节能监察中心负责节能日常监察工作。

县级以上人民政府有关部门按照各自职责分工，做好节能管理监督工作。

第五条　县级以上人民政府应当编制节能规划，并纳入本地区国民经济和社会发展计划，合理调整产业结构、能源供应和消费结构，推进节能技术进步，鼓励开发利用新能源、清洁能源和可再生能源，减少煤炭、石油消耗，增加电力消耗。

第六条 省人民政府应当在基本建设、技术改造资金中安排专项节能资金，用于支持能源的合理利用以及新能源和可再生能源开发。节能资金管理使用办法，由省经济贸易委员会会同省财政厅、省发展计划委员会制定。

市、州、县（市、区）人民政府根据实际情况安排节能资金，用于支持能源的合理利用以及新能源和可再生能源开发。

第七条 县级以上人民政府应当根据实际情况在科学研究、技术开发与推广资金中安排一定比例的资金，用于支持科研机构以及其他单位和个人的节能科学技术研究和推广，建立和完善节能技术服务体系，培育和规范节能技术市场，促进高新节能技术产品的产业化。

第八条 固定资产投资工程项目的可行性研究报告，应当包括合理用能的节能篇（章）。

固定资产投资工程项目的设计和建设，应当遵守合理用能标准和节能设计规范。

第九条 年综合能源消耗总量在5000吨标准煤以上的用能单位为省重点用能单位。

市、州、县（市、区）人民政府节能行政主管部门根据本地区实际，对年综合能源消耗总量在3000吨以上、5000吨以下标准煤的用能单位，可以参照省重点用能单位进行管理。

第十条 用能单位应当执行国家或省制定的单位产品能源消耗限额。

市、州、县（市、区）节能行政主管部门应当会同有关部门定期对单位产品能耗限额进行考核，并向上级节能行政主管部门报告考核结果。省节能行政主管部门根据需要可以对重点用能单位直接进行考核。

第十一条 省节能行政主管部门应当会同有关部门，对生产量大面广的用能产品行业和高耗能产品的设计和制造企业加强监督，督促其采取节能措施，逐步降低用能产品能耗。

第十二条 省节能行政主管部门会同有关部门根据国家明令淘汰的用能产品、设备目录，结合本省实际，区别生产、销售和使用者的不同情况制定具体实施细则。

第十三条 县级以上节能行政主管部门应当组织有关部门对重点用能单位耗能情况进行监督检查，并可以委托具有检验测试资格和条件的机构对其能源利用状况进行监测。

能源利用监测机构应当公正、客观、负责地向委托单位提供能耗的有关数据和分析监测报告，不得向被监测单位强制提供服务或者强制扩大服务项目。

第十四条 用能单位应当按照合理用能的原则，建立有利于节约能源、降低消耗、增加效益和保护环境的机制，推行科学的节能管理方法，制定并组织实施节能技术措施。

用能单位每年可以安排一定的节能资金，用于节能宣传、教育和培训。

用能单位可以从节约能源的价值中提取一定比例的资金用于对节能工作取得成绩的集体、个人的奖励。

第十五条 供、用能单位应当按照国家和省的有关规定，加强能源计量、统计管理，配备合格的能源计量器具，建立能源消耗原始记录、统计台账，健全能源消费和能源利用状况分析制度。

重点用能单位应当按照国家和省的有关规定每半年向节能行政主管部门、统计部门如实报送能源利用状况报告。

第十六条 企业可以根据自愿原则，向法定认证机构提出用能产品节能认证申请；经认证合格后，取得节能认证证书和节能认证标志的使用权。

经认证合格的节能产品，在省内优先推广使用，并按照国家和省的有关规定享受优惠政策。

任何单位和个人不得伪造或冒用节能产品认证标志。

第十七条　从事运输的单位和个人使用机动车辆、船舶、农用机械等，没有达到规定的用能标准的，应当按照国家和省的有关规定进行节能改造或报废更新。

第十八条　单位和城乡居民使用煤、电、天然气、液化石油气、煤气等能源，应当安装合格的能源计量器具，并按照国家和省的规定计量和交费。禁止无偿使用或者实行包费制。

用能单位不得将单位职工生活用能计入生产用能。

第十九条　供能单位应当依照法律、法规的规定和合同的约定向用能单位保质保量供应能源，停供能源应提前通知用能单位，不得随意停供。

第二十条　县级以上人民政府应当推进农村能源消费结构调整，因地制宜开发、利用沼气、秸秆气化、太阳能等新能源、清洁能源和可再生能源，推广使用型煤和省柴节煤炉灶。

第二十一条　违反本办法第八条规定，固定资产投资工程项目的设计和建设，不遵守合理用能标准和节能设计规范，或者项目建成后达不到合理用能标准和节能设计规范要求的，由县级以上节能行政主管部门责令建设单位、设计单位限期改正；逾期未改正或改正后仍达不到要求的，责令停止建设或投入使用，可并处5000元以上30000元以下的罚款。

第二十二条　违反本办法第十三条规定，有下列行为之一的，由县级以上节能行政主管部门予以警告，责令改正，可并处1000元以上5000元以下的罚款。

（一）用能单位拒绝能源利用监测机构依法监测的；

（二）能源利用监测机构不按照规定进行监测、强制提供服务或者扩大服务项目以及提供虚假检验测试证明或者报告的。

第二十三条　违反本办法第十七条规定，机动车、船、农用机械等，未按规定进行节能改造或报废更新的，由县级以上节能行政主管部门会同同级公安交通管理部门责令停止使用，可并处300元以上2000元以下罚款。

第二十四条　违反本办法第十八条规定，用能单位将生活用能计入生产用能或实行包费制的，由县级以上节能行政主管部门对用能单位给予警告，责令限期改正，可并处5000元以上20000元以下罚款。

第二十五条　违反本办法第十九条规定，供能单位不能保质保量供应能源或停供又不提前通知的，由县级以上节能行政主管部门会同同级质量技术监督主管部门责令限期改正；给用能单位和个人造成损失的，依法承担违约责任，并由有权机关对相关责任人员给予行政处分。

第二十六条　当事人对行政处罚决定不服的，可以依法向做出处罚决定机关的本级人民政府或上一级主管机关申请复议或者直接向人民法院提起诉讼。

当事人逾期不申请复议，不提起诉讼，又不履行处罚决定的，做出处罚决定的机关可以申请人民法院强制执行。

第二十七条　拒绝、阻碍节能监督管理人员依法执行公务，违反《中华人民共和国治安管理处罚条例》的，由公安部门依法处理；构成犯罪的，依法追究刑事责任。

第二十八条　节能监督管理人员在节能工作中必须忠于职守，秉公办事；滥用职权、玩忽职守、徇私舞弊构成犯罪的，依法追究刑事责任；尚不构成犯罪的，给予行政处分。

第二十九条　本办法自2001年1月1日起施行。

四川省《中华人民共和国集会游行示威法》实施办法

（1990年4月28日四川省第七届人民代表大会常务委员会第十六次会议通过，根据2001年9月22日四川省第九届人民代表大会常务委员会第二十五次会议《关于修改四川省〈中华人民共和国集会游行示威法〉实施办法的决定》修正）

第一条　为了保障公民依法行使集会、游行、示威的权利，维护社会安定和公共秩序，根据《中华人民共和国集会游行示威法》（以下简称《集会游行示威法》），结合四川实际，制定本办法。

第二条　在四川省境内举行集会、游行、示威，必须遵守《集会游行示威法》和本办法。

本办法所称集会，是指聚集于露天公共场所，发表意见、表达意愿的活动。

本办法所称游行，是指在公共道路、露天公共场所列队行进、表达共同意愿的活动。

本办法所称示威，是指在露天公共场所或者公共道路上以集会、游行、静坐等方式，表达要求、抗议或者支持、声援等共同意愿的活动。

文娱、体育活动，正常的宗教活动，传统的民间习俗活动，不适用本办法。

第三条　公民行使集会、游行、示威的权利，各级人民政府应当依照《集会游行示威法》和本办法的规定，予以保障。

第四条　公民在行使集会、游行、示威的权利的时候，必须遵守宪法、法律、法规，不得反对宪法所确定的基本原则，不得损害国家的、社会的、集体的利益和其他公民的合法的自由和权利。

第五条　集会、游行、示威的主管机关，是集会、游行、示威举行地的市、县公安局、城市公安分局；游行、示威路线经过两个以上区、县的，主管机关为所经过区、县的公安机关的共同上一级公安机关；经过两个以上市、州的，由省公安机关主管，或者由省公安机关授权的市、州公安机关主管。

第六条　举行集会、游行、示威，必须依照本办法，向主管机关提出申请并获得许可。《集会游行示威法》规定不需申请的除外。

第七条　举行集会、游行、示威，必须有负责人。

下列人员不得担任集会、游行、示威的负责人：

（一）无行为能力或者限制行为能力人；

（二）被判处刑罚尚未执行完毕的；

（三）正在被劳动教养的；

（四）正在被依法采取刑事强制措施或者法律规定的其他限制人身自由措施的。

依照《集会游行示威法》规定，需要申请的集会、游行、示威，必须由其负责人持本人居民身份证或其他有效身份证件在举行日期的五日前向主管机关递交申请书。申请书中应当载明集会、游行、示威的目的、方式、标语、口号、人数、车辆数、使用音响设备的种类与数量、起止时间、地点（包括集合地和解散地）、路线和负责人的姓名、职业、住址，并由负责人签名。

以国家机关、社会团体、企业事业组织的名义组织或参加集会、游行、示威，向主管机关申请前必须经本单位负责人签名同意，申请书应加盖本单位的公章。签名同意的单位负责人为集会、游行、示威的负责人。

第八条　集会、游行、示威申请有下列情形之一的，主管机关不予受理：

（一）非集会、游行、示威负责人递交的；

（二）集会、游行、示威负责人未持本人居民身份证或其他有效身份证件的；

（三）以信函、电报、电话或其他人转达等间接方式提出的；

（四）集会、游行、示威的负责人非本地居民，或者已办理暂住登记但未持续居住半年以上的；

（五）集会、游行、示威负责人未在举行日期的五日前向主管公安机关递交申请的；

（六）递交的申请书中未按要求写清集会、游行、示威的目的、方式、人数、起止时间、地点、路线和负责人的姓名、职业、住址等主要情况的。

第九条　申请举行的集会、游行、示威，有下列情形之一的，不予许可：

（一）反对宪法所确定的基本原则的；

（二）危害国家统一、主权和领土完整的；

（三）煽动民族分裂的；

（四）有充分根据认定申请举行的集会、游行、示威将直接危害公共安全或者严重破坏社会秩序的。

第十条　主管机关受理集会、游行、示威申请书后，应当按照《集会游行示威法》和本办法的规定进行审查，在申请举行日期的二日前，做出许可或者不许可的书面决定。不许可的，应当说明理由。逾期不做出书面决定的，视为许可。

申请集会、游行、示威的负责人应当在申请举行日期的二日前到主管机关接收决定通知书，逾期不到主管机关接收或拒不签收的，视为撤回申请。

第十一条　申请举行集会、游行、示威要求解决具体问题的，主管机关接到申请书后，可以通知有关机关或者单位同集会、游行、示威的负责人协商解决问题，并可以将申请举行的时间推迟五日。

有关机关或者单位接到主管机关通知后，应当立即同集会、游行、示威负责人协商解决有关问题，并将协商情况及时告知主管机关。

第十二条　申请集会、游行、示威负责人对主管机关不许可的决定不服的，可以自接到决定通知书之日起三日内，向同级人民政府申请复议，人民政府应当自接到申请复议书之日起三日内做出书面决定，并通知主管机关。逾期不做出书面决定的，视为撤销主管机关不许可的决定，许可集会、游行、示威。

申请集会、游行、示威的负责人应当在复议机关接到复议申请书之日起三日内到复议机关接收复议决定书，逾期不到复议机关接收或拒不签收的，视为撤回申请。

复议机关的决定为终局决定。

第十三条 依法举行的集会、游行、示威，主管机关应当派出人民警察维持交通秩序和社会秩序，以保障其顺利进行。

第十四条 依法举行的集会、游行、示威，任何人不得以暴力、胁迫或者其他非法手段进行扰乱、冲击和破坏。

第十五条 游行在行进中遇有不可预料的情况，不能按照许可的路线行进时，人民警察现场负责人有权改变游行队伍的行进路线，游行负责人和参加游行的人员应当服从。

第十六条 集会、游行、示威在国家机关、军事机关、广播电台、电视台、外国领事馆等单位所在地举行或者经过的，主管机关为了维持秩序，可以在附近设置有明显标志的临时警戒线，必要时还可以设置障碍物，未经人民警察许可，任何人不得逾越。

第十七条 在下列场所周边距离十米内，不得举行集会、游行、示威；十米至三百米内，未经省人民政府批准，不得举行集会、游行、示威：

（一）国宾下榻处；

（二）重要军事设施；

（三）航空港、火车站和重要码头。

前款所列场所十米至三百米的具体周边距离，由所在地的市州人民政府确定，报省人民政府核准。

第十八条 对人群聚集，交通容易堵塞的成都市人民南路地区，未经成都市人民政府批准，不得举行集会、游行、示威。

前款所列地区的具体周边范围，由成都市人民政府确定。

第十九条 举行集会、游行、示威的时间限于早六时至晚十时，经当地人民政府决定或者批准的除外。

第二十条 举行集会、游行、示威必须按照主管机关许可的目的、方式、标语、口号、起止时间、地点、路线及其他事项和平地进行，不得使用暴力或煽动使用暴力，并遵守下列规定：不得携带武器、管制刀具、爆炸物和其他危险物品；不得包围、冲击国家机关，扰乱生产、工作和公共场所秩序；不得拦阻损坏车辆，阻塞交通，侵占损毁公共设施、园林、绿地；不得沿途涂写、刻画、张贴标语或散发与许可目的不相符的宣传品；不得阻碍人民警察依法执行公务。

第二十一条 集会、游行、示威的负责人必须负责维持集会、游行、示威的秩序，指定参加集会、游行、示威人数五分之一以上的人员协助人民警察维持秩序，并严格防止非集会、游行、示威人员加入集会、游行、示威队伍。

集会、游行、示威的负责人及其指定的协助人民警察维持秩序的人员，应分别佩戴明显标志。两种标志式样应在举行集会、游行、示威一日前送主管机关备案。

第二十二条 举行集会、游行、示威，有下列情形之一的，人民警察应当予以制止：

（一）未依照《集会游行示威法》和本办法规定申请或者申请未获许可的；

（二）未按照主管机关许可的目的、方式、标语、口号、起止时间、地点、路线进行的；

（三）在进行中出现危害公共安全或者严重破坏社会秩序情况的；

（四）违反本办法第二十条规定的。

有前款所列情形之一，不听制止的，人民警察现场负责人有权命令解散；拒不解散的，人民警察现场负责人有权依照国家有关规定决定采取必要手段强行驱散，并对拒不服从的人员强行带离现场或者立即予以拘留。

参加集会、游行、示威的人员越过依照本办法第十六条规定设置的临时警戒线、进入本办法第十七条、第十八条所列不得举行集会、游行、示威的特定场所或地区的具体周边范围或者有其他违法犯罪行为的，人民警察可以将其强行带离现场或者立即予以拘留。

第二十三条　违反《集会游行示威法》和本办法的，依法追究法律责任。

第二十四条　本办法实施中的具体问题由四川省人民政府负责解释。

第二十五条　本办法自公布之日起施行。

四川省行政执法监督条例

（2001年9月22日四川省第九届人民代表大会常务委员会第二十五次会议通过）

第一章　总　则

第一条　为加强和规范行政执法机关内部层级监督，根据《中华人民共和国地方各级人民代表大会和地方各级人民政府组织法》、《中华人民共和国行政处罚法》等法律有关规定，结合四川实际，制定本条例。

第二条　本条例适用于本省各级人民政府对所属工作部门和下级人民政府，以及工作部门对所属工作机构和下级工作部门的行政执法实施监督检查的活动。

第三条　本条例所称行政执法，是指各级人民政府及其所属工作部门实施法律、法规、规章的下列行政行为：

（一）制定在本行政区域内具有普遍约束力的规范性文件的抽象行政行为；

（二）做出涉及特定对象权利义务的下列具体行政行为：

1．实施行政处罚的行为；

2．采取查封、扣押、冻结财产等行政强制措施的行为；

3．实施检查、抽查、检测、检验、检疫的行为；

4．征收税费的行为；

5．颁发执照、许可证或者对有关事项进行注册登记、行使审查权、审批权、核准权的行为；

6．法律、法规规定的其他具体行政行为。

第四条　公民、法人或者其他组织认为行政机关的行政执法行为违法，有权向上级行政机关举报、控告和投诉。

第二章　实施监督的机关

第五条　县级以上人民政府负责本行政区域内的行政执法监督工作。

县级以上人民政府法制工作部门是本级人民政府的行政执法监督机关，具体实施行政执法监督工作，并接受上级人民政府法制工作部门的业务指导。

第六条　县级以上人民政府所属工作部门负责本部门、本系统的行政执法监督工作，其法制工作机构具体实施本部门、本系统的行政执法监督工作，并接受本级人民政府法制工作部门的业务指导。

第七条　省以下垂直管理的行政机关，由本系统上级主管机关和所在地同级人民政府共同实施行政执法监督。在行政执法监督中发生争议的，由上级人民政府裁决。

第八条　行政执法监督机关依照本条例履行下列职责：

（一）组织实施行政执法责任制、行政执法评议考核制、行政执法过错责任追究制等行政执法监督制度；

（二）审查本级人民政府所属工作部门和下级人民政府制定的规范性文件的合法性和适当性；

（三）监督检查本级人民政府所属工作部门和下级人民政府做出的具体行政行为的合法性和适当性；

（四）审查行政执法主体的合法性；

（五）负责行政执法人员资格认证和行政执法证件监督管理；

（六）纠正违法、不当的行政行为；

（七）协调处理行政机关之间在行政执法中产生的争议；

（八）组织、指导、参与行政执法检查；

（九）办理本级人民政府和上级行政执法监督机关交办的其他行政执法监督事项。

县级以上人民政府所属工作部门的行政执法监督机构的职责，比照前款规定执行。

第九条　县级以上人民政府应当加强行政执法监督队伍建设，配备行政执法监督人员。对在查处违法行政行为中有突出贡献的行政执法人员应当予以表彰奖励。

行政执法监督人员应当熟悉有关法律、法规、规章和行政执法业务知识，忠于职守、办事公正、清正廉洁。开展行政执法监督活动，应当出示由省人民政府统一制发的行政执法监督证。

第三章　抽象行政行为的监督

第十条　各级人民政府制定的规范性文件，应当报本级人民代表大会常务委员会和上一级人民政府备案。

较大的市的人民政府制定的规章，应报国务院、本级人民代表大会常务委员会、省人民代表大会常务委员会和省人民政府备案。

第十一条　各级人民政府所属工作部门制定的规范性文件应报本级人民政府和上一级主管部门备案；几个部门联合制定的规范性文件，由主办部门报送备案。

第十二条　规章、规范性文件应于发布之日起30日内报送备案。

第十三条　行政执法监督机关对规章、规范性文件进行备案审查，审查的重点是有无下列情形：

（一）与法律、法规和上级行政机关的规章、规范性文件相抵触；

（二）越权设定行政处罚、行政强制措施；

（三）设定行政审批、行政许可、行政事业性收费、集资等项目违法或不适当；

（四）不按规定程序制定、发布规章和规范性文件。

第十四条　法律、法规、规章或者上级行政机关的规范性文件发布后，行政执法监督机关应当监督下级行政机关及时修改或者废止与法律、法规、规章或者上级行政机关的规范性文件相抵触的规范性文件。

第四章　具体行政行为的监督

第十五条　行政执法监督机关应当加强对下级行政机关具体行政行为的监督，监督的重点是有无下列情形：

（一）做出具体行政行为的机关、组织不具备行政执法主体资格；

（二）行政机关不依法履行职责；

（三）执法人员不按省人民政府的规定取得行政执法证件并亮证执法；

（四）行政处罚事实不清楚、证据不充分、适用依据不正确；

（五）具体行政行为不适当；

（六）不遵守行政执法程序。

被监督的行政机关和行政执法人员应当如实报告情况，提供有关资料。

第十六条　行政机关做出责令停产停业、吊销许可证或者执照、较大数额罚款或者没收较大数额的违法所得或者非法财物等重大行政处罚决定的，应当在做出决定之日起15日内将处罚决定书和必要的说明材料抄报本级人民政府行政执法监督机关和上一级主管部门。

前款规定的较大数额的罚款、违法所得、非法财物的具体标准，由省人民政府规定。

第十七条　县级以上人民政府及其所属工作部门依照法律、法规、规章的规定委托其他组织实施行政执法的，应当予以公告，并报行政执法监督机关备案。

第十八条　两个以上的行政机关之间在行政执法过程中有下列情形之一的，由同级行政执法监督机关协调处理，或者逐级报请有权机关处理：

（一）对行政执法权限有争议的；

（二）对案件的管辖权有争议的；

（三）其他需要协调处理的行政执法争议。

第五章　行政执法监督程序

第十九条　公民、法人或者其他组织向有管辖权的行政执法监督机关反映行政机关制定的规范性文件违法的，行政执法监督机关应当进行审查，并将审查结果告知反映情况的公民、法人或者其他组织。

第二十条 行政执法监督机关发现有本条例第十三条所列情形之一的，应当通知制定机关在15日内自行纠正，或者报请本级人民政府同意后予以撤销；

被监督的行政机关对违反法律、法规、规章或者上级行政机关规范性文件规定的规范性文件予以纠正后，应当将纠正结果报行政执法监督机关备案。

规范性文件之间相互矛盾的，应当及时予以协调处理，或者提出处理意见报请本级人民政府做出处理决定。

第二十一条 公民、法人或者其他组织认为行政机关做出的具体行政行为违法并侵犯其合法权益，向有管辖权的行政执法监督机关投诉的，应当递交投诉书。公民递交投诉书确有困难的，可以口头投诉。

第二十二条 行政执法监督机关对属于本机关管辖的投诉，应予受理；对不属于本机关管辖的，应当在10日内移送有管辖权的机关，并告知投诉人。

第二十三条 行政执法监督机关应当自受理投诉之日起10日内，通知被投诉的行政机关。被投诉的行政机关应当在接到通知之日起15日内做出书面说明，并提交做出具体行政行为的证据依据和其他有关材料。

第二十四条 行政执法监督机关认为行政机关的具体行政行为有本条例第十五条所列情形之一的，应通知该行政机关自行纠正，或者报请本级人民政府同意后予以撤销；除本条例第十五条第（一）项外，必要时可以同时决定由该行政机关在限期内重新做出具体行政行为。

行政机关不履行或者拖延履行法定职责的，应督促其履行或者责令限期履行。

被监督的行政机关对违法或者不当的具体行政行为予以纠正或者重新做出具体行政行为后，应当将纠正结果或者重新做出的具体行政行为报送行政执法监督机关备案。

被纠正或撤销的具体行政行为涉及公民、法人或其他组织财物的，应责令退还。确实无法退还的，行政执法监督机关予以收缴，上交国库。

第二十五条 行政执法监督过程中有下列情形之一的，可以停止执行具体行政行为：

（一）做出具体行政行为的该行政机关认为需要停止执行的；

（二）行政执法监督机关认为需要停止执行并报经本级人民政府同意的。

第二十六条 对于投诉人提出的符合国家赔偿法有关规定的行政赔偿请求，行政执法监督机关在决定撤销违法或者不当的具体行政行为时，应当督促被投诉的行政机关依法给予赔偿。

第二十七条 行政执法监督机关就行政执法监督事项直接做出撤销下级行政机关行政行为的处理决定的，应当报经本级人民政府同意，并于做出行政执法监督决定之日起30日内送达被监督的行政机关。

第二十八条 行政执法监督机关依法做出的行政执法监督决定书，被监督的行政机关应当执行，并在接到监督决定书30日内，将执行情况书面报告行政执法监督机关。

被监督的行政机关不执行或者无正当理由拖延执行行政执法监督决定的，行政执法监督机关或者上级行政机关应当责令限期执行。

第六章　法律责任

第二十九条　行政执法监督机关及其工作人员有下列情形之一的，由本级人民政府对该机关给予通报批评并对有关责任人员给予警告、记过、记大过直至降级、撤职、开除的行政处分；构成犯罪的，依法追究刑事责任：

（一）利用行政执法监督权为本单位或者个人谋取私利的；

（二）失职或者越权，造成严重后果的；

（三）拒不受理投诉的；

（四）有其他违法行政行为的。

第三十条　各级行政机关有下列情形之一的，由行政执法监督机关视情节轻重给予通报批评、责令改正，并由主管机关对其负责人给予行政处分。行政执法人员有下列情形之一的，由行政执法监督机关或者该行政执法人员所在单位视情节轻重给予通报批评、暂扣行政执法证件；情节严重的，可吊销行政执法证件，并由主管机关给予行政处分。构成犯罪的，依法追究刑事责任：

（一）利用行政执法权为本单位或者个人谋取私利的；

（二）失职或者越权，给公民、法人或者其他组织造成较大经济损失或者造成其他严重后果的；

（三）侵犯公民、法人或者其他组织的合法权益，引起行政赔偿，致使国家利益遭受损失的；

（四）拒绝、阻挠、妨碍行政执法监督的；

（五）拒不执行或者无正当理由拖延执行行政执法监督决定的；

（六）不按本条例规定将有关事项报送备案的；

（七）有其他违法行政行为的。

第三十一条　其他单位和个人阻挠、妨碍行政执法监督工作的，由行政执法监督机关对有关责任人员给予批评教育，违反《中华人民共和国治安管理处罚条例》的，由公安机关给予行政处罚；构成犯罪的，依法追究刑事责任。

第七章　附　则

第三十二条　行政执法监督机关受理举报、投诉案件，不得收取任何费用。行政执法监督所需经费，由同级财政列入预算。

第三十三条　本条例所称各级人民政府所属工作部门和各级行政机关，包括法律、法规授权执法的组织和依法接受行政机关委托承担行政执法任务的组织。

第三十四条　省人民政府可以根据本条例制定实施办法。

第三十五条　本条例自公布之日起施行。

四川省专利保护条例

（1997年6月16日四川省第八届人民代表大会常务委员会第二十七次会议通过，根据2001年9月22日四川省第九届人民代表大会常务委员会第二十五次会议通过的《四川省人民代表大会常务委员会关于修改〈四川省专利保护条例〉的决定》修正）

第一章　总　则

第一条　为了保护发明创造专利权，维护专利申请人、专利权人和公众的合法权益，根据《中华人民共和国专利法》、《中华人民共和国专利法实施细则》和国家有关规定，结合四川实际，制定本条例。

第二条　四川省行政区域凡从事与专利有关的活动，适用本条例。法律、法规另有规定的，从其规定。

第三条　县级以上人民政府应加强对专利工作的领导，支持和促进专利技术产业化。

县级以上人民政府管理专利工作的部门负责本行政区域内的专利保护工作。

第四条　经济贸易、科技、公安、工商行政、质量技术监督、海关、出入境检验检疫、新闻出版和广播电影电视等行政部门，在各自职责范围内做好专利保护工作。

第二章　专利保护与管理

第五条　鼓励申请人对具备申请专利条件的研究开发成果申请国内、国际专利，管理专利工作的部门应给予必要的指导。职务发明申请专利之前，与该发明创造技术方案有关的人员应对该发明创造负有保密责任并不得私自进行转让。

县级以上人民政府应当设立专利资助资金，用于扶助本行政区域内公民、法人或者其他组织申请专利，获得自主知识产权。

第六条　省管理专利工作的部门可以根据当事人的申请，组织专门从事知识产权研究的学术团体、鉴证类社会中介机构进行专利技术鉴定工作。当事人也可以委托依法成立的专利技术鉴定机构进行专利技术鉴定。

第七条　有下列情形之一的，当事人应当向有关主管部门提交专利检索报告：

（一）重大科研立项和新技术、新产品开发；

（二）技术、设备的进出口贸易；

（三）申请国家扶持、投资的科技项目；

（四）外方以专利技术、设备作为投资申办中外合资、合作企业。

第八条 专利权人和专利实施被许可方，有权在其专利产品或者专利产品的包装上标注专利标记，专利标记的标注方式应符合相关规定。

第九条 利用广播、电视、报刊广告等宣传、推销专利产品和专利方法的，当事人应当向审批机关和传播单位提供由管理专利工作的部门出具的该专利权在当年有效的证明文件。专利实施被许可方还必须提供该专利实施许可合同副本。

任何单位和个人不得为冒充专利的产品或方法做广告。

第十条 任何单位和个人不得为他人侵犯专利权、假冒他人专利、冒充专利的行为提供制造、许诺销售、销售、使用、展示、广告、仓储、运输、隐匿等提供条件。

第十一条 国有资产占有单位有下列情形之一的，应当进行专利资产的评估：

（一）转让专利申请权、专利权的；

（二）国有企业和事业单位作为法人在变更或终止前需要对专利资产作价的；

（三）以国有专利资产与外国公司、企业、其他经济组织或个人合资、合作实施的，或者许可外国公司、企业、其他经济组织或个人合资、合作实施的；

（四）以专利资产作价出资成立有限责任公司或股份有限公司的；

（五）以各种形式从国外引进专利技术的；

（六）需要进行专利资产评估的其他情形的。

专利资产的评估由法定资产评估机构执行。

非国有资产占有单位也可依法申请对其专利资产进行评估。

第三章 专利纠纷的行政处理

第十二条 未经专利权人许可，实施其专利的侵权行为，专利权人或利害关系人可以请求省、市（州）管理专利工作的部门处理，也可以依法直接向人民法院提起诉讼。

第十三条 当事人对下列专利纠纷，可以请求县级以上管理专利工作的部门调解，也可以根据仲裁协议申请仲裁或者依法直接向人民法院提起诉讼：

（一）侵犯专利权的赔偿数额纠纷；

（二）在发明专利申请公布后、专利权授予前使用该发明而未支付适当费用的纠纷；

（三）专利申请权和专利权归属纠纷；

（四）职务发明的发明人、设计人的奖励和报酬纠纷；

（五）专利发明人、设计人的资格纠纷。

对前款第（二）项所述的纠纷，专利权人应当在专利权被授予后请求调解或者提起诉讼。

第十四条 请求管理专利工作的部门调解、处理专利纠纷，必须符合下列条件：

（一）请求人与专利纠纷有直接利害关系；

（二）有明确的被请求人和具体的请示事项、事实根据；

（三）当事人无仲裁协议并且一方当事人未向人民法院提起诉讼；

（四）属于管理专利工作的部门案件管辖范围。

第十五条　请求管理专利工作的部门调解、处理专利纠纷，请求人应当递交请求书。管理专利工作的部门收到请求书后，应在10日内作出是否立案受理的审查决定，并书面通知请求人。

第十六条　管理专利工作的部门调解、处理专利纠纷案件，应当在立案之日起5日内将请求书副本和答辩通知书送交被请求人。

被请求人收到请求书副本和答辩通知书后，应在15日内提交答辩书和有关证据。被请求人拒收请求书副本和答辩通知书或者不按期提交答辩书的，不影响专利纠纷案件的处理。

第十七条　省、市（州）管理专利工作的部门处理专利纠纷，应当通知当事人按时参加。当事人经书面通知无正当理由拒不参加，或未经同意中途退出，是请求人的，按自动撤回请求处理；是被请求人的，可以缺席作出处理决定。

第十八条　管理专利工作的部门调解、处理专利纠纷，遵循专利权有效原则。

专利纠纷立案后，被请求人向专利复审委员会请求宣告请求人的专利权无效的，应当自收到专利复审委员会受理通知书之日起10日内，向受理纠纷案件的管理专利工作的部门书面申请中止调解、处理程序。管理专利工作的部门对中止调解、处理的申请，应作出审查决定，并书面通知当事人。

第十九条　管理专利工作的部门处理专利纠纷时，有权进行现场检查，查阅、复制与案件有关的图纸、资料、账册等凭证，有关单位或者个人应协助调查并提供有关资料。

第二十条　管理专利工作的部门处理专利纠纷案件时，可以根据请求人的申请对与案件有关的可能灭失或被销毁、被转移的物品予以登记封存。

请求人申请采取登记封存措施的，必须提供担保，并经管理专利工作的部门审查决定。被请求人提供担保的，经管理专利工作的部门审查可以决定解除封存。

第二十一条　管理专利工作的部门处理专利侵权纠纷时，认定侵权行为成立的，可以责令侵权人立即停止侵权行为：

（一）停止制造、使用、许诺销售、销售、进出口侵权产品；

（二）销毁用于制造侵权产品的模具、专用工具。

当事人对上述处理决定不服的，可以自收到处理决定之日起15日内依照《中华人民共和国行政诉讼法》向人民法院起诉；当事人期满不起诉又不停止侵权行为的，管理专利工作的部门可以申请人民法院强制执行。

第二十二条　专利权人及其利害关系人对涉嫌侵犯专利权的进出口货物，可以请求管理专利工作的部门和海关、出入境检验检疫等部门采取保护专利权的必要措施。

第二十三条　请求管理专利工作的部门调解专利纠纷案件，经调解双方当事人达成协议的，管理专利工作的部门应当制作调解书，调解书送达双方当事人后生效；调解不成的，当事人可以依法向人民法院提起民事诉讼。

第四章　专利违法行为的查处

第二十四条　管理专利工作的部门对下列专利违法行为进行监督和查处：

（一）制造或者销售标有专利标记的非专利产品的；

（二）未按规定的方式在产品或者该产品的包装上标注专利标记的；

（三）专利权被宣告无效后，继续在制造或者销售的产品或者该产品的包装上标注专利标记的；

（四）在广告等宣传材料或者合同中将非专利技术称为专利技术，非专利产品称为专利产品的；

（五）伪造或者变造专利证书或者其他专利文件、专利申请文件的；

（六）已经接受管理专利工作的部门作出的处理决定或者人民法院判决的专利侵权案件，侵权行为人又侵犯该项专利权的；

（七）未经许可，在其制造、销售的产品或者该产品的包装上标注他人的专利号的；

（八）未经许可，在广告等宣传材料或者合同、投标书等资料中使用他人的专利号的。

第二十五条　任何单位和个人有权举报专利违法行为。

管理专利工作的部门收到或者发现专利违法行为后，应当在10日内审查立案。

第二十六条　管理专利工作的部门在查处专利违法行为时，有权询问当事人和证人，检查与专利违法行为有关的物品并可以依法进行登记保存，查阅、复制或者登记保存与专利违法行为有关的合同文本、账册等资料。

管理专利工作的部门依法行使前款规定职权时，有关单位或者个人应当予以协助，不得拒绝或阻碍。

第二十七条　管理专利工作的部门查处专利违法行为应自立案之日起6个月内作出处罚决定。

第五章　法律责任

第二十八条　侵夺发明人或设计人的非职务发明创造专利申请权的，由所在单位或者上级主管机关给予行政处分，并依法承担相应的民事责任。

第二十九条　有本条例第二十四条规定的专利违法行为的，由县级以上人民政府管理专利工作的部门责令当事人停止违法行为，公开更正，消除影响，没收违法所得，可并处违法所得1倍以上3倍以下的罚款；没有违法所得的，处1000元以上5万元以下罚款。

第三十条　违反本条例第九条规定的，由工商行政管理部门依法查处。

第三十一条　违反本条例第十条规定的，由县级以上人民政府管理专利工作的部门责令限期改正，逾期不改正的，可处1000元以上3万元以下罚款。

第三十二条　违反本条例第十九条、第二十条、第二十六条的规定，有关当事人拒不提供或者隐瞒、转移、销毁与案件有关的合同、账册、图纸资料的，或者擅自启封、转移、处理被封存物品的，由管理专利工作的部门对其处以1000元以上3万元以下或违法所得1倍以上3倍以下的罚款。构成犯罪的，由司法机关依法追究刑事责任。

第三十三条　罚款收入按照国家有关规定上缴国库。

第三十四条　拒绝、阻碍管理专利工作的部门工作人员依法执行公务，违反《中华人民共和国治安管理处罚条例》的，由公安机关给予治安处罚；构成犯罪的，由司法机关依法追究刑事责任。

第三十五条　管理专利工作的部门工作人员玩忽职守、徇私舞弊的，由所在单位或有关主管机关给予行政处分；给当事人合法权益造成损害的应依法予以赔偿；构成犯罪的，由司法机关依法追究刑事责任。

第三十六条 当事人对管理专利工作的部门作出的行政处罚决定不服的，可以自接到处罚决定书之日起60日内依法向本级人民政府或者作出处罚决定机关的上一级管理专利工作的部门申请行政复议，也可以依法直接向人民法院提起诉讼。

逾期不申请复议、不起诉又不履行处罚决定的，管理专利工作的部门可以申请人民法院强制执行。

第六章 附则

第三十七条 本条例自公布之日起施行。

四川省实施《中华人民共和国台湾同胞投资保护法》办法

（1995年4月26日四川省第八届人民代表大会常务委员会第十四次会议通过，根据2001年11月23日四川省第九届人民代表大会常务委员会第二十六次会议通过的《四川省人民代表大会常务委员会关于修改四川省实施〈中华人民共和国台湾同胞投资保护法〉办法的决定》修正）

第一条 为了保护和鼓励台湾同胞投资者在四川省投资，依据《中华人民共和国台湾同胞投资保护法》、国务院《中华人民共和国台湾同胞投资保护法实施细则》及有关法律、法规，结合四川的实际，制定本办法。

第二条 本办法适用于台湾同胞投资者在四川省投资。

第三条 本办法所称台湾同胞投资者是指台湾地区的公司、企业、其他经济组织或个人在四川省的投资者。

台湾同胞以其在港澳地区和外国投资的公司、企业、其他经济组织或个人名义在四川省的投资可视为台湾同胞投资。

台湾同胞投资于四川省内企业，投资比例占25%以上的，视为台湾同胞投资企业并享有同等待遇。

第四条 台湾同胞投资者以公司、企业、其他经济组织名义在四川省投资的须出具国家规定的有效的证明文件；以个人身份在四川省投资的须出具国家规定的能够证明个人身份的文件或证书。

第五条 台湾同胞投资者的主体资格，由省、市、州人民政府台湾事务办公室确认。台湾同胞投资者凭全省统一制定的确认证书享受在四川省投资待遇，并依法受到保护。

第六条 台湾同胞投资者及其在四川省投资兴办的企业，必须遵守国家法律、法规和本办法，不得损害国家利益和社会公共利益。

第七条 台湾同胞在我省设立台湾同胞投资企业，其经营管理自主权受国家法律、法规保护，任何单位或个人不得非法干预和侵犯。

台湾同胞投资者及其随行家属、台湾同胞投资企业中的台湾同胞职工及其随行家属的人身权和财产权依法受到保护。除依照国家有关法律规定外，不得对台湾同胞采取限制人身自由的强制措施。

第八条　依据《中华人民共和国台湾同胞投资保护法》第四条的规定，对台湾同胞投资者的投资不实行国有化和征收。

因社会公共利益特殊需要进行征收时，须经四川省人民政府批准，并根据评估机构的评估作价，给予相应的补偿。

资产评估按照国家有关规定执行，补偿款额从实施征收之日起计算，并计算利息；征收方应在实施征收之日起90日内付清补偿本金和到期利息。

被征收方对补偿标准有异议，经协商未达成协议的，可依法向人民法院提起诉讼。

第九条　鼓励台湾同胞投资者用投资获得的收益进行再投资，其中以人民币进行再投资的，享受以外币投资同等待遇。

第十条　台湾同胞在我省投资，按照国家和我省有关规定，给予鼓励，适当放宽限制，并享受有关优惠待遇。

第十一条　台湾同胞投资者可以在四川省依法采用下列形式投资：

（一）开展补偿贸易和来料、来件加工装配；

（二）承包经营或租赁经营企业；

（三）购买股票、债券或参股经营；

（四）购买公司、企业；

（五）购置房产；

（六）依法取得土地使用权，开发经营；

（七）经批准允许的其他投资形式。

第十二条　台湾同胞投资者在四川省按国家规定经批准后，可以在以下方面投资：

（一）兴办商业、保险、金融、信息、咨询、中介等第三产业和教育、体育、卫生等事业；

（二）设立投资公司、高科技风险基金、技术改造基金等；

（三）根据生产经营需要依法设立保税仓库。

第十三条　鼓励台湾同胞投资者投资于以下项目：

（一）四川省人民政府确定的重点发展项目；

（二）农业、林业、畜牧业、水产养殖业的开发及其基础设施建设、产品深加工等项目；

（三）能源、交通、基础工业、基础设施及紧缺原材料工业项目；

（四）先进技术项目；

（五）大中型企业的技术进步项目；

（六）适应国际市场需要，增加出口创汇的出口型项目；

（七）提高产品档次，适应市场需要的新设备、新材料等项目；

（八）本省鼓励投资的其他项目。

第十四条　鼓励台湾同胞投资者投资于以下地域：

（一）盆周山区；

（二）少数民族地区；

（三）台湾同胞投资开发区；

（四）高新技术开发区、经济技术开发区、旅游开发区等。

第十五条　台湾同胞投资者投资企业所需水、电、热、气、通讯、川内和出川铁路、水路、航空运输，有关部门应统筹优先安排，收费标准视同本省同类企业；符合本办法第十三条和第十四条规定的，按有关规定给予综合补偿。

第十六条　台湾同胞投资者兴办的水、电、热、气等公用事业项目，其产品经检验合格后可以直接进入市场。

第十七条　台湾同胞投资者投资总额在500万美元以上的生产型项目，经批准可降低其注册资产与总投资的比例，并优先提供配套的生活设施用地。

第十八条　台湾同胞投资者在四川省投资申办企业，有关部门应一次性告知应申领批准文件或许可证所需文件清单和要求，并在接到全部申请文件之日起30日内做出批准或不批准决定；工商行政管理部门应在接到全部申请文件之日起15日内做出准予登记或不准予登记决定。

第十九条　台湾同胞投资者及其企业可以依法招收员工，有关部门应依法办理手续。

台湾同胞投资兴办的企业应依法建立工会，维护员工的合法权益，并为开展工会工作提供必要的条件。

第二十条　台湾同胞投资者及其企业与员工的劳动争议，依照《中华人民共和国劳动法》、《中华人民共和国企业劳动争议处理条例》处理。

第二十一条　台湾同胞投资者委托亲友作为其投资代理人时，代理人应当持有经公证机关证明的授权委托书。代理人应认真履行自己的责任和义务，依法承担法律和民事责任。

第二十二条　台湾同胞投资者依法投资、经营获得的利润、股息、红利、租金、清算后的资金及其他合法收益，可以依法汇回台湾或汇往境外。

受聘于台湾同胞投资企业的台湾人士及境外人员的工资和其他合法收入，可依法汇出或携带出境。

第二十三条　台湾同胞投资企业在四川省委托公证机关、会计师事务所、审计师事务所、律师或律师事务所办理有关事务，享受本省企业同等待遇。

第二十四条　台湾同胞投资者及其随行家属和台湾同胞投资企业中的台湾同胞职工及其随行家属，享受下列待遇：

（一）申请办理暂住和多次出入境证件。

（二）凭台湾同胞投资者确认证书在四川省乘坐车、船、川航飞机，及购物、住宿、就医、参观旅游点、安装私用电话等，其支付费用与本省居民相同。

（三）在台湾地区取得的有效小型汽车驾驶证，经公安车辆管理部门确认，领取机动车驾驶证副证，可以在四川省内驾驶小型汽车。

（四）台湾同胞投资者本人、所聘台湾人士的亲属、子女可在四川省入学入托，享受本省居民同等待遇；在台湾同胞投资企业集中的地方，经批准，可以建立台湾同胞投资者生活小区，试办台湾同胞投资者子女学校。

（五）居住在四川的台湾同胞投资者本人、所聘台湾人士和台湾同胞投资企业，做出突出成绩的，可以获得四川省各级人民政府及有关团体颁发的荣誉证书。

第二十五条　各级人民政府及其职能部门应依法办理台湾同胞投资者的投资事宜，依法做好台湾同胞投资企业的管理和服务工作，提供优质、高效、规范的服务。

第二十六条　县级以上人民政府应在台湾同胞投资企业较多的地方指定或设立专门投诉机构，负责受理台湾同胞投资者的投诉事项。

专门投诉机构行使如下职权：

（一）对投诉事项进行调查；

（二）组织、协调有关部门处理投诉事项；

（三）对侵害台湾同胞投资者合法权益的行政行为，有权建议有关主管部门对其负责人和直接责任人员追究其行政责任；

（四）对重大事件，可向上级提出处理建议；

（五）对构成犯罪的行为，转向司法机关受理。

专门投诉机构应在收到投诉状后30日内处理完毕，限期内确不能处理完毕的，应向投诉人说明情况，延期处理，但延期一般不得超过30日。

第二十七条　除法律、法规、省人民政府规章明文规定外，任何部门或单位不得对台湾同胞投资企业另立收费项目或标准，不得擅自对台湾同胞投资企业进行检查或强制其参加各类培训、评比、赞助、捐献财物等活动。

违反上述规定的，台湾同胞投资者及其企业有权拒绝、举报或投诉。

第二十八条　台湾同胞投资者合法权益受侵害或发生民事纠纷时，可根据不同情况依法选择下列途径解决：

（一）协商或调解解决；

（二）向投诉机构投诉；

（三）申请行政复议；

（四）提交仲裁机构仲裁；

（五）向人民法院提起诉讼；

（六）向人民检察院提出申诉。

第二十九条　国家机关及其工作人员行使职权不当侵犯台湾同胞投资者合法权益造成经济损失的，台湾同胞投资者可依照《中华人民共和国国家赔偿法》请求取得有关国家机关赔偿。

对违反《中华人民共和国台湾同胞投资保护法》和本办法的直接责任人员，视其情节轻重，分别给予批评教育或处罚。构成犯罪的，由司法机关追究责任。

各级人民政府有关行政主管机关处理本办法规定内涉台事项，应告知同级人民政府台湾事务办公室；对重大涉台事件的处理，应事先告知省人民政府台湾事务办公室。

第三十条　各级人民政府台湾事务办公室应当做好有关台湾同胞投资的宣传咨询、投诉受理及纠纷调解等工作。

第三十一条　本办法自2002年1月1日起施行；四川省各级国家机关过去制发的有关规定与本办法不一致的，以本办法为准。

四川省《中华人民共和国大气污染防治法》实施办法

（2002年7月20日四川省第九届人民代表大会常务委员会第三十次会议通过）

第一章　总　则

第一条　为防治大气污染，保护和改善大气环境，保障人体健康，促进社会经济发展，根据《中华人民共和国大气污染防治法》等有关法律、法规的规定，结合本省实际，制定本办法。

第二条　县级以上人民政府应将大气环境保护工作纳入国民经济和社会发展计划，并制定大气污染防治规划，使其与城乡规划相衔接。

第三条　各级人民政府对本辖区的大气环境质量负责，采取有效措施，控制或削减主要大气污染物的排放总量，使大气环境质量限期达到规定的标准。

第四条　县级以上人民政府环境保护行政主管部门对大气污染防治实施统一监督管理。各级公安、交通、铁道、渔业、农机管理部门根据各自的职责，对机动车船污染大气环境实施监督管理。县级以上人民政府其他有关主管部门在各自职责范围内对大气污染防治实施监督管理。

第五条　各级人民政府应当采取积极措施，推广使用清洁能源、清洁生产工艺和设备。

第六条　各级人民政府应加强大气污染防治的宣传、教育，任何单位和个人都有保护大气环境的义务，并有权对污染大气环境的单位和个人进行检举和控告。

第二章　大气污染防治的监督管理

第七条　新建、扩建、改建向大气排放污染物的项目，必须严格执行环境影响评价制度和防治污染的设施与主体工程同时设计、施工、投产使用的制度。防治污染的设施必须由批准环境影响报告书（表）的环境保护行政主管部门验收合格后，建设项目方可投入使用。

第八条　向大气排放污染物的单位，必须向所在地的环境保护行政主管部门申报污染物排放设施、处理设施和在正常作业条件下排放污染物的种类、数量、浓度。排放污染物的种类、数量、浓度有重大改变的，应在15日前向原申报部门办理变更申报手续。

排污单位闲置或拆除大气污染物处理设施，必须事先报经所在地的县级以上人民政府环境保护行政主管部门批准。环境保护行政主管部门应当自接到申请之日起15日内予以批复。

第九条　省人民政府应当按照《中华人民共和国大气污染防治法》和国务院规定，划定主要大气污染物排放总量控制区。

主要大气污染物总量控制区所在地县级以上人民政府依据国务院规定的条件和程序，核发主要大气污染物排放许可证，并实行年度审验制度。

持有主要大气污染物排放许可证的单位，应按照核定的排放总量控制指标和规定的条件排放污染物。

第十条　国家划定的省会城市、重点旅游城市列为大气污染防治重点城市；市、州人民政府所在地城市和划入国家酸雨控制区的城市列为省级大气污染防治重点城市（以下均简称“重点城市”）。世界遗产和省级以上的生态功能保护区、自然保护区、风景名胜区、森林公园、地质公园、重点文物保护单位划为大气污染防治特别保护区域（以下简称“特别保护区域”）。

重点城市和特别保护区域应当达到规定的大气环境质量标准；未达到的，所在地县级以上人民政府应当制定限期达标规划，采取严格措施，限期达标。

在特别保护区域内不得新建污染环境的工业生产设施；建设其他设施的，其污染物排放不得超过规定的排放标准和核定总量。已建成的设施，其污染物排放超过规定的排放标准和核定总量的，应限期治理。

第十一条　发生事故或其他突发性事件的单位，排放和泄漏有毒有害气体和放射性物质，造成或者可能造成大气污染、危害人体健康的，必须立即采取应急防治措施，并向所在地人民政府及其环境保护行政主管部门报告，接受调查处理。重大、特大事故应及时报告省人民政府及其环境保护行政主管部门。

在大气受到严重污染，可能发生危害人体健康和安全的紧急情况下，所在地县级以上人民政府应当发布污染状况公告，必要时，可采取强制性应急措施，责令排污单位停产或部分停产。

第十二条　省人民政府环境保护行政主管部门应建立大气污染监测制度和全省监测网络、应急系统，直接或者通过新闻媒体发布全省大气环境质量状况周报、季报和年报。

重点城市和特别保护区域的人民政府环境保护行政主管部门，负责对本辖区和本区域大气环境质量进行统一监测，直接或者通过新闻媒体发布大气环境质量状况日报、周报和年报，并逐步开展大气环境质量预报工作。

第十三条　省人民政府确定的大气污染物排放重点企业应按照规定进行排污口规范化建设，安装污染物排放的连续自动监测、监控装置，并确保其正常运转。

其他大气污染物排放企业，应当按规划进行排污口规范化建设。

第三章　燃煤产生大气污染的防治

第十四条　县级以上人民政府对含硫量超过3%的原煤应限制开采；含硫量超过2%、含灰分超过40%的原煤，煤炭生产企业应进行洗、选加工，使其达到规定的标准。

第十五条　新建、改建和扩建排放二氧化硫的火电厂和其他企业，应当采取控制二氧化硫和烟尘的排放措施，使二氧化硫、烟尘的排放达到规定的排放标准和核定的排放总量指标。

第十六条　使用燃煤锅炉和燃煤窑炉必须配备有效的防治污染设施，向大气排放污染物不得超过规定的标准。

第十七条　重点城市的规划区和特别保护区域内，禁止使用原煤、煤矸石、重油等高污染燃料。现已使用高污染燃料的设施应限期改用清洁能源。

第四章 机动车船排气污染的防治

第十八条 凡不符合大气污染物排放标准的机动车船，禁止行驶，公安、交通、渔业、农机管理部门不得核发牌证、通过年审。

第十九条 省人民政府环境保护行政主管部门可以委托已取得资质认定的承担机动车定期检验的单位或有尾气监测资质的机构对机动车排气污染进行定期检测。交通、渔业、农机等有监督管理权的部门可以委托已取得有关主管部门资质认定的承担机动船舶年检的单位，按照规范对机动船舶排气污染进行年度检测。

第二十条 县级以上人民政府环境保护行政主管部门可以在机动车停放地对在用机动车尾气排放状况进行监督抽测。

第二十一条 机动车船所有人或者使用人必须保证排气净化装置的正常使用，不得擅自拆除、闲置和更改。

第二十二条 重点城市人民政府可以根据大气环境状况，制定在一定区域内的交通管制措施，限制机动车行驶车型和行驶时段。

第二十三条 在重点城市和特别保护区域内，应鼓励和推行机动车船使用清洁燃料。

第五章 废气、尘和恶臭污染的防治

第二十四条 向大气排放恶臭气体的排污单位，必须采取有效治理措施或限期搬迁，防止人口聚居区受到污染。

第二十五条 禁止在城市规划区和特别保护区域内焚烧垃圾、沥青、油毡、橡胶、塑料、皮革等产生有毒有害烟尘和恶臭气体的物质。

在人口集中地区、民用机场净空保护区域、交通干线附近以及当地人民政府划定的区域内，禁止露天焚烧秸秆、落叶等产生烟尘污染的物质。

第二十六条 城镇建筑施工需要熔化沥青的，应采取防治或者减轻有毒有害气体污染的措施。

第二十七条 在城市市区进行建设施工的单位，应加强施工现场及周边环境管理，实施打围作业，封闭施工，硬化工地出口道路，对驶出工地的车辆应进行除泥除尘处理。运输建筑垃圾和产生尘污染的建筑材料车辆应密闭。

第二十八条 进入重点城市市区的机动车辆应保持车容整洁。城市道路和公共场所的清扫，应避开人流高峰时段，推行机械化清扫，防止扬尘污染。

第二十九条 城市饮食服务业排放油烟和烟尘的，应安装净化装置和除尘设施，使排放的污染物达到规定的排放标准。

第六章 法律责任

第三十条 违反本办法规定，有下列行为之一的单位或个人，由环境保护行政主管部门或其他有关行政主管部门根据不同情节，责令停止违法行为，限期改正，并可以按下列规定处以罚款：

一、未按规定申报、变更申报污染物排放的，处以1万元以下罚款；

二、机动车船排放污染物超过规定标准的或擅自拆除、闲置、更改尾气净化装置的，处以200元以上1000元以下罚款。

三、造成大气污染事故，未采取应急防治措施或者未按规定报告的，处以直接经济损失10%以下罚款，最高不得超过10万元；造成重大经济损失的，处以直接经济损失20%以下罚款，最高不得超过20万元。

第三十一条　违反本办法第十三条第一款规定的，由县级以上人民政府环境保护行政主管部门责令限期改正，可并处1万元以上5万元以下的罚款。

第三十二条　违反本办法第十四条规定的，由县级以上人民政府按照国家规定的权限，责令停止违法行为，限期整改；可由环境保护行政主管部门处以1万元以上10万元以下罚款。

第三十三条　违反本办法第二十九条规定的，由环境保护行政主管部门责令限期改正，逾期不改正的，处以500元以上2000元以下罚款。

第三十四条　违反本办法的其他行为，法律法规已有规定的，从其规定。

第三十五条　环境保护行政主管部门或其他有关行政主管部门及其工作人员违反本条例规定，有下列情形之一的，由有关机关追究主管人员和直接责任人员的行政责任：

（一）未按规定对防治污染的设施进行检验验收的；

（二）对排污单位闲置或拆除大气污染物处理设施的申请未在规定的时限内批复的；

（三）对发生的重、特大大气污染事故未及时进行调查处理或报告的；

（四）未按规定及时发布大气环境质量状况报告的；

（五）未按规定核发机动车船牌证或通过年审的；

（六）对污染大气环境的检举和控告未及时处理的；

（七）违反本办法的其他行为。

国家机关工作人员在监督管理工作中滥用职权、玩忽职守、失职渎职，构成犯罪的，依法追究刑事责任。

第七章　附　则

第三十六条　本办法自2002年9月1日起施行。

四川省地方志工作条例

（2003年7月24日四川省第十届人民代表大会常务委员会第四次会议通过）

第一条 为全面、客观、真实地记述地方区域地情，科学地积累、保存与开发、利用地方文献，发挥地方志的资治、教化、存史作用，根据国家有关规定，结合四川省实际，制定本条例。

第二条 四川省行政区域内各级地方志的编纂和管理工作，适用本条例。

本条例所称地方志，包括地方志书、史书、综合年鉴及相关地情文献。

第三条 地方各级人民政府应当加强对地方志工作的领导，将地方志工作纳入当地经济和社会发展规划。

四川省地方志工作总体规划由省人民政府批准。地方志工作经费列入各级人民政府财政预算。

第四条 县级以上地方人民政府地方志工作机构负责地方志的编纂和管理工作。其主要职责是：

一、起草地方志工作规划，制订编纂方案；

二、组织、指导和检查地方志编纂工作；

三、组织审定入志内容与议定编纂中的重大问题；

四、组织对志书的审查验收。

第五条 地方志的编纂工作应当坚持实事求是的原则，全面、客观、真实、科学地反映当地自然与社会的历史及现状。

第六条 省、市、县三级志书一般每10年至15年续修一次。

第七条 机关、社会团体、企业事业单位应当接受同级地方志工作机构的业务指导与工作督查，完成地方志的资料报送和编写工作。修志任务较重的单位，应当设立专门的修志机构或者配备专职工作人员。

第八条 地方志的专职编纂人员应当具备相应专业知识和学术水平。地方志编纂工作应当广泛吸收有关专家、学者参加。民族地区的地方志编纂工作应当有少数民族人员参加。

第九条 公开出版发行省人民政府总体规划内的省、市、县三级志书，实行审查验收制度。

省级志书由省人民政府组织的机构审查验收，市级志书由省地方志工作机构组织审查验收后，报省人民政府批准出版发行。县级志书由市级地方志工作机构组织审查验收后，报市级人民政府批准出版发行。

以电子出版物形式出版的省、市、县三级志书，按照前款规定办理。

第十条 在地方志工作中做出突出成绩的单位和个人，由人民政府或者其主管部门给予表彰和奖励。

第十一条 在地方志编纂中，有关部门或者单位拒绝提供有关资料或者提供虚假资料的，由同级地方志工作机构责令限期改正；逾期不改正的，由地方志工作机构提请同级人民政府依法追究其行政责任。

第十二条　地方志泄露国家秘密的，由有关部门依法查处；构成犯罪的，依法追究刑事责任。

第十三条　本条例自2003年10月1日起施行。

四川省文化市场管理条例

（1991年5月28日四川省第七届人民代表大会常务委员会第二十三次会议通过，根据1995年6月20日四川省第八届人民代表大会常务委员会第十五次会议《关于修改〈四川省文化市场管理暂行条例〉的决定》第一次修正，根据1997年10月17日四川省第八届人民代表大会常务委员会第二十九次会议《关于修改〈四川省文化市场管理条例〉的决定》第二次修正，根据2001年5月25日四川省第九届人民代表大会常务委员会第二十三次会议《关于修改〈四川省文化市场管理条例〉的决定》第三次修正，根据2004年9月24日四川省第十届人民代表大会常务委员会第十一次会议《关于修改〈四川省文化市场管理条例〉的决定》第四次修正）

第一章　总　则

第一条　为了加强文化市场管理，维护文化市场正常秩序，发展和繁荣社会主义文化事业，弘扬民族优秀文化，丰富人民群众的文化生活，促进社会主义精神文明和物质文明建设，根据宪法和国家有关法律、法规，结合四川实际，制定本条例。

第二条　凡以商品形式进入流通领域的文化产品和文化经营活动，都属于文化市场管理范围。

第三条　四川省境内的文化市场经营活动和管理工作必须遵守本条例。

依法从事文化市场管理或经营活动，其合法权益受法律保护。

对违反本条例的行为，任何单位或个人有权检举、控告。

第四条　地方各级人民政府负责本条例的实施，领导文化市场管理工作，建立目标管理责任制。

第五条　文化市场管理必须坚持四项基本原则，支持健康有益的文化经营活动，取缔反动、淫秽和非法的文化产品、文化经营活动，保障社会主义文化市场活跃有序、繁荣健康发展。

第六条　文化市场经营活动必须坚持为人民服务、为社会主义服务的方向；其经营活动必须有益于人民群众身心健康，把社会效益放在首位。

第七条　新闻单位、群众团体、城市街道居民委员会和农村村民委员会，应协助文化市场管理机构和有关部门加强对文化市场经营活动的监督管理工作。

第八条　文化经营单位的上级主管、主办单位须严格执行文化市场管理的法律、法规和国家文化工作的方针、政策，配合当地政府加强对所属文化企业事业的检查、监督，不得阻挠当地文化市场管理机构对其问题的查处。文化企业事业发生严重问题，须追究主管、主办单位的责任。

第二章 管 理

第九条 地方各级文化、新闻出版、广播电视行政部门是同级人民政府管理文化市场的业务管理部门，须加强对文化市场的宏观管理和督促、检查国家有关法律、法规、方针、政策的贯彻落实。按照下列分工负责文化市场管理：

（一）文化行政部门主管：

1. 各类文艺演出、展览经营活动；

2. 电影和音像制品的批发、零售、出租、放映和进口经营活动；

3. 美术品经营活动；

4. 文化娱乐及游艺经营活动；

5. 文化艺术培训活动；

6. 国家允许进入市场的文物经营活动；

7. 对外文化交流中的经营活动；

8. 文化中介经营活动。

（二）新闻出版行政部门主管：

1. 图书、报刊、电子、年历等出版物的经营活动；

2. 音像制品的出版、复制经营活动。

（三）广播电视行政部门主管：

1. 广播电视节目制品的制作、发行、销售、出租和播出经营活动；

2. 音像制品的内容审核工作。

第十条 各级文化市场业务管理部门应认真贯彻执行有关文化市场的法律、法规和方针、政策，建立健全管理和审批制度，负责对经营者进行培训，审批有关经营项目，其职责是：

（一）省文化市场业务管理部门制定文化市场建设和发展的总量调控规划、计划，负责对全省文化市场业务管理工作进行宏观指导、监督检查；审批并主管省和上级主管部门委托管理的省以上直属单位，中外合资、中外合作、外商独资企业事业单位，省级群众团体，中国人民解放军军以上机关直属单位及外地来川的省级单位在四川举办的文化经营活动；

（二）市、州文化市场业务管理部门对本市、州文化市场业务管理工作进行宏观指导、监督检查；审批并主管市、州直属单位、市、州群众团体和外市、州的市级单位在本市、州举办的文化经营活动，以及上级文化市场业务管理部门授权审批、主管的文化经营活动；

（三）县（市、区）文化市场业务管理部门对本县（市、区）文化市场经营活动进行管理、监督检查；审批并主管县（市、区）所属单位、群众团体、无主管企业、个人和外县（市、区）的单位在本县（市、区）举办的文化经营活动，以及上级文化市场业务管理部门授权审批、主管的文化经营活动。

图书、报刊、电子出版物、电影、音像制品和电视节目制品的分级管理的职责划分，按国家和省人民政府的规定执行。

第十一条　群众团体、企业、事业单位面向社会开展的营业性文化有偿服务活动，应当纳入文化市场管理范围；开展的非营业性文化经营活动，不得面向社会公开售票，各单位要加强对其管理，同时接受文化市场业务管理部门的监督、检查。

第十二条　单位或个人从事书报刊印制、电子出版物和音像制品复制等，须按国家和省规定的权限经主管部门批准。文艺表演团体进行营业性演出的，其演出的内容应报演出地县级以上文化行政部门核准。

第十三条　公安、工商行政管理、卫生、物价、税务、版权等部门对文化市场负有重要管理责任，在各级人民政府的统一领导下，按照下列分工，与文化市场业务管理部门共同做好文化市场管理工作：

（一）公安部门依法对文化市场实施治安管理和消防、安全监督；

（二）工商行政管理部门依法对文化市场经营者的经营资格、范围、方式进行核准登记和文化经营活动的监督管理；

（三）卫生行政部门和卫生防疫机构依法对文化市场的卫生条件进行检查和监督管理；

（四）物价部门依法对文化市场管理收费和经营价格进行核定、监督管理；

（五）税务部门依法对文化市场进行税务监督管理；

（六）版权行政管理部门依法对文化经营活动中的版权实施监督管理。

第十四条　文化市场业务管理部门和公安、工商行政管理、卫生、物价、税务、版权部门及其工作人员必须忠于职守、秉公办事、执法守法，依法保护经营者和消费者的合法权益，不准从事或变相从事文化经营活动，不准徇私舞弊、谋取私利，不准索取财物、吃请、收受贿赂，不准挪用、私分收缴物品和罚没款，不准乱摊派、乱收费、乱罚款，不准对举报者打击报复。

第十五条　国家机关及其工作人员，不得以任何形式经营或变相参与文化经营活动。

第十六条　文化市场业务管理部门可向所管辖的经营者收取一定的文化市场管理费。对文化馆、文化宫、艺术馆、青少年宫和工人俱乐部的管理费应给予适当减免。文化市场管理费的收取范围、收费标准及使用、管理办法由省物价、财政部门会同省文化市场业务管理部门制定。

第三章　经　营

第十七条　申请从事文化经营活动的，必须具备下列条件：

（一）有必要的资金和相应的设备；

（二）有固定场所，并符合治安、消防、安全、卫生和环保要求；

（三）法人代表和从业人员须具有相应的专业知识和良好的思想道德素质；

（四）经营的内容须符合国家有关规定；

（五）法律、法规规定应当具备的其他条件。

第十八条　从事文化经营活动，申请人必须持所在单位或乡镇人民政府、街道办事处证明，按照本条例第十条的规定向业务管理部门提出申请，取得文化经营许可证，再依法向工商行政管理部门申请登记注册，办理营业执照，并依法向税务机关申请办理税务登记证；依法需要办理公共场所卫生许可证以及其他许可证的，还应按规定办理后方可依法申请登记注册，办理营业执照。

文化经营许可证应注明经营项目、方式、规模和场所。文化市场业务管理部门按有关规定定期对经营条件、经营行为和许可证进行验审。根据验审对遵纪守法的予以登记；对有违章行为的暂缓登记，限期整改；对问题严重的注销许可证，工商行政管理部门依法予以处罚。

文化经营许可证分别由省文化、新闻出版、广播电视行政部门按国家有关规定统一印制。

第十九条　经营者应按照核准登记的项目、方式、规模、场所实行亮证、明码标价，依法经营；不得涂改、租让、转借经营证照。

第二十条　文化经营者本着自愿的原则，经过批准可以成立群众性的经营者协会组织，在各级文化市场管理机构的指导下，发挥其自我管理、自我教育、自我保护、自我发展的作用。

第二十一条　文化经营者除须依法交纳税费和管理费外，任何单位和组织不得向其摊派、收取其他费用。

第二十二条　经营者有权检举、控告国家工作人员侵犯其合法权益的行为。

第二十三条　从事文化经营活动，必须遵守下列规定：

（一）不得从事有损国家尊严、民族团结的文化经营活动；

（二）不得走私、制作、复制、贩卖、出租和传播内容反动、淫秽或封建迷信的出版物和物品；

（三）不得在文化娱乐场所进行或容留他人进行赌博活动；

（四）不得在营业性文化娱乐场所设立封闭式包厢；

（五）不得在文化娱乐场所进行陪舞、陪酒、陪座等各种陪侍活动；

（六）不得接纳未成年人进入营业性歌厅；

（七）不得在一切场所开办营业性有奖或带有赌博性质的电子游戏机活动，不得在中小学门前200米半径以内经营台球和电子游戏项目，不得在非节假日向中小学生开放营业性台球室和电子游戏室；

（八）不得经营未经国家允许进入市场的文物；

（九）不得经营非法出版、复制、进口的图书、报刊、电子出版物、音像制品以及非法制作的电视节目制品和对外销售内部图书、报刊、资料；

（十）不得侵犯他人著作权；

（十一）不得利用文化经营项目进行其他违法犯罪活动。

第二十四条　经营者对本单位从业人员应加强思想政治教育、法制教育、科学文化教育及业务培训，提高素质和服务水平。

第二十五条　经营者应建立健全内部经营管理制度，注重职业道德，遵守治安、工商、卫生、物价、税收等方面的有关法律、法规、政策。

第二十六条　经营者应接受文化市场业务管理部门的业务管理和公安、工商行政管理、卫生、物价、税务和版权部门的监督管理。

第四章　监督检查

第二十七条　文化管理实行监督检查制度。

各级文化市场业务管理部门根据工作实际，可按国家有关规定设立市场监督检查机构，配备专兼职监督检查人员，负责所辖文化市场的监督检查工作。

第二十八条　文化市场监督检查机构的主要职责是：

（一）宣传文化市场管理的法律、法规、规章和政策；

（二）代表同级文化市场业务管理部门依法对文化经营活动进行日常监督检查，维护市场秩序；

（三）对文化市场经营活动中的违法违章行为依法进行调查，收集证据，提出处理意见，报本级文化市场业务管理部门做出决定；

（四）建立文化经营单位市场行为档案，对其进行日常考核；

（五）具体执行文化市场业务管理部门对违法行为做出的处理决定。

第二十九条　公安、工商行政管理等有关行政管理部门按国家和省有关法律、法规的规定对文化市场进行监督检查。

监督检查人员进入文化经营场所执行公务，必须两人以上并持有国家或省人民政府统一制发的行政执法证件。否则，当事人有权拒绝。

第五章　奖励与处罚

第三十条　对遵守本条例，守法经营者；开展健康有益的文娱活动、丰富群众文化生活成绩突出的单位和个人；在文化市场管理、为群众文化生活服务方面贡献突出的单位和个人；检举、揭发、查处违法行为有功的单位和个人，由人民政府或文化、新闻出版、广播电视行政部门给予表彰、奖励。

第三十一条　未申请取得文化经营许可证，非法从事文化经营活动的，由文化市场业务管理部门按照其权限，责令停止非法经营活动、没收非法所得；情节严重的，可并处以2000元以上2万元以下或非法所得10倍以内罚款。

第三十二条　文化市场业务管理部门和公安、工商行政管理、卫生、物价、税务、版权部门及其工作人员和其他国家机关及其工作人员经营或变相参与文化经营活动的，由同级人民政府或上一级监察部门，给予行政处分，由工商行政管理部门依法予以处罚。

第三十三条　违反本条例有下列行为之一的，由文化行政部门按照其职责权限，没收非法物品和非法所得，可并处以3000元以上3万元以下或非法所得10倍以内罚款；情节严重的，责令停业整顿，直到吊销文化经营许可证：

（一）擅自经营未公开发行的影片和音像制品；

（二）在文化艺术培训经营活动和营业性文艺演出、展览经营活动中严重损害消费者利益；

（三）向未取得文化经营许可证的单位和个人提供文化经营中介服务；

（四）在营业性文化娱乐场所设立封闭式包厢；

（五）经营未经批准进入市场的文物；

（六）接纳未成年人进入营业性歌舞厅，或在中小学校门前200米半径以内经营台球、电子游戏机项目或在非节假日向中小学生开放营业性台球室和电子游戏室。

批发、零售、出租和放映非法音像制品或擅自从事音像制品进口经营活动的，由文化行政部门按照国务院《音像制品管理条例》的规定处罚。

第三十四条 违反本条例有下列行为之一的，由新闻出版行政部门按照其职责权限，没收违法物品和非法所得，可并处以总定价5倍以内的罚款；情节严重的，责令停业整顿，直到吊销文化经营许可证；构成犯罪的，由司法机关依法追究刑事责任：

（一）出版、印刷、批发和零售非法出版物；

（二）盗用国家注册登记的出版单位的名称、社号、刊号、书号、版号，翻印、复制出版物出售；

（三）对外销售内部图书、报刊和资料。

第三十五条 违反本条例有下列行为之一的，由广播电视行政部门按照其职责权限，没收非法所得，可并处以3000元以上3万元以下或非法所得10倍以内的罚款；情节严重的，责令停业整顿，直到吊销文化经营许可证：

（一）未经批准经营制作、复制广播电视节目制品；

（二）发行、销售、出租和播出非法制作、复制的电视节目制品。

第三十六条 有以下行为之一的，由各级工商行政管理、公安、物价、税务、卫生、版权管理部门按有关法律、法规进行处罚：

（一）经营者浮动票价或服务费超出核准登记的浮动标准；

（二）经营场所违反消防、安全监督有关规定；

（三）无证或有关证照不全进行文化项目的经营活动；

（四）违反税法有关规定；

（五）违反食品卫生、公共场所卫生和环保有关法律、法规规定；

（六）经营者在经营活动中侵犯他人著作权。

第三十七条 有下列行为之一的，除各级文化、新闻出版、广播电视行政管理部门暂扣、吊销文化经营许可证，工商行政管理部门依法处罚外，由公安部门依法对经营者或直接责任人进行处罚，没收全部违法违禁物品；构成犯罪的，由司法机关依法追究刑事责任：

（一）利用文化娱乐场所或文化娱乐器具进行赌博或卖淫嫖宿活动；

（二）走私、制作、翻印、销售、出租或播放反动、淫秽、封建迷信以及有损国家尊严和民族团结的图书报刊、音像制品；

（三）拒绝、阻碍文化市场管理部门工作人员依法执行公务。

有下列行为之一的，由公安、工商行政管理部门根据各自职责，按本条例第三十三条第一款的规定进行处罚：

（一）在文化娱乐场所进行陪舞、陪酒、陪座等各种陪侍活动；

（二）销售或使用国家明令查禁的文化娱乐用品。

第三十八条 违反本条例的行为，其他法律、法规有处罚规定的，按其规定执行。

第三十九条 罚没收入应按规定一律上交同级财政。

第四十条 被处罚的经营者对文化市场管理部门做出的处罚决定不服，可以在接到处罚决定书之日起60日内向同级人民政府或上一级文化市场管理部门申请复议，复议机关应在接到申请之日起60日内做出复议决定，对复议决定仍然不服的，可以在接到复议决定书之日起15日内向人民法院提起诉讼。

不服其他行政机关做出的行政处罚，按照有关规定，提出复议申请或向人民法院起诉。在被处罚的经营者向人民法院起诉期间，除法律、法规另有规定外，不得停止具体行政处罚的执行。

被处罚的经营者逾期不申请复议或起诉，又不履行行政处罚决定的，做出处罚决定的部门可以申请人民法院强制执行。

第四十一条　各级人民政府、文化市场业务管理部门和公安、工商行政管理、卫生、物价、税务和版权部门的工作人员，违反法律、法规和本条例，向无经营资格者发证照，玩忽职守、徇私舞弊、贪污受贿、或滥用职权侵犯文化市场经营者、消费者的合法权益，尚不构成犯罪的，由其所在单位或上级主管部门或监察部门按照有关规定追究行政和经济责任；构成犯罪的，由司法机关依法追究刑事责任；如单位参与上述违法活动的，依法追究单位领导的行政责任。

第六章　附　则

第四十二条　本条例自公布之日起施行。

四川省暂住人口治安管理条例

（1996年12月24日四川省第八届人民代表大会常务委员会第二十四次会议通过，2004年9月24日四川省第十届人民代表大会常务委员会第十一次会议《关于修改〈四川省暂住人口治安管理条例〉的决定》修正，2004年9月24日四川省第十届人民代表大会常务委员会公布）

第一章　总　则

第一条　为了加强暂住人口的治安管理，维护社会治安秩序，保障公民的合法权益，根据有关法律、法规的规定，结合四川实际，制定本条例。

第二条　四川省行政区域内的暂住人口治安管理工作适用本条例。

本条例所称暂住人口，是指离开常住户口所在地的市区或者乡镇在其他地区居住的人员。

第三条　各级人民政府应加强对暂住人口治安管理工作的领导，组织协调有关部门进行暂住人口管理工作。

公安机关是暂住人口治安管理的主管机关。公安机关和计划生育、工商、劳动、民政、卫生等有关行政管理部门在暂住人口管理工作中，应各司其职、互相配合。

第四条　机关、团体、企事业单位、居（村）民委员会应当积极协助公安机关进行暂住人口治安管理。

接纳暂住人员住宿或雇用暂住人员的单位应建立健全暂住人口治安管理制度，落实管理责任。

第五条 暂住人员的合法权益受法律保护，任何单位和个人不得侵犯。

暂住人员应遵守法律、法规和暂住地的有关规定，服从暂住地的治安管理。

第二章 登 记

第六条 公安派出所负责本辖区暂住人口的治安管理工作。公安派出所可根据暂住人口治安管理的需要设立暂住人口登记站（点），负责暂住人口的登记、发放暂住证和日常治安管理工作。

第七条 暂住人员拟在城市市区暂住5日以上或在乡镇暂住7日以上的，应在到达城市市区暂住地5日内或在到达乡镇暂住地7日内，持居民身份证或其他有效证件向暂住地的公安派出所或暂住人口登记站（点）申报办理暂住登记：

（一）暂住在居民家中的，由户主或暂住人员持户主的户口簿申报；

（二）租赁房屋暂住的，由房屋出租人和暂住人员持房屋租赁合同申报；

（三）暂住在机关、团体、部队、企事业单位或工地、工棚、工场、店铺、水上船舶等工作场所的，由单位或雇主登记造册统一申报；

（四）暂住在宗教场所的，由宗教场所登记造册统一申报；

（五）暂住在旅馆的，按旅馆业治安管理规定申报登记；

（六）继承、购买或自建房屋居住的，由本人持房屋产权证或其他有关证明材料申报登记。

第八条 监狱劳教机关批准外出或保外就医人员应持批准机关的证明，在到达暂住地后24小时内向公安派出所申报暂住登记。

第九条 拟在暂住地居住1月以上年满16周岁的下列人员，在申报暂住登记的同时，应当申领暂住证：

（一）机关、团体、部队、企业、事业单位雇用的人员；

（二）从事工业、手工业、建筑业、运输业的人员；

（三）从事商业、饮食业、修理业、服务业的人员；

（四）从事种植业、养殖业的人员；

（五）其他需要申领暂住证的人员。

第十条 探亲、访友、寄养、寄读、就医、就学等暂住人员，以及全民所有制的建筑、石油、科研调查、地质勘探、测绘等流动单位的正式职工暂住1月以上的，只需申报暂住登记，可不办理暂住证。

第十一条 暂住人员在暂住地变动住址的。应到公安派出所或暂住人口登记站（点）办理变更手续。

暂住人员在暂住地死亡的，由接纳暂住人员住宿或雇用暂住人员的单位、个人向暂住地的公安派出所报告。

第十二条 公安派出所或暂住人口登记站（点）在暂住人口治安管理工作中应文明管理、热情服务、方便群众。办理暂住登记应随到随办，发放暂住证时，应在查验申报人证件后7日内办理。

公安派出所或暂住人口登记站（点）在办理暂住手续时，应查验已婚育龄妇女的计划生育证明，并将有关情况通报暂住地乡（镇）人民政府、城市街道办事处的计划生育工作机构。

第十三条　暂住证一人一证，有效期为1年。期满后需要继续暂住的，应办理延期手续。暂住证遗失、损坏的，应及时补领、换领。

第十四条　暂住人口中的外国人、华侨、港澳台居民，依照我国法律、法规的有关规定办理登记手续。

第三章　管　理

第十五条　公安机关在暂住人口治安管理中，要履行下列职责：

（一）组织和指导暂住人口登记和颁发暂住证工作，对暂住人口登记管理人员进行培训、考核；

（二）指导、检查督促暂住人口登记站（点）和接纳暂住人员住宿或雇用暂住人员的单位落实治安管理措施；

（三）向暂住人员进行法律、法规的宣传教育，保护暂住人员的人身财产安全和其他合法权益；

（四）调解处理治安纠纷、查处涉及暂住人口的违法犯罪案件；

（五）负责暂住人口统计。

第十六条　暂住人员必须遵守下列规定：

（一）依照本条例规定申报暂住登记和申领暂住证；

（二）公安机关依法查验暂住证时，应主动出示，不得拒绝；

（三）依照本条例规定办理暂住证变更、注销手续；

（四）不得使用假暂住证或借用他人的暂住证。

第十七条　单位或个人不得雇用无合法身份证明的暂住人员。

第十八条　雇用暂住人员的单位应与公安机关签定暂住人口管理责任书，确定暂住人口管理员，落实治安防范措施，协助公安机关进行暂住人口管理。

第十九条　出租房屋给暂住人员及其他接纳暂住人员住宿的单位或个人，发现暂住人员违法犯罪的应及时报告，不得纵容包庇。

第二十条　对侵犯暂住人员人身或财产权利的违法犯罪行为，公安机关和有关部门应及时依法查处。

第二十一条　暂住证是暂住人员在暂住地合法居住的证明，除公安机关依法可以收缴或扣押外，其他任何单位或个人不得非法收缴或扣押。禁止伪造、涂改、转借、转让、买卖暂住证。

第四章　处　罚

第二十二条　违反本条例规定，暂住人员不申报暂住登记或申领暂住证的，由公安机关限期补登补办；拒不补登补办的，可处50元以下罚款。

第二十三条　有下列情形之一的，由公安机关给予警告，或处1000元以下罚款：

（一）违反本条例规定，单位或业主不统一申报暂住人员登记或不申领暂住证的；

（二）违反本条例规定，单位、个人雇用无合法身份证明的暂住人员的。

第二十四条　伪造、买卖暂住证的，由公安机关依法没收违法所得和非法物品，并给予警告或处500元以下罚款，情节严重的，并处违法所得3倍以下或3000元以下罚款。转借、转让、涂改暂住证的，由公安机关给予警告，可并处200元以下罚款。

第二十五条 非法收缴或扣押暂住证的，由公安机关对主管负责人或直接责任人可处1000元以下罚款。

第二十六条 违反本条例第十九条规定，发现暂住人员违法犯罪不报告的，由公安机关给予警告或处1000元以下罚款；构成犯罪的，依法追究刑事责任。

第二十七条 暂住人口治安管理工作人员在办理暂住登记和日常管理中，拖延不办、故意刁难、徇私舞弊、滥用职权、索贿受贿、玩忽职守的，由所在单位或上级机关给予行政处分；构成犯罪的，依法追究刑事责任。

第二十八条 依照本条例处罚所得罚没款的管理按《中华人民共和国行政处罚法》的规定办理。

第二十九条 当事人对依照本条例给予的行政处罚不服的，可依法申请行政复议或提起行政诉讼。

第五章 附 则

第三十条 暂住证由省公安厅统一印制。

第三十一条 本条例自公布之日起施行。

四川省村镇规划建设管理条例

（1993年12月15日四川省第八届人民代表大会常务委员会第六次会议通过，根据2004年9月24日四川省第十届人民代表大会常务委员会第十一次会议《关于修改〈四川省村镇规划建设管理条例〉的决定》修正）

第一章 总 则

第一条 为加强村镇规划、建设、管理，改善村镇生产、生活环境，促进农村经济和社会发展，根据国务院颁布的《村庄和集镇规划建设管理条例》，结合四川实际，制定本条例。

第二条 在四川省行政区域内进行村镇规划、建设、管理活动，必须遵守《村庄和集镇规划建设管理条例》和本条例。国家征用集体所有的土地进行的建设除外。

在城市规划区内村镇规划的制定和实施，依照《中华人民共和国城市规划法》和《四川省〈城市规划法〉实施办法》等法律、法规执行。

第三条 本条例所称村镇，是指农村行政村域内不同规模的村民聚居点和乡、民族乡人民政府所在地及经县级人民政府确认由集市发展而成的作为农村一定区域经济、文化和生活服务中心的非建制镇。

本条例所称村镇规划区，是指村、集镇建成区和因村镇建设及发展需要实行规划控制的区域。村镇规划区的具体范围，在村镇总体规划中划定。

第四条　村镇规划建设管理坚持合理布局、节约用地的原则，全面规划，正确引导，因地制宜，量力而行，逐步建设，综合开发，实现经济效益、社会效益和环境效益的统一。

第五条　地处洪涝、地震、滑坡、泥石流等自然灾害易发地区的村镇，在村镇规划中应尽量避开或制定防灾措施。

第六条　省人民政府建设行政主管部门主管全省村镇规划建设管理工作。

县级以上人民政府建设行政主管部门主管本行政区域的村镇规划建设管理工作。

乡级人民政府负责本行政区域的村镇规划建设管理工作。乡级人民政府根据村镇规划建设管理工作需要设置机构或配备专、兼职人员，在上级建设行政主管部门的指导下，具体行使村镇建设管理职能。

第七条　任何单位和个人都有遵守《村庄和集镇规划建设管理条例》和本条例的义务，并有权对违反村镇建设法律、法规的行为进行检举和控告。

第二章　村镇规划的制定和实施

第八条　所有村镇都应当制定规划，并按批准的规划实施。

村镇规划的编制，应当以县域规划、农业区划、土地利用总体规划为依据，并同有关部门的专业规划协调。编制城市规划区内的村镇规划，还应当以城市总体规划为依据。

村镇规划的具体编制办法，依照省人民政府建设行政主管部门的规定执行。

村镇规划由乡级人民政府负责组织编制。县级人民政府建设行政主管部门给予指导。

第九条　村镇规划的编制应当遵循下列原则：

（一）根据国民经济和社会发展规划，结合当地经济发展的现状和要求，以及自然环境、资源条件、历史特点，统筹兼顾，综合部署村镇的各项建设；

（二）正确处理近期建设和远景发展的关系，使村镇的性质和建设的规模、速度、标准同当地经济发展、农民生活水平相适应；

（三）合理用地，节约用地，各项建设应当相对集中，充分利用原有建设用地，新建、扩建工程及住宅应尽量不占用耕地和林地。

（四）合理布局，配套建设，有利生产，方便生活；

（五）保护和改善生态环境，防治污染和其他公害，加强村镇绿化和村容镇貌、环境卫生建设；

（六）保护文物、历史遗迹和自然景观，弘扬民族传统，突出地方特色。

第十条　村镇规划分为村镇总体规划和村、集镇建设规划。

城市规划控制区内的村镇规划，编制的主要内容和各项建设的整体部署，应当与城市总体规划衔接。

第十一条　村镇总体规划，指乡级行政区域内村、集镇布点规划及相应的各项建设的整体部署。

村镇总体规划的主要内容包括：乡级行政区域内集镇、村的布点、性质、规模和发展方向；村镇交通、供电、邮电、给排水、商贸市场、教育、环卫、绿化等生产、生活服务设施的配置；主要工副业生产基地的分布和主要公共建筑设施的配置。

第十二条 村、集镇建设规划是以村镇总体规划为依据，以村、集镇建成区及其建设发展需要控制的区域为规划范围，对村、集镇各项建设进行的具体安排和综合规划设计。

集镇建设规划的主要内容包括：集镇各项建设的用地布局、规模、发展方向和有关技术经济指标，道路、能源、邮电、给排水、绿化、防灾、环卫、商贸市场、文化、教育等各项设施建设的具体布局，近期建设及主要地段建设的具体安排。

村建设规划的编制，应当根据不同的地域特点和经济发展水平，参照集镇建设规划的编制内容，主要对住宅和给排水、供电、道路、绿化、环卫以及生产配套设施做出具体安排。

第十三条 编制村、集镇建设规划，必须符合公路、河道、管线等有关法律、法规的规定。

第十四条 村镇规划期限，应与当地的经济社会发展目标一致，一般近期五年至十年，远期二十年。

第十五条 村镇总体规划和集镇建设规划，须经乡级人民代表大会审议同意，由乡级人民政府报县级人民政府批准；村建设规划，经村民会议或村民委员会讨论同意，由乡级人民政府批准报县级人民政府备案。

第十六条 经批准的村镇规划，由乡级人民政府公布，并组织实施；任何单位和个人必须严格执行，不得擅自修改或者变更。

因经济、社会发展，乡级人民政府可以对村镇规划进行局部调整，分别经乡级人民代表大会和村民会议或村民委员会同意，并报县级人民政府备案。但涉及集镇、村的性质、规模、发展方向和总体布局重大变更的，依照本条例第十五条规定的程序重新报批。

第十七条 在城市郊区、平原、丘陵地区的集镇和规模较大的村，推行综合开发、配套建设，集镇新区开发与旧区改建结合的方式，加快集镇功能的形成。

在山区、高原地区的集镇和村的住宅建设，其规划、设计、建设方式，应适合当地特点。

第十八条 在村镇区域内，除国家征用集体所有的土地进行的建设外，进行生产经营类建筑及公共设施、公益事业和单位住宅类建设的，按照下列审批程序办理：

（一）兴建生产经营类建筑和单位住宅的，必须持县级以上人民政府批准的设计任务书或者其他批准文件，向县级人民政府建设行政主管部门申请选址定点，县级人民政府建设行政主管部门审查同意，并出具选址建设意见书后，建设单位方可依法向县级人民政府土地管理部门申请用地。

（二）兴建公共设施、公益事业建设的，须经乡级人民政府审核、县级人民政府建设行政主管部门审查同意，并出具选址建设意见书后，建设单位方可依法向县级人民政府土地管理部门申请用地。

第十九条 村民在村镇区域内进行住宅建设的，应当先向村集体经济组织或者村民委员会提出建房申请，按下列审批程序办理：

（一）需要使用耕地的，经乡级人民政府审核、县级人民政府建设行政主管部门审查同意，并出具选址建设意见书后，方可依法向县级人民政府土地管理部门申请用地。

（二）使用原有宅基地、村内空闲地的，由乡级人民政府根据村镇规划和土地利用规划批准。

城镇非农业户口居民在村镇需要使用集体所有的土地建住宅的，应当经其所在单位或者居民委员会同意后，依照前款第（一）项规定的审批程序办理。

回原籍村镇落户的职工、退伍军人和离休、退休干部以及回乡定居的华侨、港澳台同胞，在村镇需要使用集体所有的土地修建住宅的，依照本条第一款第（一）项规定的审批程序办理。

第二十条　建设单位或个人依法办理用地手续后，应按本条例第二十五条规定提出开工申请。

第二十一条　单位或个人在村镇规划区内和道路、河道两旁进行临时建设，应经乡级人民政府同意，并依法申请办理临时用地手续后，方可进行临时建设。

临时建筑物、构筑物的使用期限不得超过两年。确需延期的应重新报批。在批准的使用期满时，必须无条件自行拆除。在使用期限内，因国家建设需要拆除的，必须在规定期限内无条件自行拆除。

经批准临时使用的土地，不得建设永久性建筑物、构筑物或其他设施。

第二十二条　建设单位或个人在取得村镇选址建设意见书、依法办理用地手续后，必须严格按照批准的位置、面积、层数等规定实施，不得擅自变更。确需变更的，应经原批准机关同意，并办理变更手续。

建设单位或个人按本条例规定获得村镇选址建设意见书、依法办理用地手续后，六个月未开工，又未到原批准机关办理延期手续的，村镇选址建设意见书自行失效。

第三章　村镇建设的设计、施工管理

第二十三条　村镇的建设项目应当进行设计。

下列建设项目须由具有相应资质等级的设计单位设计，或者选用省和市、地、州级以上建设行政主管部门批准的通用设计图或标准设计图：

（一）二层以上的住宅、宿舍和其他混合结构的民用建筑，或跨度在六米以上的单层民用建筑；

（二）跨度在六米以上的单层厂房和仓库、跨度在七点五米、二层以上的轻型厂房和仓库；

（三）属工程设计规范规定的小型以上的独立烟囱、水塔和水池等构筑物；

（四）道路桥梁、集镇给排水等公用、基础设施。

第二十四条　村镇建筑设计应当贯彻安全、适用、经济和美观的原则，符合国家和地方有关节约资源、抗御灾害等规定；与周围环境协调，体现地方特色、民族风格；提倡采用新工艺、新材料、新结构。

第二十五条　集镇建设项目和乡（镇）村企业、乡（镇）村公共设施、公益事业等建设，在开工前，建设单位和个人应当向县级以上人民政府建设行政主管部门提出开工申请，经县级以上人民政府建设行政主管部门对设计、施工条件予以审查批准后，方可开工。

村民住宅建设在开工前，应向乡级人民政府提出开工申请，经审查同意后，方可开工。

第二十六条　建设单位、施工单位必须按照村镇规划主管部门批准的设计图纸进行施工。任何单位和个人均不得擅自更改设计图纸；确需变更的，须征得原设计单位和村镇规划主管部门同意。

第二十七条　建设项目施工中，不得妨碍交通、工农业生产，不得污染环境，不得破坏村镇公用设施、矿产资源和文物古迹。

第二十八条　承担本条例第二十三条所列建设项目的设计、施工单位，必须具有相应的资质等级证书，并按照资质等级所核定的经营范围承担设计、施工任务，严禁无证或越级承担设计、施工任务。

村民修建住宅，除二层以上的按本条第一款的规定执行外，其他住宅，应当有相应的技术人员或技术工匠指导。

承担村镇其他建筑施工的技术工匠，应当对施工的工程质量和安全承担责任。

第二十九条　承担建筑工程施工的企业和技术工匠，必须遵守有关施工技术规程和规范，严格按照图纸施工，不得使用不符合质量要求的建筑材料和建筑构件。

第三十条　村镇建设工程质量，由批准开工的机关负责进行监督检查。凡质量不合格的工程，不得投入使用。

第四章　村镇房屋、公共设施、村容镇貌和环境卫生管理

第三十一条　村镇房屋实行产权登记管理制度。县级人民政府建设行政主管部门按照国家有关规定加强村镇房屋产权、产籍的管理，依法保护房屋所有人对房屋的所有权。

第三十二条　任何单位和个人，都应遵守国家和地方有关村镇房屋、基础设施、环境保护管理规定，维护房屋、基础设施的正常使用和安全。

第三十三条　村镇公用基础设施建设、维护资金，主要依靠村镇发展经济解决。鼓励企业、集体、个人投资兴建自来水、燃气、文化娱乐等公用设施。

村镇自筹资金修建的公用基础设施，由村镇负责管理。可实行有偿使用。

第三十四条　从集镇收取的城市维护建设税，应当用于集镇公共设施的维护和建设，不得挪作他用。

第三十五条　县、乡（镇）人民政府应当保护村镇饮用水源，防止污染，切实改善村镇饮水条件，使水质逐步达到国家规定的生活饮用水卫生标准。

第三十六条　任何单位和个人不得占用村镇规划所确定的公共绿地、苗圃，不得占用道路摆摊设点，停放车辆和从事其他妨碍交通的活动。

第三十七条　乡级人民政府应当加强村镇环境卫生管理。

任何单位和个人应当维护村容镇貌和环境卫生，妥善处理垃圾、粪便及杂物，种植和保护树木花草，美化环境。

第三十八条　任何单位和个人应当保护村镇内的古树名木、文物古迹、风景名胜等设施，不得损坏。确需砍伐、拆除、搬迁的，应按国家有关规定报批。

第三十九条　乡级人民政府应当在县级人民政府建设行政主管部门的指导下，对村镇建设档案实行归口管理，建设中形成的有保存价值的文件、图纸、资料应及时整理归档。

第四十条　村镇建设实行监察制度，由村镇建设行政管理人员依法对村镇规划、建设、管理进行监督检查。

第五章　奖励与处罚

第四十一条　符合下列条件之一的，由乡级以上人民政府或县级以上建设行政主管部门给予表彰奖励：

（一）执行本条例成绩显著的；

（二）在村镇规划、建设、管理工作中成绩显著的；

（三）检举、控告、查处违法建设行为成绩显著的。

第四十二条　在村镇规划区内，未按村镇规划审批程序批准而取得建设用地批准文件占用土地的，批准文件无效，占用的土地由乡级以上人民政府责令退回。

第四十三条　有下列行为之一的，由县级人民政府建设行政主管部门责令停止设计或施工、限期改正，并可对主要责任人处以一千元以上五千元以下的罚款：

（一）无证或者越级承担设计、施工任务的；

（二）不按设计图纸施工或者擅自修改设计图纸的；

（三）不按有关技术规定设计、施工或者使用不符合工程质量要求的建筑材料和建筑构件的。

造成工程质量事故和伤亡事故的，除赔偿直接经济损失外，并可对设计、施工单位处以造成直接损失金额一倍以下的罚款；情节严重的，由原发证机关吊销设计或者施工资质证书；构成犯罪的，由司法机关依法追究刑事责任。

第四十四条　未按村镇规划审批程序或者未按批准的村镇选址建设意见书进行建设，尚能采取改正措施的，由县级人民政府建设行政主管部门责令限期改正，并对违法单位处五千元以下罚款，对主要责任人处五百元以下罚款；严重影响村镇规划的，责令停止建设，限期拆除或者没收违法建筑物、构筑物和其他设施。

村民未经批准或者违反村镇规划修建住宅的，由乡级人民政府责令其停止建设或者限期拆除；尚可采取措施的，责令其限期改正，并可对责任人处以五百元以下罚款。

第四十五条　擅自在村镇规划区内广场、市场和车站等场所以及道路两旁修建临时建筑物、构筑物和其他设施的，由乡级人民政府责令限期拆除，并可处以五百元以下罚款。

第四十六条　违反本条例规定，乱堆垃圾、粪便、杂物，影响村容镇貌和环境卫生的，由乡级人民政府责令停止侵害、恢复原状。损坏村镇公用基础设施的，除赔偿损失外，并由乡级人民政府处以直接损失金额一倍以下罚款。

第四十七条　罚款一律上交同级财政，并使用财政部门统一印制的罚款专用收据。

第四十八条　违反本条例规定，损坏村镇规划区内古树名木、文物古迹、风景名胜等设施的，依照有关法律、法规的规定处罚。

第四十九条　违反本条例规定，拒绝、阻挠村镇建设管理人员依法执行公务的，由公安机关依照《中华人民共和国治安管理处罚条例》规定进行处罚；构成犯罪的，由司法机关依法追究刑事责任。

第五十条　村镇建设管理人员玩忽职守、滥用职权、徇私舞弊的，由其所在单位或者上级主管机关给予行政处分；构成犯罪的，由司法机关依法追究刑事责任。

第五十一条　当事人对行政处罚决定不服的，可以在接到处罚通知之日起六十日内，向做出处罚决定机关的同级人民政府或者上一级主管机关申请复议；对复议决定不服的，可以在接到复议决定之日起十五日内，向人民法院起诉。当事人也可以在接到处罚通知之日起十五日内，直接向人民法院起诉。当事人逾期不申请复议，也不向人民法院提起诉讼，又不履行处罚决定的，做出处罚决定的机关可以申请人民法院强制执行或者依法强制执行。

第六章 附 则

第五十二条 城市规划区内的村镇建设，在《中华人民共和国城市规划法》和《四川省〈城市规划法〉实施办法》中未作规定的，依照本条例执行。

第五十三条 民族自治地方可以根据本条例制定变通规定。

未设镇建制的国营农场场部、国营林场场部及其基层居民点的规划建设管理，分别由其主管部门负责，参照本条例执行。

第五十四条 本条例自公布之日起施行。

四川省消防条例

（1999年10月14日四川省第九届人民代表大会常务委员会第十一次会议通过，根据2002年5月30日四川省第九届人民代表大会常务委员会第二十九次会议《关于修改〈四川省消防条例〉的决定》第一次修正，根据2004年9月24日四川省第十届人民代表大会常务委员会第十一次会议《关于修改〈四川省消防条例〉的决定》第二次修正）

第一章 总 则

第一条 为了预防火灾和减少火灾危害，保护公民人身和公共财产、公民财产的安全，根据《中华人民共和国消防法》等有关法律法规的规定，结合四川实际，制定本条例。

第二条 在四川省行政区域内的单位和个人，均应遵守本条例。法律、法规另有规定的，从其规定。

第三条 消防工作贯彻预防为主、防消结合的方针，坚持专门机关与群众路线相结合，实行消防安全责任制。

第四条 各级人民政府负责本行政区域内的消防工作，把消防工作纳入国民经济和社会发展计划，并负责实施，以促进经济发展，保障社会安全。

政府各部门应在各自职责范围内做好消防工作。

第五条 消防工作由各级人民政府公安机关实施监督管理，并由公安消防机构具体负责实施。

第六条 单位和个人都有维护消防安全、保护消防设施、预防火灾、报告火警的义务，并有权举报、制止危害消防安全的行为。

第七条 每年11月9日为消防日。

第二章　火灾预防

第一节　消防安全责任

第八条　各级人民政府及政府各部门应将消防工作纳入工作计划，实行目标管理，落实消防安全责任，并定期检查考核。

上级人民政府应督促下级人民政府履行消防安全职责。

第九条　各级人民政府应当在火灾多发时节，组织开展有针对性的消防宣传教育，进行消防安全检查，落实防火措施。

乡镇人民政府及城市街道办事处，应督促村民委员会、居民委员会加强对村民、居民用火、用电、用气、用油及使用易燃易爆化学物品的消防安全管理，开展经常性的群众防火工作。

第十条　教育、劳动、人事等行政主管部门以及学校应当将消防知识纳入培训、教学内容。

文化、旅游、新闻、广播、电影、电视、出版、宗教等单位，应当采取多种形式，开展消防宣传教育。

第十一条　规划、建设、市政、供水、供电、燃气、电信、交通、气象、地震等主管部门或单位，应当及时向公安消防机构提供影响消防安全的有关信息、资料。

第十二条　单位的法定代表人或主要负责人对本单位的消防安全负责，依法履行消防安全职责，按照有关标准建设、维护消防设施、设备，消除火灾隐患，健全消防组织，落实消防经费，组织火灾自救，保护火灾现场，协助火灾调查。

第十三条　工程建设单位应当对建设工程的消防安全负责；工程设计单位和设计人员应当对所承担的工程防火设计负责；建设工程施工现场的消防安全由施工单位负责，建设单位予以协助配合。

第十四条　多产权建筑以及居民小区、商贸市场等人员聚集和物资集中的场所，由其业主、主管单位、物业管理单位或受委托的单位履行消防安全责任，实行承包、租赁委托经营的单位，应当在承包、租赁、委托合同中明确消防安全责任。

第二节　公共消防设施

第十五条　城市人民政府在编制、修订城市总体规划时，应同步编制、修订城市消防规划。

制订城市详细规划时，应根据消防规划和有关标准对城市消防建设做出具体安排。

消防规划的编制，按省人民政府有关规定执行。

城市人民政府应根据消防规划进行城市消防建设，保障城市消防站、消防供水、消防通道、消防通信、消防装备等公共消防设施的建设、更新及维护经费，并组织计划、财政、建设、电信、供水等部门和单位具体实施。

第十六条　计划、财政、建设等有关部门应将城市公共消防设施建设、改造纳入城市建设和改造计划，并同步实施。公共消防设施建设纳入地方固定资产投资计划，其维护费用在城市维护费中列支。

城市消防通道、消防供水设施的维护、管理由建设部门和供水单位负责；消防通信的维护、管理由电信部门负责。

公安消防机构对已建成的公共消防设施进行验收、使用。

第十七条 城市消防规划确定的消防站等公共消防设施用地，实行行政划拨。单位和个人不得改变公共消防设施用地的用途；确需调整的，应征得市、州以上公安消防机构同意后，按法定程序申报、审批。

第十八条 城市应当按国家标准建设消火栓，未达到国家标准的，应优先改造和补建；可作为消防用水水源的地方，应当建设消防取水设施。

第十九条 城市消防通道应当保持畅通，任何单位和个人不得挤占、阻塞。

第二十条 对自动消防设施的运行可采用集中监控、巡检的技术手段。高层建筑、公共建筑密集的区域，可集中设置消防联动控制中心，统一实施消防联动、监控。

第二十一条 开发区、工矿区、风景名胜区以及非建制镇，应当参照有关标准建设公共消防设施。

第三节 防火管理

第二十二条 建设工程消防设计单位，应具备省建设行政主管部门审核颁发的消防工程专项设计资质证书。

第二十三条 建设工程设计应严格执行消防技术规范。国家尚无技术规范或规范之间有冲突的，应报请省建设行政主管部门和省公安消防机构组织专家论证认可。

第二十四条 按规定需要进行消防设计的建设工程，建设单位应将建设项目图纸和资料报公安消防机构审核。审核不合格的，设计单位应按照审核意见和规定期限对原设计进行修改。未经公安消防机构审核合格的消防设计，不得施工。施工单位应当按照经公安消防机构审核合格的图纸施工。任何单位和个人不得擅自更改经公安消防机构审核同意的消防设计。

第二十五条 从事自动消防工程施工、安装的单位，应取得省建设行政主管部门审核颁发的建筑消防设施施工安装许可证。

第二十六条 按规定应进行消防竣工验收的工程，经技术检测后，向公安消防机构申报验收。未经验收或验收不合格的，不得投入使用。

改变建筑物、构筑物使用性质或防火条件的，应按规定向公安消防机构重新申报、经公安消防机构审核、验收合格后方可使用。

第二十七条 建筑装饰装修和电气设施、设备的消防管理。执行国家和省制定的有关消防安全规定。

第二十八条 农村建筑应当符合有关消防安全规定，设置必要的防火灭火设施。

第二十九条 禁止生产、销售或者使用未经依照产品质量法的规定确定的检验机构检验合格的消防产品。

生产、经营、维修、安装消防产品应当符合国家、地方、行业消防技术标准或者依法认可的企业标准。

禁止使用不符合国家标准或者行业标准的配件或者灭火剂维修、灌充消防设施和器材。

第三十条 按规定应配置消防设施、器材的，应当配置齐备并保持完好有效。消火栓、消防水泵接合器应标记明显，不得圈占、埋压、遮挡；建筑物消防疏散通道必须保持畅通；大型和高层建筑物消防扑救面不得设置影响火灾扑救的障碍物。

小型商场、小型娱乐场所、高档装修的住宅，可根据需要设置简易自动喷水等自动灭火装置。

提倡城市居民住宅户配备灭火器。

自动消防设施的业主应定期向公安消防机构报告设施运行情况。

第三十一条　隧道、地铁、高速公路、大中型桥梁应设置必要的防火、灭火和抢险救援设施、设备。交通运输工具应当配置符合规定的灭火器材。

第三十二条　生产、储存、运输、销售或使用、销毁易燃易爆化学物品的单位、个人，必须执行国家有关消防安全的规定。高层建筑、地下工程、人员密集场所、非化学品市场不得储存、销售易燃易爆化学物品。禁止在影响消防安全的区域、场所灌充、装卸、销售瓶装液化气。

禁止向城市下水道、地下工程、普通废弃物处理场所、公共水域等倾倒易燃易爆化学物品。

公安消防机构对危及公共消防安全的易燃易爆化学物品有权采取紧急处置措施，有关单位和个人应当配合。

第三十三条　开发、生产具有易燃易爆危险的新产品，采用有易燃易爆危险的新工艺，应当制定消防安全标准和预防火灾的办法，并报省公安消防机构备案。

第三十四条　歌舞厅、影剧院、宾馆、饭店、商场、商贸市场等公众聚集的场所，在使用或开业前，应当向当地公安消防机构申报，经公安消防机构检查许可后，方可使用或者开业。举办大型集会、焰火晚会、灯会和其他大型商业、文化、体育等活动，主办单位应向公安消防机构申报，经检查审核符合消防安全条件的，方可举办。

第三十五条　社会消防中介服务组织的设立应经省公安消防机构审批，接受当地公安消防机构监督管理。

经批准成立的社会消防中介服务组织，按照有关规定承担消防产品、工程、设施的检测以及消防技术咨询、火灾隐患的整改论证等消防技术中介服务。

第三十六条　下列人员应当接受公安消防机构或其认可的消防安全培训：

（一）保卫机构负责人；

（二）专、兼职消防人员；

（三）消防设施设计、安装、维护、管理、操作人员，消防控制室值班人员；

（四）从事具有火灾危险性工作的管理、作业人员以及特殊工种人员；

（五）公众聚集场所的工作人员；

（六）法律、法规规定的其他人员。

第三章　消防组织与保障

第三十七条　城市人民政府应当按照已批准的消防规划组织建设公安消防队（站）、专职消防队（站）。

第三十八条　县（市）人民政府、经济发达地区的乡、镇人民政府和开发区、工矿区、风景名胜区管理单位应建立专职消防队（站）。火灾危害性较大、距离当地公安消防队较远的中型以上企业和列为国家、省重点文物保护的古建筑群的管理单位，应建立专职消防队（站）。

人民政府组织建立的专职消防队（站）应符合公安消防队（站）的建队（站）标准。企、事业单位专职消防队（站）参照公安消防队（站）的建队（站）标准建设。

第三十九条　乡、镇人民政府、城市街道办事处和开发区、工矿区、风景名胜区管理单位、消防安全重点单位应设专职消防管理人员。居民委员会、村民委员会及单位应建立义务消防组织，设立专、兼职消防管理人员、制定灭火疏散预案，开展消防演练。义务消防组织应根据需要配备相应的器材，保证防火、灭火需要。

第四十条　公安消防机构的营房、装备、器材和业务、办案经费列入同级财政一级预算。

县（市、区）、乡、镇人民政府建立的专职消防队（站）的营房建设、器材装备、人员及业务经费由同级财政列支。

建设工程项目应将建筑消防设施设备的投入纳入建设工程总概算和工程竣工决算及审计监督，已投入使用的应列入固定资产折旧和更新改造计划。

第四十一条　各级人民政府应建立消防专项经费。接受的社会资助和捐赠，应用于发展消防公益事业，救助在消防训练、扑救火灾及社会抢险救援中伤亡的消防队员及有关人员。

保险公司应在财产保险防灾费中划拨专款，用于消防队伍装备建设；电信部门应免收火警电话、消防调度指挥通信系统及终端设备通信费用。

第四十二条　公安消防机构在履行法定职责过程中，可依法采取传唤、查封、扣押等措施。

第四章　灭火及救援

第四十三条　消防队接到火警后，应立即赶赴火场，救助遇险人员，扑救火灾。

火场总指挥员由公安消防机构在场的最高行政领导担任，统一组织和指挥火灾扑救，并可根据火场需要依法决定采取紧急措施。

对可能造成重大人员伤亡，物资损失或社会影响的火灾，公安消防机构应及时报告同级人民政府。对重、特大火灾和高层建筑、地下工程、石油化工场所发生的火灾，当地人民政府领导应当赶赴现场，负责灭火中有关部门的协调工作，调集人员和物资支援灭火。

第四十四条　消防车、消防艇在赶赴火场或抢险救援现场时，不受行驶速度、行驶路线、行驶方向和指挥信号的限制，其他车辆、船舶以及行人应当避让，不得穿插、超越、阻挠。对妨碍通行的障碍物，可以实施破拆。

交通管理指挥人员应当保证消防车、消防艇优先通行。

第四十五条　火场警戒区以及支援、协助扑救火灾的单位、个人，应服从公安消防机构的统一指挥。

医疗、防疫、交通、供电、供水、供气、电信等单位应配合支持灭火和抢险救援。对参加灭火和抢险救援而受伤的人员，医疗机构应及时救护。

第四十六条　消防队伍在人民政府及公安机关的统一指挥下，在保证消防执勤的同时，参与水灾、地震、人员遇险、建筑物倒塌、化学事故等灾害事故的救助。

第四十七条　公安消防队扑救火灾，不收任何费用。

对参加扑救外单位火灾的专职消防队、义务消防队所损耗的燃料、灭火剂和器材、装备等，由起火单位、受益单位、保险公司或人民政府按照规定予以补偿。

第四十八条　火灾扑灭后，公安消防机构有权封闭火灾现场。未经同意，任何单位和个人不得擅自进入、清理、撤除火灾现场。

第五章　消防监督管理

第四十九条　县级以上人民政府公安消防机构应当履行下列职责：

（一）依法查处违反消防管理的行为；

（二）对机关、团体、企业、事业单位遵守消防法律、法规的情况进行监督，对消防安全重点单位监督检查；

（三）监督有关部门和单位对城市公共消防设施规划、建设、维护、管理落实情况，编制消防装备计划；

（四）分级负责建设工程的消防审核和消防竣工验收；

（五）对易燃易爆化学物品、消防产品、防火材料以及涉及消防安全的电气产品、燃气用具等依法实施消防监督管理；

（六）管理公安消防队伍，编制多种形式的地方消防力量发展计划，对专职消防队、义务消防队和专兼职消防管理人员进行业务指导；

（七）组织、指挥火灾扑救；

（八）负责火灾原因调查，核定火灾损失，发布火灾信息；

（九）组织、推动消防科学技术研究，推广、使用先进消防技术和器材装备。

第五十条　公安消防机构在消防监督检查中发现火灾隐患，应责令有关单位或个人当场整改或限期消除。在紧急情况下，有权责令其立即停产、停业整改。

第五十一条　公安消防机构确定并报经当地人民政府备案的消防安全重点单位，应定期向公安消防机构报告消防安全状况。

第五十二条　公安派出所应依照有关规定，按主管公安机关的分工，实施消防监督管理，接受所属公安机关消防机构的业务指导。

第六章　法律责任

第五十三条　依照《中华人民共和国消防法》第四十条、第四十二条的规定实施罚款处罚的，对单位的罚款额度为30000元以上500000元以下；对个人的罚款额度为1000元以上50000元以下。

依照《中华人民共和国消防法》第四十一条、第四十三条、第四十四条第二款以及第四十六条、第四十八条第一项至第二项、第五十条的规定实施罚款处罚的，对单位的罚款额度为10000元以上100000元以下，对个人的罚款额度为500元以上10000元以下；依照第四十四条第一款规定实施罚款处罚的，可处违法所得1倍以上5倍以下罚款，并可提请工商行政管理部门吊销责任单位的营业执照。

违反《中华人民共和国消防法》的规定，有其第四十七条第一项至第三项行为之一的，可处200元以上3000元以下罚款；有第四项至第五项行为之一的，可处1000元以上30000元以下罚款。

第五十四条　违反本条例规定，有下列行为之一的，对责任单位处30000元以上300000元以下罚款，对直接负责的主管人员和其他直接责任人员处警告或1000元以上10000元以下罚款；有第一、三项行为之一的，还应责令停产、停业或停止施工：

（一）设计单位未按照规定进行消防设计、不按公安消防机构的审核意见更改消防设计，或未取得相应资质证书进行消防设计的；

（二）施工单位未按照公安消防机构审核批准的消防设计进行施工，或未取得相应许可证书进行自动消防设施施工、安装的；

（三）消防工程设计或施工因质量未达到消防技术规范要求，造成严重后果的。

第五十五条　生产、销售未经依照产品质量法的规定确定的检验机构检验合格的消防产品的，责令停止违法行为，没收产品和违法所得，依照产品质量法的规定从重处罚。

第五十六条　违反本条例规定，有下列行为之一的，责令停止违法行为或限期改正，有第一项至第四项行为之一的，处警告或200元以上3000元以下罚款；有第五项至第九项行为之一的，处警告或500元以上5000元以下罚款。

单位有第一项至第四项行为之一的，处500元以上5000元以下罚款；有第五项至第九项行为之一的，处1000元以上30000元以下罚款；并依照前款规定对直接负责的主管人员和其他直接责任人员实施处罚。

（一）未经消防培训合格而违规上岗的；

（二）未经公安消防机构许可，进入、撤除、清理火灾现场的；

（三）消防安全重点单位、高层建筑、地下工程、大中型商贸市场及其他大型公众聚集场所未建立防火档案的；

（四）不报或故意延误报告火灾情况的；

（五）交通运输工具未按规定配置灭火器材的；

（六）故意焚烧公私财物，影响消防安全的；

（七）向城市下水道、地下工程，普通废弃物处理场所、公共水域等倾倒易燃易爆化学物品的；

（八）在大型和高层建筑物消防扑救面设置障碍物，影响火灾扑救的；

（九）擅自改变建筑物、构筑物使用性质或防火条件的。

第五十七条　社会消防中介服务组织违反本条例规定，擅自经营、严重失职或出具虚假数据、报告的，责令停止违法行为，没收其违法所得，并处50000元以上150000元以下罚款，对直接负责的主管人员及其他直接责任人员处警告或1000元以上30000元以下罚款。

第五十八条　违反消防安全规定造成重大火灾隐患，严重危及公共消防安全的，应责令其停产、停业或停止施工、停止使用，并对责任单位处50000元以上150000元以下罚款，对直接负责的主管人员及其他直接责任人员处5000元以上50000元以下罚款。

第五十九条　违反消防安全规定造成火灾或致使火灾损失扩大的，对责任单位处火灾损失额的2%至5%的罚款，对责任人及责任单位直接负责的主管人员及其他责任人员处200元以上50000元以下罚款。

第六十条　城市公共消防设施不符合国家消防安全规定，未予改造而不能有效控制火灾，酿成重大火灾事故的，对火灾发生地城市人民政府负责人和有关职能部门负责人依法追究法律责任。

第六十一条　依照本条例实施的罚款处罚实行罚缴分离，使用省财政部门统一制作的罚没收据，罚没款一律上缴同级财政。

第六十二条　对违反本条例规定行为的处罚，由县以上公安消防机构决定。

对经济和社会影响较大的城市供电、供水、供气和重要的基建工程、交通、邮政、电信枢纽及其他重要单位责令停产停业的，由公安消防机构报当地人民政府决定，公安消防机构执行。

第六十三条　公安消防机构的工作人员在消防工作中滥用职权、玩忽职守、徇私舞弊，有下列行为之一，尚不构成犯罪的，依法给予行政处分；

（一）对不符合国家建筑工程消防技术标准的消防设计、建筑工程通过审核、验收的；

（二）对应当依法审核、验收的消防设计、建筑工程，故意拖延，不予审核、验收的；

（三）发现火灾隐患不及时通知有关单位或者个人改正的；

（四）利用职务之便，为用户指定社会消防中介服务组织、消防产品的销售单位、品牌或指定建筑消防设施施工单位的；

（五）其他有滥用职权、玩忽职守、徇私舞弊行为的。

第六十四条　当事人对行政机关依照本条例做出的具体行政行为不服的，可依法申请行政复议。对复议决定不服或者复议机关逾期未答复的，可依法提起行政诉讼，逾期不履行处罚决定或法定义务的，公安消防机构可依法强制执行或申请人民法院强制执行。

第六十五条　违反本条例规定，构成犯罪的，依法追究刑事责任。

第七章　附　则

第六十六条　本条例自1999年11月9日起施行。1991年9月28日四川省第七届人民代表大会常务委员会第二十五次会议通过、1992年1月1日起施行的《四川省消防管理条例》同时废止。1986年9月20日四川省第六届人民代表大会常务委员会第二十一次会议通过的《四川省群众义务消防条例》规定与本条例规定不一致的，以本条例的规定为准。

四川省长江水源涵养保护条例

（1988年12月7日四川省第七届人民代表大会常务委员会第六次会议通过，根据1997年10月17日四川省第八届人民代表大会常务委员会第二十九次会议《关于修改〈四川省长江水源涵养保护条例〉的决定》第一次修正，根据2004年9月24日四川省第十届人民代表大会常务委员会第十一次会议《关于修改〈四川省长江水源涵养保护条例〉的决定》第二次修正）

第一章　总　则

第一条　为了加强四川境内长江水源涵养保护，提高水土保持能力，保障长江水源充足、水质良好，维护生态平衡，促进社会、经济的发展，根据国家有关法律和法规，结合四川的实际，制定本条例。

第二条　本条例所称长江水源涵养保护，是指在四川省境内长江流域的江河发源地和集水区对植被、土壤、水源的保护。

第三条　凡在四川境内长江流域进行生产建设和其他社会活动的单位和个人，都必须遵守本条例。

第四条　水源涵养保护必须全面规划，统筹安排，因地制宜，防治并重，治管结合。

长江流域各江河的开发利用，必须符合水源涵养保护的要求。

第五条　地方各级人民政府必须加强对水源涵养保护工作的领导，监督本条例的实施。

第二章　植被保护

第六条　下列地区的植被应当重点保护，除经依法批准间伐和合理放牧外，禁止采伐和损害：

（一）金沙江流域的干热河谷和岷江上游的半干旱河谷；

（二）高山峡谷的阳坡、川西北山地的阳坡和川西北高原一千亩以下的块状林地；

（三）金沙江、雅砻江、大渡河、青衣江、岷江、沱江、涪江、嘉陵江、渠江、汉水及其流域面积在一万平方公里以上的主要支流发源地的二十平方公里范围内；

（四）所有江河的护岸林。

上列重点保护地区林木的间伐，由省林业行政主管部门审查批准。

第七条　主伐林区的森林采伐实行指标控制，控制指标由省林业行政主管部门制订。以县为单位，年用材林采伐量必须少于生长量。

采伐一亩林木，必须更新植造一亩以上。

已采伐尚未更新的采伐迹地，由原采伐单位负责限期更新造林，并封山育林二十年，确保恢复植被。

第八条　盆周山区、川西南和沱江、涪江、嘉陵江流域的丘陵、山地，应当建立水源涵养林体系。

水源涵养体系的林木，只能进行抚育性和更新性采伐，不准皆伐。

水源涵养林体系的建立，由县级人民政府组织制定规划，报经省人民政府批准实施。

第九条　盆地内各地区的乡（镇）人民政府要组织群众，因地制宜，充分利用荒山、荒坡和房前屋后、植树种草，提高植被覆盖率，收益为种植者所有。

第十条　各级人民政府应当大力发展农村沼气、小水电和其他能源，减少薪材采伐，保护植被。

第三章　土壤保护

第十一条　金沙江下游、嘉陵江流域等水土保持重点防治区，由县级以上人民政府按照国家统一规划负责组织进行治理。

盆地内其他各县应当有计划有步骤地结合农田基本建设，开展小流域综合治理，保护土壤，减少水土流失。

第十二条　二十五度以上的坡地，禁止开荒种植农作物。

现有二十五度以上的坡耕地，各地要从实际出发，能退耕的，要退耕还林还牧。难以退耕的和二十五度以下的坡耕地，由乡（镇）人民政府组织群众，采取挖沉沙凼、排水沟、挑沙面土等高横坡种植等措施，进行改良，有条件的，要将坡耕地改为梯田、梯土。

第十三条　边远山区各级人民政府要引导群众科学耕作，逐步改变刀耕火种，倒山轮作的耕作方式，建设固定的基本农耕土地。

第十四条　泥石流、滑坡易发区和崩山危险区，禁止开矿、挖沙、采石。

主要江河常年洪水位以上两岸的200米范围内，未经批准，不得挖沙、淘金、采石、取土。

第十五条　任何单位和个人在江河两岸成片开发非耕地种植农作物的，必须报经县级以上国土管理部门审核，同级人民政府批准。

第四章　水源保护

第十六条　不得在四川境内长江流域各江河水源保护区内新建污染水源的工程。

在江河两岸不得兴建超过国家规定的排污标准的工程。对已建成的工程，所排放的废水、废渣必须达到国家规定的标准。达不到标准的，由环境保护部门依法督促其限期治理或者搬迁。逾期不治理的，责令其停产或者转产。

第十七条　地下水的水源地和出水口应当重点保护，开采地下水必须经有关主管部门批准，实行分层开采，科学管理，禁止过量开采，严禁利用污水回灌。

第十八条　鼓励节约用水和回收利用废水。城镇和江河两岸工矿企业排放的废水，应当达到国家规定的标准。

第五章　综合管理

第十九条　长江水源涵养保护工作，由各级人民政府负责组织，各级国土管理部门综合协调，农牧、林业、水利、电力、地矿、交通、城建、环境保护等部门应各负其责，互相支持配合。

第二十条　全省长江水源涵养保护综合规划，由省国土管理部门会同有关部门组织编制，报省人民政府批准实施。

各市、州、县的水源涵养保护规划，由市、州、县国土管理部门会同有关部门编制，报同级人民政府批准，并报上级国土管理部门备案。

第二十一条　水源涵养保护的大、中型项目，应当按照基本建设程序报批。

小型水源涵养保护的项目，由乡（镇）人民政府报经县级有关主管部门会同国土管理部门批准。所需资金由集体、个人自筹，地方给予必要的扶持。

第二十二条　加强林业、水文、气象、环境等部门监督、检测设施的管理，利用其成果为水源涵养保护工作服务。

第六章 奖励与处罚

第二十三条 符合下列条件之一的单位和个人，由各级人民政府或者国土管理部门给予表彰和奖励：

（一）小流域综合治理成绩显著的；

（二）在植被保护、土壤保护、水源保护工作中有重大贡献的；

（三）检举揭发破坏水源涵养保护工程行为，避免重大损失的。

第二十四条 违反本条例规定，国家法律、法规对处罚有明确规定的，按国家法律、法规的规定进行处罚。

第二十五条 违反第六条规定，采伐和损害重点保护地区植被的，责令赔偿损失，补种或者恢复相当于被损害面积十倍以上的植被，并处以违法所得五至八倍的罚款；难以计算违法所得的，根据情节轻重处以五百元至二万元的罚款；情节严重，构成犯罪的，由司法机关依法对直接责任人追究刑事责任。

第二十六条 违反第七条规定，突破森林采伐控制指标的，扣减下年采伐控制指标，并对其主要负责人和直接责任人给予行政处分。

第二十七条 违反第八条规定，对水源涵养林体系的林木进行皆伐的，责令赔偿损失，补种皆伐面积十倍的树木，没收皆伐的全部林木和违法所得，并处以违法所得五至十倍的罚款。情节严重，构成犯罪的，由司法机关依法对直接责任人追究刑事责任。

第二十八条 违反第十四条规定，在泥石流、滑坡易发区、崩山危险区开矿、挖沙、采石的，责令立即停止其违法行为，没收开挖出的产品和违法所得，并处以违法所得五至十倍的罚款；情节严重，构成犯罪的，由司法机关依法对直接责任人追究刑事责任。

违反第十四条规定，未经批准在主要江河常年洪水位以上两岸的200米范围内挖沙、淘金、采石、取土的，责令停止其违法行为，没收开挖出的产品和违法所得，并处以违法所得三至七倍的罚款；情节严重，构成犯罪的，由司法机关依法对直接责任人追究刑事责任。

第二十九条 国家工作人员因失职或越权审批造成水源涵养损失的，由当事人所在单位或者上级有关机关给予行政处分，并处以罚款；情节严重，构成犯罪的，由司法机关依法追究刑事责任。

第三十条 本条例规定的赔偿、没收、罚款，由县级以上人民政府有关部门按照职责分工依法决定。

第三十一条 罚没收入交同级财政，应当主要用于水源涵养保护事业。

第三十二条 当事人对行政处罚决定不服的，可以依法申请复议或者提起行政诉讼。

第七章 附 则

第三十三条 本条例所称的四川省长江流域，是指四川省境内除红原、阿坝、若尔盖县部分区域属于黄河流域以外的区域。

第三十四条 本条例所称有关部门和有关机关，是指国土、林业、水利、电力、农牧、地矿、交通、城建、环境保护等行政主管部门。

第三十五条　本条例实施细则由省人民政府制定。

民族自治地方人民代表大会及其常务委员会可根据本条例及其实施细则制定变通规定。

第三十六条　本条例自公布之日起施行。

四川省中医条例

（1997年2月21日四川省第八届人民代表大会常务委员会第二十五次会议通过，根据2001年3月30日四川省第九届人民代表大会常务委员会第二十二次会议通过的《关于修改〈四川省中医条例〉的决定》第一次修正，根据2004年9月24日四川省第十届人民代表大会常务委员会第十一次会议通过的《关于修改〈四川省中医条例〉的决定》第二次修正）

第一章　总　则

第一条　为继承和发扬中医药学，发挥我省中医药资源优势，适应人民群众日益增长的卫生服务需求，保护人民健康，根据国家有关法律、法规，结合我省实际，制定本条例。

第二条　本条例所称中医，系指中医、中西医结合和民族医。

第三条　本条例适用于本省行政区域内的中医医疗、预防、保健、康复、教学、科研、外事等活动。

第四条　各级人民政府应当实行中西医并重的方针和保护、扶持、发展中医的政策，坚持中医西医地位上平等、事业发展上并重的原则。

积极扶持和发展民族医药。

第五条　县级以上各级人民政府的中医行政管理部门或同级人民政府指定的主管中医工作的部门（以下统称中医行政管理部门）负责本地区的中医管理工作。

县级以上各级人民政府的卫生、发展和改革、财政、人事、外事、教育、科技、医药、公安和工商等部门应按照职责分工，共同保障中医事业的发展。

第二章　行政管理

第六条　县级以上各级人民政府应当加强对中医工作的领导，把中医事业的发展纳入当地国民经济和社会发展总体规划及区域卫生发展规划。

第七条　各级中医行政管理部门的主要职责是：

（一）制定本地区中医发展规划和实施计划；

（二）贯彻执行中医工作的法律法规和方针政策；

（三）管理中医事业及中医医疗、预防、保健、康复、教学、科研等工作；

（四）按照《四川省医疗机构管理条例》，负责所辖区域内中医医疗机构的设置规划、审批和监督管理；

（五）组织实施国家和省制定的中医机构建设、技术标准；

（六）负责中医事业经费的管理；

（七）组织中医行业专业人员的技术培训、考试、考核和职称评审工作；

（八）负责中医医疗广告的审查，出具《中医医疗广告证明》；

（九）管理中医对外交流与合作工作；

（十）指导中医行业的行风建设和职业道德教育。

第八条 县级以上各级人民政府应完善中医执法监督体制，强化中医行政执法职能。中医、卫生、医药、公安、工商等部门应按有关规定加强对非法办医的查处工作。

第三章 医疗保健

第九条 县级以上各级人民政府应按照区域卫生发展规划。建立健全以公有制为主体、多种所有制并存的城乡中西医医疗保健体系。

第十条 各级人民政府应加强农村中医工作，巩固农村中医医疗机构网络，建立城镇中医机构对农村中医医疗工作的扶持和指导制度，积极向农村推广简便适用价廉有效的新技术、新疗法。

第十一条 中医医疗机构实行分级管理及评审制度，其业务用房、医用设备、业务技术人员配备须达到国家和省规定标准。中医医疗机构不得使用伪劣药品。

第十二条 申请开办中医医疗机构的单位和个人，以及在医疗机构中从事中医药技术服务的人员。必须具备《四川省医疗机构管理条例》所规定的相应条件和资格，并按规定的程序申请审批、登记。

第十三条 各级人民政府有关部门和医疗保险机构在确定公费医疗、劳保医疗、社会医疗保险服务的定点医院时，应同等对待中西医医疗机构。

第十四条 中医医疗事故，由各级中医医疗事故鉴定委员会组织鉴定，并按国家和省有关规定处理。

中医医疗事故鉴定委员会的成员，由同级人民政府聘任。

第十五条 中医医疗机构应加强特色专科建设，综合医院应办好中医科或中西医结合科，以适应人民群众防病治病的需求。

第十六条 任何单位、组织和个人，均应遵守中医医疗机构的有关规定，维护正常的医疗秩序。

第四章 科学研究

第十七条 中医药科研机构和医疗机构应依靠科学技术发展中医事业，提高中医药学术水平和中医药防病治病能力。

第十八条　中医行政管理部门应坚持医疗、教学、科研相结合的原则，逐步形成各具特色、分布合理的中医药科研结构。中医药研究机构的基本设施、仪器设备、技术队伍等应达到国家规定的建设标准。

第十九条　县级以上各级人民政府应把中医药科技工作纳入地方科技规划，加强中医药成果管理、开发、推广、应用和转化，培育、发展中医药科学技术市场。

第二十条　各级中医行政管理部门应加速中医资源开发，挖掘、整理、保护有价值的中医药文献，发掘、提高有独特疗效的诊疗技术，加强中医药科技情报和信息工作。

鼓励捐献有价值的中医药文献及单方、验方。

保护中医药知识产权和中医药科技人员的合法权益。

第五章　人才培养

第二十一条　县级以上各级人民政府应发展中医药教育事业，加强中医药人才的培养，提高中医药技术人员和管理人员的整体素质。

第二十二条　省人民政府应发展规模适宜、结构合理的中医药高、中等教育，不断提高教育质量和办学效益，以适应社会需求，建立和完善毕业后医学继续教育制度。

加快学术技术带头人和中青年技术骨干的选拔和培养，加强农村中医药技术队伍建设。

尊重和保护名老中医药专家，做好其学术思想、临床经验的总结和继承工作。省中医行政管理部门应制定鼓励名老中医药专家带徒授业的办法。

第二十三条　鼓励西医及其他相关学科人员学习、研究和应用中医药；鼓励中医药人员学习、应用西医药学及相关的现代科学技术。

鼓励不具备相应学历的在职中医药人员参加学历教育。

第二十四条　省中医行政管理部门应建立中医办学资格评估制度，保障中医教育的正常秩序。申请开办中医学历和非学历教育应当按照国家和省有关规定报教育行政管理部门批准。

第六章　对外交流与合作

第二十五条　各级中医行政管理部门应按国家和省的有关规定，根据地方特色和优势积极开展中医对外交流与合作，建立双边多边合作关系，促进学术、人才和技术交流。

第二十六条　凡开办中外合作医疗机构，应按照《四川省医疗机构管理条例》及有关规定，经省中医行政管理部门审查，报国家有关部门批准后，方可按有关程序办理手续。

第二十七条　举办涉外中医短期培训班和进修班的单位，必须具备规定的办学条件，报教育行政管理部门批准后方可接受外国留学生和研修生。

第二十八条　开展涉外中医药学术交流、医疗服务、技术合作、科技成果转让、科研课题合作研究等活动，应当遵守国家有关规定。

第七章　投入与扶持

第二十九条　中医事业是卫生事业的重要组成部分，是政府实行一定福利政策的社会公益事业。各级人民政府应扶持中医事业，实行与其他卫生事业同样的投入和优惠政策，并随经济的发展逐年增加对中医事业的投入，增加幅度不低于财政支出的增长幅度。

第三十条　各级人民政府应设立专项资金对中医基本医疗、教学、科研、生产的重点建设项目进行扶持，并逐步增加投入。

第三十一条　各级人民政府财政部门应按省人民政府的规定拨付中医医疗机构中集体所有制人员工资的补助部分。

第三十二条　鼓励社会团体、企事业单位、集体经济组织和公民个人以多种形式支持、资助中医事业的发展。积极利用国外优惠贷款，接受境外友好团体、人士提供资助，发展中医事业。

第三十三条　建立合理的医疗收费制度和管理制度，收费项目及标准由省中医行政管理部门会同省财政、物价部门制定。

第八章　奖励与处罚

第三十四条　在发展中医事业中，有下列贡献之一的，给予奖励：

（一）贯彻执行中医法律法规和政策，对促进中医事业发展有重大贡献的；

（二）在中医医疗、教育、科研、行政管理、促进中西医结合等方面取得突出成绩的；

（三）献出或发掘、整理有价值的中医药学术文物或有特效的处方、诊疗技术的；

（四）名老中医药专家带徒授业取得突出成绩的；

（五）资助中医事业发展有突出贡献的；

（六）在发展中医事业的其他方面有突出贡献的。

第三十五条　违反本条例，有下列行为之一的，由当事人所在单位或其上级主管部门给予行政处分；构成犯罪的，依法追究刑事责任：

（一）利用职权侵犯他人从事中医工作的合法权益的；

（二）扣发、挪用中医事业经费或中医专款的；

（三）侵犯中医机构的合法权益，或擅自改变其性质的；

（四）损害或破坏中医药文物，泄露中医药科学技术秘密的；

（五）限制公民自愿选择中医诊疗行为的。

第三十六条　违反本条例第十二条规定，未经中医行政管理部门批准擅自行医的，或开展医疗活动的范围超出登记范围的，由中医行政管理部门责令其立即停业，并按《四川省医疗机构管理条例》的有关规定予以处罚。

第三十七条　对违反本条例第二十四条规定，未经批准擅自办学的，由教育行政管理部门依照有关规定处理。

第三十八条　未经批准，擅自发布中医医疗广告的，由工商行政管理部门依照《中华人民共和国广告法》及有关规定予以处罚。

批准发布虚假中医医疗广告的，由当事人所在单位或上级主管部门、行政监察部门予以行政处分；构成犯罪的，依法追究刑事责任。

第三十九条　违反本条例规定，妨碍国家机关工作人员执行公务的，由公安机关依法予以治安处罚；构成犯罪的，由司法机关依法追究刑事责任。

第四十条　国家机关工作人员在执行本条例中徇私舞弊、玩忽职守的，依照有关规定予以行政处分；构成犯罪的，由司法机关依法追究刑事责任。

第四十一条　对根据本条例做出的行政处罚不服的，当事人可依照《中华人民共和国行政复议法》申请行政复议或依法提起行政诉讼；逾期不申请复议或不提起诉讼又不履行处罚决定的，由做出行政处罚决定的机关申请人民法院强制执行。

第九章　附　则

第四十二条　本条例中所涉及的中药，不包括生产、经营活动中的中药。

第四十三条　省人民政府可根据本条例，制定实施办法。

第四十四条　本条例自公布之日起施行。

四川省科学技术进步条例

（1997年12月27日四川省第八届人民代表大会常务委员会第三十次会议通过，根据2004年9月24日四川省第十届人民代表大会常务委员会第十一次会议《关于修改〈四川省科学技术进步条例〉的决定》修正）

第一章　总　则

第一条　为促进科学技术进步，发挥科学技术第一生产力的作用，推进本省经济和社会发展，根据《中华人民共和国科学技术进步法》和有关法律、法规，结合四川实际，制定本条例。

第二条　本条例适用于本省行政区域内的各级国家机关、企业事业单位、社会团体及其他组织和公民。

第三条　各级人民政府应实行经济建设和社会发展必须依靠科学技术，科学技术必须面向经济建设和社会发展的基本方针。

依法保障科学研究的自由，鼓励发明创造、科学探索和技术创新，大力普及科学技术知识，提高公民的科学文化素质。

机关、团体、企业事业单位和公民都应尊重知识、尊重人才，尊重科学技术工作者的创造性劳动，保护知识产权。

第四条 各级人民政府应加强对科学技术工作的领导，实行分级负责和目标责任制，并纳入干部政绩考核内容；根据当地经济和社会发展总体目标，制定科学技术发展规划和政策措施，保障科学技术进步与经济建设和社会发展相协调，促进可持续发展战略的实施。

第五条 各级人民政府应加强技术市场基础建设，规范技术市场秩序，强化技术市场监管，推动科技成果商品化。

鼓励公民、法人或者其他组织积极申报专利，依法获得专利权。

第六条 各级人民政府科学技术行政部门，负责本行政区域内科学技术工作的宏观管理和统筹协调。其他有关部门依照各自职责，负责有关的科学技术进步工作。

第七条 省人民政府有关部门应帮助少数民族地区、边远贫困地区加速发展科学技术事业，实行科技扶贫。

第八条 各级人民政府应重视发挥科学技术社会团体在促进科学技术进步中的作用。

第二章 农业科学技术

第九条 依靠科学技术发展农村经济，加快农业科学技术的研究开发和成果的推广应用，发展高产、优质、高效农业。

农业科学技术成果的推广和应用，实行政府扶助或者有偿服务；农业新品种、新技术的研究和推广按有关规定从受益单位或者个人获得应有补偿。

第十条 加强农业基础科学研究和农业新品种的选育及配套技术、新技术开发研究，为农业发展提供技术支撑和储备。

各级人民政府应建立和保护农业研究开发机构、技术推广机构的试验用地，任何单位不得侵占和挪作他用。确有必要调整试验用地的，必须按照省的有关规定执行。

第十一条 建立和完善县（市、区）、乡（镇）、村三级配套的农村科学技术服务网络和农业科学技术推广体系，采取切实措施稳定基层农业科学技术推广机构和人员。

鼓励科研机构、大专院校、大中型企业与县（市、区）、乡（镇）建立多种形式的科学技术经济合作组织或技农工贸一体化经营实体，为农业生产提供产前、产中、产后配套技术服务。

第十二条 县级以下农业科学技术推广机构可以依法经营农业生产资料。

农业科研机构、大专院校可以依法经营其独立研究开发或者与其他单位合作研究开发并经法定单位审定的农业优良品种。

第十三条 加强农村职业技术教育和农村科学技术培训。

第三章 企业科学技术

第十四条 企业应执行国家和省的产业政策和技术政策，加速技术改造和技术创新，提高企业技术开发能力和产品的市场竞争能力。

企业开发生产国家级、省级新产品或发明专利产品，经有关部门认定，可按国家和省的有关规定享受税收优惠待遇。

第十五条　支持建立以企业为主体的生产、教学、科研相结合的技术开发体系。

大型企业和企业集团应建立健全技术开发机构和知识产权保护机构，加强企业的专利申请、实施和知识产权保护工作。

第十六条　支持科研机构、高等院校以多种形式与企业进行技术合作，参与企业的技术改造和技术开发，建立中间试验基地及技术研究开发机构，促进先进技术在企业中的推广应用。

第十七条　各级人民政府应支持建立以市场为导向的为中、小型企业提供技术服务的技术研究开发机构。

第十八条　鼓励企业引进先进技术，用高新技术改造传统产业。

企业引进技术或项目前，应按国家有关规定进行必要的信息检索、咨询或论证，并做好引进后的消化吸收和自主创新工作，形成自主知识产权。

第十九条　企业应建立健全职工技术培训制度，提高职工技术水平和科学文化素质。

企业应制定鼓励职工提出合理化建议和从事技术革新、发明创造活动的办法。

第二十条　各级人民政府应鼓励社会力量创办民营科技企业。

科学技术行政部门负责对民营科技企业的发展进行宏观管理和统筹协调。

第二十一条　各级人民政府应制定支持科研机构和科学技术工作者创办、领办、承包民营、乡镇企业或帮助民营、乡镇企业采用先进技术，培养科学技术人才，促进民营、乡镇企业向技术密集型、集约化经营方向发展的措施。

第四章　高新技术研究和高新技术产业

第二十二条　省人民政府应确定本省高新技术发展的重点领域和产业，制定高新技术发展规划和计划。

省科学技术行政部门和有关部门应优先组织本省优势领域中的高新技术研究和成果推广，促进高新技术的商品化、产业化、国际化。

第二十三条　支持科研机构、大专院校和企业开发高新技术产品，创办高新技术企业。

高新技术成果或科技知识产权，经法定机构评估作价，可以作为企业的注册资本，其占注册资本的比例限额按《中华人民共和国公司法》及国家有关规定执行。

第二十四条　省科学技术行政部门认定的从事高新技术产品开发、生产的企业和研究开发机构，按国家和省的有关规定享受优惠待遇。

第五章　科研机构

第二十五条　科学技术行政部门应会同有关部门建立科研机构评估制度，并根据科研机构的科研水平和对经济、社会发展的贡献，择优扶持。

第二十六条　科研机构按国家和省的有关规定享有研究开发、生产经营、经费使用、机构设置、劳动分配、人事管理等方面的自主权。

第二十七条　科研机构、大专院校从事技术转让、技术培训、技术服务、技术咨询所取得的技术性服务收入，经科学技术行政部门认定，税务机关审批，可以享受有关税收优惠待遇。

第二十八条　科学技术行政部门和有关科研机构，应加强基础设施建设，有计划地建设重点实验室、中间试验基地。

各级人民政府及有关部门应支持大专院校、科研机构开展基础性研究、高技术研究、社会公益性研究以及重大科技攻关项目研究。

第二十九条　科研机构应面向市场、调整专业结构，以多种渠道、多种形式与经济相结合。技术开发类科研机构应逐步转变为科技企业或直接进入企业，农业和社会公益类科研机构应逐步向科技经营实体转变。

第三十条　鼓励中央在川科研机构参与本省各类科学技术研究、开发活动，为本省经济和社会发展服务。

第三十一条　加强社会科学研究与自然科学研究的结合，发挥软科学研究在咨询、管理、预测、决策中的作用。

第六章　科学技术工作者

第三十二条　各级人民政府和企业事业单位应采取各种措施，提高科学技术工作者的社会地位，改善其工作和生活条件，充分发挥科学技术工作者的作用。

第三十三条　各级人民政府及其工作部门、企业事业单位，应有计划地培养各类科学技术人才，重点造就一批学术带头人和技术带头人。

建立健全科学技术工作者继续教育制度。机关、企事业单位应保障科学技术工作者按照国家规定享有接受继续教育的权利。

第三十四条　各级人民政府和有关部门应加强智力引进工作，采取鼓励措施从境外和省外引进所需要的各类科学技术人员。

出国留学人员到本省行政区域从事科学技术工作的，回国时携带个人自用的合理数量的科学仪器、设备、试剂、生活用品等，享受国家有关规定减免关税。

第三十五条　在农村、少数民族地区或恶劣环境中工作的科学技术工作者，享受国家和省规定的优惠待遇。

从事基础研究和应用基础研究、高技术研究、重大工程建设项目研究、重大科学技术攻关项目研究和重点社会公益性科学技术研究的科学技术工作者，按国家和省的规定给予优惠待遇。

第三十六条　科学技术工作者利用业余时间从事技术服务取得的合法收入，按国家和省的有关规定执行。

离退休科学技术工作者按照有关规定，可以领办、兴办各种经济技术实体，也可受聘于有关单位并取得合理报酬。

第三十七条　科技工作者可以将其拥有的科学知识产权经法定评估机构评估作价，作为投资股本，取得相应的合法收益。

第三十八条　逐步实行科学技术工作者和用人单位的双向选择制度，保障科技工作者的合理流动。

第三十九条　在评定专业技术职称时，对从事科技成果推广、转化和专利技术实施的科学技术工作者，着重考核其推广、转化实施工作的实绩；对做出重大贡献的中青年科学技术工作者，可以破格评定专业技术职称。

第四十条　科学技术工作者应当遵守职业道德，努力提高自身科学技术水平。

第七章　科学技术经费

第四十一条　各级人民政府应逐步提高科学技术投入的总体水平，建立和完善以财政投入为引导，企业投入为主体，金融贷款为支撑，吸引民间、海外资金为补充的社会化科学技术投入保障机制。

全省研究开发经费占全省国内生产总值的比例应达到国家和省的有关规定。

第四十二条　县级以上人民政府应把科学技术经费列入同级财政预算，财政科学技术经费的年增长速度应高于同期财政收入的增长速度。

前款所称科学技术经费，是指科学事业费、科技三项费、科研基本建设费和科技专项经费。

第四十三条　各级科技三项费支出占同级财政预算的比例应逐年增加，具体比例按省人民政府的有关规定执行。

第四十四条　企业应增加技术开发和技术创新的投入，逐步成为科学技术投入的主体。各类企业中技术开发费占其销售收入的比例按省人民政府的有关规定执行。

第四十五条　各级金融机构应逐步扩大科技贷款规模，并逐步提高长期科技贷款的比例。科技贷款执行国家规定的基准利率。

第四十六条　广泛吸引民间、海外资金支持科学技术进步事业。鼓励国内外的组织和个人捐资设立各种类型的科学技术基金，资助科学研究和技术开发。

第四十七条　各级人民政府应建立科技成果转化基金，用于科学成果转化以及重大科技成果的产业化。

逐步建立高新技术产业风险投资机制，支持重大高新技术项目的开发及产业化和成熟专利技术的实施。

第四十八条　建立四川省优秀青年科学基金，重点资助培养高科技领域中年轻的学术带头人和技术带头人。

第四十九条　各级审计行政部门应加强对科学技术经费投入和使用情况的审计监督，保证专款专用。

第八章　科学技术合作与交流

第五十条　支持大专院校、研究开发机构、企业、社会团体和科学技术工作者与省外、国外的组织或个人依法开展多种形式的科学技术合作与交流。

第五十一条　鼓励省外、国外的组织和个人在我省依法创办独资或合资、合作的研究开发机构或高新技术企业。

第五十二条 我省研究开发机构可以依照国家规定开展技术出口或者以技术入股的形式在境外、国外兴办企业。

第五十三条 任何组织和个人在开展科学技术合作与交流中，必须遵守国家科学技术保密制度的有关规定。

第九章 科学技术奖励

第五十四条 县级以上人民政府应建立和完善科学技术奖励制度，表彰、奖励在科学技术进步活动中做出突出贡献的单位或个人。

第五十五条 对在全省经济建设和社会发展中产生重大影响的科学技术研究、开发、应用项目，应定期组织评审，对做出重大贡献的科学技术工作者，由省人民政府给予重奖或授予荣誉称号，具体办法由省人民政府制定。

第五十六条 企事业单位应从推广应用科学技术成果或实施专利技术的新增税后利润中提取一定比例的奖励经费，用于奖励完成科技成果和实现科学成果转化及实施专利技术的个人。

奖励经费列入技术开发费，计入成本。

第五十七条 股份制企业可以对在科技成果的研究开发、实施转化中做出重要贡献的有关人员的报酬或奖励，按照国家的有关规定将其折算成股份或者出资比例。该持股人依据其所持股份或者出资比例分享收益。

第五十八条 鼓励公民、法人或者其他组织在我省设立科学技术奖励基金。

第十章 法律责任

第五十九条 有下列行为之一的，由所在单位或有关部门追究当事人的行政责任：打击、压制科学技术发明或合理化建议的；滥用职权，侵犯研究开发机构自主权，干扰正常科研活动的；在科学技术项目论证或者成果鉴定中，故意做出虚假论证或者鉴定结论的。

前款所列行为给他人造成经济损失的，应依法赔偿；构成犯罪的，由司法机关依法追究刑事责任。

第六十条 在新技术、新产品开发和科技成果申报中，采取欺骗手段，获取优惠待遇或者奖励的，由所在单位或者有关主管部门取消其优惠待遇和奖励，并给予行政处罚或者行政处分。

第六十一条 违反财经制度，贪污、挪用、克扣、截留、挤占用于科学技术的经费的，由上级机关责令限期归还，情节严重的，由所在单位或者有关部门对直接责任人给予行政处分；构成犯罪的，由司法机关依法追究刑事责任。

第六十二条 有下列行为之一的，由所在单位或者有关部门依法处理，构成犯罪的，由司法机关依法追究刑事责任：剽窃、篡改、假冒或者以其他方式侵害他人知识产权和其他科学成果的；擅自转让职务科技成果，侵占单位或者他人技术权益；非法窃取技术秘密或者违反科学技术保密制度，泄漏国家技术秘密的；转让国家禁止转让的技术的。

第十一章　附　则

第六十三条　本条例自公布之日起施行。

四川省劳动安全条例

（1995年10月19日四川省第八届人民代表大会常务委员会第十七次会议通过，根据2001年7月21日四川省第九届人民代表大会常务委员会第二十四次会议《关于修改〈四川省劳动安全条例〉的决定》第一次修正，根据2004年9月24日四川省第十届人民代表大会常务委员会第十一次会议《关于修改〈四川省劳动安全条例〉的决定》第二次修正）

第一章　总　则

第一条　为了保护劳动者在劳动活动中的安全健康，减少伤亡事故发生，促进经济建设发展，根据《中华人民共和国劳动法》的有关规定，结合四川实际，制定本条例。

第二条　本条例适用于四川省行政区域内的企业、个体经济组织（以下统称用人单位）和与之形成劳动关系的劳动者。

国家机关、事业单位、社会团体和与之建立劳动合同关系的劳动者，依照本条例执行。法律、法规对劳动安全另有规定的，从其规定。

第三条　劳动安全工作依靠科学管理和技术进步，坚持安全第一、预防为主的方针和管生产必须管安全的原则，实行用人单位负责、行业管理、国家监察和群众监督相结合的安全生产管理体制。

第四条　各级人民政府组织本条例的实施，对本行政区域内的劳动安全工作全面负责，建立健全劳动安全责任制，组织检查考核，并把劳动安全工作纳入国民经济和社会发展计划。

第二章　劳动安全职责

第五条　用人单位必须执行国家劳动安全法律、法规、规章和行业规范，坚持安全生产、文明生产；根据需要设置劳动安全管理机构，配备相应的劳动安全管理和技术人员；建立健全劳动安全责任制、岗位责任制和安全技术操作规程，定期检查和消除事故隐患。不得违章指挥和强令冒险作业。

第六条　用人单位的主要负责人对本单位的劳动安全工作负全面责任，把劳动安全工作纳入目标管理，并定期向职工代表大会或工会报告本单位劳动安全情况，接受审查和监督。

用人单位内部的承包人、租赁人和施工项目负责人对单位或项目的劳动安全工作承担责任。

第七条 用人单位必须对劳动者进行劳动安全教育，坚持上岗前的培训，提高劳动者的技术素质和安全意识；对特种作业人员必须按国家规定进行培训并经考核合格，做到持证上岗。

第八条 行业主管部门（行政主管部门）对本行业本系统的劳动安全工作实行管理，主要职责是：

（一）贯彻国家劳动安全法律、法规、规章、行业规范和技术标准，并督促用人单位执行；

（二）对劳动安全工作实施目标管理，并将安全工作与生产同时计划、布置、检查、总结评比；

（三）审查和督促落实生产性建设项目的劳动安全设施，使其与主体工程同时设计、同时施工、同时投产使用；

（四）组织指导对有关单位负责人和特种作业人员的劳动安全教育培训，将安全工作作为对单位负责人考核的重要依据；

（五）组织或参与调查伤亡事故，并按职责组织落实事故的处理。

第九条 各级安全生产监督管理部门综合管理本行政区域内的劳动安全工作，实行国家监察，主要职责是：

（一）贯彻国家劳动安全法律、法规、规章、行业规范和技术标准，并监督行业主管部门（行政主管部门）及用人单位执行；

（二）监督检查用人单位落实劳动安全措施和改善劳动条件；

（三）参与生产性建设工程的设计审查和竣工验收；

（四）督促行业主管部门（行政主管部门）对所属单位负责人进行劳动安全教育培训；

（五）对国家有特殊安全要求的生产设备，防护用品的生产、经营和使用情况依法进行监督；

（六）对特种作业人员的安全技术资格考核、发证，国家另有规定的从其规定；

（七）根据国家规定对伤亡事故和职业病状况进行统计；

（八）参与调查或受政府的委托组织调查伤亡事故，并对违反本条例的行为和伤亡事故的责任单位、责任人员依法实施处罚。

第十条 各级安全生产监督管理部门根据实际需要设立劳动监察机构，配备专（兼）职劳动监察人员，具体实施劳动安全监督检查工作。劳动安全监察人员执行公务必须持有国家或省人民政府制发的行政执法证件。

各级安全生产监督管理部门对劳动安全分级实施监察，其职责划分由省安全生产监督管理部门确定；锅炉、压力容器、电梯、防爆电器和煤矿的安全监察，由有关部门按各自职责分工依法进行。

省、市（地、州）安全生产监督管理部门应建立劳动安全检测机构，并配备相应的人员。

第十一条 工会对劳动安全工作实行群众监督，主要职责是：

（一）协助有关部门和用人单位贯彻执行国家劳动安全法律、法规、规章、行业规范和技术标准，落实劳动安全措施，改善劳动条件，维护劳动者的合法权益；

（二）教育劳动者遵守安全操作规程，不违章作业，抵制违章指挥；

（三）组织开展安全生产竞赛和劳动安全合理化建议活动，协助用人单位建设安全班组；

（四）参与生产性建设工程的设计审查和竣工验收；

（五）参与伤亡事故的调查处理。

第十二条　劳动者对劳动安全工作负岗位责任。劳动者应当遵守有关劳动安全法律、法规、规章、行业规范和本单位的劳动安全管理制度、操作规程；有权拒绝和举报违章指挥、强令冒险作业等危害生命和身体健康的行为。

第十三条　发生事故后，现场人员和单位应按照国家和省人民政府的规定如实逐级报告，并采取措施进行抢救。

第三章　劳动场所安全

第十四条　劳动场所的建筑物，构筑物必须坚固安全，如有损坏等危险征兆，应当立即采取措施消除危险。

第十五条　劳动环境必须符合安全规定，便于安全操作。劳动场所应按规定挂设安全标志。劳动场所内可能引起人身伤害的坑、沟、池、井必须有盖板或围栏。原材料、成品、器材、废料应当合理堆放，不得妨碍操作、通行和装卸。废料必须及时清除。

第十六条　劳动场所的人行道和车行道应当合理布局，畅通无阻，道路和轨道交叉处必须设置明显的警示标志、信号装置或落杆。

各种便桥必须牢固安全，并有防滑措施，危险处应设扶手。

第十七条　高温作业场所必须采取防暑降温措施，低温作业场所必须采取防冻伤措施，并给劳动者配备符合规定的个人防护用品。

第十八条　因大风、大雨、大雪、大雾等自然因素危及劳动场所劳动安全的，必须停止作业；确因特殊情况需要作业的，必须采取保证安全的专门措施。

第十九条　劳动场所必须符合防火要求，并配备符合规定的消防设施和器材。

第二十条　可燃构件、易燃物品与明火或火花散发地点的距离，生产、贮存爆炸物品的工厂、车间、仓库、建筑物、构筑物相互之间的距离，均须符合防火防爆的安全规定。现有建筑设施如因条件限制，不符合防火、防爆的安全距离，应采取其他安全措施。

第二十一条　劳动场所中的粉尘、噪音、有毒有害物质的浓度和强度应当符合国家有关规定。

第二十二条　建筑安装施工执行国家的建筑安装施工安全规程，现场必须采取有效的防范措施，确保施工安全。安全网必须符合安全标准，脚手架、各种吊装机械等设备不得超负荷使用，上下交叉施工，应有隔离设施。

第二十三条　高层建筑物、构筑物，安放重要设备、仪器、装置的建筑物，易燃易爆物品生产贮存场所和其他露天堆放高大设备的场所，必须安装避雷装置。

第四章　生产设备安全

第二十四条　机械设备的设计、制造、安装和检修，必须符合安全要求。

机械设备必须建立健全使用、检查、维修、保养制度，不准超温、超压、超负荷和带故障运行。

第二十五条　特种设备的设计、制造、安装、修理、检验，必须按国家规定实行安全许可或认证。

第二十六条 各种超重机械的设计、制造、安装、使用、管理和检验，必须符合国家有关规定。

第二十七条 各种压力机械的施压部位，切削机械的切削部位和其他机械对人体有伤害危险的部位，应设置符合规定的安全防护装置。

第二十八条 电气设备和电线、电缆必须符合安全要求。安装、检修电气设备，架设和拆除电线、电缆，必须按有关的安全规定进行。

电气设备的金属外壳，必须按照技术标准采取安全保护措施。可能造成人身触电事故的电气设备和设施，应按国家规定采用安全电压或装设漏电防护装置。

有易燃、易爆气体和粉尘的场所，应按技术要求使用防爆型电气设备或采取有效的防爆技术措施。

第二十九条 手持电动工具的设计、制造、使用、检修，应符合国家有关规定。

第三十条 单位内行驶的车船和其他机动运输工具，其转向器、制动器、喇叭（汽笛）及灯具必须完整、灵敏、有效；不得超速、超载行驶或人货混载。

第三十一条 锅炉压力容器的设计、制造、安装、使用、检验、修理、改造和化学清洗，必须执行国务院有关锅炉压力容器安全监察规定和国家有关技术标准、规范。

锅炉压力容器的设计、制造、安装、检验、修理、改造和化学清洗单位必须取得相应资格。锅炉压力容器产品实行安全质量监督检验制度、使用前登记制度、在用期间定期检验制度，气瓶充装实行注册登记制度。

第五章 防火防爆和尘毒防治

第三十二条 用人单位必须遵守有关防火、防爆规定，设立消防组织，建立防火防爆制度，配备符合规定的消防设施。

第三十三条 用人单位必须按规定对爆炸性物质进行检测和检查，爆炸性物质在空气中或介质中的混合浓度、贮存量、贮存和使用方式，应符合有关安全标准和规定。

第三十四条 易燃易爆物品的生产、贮存、经营和使用单位必须建立健全严格的安全管理制度，有易燃易爆物品的区域必须有可靠的消防措施，并按国家标准设置醒目的、能区分类别的安全色标和警示标志。在上述区域动火，必须采取安全措施，经有关部门签发动火证后，方能在专人监护下进行。在上述区域作业，应经有关部门批准。

以燃气作燃料，应当按有关规定建立防护站或配备防护人员。

第三十五条 易燃易爆物品的包装、运输、贮存应有符合规定的醒目标志，包装必须严密封实、轻装轻卸。

化学性质互相抵触或灭火方法不同的物品，禁止混装、混存。

雷管和炸药须按规定分开贮存，不准装在同一车船或容器内运输。

第三十六条 凡有爆破作业的单位，必须制定和执行爆破作业规程，并建立健全爆破器材的保管、领取、使用制度。

第三十七条 生产、使用、贮存和运输易燃易爆等物品的设备、容器、管道必须保持完好，并采取防静电措施，严防泄漏、燃烧、爆炸。

第三十八条　生产、经营和使用含有毒有害物质的产品，必须设置和配备防护装置和救护用具，防止毒害物质跑、冒、滴、漏，并采取消除泄漏毒害物质的安全措施。生产、使用、贮存、运输剧毒物品，必须采取严格的安全和防毒救护措施。

第三十九条　放散粉尘和有毒有害物质的劳动场所，应采取机械化、自动化、密闭式或湿式作业，并结合工艺采取通风除尘、降低毒害和净化处理措施。有毒作业中可用无毒或低毒原料的，应以无毒、低毒原料代替有毒、高毒原料。

有放射性、高频电磁波等对人体有害的劳动场所，必须采取有效的安全防护措施。

第四十条　对尘毒防治设施应定期维护、检修，保证其完好有效，不得任意拆除或弃之不用，并对其运行情况和尘毒浓度进行定期检测，向职工公布检测结果。

第四十一条　不得将有尘毒危害和其他有害作业部分转交给没有防护设施的单位或个人，以免造成事故隐患。

第六章　安全防护

第四十二条　生产性建设工程的劳动安全设施，必须与主体工程同时设计、同时施工、同时投产。

生产性建设工程的设计审查和竣工验收应有安全生产监督管理部门和工会的代表参加，认定其符合劳动安全要求后才能施工和投产。

第四十三条　设计制造和引进国外的生产设备，采用新技术、新工艺，必须配置应有劳动安全设施才能投入生产或使用。

第四十四条　用人单位必须按有关部门制定的标准发放劳动防护用品用具。

第四十五条　劳动者必须遵守下列劳动防护规定：

（一）进入生产现场应按规定穿防护服装，戴防护帽；

（二）从事有可能被传动机械绞辗伤害的作业，不准穿裙子、戴手套，围巾、长发或其他佩饰物不得悬露；

（三）从事对双目有伤害的作业必须戴护目镜或防护面罩；

（四）进入有可能发生物体打击的场所必须戴安全帽，在没有安全网的高处作业必须系安全带；

（五）从事电气作业应穿戴绝缘防护用品，从事高压带电作业应穿屏蔽服；

（六）进入有易燃、易爆物品的作业场所，应穿防止产生静电火花的服装；

（七）水上作业必须使用救生衣或救生器具；

（八）其他有关劳动防护规定。

检查、参观、实习人员进入生产现场也应当遵守前款各项规定。

第四十六条　劳动防护用品用具和防护装置，按国家和省的有关规定实行定点生产和销售。

劳动防护用品用具和装置必须符合国家或行业标准；没有国家或行业标准的，必须符合地方标准。产品必须经国家或省技术监督部门授权的检验机构检验合格，才能出厂和销售。

第七章　罚　则

第四十七条　违反本条例造成事故隐患但未发生伤亡事故的，由安全生产监督管理部门在分级实施监察的职责内给予警告、责令限期整改，对有现实危险的应责令有关岗位的人员停止作业，消除隐患；拒不停止作业或逾期拒不改进的，可对责任单位处以500元以上10000元以下罚款，对责任人员处以50元以上1000元以下罚款；应负行政责任的，由有关部门给予行政处分。

第四十八条　违反本条例发生一般伤亡事故或一次事故造成直接经济损失3万元以上10万元以下的，由安全生产监督管理部门对责任单位处以2000元以上2万元以下罚款，对责任人员处以200元以上500元以下罚款；应负行政责任的，由有关部门给予行政处分。

第四十九条　违反本条例发生重大伤亡事故或一次事故造成直接经济损失10万元以上100万元以下的，由安全生产监督管理部门对责任单位处以5000元以上10万元以下罚款，对责任人员处以300元以上2000元以下罚款；应负行政责任的，由有关部门给予行政处分；构成犯罪的，由司法机关依法追究刑事责任。

第五十条　违反本条例发生特大伤亡事故或一次事故造成直接经济损失100万元以上的，由安全生产监督管理部门对责任单位处以2万元以上20万元以下罚款，对责任人员处以800元以上5000元以下罚款；应负行政责任的，由有关部门给予行政处分；构成犯罪的，由司法机关依法追究刑事责任。

第五十一条　隐瞒、拖延或谎报事故，故意破坏或伪造事故现场的，除按上述规定处罚外，另行加处责任单位5000元以上2万元以下罚款，加处责任人员500元以上2000元以下罚款；应负行政责任的，由有关部门给予行政处分；构成犯罪的，由司法机关依法追究刑事责任。

第五十二条　违反本条例发生伤亡事故或造成事故隐患，情节特别严重的，安全生产监督管理部门可以提请同级人民政府批准，责令责任单位限期进行停产停业整顿。

第五十三条　伤亡事故的调查处理和矿山企业的罚款办法，由省人民政府根据本条例和国家有关规定另行制定。

第五十四条　安全生产监督管理部门工作人员玩忽职守、徇私舞弊、贪污受贿的，由行政监察机关给予行政处分；构成犯罪的，由司法机关依法追究刑事责任。

第五十五条　根据本条例所处罚款，按照《四川省罚款和没收财物行政处罚管理办法》办理。

第五十六条　当事人对行政处罚不服的，可以依法向同级人民政府或上一级主管部门申请行政复议，也可以依法提起行政诉讼。逾期不申请复议，不起诉，又不履行处罚决定的，由作出处罚决定的机关申请人民法院强制执行。

第八章　附　则

第五十七条　省人民政府可根据本条例制定实施办法。

第五十八条　本条例自1996年1月1日起施行。1990年4月28日省人大常委会通过的《四川省工业企业劳动安全条例》同时废止。

四川省《中华人民共和国农业技术推广法》实施办法

（1996年12月24日四川省第八届人民代表大会常务委员会第二十四次会议通过，根据2002年7月20日四川省第九届人民代表大会常务委员会第三十次会议《关于修改四川省〈中华人民共和国农业技术推广法〉实施办法的决定》第一次修正，根据2004年9月24日四川省第十届人民代表大会常务委员会第十一次会议《关于修改四川省〈中华人民共和国农业技术推广法〉实施办法的决定》第二次修正）

第一章　总　则

第一条　根据《中华人民共和国农业技术推广法》的规定，结合四川省实际，制定本实施办法。

第二条　凡在四川省行政区域内从事农业技术推广活动的，必须遵守本实施办法。

第三条　本实施办法所称农业技术，是指应用于种植业、林业、畜牧业、渔业、蚕桑业的科研成果和实用技术，包括良种繁育、施肥培土、病虫草鼠防治、栽培和养殖技术，栽桑养蚕技术，饲料加工技术，畜禽疫病防治技术，农副产品加工、保鲜、贮运技术，农业机械技术和农用航空技术，农田水利、土壤改良与水土保持技术，农村供水、农村能源利用和农业环境保护技术，农业气象技术以及农业经营管理技术等。

本办法所称农业技术推广，是指通过试验、示范、宣传、培训、指导以及咨询服务等，把农业技术普及应用于农业生产产前、产中、产后全过程的活动。

第四条　农业技术推广应当遵循下列原则：

（一）有利于农业和农村经济的发展；

（二）尊重生产经营组织和农业劳动者的意愿；

（三）因地制宜，经过试验、示范；

（四）国家、农村集体经济组织扶持；

（五）实行农业技术推广机构、科研单位、有关院校与群众性科技组织、科技人员、农业劳动者相结合；

（六）讲求农业生产的经济效益、社会效益和生态效益。

第五条　鼓励和支持科技人员开发、推广应用先进适用的农业技术。

鼓励和支持农业劳动者和农业生产经营组织应用先进适用的农业技术。

鼓励和支持引进国外先进的农业技术，促进农业技术推广的国际合作与交流。

第六条　地方各级人民政府应加强对农业技术推广工作的领导，组织有关部门和单位采取措施，促进农业技术推广事业的发展。

第七条　县级以上地方人民政府农业、林业、畜牧、水利、水产、农机、蚕桑、气象主管部门（以下统称农业技术推广行政部门），在同级人民政府的领导下，按照各自的职责，负责本行政区域内有关的农业技术推广管理工作。

同级人民政府科学技术行政部门对农业技术推广工作进行指导。

第八条　对在农业技术推广工作中做出贡献的单位和个人，给予奖励。

第二章　农业技术推广体系

第九条　农业技术推广实行以农业技术推广机构为主，农业科研单位、有关院校及群众性科技组织、农民技术员相结合的推广体系。

第十条　县级以上国家农业技术推广机构的职责是：

（一）参与制定农业技术推广长远规划和年度计划，并组织实施；

（二）负责重大科技成果的推广和先进实用技术的引进；

（三）对农业新技术进行试验、示范；

（四）开展农业技术指导、技术咨询、技术培训、技术承包、普及农业科学知识；

（五）对当地推广销售的种子、化肥、农药、兽药、饲料等农用生产资料进行生产监测和市场监测以及农业环境保护监测管理；

（六）开展技物结合，兴办经济实体；

（七）搜集、整理、传递农业科学技术情报和经济信息；

（八）对下级农业技术推广机构实行业务指导。

第十一条　乡（镇）农业技术推广机构是国家在农村基层设立的全民所有制事业单位，由县级人民政府农业技术推广行政部门和乡（镇）人民政府实行双重领导。

县级人民政府农业技术推广行政部门负责乡（镇）农业技术推广机构的政策、业务指导和人员、资产、财务管理，在征求乡（镇）人民政府意见后按规定程序任免其主要负责人。乡（镇）人民政府负责综合协调、监督等行政管理和政治、思想教育，提供必要的工作和生活条件，配合县级人民政府农业技术推广行政部门做好乡（镇）农业技术推广机构的人员管理。

第十二条　乡（镇）农业技术推广机构的主要职责：

（一）参与制定农业技术推广计划并组织实施；

（二）组织农业技术的宣传培训；

（三）提供农业技术、信息服务；

（四）对农业新技术进行试验、示范；

（五）指导村农业技术综合服务站或农民技术人员及其群众性科技组织的农业技术推广活动；

（六）开展技物结合，兴办经济实体。

第十三条　村民委员会设立的农业技术综合服务站和配备的农民技术员在上级农业技术推广机构的指导下，宣传农业技术知识，落实农业技术推广措施，为农业劳动者提供产前、产中、产后技术服务。

第十四条　乡（镇）以上地方各级国家农业技术推广机构的人员编制，按照国家和省编制管理规定核定，专编专用，任何单位不得挤占。对缺编人员应及时补充到位。

第十五条　乡（镇）以上地方各级国家农业技术推广机构的人员构成，应当以专业技术人员为主体，其比例原则上不低于80%。

第十六条　乡（镇）以上地方各级国家农业技术推广机构的专业科技人员，应当具有中等以上有关专业学历，或者经县级以上农业技术推广行政部门主持的专业考核、培训，达到相应的专业技术水平。

中专农业学校可以从农业技术推广机构中招收在岗农业技术员，实行定向招生，定向分配。

乡（镇）农业技术推广机构招聘人员，应选聘具有农民助理技师以上职称的人员。

村农业技术推广人员，应具有农民技术员以上的职称。

第十七条　在乡（镇）从事农业技术推广工作的专业科技人员，应按规定给予评定技术职称。在评定职称时，应当将他们从事农业技术推广工作的实绩和接受专业教育的情况作为考核的重要内容。其中不具备规定学历者，需参加省级农业行政部门组织的专业知识培训，并将培训成绩作为评聘技术职称的依据。

第十八条　各级农业技术推广机构应当建立试验、示范基地，具备必备的仪器设备、服务设施和培训场所等。

企业、事业单位和社会团体、个人从事农业技术推广工作的，必须具备相应的设施、设备和资金。

第三章　推广与应用

第十九条　推广农业技术应当根据农业和农村经济发展的需要，制定农业技术推广项目。重点项目应列入有关科技发展计划，由农业技术推广行政部门和科学技术行政部门按照各自的职责，相互配合，组织实施。

第二十条　向农业生产经营组织和劳动者推广农业新技术、新品种，必须在推广地区经过试验、示范证明具有先进性、实用性和经济合理性。

第二十一条　地方各级人民政府应积极组织推广农业先进技术，农业生产经营组织和农业劳动者应积极学习和采用农业先进技术。

向农业劳动者推广农业新技术的，必须坚持自愿原则，尊重农业劳动者的意愿。

第四章　保障措施

第二十二条　地方各级人民政府应当逐步提高对农业技术推广的投入，在财政预算内保障用于农业技术推广资金的增长应当高于财政经常性收入的增长幅度。

第二十三条　地方各级人民政府应从下列资金中确定适当的比例，筹集建立农业技术推广专项资金：

（一）国家和地方的财政拨款；

（二）国家和地方农业发展基金、农业技术推广机构的自营收入；

（三）国家扶持的区域性开发和基地建设资金、农业综合开发资金；

（四）以工补农、以工建农资金；

（五）粮食、棉花、油料、经济作物及牲畜等农产品的技术改进费、新品种开发基金；

（六）集体经济组织的积累资金；

（七）国内外有关组织与个人提供的贷款和捐赠资金；

（八）县级以上人民政府决定的其他资金。

第二十四条 地方各级审计部门应对农业技术推广专项资金的安排、使用情况实行定期审计，并将审计结果报告同级人大常委会和人民政府。

第二十五条 地方各级人民政府财政部门对农业技术推广机构必要的仪器设备购置、农技推广人员工作和生活条件的改善，要给予资金上的保证。

第二十六条 乡（镇）农业技术推广机构应按国家规定做好定编、定员工作。定编、定员后的乡（镇）农业技术推广机构的人员工资和事业经费纳入县级财政预算。

第二十七条 乡（镇）农业技术推广机构合同聘用的农民技术员的报酬，从农业技术推广专项资金和有偿服务收入中列支，并按国家规定办理医疗、养老保险。

村农民技术员的补贴，由村集体经济组织实行定额补助和由县、乡（镇）财政给予补助。

第二十八条 县、乡（镇）、村级农业技术推广机构依照国家规定经营化肥、农膜、农药及其他农业生产资料，有权从生产企业直接购货，或在农业生产资料经营单位进货，并按国家规定的价格销售。

第二十九条 农业技术推广机构根据当地农村经济发展的需要，可以兴办优质粮、油等农副产品加工企业及其他为农业服务的企业，并享受有关税收、信贷等优惠政策。

农业技术推广机构从事经营服务和兴办为农业服务的企业所取得的利润，主要用于发展农业技术推广事业。任何单位和个人不得平调或摊派，财政不得因此减少农业技术推广事业费。

第三十条 乡（镇）农业技术推广机构的试验基地、推广服务设施、生产资料及其他资产，国家投资购置的，属国家所有；乡（镇）农业技术推广机构购置的，属乡（镇）农业技术推广机构所有。

第三十一条 农业技术推广专项资金应当专款专用，任何单位和个人不得截留、挪用。

农业技术推广机构的资产，任何单位和个人不得侵占、平调、挤占。

第三十二条 国家农业技术推广人员在县、乡（镇）级农业技术推广岗位累计从事农业技术推广工作30年（女性25年），其中在乡（镇）不少于20年（女性15年），并在该岗位退休的，在退休标准金基础上增加10%以上的退休生活补贴。其具体数额比例，由县级人民政府决定。

第三十三条 乡（镇）农业技术推广机构招聘的农业技术人员，长期从事农业技术推广服务工作成绩显著，并按国家规定转为非农业人口的，在国家聘转录指标内，经考核合格后可以正式录用为乡（镇）农业技术推广机构的人员。

第五章 法律责任

第三十四条 违反本实施办法规定，强制农业劳动者应用农业技术，给农业劳动者造成损失的，应当承担民事赔偿责任，直接负责的主管人员和其他责任人员，可以由其所在单位或者上级机关给予行政处分。

第三十五条　农业技术推广行政部门及其工作人员违法行使职权，侵犯公民、法人和其他组织权益造成损失的，受害人有依法取得行政赔偿的权利。

第三十六条　当事人对行政处罚不服的，可依法申请复议或直接向人民法院起诉。逾期不申请复议、不起诉又不履行的，由作出行政处罚决定的机关申请人民法院强制执行。

第六章　附　则

第三十七条　农作物种子技术的推广，依照《中华人民共和国种子法》和《四川省农作物种子管理条例》的规定执行。

第三十八条　本实施办法所称的县级以上国家农业技术推广机构，是指县级以上地方人民政府农业技术推广行政部门设置的从事农业技术推广工作的事业单位。

本实施办法所称的蚕桑主管部门，是指省蚕种管理站和市、州、县（市、区）人民政府设立的蚕业（蚕桑）管理局。

第三十九条　本实施办法从1997年1月1日起施行。

四川省技术市场条例

（2005年4月6日四川省第十届人民代表大会常务委员会第十四次会议通过）

第一条　为规范技术交易行为，繁荣技术市场，保障技术交易人的合法权益，促进科技成果转化，促进技术进步和经济发展，根据国家有关法律、法规，结合四川省实际，制定本条例。

第二条　自然人和法人及其他组织在四川省行政区域内从事技术交易及其服务活动，适用本条例。

第三条　本条例所称技术交易，包括技术开发、技术转让、专利许可、技术咨询、技术服务、技术入股、技术承包等活动。

本条例所称技术交易服务，包括提供技术交易信息、场所、网站，技术经纪、技术评估、技术招标、技术拍卖、技术交易咨询、技术产权转让中介、技术产权使用许可中介等活动。

第四条　鼓励兴办技术交易中介服务机构和行业自律组织，扶持技术交易，促进技术市场健康发展。

第五条　县级以上人民政府科学技术行政部门负责本行政区域内技术市场监督、协调、服务工作。

工商行政管理、财政、税务、知识产权、质监等有关部门在各自的职责范围内做好技术市场管理工作。

第六条　市场交易的技术应当有利于开发新产品、新工艺、新设备；有利于改造传统产业，节能、降耗，提高劳动生产率和产品质量；有利于资源综合利用、环境保护、改善劳动条件，提高经济效益和社会效益。

第七条　技术交易活动应当遵循合法、自愿、平等、诚实信用的原则。提供技术的一方对所提供技术及其产权归属的合法性、真实性负责；接受技术的一方按照合同约定履行义务；中介方保证所提供信息的真实性和来源的合法性。

第八条　市场交易的技术涉及国家安全、国家秘密或者国家重大利益需要保密的，按国家有关规定执行。

第九条　在技术交易活动中禁止下列行为：

（一）侵犯他人知识产权、技术权益；

（二）提供虚假技术信息、检测结果和评估报告；

（三）串通招标、投标；

（四）以欺诈、胁迫等手段签订技术合同；

（五）损害国家利益、社会公共利益；

（六）法律、法规禁止的其他行为。

第十条　技术价款、技术交易服务费由当事人协商确定。

第十一条　技术交易当事人应当依法订立技术合同。

第十二条　技术合同认定登记按照自愿原则，实行一次登记制度。

申请技术合同认定登记的，当事人应当持合同原件向技术合同认定登记机构提出。技术合同认定登记机构按照有关规定进行审查，在收到申请之日起15日内，对符合认定登记条件的予以认定登记并出具认定登记证明；对不符合认定登记条件的不予认定登记并书面说明理由。当事人对不予认定登记有异议的，可以向科学技术行政部门申请复核，科学技术行政部门应当及时做出复核决定。对复核决定不服的，可以依法申请行政复议或者提起行政诉讼。

技术合同认定登记由行业组织或者科技中介机构承担。

技术合同认定登记机构应当为登记人保守技术秘密和商业秘密。

技术合同认定登记按照物价部门核定的收费标准收费。

技术合同认定登记办法和认定登记机构的管理办法，由省人民政府制定。

第十三条　申请国家税收优惠的技术交易应当经技术合同认定登记。

第十四条　设立技术交易中介服务机构应当依法登记，并报所在地人民政府科技行政部门备案。

第十五条　技术经纪人应当按国家有关规定具备相应从业资格，遵守国家有关经纪活动管理规定。

技术经纪人在经纪活动中应当将订约机会和交易情况如实、及时地提供给当事人各方，真实反映当事人各方的履约能力、知识产权情况，按照约定为当事人保守商业秘密，协调技术合同的履行。

第十六条　从境外引进技术所订立的合同，按照国家有关规定享受税收优惠。

第十七条　对在技术交易项目实施、促进技术成果商品化、资本化及技术市场监督、服务工作中做出显著成绩的单位和个人，由各级人民政府或者有关部门给予表彰、奖励。

第十八条　违反本条例第八条、第九条规定的，由有关部门依法处理。

第十九条　技术交易中介服务机构违反本条例第十四条规定的，由主管登记的行政机关依法处理。

第二十条　在技术交易或者技术交易服务活动中从事诈骗或者其他违法活动的，由工商行政管理部门、公安机关依法查处。构成犯罪的，依法追究刑事责任。

第二十一条　国家工作人员在技术市场监督、管理、服务工作中徇私舞弊、收受贿赂、玩忽职守、滥用职权的，由有关部门给予行政处分；构成犯罪的，依法追究刑事责任。

第二十二条　本条例自2005年7月1日起施行。1991年3月18日施行、2002年5月30日修正的《四川省技术市场管理条例》同时废止。

四川省实施《中华人民共和国农村土地承包法》办法

（2005年8月11日四川省人大常委会通过）

第一条　根据《中华人民共和国农村土地承包法》和有关法律、法规，结合本省实际，制定本办法。

第二条　本办法适用于本省行政区域内的农村土地承包及承包合同管理。

第三条　县级以上农业（农经）、林业等行政主管部门按照各自职责，负责本行政区域内农村土地承包及承包合同管理。乡（镇）人民政府负责本行政区域内农村土地承包及承包合同管理，乡镇农村土地承包管理委员会具体负责农村土地承包管理的日常工作。

第四条　农村土地承包及承包合同管理工作经费，按承包面积纳入同级财政预算，不得向农民收取。

第五条　农民集体所有的土地依法属于村农民集体所有的，由村集体经济组织或者村民委员会发包；已经分别属于村内两个以上农村集体经济组织的农民集体所有的，由村内各该农村集体经济组织或者村民小组发包。

国家所有依法由农民集体使用的农村土地，由使用该土地的农村集体经济组织、村民委员会或者村民小组发包。

第六条　农村土地承包合同到期后进行发包。

发包方以家庭承包方式发包农村土地的，应当以农户为承包单位，以本村或者本村村民小组集体经济组织成员人数为承包土地的依据。耕地的承包期为三十年。草地的承包期为三十年至五十年。林地的承包期为三十年至七十年；特殊林木的林地承包期，按照国家有关规定执行。

集体经济组织成员自愿放弃承包权的，应当向发包方递交由家庭全体成员签名的书面申请。

承包方在本轮承包期内自愿放弃承包权的，不得再要求承包土地。

第七条　不宜采取家庭承包方式的荒山、荒沟、荒丘、荒滩等农村土地，应当通过招标、拍卖、公开协商等方式承包。其承包方案应当向本集体经济组织全体成员公示，公示时间不得少于十五日。

承包方案应当包括下列内容：承包土地的名称、坐落、面积、用途、承包方式、承包主体范围、承包期限、起止日期、双方权利义务、违约责任、支付方式以及其他应当注明的事项。采取公开协商方式承包的，其承包方案还应当包括承包底价。

第八条　符合下列条件之一的常住人员，为本集体经济组织成员，依法享有农村土地承包经营权：

（一）本集体经济组织出生且户口未迁出的；

（二）与本集体经济组织成员结婚且户口迁入的；

（三）本集体经济组织成员依法办理领养手续且户口已迁入的子女；

（四）其他将户口依法迁入，并经本集体经济组织成员的村民会议三分之二以上成员或者三分之二以上农户代表的同意，接纳为本集体经济组织成员的。

第九条　原户口在本集体经济组织的下列人员，依法享有农村土地承包经营权：

（一）解放军、武警部队的现役义务兵和符合国家有关规定的士官；

（二）高等院校、中等职业学校在校学生；

（三）已注销户口的刑满释放回本集体经济组织的人员。

第十条　发包方应当与承包方签订书面承包合同。没有签订的，应当自本办法实施之日起三个月内补签；合同约定的承包期少于法定期限的，应当延长至法定期限。

承包合同一式四份，合同双方各执一份，报乡镇农村土地承包管理委员会和县（市、区）农业行政主管部门各一份。

任何单位、组织和个人不得扣留农户的土地承包合同。

第十一条　承包合同自成立之日起生效。承包方自承包合同生效时起取得土地承包经营权，并受法律保护。

县级以上地方人民政府应当向承包方颁发土地承包经营权证或者林权证等证书，并登记造册，确认土地承包经营权。

任何单位、组织和个人无权扣留或者擅自更改农村土地承包经营权证或者林权证等证书。

任何单位、组织和个人不得干涉承包方依法享有承包地的使用、收益和土地承包经营权流转、自主组织生产经营和处置产品以及因征收、征用而依法获得补偿等权利。

第十二条　承包方应当依法保护和合理利用所承包的土地，不得有下列行为：

（一）擅自挖砂、取土等破坏土地耕作条件的；

（二）在承包地上建房、烧窑、开矿、建坟等改变土地农业用途的；

（三）撂荒土地的；

（四）其他违反法律、法规的行为。

第十三条　承包期内，承包方全家迁入设区的市并转为城镇户口的，应当自户口迁移之日起6个月内将承包的耕地交回发包方。逾期不交回的，发包方可以依法收回。

承包期内，承包方家庭成员消亡的，发包方依法收回承包地。

家庭承包的耕地和草地的承包经营权不能继承。

第十四条　承包期内，妇女结婚，在新居住地未取得承包地的，发包方不得收回其原承包地；妇女离婚或者丧偶，仍在原居住地生活或者不在原居住地生活但在新居住地未取得承包地的，发包方不得收回其原承包地。发包方不得以村规民约为由侵犯妇女的土地承包权益。

因结婚，由男到女家落户的，适用前款规定。

第十五条　发包方预留的机动地面积超过本集体经济组织耕地总面积的百分之五的，应当自本办法实施之日起一年内调整至百分之五以下；不足百分之五的，不得再增加机动地。

《中华人民共和国农村土地承包法》实施前未留机动地的，该法实施后不得再留机动地。

第十六条　承包期内，除下列情形之一外，发包方不得调整土地：

（一）因自然灾害严重损害承包地的；

（二）因土地被征收、征用或者用于乡村公共设施和公益事业建设，失去土地的农户放弃补偿费用，要求继续承包土地的；

（三）因出生、婚嫁、户口迁移以及移民等原因导致无地人口占到三分之一以上的。

调整承包地，应当确保总的承包份数不变的前提下在个别农户间进行找补。

承包合同约定不得调整的，从其约定。

第十七条　对承包地进行调整，应当按下列程序进行：

（一）需要调整增加承包地的农户向发包方提出书面申请；

（二）发包方提出调整方案，并依法经本集体经济组织成员的村民会议三分之二以上成员或者三分之二以上村民代表的同意；

（三）发包方将讨论通过的调整方案报乡（镇）人民政府和县级人民政府农业等行政主管部门批准；

（四）发包方组织实施调整方案。

第十八条　下列土地应当用于调整土地或者承包给新增人口：

（一）集体经济组织依法预留的机动地；

（二）集体经济组织通过依法开垦、复垦等方式增加的耕地；

（三）承包方依法、自愿交回的耕地；

（四）已经办理审批手续的非农业建设占用的耕地，连续两年未使用，县级以上人民政府无偿收回交由集体经济组织恢复耕种的耕地；

（五）发包方依法收回的其他耕地。

前款所列土地在未用于调整之前，应当采取招标、公开协商等方式承包，承包期不得超过三年。本集体经济组织成员在同等条件下享有承包优先权。

第十九条　承包方的土地承包经营权可以依法采取转包、出租、互换、转让等方式流转；也可以采取托管、入股以及合作经营、合伙经营等其他方式流转，当事人双方应当签订书面土地流转合同，但代耕不超过一年的，可以不签订书面合同。

采取转让方式流转的，应当经发包方同意，发包方应当在收到承包方的书面申请后十日内答复，逾期不答复的，视为同意；并应当在转让合同上签署意见并加盖公章。采取其他方式流转的，应当自流转合同签订之日起三十日内，报发包方备案。

采取转包、出租、代耕、入股等方式流转的，原承包关系不变，承包方仍要履行承包合同规定的义务。采取转让、互换方式流转的，原承包方与发包方的承包关系终止，由新的承包方与发包方重新确定承包关系，并按照第十条规定颁发农村土地承包经营权证书或者林权证书。

第二十条　承包方或者第三方要求发包方在农村土地承包经营权流转过程中提供协助的，发包方应当提供协助，也可以指导承包方进行农村土地承包经营权流转。

发包方不得违背承包方的意愿，妨碍或者强迫承包方进行农村土地承包经营权流转，不得截留、扣缴承包方的流转收益。

第二十一条　县级以上农业、林业等行政主管部门和乡（镇）人民政府应当根据需要，建立农村土地承包经营权流转信息库，及时公布流转供求信息，提供流转合同业务指导和服务。

有条件的，可以建立农村土地承包经营权流转有形市场。

第二十二条　国家依法征收或者征用已承包的土地的，发包方和承包方应当予以支持，并有权要求征地主管部门对征地补偿、安置方案等事由组织听证。征地主管部门根据发包方和承包方的申请组织听证的，在报批拟征地项目的补偿标准和安置方案时，应当附具听证笔录。

第二十三条　乡（镇）村公共设施、公益事业建设或者兴办乡镇企业、村民建设住宅使用本集体经济组织所有的已承包的土地的，应当经本集体经济组织成员的村民会议三分之二以上成员或者三分之二以上农户代表的同意。所占耕地不符合乡（镇）土地利用总体规划和土地利用年度计划的，有关部门不得办理农用地转用审批手续。

已办理农用地转用审批手续的，用地单位应当给原承包方经济补偿，发包方也可以根据本办法第十六条的规定给原承包方适当调整土地。

第二十四条　以家庭承包方式承包农村耕地的，应当按照下列规定办理农村土地承包经营权证书：

（一）发包方应当自承包合同生效之日起三十日内，向乡（镇）人民政府报送土地承包方案、承包合同等材料；

（二）乡（镇）人民政府应当自收到发包方报送的材料之日起十五日内，完成审查、登记、造册工作，并报县人民政府；

（三）县（市、区）人民政府，应当自收到乡（镇）人民政府申报材料之日起三十个工作日内完成审核，符合条件的，颁发农村土地承包经营权证书。

第二十五条　以招标、拍卖、公开协商等方式承包荒山、荒沟、荒丘、荒滩和因工程建设、自然灾害毁损的农村土地的，应当按照下列规定办理农村土地承包经营权证或者林权证等证书：

（一）承包方向乡（镇）人民政府提交土地承包合同、农村土地承包经营权证或者林权证等登记申请书；

（二）乡（镇）人民政府应当自收到申请书之日起十五日内，对发包方和承包方的资格、发包程序、承包期限、承包地用途等予以初审并签署意见；

（三）承包方持乡（镇）人民政府初审通过的农村土地承包经营权证或者林权证等登记申请书，向县人民政府申领农村土地承包经营权证或者林权证等证书；

（四）县人民政府应当自收到登记申请之日起三十个工作日内完成审核，符合条件的，颁发农村土地承包权证或者林权证等证书。

第二十六条　农村土地承包经营权流转当事人要求登记的，应当按照下列规定办理登记手续；

（一）向县（市、区）农业或林业等行政主管部门提交申请书、流转合同及其复印件、农村土地承包经营权证或者林权证等证书及其复印件、发包方同意或者备案证明；

（二）县（市、区）农业或林业等行政主管部门，应当自收到申请材料之日起三十个工作日内完成审核并给予登记。

第二十七条 承包期内，承包方家庭成员分户并申请分别签订承包合同的，发包方应当与分离后的农户分别签订土地承包合同，并依照法定程序办理农村土地承包经营权证或者林权证等证书的变更手续。

第二十八条 农村土地承包经营权证或者林权证等证书损毁、遗失的，县级人民政府应当依承包方的申请和发包方出具的证明及时换发或者补发。

换发或者补发农村土地承包经营权证或者林权证等证书的，除收取证书工本费外，不得收取其他费用。

第二十九条 承包方有权到县（市、区）农业、林业等行政主管部门查阅、复制与自己的农村土地承包经营权证或者林权证等证书有关的登记材料，有关部门及其工作人员应当提供方便，不得拒绝或者限制。

第三十条 任何单位、组织和个人投诉、举报农村土地承包案件的。乡（镇）人民政府或者县级以上农业、林业等行政主管部门应当在七个工作日内决定是否受理；不予受理的，应当说明理由，并出具书面证明。

第三十一条 县级以上人民政府农业、林业行政主管部门对土地承包和承包合同管理依法实施监督检查时，有权要求被检查单位或者个人提供有关土地承包的文件或者资料。被检查单位或者个人对有关土地承包情况，应当如实说明，不得干预和阻挠农业、林业行政主管部门及其工作人员依法行使职权。

第三十二条 县级以上人民政府农业行政主管部门应当成立农村土地承包经营纠纷仲裁机构，负责本行政区域内农村土地承包经营纠纷的仲裁。

农村土地承包经营纠纷仲裁机构的仲裁员实行专职管理，须经省级农业、林业行政主管部门考核认证。仲裁机构的其他人员实行聘任制管理。

第三十三条 因农村土地承包经营产生纠纷或者土地承包当事人的权益受到侵害的，当事人可以向有管辖权的县级以上人民政府农村土地承包仲裁机构申请仲裁，也可以直接向人民法院起诉。当事人一方向仲裁机构申请仲裁，另一方向人民法院起诉的，仲裁机构不予受理。

当事人一方对已发生法律效力的仲裁裁决，逾期不履行的，另一方可以申请人民法院强制执行。

生产季节性强的种植业、养殖业等合同纠纷，仲裁机构可以裁定先行恢复生产。

第三十四条 当事人申请仲裁应当符合下列条件：

（一）有明确的被申请人；

（二）有具体的仲裁请求和事实、理由；

（三）属于仲裁机构的受理范围。

第三十五条 农村土地承包经营纠纷仲裁机构应当自收到仲裁申请书之日起7个工作日内进行审查，对符合受理条件的，做出予以受理的决定，并书面通知申请人；对不符合受理条件的，应当做出不予受理的决定，书面通知当事人，并说明理由。

第三十六条 农村土地承包经营纠纷仲裁机构对其受理的案件，应当先进行调解，调解期限为30日，特殊情况，经批准可延长90日。经调节达成协议的，应当制作调解书，调解书与裁决书具有同等法律效力。

调解书应当写明仲裁请求和当事人协议的结果。调解书由仲裁员签名，加盖仲裁机构印章，送到双方当事人。调解书经双方当事人签收后，即发生法律效力。

调解未达成协议或者调解书送达前，当事人一方反悔的，农村土地承包经营纠纷仲裁机构应当在15日内做出裁决。

第三十七条　裁决书应当写明仲裁请求、争议事实、裁决理由、裁决结果、仲裁费用的负担和裁决日期。裁决书由仲裁员签名，加盖仲裁机构印章。

当事人对农村土地承包经营纠纷仲裁机构的仲裁裁决不服的，可以自收到裁决书之日起30日内向人民法院起诉。逾期不起诉的，裁决书发生法律效力。

第三十八条　违反本办法规定，发包方有下列行为之一的，由县级以上农业、林业等行政主管部门责令其限期改正；逾期不改正的，对直接责任人员处以一千元以上一万元以下的罚款；造成损失的，依法承担赔偿责任；构成犯罪的，依法追究刑事责任：

（一）以家庭承包方式发包农村土地，未按照本集体经济组织成员人数平均分配，发包到户的；

（二）剥夺、侵害本集体经济组织成员依法享有的农村土地承包经营权的；

（三）超过法定比例预留的机动地未按本办法规定承包到户的；

（四）有机动地且符合条件的承包方要求发包而拒不发包的；

（五）干涉承包方依法享有的生产经营自主权的；

（六）未按照本办法规定，将承包期延长至法定期限的；

（七）擅自变更或者解除承包合同，调整或者收回承包地的；

（八）未按照本办法规定，发包不宜采用家庭承包方式承包的荒山、荒沟、荒丘、荒滩和因工程建设，自然灾害毁损的农村土地的；

（九）未按照本办法规定，申办农村土地承包经营权证或者林权证等证书的；

（十）扣留承包方的农村土地承包合同的；

（十一）扣留或者擅自更改农村土地承包经营权证或者林权证等证书的；

（十二）其他侵害承包方土地承包经营权益的行为。

第三十九条　违反本办法规定，承包方有下列行为之一的，由县级以上农业、林业等行政主管部门责令其限期改正；逾期不改正的，对其处以五百元以上两千元以下的罚款；造成损失的，依法承担赔偿责任：

（一）违反本办法第十二条规定，给耕地造成毁坏的；

（二）违反本办法第十二条规定，造成耕地撂荒的；

（三）违反本办法第十三条第一款规定，不依法交回的；

（四）违反本办法第十七条规定，不依法进行调整的。

第四十条　国家机关及其工作人员有下列行为之一的，由上级行政主管部门责令其限期改正，拒不改正的，由上级机关或者所在单位对直接负责的主管人员和其他直接责任人员予以行政处分；给当事人造成损失的，依法承担赔偿责任；构成犯罪的，依法追究刑事责任；

（一）不按规定登记、颁发农村土地承包经营权证的；

（二）对有关农村土地承包的投诉、举报不及时受理的；

（三）干预农民的生产经营自主权的；

（四）其他玩忽职守、徇私舞弊，侵害农民土地承包权益的行为。

第四十一条　居民委员会发包集体所有的土地的，参照本办法执行。

第四十二条　本办法自2006年1月1日起施行。

四川省《中华人民共和国全国人民代表大会和地方各级人民代表大会选举法》实施办法

（1987年7月2日四川省第六届人民代表大会常务委员会第二十六次会议通过，根据1992年9月24日四川省第七届人民代表大会常务委员会第三十一次会议通过的《四川省地方各级人民代表大会代表选举实施细则（修正案）》第一次修正；根据1995年6月20日四川省第八届人民代表大会常务委员会第十五次会议通过的《四川省地方各级人民代表大会代表选举实施细则（修正案）》第二次修正；根据2005年11月25日四川省第十届人民代表大会常务委员会第十八次会议《关于修改四川省〈中华人民共和国全国人民代表大会和地方各级人民代表大会选举法〉实施细则的决定》第三次修正）

第一章　总　则

第一条　根据《中华人民共和国全国人民代表大会和地方各级人民代表大会选举法》（简称《选举法》），结合四川省实际情况，制定本实施办法。

第二条　省人民代表大会代表，由设区的市、自治州的人民代表大会和当地驻军选举产生。

设区的市、自治州的人民代表大会的代表，由下一级人民代表大会和驻川部队选举产生。

不设区的市、县、自治县、市辖区（简称县级）和乡、民族乡、镇　（简称乡级）的人民代表大会的代表，由选民直接选举产生。

第三条　中华人民共和国年满十八周岁的公民，不分民族、种族、性别、职业、家庭出身、宗教信仰、教育程度、财产状况和居住期限，都有选举权和被选举权。

依照法律被剥夺政治权利的人没有选举权和被选举权。

第四条　每一选民或代表在一次选举中只有一个投票权。

第五条　地方各级人民代表大会代表中，应有适当数量的妇女代表，并逐步提高妇女代表的比例。

在归侨人数较多地区县级以上的地方各级人民代表大会，应有适当名额的归侨代表。

第六条　地方各级人民代表大会的选举经费，由地方财政开支。

第二章　选举工作机构

第七条　省、设区的市、自治州的人民代表大会常务委员会主持本级人民代表大会代表的选举，指导本行政区域内县级以下人民代表大会代表的选举工作，并可设立选举指导机构，负责办理选举事宜。

第八条　县级和乡级设立选举委员会，主持本级人民代表大会代表的选举。县级选举委员会受本级人民代表大会常务委员会的领导。乡级选举委员会受县级人民代表大会常务委员会的领导，负责组织本行政区域内县级人民代表大会代表的选举。

县级选举委员会设主任一人，副主任一至三人，委员七至十五人，由本级人民代表大会常务委员会决定。

乡级选举委员会设主任一人，副主任一至二人，委员三至七人，委员会的组成人员由乡级人民代表大会主席团报县级人民代表大会常务委员会批准。

第九条　县级和乡级选举委员会行使下列职权：

（一）主持本级人民代表大会代表的选举；

（二）制定本行政区域选举工作方案、选举办法，训练选举工作人员，部署、宣传、检查、指导选举工作；

（三）划分选举本级人民代表大会代表的选区，分配各选区应选代表的名额；

（四）进行选民登记，审查选民资格，公布选民名单，印发选民证，受理对于选民名单不同意见的申诉，并作出决定；

（五）根据较多数选民的意见，确定和公布正式代表候选人名单；

（六）监制选票和制定投票办法，主持投票，确定选举结果是否有效，公布当选代表名单，颁发代表当选证书；

（七）选举工作结束后，做好统计报表和文书、资料的整理归档工作，并作出选举工作的总结报告。

第十条　县级选举委员会下设办公室，乡级选举委员会根据工作需要，配备相应的工作人员，办理选举工作事项。

第十一条　县级人民代表大会常务委员会或者选举委员会根据工作需要，可在乡（镇）、城市街道和其他单位（包括较大的企业、事业、机关单位、学校等）设立选举工作指导办公室，作为派出机构，负责指导辖区内的选举工作。选区可设选举工作领导小组，负责本选区的选举工作。必要时可在选区内设选举指导站，指导选民小组工作。

乡级选举委员会可在选区设立选举工作领导小组。

第三章　代表名额和分配

第十二条　地方各级人民代表大会的代表名额，按照下列规定确定：

（一）省人民代表大会代表总名额不超过一千名；

（二）设区的市、自治州的代表名额基数为二百四十名，每二万五千人可以增加一名代表；人口超过一千万的，代表总名额不得超过六百五十名；

（三）县级的代表名额基数为一百二十名，每五千人可以增加一名代表，代表总名额不得超过四百五十名；人口不足五万的，代表总名额可以少于一百二十名；

（四）乡级的代表名额基数为四十名，每一千五百人可以增加一名代表；人口超过九万的乡、民族乡的代表总名额不得超过一百名；人口超过十三万的镇的代表总名额不得超过一百三十名；人口不足二千的乡级的代表总名额可以少于四十名。

按照前款规定的地方各级人民代表大会的代表名额基数与按人口数增加的代表数相加，即为地方各级人民代表大会的代表总名额。

自治州、聚居的少数民族多或者人口居住分散的县、自治县、乡、民族乡，经省人民代表大会常务委员会决定，代表名额可以另加百分之五。

第十三条 省人民代表大会代表的具体名额，由全国人民代表大会常务委员会确定；设区的市、自治州和县级人民代表大会代表的具体名额，由省人民代表大会常务委员会依照本实施办法确定，报全国人民代表大会常务委员会备案；乡级的人民代表大会代表的具体名额，由县级的人民代表大会常务委员会依照本实施办法确定，报上一级人民代表大会常务委员会备案。

第十四条 地方各级人民代表大会的代表总名额经确定后，不再变动。如果由于行政区划变动或者由于重大工程建设等原因造成人口较大变动的，该级人民代表大会的代表总名额依照本实施办法的规定重新确定。

第十五条 省人民代表大会代表的名额，由省人民代表大会常务委员会按照农村每一代表所代表的人口数四倍于城市每一代表所代表的人口数的原则分配；

自治州、县、自治县的人民代表大会代表的名额，由本级人民代表大会常务委员会按照农村每一代表所代表的人口数四倍于镇每一代表所代表的人口数的原则分配。

市、市辖区的农村每一代表所代表的人口数，同市区每一代表所代表的人口数之比，可以按照小于四比一直至一比一的原则确定。

县级行政区域内，镇的人口特多的或者不属于县级以下人民政府领导的企业事业组织的职工人数在全县总人数中所占比例较大的，经省人民代表大会常务委员会决定，农村每一代表所代表的人口数同镇或者企业事业组织职工每一代表所代表的人口数之比可以小于四比一直至一比一。

地方各级人民代表大会代表名额中分配给当地驻军的名额，由各级人民代表大会常务委员会同当地省军区、军分区、县（市、区）人民武装部协商确定。

第十六条 设在县级行政区域内的中央、省、市所属大型厂矿企业、事业单位和机关、学校的代表名额，原则上每一代表所代表的人口数可多于本级其他单位每一代表所代表的人口数，由县级以上选举机构根据各单位的具体情况分别确定。

第四章 选区划分

第十七条 县级和乡级的人民代表大会的代表名额分配到选区，按选区进行选举。

第十八条 选区的大小，按照每一选区选一至三名代表划分。

第十九条 选区可以按居住状况划分，也可以按生产单位、事业单位、工作单位划分。选区内可分若干选民小组。

选举县级人民代表大会代表，城镇凡能够产生一名以上代表的单位和居住区，可以单独划分为一个或几个选区；不能产生一名代表的可以联合划分选区。县直属机关所划选区，每一代表所代表的人口数应和该城镇其他选区每一代表所代表的人口数大体相等。

选举乡级的人民代表大会代表，可以以一个村或几个村民组划为一个选区；乡级的直属单位，企业、事业单位可以单独划分选区，也可以与村联合划为一个选区。

第二十条 中央、省、设区的市、自治州和外地驻本县（市、区）的单位，应当分级归口，按系统、按行业单独划分选区或者联合划分选区。领导机关和下属机构分驻数地的单位，应分别参加所在地的选举，不得跨县、市划选区。

县、自治县的人民政府驻地在其他市的辖区内的，其所属机关、团体和企业、事业单位的选民，参加县、自治县的人民代表大会代表的选举，不参加所在市辖区人民代表大会代表的选举。

驻在乡、民族乡、镇的设区的市、自治州以上人民政府领导的企业、事业单位的选民，可以只参加县级人民代表大会代表的选举，不参加所在乡级的人民代表大会代表的选举。

第五章 选民登记

第二十一条 选民登记按选区进行，经登记确认的选民资格长期有效。

每次选举前对上次选民登记以后新满十八周岁的、被剥夺政治权利期满后恢复政治权利的，予以登记。对在选民登记后迁出原选区的，列入新迁入的选区选民名单；对死亡的和依照法律被剥夺政治权利的人，从选民名单上除名。

选民的年龄计算，应以当地选举日为截止日期。

第二十二条 每一选民只能在一个选区进行登记。具体规定如下：

（一）机关、团体、工矿、学校、企业、事业单位的人员、在校学生在所在单位进行登记；

离退休干部、职工在户口所在地进行登记，经原户口所在地同意，也可以在原单位或现住地进行登记；

（二）农村人口和城镇居民按常住户口进行登记；

（三）户口不在现居住地的人员，凭户口所在地的选民证明，可在现居住地进行选民登记，并参加选举；

（四）出国探亲、学习、讲学、访问、考察、援外等工作人员和留学生应在原单位或原户口所在地进行登记；

（五）外出下落不明的人员，暂时不予登记；若其在选举日前返回的，应予补办登记手续。

第二十三条 旅居国外的中华人民共和国公民在县级和乡级人民代表大会代表选举期间在国内的，可以在原籍地，出国前居住地，或者现住地登记，并参加选举。

第二十四条 经医院鉴定或群众和亲属公认不能行使选举权和被选举权的精神病患者，由选举委员会确认后，不列入选民名单；间歇性的精神病患者，应当进行登记。

第二十五条 下列人员准予行使选举权利，并进行选民登记：

（一）被判处有期徒刑、拘役、管制而没有附加剥夺政治权利的；

（二）被羁押、正在受侦查、起诉、审判，人民检察院或者人民法院没有决定停止行使选举权利的；

（三）正在取保候审或者被监视居住的；

（四）正在被劳动教养的；

（五）正在受拘留处罚的。

以上所列人员参加选举的方式，由选举委员会和执行监禁、羁押、拘留或者劳动教养的机关共同决定，可以在投票站、流动票箱投票，或者委托有选举权的亲属、其他选民代为投票。被判处拘役、受拘留处罚或者被劳动教养的人，也可以在选举日回原选区参加选举。

第二十六条　涉嫌危害国家安全罪或者其他严重刑事犯罪被羁押，正在受侦查、起诉、审判的人，经人民检察院或者人民法院决定，在被羁押期间停止行使选举权利的，不进行选民登记。

第二十七条　选民名单应在选举日的二十日以前公布，实行凭选民证参加投票选举的，应当发给选民证。

选举日前，选民证如果遗失或者损坏的，经所在单位或者有关人员证明可以补发。

第二十八条　选民名单公布后，在进行正式选举前，迁出本选区的，经本人申请，可以到新迁入地参加选举；死亡的应当减去；新迁入而未在其他地方登记过的，可以进行选民登记，补发选民证，参加本选区选举。

第二十九条　对于公布的选民名单有不同意见的，可以向选举委员会提出申诉。选举委员会对申诉意见，应在三日内作出处理决定。申诉人如果对处理决定不服，可以在选举日的五日以前向选区所在地的基层人民法院起诉，人民法院应在选举日以前作出判决，人民法院的判决为最后决定。

第六章　代表候选人的提出

第三十条　地方各级人民代表大会的代表候选人，按选区或者选举单位提名产生。

各政党、各人民团体可以联合或者单独推荐代表候选人。选民或者代表十人以上联名，也可以推荐代表候选人。推荐候选人应采取书面形式。

推荐的代表候选人人数，均不得超过本选区或者选举单位应选代表的名额，推荐者应向选举委员会或者大会主席团介绍候选人的情况。

第三十一条　各政党、各人民团体和代表或者选民推荐的代表候选人都应当列入代表候选人名单，人民代表大会主席团或者选举委员会不得调换、增减。

第三十二条　地方各级人民代表大会代表候选人的名额，应多于应选代表的名额。

由选民直接选举的人民代表大会代表候选人名额，应多于应选代表名额三分之一至一倍；由地方各级人民代表大会选举上一级人民代表大会代表候选人的名额，应多于应选代表名额五分之一至二分之一。

第三十三条　县级以上的地方各级人民代表大会在选举上一级人民代表大会代表时，代表候选人不限于各该级人民代表大会的代表。

选民直接选举人民代表大会代表时，由选举委员会将各政党、各人民团体和选民提出的代表候选人名单汇总后，在选举日的十五日以前公布，并交各该选区的选民小组讨论、协商，确定正式代表候选人名单。如果所提候选人的人数超过本实施办法第三十二条规定的最高差额比例，由选举委员会交各该选区的选民小组讨论、协商，根据较多数选民的意见，确定正式代表候选人名单；对正式代表候选人不能形成较为一致意见的，进行预选，根据预选时得票多少的顺序，确定正式代表候选人名单。正式代表候选人名单应当在选举日的五日以前公布。

第三十四条 县级以上的地方各级人民代表大会在选举上一级人民代表大会代表时，提名、酝酿代表候选人的时间不得少于两天。各该级人民代表大会主席团将依法提出的代表候选人名单印发全体代表，由全体代表酝酿、讨论。如果所提候选人的人数符合本实施办法第三十二条规定差额比例，直接进行投票选举。如果所提候选人的人数超过本实施办法第三十二条规定的最高差额比例，进行预选，根据预选时得票多少的顺序，按照本级人民代表大会的选举办法根据本实施办法确定的具体差额比例，确定正式代表候选人名单，进行投票选举。

预选办法可由本级人民代表大会主席团决定。

第三十五条 县级和乡级的党政机关和人民团体的干部经选举委员会征得原单位和调入单位同意，可以到其他选区参加选举。但应转移选民关系，与选民见面，参加选区的选举活动。

选举委员会或者人民代表大会主席团应当向选民或者代表介绍代表候选人的情况。根据情况组织代表候选人与选民或者代表见面，回答选民或者代表提出的问题和意见，做到知名、知人、知情。但在选举日必须停止对代表候选人的介绍。

第七章 选举程序

第三十六条 县级和乡级人民代表大会代表的选举日，在一个县级行政区域内，由县级人民代表大会常务委员会或者选举委员会统一规定。

各选区的投票选举时间，应在选举日内进行。如遇特殊情况在一天内完成投票确有困难的，经县级人民代表大会常务委员会或者选举委员会批准，可以把投票时间延续一天。

在一个选区如需两天投票时，对前一天的选票，必须由监票员、计票员妥为保管。

因特殊情况，不能在选举日投票，需提前或者推迟选举的，须经县级人民代表大会常务委员会决定，并报上级人民代表大会常务委员会备案。

第三十七条 在同时选举县级和乡级人民代表大会代表时，应印制不同选票，分别计算。

第三十八条 选举县级和乡级人民代表大会代表时，各选区应当设立投票站、流动票箱或者召开选举大会进行选举。

组织投票选举，应以方便选民投票为原则。农村可以村或者村民组设立投票站；城镇可按系统或者居住、工作地段设立投票站，也可以在各单位设立投票站；设流动票箱投票的，在监票员的监督下，到年老体弱、行动不便、居住特别分散的选民家中或者到选民不能离开的生产、工作岗位组织投票。流动票箱的监票员不得少于二人。

投票选举由选举委员会或者人民代表大会主席团主持，代表候选人不得担任本选区选举的主持人、监票员、计票员。

第三十九条 选举各级人民代表大会代表时，应根据《选举法》及本实施办法制定本次选举大会的选举办法。选举办法应当经代表大会或选区选民通过。

各级人民代表大会代表的选举，一律采用无记名投票的方法。

填写选票，应当用汉字或者当地通用的少数民族文字。

选民如果是文盲或因残疾不能写选票的，可以委托他信任的人代写。代写人必须完全按照选民本人的意愿填写。

第四十条　做好直接选举的准备工作：

（一）在选举日前五日，各选区再次公布选举日期、时间、地点；

（二）选票统一制发，并加盖印章；

（三）选举日前，选区选举工作领导小组要认真核实选民人数，选举日能够参加投票的人数，代为投票的人数和不能参加投票的人数。对选民登记后有迁入、迁出、参军、死亡等变动的，应予补登或者除名；

（四）投票选举时，根据县级人民代表大会常务委员会或者选举委员会的规定，选民凭身份证或者选民证领取选票，参加选举。

第四十一条　在直接选举人民代表大会代表时，经选举委员会或者选区选举工作领导小组同意，可以书面委托其他选民代为投票。每一选民接受的委托不得超过三人。

第四十二条　选举人对于代表候选人可以投赞成票，可以投反对票，可以另选其他任何选民，也可以弃权。

第四十三条　投票结束后，由选民或者代表推选的监票、计票人员和选举委员会或者人民代表大会主席团的人员将投票人数和票数加以核对，作出记录，并由选举主持人、监票员和计票员签字。

第四十四条　每次选举所投的票数，多于投票人数的无效。

每一选票所选的人数，多于规定应选代表人数的为废票。

遇到所投选票是否有效的疑难问题时，由选区的选举主持人和监票员、计票员共同研究决定；选区决定不了的，报选举委员会决定。

第四十五条　在选民直接选举人民代表大会代表时，选区全体选民的过半数参加投票，选举有效。代表候选人或其他选民获得参加投票的选民过半数的选票，始得当选。

县级以上的地方各级人民代表大会在选举上一级人民代表大会代表时，代表候选人或者其他选民获得全体代表过半数的选票，始得当选。

第四十六条　获得过半数选票的代表候选人的人数超过应选代表名额时，以得票多的当选。如遇票数相等不能确定当选人时，应当就票数相等的候选人再次投票，以得票多的当选。

获得过半数选票的当选代表的人数，少于应选代表的名额时，不足的名额另行选举。另行选举时，根据在第一次投票时得票多少的顺序，按照本实施办法第三十二条规定的差额比例，确定候选人名单。如果只选一人，候选人应为二人。

依照前款规定另行选举县级和乡级的人民代表大会代表时，代表候选人以得票多的当选，但是得票数不得少于选票的三分之一；县级以上的地方各级人民代表大会在另行选举上一级人民代表大会代表时，代表候选人获得全体代表过半数的选票，始得当选。

地方各级人民代表大会的代表，在换届选举时未选足的代表名额，应由选区选民或者人民代表大会按照本实施办法第三十二条规定的差额比例进行选举。

第四十七条　选举结果由选举委员会或者人民代表大会主席团根据《选举法》和本实施办法的规定确定是否有效，并予以宣布。

第八章　各少数民族的选举

第四十八条　各少数民族的选举，应按照《选举法》第四章的各条规定办理。

第四十九条　自治州、自治县制定或者公布选举文件、选民名单、代表候选人名单，印制选民证、选票、代表当选证书和刻制选举委员会印章等，要同时使用当地通用的少数民族文字。

第九章　当地驻军和人民武装警察部队的选举

第五十条　当地驻军代表的选举，应按照第五届全国人民代表大会常务委员会第十九次会议通过的《中国人民解放军选举全国人民代表大会和地方各级人民代表大会代表的办法》的规定办理。

人民武装警察部队选举出席地方各级人民代表大会代表，依照《选举法》和本实施办法进行。

第十章　对代表的监督、罢免和补选

第五十一条　地方各级人民代表大会的代表，受原选举单位或者选民的监督。

第五十二条　选民或者选举单位都有权依法罢免自己选出的代表。

罢免的程序和要求按照《选举法》和《四川省〈中华人民共和国全国人民代表大会和地方各级人民代表大会代表法〉实施办法》的规定办理。

第五十三条　省、设区的市、自治州的人民代表大会代表，可以书面向选举他的人民代表大会的常务委员会提出辞职。

县级的人民代表大会代表，可以向本级人民代表大会常务委员会书面提出辞职，乡级的人民代表大会代表可以向本级人民代表大会或者人民代表大会主席团书面提出辞职。

第五十四条　代表在任期内，因故出缺，由原选举单位或者原选区补选。

地方各级人民代表大会代表在任期内调离或者迁出本行政区域的，其代表资格自行终止，缺额另行补选。

县级以上的地方各级人民代表大会闭会期间，可以由本级人民代表大会常务委员会补选上一级人民代表大会代表。

由选民直接补选代表时，应重新核对选民名单。经选民协商确定的正式代表候选人名单，可在选举日以前三日公布。

补选出缺的代表时，代表候选人的名额可以多于应选代表的名额，也可以同应选代表名额相等。采用无记名投票方法。

第十一章 违法的责任

第五十五条 为保障选民和代表自由行使选举权和被选举权，对有下列行为之一，破坏选举，违反治安管理规定的，依法给予治安管理处罚；构成犯罪的，依法追究刑事责任：

（一）以金钱或者其他财物贿赂选民或者代表，妨害选民和代表自由行使选举权和被选举权的；

（二）以暴力、威胁、欺骗或者其他非法手段妨害选民和代表自由行使选举权和被选举权的；

（三）伪造选举文件、虚报选举票数或者有其他违法行为的；

（四）对于控告、检举选举中违法行为的人，或者对于提出要求罢免代表的人进行压制、报复的。

国家工作人员有前款所列行为的，还应当依法给予行政处分。

以本条第一款所列违法行为当选的，其当选无效。

第十二章 附 则

第五十六条 本实施办法自公布之日起施行。

四川省城市房屋拆迁管理条例

（2000年7月15日四川省第九届人民代表大会常务委员会第十七次会议通过，根据2004年9月24日四川省第十届人民代表大会常务委员会第十一次会议通过、2004年9月24日四川省人民代表大会常务委员会公告第46号公布的《四川省人民代表大会常务委员会关于修改〈四川省城市房屋拆迁管理条例〉的决定》第一次修正；2005年11月25日四川省第十届人民代表大会常务委员会第十八次会议修正，自2006年3月1日起施行）

第一条 为了加强城市房屋拆迁的管理，维护拆迁当事人的合法权益，保障城市建设的顺利进行，根据法律和行政法规的规定，结合四川省实际，制定本条例。

第二条 四川省城市规划区内国有土地上实施房屋拆迁，并需要对被拆迁人补偿、安置的，适用本条例。

第三条 拆迁人应当依照本条例的规定，对被拆迁人给予补偿、安置；被拆迁人应当在搬迁期限内完成搬迁。

第四条 县级以上地方人民政府城市房屋拆迁管理部门对本行政区域内的城市房屋拆迁工作实施监督管理。

县级以上地方人民政府有关部门依照本条例的规定，互相配合，保证城市房屋拆迁管理工作的顺利进行。

第五条　城市房屋拆迁实行房屋拆迁许可证制度。未取得房屋拆迁许可证的，不得实施拆迁。

第六条　申请领取房屋拆迁许可证的，应当向房屋所在的市、县人民政府城市房屋拆迁管理部门提交下列资料：

（一）建设项目批准、核准或备案文件；

（二）建设用地规划许可证；

（三）国有土地使用权批准文件；

（四）拆迁计划和拆迁补偿安置方案；

（五）金融机构出具的拆迁补偿安置资金存款证明。

前款所称拆迁计划包括拆迁范围、拆迁方式、拆迁期限、拆迁工程的开工和竣工时间等。拆迁补偿安置方案包括被拆除房屋及其附属物的状况，如房屋用途、产权归属、面积等；各种补偿、补助费用的概算；产权调换房屋安置的标准、房源及相关证明文件；临时过渡方式及期限等具体措施。

第七条　拆迁补偿安置资金由办理存款业务的金融机构实行专户储存，由城市房屋拆迁管理部门、拆迁人和金融机构共同签订协议，实行专款专用。

拆迁补偿安置资金的存款额度，应当不少于扣除安置现房价值后该项目的补偿安置总额。安置现房应当符合国家质量安全标准和城市公共建筑设施配套要求，其价值应当由城市房屋拆迁管理部门随机抽取的房地产估价机构评估确定。

拆迁补偿安置资金的使用，由城市房屋拆迁管理部门出具资金用途的说明，由出具拆迁补偿安置资金证明的金融机构拨付。

被拆迁人有权向拆迁人或者城市房屋拆迁管理部门索取金融机构出具的拆迁补偿安置资金存款证明和安置现房评估报告的副本或者复印件。金融机构出具虚假拆迁补偿安置资金存款证明的，应当依法承担责任。

第八条　城市房屋拆迁管理部门应当对拆迁安置地点、户型等进行实地查核。安置用房应当具备公共交通、入学、就医、日常生活等条件。

城市房屋拆迁管理部门在审查拆迁许可申请时，应当征求包括被拆迁人代表在内的有关方面对拆迁计划和拆迁补偿安置方案的意见。

第九条　城市房屋拆迁管理部门应当自受理房屋拆迁许可申请之日起30日内，对申请事项进行审查。对符合条件的，颁发房屋拆迁许可证；对不符合条件的，应当书面告知理由。

城市房屋拆迁管理部门可以向市、县人民政府委托的出具了符合要求的拆迁计划和拆迁补偿安置方案并取得拆迁补偿安置资金存款证明的国有土地储备机构，颁发房屋拆迁许可证。

城市房屋拆迁管理部门不得向临时机构颁发房屋拆迁许可证。

第十条　城市房屋拆迁管理部门应当在发放房屋拆迁许可证的同时，将建设项目名称、房屋拆迁许可证批准文号、拆迁人、拆迁范围、拆迁期限、拆迁工作人员、补偿方式、安置地点等事项，以城市房屋拆迁公告的形式予以公布。

第十一条　拆迁人可以自行拆迁，也可以委托具有拆迁资格的单位实施拆迁。

城市房屋拆迁管理部门不得充任拆迁人或者接受拆迁委托，也不得设立房屋拆迁公司。

第十二条　拆迁人应当在房屋拆迁许可证确定的拆迁范围和拆迁期限内实施房屋拆迁。

城市房屋拆迁许可期限不得超过一年时间。未在房屋拆迁许可规定的期限内实施拆迁的，拆迁人应当在拆迁许可期限届满15日前，向城市房屋拆迁管理部门提出延期拆迁的申请，城市房屋拆迁管理部门应当自收到延期拆迁申请之日起10日内给予答复。批准延长期限的，延长期限不得超过6个月。逾期未申请的，其房屋拆迁许可证自行失效，拆迁人应当重新提出城市房屋拆迁许可申请。

第十三条　在城市房屋拆迁管理部门公布的拆迁期限内，拆迁人与被拆迁人应当按照规定就补偿方式和补偿金额、安置用房面积和安置地点、搬迁期限、搬迁过渡方式和过渡期限等事项，签订房屋拆迁补偿安置协议。

第十四条　城市房屋拆迁补偿安置协议的补偿金额，根据被拆除房屋的区位、用途、产权建筑面积等因素，以房地产市场评估价格确定；拆迁当事人协商一致的，依照约定。

第十五条　被拆迁房屋的市场评估价格，应当由具有房地产价格评估资质的估价机构根据当地房地产市场的变化，独立、客观、公正地进行评估。具有房地产价格评估资质的机构，以省人民政府建设行政主管部门公布的名单为准。

估价报告应当由注册房地产估价师签字，由估价机构同时印送拆迁人和被拆迁人。

第十六条　城市房地产市场价格的评估，应当严格按照估价技术规范进行。

城市房地产市场价格的评估应当包括被拆迁房屋及其土地价值的评估。

城市房屋拆迁价格评估的估价时点，一般为房屋拆迁许可证颁发之日；房屋拆迁许可证逾期失效的，估价时点为重新颁发房屋拆迁许可证之日。房屋拆迁分期分段实施的，估价时点为当期（段）房屋拆迁实施之日。

城市房地产市场价格的评估，一般应当采用市场比较法。不具备采用市场比较法条件的，可以采用其他估价办法，并在估价报告中说明原因。

第十七条　城市房屋拆迁补偿的面积，按照房屋的建筑面积计算，房屋建筑面积以房屋权属证书记载为准。拆迁当事人认为房屋权属证书记载面积与实际面积不一致的，应当以依法设立的房屋面积鉴定机构实际测量的面积为准。

被拆迁房屋使用性质的认定，以房屋权属证书记载为准。拆迁公告发布前的住宅房屋，已经依法取得城市规划和土地行政主管部门改变用途的批准文件的，按照非住宅用房进行补偿。

第十八条　拆迁当事人就房屋拆迁补偿金额达不成协议的，城市房屋拆迁管理部门应当组织拆迁当事人协商确定房地产价格评估机构；协商不成的，由城市房屋拆迁管理部门组织拆迁当事人随机抽取具有房地产价格评估资质的机构进行评估。评估费用由拆迁人支付。

第十九条　拆迁当事人达不成拆迁补偿安置协议的，可以申请城市房屋拆迁管理部门进行行政裁决。行政裁决申请人为拆迁人的，受理机构应当书面告知被拆迁人。行政裁决应当自申请之日起30日内做出。

第二十条　被拆迁人在行政裁决规定的搬迁期限内未搬迁的，房屋所在地的市、县人民政府可以决定责成有关部门强制拆迁，或者由房屋拆迁管理部门依法向人民法院申请强制拆迁。

拆迁人未按规定对被拆迁人给予货币补偿或者提供安置用房、周转用房的，或者未向公证机关就被拆除房屋的有关事项办理证据保全的，不得实施强制拆迁。

第二十一条　拆迁人在实施拆迁中不得采用恐吓、胁迫以及停止供水、供电、供气、供热等手段强迫被拆迁人搬迁，不得擅自组织强制拆迁。

第二十二条 尚未完成拆迁安置补偿的建设项目转让，应当经房屋拆迁管理部门同意并办理房屋拆迁许可证变更手续。原拆迁补偿协议中有关权利、义务随之转让给受让人。项目转让人和受让人应书面通知被拆迁人，并自转让合同签订之日起30日内予以公告。

第二十三条 拆迁人应当在安置用房交付使用之日起3个月内凭国家和省规定的有关证件、资料到房地产行政主管部门、土地管理部门办理安置用房产权登记和土地使用权登记手续，被拆迁人应当予以配合。

第二十四条 拆迁补偿的方式可以实行货币补偿，也可以实行房屋产权调换。

实行房屋产权调换的，拆迁人与被拆迁人依照本条例规定，计算被拆除房屋的补偿金额和产权调换房屋的价格，结清产权调换的差价。拆迁人应当依照拆迁补偿安置协议约定的面积实行产权调换。未经被拆迁人同意，不得擅自扩大或者缩小产权调换面积，拆迁人扩大或者缩小产权调换面积超过3%的，被拆迁人有权拒绝接受。

拆迁非公益事业用房的附属物不作产权调换，由拆迁人给予货币补偿。

第二十五条 用于拆迁安置产权调换的住宅房屋，每户房屋产权建筑面积不得低于45平方米。

对私有住宅房屋产权建筑面积低于45平方米，他处无住房并持有城市居民最低生活保障金领取证的被拆迁人，按不低于45平方米产权建筑面积的标准户型进行安置。45平方米以内的差价款由拆迁人承担，被拆迁人不再支付；超过45平方米不足60平方米的，由被拆迁人按实际成本价结算，超过60平方米的由被拆迁人按市场价结算。

拆迁已丧失劳动能力或者没有生活来源的残疾人的住宅房屋，应给予照顾。具体办法由市、县人民政府确定。

第二十六条 拆迁出租的房屋，被拆迁人与房屋承租人对解除租赁关系达成协议，或者被拆迁人对承租人进行了安置的，只对被拆迁房屋所有人进行补偿安置；达不成协议的，实行房屋产权调换。

第二十七条 拆迁人应当向被拆迁人或者房屋承租人支付临时安置补助费、搬迁补助费。

在规定的过渡期限内由拆迁人提供周转房的，不支付临时安置补助费。

搬迁补助费由拆迁人一次性支付；需要过渡的，支付两次搬迁补助费。

第二十八条 临时安置补助费标准参照被拆除房屋及其附属物使用面积的同区位、同类型住房的市场租金额确定。

实行产权调换的，自合同约定的被拆迁房屋交房之日起，过渡期限不得超过18个月。实行货币补偿的，应给予45日的临时安置补助费。

第二十九条 因拆迁人的责任使被拆迁人延长过渡期限的，对自行安排住处的被拆迁人，自签订协议并搬迁交房之日起，逾期不足6个月的，按月增加0.5倍临时安置补助费；逾期半年以上不足1年的，按月增加1倍临时安置补助费；逾期1年以上的，按月增加2倍临时安置补助费。对由拆迁人提供周转用房过渡的被拆迁人，从逾期之月起按月付给临时安置补助费；逾期1年以上的，按月增加1倍临时安置补助费。

非住宅房屋超过过渡期限的，应加发停产、停业补偿费用。

第三十条 拆迁非住宅房屋造成停产、停业的，拆迁人应当给予适当补偿。

第三十一条 临时安置补助费、搬迁补助费和拆除非住宅房屋造成停产、停业的补偿标准，由市、县人民政府制定。

第三十二条　因城市房屋拆迁发生的电话、水、电、气、闭路电视迁装等费用，由拆迁人按拆迁时合法的收费标准补偿被拆迁人或者房屋承租人。

第三十三条　违反本条例第七条规定，将拆迁补偿安置资金挪作他用的，由县级以上房屋拆迁管理部门责令限期补足；逾期拒不补足的，可处以10万元以上100万元以下罚款；尚未实施拆迁的，吊销房屋拆迁许可证；造成损失的，依法承担赔偿责任。

第三十四条　违反本条例第十五条、第十六条、第十七条规定，违法出具不实估价报告的，由省建设行政主管部门取消或者建议取消其评估资质，报请批准核销房地产估价师注册证书，禁止直接责任人5年内从事房地产评估业务，并处以3万元以上10万元以下的罚款；情节严重的，禁止其终身从事房地产评估业务。

第三十五条　违反本条例第二十条规定，拆迁人未按规定向被拆迁人给予货币补偿或者提供安置用房、周转用房的，由县级以上房屋拆迁管理部门责令限期改正，并处5万元以上50万元以下罚款。拒不改正的，吊销房屋拆迁许可证。

第三十六条　违反本条例第二十一条规定，拆迁人强迫被拆迁人搬迁或者擅自组织强制拆迁的，县级以上房屋拆迁管理部门应当及时制止，责令赔偿损失，并处以1万元以上10万元以下的罚款。拒不赔偿损失的，房屋拆迁管理部门有权不受理其行政裁决申请。被拆迁人有权提出民事侵权赔偿诉讼，人民法院应当受理。

第三十七条　城市房屋拆迁管理部门及其工作人员违反本条例规定有下列行为之一的，对直接负责的主管人员和直接责任人员依法给予行政处分；给他人造成损失的，应依法赔偿；构成犯罪的，依法追究刑事责任：

（一）违法颁发房屋拆迁许可证的；

（二）对违规挪用拆迁补偿安置资金行为不及时制止和查处的；

（三）未按规定发布拆迁公告的；

（四）充任拆迁人或者接受拆迁委托的；

（五）设立拆迁公司的；

（六）不及时制止拆迁人强迫搬迁或者擅自组织强制拆迁的；

（七）违法做出行政裁决的；

（八）违法实施强制拆迁的；

（九）玩忽职守、假公济私的；

（十）利用职务之便，收受贿赂或谋取不正当利益的。

第三十八条　本条例自2006年3月1日起施行。

（二）规　章

四川省河道管理实施办法

（1992年12月31日四川省人民政府第18次常务会议讨论通过，1994年1月12日施行）

第一章　总　则

第一条　为贯彻实施《中华人民共和国河道管理条例》，结合四川实际，制定本办法。

第二条　在四川省行政区域内从事涉及河道（包括湖泊、水库、人工水道、行洪区、蓄洪区、滞洪区）的活动，必须遵守本办法。

第三条　省人民政府水行政主管部门是全省河道的主管机关。

各市、州、县人民政府和地区行政公署的水行政主管部门是本行政辖区的河道主管机关。

第四条　对河道实行按水系统一管理与分级管理相结合的原则。

国家河道主管机关确定由省管的河段和跨市（地、州）河道的主要河段，由省河道主管机关负责管理；跨县（市、区）河道的主要河段，由市（地、州）河道主管机关负责管理。省河道主管机关据此原则，确定全省各级河道主管机关的河道管辖。

河道主管机关可以将所管辖的部分河段委托下一级河道主管机关管理，也可将人工水道、国有水库委托水利工程管理单位管理。

第五条　河道防汛和清障工作实行地方人民政府行政首长负责制。

第六条　一切单位和个人都有保护河道堤防安全和参加防汛抢险的义务。

第二章　河道整治与建设

第七条　河道的整治与建设，必须服从流域综合规划，符合国家规定的防洪标准、通航标准和其他有关技术要求。修建开发水利、防治水害、整治河道的各类工程和跨河、穿河、穿堤、临河的桥梁、码头、道路、渡口、管道、缆线等建筑物及设施，建设单位必须按照河道管理权限，将工程建设方案报送河道主管机关审查同意后，方可按基本建设程序履行审批手续。

第八条　计划主管部门在审批本办法第七条所列建设项目时，如对建设项目的性质、规模、地点作较大变动，应当事先征得河道主管机关的同意。

建设单位需要对已批准的建设项目的性质、规模、地点作较大变动时，应当按照本办法第七条规定重新办理审批手续。

第九条　交通部门进行航道整治，应当符合防洪安全要求，并事先征求河道主管机关对有关设计和计划的意见。

水利部门进行河道整治，涉及航道的，应当兼顾航运的需要，并事先征求交通部门对有关设计和计划的意见。

在国家规定可以流放竹木的河流和重要的渔业水域进行河道、航道整治，建设单位应当兼顾竹木水运和渔业发展的需要，并事先将有关设计和计划关同级林业、渔业主管部门征求意见。

第十条　因整治河道新增加的可利用土地属于国家所有，可由县级以上人民政府用于移民安置和河道整治工程。

第十一条　城市、集镇建设和发展不得占用河道滩地。城市、集镇规划的临河界限，根据河道整治规划和河道管护范围，由河道主管机关会同城镇规划等有关部门划定。城镇规划主管部门在编制和审查沿河城镇建设规划时，应按河道管理权限征求河道主管机关的意见。

第十二条　严禁单位和个人擅自在堤防上破堤开口、埋设管道、暗涵。因特殊原因确需破堤开口、埋设管道、暗涵的，须事先报经河道主管机关审查批准，并按要求及时修复堤防；新建设施须经河道主管机关验收合格后方可启用，并服从河道主管机关的安全管理。

第十三条　市（地、州）、县（市、区）以河道为边界的，以及跨市（地、州）、县（市、区）的河道，未经有关各方达成协议或者上一级河道主管机关批准，禁止单方面修建排水、阻水、引水、蓄水及河道整治工程。

第三章　河道管理与保护

第十四条　河道管理范围：有堤防或护岸的河道为两岸堤防或护岸之间的水域、整治工程、沙洲、滩地（含可耕地）、行洪区，两岸堤防、护岸及护堤地、护岸地；无堤防的河道按批准的河道规划范围确定；尚未批准规划的河道可按历史最高洪水位确定。河道的具体管理范围，由县级以上人民政府批准后划定。

第十五条　护堤地由河道主管机关提出方案，报县级以上人民政府按下列规定范围划定：

（一）保护城镇或一万亩以上（含一万亩，下同）农田的堤防，护堤地自背水坡脚延伸十至二十米；

（二）保护一万亩以下农田的堤防，护堤地自背水坡脚延伸五至十米。

现有堤防尚未划定护堤地的，由县级以上人民政府根据实际情况划定。

第十六条　保护重要工矿企业和城镇的护岸，经县级以上人民政府批准，可以划定护岸地。护岸地范围为：自护岸顶端延伸不超过十米。

第十七条　划定的护堤地、护岸地，土地所有权、使用权不变，但应服从河道主管机关的防洪安全管理；国家专门征用作为护堤地、护岸地的土地，由河道主管机关管理使用，并按规定办理土地确权手续。

第十八条 河道堤防、护岸工程管理实行专业管理与群众管护相结合的原则。

保护城镇或一万亩以上农田的堤防，由河道主管机关组织成立河道专管机构，或指定水利工程管理单位负责管理。

保护一万亩以下农田的堤防，由河道主管机关会同当地乡级人民政府负责，成立群众管护组织，进行河道堤防的日常维护、检查和管理。

第十九条 江河故道、旧堤、原有工程设施，非经河道主管机关批准，任何单位、个人不得填堵、占用、拆毁。

第二十条 在河道管理范围内进行下列活动，必须报经河道主管机关批准；涉及其他部门的，由河道主管机关会同有关部门批准：

（一）采砂、取土、淘金、弃置砂石或淤泥，但采砂、取土为家庭自用的除外；

（二）爆破、钻探、挖筑鱼塘；

（三）在河道滩地存放物料、修建厂房或其他建筑设施；

（四）在河道滩地开采地下资源，进行考古发掘。

第二十一条 在跨河桥梁、渡槽和公路渡口下列范围内，禁止拦河筑坝，围垦造田、采石挖砂或修建其他危害安全的设施。

（一）铁路桥桥长一百米以上的，上下游各五百米内；桥长二十米至一百米的，上下游各三百米内；桥长二十米以下的，上下游各二百米内。

（二）大型公路桥梁、渡槽和公路渡口上下游各二百米内。

第二十二条 根据堤防的重要程度、堤基土质条件等，河道主管机关报经县级以上人民政府批准，可以在河道管理范围的相连地域划定堤防安全保护区。安全保护区域内土地权属不变。

在堤防安全保护区内，禁止打井、钻探、爆破、挖筑鱼塘、采石取土等危害堤防安全的活动。确需从事上述活动的，应当征得河道主管机关同意。

第四章 河道清障

第二十三条 凡违章在河道管理范围内修建拦河闸坝、码头、船台、道路、桥梁、泵站、管道、围堰、渠道、涵洞、窑窖、房屋等壅水、阻水、束水、导流、挑流，影响河道行洪和工程安全养护管理的建筑物和其他工程设施，以及在河道行洪通道内种植高秆农作物、芦苇、杞柳、荻柴和竹、木，乱堆乱倒矿渣、石渣、煤灰、泥土、垃圾等，均属清障范围。

第二十四条 河道管理范围内的阻水障碍物，由河道主管机关提出清障计划和实施方案，由防汛指挥部按照“谁设障谁清除”的原则，责令设障单位或个人在规定期限内清除。逾期不清除的，县级以上人民政府应追究设障单位负责人的责任，并由防汛指挥部组织强行清除，全部清障费用由设障者负担。

第二十五条 对壅水、阻水严重的桥梁、引道、码头和其他跨河工程设施，由河道主管机关根据国家规定的防洪标准提出清障方案，报经同级人民政府批准后，责成原建设单位在规定的期限内改建或者拆除。汛期影响防洪安全的，必须服从防汛指挥部的紧急处理决定。

第二十六条 在河道两岸山体滑坡、泥石流多发地段，禁止进行垦荒、采石、取土、爆破等活动。在山区河道两岸开矿、采石、修路等，不得阻塞河道和妨碍行洪。因上述行为造成河道淤积或缩窄河道的，由责任者负责清淤、疏浚。

第二十七条 在河道管理范围内进行工程建设，工程出渣、物资堆放必须符合防洪要求。工程施工完毕，应当及时清除施工围埝、残桩、沉箱、废墩、废渣等遗留物。

第二十八条 为紧急抗旱需要在河道内临时筑坝时，须经河道主管机关批准；抗旱过后，筑坝单位应及时拆除。

第二十九条 在防汛抢险期间，各级河道管理机构、组织和有关部门、单位应当接受有关防汛指挥部的统一指挥，服从调度命令，组织力量完成抢险任务，确保河道堤防安全。

第五章 经 费

第三十条 河道堤防的防汛岁修费，按照分级管理原则，分别列入省、市（地、州）、县（市、区）年度财政预算。

第三十一条 因堤防、水闸、排涝工程而受益的区域称为受益区，受益区内从事工业、商业、服务业等生产经营的单位，须向河道主管机关缴纳河道工程修建维护管理费。具体收费标准和计收办法，由省河道主管机关会同省财政、物价部门制定，报省人民政府批准后执行。

受益区的范围，由县级以上人民政府根据堤防、排涝工程的设防标准或水闸的设计标准确定。

第三十二条 在河道管理范围内开采砂石、淘金、取土的应经河道主管机关同意，并按国家有关规定缴纳河道采砂管理费。其中，在水利工程管理单位管护范围内开采砂石、淘金、取土的，并应事先征得水利工程管理单位同意。

为家庭自用少量采砂、取土的，不缴纳河道采砂管理费。

第三十三条 任何单位和个人，凡对堤防、护岸和其他水工程设施造成损坏或者造成河道淤积的，由责任者负责修复、清淤或者承担维修费用。

第三十四条 河道主管机关收取的各项费用，用于河道堤防的工程建设、管理维修和设施更新改造。结余资金可以连年结转使用，任何部门不得截取、挪用。

第三十五条 县级以上人民政府可在汛期组织河道两岸城镇、乡村区域内的单位和个人义务出工，对堤防工程进行维修和加固。

第六章 奖励与处罚

第三十六条 对执行《中华人民共和国河道管理条例》和本办法成绩显著的单位和个人，由县级以上河道主管机关或人民政府予以表彰、奖励。

第三十七条 违反《中华人民共和国河道管理条例》和本办法规定的，由县级以上河道主管机关依照《中华人民共和国河道管理条例》第四十四条、第四十五条的规定处罚。

第三十八条 《中华人民共和国河道管理条例》第四十四条、第四十五条规定的罚款，对个人的罚款额不超过一千元，对单位罚款额不超过一万元。对违法行为的具体罚款标准，由省河道主管机关会同省人民政府法制局制定方案，经省人民政府批准后发布执行。

罚款按《四川省罚款和没收财物行政处罚管理办法》执行。

第三十九条　当事人对行政处罚决定不服的，可以按照《中华人民共和国河道管理条例》第四十六条的规定申请复议或者提起诉讼。

第四十条　对违反《中华人民共和国河道管理条例》和本办法规定，造成国家、集体、个人经济损失的，受害方可以请求县级以上河道主管机关处理，也可以直接向人民法院起诉。

当事人对河道主管机关处理决定不服的，可以在接到通知之日起，十五日内向人民法院起诉。

第四十一条　河道主管机关的工作人员和河道监理人员玩忽职守、滥用职权、徇私舞弊的，由其所在单位或者上级主管机关给予行政处分；对公共财产、国家和人民利益造成重大损失的，依法追究刑事责任。

第七章　附　则

第四十二条　集体经济组织所有的水塘、水库，由该集体经济组织负责经营管理。

第四十三条　本办法具体应用中的问题由省水行政主管部门负责解释。

第四十四条　本办法自发布之日起施行。一九八四年发布的《四川省江河管理暂行规定》同时废止。

四川省企业职工失业保险规定

（1994年经四川省人民政府第23次常务会议通过，1994年6月1日起施行）

第一章　总　则

第一条　为适应企业转换经营机制的需要，保障职工在失业期间的基本生活，促进失业人员重新就业，根据国务院发布的《国有企业职工待业保险规定》，结合四川实际，制定本规定。

第二条　本规定适用于四川省行政区域内的下列企业：

（一）国有企业；

（二）股份制企业；

（三）联营企业；

（四）城镇集体所有制企业；

（五）私营企业；

（六）外商及港澳台同胞投资企业。

第三条　因下列情形之一失去工作并按规定办理失业登记手续的人员，享受失业保险待遇：

（一）依法宣告破产的企业的职工；

（二）濒临破产的企业在法定整顿期间被精简的职工；

（三）依法关闭、停产整顿企业被精简的职工；

（四）依法被撤销、解散单位的职工；

（五）终止或者解除劳动合同的职工；

（六）被辞退、除名或者开除的职工；

（七）依照法律、法规、规章规定享受失业保险的其他职工。

第四条　有下列情形之一的职工，不享受失业保险待遇：

（一）连续工作不满12个月的；

（二）农民合同制工人；

（三）经单位同意自愿辞职的。

第五条　失业保险应与职业介绍、转业训练和生产自救紧密结合，统筹安排，为失业人员再就业提供各项服务。

第二章　失业保险基金的筹集和管理

第六条　失业保险基金的来源：

（一）单位缴纳的失业保险费；

（二）失业保险基金的利息收入；

（三）单位拖延缴纳失业保险费的滞纳金；

（四）财政补贴；

（五）其他收入。

第七条　本规定第二条所列企业必须缴纳失业保险费。缴纳标准为上年末全部职工工资总额的1%。无法核定工资总额的，按照企业所在市、地、州上年度职工月平均工资额乘以职工总人数计算。

市州人民政府、地区行政公署根据本地实际，在失业保险基金积累较多时，可以适当降低失业保险费的缴纳标准，但不得低于职工工资总额的0.6%。

第八条　企业缴纳的失业保险费

各单位缴纳的失业保险费，由其开户银行根据劳动行政部门所属就业服务机构（以下简称就业服务机构）出具的《职工失业保险费委托收款书》按月代为扣缴。单位可以自行缴纳，就业服务机构也可主动催收。

第九条　单位缴纳的失业保险费，转入就业服务机构在银行开设的“失业保险基金专户”，专项储存，专款专用，任何部门、单位和个人不得挪用。

失业保险基金存入银行后，按照城乡居民存款利率计息，所得利息纳入失业保险基金。

失业保险基金不得用于风险性投资。

第十条　各级工商行政管理部门应定期将颁发或者注销企业营业执照的有关情况抄送当地县级以上就业服务机构。

就业服务机构可以定期对有关单位的职工人数、工资总额、缴费情况进行核查。

第十一条 单位被撤销、解散或者破产，清算组织必须通知单位所在地的就业服务机构。单位欠缴的失业保险费应在支付清算费用后与工资同一顺序补缴。

第十二条 企业成建制跨市、地、州迁移，应从迁移后的次月起向迁入地就业服务机构缴纳失业保险费，迁出地就业服务机构应将迁出单位以前缴纳的失业保险费结余的50%一次性划转给迁入地。

第十三条 失业人员迁往市、地、州以外的，凭迁入地公安机关签发的“准迁证”办理失业保险转移手续。其失业保险费按照下列标准由迁出地就业服务机构向迁入地就业服务机构划转：

（一）本人应领取的失业救济金或者剩余部分；

（二）本人应享受的医疗费或者剩余部分；

（三）一定标准的转业训练费。

由省外迁入我省的失业人员，按照上述原则一次性将其失业保险费划入迁入地。

第十四条 失业保险基金原则上实行市、地、州统筹，具体办法由市州人民政府、地区行政公署制定。

市、地、州每季按本地区收缴失业保险基金总额的8%上缴省就业服务管理机构，用于全省调剂。调剂办法，由省劳动厅会同省财政厅制定。

第十五条 失业保险基金收支实行预决算管理，按照统筹范围，由就业服务机构编制预算、决算方案，经同级劳动、财政行政主管部门审核后，纳入本级预算、决算，报本级人民政府审定。失业保险基金不得用于平衡财政收支。

失业保险管理费实行预算管理，各地必须按照预算执行。

失业保险基金、失业保险管理费的预决算管理办法和财务管理办法，由省劳动厅会同省财政厅制定。各级财政、审计部门和工会要加强对预算执行情况的监督。

第十六条 失业保险基金及失业保险管理费不计征税、费。

第三章 失业保险基金的使用

第十七条 失业保险基金的开支项目：

（一）失业人员的失业救济金；

（二）失业人员在领取失业救济金期间的医疗补助费、丧葬补助费及其供养的直系亲属的抚恤费、救济费；

（三）失业人员转业训练费；

（四）失业人员生产自救费；

（五）失业保险管理费；

（六）银行办理失业保险基金的手续费；

（七）经省人民政府批准，为解决失业人员生活困难确需支付的其他费用。

第十八条 失业人员在其单位所在地的就业服务机构办理失业登记手续后的次月起，由本人按就业服务机构规定的时间、地点逐月领取失业救济金。

第十九条　失业人员领取失业救济金的期限，根据其失业前连续工作的时间按下列规定确定：

（一）工作时间1年以上不满2年的为3个月；

（二）工作时间2年以上不满3年的为6个月；

（三）工作时间3年以上不满5年的为12个月；

（四）工作时间5年以上不满8年的为18个月；

（五）工作时间8年以上的为24个月。

再次失业人员领取失业救济金的期限，按重新就业后的连续工作时间确定。失业人员重新就业时领取失业救济金的期限未满的，其剩余部分与下一次失业的救济期限合并计算，但每次失业救济期限最长不得超过24个月。

第二十条　失业救济金的发放标准按照四川省城镇职工生活困难补助标准的150%确定。省劳动厅应会同有关部门根据各地失业保险基金收支和全省城镇居民人均生活费变化情况适时调整。

第二十一条　失业人员在领取失业救济金期间，按当月救济金的15%领取门诊医疗补助费。

失业人员在领取失业救济金期间患病需要住院治疗的，应在就业服务机构指定的医院治疗，可凭符合规定的医疗报销单据申请领取医疗补助费。补助金额为住院费用的70%，但累计补助金额不得超过本人应领取的失业救济金的总和，同时停发门诊医疗补助费。

第二十二条　失业人员在领取失业救济金期间死亡的，由就业服务机构向其家属一次性发给以下费用：

（一）4个半月失业救济金标准的丧葬补助费；

（二）7个月失业救济金标准的抚恤费；

（三）9个月失业救济金标准的供养直系亲属救济费。

供养直系亲属的范围，按照国家和省的规定核定。

第二十三条　领取失业救济金的失业人员有下列情形之一的，停发失业救济金及其他费用：

（一）失业救济期限届满的；

（二）参军、升学或者出国定居的；

（三）重新就业的；

（四）无正当理由两次以上不接受就业服务机构介绍就业的；

（五）被劳动教养或服刑的。

失业人员领取失业救济金期间因违法犯罪而伤残、死亡的，不发给本规定第二十一条、第二十二条规定的费用。

第二十四条　失业人员享受失业救济期间达到退休条件并已参加社会养老保险统筹的，从领取养老保险金的当月起，停发失业救济金及其他费用。

第二十五条　失业人员转业训练费和生产自救费，在上年度筹集的失业保险基金支付失业救济金后的余额中提取，提取的比例分别不得超过余额的15%。

第二十六条　失业人员转业训练费用于：

（一）失业人员进行转业训练的培训补助费；

（二）转业训练必需的设备购置费；

（三）修建转业（就业）训练基地所需经费的补充。

第二十七条 失业人员生产自救费按照有偿使用的原则，用于：

（一）失业人员进行生产自救所需扶持费；

（二）劳动就业服务企业安置失业人员所需扶持费；

（三）企业组织富余职工进行生产自救所需扶持费。

第二十八条 当本规定第十七条第（一）、（二）项支付出现缺额时，应当用历年积累的失业人员转业训练费和生产自救费弥补。

第二十九条 使用转业训练费和生产自救费不得超过按照规定提取的比例，并实行专项审批。审批办法由省劳动厅会同省财政厅制定。

第三十条 调剂金用于弥补各市、地、州支付失业救济金的缺额。

第三十一条 省就业服务机构开展失业保险工作所需经费在调剂金中开支，市（地、州）、县（市、区）就业服务机构开展失业保险工作所需经费在失业保险管理费中开支。具体标准和范围，每年由省劳动厅根据全省开展失业保险工作的编制人数和各地业务需要提出方案，经省财政厅审核后下达执行。

第四章　失业登记及再就业服务

第三十二条 凡属本规定第三条第（一）、（二）、（三）、（四）项范围内的失业人员，原企业的清算组织或者有关主管部门应当向单位所在地的就业服务机构提交有关破产、解散、撤销、停产整顿的文件、失业人员名册及档案，经单位所在地的就业服务机构审核确认后，通知失业人员到就业服务机构进行失业登记。

凡属本规定第三条第（五）、（六）项范围内的失业人员，由本人凭指定的有关材料，在规定的时间内到单位所在地的就业服务机构进行失业登记。

第三十三条 鼓励失业人员自愿组织起来就业和自谋职业。失业人员自愿组织起来就业和自谋职业的，可将其失业救济金余额作为扶持金一次性发给失业人员本人。

劳动、工商、税务、城市建设等行政管理部门应当积极支持和帮助失业人员自愿组织起来就业和自谋职业。

第三十四条 失业人员重新就业时，不受年龄、婚姻状况和原所有制身份的限制。

第五章　组织管理机构及其职责

第三十五条 各级劳动行政部门主管本行政区域的职工失业保险工作。

各级就业服务机构具体组织实施和开展本行政区域的职工失业保险业务。

第三十六条 县级以上人民政府、地区行政公署设立失业保险基金委员会，对失业保险基金的筹集、管理、使用进行指导和监督。委员会主任由本级人民政府负责人担任，劳动、财政、计（经）委、税务、审计、银行等部门和本级总工会负责人参加。

第六章　法律责任

第三十七条　单位逾期缴纳或者拒不缴纳失业保险费的，除补足应缴纳数额外，从逾期或者拒缴之日起，每日加收千分之一的滞纳金，由就业服务机构通知单位开户银行从其账户中扣缴。

第三十八条　对违反本规定拖欠或者拒不上缴失业保险统筹费或者调剂金的，由上级就业服务机构通知其限期足额上缴，情节严重的，由同级人民政府或者上级劳动行政部门给予主管领导人行政处分。

第三十九条　有下列行为之一的，由劳动行政部门责令其限期改正，情节严重的，对主管人员和直接责任人员给予行政处分：

（一）违反规定提取、使用转业训练费、生产自救费、管理费和调剂金的；

（二）动用失业保险基金进行风险性投资的；

（三）违反规定拖欠支付或者随意减发、增发失业救济金和其他失业保险费用的。

第四十条　单位对缴纳失业保险费、滞纳金或失业人员对发放失业救济金及其他失业保险费用有异议的，有权向劳动行政部门申请复议，对复议决定不服的，可以依法向人民法院起诉。

第四十一条　“以非法手段领取失业救济金及其他失业保险费用的，由就业服务机构追回全部非法所得。”

第四十二条　任何单位和个人挪用失业保险基金的，由有关主管部门按照干部管理权限对直接责任人员给予行政处分。

贪污、挪用失业保险基金及其他费用构成犯罪的，依法追究刑事责任。

第七章　附　则

第四十三条　实行企业化管理的事业单位的职工以及机关、事业单位、社会团体的劳动合同制工人的失业保险，依照本规定执行；国家另有规定时，按国家规定执行。

实行企业化管理的事业单位按上年末全部职工工资总额的1%缴纳失业保险费，其保险费在自有资金中列支；机关、事业单位和社会团体按上年末劳动合同制工人工资总额的1%缴纳失业保险费，其保险费按合同制工人的工资来源渠道列支。

第四十四条　本规定适用中的具体问题由四川省劳动厅负责解释。

第四十五条　本规定自一九九四年六月一日起施行。一九八六年四川省人民政府发布的《四川省贯彻执行国务院〈国营企业职工待业保险暂行规定〉的实施意见》同时废止。

四川省林木采伐管理办法

（1996年6月7日经四川省人民政府第57次常务会议通过，1996年8月1日起施行）

第一章 总 则

第一条 为了加强森林、林木的采伐管理，保护、发展和合理利用森林资源，充分发挥森林资源的生态效益、经济效益和社会效益，根据《中华人民共和国森林法》及其实施细则等法律、法规的规定，结合我省实际，制定本办法。

第二条 在四川省行政区域内从事森林、林木（以下统称林木）的采伐利用及其管理活动，必须遵守本办法。农村居民采伐自留地和房前屋后个人所有的零星林木，采伐自留山薪炭林自用，采伐竹子和不是以生产竹材为主要目的的竹林，不适用本办法；但采伐石树名木、国家和省确定的重点天然原生珍贵树木适用本办法。

按行政建制设立的市和镇的规划区内城市园林林木的管理，适用《四川省城市园林绿化条例》。

第三条 林木采伐应坚持采育结合、永续利用的方针，实行限额采伐和凭证采伐制度。

第四条 县级以上人民政府和地区行政公署的林业行政主管部门（以下简称县以上林业行政主管部门）负责本行政区域内林木采伐利用活动的监督管理。

第五条 各级人民政府和林业行政主管部门实行森林资源消长目标责任制。

对保护、发展森林资源，制止乱砍滥伐成绩显著的单位和个人，由各级人民政府或有关部门给予表彰奖励。

第二章 采伐限额管理

第六条 实行森林采伐限额管理制度。

凡采攻胸高直径5厘米以上的乔木和采伐以生产竹材为主要目的的竹林，必须纳入森林采伐限额进行管理，即按照采伐类型、消耗结构，对不同权属的林种、林木的采伐进行控制。

第七条 编制计划期年森林采伐限额，国有林木以森工企业、林场、农场、厂矿等国有企事业单位为单位，集体、个人或其他组织所有的林木以县（市、区）为单位，根据用材林的消耗量低于生产量和合理经营、永续利用的原则进行编制，省林业行政主管部门对计划期年森林采伐限额进行汇总、平衡后，经省人民政府审核，报国务院批准。

未建立经营机构的国有林，由省林业行政主管部门确定计划期年森林采伐限额编制单位。

第八条 用材林的成熟林和过熟林蓄积量超过用材林的总蓄积量三分之二的县（市、区）和单位，可以按照轮伐的原则，编制计划期年森林采伐限额。

用材林的未成熟林面积超过用材林总面积三分之二的县（市、区）和单位，按照低于用材林生长量70%的原则，编制计划期年森林采伐限额。

其他林种、林木按照合理经营的原则，编制计划期年森林采伐限额。

计划期年森林采伐限额每5年调整1次。

第九条 国务院批准的计划期年森林采伐限额，由省人民政府下达给市、州人民政府和地区行政公署。

年度森林采伐限额由省林业行政主管部门在省人民政府下达的计划期年森林采伐限额内，根据森林资源和市场变化的类型、消耗结构编制，每年下达到县（市、区）和采伐限额编制单位。乡（镇）年度森林采伐限额，由县（市、区）林业行政主管部门下达。

规模较大的林业经营业主、集体林场按照经批准的经营方案确定的采伐量，下达年度森林采伐限额。

第十条 任何单位和个人必须严格执行国务院批准的计划期年森林采伐限额总指标、分项采伐限额指标和年度森林采伐限额，不得突破，不得相互挪用。

年度森林采伐限额经省林业行政主管部门批准后，允许在计划期内调剂使用。

因特殊原因确需超年度森林采伐限额采伐的，必须逐级报经省林业行政主管部门批准后实施。

第十一条 对商品材的消耗实行采伐、运输、销售总量控制，采伐限额编制单位年度木材运输、销售总量分别不得超过下达的年度商品材采伐限额。

第三章 采伐审批和发证管理

第十二条 凡需采伐林木的单位、个人，必须按规定申请林木采伐许可证（以下简称采伐证）；国有森林经营单位采伐商品材，必须申请定额采伐证。

采伐单位或个人，必须按采伐证的规定进行采伐。

第十三条 申请采伐证的单位、个人，除持林权证外，还应当分别提交以下文件和资料：

（一）采伐成片林（采伐作业面积0.1公顷以上，下同）的，应当提交伐区调查设计文件、上年度伐区作业质量验收合格证和上年度更新验收合格证；

（二）采伐零星林木（采伐作业面积0.1公顷以下，下同）的，应当提交采伐申请文件，文件应载明采伐目的、时间、地点、林种、树种、林况、面积、蓄积、株数、出材量、采伐方式和更新措施等内容。

第十四条 负责审批采伐和核发采伐证的部门和授权单位，必须在年度森林采伐限额和分项采伐限额指标内批准采伐和发放采伐证。

第十五条 负责审批采伐和核发采伐证的部门和受委托单位，应在接到采伐申请之日起30日内做出审核决定，对符合规定条件的发给采伐证，对不符合规定条件不予发证的应书面通知申请人并载明理由。

第十六条 林木采伐审批、伐区调查设计审批和采伐证的核发，除国家和本办法另有规定的外，按照以下规定执行：

（一）国有林业事业单位的林木、未设立经营机构的国有林、具有特殊价值的国有成片硬阔叶林、部队林木和经批准增加采伐限额的林木的采伐，由省林业行政主管部门或授权单位核发采伐证；

（二）国有林业企业单位的林木、非林业企事业单位和国家机关、团体以及其他组织的自营成片林的采伐，由市、地、州林业行政主管部门或授权单位核发采伐证；

（三）非林业企事业单位、国家机关、团体以及其他组织的零星林木和集体所有的林木采伐，由当地县（市、区）林业行政主管部门批准并核发采伐证；

（四）农村居民采伐自留山、承包山自有林以及其他个人采伐自有林，由县（市、区）林业行政主管部门或其委托的乡（镇）人民政府或林业工作站批准并核发采伐证。

第十七条 林权共有的，按协议或林权的主要组成归类审批核发采伐证。

立木转让后需采伐的，按转让后的林木权属归类审批核发采伐证。

工业原料林的采伐，其工艺成熟龄由省林业行政主管部门批准后，按权属归类审批核发采伐证。

第十八条 防护林和特种用途林中的国防林、母树林、环境保护林、风景林、自然保护区非核心区林木等公益林，只允许进行抚育和更新性质的采伐。

前款规定林木的采伐和伐区调查设计经省林业行政主管部门批准后，由省林业行政主管部门或授权单位核发采伐证。

第十九条 铁路、公路护路林的更新采伐，由有关主管部门批准并核发采伐证。

第二十条 征用、占用林地以及国有森林经营单位内部使用林地（指在所经营的林地内修建直接为林业生产经营服务的工程设施的用地，下同），必须采伐林木的，由用地单位持使用林地许可证，向当地县以上林业行政主管部门提交采伐申请和有关文件，按以下规定核发采伐证：

（一）占用国有林地的林木采伐，以及征用集体林地或国有森林经营单位内部使用林地2公顷以上（成都市、重庆市4公顷以上）的林木采伐，由省林业行政主管部门批准并核发采伐证；

（二）征用集体林地0.67公顷以上2公顷以下或国有森林经营单位内部使用林地2公顷以下（成都市、重庆市4公顷以下）的林木采伐，由市、地、州林业行政主管部门批准并核发采伐证；

（三）征用集体林地0.67公顷以下的林木采伐，由县（市、区）林业行政主管部门批准并核发采伐证。

进行勘察设计、科研教学、敷设管线等活动必须采伐林木的，按照前款规定执行。

第二十一条 采伐遭受森林火灾、病虫害、风折雪压等自然灾害危害的林木，必须提出调查设计文件和有关部门的鉴定证明，并按照以下规定办理：

（一）一个采伐限额编制单位采伐5公顷以下的，由县（市、区）林业行政主管部门批准；

（二）一个采伐限额编制单位采伐5公顷以上10公顷以下的，由市、地、州林业行政主管部门批准；

（三）一个采伐限额编制单位采伐10公顷以上的，由省林业行政主管部门批准。

采伐证由批准部门或授权单位审核发放。

第二十二条 禁止采伐名胜古迹和革命纪念地的林木，自然保护区核心区和森林公园核心区的林木，以及古树名木。

上述林木因自然死亡影响交通、危及安全必须砍伐的，按照以下规定办理：

（一）砍伐古树名木，按照《四川省绿化条例》的规定办理；

（二）砍伐其他林木，必须经省林业行政主管部门批准后，由省林业行政主管部门或授权的单位核发采伐证。

第二十三条　因烧木炭、烧石灰等工副业生产，需采伐薪炭林的，由生产单位向当地县以上林业行政主管部门申请，按本办法第十六条的规定审批发放采伐证。

第二十四条　采集树木的根、枝、叶、皮、液进行药材生产和加工各种工业原料的，由生产、收购单位提出包括采集地点、品种、数量等内容的申请报告，经当地县以上林业行政主管部门批准，发放采集许可证（以下简称采集证），凭采集证采集。

第二十五条　禁止采伐国家和省确定的重点保护天然原生珍贵树木，确需采伐或采集、移栽的，按照以下规定办理：

（一）一级保护树木，必须经省林业行政主管部门审查转报国务院林业行政主管部门批准；

（二）二级保护树木，由省林业行政主管部门批准；

（三）三级保护树木，由市、地、州林业行政主管部门批准。

采伐证、采集证由批准部门或授权单位审核发放。

第二十六条　遇有紧急抢险情况，必须就地采伐本办法第二十二条、第二十五条规定以外的其他林木，不能及时办理采伐证的，可以不经申请直接采伐，但组织抢险的单位事后应当将采伐情况报当地县以上林业行政主管部门备案。

第二十七条　有林木、林地权属争议的，在争议解决以前，任何一方不得砍伐有争议的林木。

林权争议经人民政府裁决或人民法院判决后，仍有争议的，林业行政主管部门可以根据生效的林权证明，审核发放采伐证。

第二十八条　采伐证、采集证由省林业行政主管部门统一印制。

第四章　伐区管理

第二十九条　新开发国有林伐区，必须按有关规定进行总体规划设计，并报经省林业行政主管部门批准后组织实施。

总体规划设计未经批准的，不得批准采伐和核发采伐证。

第三十条　采伐成片林木，必须按有关规定进行伐区调查设计。未进行伐区调查设计的，不得批准采伐和核发采伐证。

伐区调查设计由持有林业调查规划设计证书的单位承担。

第三十一条　核发林木采伐证的部门或授权单位，依照经批准的伐区调查设计文件和采伐证，组织作业单位到实地进行伐区划拨，发给伐区划拨证。

未经划拨的伐区，不得实施采伐。

第三十二条　采伐林木的单位、个人，必须按经批准的伐区调查设计文件和伐区划拨证、采伐证的规定进行采伐作业，并严格执行青山检尺和台账登记制度。

第三十三条　采伐面积、蓄积或出材量其中一项达到采伐证规定的，采伐单位、个人应当停止采伐。确需继续采伐的，必须报经发放采伐证的部门批准。

第三十四条　核发采伐证的部门或授权单位应当对采伐活动进行监督检查，发现有违反规定进行采伐的，应当中止其采伐，直至纠正为止。

第三十五条 县以上林业行政主管部门或授权单位应当组织对采伐、更新和伐区作业质量进行检查验收，并签发验收证明。

第五章 罚 则

第三十六条 违反本办法规定，有下列情形之一的，对直接责任人员给予行政处分：

（一）超过年度采伐限额下达采伐限额指标、年度木材生产计划的；

（二）擅自挪用、调剂分项采伐限额的；

（三）违反规定批准采伐或发放采伐证、采集证、伐区划拨证的；

（四）违反规定批准新开发国有林伐区的。

第三十七条 违反本办法规定，有下列情形之一的，上级林业行政主管部门可以扣减当年或下年度采伐限额指标，情节严重的，责令其停止采伐1年：

（一）采伐消耗总量超过限额5%或采伐管理制度执行不力的；

（二）未经批准消耗的有林地面积超过批准消耗面积5%的；

（三）未完成更新造林任务的；

（四）森林防火、防治森林病虫害、防止乱砍滥伐工作不力，造成森林资源严重损失的。

第三十八条 对超年度限额采伐的市、地、州、县和单位，由有关主管部门给予警告；对连续两年超限额采伐的，依法追究有关负责人和其他责任人员的行政责任。

第三十九条 伪造、倒卖、涂改采集证的，比照《中华人民共和国森林法实施细则》第二十二条第（二）项的规定予以处罚。

第四十条 违反本办法有关采集证的规定，致使森林、林木受到毁坏的，按照《中华人民共和国森林法》第三十七条的规定予以处罚。

第四十一条 违反本办法规定，有下列盗伐、滥伐森林林木行为之一的，按照《中华人民共和国森林法实施细则》第二十二条的规定予以处罚：

（一）使用伪造、倒卖、涂改、无效的采伐证实施采伐的；

（二）超限额采伐的；

（三）无采伐证和伐区划拨证实施采伐的；

（四）违反批准的伐区调查设计、伐区划拨证、采伐证的规定实施采伐的；

（五）擅自在被责令中止采伐的地点继续采伐的。

第四十二条 违反本办法其他规定的，按照《中华人民共和国森林法》和《中华人民共和国森林法实施细则》的有关规定予以处罚。

第四十三条 违反本办法规定，情节严重，构成犯罪的，依法追究刑事责任。

第六章 附 则

第四十四条 本办法规定中的“以上”包括本数，“以下”不包括本数。

第四十五条　本办法具体应用中的问题由省林业行政主管部门解释。

第四十六条　本办法自1996年8月1日起施行。1987年4月5日省人民政府批准、1987年4月24日省林业厅发布的《四川省林木采伐管理暂行办法》同时废止。

四川省建设工程质量管理规定

（1996年12月27日经四川省人民政府第67次常务会议审议通过，1997年3月1日起施行）

第一章　总　则

第一条　为加强建设工程质量管理，提高工程质量，维护建设工程各方及用户的合法权益，根据国家有关规定和《四川省建筑管理条例》，制定本规定。

第二条　在四川省行政区域内从事建筑活动的当事人必须遵守本规定。

第三条　建设工程质量实行企业保证、社会监理、政府监督、用户评价相结合的质量管理体制。

第四条　省人民政府建设行政主管部门是全省建设工程质量管理的主管机关。县以上人民政府（含地区行政公署，下同）建设行政主管部门负责本行政区域内建设工程质量管理工作。

县以上人民政府建设行政主管部门的建设工程质量监督机构，具体实施建设工程质量监督管理。

水利、交通、电力等部门的专业工程质量监督机构具体实施专业工程质量监督工作，业务上接受省建设工程质量监督机构的指导。

第五条　工程建设应实行科学的质量管理方法，采用先进的科学技术，推行企业质量体系认证和产品质量认证制度，保证工程质量。

第六条　建设工程勘察、设计、施工的质量应当符合建设工程国家标准、行业标准、地方标准的要求。

第七条　对保证、提高建设工程质量有突出贡献的单位和个人，由县以上人民政府建设行政主管部门给予表彰、奖励。

第二章　建设工程质量监督

第八条　实行建设工程质量监督制度。

新建、扩建、改建的建设工程，建设单位应当接受建设工程质量监督机构的监督管理。

村镇的下列建设工程，不属于本规定的质量监督范围：

（一）2层以下的住宅，或跨度在6米以下的单层民用建筑；

（二）跨度在6米以下的单层厂房和仓库；

（三）属工程设计规范规定的小型以下的独立烟囱、水塔、水池等建筑物。

第九条　设立建设工程质量监督管理机构应当提出申请，由省建设行政主管部门审查批准。建设工程质量监督机构设立的具体条件和工程监督范围，由省建设行政主管部门规定。

第十条　建设工程质量检测机构应经省人民政府建设行政主管部门审查合格，并按规定经技术监督行政主管部门计量认证合格，方可从事建设工程质量检测。

第十一条　建设工程质量监督机构应当在建设单位提交工程设计文件、办理工程质量监督手续之后15日内，向建设单位提出监督计划，并通知勘察、设计、监理、施工单位。

第十二条　建设工程质量监督机构依据法律、法规、规章和技术标准、规范、规程，对工程勘察、设计、施工质量以及工程所用的建筑材料、设备、构配件、商品混凝土质量进行监督检查。

第十三条　建设工程质量检测机构受建设行政主管部门或建设工程质量监督机构的委托，有权对本地区正在施工的建设工程所采用的建筑材料、构配件等进行抽样检测，并将检测结果报告建设行政主管部门或建设工程质量监督机构。

建设工程质量检测机构对出具的数据和报告负责，出具的检测数据和鉴定报告应当真实、准确。

第十四条　实行建设工程阶段验收和竣工验收制度。交付验收的建设工程，必须符合工程设计和承包合同中规定的各项内容，达到国家和省规定的竣工条件，工程价款结算清楚。

建设工程经建设工程质量监督机构质量核定合格并经竣工验收合格后，方可使用。未经质量核定和竣工验收或质量核定和竣工验收不合格的建设工程，不准使用、出售，不予办理产权证。

第三章　建设、监理单位的质量责任

第十五条　建设单位必须根据工程的规模、性质和质量要求，选择具有相应资质等级的勘察、设计和建筑业企业。

第十六条　建设单位（含房地产开发企业，下同）应当根据工程特点和技术要求，设立工程项目管理机构或委托具有相应资质的监理单位进行工程建设质量管理。

第十七条　工程建设开工前，建设单位应当向建设工程质量监督机构办理工程质量监督注册，并缴纳工程质量监督费。

第十八条　建设单位应当组织设计、施工单位进行设计交底和图纸会审，不得擅自更改设计文件，不得擅自加层、扩大建筑面积和降低设计文件对工程质量的要求。

第十九条　建设工程所需建筑材料、设备、构配件、商品混凝土必须符合产品质量标准和工程设计要求。由建筑企业负责购买的，建设单位不得指定供应单位；建设单位自己负责购买的，应当承担相应的质量责任。对购买建筑材料有特定要求的，应在建设工程承包合同中约定。

第二十条　建设单位应当在工程的开发建设中，加强质量管理，建立质量保证体系，保证工程的使用功能符合要求，配套设施齐全、完好。房屋售出后，应按有关规定向用户实行保修，并向用户提供使用、保养和维护说明。

第二十一条　委托监理单位进行监理的工程，建设单位应当与监理单位签订书面合同，明确质量责任。

第二十二条　监理单位应当根据有关法律、法规、规章和技术标准、规范、规程、勘察设计文件及合同规定，对工程质量进行监理，并接受建设工程质量监督机构的监督。

第四章 勘察设计单位的质量责任

第二十三条 建设工程勘察设计单位应当按照核定的资质等级和业务范围承担勘察设计业务，对其勘察、设计技术成果负责。

第二十四条 勘察设计文件应当符合下列要求：

（一）符合国家和省制定的工程勘察、设计的技术标准、规范和规程；

（二）提供的工程地质、水文地质、地形地貌状况资料数据可靠、评价准确；

（三）设计的深度符合相应设计阶段的要求；

（四）对设计文件中提出使用的建筑材料、构配件、设备，应注明其产品的技术指标和质量要求。

第二十五条 勘察设计单位应当对勘察设计过程进行质量控制，参加设计交底和图纸会审，参加工程地基基础、主体结构（含主要隐蔽工程）验收和竣工验收，处理施工中出现的与勘察设计有关的问题，参加工程质量事故调查并提出技术处理方案。

第二十六条 国家和省的重点建设工程、大中型建设工程、超高层建筑以及采用新技术、新结构的工程，设计单位应在工程的施工现场派驻设计代表。

第二十七条 勘察设计单位不得无证或未经批准越级承担勘察、设计业务，不得转让图签、图章，不得指定建设工程材料、设备、构配件、商品混凝土供应单位。

第五章 施工单位的质量责任

第二十八条 施工单位应当按其资质等级和业务范围承接施工业务，对所承建工程的施工质量负责。

第二十九条 施工单位应当建立、健全质量保证体系，落实质量责任制，对施工过程进行质量控制，发生质量事故应当按规定及时报告建设工程质量监督机构。

第三十条 施工单位应当加强职工职业技术教育和技术业务培训。项目经理、施工员、质量检查员必须经培训考核合格，持证上岗。

第三十一条 施工单位应当对其采购的建筑材料、设备、构配件和商品混凝土承担质量责任；对进入现场的建筑材料、设备、构配件和商品混凝土按规定进行试验检测。不准使用不符合产品质量标准和工程设计要求的建筑材料、设备、构配件和商品混凝土。

第三十二条 施工单位必须遵守施工技术规范和操作规程，按照工程设计图施工。

第三十三条 施工单位应当编制建设工程施工组织设计。实行施工总承包的工程，总包单位对该工程全部施工质量向建设单位负责，分包单位对其分包工程的施工质量向总包单位负责。

第三十四条 工程竣工后，其质量应当符合有关技术标准、设计文件及合同规定的要求，具有完整的技术档案、竣工图和隐蔽工程施工记录等资料，并按规定签订工程保修合同。

第三十五条 建筑材料、设备、构配件和商品混凝土生产企业，必须严格按照产品质量标准进行生产，建立健全质量保证体系，加强生产过程的计量、检测、测试等基础工作，并对产品质量负责。

第六章　建设工程维修和损害赔偿

第三十六条　建设工程实行质量保修制度。保修期限按国家和省的规定执行。

第三十七条　已交付使用的建设工程在保修期内，由于勘察设计、施工、监理原因造成质量缺陷的，分别由勘察设计、施工、监理单位承担质量保修责任，及时、无偿进行维修。

因建设工程质量缺陷造成人身、财产损害的，由责任方负责赔偿。

第三十八条　因用户使用不当或不可抗力原因造成工程质量缺陷的，勘察设计、施工、监理单位不承担质量保修责任。

第三十九条　建设工程在保修期内出现质量缺陷，建设单位或用户有权向建设工程质量监督机构投诉。建设工程质量监督机构应当自接到投诉之日起，30日内认定并通知质量保修责任方。质量保修责任方应当自接到责任认定通知之日起7日内到达现场与建设单位或用户确定维修方案，维修费用由质量保修责任方按规定承担。

第七章　罚　则

第四十条　建设单位违反本规定第十五条，选择不具备相应资质等级的勘察、设计、建筑业企业的，由县以上人民政府建设行政主管部门责令限期改正，并可处以5000元至20000元的罚款。

第四十一条　监理单位擅自更改设计文件的，由县以上人民政府建设主管部门责令改正，并可处以30000元以下的罚款。

第四十二条　勘察设计单位的勘察设计文件不符合国家和省有关工程勘察设计的技术标准、规范和规程的，由县以上人民政府建设行政主管部门责令限期改正。

第四十三条　违反本规定其他有关规定的，依照《四川省建筑管理条例》的规定进行处罚。

第四十四条　当事人对行政处罚决定不服的，可以依法申请复议或提起诉讼。

第四十五条　质量监督机构只收费不监督或核定质量等级弄虚作假的，由其行政主管部门负责追缴质量监督费返还建设单位，并对直接责任人员和主要负责人员给予行政处分。

质量监督机构工作人员滥用职权、玩忽职守、徇私舞弊的，由所在单位或上级主管部门给予行政处分。

第八章　附　则

第四十六条　本规定具体应用中的问题，由省人民政府建设行政主管部门负责解释。

第四十七条　本规定自1997年3月1日起施行。

四川省森林防火实施办法

（1997年3月26日四川省人民政府令第89号修正发布）

第一条　为有效地预防和扑救森林火灾，保护森林资源，根据国务院《森林防火条例》，结合四川实际，制定本办法。

第二条　四川省境内的所有单位和个人，均须遵守《森林防火条例》和本办法。

第三条　森林防火工作实施“预防为主，积极消灭”的方针。依靠林区干部群众，实行综合治理。

第四条　森林防火工作实行省长、市长、州长、专员、县（区）长、乡（镇）长负责制。

各级森林防火指挥部和林业行政主管部门负责本行政区域内的森林防火的组织、协调和监督工作。自然保护区、森林公园、风景名胜区，以及驻林区内的企业、事业单位的森林防火工作，实行部门和单位防火责任制，承担当地人民政府划定的责任区内森林防火任务。

农村集体经济组织和个人经营管理的林木的森林防火由经营管理者负责。

第五条　省和市、地、州以及森林面积1亿平方米以上（含1亿平方米）的县，设立森林防火指挥部，负责本地区的森林防火工作。森林防火指挥部应设办公室，配备相应的专职干部负责日常工作。森林面积1千万平方米以上（含1千万平方米）的乡（镇），设森林防火指挥所，指定人员负责日常工作。

第六条　根据森林类型、气象条件和火灾频繁度等差异，由省森林防火指挥部将全省林区划分为一、二、三级火险区。各级火险区内的县级人民政府，应制定切实有效措施，加强防火工作的领导和管理。

国有林区实行定地段、定面积、定任务、定人员、定报酬的护林防火责任制。

第七条　自然保护区、森林公园、风景名胜区应建立扑火队，乡、村和驻林区的企事业单位应建立义务扑火队，负责森林火灾的扑救。

一级火险区的县应建立专业扑火队，二、三级火险区的县应建立专业、半专业或义务扑火队。扑火队由县（市、区）林业行政主管部门负责组建。扑火队应充实人员，配备机具，开展灭火训练，与当地公安消防队及其他扑火组织配合，承担森林火灾扑救任务。发生森林火灾时，当地驻军、武警、民兵、预备役部队应积极参与扑救工作。

专业扑火队可以兴办生产基地，开展多种经营，逐步实现生产自给。当地人民政府和有关部门应在资金和物质等方面予以扶持，按国家规定给予税收优惠。

第八条　全省森林防火期为每年1月1日至5月31日。县级森林防火指挥部可根据实际规定本地区的森林防火期。

森林防火戒严区和戒严期由县级人民政府或市（州）人民政府、地区行政公署根据实际情况确定，报省森林防火指挥部备案。

第九条 森林防火期内，林区严禁野外吸烟、烤火、野炊、烧纸等一切非生产性用火。

第十条 森林防火期内，林区野外生产需要用火，须报经县级人民政府或其授权单位批准，领取生产用火许可证，方能在指定地点、范围内用火，并由森林防火部门监督检查。

第十一条 森林防火期内，林区禁止用枪械狩猎；进行实弹演习、爆破、勘察和施工等活动，须经县级人民政府或其授权单位批准，并采取防火措施，做好灭火准备工作。

第十二条 在林区架设输电线路，必须有防火措施，并定期进行线路安全检查。

第十三条 林区的住宅、厂房、行人休息站周围，必须开辟10米以上宽的防火带。

第十四条 森林防火戒严期内，林区严禁一切野外用火。

第十五条 森林防火期内，各级森林防火指挥部实行昼夜值班，重点林区开展巡山检查，及时、准确地掌握火情。

第十六条 森林防火指挥部防火专用的车辆、电台、器材和其他设施、必须保持完好状态，不得挪作他用。

第十七条 在充分利用自然阻隔带的基础上，成片的针叶林区应当营造抗火性能强、以阔叶林为主的生物防火林带。

新造林面积在20公顷以上的，应按14比1的规定营造生物防火林带。新造林与防火林带应当同步规划设计、施工和验收，并将有关资料归档管理。

现有林区成片林面积在200公顷以上的，应按照生物防火林带建设规划，逐步改建。

第十八条 森林防火设施建设以县为单位进行规划，分期建设。国有林区由经营单位负责建设，其他林区由林权所有单位或经营管理机构负责建设。

新开发林区，必须把森林防火设施列入总体规划同步建设。大面积造林（含飞机播种造林），应把森林防火设施列入生产规划进行建设。

第十九条 任何单位和个人发现火灾时，应当采取必要的扑救措施，并及时向当地人民政府或森林防火机构报告。

当地人民政府或森林防火机构接到火灾报告后，应当立即组织人员进行扑救，并向上级森林防火指挥部报告。但不得动员老年人、残疾人、孕妇和年龄在16周岁以下的人员参加扑火。

第二十条 凡接到扑火命令的单位和个人，必须按时到达指定地点参加扑救，不得拒绝或拖延。

第二十一条 县级以上（含县级）森林防火指挥部对下列火灾按规定报告省森林防火指挥部：

（一）12小时尚未扑来的森林火灾；

（二）重大、特大的森林火灾；

（三）威胁居民和重要设施的森林火灾；

（四）造成1人以上死亡或者3人以上重伤的森林火灾；

（五）未开发原始林区的森林火灾；

（六）重点飞播林区和自然保护区的森林火灾；

（七）县级行政区交界地的森林火灾；

（八）需要上级和友邻单位支援的森林火灾；

第二十二条 森林火灾扑灭后，应留足够人员巡逻监守，清理余火，经当地森林防火指挥部检查验收后，方可撤出看守人员。

第二十三条　凡森林火灾、火警和荒火，应查明起火的时间、地点、原因、肇事者和造成的损害等。

森林火警由乡（镇）人民政府组织调查；一般森林火灾由县级森林防火指挥部组织调查；重大森林火灾由市、地、州森林防火指挥部组织调查；特大森林火灾由省森林防火指挥部组织调查。行政区域交界地方发生的森林火灾由起火点所在地的森林防火指挥部负责调查。起火点不明确的，由上级森林防火指挥部指定的单位调查。

第二十四条　各级森林防火指挥部应建立森林防火档案及统计报表的报关制度。

第二十五条　本乡（镇）人员参加扑救森林火灾的，其生活补助按本乡（镇）的乡规民约办理。外乡（镇）、外县人员参加扑救森林火灾期间的生活补助、误工补贴标准，由县级人民政府规定。

第二十六条　严格执行《森林防火条例》和本办法，预防和扑救措施得力，一级火险县1年内、二级火险县连续2年内、三级火险县连续3年内未发生森林火灾的以及有《森林防火条例》第三十一条第（二）、（三）、（四）、（五）、（六）、（七）项所列事迹的单位和个人，由县级以上（含县级）人民政府给予奖励。

森林防火专职工作人员，在森林防火岗位上工作，一级火险区15年以上，二级火险区20年以上、三级火险区25年以上，工作有成绩的，颁发由省人民政府制发的荣誉证书。

第二十七条　违反《森林防火条例》和本办法规定的，依照《森林防火条例》第三十二条、第三十三条、第三十四条的规定处理。

第二十八条　本办法执行中的问题由省林业厅负责解释。

第二十九条　本办法自公布之日起施行。

四川省扶贫资金项目管理办法实施细则

［1997年10月31日四川省人民政府办公厅《关于印发〈四川省扶贫资金项目管理办法实施细则〉的通知》（川办发〔1997〕139号）印行各地执行］

第一章　总　则

第一条　根据《国家扶贫资金管理办法》（国办发〔1997〕24号）和省委、省政府《关于印发四川省七一一八扶贫攻坚计划的通知》（川委发〔1994〕22号）以及《关于尽快解决农村贫困人口温饱问题的决定》（川委发〔1996〕43号）精神，为了管好、用好中央和省用于贫困地区扶贫开发的各项资金，加强扶贫资金项目的管理，提高扶贫资金使用效益，结合我省实际，特制定此实施细则。

第二条　扶贫资金是指中央和省为解决农村贫困人口温饱问题、支持贫困地区社会经济发展而专项安排的资金，包括：中央下达的支援经济不发达地区发展资金、新增财政扶贫资金、以工代赈资金、扶贫专项贷款和省安排的财政扶贫资金、一般扶贫贷款。

第三条 各项扶贫资金应当根据扶贫攻坚的总体目标和要求，配套使用，形成合力，发挥整体效益。

第二章 扶贫资金使用对象与条件

第四条 各类扶贫资金必须全部用于国务院和省委、省政府确定的63个贫困县，否则，各级扶贫开发领导小组一律不得立项，财政、银行部门一律不得发放扶贫资金。非贫困县中零星分散的贫困乡、村、户和各市（地、州）确定的贫困县，由有关地方各级政府自行筹措资金进行扶持。

第五条 支援经济不发达地区发展资金和新增财政扶贫资金，用于改善贫困农牧民的农牧业生产条件，解决人畜饮水困难，发展多种经营，修建贫困乡村道路，普及义务教育和扫除文盲，开展农牧民实用技术培训，信贷资金贴息，防治地方病，改善贫困农牧民户居住条件等。

以工代赈资金，用于修建贫困县、乡公路（不含省道、国道）和为扶贫开发项目配套的道路，贫困农户建设基本农田（含畜牧草场、果林地），兴修农田水利，解决人畜饮水问题等。

扶贫专项贷款，用于有助于直接解决农村贫困户温饱的种植业、养殖业和以当地农副产品为原料的加工业中效益好、有还贷能力的项目。

省财政扶贫资金主要用于中央财政扶贫资金和扶贫专项贷款的配套，支持省定贫困县农村贫困户，发展多种经营和社会事业，开展农牧民实用技术培训。

省一般扶贫贷款主要用于省定贫困县扶贫项目流动资金需要。

第六条 扶贫专项贷款的85%要用于贫困村的贫困户发展与群众解决温饱相关的种植业、养殖业、林果业和小型农业基础设施建设项目。

第七条 各市（地、州）、县（市、区）要增加扶贫投入。市（地、州）、县（市、区）两级的扶贫资金投入要达到中央投入的10%以上。从1997年起要把这一要求列入考核内容，凡未达到这个比例的省上要相应扣减次年的扶贫资金投入数额。

第八条 全省各类专项扶贫资金，按照中央“四到省”的要求，由省扶贫开发领导小组根据有关市（地、州）的贫困县数，贫困人口及贫困程度，扶贫资金使用效益，市、县配套资金落实情况等讨论决定分配方案，实行统一安排、相互匹配、综合投入，并于年初一次通知到各市（地、州）扶贫开发领导小组；省扶贫开发办、省财政厅、省计委、省以工代赈办、省农业发展银行等有关扶贫资金管理部门事前要提出初步意见供省扶贫开发领导小组审定，并根据审定后的分配方案，分别依照程序及时下达具体计划，拨付资金。

第九条 年度支援经济不发达地区发展资金、新增财政扶贫资金的具体计划，由省财政厅和省扶贫开发办在当年4月底前下达，7月底前将资金全部拨付到各市（地、州）。

年度以工代赈资金的具体计划，由省财政厅、省以工代赈办公室在当年4月底前下达，7月底前将资金全部拨付到各市（地、州）。

年度扶贫专项贷款的具体计划，按审定权限由省扶贫领导小组立项；由农业发展银行四川省分行在当年初下达到各市（地、州）、县行，3月底前将计划全部落实到项目，并根据项目进度及时收放贷款。

年度省财政扶贫资金的具体计划，由省财政厅和省扶贫开发办在当年3月底前下达，6月底前将资金全部拨付到各市（地、州）。并根据项目的进展情况，及时将资金拨付到位。

年度省一般扶贫贷款的具体计划，由省农业银行四川分行和省扶贫开发办在年初下达到各市（地、州），3月底前将计划全部落实到项目。

第十条　本着使用扶贫资金、履行扶贫义务的原则，用于工业、基础设施的扶贫开发项目必须履行扶贫责任。履行扶贫责任的方式包括；帮助贫困地区农民改善生产、生活条件，吸收贫困户劳力务工，效益覆盖贫困户，缴纳扶贫基金等。

第十一条　各项扶贫资金使用期限和利率应严格按中央有关政策执行。

第三章　扶贫资金项目的选择申报

第十二条　项目要借鉴国际、国内实施扶贫项目的成功经验，以贫困户为对象，以解决温饱问题为目标，以有助于直接提高贫困户收入的产业为主要内容，按集中连片的贫困区域统一规划、综合设计、统一评估、一次批准、分年实施、分期投入，一片一片地开发、一批一批地解决贫困户温饱问题。

第十三条　选择扶贫项目应根据本地扶贫攻坚的实际情况，一切围绕解决群众的温饱问题，与开展农户“五个一”建设紧密结合起来，重点安排到贫困乡村。按照因地制宜，突出重点，成片开发，综合治理的原则选择项目。一是要立足于本地资源条件，符合当地经济发展总的规划和要求，产品要有可靠的销售市场；要有一定的技术开发力量，能够保证产品的质量和竞争能力，要考虑到交通、能源、服务体系等相应条件，真正做到把资源优势变成商品优势；二是要坚持农村经济可持续发展的原则，与农业产业化结合起来；三是要优先支持贫困户发展商品生产，优先支持贫困户种养业项目，优先支持计划生育工作做得好的县、村、户兴办扶贫开发项目，优先支持效益好的续建项目。

第十四条　项目申报的程序是：贫困户、联户的项目，由贫困户、联户向乡提出申报；在一个乡范围内的项目，由所在乡向县申报；跨乡的项目由县申报；跨县的项目，由市（地、州）申报。

第十五条　扶贫资金项目由各级扶贫开发办公室组织有关部门共同规划、设计、筛选、论证，资金管理部门评估，由各级扶贫开发领导小组统一立项。

第十六条　各级扶贫开发部门要建立项目库，做到项目等资金。县内项目由县扶贫开发领导小组立项批准进入项目库。跨县项目由市（地、州）或省扶贫开发领导小组立项批准进入项目库。

使用扶贫专项贷款的项目要经过有关银行事前审查论证，经扶贫开发领导小组立项批准后进行项目库。对进入项目库的项目经同级扶贫开发部门和资金管理部门充分协商一致，由同级扶贫开发领导小组逐级上报。

财政扶贫项目，经各级扶贫开发领导小组立项后，由各级财政、扶贫开发办联合上报省扶贫开发办、省财政厅。经省扶贫开发领导小组同意后，由省财政厅、省扶贫开发办统一下达项目。

其他扶贫资金项目计划的编报，要按照各有关部门的规定和年度工作的要求报送。

第四章　项目的论证、评估和审批

第十七条　经过选择确定的项目，投资规模较大的，由申报单位委托有设计资格的单位对申报项目进行可行性论证，投资规模较小的，可委托有关业务部门或自己进行项目的可行性论证。对论证的项目一般要提出几个方案进行比较，用多种开发方案进行测算，从中选出最佳项目、最优开发方案，写出论证报告，报送扶贫开发部门和资金管理部门。

第十八条　扶贫开发部门和投资部门组织或委托专家小组或咨询单位对论证报告进行评估，看项目在经济上是不是合算，效益高不高，技术上是否先进可行，产品有没有竞争力，项目有没有发展前景，是否具有长期经济生命力，能不能在一定期限内收回投资和归还贷款，项目的组织实施措施是否得力可行。在此基础上写出评估报告。

第十九条　扶贫项目由各级扶贫开发领导小组统一立项上报，省扶贫开发领导小组批准实施。任何部门和个人不得在此之外擅自审批项目，发放扶贫资金。经扶贫开发领导小组批准下达的项目，任何部门都不得随意更改。

第二十条　扶贫专项贷款项目的立项审批，种养业项目由各市（地、州）扶贫开发领导小组立项和审批；加工业项目固定资金贷款50万元以上（含50万元），流动资金贷款200万元以上（含200万元）的由省扶贫开发领导小组立项和审批；省留资金项目由省扶贫开发领导小组立项和审批。各市（地、州）立项和审批的各类项目，要报省扶贫开发领导小组备查。

第五章　项目的执行和扶贫资金使用的考核、监督

第二十一条　批准的项目，要签订借款合同，明确（借贷）各方的权利和义务。确需调整的项目，必须严格按照程序，履行报批手续。

第二十二条　开发规模和难度比较大的项目，其设计、施工、设备材料的购置以及整个项目的技术开发等由项目执行单位以公开招标的方式征集最佳服务，吸引发达地区、在大中城市、科研和教育单位的经济技术人员到贫困地区承包开发，以保证建设项目科学、经济、质量好，符合国家有关标准。属较大工程建设项目要按基本建设程序办理，纳入各级建设规划。

第二十三条　项目执行单位，应对项目工程的完成和应取得的效益承担全面责任。各级扶贫开发部门要定期检查项目执行情况，做好组织协调工作，及时解决存在问题，保证项目顺利执行。

第二十四条　建立综合考核指标，实行严格的扶贫贷款使用责任制。省扶贫开发领导小组每年统一安排下达盘活扶贫贷款存量计划，并将计划完成情况与新增扶贫贷款的分配挂钩。各级扶贫开发办应当积极支持、协助有关银行清收不良贷款完成到逾期贷款回收指标，努力盘活贷款存量。盘活的扶贫贷款存量，由各市（地、州）扶贫开发领导小组按照本实施细则第四条、第五条的规定，统一安排使用。

第二十五条　建立健全扶贫资金的检查、监督制度。省和地方有关部门，尤其是扶贫资金管理部门，应对扶贫资金的使用情况进行经常性检查。对扶贫资金不能按时到位，配套资金达不到规定比例，投向不符合规定的，应当及时纠正。同时，地方各级人民政府应当组织社会有关方面加强监

督，把行政监督、群众监督、舆论监督结合起来。

第二十六条　各级审计部门应当依照有关法律、法规，对扶贫资金的使用情况进行专门审计，并把对扶贫资金的审计作为一项重要内容，纳入日常工作，形成制度。凡转移、挪用、拖欠、挤占扶贫资金的，必须如数追回，并依法追究相应责任；凡贪污扶贫资金的，依法追究刑事责任。各级扶贫开发办和扶贫资金管理部门应当积极配合审计部门对扶贫资金使用情况进行审计。

第六章　扶贫资金项目的总结验收

第二十七条　项目完成后，项目执行单位要及时对项目建设进行认真的总结评价，做好验收的各项准备工作，提供验收所需要的有关数据和材料。

第二十八条　项目管理单位在项目完成并达到稳定生产后，要进行总结验收。大项目验收工作要聘请有关专家和经济技术人员组成验收小组，根据项目原来的论证报告和设计书进行验收，看原来立项的论证和判断是否正确，有什么经验和教训，以便为今后项目开发创造条件。

第二十九条　总结验收后，由验收小组写出验收报告并上报项目领导部门。项目建设优良的、效益好的，要给予鼓励；项目建设质量差的、不合格的，要根据不同情况分别由承包建设和执行单位赔偿损失，进行补救；挪用资金的、造成浪费的，要追查有关单位和个人的责任，按党纪国法严肃处理。

第七章　扶贫资金项目管理的组织领导

第三十条　为了保证项目开发顺利和有效地进行，必须加强对项目的领导和管理。为了不新设机构，各级扶贫开发领导小组应作为项目领导机构。项目的管理可以委托有关业务部门分口负责，对涉及业务部门较多的大型综合项目和利用外资项目，项目领导机构可设立项目办公室，加强管理。

第三十一条　项目管理的主要任务是：负责制订项目开发规划，做好项目建设中的组织、协调工作，监督项目的工程进度及资金的使用（保证按投资和贷款偿付本息），对项目执行人员进行必要的培训，为项目开发提供信息、技术，咨询等服务工作。

第八章　附　则

第三十二条　本“实施细则”由省扶贫开发领导小组制定、解释和修改。

第三十三条　有关扶贫资金管理部门可以根据本“实施细则”确定的原则，分别制定具体实施细则。各市（地、州）可根据本“实施细则”，结合当地实际情况，制定更具体的，便于操作的补充规定。并报省扶贫开发领导小组备案。

第三十四条　本“实施细则”自下发之日起施行。

四川省社会力量办学管理办法

（1994年5月16日四川省人民政府令第44号发布，根据1997年12月19日四川省人民政府第84次常务会议通过的《关于修改〈四川省社会力量办学管理办法〉的决定》修正，1997年12月29日四川省人民政府令第103号发布，自发布之日起施行）

第一条 为了鼓励、支持社会力量办学，加强对社会力量办学的管理，促进其健康发展，根据国家有关法律、法规的规定，结合四川实际，制定本办法。

第二条 本办法所称社会力量办学，是指公民、法人或者其他组织面向社会开展教学的活动，包括举办各级各类学校、培训班、进修班、补习班、辅导班等。

第三条 四川省行政区域内的社会力量办学适用本办法，有关法规另有规定的，从其规定。

社会力量办学实施学历教育的，按国家有关规定执行。

举办宗教院校（班），不适用本办法。

第四条 社会力量办学必须遵守有关法律、法规和规章，坚持四项基本原则，坚持社会主义方向，贯彻国家的教育方针、政策，符合总量控制与合理布点的要求，保证教学质量，为四川经济建设和社会发展服务。

第五条 鼓励社会力量办学。各级人民政府和有关部门对社会力量办学应大力支持，正确引导，加强管理。

第六条 各级教育行政主管部门负责对社会力量办学的管理、监督和指导，维护办学者和就学者的合法权益。

第七条 社会力量办学须具备以下条件：

（一）主办者有一定专业文化知识和办学能力；

（二）有胜任教学和管理工作并相对稳定的教学、管理人员；

（三）有明确的办学宗旨、培养目标、教学计划、教学大纲和教学材料；

（四）有健全的教学、行政、学籍和财务管理制度；

（五）有适应办学规模的教学场所和设施（包括租用、借用的教学场所和设施）；

（六）有一定的办学经费。

第八条 社会力量办学机构必须申请取得《四川省社会力量办学许可证》后方可执业。许可证应悬挂在办学场所的显著位置。

第九条 社会力量办学的申请者是单位的，应提交主管部门出具的办学证明；是个人的，应提交户籍所在乡（镇）人民政府、城市街道办事处所在单位出具的办学证明。并按下列规定申办：

（一）省和省以上所属单位办学的，或者任何单位、个人办学称“大学”、“学院”的向省教育行政主管部门书面申请；

（二）市（地、州）所属单位办学且不称“大学”、“学院”的，向市（地、州）教育行政主管部门书面申请；

（三）县（市、区）所属单位和公民个人办学且不称“大学”、“学院”的，向县（市、区）教育行政主管部门书面申请。

第十条　教育行政主管部门接到社会力量办学申请之日起六十日内，根据本办法第四条和第七条的规定进行审查。符合条件予以批准的，发给《四川省社会力量办学许可证》；不具备条件不予批准的，以书面形式通知申请人。

《四川省社会力量办学许可证》由省教育行政主管部门统一印制。

第十一条　社会力量办学采用远距离教学，需要建立分校或其他教学分支机构的，须经原批准办学的教育行政主管部门批准后，报当地教育行政主管部门备案。跨省建立分校或其他教学分支机构的，须经原批准办学的教育行政主管部门同意后，按有关省、自治区、直辖市的规定报当地教育行政主管部门许可或批准。

第十二条　社会力量办学改变办学的层次，按本办法规定重新申请办理审批手续；变更名称、场所、主办者或者终止办学的，向原批准办学的教育行政主管部门办理变更或注销手续。

第十三条　社会力量办学的名称必须与其办学的性质、类别、层次相一致。

第十四条　社会力量办学的就学者学习期满成绩合格的，按教育行政主管部门的规定发给证书。

证书应载明所学专业、课程和成绩，并由办学负责人签章。

第十五条　社会力量办学需经费自行筹集，也可以接受有关单位和个人的捐赠。

第十六条　社会力量办学机构向就学者收取学杂费必须开具收据，并接受监督。

收取学杂费的具体项目和标准，由省物价、财政部门会同省教育行政主管部门共同制定。

第十七条　社会力量办学可以按国家有关规定开展勤工俭学，有条件的可以建立实验实习基地或者兴办对外服务项目等。

第十八条　社会力量办学必须执行国家教育委员会和财政部制定的《社会力量办学教学管理暂行规定》、《社会力量办学财务管理暂行规定》，加强教学和财务管理。

第十九条　社会力量办学的招生广告，须经批准办学的教育行政主管部门审查并出具证明后，方可按规定办理刊登、播放或张贴手续。

第二十条　执行本办法，办学成绩突出并取得显著社会效益的，由教育行政主管部门予以表彰奖励。

第二十一条　在社会力量办学活动中，违反教育法规定的，依照教育法有关规定给予处罚。

第二十二条　社会力量举办的学校或教育机构管理混乱、教育教学质量低下，依照《社会力量办学管理条例》第五十五条的规定处罚。

第二十三条　未经审查批准擅自发布招生广告，或者作假广告欺骗就学者的，由有关部门依法查处；构成犯罪的，依法追究刑事责任。

第二十四条　擅自提高学杂费标准或者自立名目滥收费用的，由物价管理部门依法查处。

第二十五条　教育行政主管部门工作人员在社会力量办学管理工作中玩忽职守、贪污受贿、徇私舞弊的，由有关部门给予行政处分；构成犯罪的，依法追究刑事责任。

第二十六条　当事人申请《四川省社会力量办学许可证》未获批准而不服的，或者对行政处罚决定不服的，可以依照国家法律、法规的规定申请行政复议或者提起行政诉讼。

第二十七条　本办法实施中的具体问题由省教育行政主管部门解释。

第二十八条　本办法自发布之日起施行。

四川省契税实施办法

（1998年5月21日经四川省人民政府第7次常务会议通过，1998年5月21日四川省人民政府令第109号发布）

第一条　根据《中华人民共和国契税暂行条例》的规定，结合四川省实际，制定本办法。

第二条　在四川省境内转移土地、房屋权属，承受的单位和个人为契税的纳税人，应当依照《中华人民共和国契税暂行条例》、《中华人民共和国契税暂行条例细则》和本办法的规定缴纳契税。

第三条　本办法所称转移土地、房屋权属是指下列行为：

（一）国有土地使用权出让；

（二）土地使用权转让，包括出售、赠与和交换；

（三）房屋买卖；

（四）房屋赠与；

（五）房屋交换。

前款第二项土地使用权转让，不包括农村集体土地居包经营权的转移。

第四条　土地、房屋权属以下列方式转移的，视同土地使用权转让、房屋买卖或者房屋赠与：

（一）以土地、房屋权属作价投资、入股；

（二）以土地、房屋权属抵债；

（三）以获奖方式承受土地、房屋权属；

（四）以预购方式或者预付集资建房款方式承受土地、房屋权属。

第五条　契税税率为4%，可下浮到3%。

第六条　契税的计税依据：

（一）国有土地使用权出让、土地使用权出售、房屋买卖，为成交价格；

（二）土地使用权赠与、房屋赠与，由征收机关参照土地使用权出售、房屋买卖的市场价格核定；

（三）土地使用权交换、房屋交换，为所交换的土地使用权与房屋所有权的价格差价。

前款成交价格明显低于市场价格并无正当理由的，或者所交换土地使用权、房屋的价格的差额明显不合理并无正当理由的，由征收机关参照市场价格核定。

第七条　以划拨方式取得土地使用权的，经批准转让房地产时，房地产转让者应补缴契税，其计税依据为补缴的土地使用权出让费用或者土地收益。房地产权属承受者仍应按规定缴纳契税。

第八条　契税应纳税额，依照本办法第五条规定的税率和第六条、第七条规定的计税依据计算征收。应纳税额计算公式：

应纳税额=计税依据×税率

第九条 有下列情形之一的，减征或者免征契税：

（一）国家机关、事业单位、社会团体、军事单位承受土地、房屋用于办公、教学、医疗、科研和军事设施的，免征；

（二）城镇职工按规定第一次购买公有住房，在国家规定的标准面积以内的，免征；

（三）因不可抗力灭失住房而重新购买住房的，酌情准予减征或者免征；

（四）土地、房屋被县级以上人民政府征用、占用后，被征用、占用者重新承受土地、房屋权属的，免征；

（五）纳税人承受荒山、荒沟、荒丘、荒滩土地使用权，用于农、林、牧、渔业生产的，免征；

（六）外国驻华使馆、领事馆、联合国驻华机构及其外交代表、领事官员和其他外交人员承受土地、房屋权属的，经外交部确认，可以免征；

（七）财政部规定的其他减征、免征契税的项目。

第十条 符合减征或者免征契税规定的，应当在土地、房屋权属转移合同签订或者具有合同效力的契约、协议、合约、确认书等凭证取得之日起10日内，到土地、房屋所在地的契税征收机关办理减征或者免征契税手续。

第十一条 纳税人因改变土地、房屋用途不再属于第九条规定的减征、免征范围的，应补缴已减征、免征的契税。其纳税义务发生时间为改变有关土地、房屋用途的当日。

第十二条 纳税人应当自纳税义务发生之日起10日内，向土地、房屋所在地的征收机关办理纳税申报，并在征收机关核定的期限内缴纳税款。

第十三条 纳税人办理纳税事宜后，征收机关应当向纳税人开具契税完税或免税凭证。

第十四条 纳税人向土地管理部门、房产管理部门办理有关土地、房屋的权属变更登记手续，应当持契税完税或免税凭证和其他规定的文件材料。未出具契税完税或免税凭证的，不予办理土地、房屋的权属变更登记手续。

纳税人未出具契税完税或免税凭证，土地管理部门、房产管理部门工作人员为其办理了土地、房屋权属变更登记的，由税务机关通知土地管理部门，房产管理部门改正。逾期未改正的，由税务机关报请同级人民政府责令纠正，并由有权机关对直接责任人和有关负责人给予行政处分。

第十五条 纳税人缴纳契税后，因故未履行所签订土地、房屋权属转移合同，申请退税的，经县级以上人民政府财政机关审核批准，准予退税。

第十六条 契税由各级地方税务机关负责征收，也可由地方税务机关委托有关单位代理征收。代征手续费的支付比例按国家有关规定执行。

第十七条 各级人民政府土地、房产管理部门应当向征收机关提供有关土地、房屋权属变更以及土地基准地价、标定地价、房产市场交易价格等资料，支持、协助征收机关依法征收契税。

第十八条 纳税人与征收机关因纳税发生争议时，必须依照《中华人民共和国契税暂行条例》、《中华人民共和国契暂行条例细则》和本办法规定先缴纳税款，然后可以在收到征收机关填发的缴款凭证之日起60日内向上一级征收机关申请复议。上一级征收机关应当自收到复议申请之日起60日内做出复议决定。纳税人对复议决定不服的，可以在接到复议决定之日起15日内向人民法院起诉。

第十九条　契税的征收管理《依照《中华人民共和国税收征收管理法》和本办法的规定执行。

第二十条　本办法自发布之日起施行。

四川省电力设施保护实施办法

（2000年6月4日经四川省人民政府第42次常务会议通过，2000年6月29日发布实施）

第一章　总　则

第一条　为保障电力生产和建设的顺利进行，维护公共安全，根据《中华人民共和国电力法》、《电力设施保护条例》的规定，结合四川实际，制定本办法。

第二条　本办法适用于四川省行政区域内已建或在建的电力设施保护。电力设施包括发电设施、变电设施、电力线路设施及其有关辅助设施。

第三条　电力设施受国家法律保护。禁止任何单位和个人从事危害电力设施的行为。

任何单位和个人都有保护电力设施的义务，对危害电力设施的行为，有权制止并向电力行政管理部门、公安部门报告。

第四条　县级以上人民政府应当加强对电力设施保护工作的领导。乡（镇）人民政府应当协助电力行政管理部门做好本地区电力设施的保护工作。

第五条　县级以上人民政府电力行政管理部门负责本行政区域内电力设施保护的监督管理。

公安、工商、建设、规划、林业、土地管理等有关部门应当按照各自的职责，做好电力设施保护的行政管理工作。

第六条　电力企业或者电力设施所有者、管理者应当加强对电力设施的保护工作，对危害电力设施安全的行为有权制止，并要求其恢复原状、排除妨害、赔偿损失；对危害电力设施的违法行为，应提请有关行政管理部门和司法机关处理。

第七条　各级公安部门负责依法查处破坏、抢劫、盗窃电力设施的案件。

第八条　电力行政管理部门对保护电力设施做出显著成绩的单位和个人，应给予表彰或奖励。

第二章　电力设施的保护范围和保护区

第九条　电力设施保护范围的确定，按照国务院《电力设施保护条例》第八条、第九条的规定执行。

县级以上电力行政管理部门应当根据已批准的电力设施新建、改建和扩建的规划和计划，按照国家和本办法的有关规定划定电力设施保护区，并通过建设、规划、土地等行政管理部门。

第十条　架空电力线路保护区，为导线边线向外侧水平延伸并垂直于地面所形成的两平行面内的区域。具体划分为：

（一）在一般地区，各级电压导线的边线延伸距离如下：

1—10千伏5米

35—110千伏10米

220千伏15米

500千伏20米

（二）在厂矿、城镇等人口密集地区，保护区范围可略小于本条第（一）项的规定。但各级电压导线边线延伸的距离应当在导线最大计算弧垂、最大计算风偏的情况下，保持导线距建筑物的安全距离。导线距建筑物的安全距离见附表一。

第十一条　架空电力线路各级电压导线，在导线最大计算弧垂和最大计算风偏的情况下，与树木、竹子，及铁路、公路、河流、弱电线路、管道、索道之间应保持安全距离。导线与上述物体间的安全距离见附表二、附表三。

第十二条　电力电缆线路保护区：

（一）地下电缆为电缆线路地面标桩两侧各0.75米所形成的两平行线内的区域；

（二）埋设于长江、岷江、金沙江、嘉陵江干流的水下电缆，为线路两侧各100米所形成的两平行线内的水域；其他河流，为线路两侧各50米所形成的两平行线内的水域。

第十三条　发电设施附属的输水、输油、输煤、排灰、供热、送气管道保护区：以发电厂、变电站外专用电力管道两侧向外延伸3米所形成的两平行线内的区域。

第十四条　电力专用通信线路、通信电缆、光纤电缆、微波塔、微波站、通信卫星地面站及有关设施的保护，按照国务院、中央军委有关保护通信线路的规定执行。

第三章　电力设施保护

第十五条　县级以上电力行政管理部门应当会同当地有关部门、电力企业及电力线路沿线单位建立群众护线组织，或根据需要委托电力线路沿线的乡（镇）人民政府建立群众护线组织，落实保护电力设施措施。

电力线路沿线的乡（镇）人民政府、村（居）民委员会、企事业单位应当配合电力行政管理部门成立群众护线组织，加强护线工作，落实群众护线责任。

第十六条　群众护线组织应接受当地电力行政管理部门和电力企业的业务指导，定期巡视、检查，发现问题及时报告电力企业、电力行政管理部门或公安部门，并协助公安部门查处破坏电力设施的案件。

第十七条　县级以上电力行政管理部门应当会同电力企业或电力设施所有者、管理者采取以下措施，保护电力设施：

（一）在林区等架空电力线路保护区必要的区界上，设立标志，并标明保护区的宽度和保护规定；

（二）在下列地点设立安全标志：

1．架空电力线路穿越城镇、厂矿、学校、车站、码头、集贸市场等人口密集地段和人员活动频繁的地区；

2．架空电力线路跨越国道、省道和车流量较大的县道及重要铁路、航道和桥梁的区段，应标明线路区的宽度和电力线与穿越物体之间的安全距离；

3．电力线路上的变压器平台。

（三）地下电缆、水底电缆（铺）敷设后，应设立永久性标志，并将电缆所在位置书面通知有关部门。

第十八条 电力企业或电力设施所有者、管理者应当对所管理的电力设施定期进行巡视、维护、检修，落实技术防范措施，并及时排除故障、处理因遭受破坏而造成的事故，减少因故障、事故停电造成的社会经济损失。

任何单位和个人不得阻碍或故意延误电力企业对电力设施进行抢修。

第十九条 下列范围内，不得进行取土、堆物、打桩、钻探、开挖或倾倒酸、碱、盐及其他有害化学物品的活动：10—35千伏电力线路杆塔、拉线基础外缘5米；110—220千伏电力线路杆塔、拉线基础外缘8米；500千伏电力线路杆塔、拉线基础外缘10米。

在上述范围外进行取土、堆物、打桩、钻探、开挖活动时，应当遵守下列要求：

（一）预留出通往杆塔、拉线基础供巡视和检修人员通行的维护通道；

（二）不得影响基础的稳定，如可能引起基础周围泥土、砂石、岩体垮塌时，应当负责修筑护坡进行加固；

（三）不得损坏电力设施接地装置或改变其埋设深度。

第二十条 不得在距电力设施周围500米（水平距离）内进行爆破作业。

因生产建设的要求确需进行爆破作业的，应当按照国家有关规定，制定安全措施，征得电力企业或电力设施所有者、管理者的书面同意，并报经县级以上公安机关批准后方可进行。

在上述范围外进行爆破作业，也应当采取安全措施，保证电力设施安全。

第二十一条 未经电力企业或电力设施所有者、管理者同意，不得在专用电力电缆沟内埋设其他管道。

上述管道确需交叉通过时，有关单位应当协商，并采取安全措施，达成协议后方可施工。

第二十二条 未经电力企业或电力设施所有者、管理者同意，不得在地下电缆保护区及发电设施附属的输水、输油、输煤、排灰、供热、送气管道保护区内取土、使用机械掘土、堆放杂物或倾倒酸、碱、盐及其他有害化学物品。

第二十三条 未经电力企业或电力设施所有者、管理者同意，不得同杆架设电力线、通信线、广播线、电视接收线、安装广播喇叭或悬挂广告牌。

第二十四条 火力发电厂引水、排水设施露出水面部分向江心延伸4米，及引水设施取水口上、下游300米，排水设施排水口上、下游300米水域内，禁止停泊船只、挖沙、养殖、设置障碍或进行其他作业。

禁止在引水设施上装卸货物，抛锚船只。

除埋设于水面下的水工构筑物外，船只航行应距水工构筑物外沿4米外绕行。

第二十五条 禁止在依法划定的电力设施保护区内新建建筑物、构筑物。

在依法划定的电力设施保护区内新建建筑物、构筑物的，由当地人民政府责令其限期拆除，或由电力企业向人民法院申请强制拆除，所需费用由建筑物、构筑物所有者负担。

第二十六条　禁止非法侵占电力设施建设项目依法征用的土地、输电线路走廊或者电缆通道。

违反前款规定的，由县级以上人民政府责令限制改正；逾期不改的，强制清除障碍。

第二十七条　禁止擅自在架空电力线路上接用电器设备。擅自接用的，电力企业可以自行拆除。擅自接用电器设备给自己或他人造成的损害由责任人承担。

第二十八条　未经公安部门依照国家有关规定批准，任何单位和个人不得收购电力设施器材。

对非法收购电力设施器材的行为，公安、工商行政管理等部门应当依法查处。

第四章　电力设施与其他设施相互妨碍的处理

第二十九条　县级以上电力行政管理部门应当会同规划行政主管部门做好电力设施新建、改建或扩建的规划和计划，报县级以上人民政府审批。县级以上人民政府应将已批准的电力设施新建、改建或扩建的规划和计划纳入城乡建设总体规划，并组织实施。

第三十条　规划行政主管部门审批或规划已建电力设施两侧的新建建筑物时，应当征求当地电力行政管理部门意见后再批准。

第三十一条　遇自然灾害和突发事件严重影响电力设施安全等紧急情况时，电力企业可以先行修剪、砍伐危及电力设施安全的树木、竹子，在不引发新的事故的前提下，开挖地面或排除其他障碍，并及时告知有关部门和补办有关手续。

第三十二条　新建架空电力线路不得跨越储存易燃、易爆物品仓库的区域；一般不得跨越房屋，特殊情况需要跨越房屋时，电力建设企业应当与房屋所有者协商，并采取增加杆塔高度、缩短档距等安全措施后，方可施工。被跨越房屋不得再行增加高度。超越房屋的物体高度或房屋周边延伸出的物体长度必须符合安全距离的要求。

第三十三条　电力设施与农作物、树木、竹子互相妨碍时，按下述原则处理：

（一）新建、改建或扩建电力设施需要损害农作物或砍伐树木、竹子的，电力建设企业应与有关单位协商，按照国家和省政府的有关规定给予一次性补偿。

（二）新建架空电力线路建设工程、项目需跨越林区的，电力建设企业应当按照国家有关规定办理采伐手续，并按国家有关电力设计的规程砍伐出通道，通道内不得再种植树木。通道宽度为拟建架空电力线路两边线间的距离和林区主要树种自然生长最终高度的两倍之和。

（三）架空电力线路建设项目、计划已经当地城市建设规划主管部门批准的，园林部门和树权单位对影响架空电力线路安全运行的树木，应当负责修剪，并保持树木自然生长最终高度和架空电力线路导线之间的距离符合安全距离的要求。

（四）根据城市绿化规划的要求，必须在已建架空电力线路保护区内种植树木的，园林部门需与电力行政管理部门协商，征得同意后，可种植低矮树种，并由园林部门负责修剪以保持树木自然生长最终高度和架空电力线路导线之间的距离符合安全距离的要求。

（五）在依法划定的电力设施保护区内种植的或自然生长的树木、竹子，其生长高度危及电力设施安全的，树木所有者应当修剪或砍伐。拒不修剪或砍伐的，电力企业可以依法修剪或砍伐，并不予支付林木补偿费、林地补偿费、植被恢复费等任何费用。

第三十四条　新建、改建、扩建电力设施，必须与周围已建设施保持符合规定的安全距离。需要迁移其他设施或要求其他设施所有人和管理人采取相应技术措施的，电力企业应与有关单位协商，并按国家和省政府的有关规定给予一次性补偿。

铁路、公路、水利、电信、航运、城市道路、桥梁、涵洞、管线等其他设施后于电力设施建设的，不得危及电力设施的安全。如危及安全确需迁移电力设施的，建设单位应当与电力企业协商并达成协议，由电力企业负责迁移，所需费用由建设单位承担。

公用工程和其他工程在新建、改建或扩建中妨碍电力设施时，或电力设施在新建、改建或扩建中妨碍公用工程、其他工程时，双方有关单位必须按照国家和省政府有关规定协商，达成协议后，方可施工。

第三十五条　符合电力设施安全距离的相邻建筑物、构筑物及其他设施，因扩建、改建而影响电力设施安全的，建设单位应当与电力企业协商，就采取必要的防护措施、电力设施迁移和补偿问题达成协议后，方可施工。擅自施工的，建设单位应当改正，造成电力设施损害的，应当负责赔偿。

第五章　法律责任

第三十六条　违反《中华人民共和国电力法》、《电力设施保护条例》的有关规定，危害电力设施或电力设施建设的，县级以上电力行政管理部门应当依法处罚。

第三十七条　违反本办法规定，有下列行为之一的，县级以上电力行政管理部门应责令改正；拒不改正的，属非法经营性行为，对公民可处200元以下罚款，对法人和其他组织可处1000元以下罚款；属经营性行为的，可处1000元以上10000元以下罚款：

（一）违反规定，在地下电缆保护区内使用机械掘土，或在发电设施附属的输水、输油、输煤、排灰、供热、送气管道保护区内取土、使用机械掘土、堆放杂物或倾倒酸、碱、盐及其他有害化学物品的；或在电线杆上架设电视接收线或悬挂广告牌的；

（二）违反第二十一条、第二十四条规定的。

第三十八条　违反《中华人民共和国电力法》、《电力设施保护条例》和本办法规定，造成电力设施损害的，应当依法赔偿直接经济损失；造成其他单位或公民人身财产损失的，责任者应当依法赔偿。

直接经济损失按修复电力设施成本费（含材料费、运输费、人工费）加损失电量折价（断电时线路负荷×断电时间×当地平均电价）计算。

第三十九条　违反本办法规定，应当给予治安管理处罚的，由公安机关依照《中华人民共和国治安管理处罚条例》的规定予以处罚；构成犯罪的，由司法机关依法追究刑事责任。

第四十条　当事人对行政处罚决定不服的，可以依法申请行政复议或提起行政诉讼。逾期不申请复议，不提起诉讼，又不履行处罚决定的，电力行政管理部门可以申请人民法院强制执行。

第六章　附　则

第四十一条　本办法自发布之日起施行。

附表（略）

四川省城市居民最低生活保障实施办法

（2001年9月11日经四川省人民政府第64次常务会议通过，2001年10月12日起施行）

第一章　总　则

第一条　为保障城市贫困居民的基本生活，落实城市居民最低生活保障制度，根据国务院《城市居民最低生活保障条例》，结合四川实际，制定本实施办法。

第二条　在四川省行政区域内城市居民最低生活保障适用《城市居民最低生活保障条例》和本实施办法。

第三条　城市居民最低生活保障制度遵循保障城市居民基本生活的原则，坚持国家保障与社会帮扶相结合、鼓励劳动自救的方针。

城市居民最低生活保障必须坚持公开、公平和公正的原则，保障工作应便民和及时。

第四条　各级人民政府及其有关部门应对享受城市居民最低生活保障待遇人员在就业、就医、入学、居住、交通等方面，制定相关的优惠政策。

在改善城市贫困居民生活方面做出显著成绩的单位和个人，由人民政府和有关部门给予表彰。

第二章　保障职责

第五条　各级人民政府负责领导本行政区域内城市居民最低生活保障工作，实行政府分级负责制。城市居民最低生活保障工作应纳入各级人民政府的目标责任管理。

第六条　城市居民最低生活保障所需资金，由各级人民政府列入同级财政预算，划拨民政部门后，实行专户管理。省、市（州）人民政府每年还应专项安排城市居民最低生活保障补助资金，用于对本行政区域内财政困难和保障任务重的地区的补助。

第七条　县级以上人民政府民政部门是本行政区域内主管城市居民最低生活保障工作的部门。城市居民最低生活保障工作力量应予充分和加强。

街道办事处、镇（乡）人民政府以及社区居民委员会应依法协助民政部门及其所属的城市居民最低生活保障工作机构开展保障工作。

第八条　财政部门应按照有关规定，及时、足额划拨城市居民最低生活保障资金，安排必要的城市居民最低生活保障工作经费；统计、物价部门应提供当地生活必需品的种类、物价水平等方面的资料；劳动和社会保障、人事部门应提供本部门掌握的城市居民就业及收入情况。

第九条　设区的市的民政部门会同财政、统计、物价等部门，根据当地维持城市居民基本生活所必需的衣、食、住等费用，制定城市居民最低生活保障标准，报本级人民政府批准并公布执行；县（县级市）的民政部门会同财政、统计、物价等部门，根据当地维持城市居民基本生活所必需的衣、食、住等费用，制定城市居民最低生活保障标准，报本级人民政府批准并报上一级人民政府备案后公布执行。

调整城市居民最低生活保障标准，设区的市、县（县级市）人民政府应及时向社会公布。

第三章 保障范围

第十条 凡持有本省非农业户口的城市居民，其共同生活的家庭成员人均月收入低于当地城市居民最低生活保障标准的，可申请享受当地城市居民最低生活保障待遇。家庭成员根据《中华人民共和国婚姻法》中的有关规定确定，并应依法履行相互间的扶养、抚养、赡养义务。

第十一条 城市居民家庭收入指家庭所有成员下列各项收入的总和：

（一）工资、津贴、补贴等劳动收入；

（二）基本生活费、遗属生活费、困难生活补助费等各类补助、补偿费；

（三）退休金、养老金、救济金、退职金、辞职金；

（四）赡养费、扶养费、抚养费，参加储蓄式养老保险后领取的生活补助费，以及退出储蓄式保险后获得的收入；

（五）各类博彩、财产继承、受赠及存款本息、红利、有价证券、房屋出租、交易等收入；

（六）其他实际所得。

第十二条 下列情况不计入家庭收入：

（一）优抚对象享受的抚恤金、补助金、护理费及保健金，义务兵家属优待金；

（二）因公（工）负伤职工的护理费及死亡职工亲属享受的一次性抚恤金；

（三）见义勇为奖励金。

第十三条 家庭中凡在法定劳动年龄内，有劳动能力人员所从事劳动的收入，按实际收入计算。如实际收入难以核定的，按当地最低工资标准计算。有劳动能力，经有关机构介绍两次就业而拒不就业或无正当理由拒绝参加社区公益性劳动的，暂缓享受城市居民最低生活保障待遇。

第十四条 核定家庭收入时，家庭中有接受义务教育的，应扣减学生学杂费。

第四章 保障金的申请和核发

第十五条 申请享受城市居民最低生活保障待遇，按属地管理的原则，以家庭为单位，向户籍所在地的街道办事处或镇（乡）人民政府提出书面申请，并提交下列材料：

（一）申请书；

（二）户口簿、居民身份证；

（三）出具有效的家庭成员收入及赡养、扶养或抚养义务人收入证明。

共同生活的家庭成员，户籍不在同一地方的，在共同居住地提出申请，并提供其他成员户籍所在地街道办事处、镇（乡）人民政府出具的证明。

四川省草原承包办法

[1995年9月12日四川省人民政府第43次常务会议通过，四川省人民政府令第70号发布；根据2002年12月26日四川省人民政府第86次常务会议《关于修改〈四川省草原承包办法〉的决定》（省政府令第70—1号）修正]

第一章　总　则

第一条　为稳定和完善草原承包经营责任制，维护草原生态平衡，促进畜牧业发展，根据《中华人民共和国草原法》和《四川省〈中华人民共和国草原法〉实施细则》等法律、法规，制定本办法。

第二条　四川省行政区域内全民所有的草原和集体长期固定使用的全民所有草原（以下简称草原），按照本办法规定实行承包经营责任制。

已划归部队、学校、寺院使用的草原和自然保护区、风景名胜区、国有林场、国有森工企业的草原不适用本办法。

第三条　草原承包经营责任制长期不变。

第四条　各级人民政府应当加强对草原承包工作的领导。县级以上牧业行政主管部门负责本行政区域内的草原承包管理工作，乡（镇）人民政府负责管理本辖区的草原承包合同。

第五条　依法属于国家所有的地表、地下资源和其他地下埋藏物，不因草原承包而改变其国家所有权。

第二章　草原承包的一般规定

第六条　草原承包应当兼顾经济效益、社会效益和生态效益，合理规划、以草定畜，促进草原的建设、保护和合理利用。

第七条　草原承包应当有利于实行定居放牧和开展畜牧业综合建设，方便农牧民的生产、生活。各户承包的草原应相对集中成片，并留出牧道、饮水点、配种点等公用场地。

第八条　草原承包实行以户承包为主，以联户或自然村承包为辅。草原的割草基地、冬春草场可以承包到户；夏秋草场可以承包到户或联户，也可以根据当地实际情况承包到自然村。

第九条　实行草原承包时，发包方可以为乡级事业单位和乡村寄宿制学校划出适当数量的草原供其经营管理，也可以留出1%—3%的草原由发包方统一经营或者作为调剂使用。

第十条　划定承包户承包草原面积的原则，应当以人口为主，牲畜为辅；以牲畜折价归户时的人口和牲畜数量为主，现有人口和牲畜数量为辅。现役军人中的义务兵、各类在校学生、劳改劳教羁押人员、寺庙宗教人员等，均应计入承包草原的人口。

第十一条　实行草原承包时，应当确定县、乡（镇）、村、社（组）的草原使用范围，逐户划定草原使用界线，并勾绘上图，登记造册。

第十二条　对沙化、退化、碱化、鼠荒、滩涂草原，未开发的草原，盆周山区的远山草原，鼓励进行开发性承包或者以拍卖使用权等形式招标承包。牧民承包时，不扣减对其他草原的承包基数。

第三章　发包方和承包方的权利义务

第十三条　实行草原承包时，乡（镇）人民政府为发包方，单位或个人为承包方。

第十四条　发包方应当按照草原承包合同的规定，对承包方的生产经营活动进行指导，对承包方进行草原保护、建设和合理利用情况进行监督，为承包方提供必要的生产服务，维护其合法权益。

第十五条　承包方享有依法使用草原从事畜牧业生产经营的自主权和对生产成果、经济收益的自主支配权，享有接受国家和集体资助进行草原建设的权利，在承包经营权受到侵害时可以要求受到保护并向侵害方索赔。

第十六条　承包方必须按照草原承包合同的规定合理利用和保护草原，接受草原监理机构的监督检查，保护公共设施和其他国家建设设施、标志，依法缴纳税、费。

第十七条　承包方应当向发包方缴纳草原使用费，由发包方在每年年底收取。草原使用费纳入县、乡人民政府的育草基金，由财政专户储存，按照草原建设规划专项用于草原基本建设，重点用于冬春草场建设，任何单位、个人不得平调和挪用。

第十八条　承包沙化、退化、碱化、鼠荒、滩涂草原和未开发的草原以及盆周山区的远山草原的，在5年内免缴草原使用费。军烈属、伤残军人、特困户和其他缴纳草原使用费确有困难的，经发包方同意，可适当减免草原使用费。

第十九条　草原使用费根据草原质量每标准亩每年按0.05—0.20元计收，具体收取标准由市、州人民政府确定。草原使用费的使用管理办法，由省牧业行政主管部门会同省财政部门制定。

第二十条　草原使用费的收支情况必须定期向群众张榜公布，接受财政、审计部门的监督。

第四章　草原承包合同

第二十一条　承包经营草原，发包方与承包方必须依法签订草原承包合同，明确双方的权利和义务。

第二十二条　草原承包合同必须具备以下内容：

（一）发包方的名称，发包方代表人和承包方代表人姓名；

（二）承包草原的坐落、面积、质量；

（三）发包方应当提供的生产经营条件和服务项目；

（四）草原的使用、保护建设和载畜量；

（五）承包方应当缴纳的草原使用费；

（六）承包合同的有效期限和终止草原承包合同的条件；

（七）违约责任；

（八）当事人双方协商约定的其他内容。

第二十三条 依照本办法签订的草原承包合同，具有法律效力，当事人双方必须严格履行，任何一方不得擅自变更或解除。

第二十四条 草原承包合同依法签订后，由县级人民政府发放草原使用证。草原使用证、草原使用权登记表、草原承包合同书由省牧业行政主管部门统一式样，各市、州人民政府印制。

第二十五条 有下列情形之一的，草原承包合同无效：

（一）违反国家法律、法规规定；

（二）损害国家、集体或他人利益；

（三）发包方越权发包；

（四）采取欺诈、胁迫手段订立。

依法被确认为无效的草原承包合同，从订立之日起就不具备法律约束力。

第五章 草原承包合同的变更、解除与终止

第二十六条 有下列情形之一的，允许变更、解除草原承包合同：

（一）经当事人双方协商一致，又不损害国家、集体和他人利益；

（二）由于自然灾害等不可抗力的原因，致使承包合同无法完全履行；

（三）一方违约，使草原承包合同无法继续履行；

（四）承包的草原依法被国家征用或者收回使用权；

（五）对草原实行掠夺性经营或因超载放牧造成草原沙化、退化、水土流失，超过规定期限仍不进行治理。

第二十七条 当事人双方同意变更或解除草原承包合同的，应当签订书面协议，经双方签字并加盖发包方公章，承包方系单位的还需加盖单位公章。协议未生效前，原草原承包合同仍然有效。

第二十八条 在草原承包合同约定期限内，经发包方同意，承包方可以将承包的草原部分或全部转包给第三者。承包方与第三者确定转包关系后，承包方与发包方依据草原承包合同确定的权利、义务不变。

第二十九条 有下列情形之一的，承包合同即行终止：

（一）人民法院裁决终止草原承包合同；

（二）双方当事人协商同意终止草原承包合同，且不损害国家、集体和他人利益；

（三）承包人死亡而无继承人继续承包。

第三十条 当事人一方发生合并、分立，由变更后的当事人承担原草原承包合同规定的义务，享有承包合同规定的权利，并及时通知另一方当事人。

第三十一条 草原承包合同订立后，不因发包方代表人的变更而变更或解除。

第六章 草原承包合同的违约责任和纠纷处理

第三十二条 因当事人一方的过错，造成草原承包合同不能履行或者不能完全履行的，由有过错的一方按照法律规定或者合同的约定承担违约责任；双方都有过错的，由双方各自承担相应的违约责任。

第三十三条 发包方有下列行为之一的，按照草原承包合同的约定支付违约金和赔偿损失：

（一）不按草原承包合同的规定提供必要的生产经营条件；

（二）非法干预承包方正常生产经营，造成经济损失；

（三）擅自变更或解除草原承包合同；

（四）其他违约行为。

第三十四条 承包方有下列行为之一的，按照草原承包合同的约定支付违约金和赔偿损失：

（一）不按草原承包合同约定缴纳草原使用费；

（二）擅自变更或者解除草原承包合同，擅自变卖、转让、出租草原使用权；

（三）实行掠夺性经营或者超载放牧，造成草原沙化、退化、水土流失；

（四）其他违约行为。

第三十五条 当事人一方由于不可抗力的原因造成草原承包合同不能履行或者不能完全履行时，不承担违约责任，但应及时向对方通报，经双方协商一致，可延期履行、部分履行或者不履行。

第三十六条 当事人双方发生合同纠纷，应当及时协商解决。协商不成的，可以向县牧业行政主管部门申请调解，也可以依法直接向人民法院提起诉讼。

第三十七条 合同双方当事人发生纠纷申请调解或者诉讼期间，不停止合同履行。一方当事人申请停止履行的，是否允许，由人民法院裁定。

第七章 附 则

第三十八条 本办法具体应用中的问题由省牧业行政主管部门解释。

第三十九条 市、州人民政府可根据实际需要，制定实施办法。

第四十条 本办法自2003年3月1日起施行。

四川省征兵工作实施办法

（2003年9月15日四川省人民政府第17次常务会议通过，2003年9月30日四川省人民政府令第49—1号公布）

第一章 总 则

第一条 根据《中华人民共和国兵役法》和国务院、中央军事委员会颁布的《征兵工作条例》等有关法律、法规的规定，结合四川实际，制定本办法。

第二条 本办法适用于在四川省行政区域内的机关、团体、企业事业单位和其他组织以及户籍在四川省的公民。

第三条 本办法所称征兵工作，主要包括平时准备、体格检查、政治审查、审定新兵、交接运输新兵、退兵处理、兵员储备和优待等工作。

第四条 全省每年征集新兵的人数、范围、时间和要求，由省人民政府、省军区根据国务院、中央军事委员会的征兵命令确定。

征兵任务的分配，应当根据当地总人口和应征公民数量、素质以及群众的生产、生活情况统筹兼顾，合理分配。县级以上人民政府征兵办公室可以视情况对征兵任务进行局部调整。

第五条 征兵工作坚持平时兵员征集与战时兵员动员准备相结合，按照划定的专业技术兵储备区对专业技术兵实行对口征集，定向储备。

第六条 县级以上人民政府应当加强对征兵工作的领导。上级人民政府应当与下级人民政府、兵役机关以及有关部门层层签定征兵工作责任书，严格落实责任追究制。

第七条 各级人民政府及其兵役机关、各部门、各单位应当加强爱国主义、革命英雄主义和兵役法律、法规、规章的宣传教育工作，增强公民的国防观念和依法服兵役的自觉性。

第二章 机构和职责

第八条 县级以上人民政府成立征兵工作领导小组，其职责是：根据上级征兵命令，部署本行政区域内的征兵工作；审定征兵工作实施计划；研究解决征兵工作中的其他重大问题。

第九条 省军区、军分区以及县（市、区）人民武装部兼同级人民政府的兵役机关主管本辖区内的征兵工作。

县级以上人民政府组织同级兵役机关和公安、教育、卫生、民政、交通运输、监察等部门抽调政治思想好、业务能力强、具有一定征兵工作经验的人员组成征兵办公室，负责组织实施征兵工作。

第十条 乡（镇）人民政府、街道办事处的征兵工作按照上级兵役机关的安排和要求由同级人民武装部具体办理。机关、团体、企业事业单位的征兵工作，设有人民武装部的，由人民武装部具体办理；未设人民武装部的，应当指定专人协助所在地乡（镇）人民政府、街道办事处人民武装部办理。

第十一条 公安、卫生、教育、民政、财政、交通运输、劳动和社会保障、人事、监察等有关部门和单位应当按照本办法规定，共同做好征兵工作。

第三章 平时准备

第十二条 县（市、区）兵役机关应当在每年第一季度组织乡（镇）人民政府、街道办事处、企业事业单位的人民武装部对适龄男性公民进行兵役登记。

乡（镇）人民政府、街道办事处、企业事业单位的人民武装部应当设立兵役登记站。兵役登记开始15日前，应当发布兵役登记通告。

第十三条 当年12月31日前满18周岁的男性公民，应当按照要求到指定的兵役登记站进行兵役登记。

在全日制学校就学的符合条件的学生，按照学校所在地兵役机关的要求进行登记。

第十四条 乡（镇）人民政府、街道办事处、企业事业单位的人民武装部进行兵役登记时，应当依照国家有关规定提出本辖区适龄公民应服兵役、免服兵役和不得服兵役的意见，报县（市、区）兵役机关批准，发给《四川省公民兵役证》。经兵役登记和初步审查合格的，称应征公民。

已进行兵役登记符合服兵役条件的，每年应持《四川省公民兵役证》到兵役登记站进行核验。因特殊情况不能到兵役登记站登记、核验的，可以由其亲属或者所在单位代其进行登记、核验，并将结果通知本人。

第十五条 县（市、区）兵役机关按照上年度新兵征集任务数的4倍确定预征对象，乡（镇）人民政府、街道办事处按照县（市、区）兵役机关的安排和要求负责具体实施。

第十六条 当年高考后未在全日制学校就学的学生和毕业尚未就业的大中专毕业生，符合条件的应当及时补充为预征对象。

第十七条 县（市、区）征兵办公室和基层单位应当采取措施，加强对预征对象的管理、教育和考察，及时掌握其政治、身体变化情况。对因政治思想和身体情况发生变化不符合条件的预征对象应当及时调换。

第十八条 预征对象离开常住户口所在县（市、区）1个月以上，应当向所在基层人民武装部报告去向和联系方法，并按照兵役机关的通知要求及时返回应征。

第四章 体格检查

第十九条 县（市、区）征兵办公室应当根据当年的征兵任务确定预征对象体格检查的送检比例。乡（镇）人民政府、街道办事处必须按照确定的送检数量，组织预征对象到指定体检站接受体格检查。

第二十条 各级卫生行政部门应当按照征兵办公室的要求，抽调医务人员组成体检组，其中应有三分之二以上的人员从事过征兵体检工作。体检开始前，征兵办公室应当组织体检组成员进行业务培训。

第二十一条　县（市、区）征兵办公室应当设立规范的体检站或者指定医院负责体检工作。一般设立一组一站。人员较多、居住分散、交通不便的可以采取一组多站的方式进行。

体检实行封闭式管理，体检工作人员必须严格执行国家有关体检标准和规定，确保体检质量。

体检时应当吸收接兵部队军医参加主检室的工作。

第二十二条　对准备批准服现役的应征公民，应当进行体格抽查和复查。

对征集的普通兵，由县（市、区）征兵办公室进行抽查，抽查面不少于百分之三十，不合格率超过百分之五的，必须全部复查。对征集的潜艇、潜水兵、水面舰艇人员、坦克乘员、空降兵以及其他对身体条件有特殊要求的新兵，由县（市、区）征兵办公室组织全部复查。

市、州征兵办公室应当对所属县（市、区）体检工作进行检查指导，对发现问题较多的必须组织重点抽查，抽查人数不少于总数的百分之二十。

第二十三条　体检合格的应征公民名单应当及时张榜公布。

第五章　政治审查

第二十四条　县（市、区）公安机关在同级征兵办公室的统一安排下，负责组织力量对体检合格的应征公民进行政治审查。有关部门、单位应当予以协助。

任何单位和个人不得隐瞒应征公民的真实情况。

第二十五条　政治审查按照国家有关征集公民服现役政治条件的规定进行。

第二十六条　政治审查工作实行谁政审、谁签字、谁负责制度。政治条件兵的审查，应当指定专人负责。

村（居）民委员会应当对应征公民在本辖区居住期间的现实表现情况及其家庭主要成员、主要社会关系情况进行审查鉴定。

应征公民原毕业的学校，应当对其文化程度和在校期间的现实表现情况进行审查鉴定。

应征公民户口所在地公安派出所，应当对其年龄、户口类别、有无违法违纪行为、家庭主要成员和主要社会关系有无政审条件规定的影响公民服现役的问题等情况进行审查鉴定。

乡（镇）人民政府、街道办事处应当对应征公民的政治情况进行复审，做出鉴定。

县（市、区）征兵办公室应当会同有关部门对应征公民的政治情况进行综合审查，签署政审结论意见，加盖政审专用章。

第二十七条　县（市、区）公安机关应当对跨县（市、区）工作、生活的应征公民进行交叉联审，相关部门、单位应当予以配合。对不符合征兵政治条件的异地违法犯罪适龄公民的情况，应当提前逐级上报和通报。

第二十八条　政治审查工作应当在审定新兵前完成。

政治审查合格的应征公民名单应当及时张榜公布。

第六章　审定新兵

第二十九条　审定新兵实行乡（镇）人民政府、街道办事处初审，县（市、区）征兵办公室审查批准的方法。

县（市、区）征兵办公室审定新兵时，应当听取体检、政审和接兵部队等单位的意见，召开定兵会议，集体审定。

审定新兵时，应当择优批准政治条件好、身体健康、文化程度高、有专业特长的入伍。

第三十条　审定新兵应当在新兵起运前5日完成。被批准入伍的新兵名单应当及时张榜公布。

张榜公布的体检合格的应征公民名单、政治审查合格的应征公民名单和被批准入伍的新兵名单，任何单位和个人都可以向征兵办公室提出异议。征兵办公室收到异议后应当调查核实，对经调查核实确不符合征兵条件的人选应当及时调换。

第三十一条　机关、团体、企业事业单位和乡（镇）人民政府、街道办事处应当采取有效措施，加强新兵待入伍期间的管理。

第三十二条　对批准服现役的应征公民，由县（市、区）征兵办公室办理入伍手续，同时发给《入伍通知书》，通知其常住户口所在地的户口登记机关。其家属凭《入伍通知书》到常住户口所在地的户口登记机关注销应征公民的户口。

第七章　新兵交接和运输

第三十三条　交接新兵，由县（市、区）征兵办公室和接兵部队共同组织，按照上级兵役机关的要求实施。

第三十四条　县（市、区）征兵办公室办理新兵交接手续，应当将新兵花名册、新兵档案材料、组织介绍信一并交给接兵部队，在新兵起运前完成。

第三十五条　人民解放军新兵的被装，由省军区、军分区后勤部负责计划和调拨。人民武装警察部队新兵的被装，由省武警总队后勤部负责计划和调拨。被装应当在新兵交接前发给新兵。

第三十六条　省、市（州）征兵办公室应当根据新兵征集计划及时拟制新兵运输计划。

第三十七条　新兵运输计划下达后，各级征兵办公室应当及时组织接兵部队、军用饮食供应站、军事代表处和铁路、交通、民航等部门召开新兵运输工作会议，安排部署新兵运输工作。

第三十八条　铁路、交通、民航等部门应当按照新兵运输计划及时调配车船、飞机，保证按时、安全完成新兵运输任务。县（市、区）征兵办公室和接兵部队应当按照运输计划按时组织新兵起运。

第三十九条　各级征兵办公室应当协助接兵部队搞好新兵编队、安全乘车教育等工作。沿途军用饮食供应站应当做好新兵运输中的饮食保障和服务工作。

各级人民政府应当组织有关部门和单位搞好入伍新兵的欢送。

第八章　退兵处理

第四十条　处理退兵由省征兵办公室统一办理，市（州）、县（市、区）征兵办公室不得擅自接收部队退回的新兵或者调换新兵。

第四十一条　因政治条件不合格需作退兵处理的，县（市、区）征兵办公室应当及时会同有关部门进行调查核实，并及时将调查情况逐级上报至省征兵办公室，由省征兵办公室将调查情况和处理意见通知部队。

第四十二条　省征兵办公室接收的由部队按规定退回的新兵，应当及时明确退兵性质，逐级通知到原征集的县（市、区）征兵办公室。

县（市、区）征兵办公室应当于接到通知2日内，派专人到省征兵办公室办理退兵手续。

各级征兵办公室应当对责任退兵及时进行调查处理。

第四十三条　对部队按规定退回的新兵，当地公安机关应当予以落户；原是机关、团体、企业事业单位职工的，原单位应当准予复工、复职；原是高等学校学生的，原学校应当按照有关规定准予复学。

第九章　优　待

第四十四条　被征集服现役的公民及其家属享受国家和人民群众的优待。

第四十五条　入伍前是农村居民的义务兵，可以自愿保留或者退还原承包的土地。县（市、区）人民政府每年应当给予义务兵家属不低于当地上年度农村人均纯收入百分之七十的优待金，并在宅基地划分、招工等方面给予优先办理。

入伍前是城镇居民的义务兵，由其户籍所在地人民政府发给义务兵家属优待金，具体发放标准和办法由市（州）人民政府制定。

入伍前是全日制普通高等学校在校学生的义务兵，由其入学前户籍所在地人民政府按照城镇居民义务兵的优待标准予以优待。

第四十六条　入伍前是全日制普通高等学校毕业生和到高寒、边远地区服役的义务兵，其户籍所在地人民政府可以视情况制定特殊优待办法，给予特殊优待。

第十章　兵役征集经费

第四十七条　县级以上人民政府开展征兵和兵役登记工作所需经费由省财政统筹解决，不足部分由当地财政保障。机关、团体、企业事业单位和乡（镇）人民政府、街道办事处开展征兵和兵役登记工作所需经费由本单位解决。

第四十八条　兵役征集经费的开支范围、使用管理和审计监督办法由省财政部门和省军区司令部拟定，报省人民政府批准。国家另有规定的，从其规定。

第十一章　奖励与惩处

第四十九条　在征兵工作中做出突出贡献的单位和个人，各级人民政府应当给予表彰、奖励。

第五十条　依法应当履行服兵役义务的公民拒绝、逃避兵役登记、体检，应征公民拒绝、逃避征集，或者应征公民在体检中弄虚作假的，由县（市、区）人民政府责令限期改正；逾期不改的，由县（市、区）人民政府强制其履行兵役义务，并可以处以10000元以下的罚款；构成犯罪的，依法追究刑事责任。

应征公民拒绝、逃避征集，拒不改正的，在两年内不得录取为国家公务员、国有企业职工，不得出国或者升学。

被征集入伍的应征公民因思想原因不安心服役，经教育无效由省征兵办公室裁定作退兵处理的，按逃避征集处罚。

第五十一条　机关、团体、企业事业单位拒绝完成征兵任务，或者不如实申报本单位适龄男性公民人数，或者对公民参加兵役登记和征集设置障碍，或者故意隐瞒应征公民政治表现的，由县（市、区）人民政府责令改正，并可以处以10000元以下的罚款；对其主要负责人、直接责任人依法给予行政处分。

第五十二条　县（市、区）人民政府及乡（镇）人民政府、街道办事处违反本办法规定，完不成征兵任务的，由上级人民政府给予通报批评，对其行政责任人依法给予行政处分。

第五十三条　对威胁、恫吓、侮辱、殴打征兵工作人员，妨碍征兵工作的，依照《中华人民共和国治安管理处罚条例》的有关规定由公安机关予以处罚；构成犯罪的，依法追究刑事责任。

第五十四条　违反本办法第四十条规定的，对有关责任人依法给予行政处分。

第五十五条　征兵工作人员在征兵工作中收受贿赂、滥用职权、玩忽职守、徇私舞弊的，依法给予行政处分；给他人造成损失的，依法承担民事赔偿责任；构成犯罪的，依法追究刑事责任。

第十二章　附　则

第五十六条　县（市、区）人民政府依照本办法实施的处罚，由县（市、区）兵役机关具体办理。

第五十七条　《四川省公民兵役证》式样，由省征兵办公室统一制定。

第五十八条　女兵的征集办法和从非军事部门直接招收士官工作办法另行制定。

第五十九条　本办法自发布之日起施行。1994年9月2日发布的《四川省征兵工作实施办法》同时废止。

四川省《中华人民共和国国家通用语言文字法》实施办法

（2003年11月30日经四川省人民政府第22次常务会议通过，2004年2月1日起施行）

第一条　为加强对国家通用语言文字应用的管理，促进四川各民族、各地区国家通用语言文字社会应用的规范化、标准化，根据《中华人民共和国国家通用语言文字法》和有关法律、法规的规定，结合四川实际，制定本实施办法。

第二条　本实施办法所称的国家通用语言文字是普通话和规范汉字。

第三条　四川省行政区域内的单位和个人应遵守本实施办法。

少数民族语言文字的使用可以依据《中华人民共和国宪法》、《中华人民共和国民族区域自治法》及其他法律的有关规定。

第四条　省语言文字工作主管部门负责全省国家通用语言文字应用工作的指导、管理、监督和协调。市（州）、县（市、区）语言文字工作主管部门负责本行政区域内国家通用语言文字应用工作的管理和监督。

其他有关部门按照各自的职责分工，管理、监督国家通用语言文字应用工作。

第五条　各级语言文字工作主管部门及相关部门、单位应明确工作职责和任务，建立管理工作机制。语言文字工作主管部门工作经费纳入同级财政预算，由同级财政部门统筹安排。

第六条　省语言文字工作主管部门管理全省普通话水平测试工作，组织具有普通话水平测试能力的机构进行普通话水平培训和测试并核发普通话水平等级证书。

第七条　各级机关和各行业主管部门应将推动国家通用语言文字规范化、标准化纳入目标管理，把推广普通话和推行规范汉字作为本单位精神文明建设的内容之一并对公务活动中使用普通话和规范汉字制订具体规定。

国家机关工作人员在接待、发表讲话、发布信息等履行公务时应当使用普通话。

第八条　学校及其他教育机构的教职员工应当以普通话为基本的教育教学用语。对外汉语教学应当教授普通话和规范汉字。

少数民族学校可以使用普通话进行教学，也可以按照有关规定使用少数民族语言进行教学。

第九条　广播电视播音应当使用普通话；使用方言播音的，应当经省广播电影电视行政管理部门批准。

少数民族聚居地区的电视和广播可以使用普通话播音，也可以按照规定使用少数民族语言播音。

第十条　提倡服务行业的从业人员以普通话为服务用语。行业系统对从业人员普通话水平等级有规定的，从其规定。

第十一条　推行普通话水平等级持证上岗制度。以普通话为工作语言的播音员、节目主持人和影视话剧演员、教师、国家机关工作人员及相关专业学生的普通话水平应当分别达到国家规定的等级标准。尚未达到国家规定的普通话等级标准的人员应接受培训和测试。

第十二条 学校及其他教育机构应当以规范汉字为基本的教育教学用字。教材用字、教学用字等校园用字应当符合国家颁布的用字规范标准和要求。

禁止用字不规范的教育教学产品进入教育领域。

第十三条 中文报纸、期刊、图书、音像制品等出版物应当使用规范汉字。

第十四条 企业名称、商标名称、标签标识、产品介绍等用字应当使用规范汉字。

商业牌匾和招牌等需要保留繁体字、异体字的，应当在显著位置配放规范汉字标志牌。

第十五条 广告应当以国家通用语言文字为基本的用语用字，不得故意使用错别字或者用谐音字修改成语。

第十六条 国家通用语言文字以《汉语拼音方案》作为拼写和注音工具。汉语拼音在公共设施中不能单独使用，需要使用汉语拼音时，可加注在汉字的下方。

第十七条 公文、印章、标牌、合同、公务用名片等应当使用规范汉字。

信息处理和信息技术产品中使用的国家通用语言文字应当符合国家规范和标准。

少数民族地名和外国地名应当按照国家有关规定译写。

第十八条 违反本实施办法第九条有关规定的，由广播电影电视行政管理部门给予批评教育、警告并责令限期改正。

违反本实施办法第十三条规定的，由新闻出版行政管理部门给予批评教育、警告并责令限期改正。

违反本实施办法第十四条、第十五条有关规定的，由工商行政管理部门责令改正；拒不改正的，予以警告并督促其限期改正。

第十九条 违反本实施办法其他规定的，由语言文字工作主管部门给予批评教育并责令限期改正。

第二十条 拒绝、阻碍国家工作人员依法执行公务，未使用暴力、威胁方法的，由公安机关依照《中华人民共和国治安管理处罚条例》予以处罚；使用暴力构成犯罪的，依法追究刑事责任。

第二十一条 本实施办法自2004年2月1日起施行。

二、重要文件

四川省人民政府关于保护水利工程的布告

为了保护水利工程，发挥工程效益，特布告如下：

一、河道、堤防、闸坝、水库、引水渠道、塘、堰、井、池、机电泵站、喷灌设施等水利工程及其附属设施，由水利部门或专管人员严加管理和保护，其他任何单位和个人不得侵占、损害和破坏。

二、经批准征用的水利工程用地（包括工程保护用地、飞沙地、塘库蓄水占地、综合经营用地、生产生活用地），由水利工程管理单位或专管人员统一管理，其他任何单位和个人不得侵占，已侵占的要限期退回。

三、严禁在河滩、洼地、湖泊和水库工程的堤、坝、渠道内外坡种植作物、铲草皮、放牧、埋葬、建窖、建房、爆破。严禁在水利工程规定的管护范围内毁林开荒、采矿、取石和乱修建筑物。

四、严禁在行洪、排洪河道内设置障碍物、种植林木。严禁任何单位或个体向水库、塘堰、渠道内倾倒废渣、沙石、垃圾及排放超标准废水、污水。对影响或阻碍蓄水、输水和行洪能力的各种建筑物，按照谁设障碍谁清除的原则，必须限期改建或清除。

五、蓄洪、分洪、引水、泄水、输水、配水等设施的操作运行，必须由水利工程管理单位或专管人员按照有关规定执行，其他任何单位和个人不得擅自或强行启闭，不得干扰阻碍水利管理人员执行任务。

六、严禁损坏水文站的观测标志、测量设备、界桩、过河建筑物、船只、通讯线路、电台及防汛抢险物资等。不得挪用测量专用船只和其他设备。

七、全省广大干部和人民群众要自觉保护水利工程。水利工程管理人员必须严格遵守国家政策、法令和有关规章制度，坚守工作岗位，忠于职守，管理和保护好水利工程及其附属设施。各级人民政府对保护水利工程有功的人员和单位要给予表彰。对破坏水利工程设施者和违反规章、玩忽职守的水利工程管理人员，除赔偿损失，限期修复外，各级人民政府应视情节轻重，分别予以行政的，经济的制裁；情节严重触犯刑律的，由司法机关依法处治。

四川省人民政府

1986年3月4日

四川省人民政府关于厉行节约，反对浪费，严格财经纪律的几项规定

（川府发〔1987〕16号）

一、省内上下级工作交往，严禁用公款请客送礼。省委、省政府领导同志和省级部门的领导同志到各地，各市、地、州、县及其部门的领导同志到省上汇报工作等，一律不准搞宴请。省外来宾往来的必要招待和企业正常的业务应酬，也要本着勤俭节约精神，严格控制招待标准，减少陪同，从简办理，严禁借机大吃大喝。

各地一律不准向省级机关和领导干部送礼。各级、各单位干部特别是各级领导干部，不许接受下级赠送的礼品，包括新产品、试制品、土特产品等，更不得索要。下级也不得向上级赠送上述物品。不许采取象征性收、交费的办法变相赠送和索要礼品。

二、各行政、事业单位的办公楼、宿舍，已经批准尚未开工的一律不许开工；已开工未完成而确需续建的，要经过各级政府批准，投资不得超过原定预算，并不准互相攀比、擅自提高建筑标准，除中外合资建设项目和涉外宾馆确实需要经过批准可进口装饰材料外，其他建筑一律不得使用进口室内设备和建筑材料。党政机关修建的办公楼、宿舍不得使用瓷砖等高级材料贴墙面。任何单位都不许挪用事业经费搞基本建设。

三、严格按照川委办〔1987〕12号文件的有关规定，精简会议，改变会风。省级各单位确因工作需要到地、县召开业务会议的，要负担会议的全部费用，不得借机向下转嫁负担。地县和下级单位对转嫁的费用可以拒付，或向上级有关领导机关揭发。

不准借出差、开会和参加商品交易会等为名，用公款游山玩水。

严格控制开工典礼、竣工剪彩、庆功会、表彰会等活动，坚决杜绝形式主义。各级领导除必须参加的以外，一般不要参加。

四、严格控制集团购买力。今年上半年，一律停止审批行政、事业单位的购置专控商品的报告。对一些企事业单位必要的经营性设施的购置，也要严格审批程序，各地政府要切实把好关。今年一律不得购置进口高级小轿车。

五、各行政、事业单位一律不许在国家标准以外滥发奖金、补贴、实物，违者要追究有关领导人员的责任。这些单位的招待所、要严格按照川府发〔1987〕77号文件的有关规定收费，不准擅自提高收费标准，更不准用虚报冒领等手段牟取非法收入，化大公为小公。

六、今年各级行政、事业单位的支出预算不许突破。凡超过预算的开支一律自行负责，财政不予解决。个别特殊情况确需追加支出的，要先报主管部门研究，并由政府主管领导同志一支笔审批。

从现在起，除中央明确规定的外，停止增设机构、机构升格和增加人员，各单位的编制一律冻结。

七、各级财政、银行、审计、物价等主管部门，要切实履行职责，加强经常性督促检查，对违反上述规定的，要按照政策规定认真处理。涉及党员领导干部和突出的问题，各级纪检组织要会同有关部门认真查处，决不姑息迁就。

八、各级领导机关和领导干部必须在“双增双节”运动中做出表率。既要切实转变作风、落实措施，组织领导好本地区、本部门、本单位的运动，又要以艰苦奋斗、勤俭节约的模范行动去带动群众，推动运动的广泛、深入、持久发展。

四川省人民政府
1987年5月4日

四川省人民政府关于保护发展森林资源实行政府首长任期目标责任制的若干规定

为了加强地方各级政府首长保护、发展森林资源的责任，促进林业发展，根据《中华人民共和国森林法》和国家有关规定，特作如下规定：

一、保护、发展森林资源实行各级政府首长任期目标责任制。每届政府应根据当地实际，制定保护、发展森林资源的任期目标及其分年度实施计划，报上一级政府审查批准后实施。

二、地方各级政府主要领导人代表本届政府向上一级政府签订《保护、发展森林资源任期目标责任书》（以下简称《责任书》）。政府首长应组织林业等有关部门，采取切实措施，做好《责任书》各项规定的实施工作。

三、《责任书》应包含以下主要内容：

（一）严格执行年森林采伐限额制度，每年森林活立木蓄积消耗量不超过国家下达的限额；

（二）严格执行国家下达的年度木材生产计划，不超计划采伐；

（三）建立森林资源保护制度，严禁毁林开垦，制止乱砍滥伐，及时查处破坏森林资源案件；

（四）落实各项森林防火制度、措施，凉山州、攀枝花市森林火灾损失率控制在1‰以下，甘孜州控制在0.5‰以下，其余市、地、州控制在0.1‰以下；

（五）做好森林病虫害的防治工作，病虫害成灾率控制在3‰以下；

（六）完成任期内的绿化目标和年度植树造林任务，年造林成活率达到85%以上；

（七）奖励和处罚；

（八）根据实际情况需增加的其他内容。

四、县级政府每年年末应组织有关人员对《责任书》执行情况进行检查，并将检查情况书面报告上一级政府。

五、每届政府在任期届满前半年，向上一级政府报送《责任书》执行情况报告，申请考核。上级政府应组织林业、监察、人事等有关部门和专家进行考核，并根据考核意见，对下一级政府首长实行奖励或处罚。

六、在保护发展森林资源中做出突出贡献的政府首长，由省人民政府授予省级劳动模范称号，颁发荣誉证书，晋升一级工资。

七、因工作不负责任，玩忽职守，或违反《中华人民共和国森林法》规定，擅自批准超限额采伐或超越职权批准采伐森林，致使森林资源遭受严重破坏，构成犯罪的，依法追究刑事责任。

以上规定，请遵照执行。

四川省人民政府
1989年4月22日

中共四川省委、四川省人民政府批转省民政厅《关于积极稳妥发展我省农村社会养老保险事业的意见》的通知

（川委发〔1994〕18号）

各市、地、州、县委，各市、州、县人民政府，各地区行政公署，省级各部门：

省委、省政府同意省民政厅《关于积极稳妥发展我省农村社会养老保险事业的意见》，现批转给你们，请结合实际，认真贯彻执行。

中共四川省委　四川省人民政府
1994年8月1日

四川省民政厅关于积极稳妥发展我省农村社会养老保险事业的意见

（1994年6月10日）

省委、省政府：

根据国务院《关于企业职工养老保险制度改革的决定》（国发〔1991〕33号）和民政部的统一部署，经省人民政府批准，我厅于一九九一年冬季会同原南充地区民政局在原南充市开展了农村社会养老保险试点工作，取得了初步经验，随后逐步扩大试点。经过两年多的实践，全省十九个市、地、州的四十六个县（市、区）开展了这项工作。到一九九三年底，全省共有一百八十五万农民参加养老保险，积累保险费四千多万元；其中有十三个县（市、区）跨入全国农村社会养老保险试点工作先进行列，受到了民政部的表彰。实践证明，农村社会养老保险是顺民心、合民意的千秋大业，广

大干部、群众是拥护和欢迎的。

为了进一步贯彻落实党的十四届三中全会精神和国务院的决定，以及省委、省政府的有关指示，适应改革开放和建立社会主义市场经济体制的需要，加快发展农村社会养老保险事业，按照积极领导、稳步前进的方针，逐步把农村社会养老保险制度建立起来，现结合我省实际情况，提出如下意见：

一、提高认识、统一思想。建立农村社会养老保险制度是健全农村社会保障体系的重要内容，是农村经济和社会发展的客观需要，是深化农村经济体制改革和落实计划生育基本国策的一项重要配套措施，是解决农民老有所养，调动农民生产积极性，推动农村经济发展和社会稳定，促进两个文明建设的重大社会政策。搞好这项工作有着重大意义。四川是一个农业大省，老龄人口的70%以上在农村，随着人口老龄化速度的加快，在农村建立社会养老保险制度势在必行。由于农村经济不断发展，群众收入逐年增加，不少农民已具备了一定的经济承受能力。因此，要进一步解放思想，抓住有利时机，引导农民实行自我保障，我这件利国利民的事情办好。

二、因地制宜，分类指导，坚持自愿，稳步发展。我省幅员辽阔，各地社会、经济发展情况差异较大。因此，在开展农村社会养老保险工作时，应从实际出发，因地制宜，分类指导，不搞一刀切。各地要认真做好规划，按照民政部制定的《县级农村社会养老保险基本方案》组织实施。在工作中，要以农民的经济承受能力为前提，以思想教育为先导，坚持自愿选择参保档次的原则，做好提高参保率和扩大覆盖面的工作，争取在本世纪末把我省农村社会养老保险制度基本建立起来。

三、理顺关系，明确职责。根据国务院和省有关规定，我省农村社会养老保险工作由省民政厅及各级民政部门负责组织实施，其他部门、企业不得在农村开展社会养老保险。在国务院国发〔1991〕33号文件下达前，其他部门已在农村开展的养老保险可暂时维持现状，但不得开展新的养老保险业务和扩大范围。乡镇企业的社会养老保险工作按国务院国发〔1991〕33号文件执行。

四、建立健全农村社会养老保险管理机构。各地要结合转换政府职能和机构改革，由民政部门承担农村社会养老保险工作职能，配备与工作任务相适应的工作人员。已开展农村社会养老保险工作的县（市、区）和乡（镇）应加强对这项工作的领导和管理。

五、落实集体补助、国家扶持政策。农村社会养老保险，应坚持自我保障为主，国家、社会扶持相结合，保险费交纳以个人为主、集体补助为辅、国家予以政策扶持的原则。集体补助办法由县（市、区）人民政府确定，农村社会养老保险基金及个人领取的养老保险金，不计征税费。

六、搞好农村社会养老保险基金的管理。农村社会养老保险基金是农民群众的养老资金，必须严格管理，确保增值，保证兑现。以县（市、区）为单位统一管理、核算，专户储存，专款专用，任何单位和个人不得借用、挪用和侵占。

七、切实加强对农村社会养老保险工作的领导。农村社会养老保险是一项崭新的事业，涉及面广、政策性强、工作量大、困难较多。凡新开展的地方，要先试点后推开，加强引导，坚持自愿的原则。各级党委、政府要加强领导，把农村社会养老保险工作纳入重要议事日程，列入政府目标管理，切实解决好工作中出现的问题。各级民政部门要充分发挥职能作用，认真履行职责，当好参谋。各有关部门要顾全大局，互相配合，大力支持，把我省农村社会养老保险工作积极、稳妥、健康地推向前进。

以上意见如无不妥，请批转执行。

中共四川省委　四川省人民政府
关于印发《四川省国民经济跨世纪发展战略》的通知

川委发〔1997〕27号

各市、地、州县委，各市、州、县人民政府，各地区行政公署，省级各部门：

《四川省国民经济跨世纪发展战略》已经省委、省政府同意，现印发给你们，请结合本地区、本部门实际，认真贯彻执行。

1997年6月9日

四川省国民经济跨世纪发展战略

面对即将到来的21世纪，世界许多发达国家和国内不少省、区、市，都已经制定或正在抓紧制定跨世纪的发展战略，以求在未来的经济格局中处于主动、有利的地位。四川是地处内陆、经济欠发达的人口大省，行政区划调整后，根据变化了的省情，对国民经济发展中全局性、长远性的重大问题进行系统地决策，明确思路，抓住重点，确定目标，制定对策，对保证全省经济持续、快速、健康发展至关重要。

一、世纪之交的机遇与挑战

改革开放18年来，四川经济同全国一样取得了举世瞩目的成就。全省综合经济实力明显增强，基础设施和城乡面貌有了较大改善，经济体制改革取得长足进展，全方位对外开放的格局初步形成，各项社会事业蓬勃发展，国民生产总值翻两番的目标提前实现，人民生活正由温饱向小康过渡，经济社会生活的各个方面都发生了深刻的变化。

行政区划调整，建立重庆直辖市以后，四川的人口、面积、资源、经济总量等均有减少，但仍然是一个国土、人口、科教、资源大省，经济总量居全国第8位。在全国经济发展的总格局中，四川仍然占有重要地位。

从现在起到2010年的14年，四川经济发展处于一个既有机遇、又有挑战的国际国内经济环境。当今世界正走向多极化格局，和平与发展仍然是两大主题，国际竞争的主要手段已转为经济技术实力的较量，这为我国、也为我省的经济发展提供了有利的国际环境。国家把加强中西部地区的发展作为必须长期坚持的一项基本方针，已经采取并将继续采取一些必要的政策和措施，加大对中西部地区的支持力度，这对四川是一个极为有利的条件。对外开放正由沿海地区向内陆地区延伸和扩大，给我省扩大开放加快发展带来了新的契机。国家加强长江沿江经济带的开发建设和重庆成为直辖市后，也给四川带来了新的发展机遇。沿海地区产业结构的升级，为我省劳动密集型产业的进一步发展提供了条件。扶贫攻坚成为全党全国本世纪最后几年的重要任务，这对我省边远山区、贫困地区、民族地区的发展也是一个有力的推动。经过建国以来尤其是改革开放以来的快速发展，四川国民经济有了一个较好的基础，积累了经济发展正反两方面的宝贵经验。我省广阔的市场、丰富的资源、雄厚的科技力量、数量众多且成本相对较低的劳动力，都为全省经济加快发展提供了有利的条件。但是，也必须清醒地看到，我省经济在当前及今后相当长的时期内都存在着一些突出的制约因素和困难，面临着国际国内的严峻挑战。

（一）经济总量占全国的比重有所下降

“八五”期间，四川国内生产总值平均增长11.1%，全国为12%。我省国内生产种植占全国的比重，由1990年的6.4%下降到1995年的6.1%，5年下降了0.3个百分点。

（二）经济结构矛盾仍很突出

农业基础脆弱，农业生产的基本条件、生产方式、管理水平与农业大省的地位不相称，与农业产业化、现代化的要求相差甚远；水利、交通、通信、能源等基础设施和基础工业的“瓶颈”制约比较突出；一些传统产业的优势衰减，支柱产业不突出，高新技术产业远未形成气候，竞争力强、市场占有率高、带动作用大的拳头产品不多；在工业结构中，存在着国有经济比重、重工业比重过高，非国有经济、轻工业的比重过低的“两高两低”问题，既增加了改革的难度，又影响着资金积累和经济的协调、快速发展。

（三）经济增长尚未摆脱粗放型的传统方式

四川的工业总产值和销售收入均居全国前列，而主要经济效益指标则处于落后位置，资本收益率低于全国平均水平，资产负债率高于全国平均水平。在建设、生产、流通等领域，经济效益都比较低，还处于主要依靠增加资本投入支持经济增长的粗放经营阶段。实现经济增长方式的根本性转变，任务十分艰巨。

（四）四川面临愈来愈激烈的国际国内市场竞争压力

由于地处内陆，交通不便，我省对外开放相对滞后，对外开放的领域、引进资源的规模、进出口贸易都大大低于沿海发达省市，使我省原有的优势产业得不到必要的技术和资金支持。四川商品的市场占有率不高，外贸依存度偏低。随着我国经济与世界经济的接轨，四川商品不仅面临着沿海发达省市商品的激烈竞争，还将面对国家大财团、大公司等更为强劲的竞争对手。如果我们没有新的举措和大的作为，就会在市场竞争中处于劣势和被动地位。

市场经济是优胜劣汰的竞争经济。在市场竞争中的成败，决定着企业的兴衰和区域经济的发展状况。一切经济工作都必须遵循市场经济的客观规律。我们既要看到不可多得的历史机遇和有利条件，更要正视面临的困难和严峻的挑战，增强加快发展的危机感、紧迫感和责任感。负重自强，团结登攀，把握机遇，克服困难，扎扎实实地做好各项工作，努力加快四川经济的发展。

二、跨世纪的经济发展战略

根据国家的总体部署和四川省情，1997—2010年四川国民经济跨世纪的发展战略是：推进转变，优化结构，发挥优势，高校持续，加快发展。要大力推进经济体制和经济增长方式的根本性转变，深化改革，扩大开放，依靠科技，调整优化所有制结构、产业结构、产品结构、技术结构、企业组织结构、地区布局结构，充分发挥我省市场广阔、资源丰富、科技力量雄厚、劳动力众多且成本较低的优势，提高市场竞争能力，提高经济效益，提高经济的整体素质，实现持续、快速、健康发展，建设经济强省。战略重点是：

（一）夯实四大基础

第一，夯实农业基础。

坚持把农业放在经济工作的首位，继续贯彻“决不放松粮食生产，积极发展多种经营，大力发展乡镇企业”的方针和“稳粮调结构，增收奔小康”的思路，以小康建设统率农村的各项工。坚持不懈地实施“小康规划”“丰收计划”“扶贫工程”。要确保粮食稳定增长，大力调整农业和农村经济结构，推进农业产业化，加快富余劳动力转移，提高多种经营和二、三产业在农民收入中的比重。坚持“治水兴蜀”，增加投入，努力改善农业生产条件和农民生活条件。坚持“科技兴农”，进一步提高科技进步对农业增长的贡献率。促进农业和农村经济的全面发展，为加快工业化和城市化进程奠定坚实的基础。

第二，夯实交通基础。

以建设方便、快捷、高效的现代化交通运输体系为目标，形成铁路、公路、航空、水运和管道运输协调配合、布局合理的综合交通运输体系。重点抓好10条高速公路、3条铁路电气化改造及宝成复线、内昆复工建设，力争本世纪末全省高速公路达到1000公里，到2010年成都至各市地州首府所在地要用高速公路或高等级公路联结起来，出省主通道运能大为提高，彻底改变“蜀道难”状况。同时继续采用先进技术，加强通信建设，到本世纪末全省所有城市和县城实现电话程控化，到2010年初步形成信息网络的主体骨架。

第三，夯实能源基础。

充分发挥四川水能资源丰富的优势，大力加强电力建设，按照建成全国“西电东送”基地的目标，实行流域梯级滚动开发，重点搞好雅砻江、大渡河、金沙江和一批中小河流的水电开发。同时，积极加快火电、核电、天然气、煤炭和其他能源的开发。大力抓好节能工作。力争到2010年，使电力不但能满足本省需求，而且成为全国电力供应的一个重要基地，使以水电为主体的电力工业成为我省的重要产业。

第四，夯实科教基础。

要坚定不移地贯彻邓小平同志关于“科学技术是第一生产力”的思想，坚持不懈地实施“科教兴川”战略，真正把经济建设转到依靠科技进步和提高劳动者素质的轨道上来。深化科技、教育体制改革，促进科技、教育同经济建设的紧密结合，加速科技成果向现实生产力的转化。继续改善知识分子的工作和生活条件，做到人尽其才，才尽其用，保护知识产权，努力形成尊重知识、尊重人才的社会环境。要大力提高全体人民的思想道德素质和科学文化素质，充分发挥广大工人、农民知识分子的积极性和创造性。

（二）壮大六个支柱

第一，电子信息产业。

继续壮大消费类电子产品的优势。重点抓好长虹“红太阳一号”、红光彩管等重点工程建设，大力开发高清晰度大屏幕彩电、家用电脑、多媒体和高保真组合音响等新一代“消费热点”产品，充分利用名牌效应，形成规模经济。

抓住国民经济和社会信息化的机遇，加速发展投资类电子产品。重点发展现代化通信设备、工业微机监控系统、机床数控显系统和交通、汽车、医疗等专用电子产品。在搞好国有大中型电子企业改组改造的同时，发展一批高新技术民营电子企业，加快发展网络配套产品、系统集成产品和计算机软件。

按照元器件规模化、片式化、微型化和原材料基地化的方向，大力发展基础类电子产品，突出抓好成都元器件基地和军事电子基地的建设，加快产品升级换代，强化电子工业发展的基础。

第二，机械冶金工业。

继续壮大发电设备制造的优势。加快特大型和超临界发输电设备的研制，进一步提高发电设备、输配电设备和电工器材等拳头产品在国内外市场的占有率。

进一步提高工程机械、重型机械的制造水平，抓紧抓好重点企业的技术改造，促进产品上规模、上质量、上水平。

有重点地发展运输设备和农用机械。重点抓好四处旅行车厂高中档客车扩建项目。继续扶持农用车和农用机械的发展。按照专业化协作和规模经济的要求，积极扩大汽车零配件生产。

积极开发交流数字驱动系统、数控机床等机电一体化高新技术产品。不断提高各类机电产品在国内市场的竞争能力。努力增加机电产品特别是成套设备出口，实现创汇与创利的统一。

积极开发日用电器产品。利用现有基础，通过嫁接和改造，引进省外名牌，壮大自有名牌，高起点、大批量发展电风扇、电冰箱、电炊具、小家电，提高经济效益，加速资金积累。

以优化产品结构和工艺技术结构、提高质量和节能降耗为重点，加快现有骨干钢铁企业的技术改造，发展优势拳头产品，全面提高钢铁企业的经济效益。以矿业开发为基础，逐步发展采选有色冶金联合企业，加快铝电联营的步伐，通过结构调整和科技进步，走集团化道路，增强有色冶金企业抗御市场风险的能力。搞好冶金矿产资源的综合开发利用，重点加强攀西钒钛资源的综合开发，合理开发利用稀土资源。

第三，建筑建材业。

全面开拓建筑市场。立足省内市场，大力开拓省外和国外市场，积极承揽住宅建设和重点工程，扩大劳务输出，带动农村富余劳动力转移。

坚持走质量效益型的建筑业发展路子。积极推广先进的科技成果，大力提高机械化施工水平、经营水平和队伍素质，依靠高质量和高信誉，获取高效益和高速度。

扩大拳头建材产品优势。以改进工艺、提高质量和形成规模经济为重点，进一步增强大厂水泥、特种水泥和优质石材在国内外市场的竞争能力。

发展新型建材产品。扩大卫生洁具、建筑陶瓷、人造板、化学建材、特种玻璃、玻纤、新型墙体材料和装饰材料的生产能力。

第四，饮料食品业。

巩固壮大白酒的传统优势。稳步提高名优酒的比重，开发不同度数的系列白酒，进一步提高白酒的市场占有率。适应消费结构变化，努力扩大优质啤酒的生产规模，积极发展各种果酒生产。

大力开发各种饮料。发挥资源优势，形成一批名牌拳头产品。继续发展精制茶加工。努力开发各种保健饮料。

发展食品精加工和深加工。积极发展方便食品和保健食品，增加精米、精粉、精油和专用粉、专用油的产量，发展分割肉、保鲜肉、袋装肉、免洗蔬菜和主食半制品，形成新的拳头产品。继续扩大饲料加工业和调味品制造业的名牌效应和比较优势。

积极发展卷烟生产，扩大名牌卷烟的生产规模，提高单箱税利。

第五，化学医药工业。

重点发展天然气化工和磷、硫、钾化工。首先要大力发展优质化肥，进一步巩固和发挥化肥在全国的优势地位，同时积极开发天然气化工和硫、磷、钾化工的深加工产品。

调整改造盐化工。着力推进现有企业的技术进步，上规模、上水平，努力提高产品的市场竞争能力。

大力发展精细化工。继续支持高校、低毒、低残留农药的发展，努力开拓油脂化工产品的市场，有重点地培育日用化工的优势拳头产品。

规划发展石油化工。积极争取国家支持，尽早开工建设大型石油炼化企业，拓展化工开发的新领域。

巩固和提高化学原料药工业，充分利用生物技术，积极开发新产品；大力发展中药工业和医药保健品；积极开发先进适用的医疗器械；组建一批医药企业集团，增强市场竞争能力。

第六，旅游业。

加快旅游基础设施和景点建设。重点抓好世界级、国家级人文遗产和风景名胜区的配套设施建设扩大接待能力。十分重视旅游景点的保护。积极开发新的旅游线路，举办新的旅游项目，增加旅游的文化内涵，提高对游客的吸引力。

积极发展旅游商品，大力发展具有较高工艺水平和地区特色的旅游纪念品、工艺品和土特产等旅游商品，带动相关产业的发展。

加强旅游业的管理，规范旅游市场，抓好人员培训，提高素质和服务水平，增加服务内容。

在大力发展支柱产业的同时，努力改造和提高轻纺工业，发展优势拳头产品，组建企业集团，提高市场占有率和经济效益。为抢占下世纪经济发展制高点，要积极培育以高新技术和高加工度为特征的先导产业，重点在生物工程、新材料、民用核技术、航空航天、高效节能和环保产业上下功夫。

（三）培育经济中心

坚持城市化与工业化相互配合，城市建设与乡村发展相结合，完善包括特大城市、大城市、中等城市、小城市和建制镇的城市体系，培育不同范围、不同层次的区域经济中心和经济增长点，促进所在区域工业化进程。全省区域发展的总体部署是：依托一点（成都），构建一圈（成都平原经济圈），开发两片（攀西、川南），扶持三区（丘陵地区、盆周山区和民族地区），推动全省经济发展。

第一，加快成都平原经济圈建设。

依托成都。充分利用现有经济技术基础，大力发展名牌优势产品，培育壮大支柱产业，增强经济实力。进一步发挥“三中心、两枢纽”的作用，高水平地发展金融、商贸、科技、教育、信息等产业，全面增强其集聚、辐射、扩散等功能，成为全省的经济增长中心。

以成都为中心，构建成都平原经济圈，在扩大对外开放、强化企业技术改造、壮大支柱产业、培育高新技术产业、加快农业产业化进程、发展县域经济等方面，继续保持和加强快速发展势头，带动全省经济发展上新台阶。

第二，加快攀西、川南资源开发。

采取切实措施，大力改善基础设施和投资环境，千方百计地加快攀西资源开发，把攀西建设成为全省乃至全国的水电基地、钒钛钢铁基地、有色金属工业基地和高效农业基地，把西昌建设成为名副其实的中国航天城，把攀枝花建设成为长江上游、川滇交界处的工业和商贸中心，增强全省经济发展的后劲。

充分发挥自贡、宜宾、泸州、内江等城市群体的作用，加快优势资源开发，把川南建设成为我省最大的煤炭工业基地、全国的特色的化学工业基地和食品工业基地、以工程机械为主体的机械工业基地。

第三，加大对丘陵地区、盆周山区和民族地区的扶持力度。

进一步搞好农田水利基本建设，大力改善以交通为重点的基础设施条件，立足市场，依托资源，发展有特色的工业，加快乡镇企业和集体、个体经济的发展。积极建设中小城市和小城镇，努力培育经济增长点。切实抓好扶贫攻坚计划的实施，坚持开发式扶贫的方针，从财政、信贷、建设项目、政策等各个方面加大贫困地区的支持。

丘陵地区要重点抓好粮食、棉花、生猪、蚕茧等农副产品基地建设，改造提高以农副产品为原料的轻纺工业，扶持农用车及汽车零配件的发展，放手发展第三产业，加快农村剩余劳动力转移，促进工业化和城镇化进程。

盆周山区要加强山区农业资源的综合开发，进一步提高农业综合生产能力；充分发挥水能和矿产资源的优势，因地制宜发展能源和原材料工业；努力改善投资环境，提高对外开放水平。

民族地区要全面贯彻党的民族政策和“以开明促开放，以开放促开发，以开发促发展”的方针，切实加强农牧业、林果业、旅游业的发展，积极开发优势矿产资源和水能资源。继续搞好对口资源，加大对民族地区的投入力度，有重点地抓好交通、通信等基础设施建设，加快民族地区经济和社会事业的发展。

（四）坚持可持续发展

要正确处理人口、资源、环境同经济建设的关系，正确处理经济发展与社会进步的关系，始终把严格控制人口、节约资源、保护环境放在重要位置。决不能以浪费资源和破坏环境为代价谋求经济的一时增长，决不能以牺牲后代人利益为代价来获取当代人的利益。要在加快发展中解决贫困问题。要着力改善经济增长的质量，保护环境和资源。要千方百计地满足人民对就业、教育、医疗文化和社会保障等多方面的需要，努力实现经济社会的持续协调发展。

三、跨世纪的经济发展目标

1997—2010年四川经济发展目标是：建设经济强省，使人民的小康生活更加宽裕，初步建立起社会主义市场体制。

（一）经济增长速度超过全国平均水平

1997—2010年的14年间，国内生产总值年均增长速度保持在9%以上，力争超过全国平均水平1—2个百分点。到2000年和2010年，国内生产总值按1995年价格（下同）分别达到4000亿元和

9000亿元以上。到2010年，全省人均国内生产总值接近1万元，由目前相当于全国平均数的64%，提高到75%左右。

（二）人民的小康生活更加宽裕

在本世纪末消除贫困、基本实现小康的基础上，使人民小康更加宽裕。2010年，城镇居民年人均生活费收入达到9000元以上（年均增长6%），农村居民年人均收入达到3600元以上（年均增长8%）。城乡居民的收入差距由目前的3∶1缩小到2.5∶1。居民的消费结构发生历史性转变，食品支出占生活费支出的比重，城镇由目前的51%降到40%左右，农村由目前的66%降到50%以下。每户家庭都有一套经济适用的住房，电话和电脑在城市基本普及，并开始进入农民家庭。部分家庭拥有私人轿车。穿、用的档次不断提高，居民用于自身发展的支出迅速增长。文教育全面普及。社会保障体系日趋完善。到2010年全省人口控制在9500万人以内，人均预期寿命由目前的70岁提高到72岁。

（三）经济结构进一步优化

到2010年，国民经济第一、二、三产业增加值的比重将由目前的29∶41∶30演变为12∶53∶35；就业结构的比重将由目前的62∶20∶18演变为40∶28∶32在工业结构中，轻工业的比重将明显上升，形成一批在全国乃至在世界有一定影响的大集团、大公司。

（四）经济效益显著提高

按照全国《质量振兴纲要（1996—2010年）》的要求，到2010年，全市主要工业产品有85%以上按国际标准或国外先进标准组织生产，重点产品的合格率稳定在95%以上，主要产业的整体素质基本适应国际竞争。工业的资本收益率和资产利税率等主要经济效益指标达到全国平均水平。

（五）城市化进程明显加快

到2010年，城市居民占全省人口的比重将由目前的16%提高到40%左右。届时，全省特大城市（人口在100万以上）和大城市（人口在50万以上）将达到8个，中等城市（人口在20万以上）达到20个左右，同时形成一批小城市和众多的建制镇。城市经济在全省国民经济中的比重，将由目前的40%提高到60%以上。

四、主要的战略措施

（一）弘扬“兴川精神”，增强加快经济发展的紧迫感

要以邓小平建设有中国特色社会主义理论为指导，坚持党的基本路线不动摇，坚持“发展才是硬道理”不动摇，坚持以“三个利于”为标准衡量和检查各方面的工作。大力弘扬“负重自强、团结登攀、求实创新、富民新川”的精神，动员和组织全省人民在省委、省政府的领导下，自强不息，团结奋斗，大胆开拓，努力拼搏，齐心协力，真抓实干，为实现跨世纪发展战略的宏伟目标而努力奋斗。

（二）大力推进以国有企业改革为中心的配套改革

1. 按照“抓大放小”“保优扶强”的原则，加快企业改革的步伐和企业组织结构调整。坚定不移地实施大公司战略，以市场容量大、市场前景好、资产实力和融资能力强的企业和名牌拳头产品为龙头，以资产为纽带，通过控股、参股、嫁接、兼并等多种形式，形成一批年销售收入数十亿元、上百亿元的大型企业集团，培育一批国际性的大公司。对众多中小企业，要从企业产权制度改革入

手，转换企业经营机制，推进资产重组，形成一批民营企业和混合型经济实体。

2．以建立现代企业制度为目标，加快国有企业机制转换的步伐。要坚持把改制、改组、改造与加强管理紧密结合起来，着眼于总体上搞好国有经济，通过兼并、破产、减员增效，对国有企业进行战略性改组，提高国有企业的整体素质。要健全国有企业的激励和约束机制，尽快形成职工能进能出、收入能多能少、干部能上能下、企业能死能活的新机制。抓紧优化企业的资本机构，加大对国有企业技术改造和新产品开发的支持力度，降低国有企业负债比例，剥离企业承担社会职能，增强企业实力和在市场中的竞争能力。

3．抓好各项配套改革，为企业改革创造良好的外部环境。要抓紧建立健全市场体系，继续发展生活资料市场、生产资料市场，增强商品市场的功能；重点培育完善资金、劳动力、人才、土地、科技、信息等生产要素市场，规范市场行为。要建立健全国有资产管理、监督和营运机制，探索加强国有资产管理、营运和合理流动的有效形式和途径。积极推进养老保险、失业保险、医疗保险等社会保障体制改革，为深化改革、结构调整和加快发展提供保障和条件。

4．坚持以公有制经济为主体，国有经济为主导，改进公有制的实现形式，积极发展多种经济成分。通过发展一批集体、个体私营企业，拍卖转制一批国有小企业，合资嫁接一批企业，股份制改造一批企业，破产兼并一批困难企业，逐步使非国有经济成分在所有制结构中的比重有所提高，促进国有企业改革和全省经济发展。

（三）坚持“大开放促发展”的方针，提高对外开放水实效

1．坚持外贸、外资、外经、外事和涉外旅游密切结合，协调发展，实行全方位开放。充分利用国内国外两种资源、两个市场，进一步扩大我省对外开放的领域和规模，提高对外开放的水平和实效，加快外向型经济的发展，走出一条内陆省区对外开放的新路子。

2．积极合理有效地利用外资，提高利用外资的质量和水平。要努力做好项目前期工作，加强项目的包装和宣传，有计划地推出高水平、高标准、符合国际惯例的项目。积极发展合资企业，有重点地推出一批企业特别是国有大中型企业与外商合资合作，充分利用四川巨大的市场，吸引外商来川投资。着力改善投资环境，认真执行“一站式”审判服务规定和鼓励外商投资的优惠政策，严禁乱收费、乱摊派，保护外资企业合法权益。国家级和省级开发区要坚持特事特办，充分发挥其在对外开放中的窗口和先导作用。

3．加快外贸体制改革步伐，促进对外贸易的进一步发展。坚持统一政策、放开经营、平等竞争、自负盈亏、工贸结合、推行代理制的改革方针。在抓好现有外贸出口企业的基础上，重点抓好生产企业的自营出口、“三资”企业出口。坚持出口导向与进口替代相结合，优化进出口商品结构，努力提高技术含量高、附加值大的制成品出口，特别是机电成套设备的出口。积极开拓国际市场，实施市场多元化战略。大力发展国际旅游，增加非贸易创汇。进口药坚持软硬件相结合，多进关键零部件和软件，少进整机，控制奢侈品和一般日用品进口。

4．积极开展对外工程承包、劳务合作，稳定发展对外投资。要采取灵活多样的形式，扩大劳务合作的规模和领域，努力增加外派劳务人员的数量，提高劳务输出的质量。结合大型成套设备出口，促进技术、劳务输出，扩大对外工程承包规模，增加总承包比例，提高外经工作的综合效益。鼓励有条件的大型企业集团和外向型企业到国外投资办企业，开展跨国经营，提高国际市场占有率。

（四）提高劳动者素质和科技进步水平，加快经济增长方式的转变

1. 深化科技体制改革，认真贯彻实施科教兴川“五十条”。优化科技组织结构，“稳住一头，放开一片”，重点稳住一支基础研究、搞技术研究及人才培训的科技队伍，放开搞活与经济建设密切相关的技术开发和技术服务机构。加强科研院所、高等院校和企业之间的联系与合作，鼓励科研单位进入大型企业集团，推动企业加快技术进步。积极发展民营科研机构和 民营科技企业。逐步建立起规范的技术市场体系，形成产、学、研联合开发机制。

2. 加强人才培训和队伍建设，实施跨世纪人才培养工程。努力造就德才兼备的干部队伍、企业家队伍，造就一批学术、技术带头人，形成合理的人才梯队。大力提高广大劳动者的科学文化素质，加强科学技术普及工作，各行各业都要大力培养熟练劳动者，提高广大工人、农民的劳动技能。

3. 加速科技成果商品化、产业化进程。以实施“科技兴川千亿工程”为重点，建立成果转化激励机制，迅速将先进实用的科技成果转化为现实生产力。有重点地建立一批成果产业化的中间试验、工业试验基地，建立一批地区和行业的技术创新组织及技术推广网络。

4. 切实用高新技术和先进实用技术改造传统产业。逐步增加国有企业更新改造投资的比重，从严控制建筑安装投资，加速设备折旧，提高设备购置占固定资产投资的比重，大力推进企业技术进步。继续抓好成都、绵阳等高新技术产业开发区及其他科技园区的发展，加快高新技术产业化的步伐，力争培育出一批产值上10亿元的高新技术企业。

5. 增加科技投入，建立多渠道、多层次的科技投入体系。逐步提高科技拨款占财政支出的比例。激发企业自觉追求技术进步的内在动力，鼓励企业增加技术开发经费，使之逐步成为科技开发、科技投入和科技转化的主体。金融部门要继续拓宽科技的筹融资渠道，增加信贷投入。逐步使全社会研究开发经费占国内生产总值的15%左右。

（五）努力拓宽投融资渠道，保证经济建设的需要。

1. 抓住国家扶持西部地区发展的机遇，积极主动地争取国家增大对我省的资金投入。特别要抓好重点项目前期工作，搞好项目储备，落实责任制，争取国家的支持。

2. 全省各级财政部门尤其是省级财政部门要进一步拓宽生财渠道，积极培植多元化的财源体系，尽力增加财政的建设资金投入。

3. 充分发挥银行作为间接融资主渠道的作用，为全省经济建设贡献更大的力量。全省各级金融部门都要努力增加信贷资金来源，积极调度信贷资金，确保重点建设，支持有市场、有效益的企业生产需要。继续提高银行技改贷款占中长期贷款的比重，进一步加大技改资金的投入力度。

4. 充分发挥省级地方非银行金融机构和投资机构的投融资功能。省投资（集团）公司，省信托投资公司、省国际信托投资公司、省证券公司都要严格按照省政府和要求，真正承担起政府的投融资职能。

5. 继续努力争取世行、亚行等国际金融机构和政府间贷款，努力争取外资银行在成都增设分支机构，努力吸引国外大公司、大财团在成都设立办事机构，加大对外招商引资力度，争取利用更多外资。推出一批有条件的企业、项目在国外市场直接发行股票。

6. 积极扩大直接融资。在认真总结我省股份制试点经验的基础上，按照规范和要求再选一批扩张型优势企业，积极做好工作，争取上市发行股票。同时选择一批有影响的大型企业集团组建财务公司，增强企业的直接融资功能。扩大地方重点建设债券发行规模，争取近期每年发行地方重点建设债券20亿元，以后在逐步扩大。在此基础上，增加债券贴息规模，以引导更多的社会资金投入我省的重点建设。

7．建立、健全地方基础性建设投资基金。尽快制定我省投资基金试点方案，积极争取批准建立我省产业投资基金，为基础设施、基础工业和支柱产业提供资金支持。努力改变资金分散状况，管好、用好各种专项建设资金。

（六）转变政府职能，加强宏观指导

1．规范政府职能，提高政府权威，确保政令畅通。按照政企分开原则，把政府对经济的直接管理转到统筹规划、制定政策、信息引导、组织协调、提供服务和检查督促上来。

2．提高政府的办事效率。按照“精简、效能”的原则，继续推进政府机构改革和干部人事制度改革，加快推行国家公务制度，理顺内部关系和运行机制。建立科学的决策程序和责任制度，提高决策的水平和工作效率。加强勤政、廉政建设。

3．合理划分各级政府事权。省重点抓好关系全省的、跨区域的基础性、公益性重大项目，着力培育省上确立的支柱产业和优势产品，扶持丘陵地区、贫苦地区和民族地区发展。在统一规划和布局的前提下，社会能办的政府就不要办，县一级能办的市地州就不要办，市地州一级能办的省就不要办。

4．制定产业政策实施办法。协调运用计划、财政和金融三大调节手段，辅以必要的行政措施，解决大而全、小而全和低水平重复建设，推进产业结构、产品结构、产业技术结构和企业组织结构的调整。

5．加强经济信息和经济预测工作。及时提供经济发展、科学技术、产品开发、市场需求等各种信息，引导企业对生产经营的正确决策。

6．建立科学的考核体系。用市场占有率（反映竞争能力和长远的综合经济效益）、增加值率（反映加工深度和物耗率）、综合要素生产率（反映技术进步和要素的配置与使用效率）和设备投资率（反映技术装备水平和投资结构）作为纵向或横向比较的四大指标，促进各地区、各部门和各企业加速经济增长方式的转变。

7．依法治省、依法行政。加强法制教育，健全行政部门执法责任制，司法部门错案责任追究制和社会监督机制。保障严肃执法，促进良好法制环境的形成，依法整治违法违纪行为，强化社会治安综合治理，维护社会稳定，确保经济顺利发展。

8．贯彻艰苦奋斗、勤俭节约方针，坚持勤俭建国、勤俭办一切事业。采取切实措施，防治各种形式的损失和浪费，充分发挥人、财、物的效能，促进经济效益的提高。

《四川省国民经济跨世纪发展战略》为我省勾画了宏伟的发展蓝图和美好前景，必将激励和鼓舞全省各族人民在省委、省政府的领导下，坚持以经济建设为中心、坚持发展不动摇、坚持“两个文明”一起抓，为把四川建设成为经济强省而努力奋斗。

四川省人民政府关于实施天然林资源保护工程的决定

（川府发〔1998〕58号）

为了维护长江流域的生态平衡，促进国民经济和社会可持续发展，国家决定在我省西部地区实施天然林资源保护工程。在工程区内停止天然林经营性采伐，开展公益林建设，力争到2010年实现四川西部基本绿化。为确保工程的顺利实施，特作如下决定：

一、采取坚决措施停止天然天然林采伐。从1998年9月1日起，在工程区内的甘孜州、阿坝州、凉山州、攀枝花市、乐山市、雅安地区，停止天然林经营性采伐。已采伐的木材要在省规定的时间内运输销售完毕。从1999年起，工程区内不再下达商品材限额和木材生产计划，只下达农民自用材、培殖业用材和薪材限额。关闭工程区内木材交易市场，禁止任何单位和个人进山收购木材。林区以天然林为原料的加工企业，原则上要停止加工，但可利用抚育间伐材生产木质产品。凡利用抚育间伐材进行加工的，必须按有关规定报批审核。禁止用木材烧制木炭和砖瓦。农村居民生活用柴和其他能源性消耗用材，只能在划定的薪炭林中采伐。农民自用材、培殖业用材，必须经当地林业主管部门审批。

二、加强森林资源管护和生态公益林建设。项目实施单位，要以重点森工企业、县（市、区）为单位编制森林管护和生态公益林建设的总体设计和实施方案，经同级政府同意后，逐级上报审批。要加强项目管理，严格实行项目负责制。要搞好种苗基地建设，加大种子林、母树林的管理，做好种苗生产与造林计划的衔接。要加大科技投入，提高科技含量，严格执行国家、省有关营造林技术规程和管理办法，高标准、高质量完成森林资源管护和公益林建设任务。

三、积极发展多种经营，转产分流富余人员。要充分利用林区资源优势，因地制宜，积极发展种植业、养殖业、森林旅游和其他多种经营项目，转产分流富余人员。要鼓励职工发展集体、个体、私营经济，租赁、承包荒山荒地发展林果业，各级政府和部门要给予大力支持。要以林场为依托，实行联场、联户经营，带动当地经济发展。

四、确保离退休人员养老金和下岗职工基本生活费的发放。要按照中央关于“两保”的精神，工程区内重点森工企业和地方小采企业的离退休职工，从1998年9月1日起，交由社保机构按统筹项目发放养金，企业应交纳的养老保险金，由省统筹安排，省和各地不再向企业征收养老保险金。企业应实行竞争上岗，对下岗职工要积极创造条件，进行职业培训，实施再就业工程。下岗职工的基本生活费要予以保证。

五、加强资源林政管理，严格依法治林。各地要认真贯彻《森林法》等林业法律法规，强化资源林政管理，坚决打击破坏森林资源的违法犯罪活动；组建林政稽查队，负责对天然林资源保护工程的监督管理；调整和加强木材检查站，加大对木材运输的监督检查力度；依法保护林地，坚决制止毁林开垦和乱占林地，对毁林开垦的林地，要限期退耕还林。

六、加强领导，落实责任，确保天然林资源保护工程顺利实施。从省上到各工程区，都要成立天然林资源保护工程领导小组，负责工程的统一领导，统一指挥，协调解决工程实施中的重大问题。各级政府要实行首长负责制和目标管理责任制，主要领导同志负总责，要深入基层，调查研究，总结经验，解决问题。各地要抓住机遇，精心组织，及早动手，抓出成效。各级林业、计划、财政、劳动、社保等部门要密切配合，各负其责，各司其职，积极做好各项配套政策和资金的安排落实。

天然林资源保护工程是我省经济、社会发展中的一件大事，各级政府和各有关部门在上下一致，同心协力，努力把这项工程搞好，为改善生态环境，建设山川秀美的四川做出新的贡献。

四川省人民政府

1998年8月21日

四川省人民政府关于搞活房地产市场启动住房消费的通知

（川府发〔1999〕65号）

为促进我省经济持续、快速、健康发展，根据国家有关规定，现就搞活我省房地产市场，启动住房消费的有关问题作如下通知。

一、加快住房分配体制改革的步伐，尽快建立健全新的住房供应体系

住房分配体制的改革是启动住房消费，扩大住宅有效需求的关键。各城镇新建住宅的分配，必须按照《国务院关于进一步深化城镇住房制度改革加快住房建设的通知》（国发〔1998〕23号）和《四川省人民政府关于进一步深化城镇住房改革促进住宅建设发展的通知》（川府发〔1998〕77号）的要求，限期向货币化分配方式转换。为加快改革步伐，各市、地、州、县（市、区）住房货币化分配方案均应在年内拟定，按程序上报省政府审批。与此同时，为促进居民购房，各地应下大力气推进住房租金改革，改变住房租售价格比不合理的状况；要进一步加快现有公有住房出售及部分产权向全产权转换的步伐，对城镇现有成套公有住房，除不宜出售的以外都应向自愿购房的现住户出售；2000年后，房改房成本价应逐步与经济适用住房价格并轨。省建委要会同有关部门抓紧拟定《四川省经济适用住房建设管理办法》，报省政府批准后施行。同时，各城市人民政府应建立健全购买经济适用住房和承租廉租住房的申请、审批制度，以在全省形成新的住房供应体系框架。

二、积极扩大试点，稳妥开放住房交易市场

今年内，各城市人民政府必须组织有关部门对房改售房、公房出租情况进行一次认真的清理和普查，尽快建立职工住房档案和售房准入制度。通过试点，逐步开放住房交易市场。

三、采取有效措施降低住房价格，适应购买水平

省物价、财政部门要会同建设、土地行政主管部门尽快对商品房建设过程中的各项收费进行一

次彻底清理。本着“取消不合格收费，归并合理收费”的原则，重新公布商品房建设收费项目和收费标准，控制收费总量，并建立收费卡制度，切实杜绝乱摊派、乱收费现象。为适应普通居民购买水平，各城市人民政府要认真落实经济适用住房建设执行固定资产投资方向调节税零税率、建设用地以行政划拨方式供应、经国家和省有权部门批准的各项行政事业性收费减半征收等优惠政策。为确保优惠政策落实到购房者身上，各地必须严格执行《四川省商品住宅价格管理办法》（川价字费〔1999〕117号）中有关经济适用住房的价格管理规定，任何单位或个人不得擅自提价。

四、搞活流通环节，促进住房消费

（一）调整交易税费政策，鼓励住房消费和流通。

为搞活市场流通，有效启动住房消费，根据财政部、国家税务总局、国土资源部、建设部的文件规定，自1999年10月1日起，全省房地产交易执行以下新的税费政策：

1. 个人购买并居住超过1年的普通住宅，销售时免征营业税；个人购买并居住不足1年的普通住宅，销售时按销售价减去购入原价后的差额计征营业税；个人自建自用住房，上市出售时免征营业税；企业、行政事业单位以房改成本价向职工出售住房的收入，暂免征营业税；个人购买自用普通住宅，暂按低限减半征收契税；居民个人拥有的普通住宅，在转让时免征土地增值税。

2. 个人转让属行政划拨用地的普通住宅，按住房坐落位置的标定地价的10%补交土地出让金，尚未制定标定地价的城市可暂按成交价的1%补交土地出让金；房改房首次上市出售和新建经济适用住房出售的交易手续费按0.5%收取。

3. 为促进积压空置商品住房销售，加快住房资金周转，对1998年6月30日以前建成尚未售出的空置商品住房，在2000年底以前销售的，免征营业税和契税。

普通住宅的范围，由省建委会同省财政厅、省地税局研究确定。

（二）放开搞活房屋租赁市场。

1. 鼓励城镇居民购买商品住房出租经营，进行置业投资。对居民个人出租住房应交纳的有关税费，各地可根据实际在一定时期内实行优惠政策。

2. 逐步放开公有住房使用权转让、转租市场。有条件的城市可允许公有住房使用权上市转让或转租，凡转让、转租人在半年内购买新房的，转让、转租收益的增值金额可全部或部分归转让、转租人所有，以鼓励其购房改善居住条件。对公有住房转租，免收租赁鉴证手续费。

3. 引导房地产开发企业改进商品房屋的经营方式，鼓励先租后售，以租促销。

（三）简化办事手续，方便群众。

1. 简化交易手续，归并交易税费征管环节。各市、县房地产管理部门应推行房地产交易、产权机构合署或联合办公，实行房地产交易“一条龙”服务和房地产交易、权属登记一次性勘丈，并缩短公告时间。为方便群众，交易中发生的税收可由税务部门委托房地产交易管理部门统一代征，定期上缴。税务、审计部门应加强监督，防止税收流失。

2. 切实加快产权证的发放，全面提高登记率和发证率。各城市人民政府要尽快组织建设、计划、规划、房地产和土地管理等部门，认真研究解决当前房屋产权发证难的问题，并提出切实可行的政策措施，限期解决房屋和土地确权的遗留问题，使目前一些群众长期办不到房屋产权证和土地使用权证的问题得到根本解决，为住房上市流通提供产权保证。

房地产开发企业销（预）售商品房，必须在销（预）售合同签订之日起1个月内到房地产管理部门办理房屋产权登记（或预售合同登记备案）手续。各地房地产管理部门要尽可能简化新建商品房产权登记收件内容，任何部门不得擅自增设附加条件，对收件符合要求的，房地产管理部门必须在1个月内办理完产权登记，并将产权证发放给产权人。

3. 进一步完善房地产市场配套服务体系。各城市要积极发展房地产固定交易市场，健全市场管理规章，完善房地产中介等市场配套服务体系，逐步建立起城市房地产供求信息网络，不断改善交易环境，并采取便民、利民的促销措施，活跃市场，促进流通。

五、实行积极的财政、金融政策，大力推动住房消费

（一）鼓励城镇居民通过银行按揭购房。各商业银行应在政策范围内，进一步简化贷款手续，降低首期付款比例，适当延长贷款期限，放宽贷款条件，鼓励群众贷款购房。

（二）用好用活住房公积金，积极发展政策性住房资金抵押贷款。各地要积极发展住房公积金和住房补贴等政策性住房资金抵押贷款以及与银行商业性贷款相结合的组合贷款，并逐步提高政策性住房资金贷款在组合贷款中所占比例，有条件的城市近期内可达到50%—70%，尽可能减轻购房者还贷负担。

为支持群众购房，各城市应加大住房公积金归集力度。2000年内，大、中、小城市国有单位的公积金归集率应分别达到90%、80%、70%；有条件的地区和单位，住房公积金的缴交比例可在5%的基础上增加1—3个百分点。同时，要充分发挥住房公积金“低进低出”的政策优势，将公积金归集总额的60%用于发放个人购房抵押贷款。

（三）积极推行多种贷款担保方式。各地应根据当地实际情况，因地制宜采取购房贷款综合保险、置业公司担保、借款人亲友提供第二住所担保、收购周转房用于安置借款人等多种方式为购房抵押贷款担保，以防范贷款风险。

（四）房价收入比在4倍以上的城市，在未实行住房补贴前，可允许有条件的单位对无房户职工（含没有住够面积标准，并退出原住房新购买住房的职工）按其住房面积控制标准计算的经济适用房房价的30%，在其购房时进行一次性补贴。

六、狠抓住宅建设质量和售后服务，改善住房供应，增加住房有效供给

各地要大力推进住宅小区建设，积极开展住宅产业现代化试点，进一步提高住宅建设的工程质量、功能质量和环境质量，促进住宅建设由数量型向质量效益型转变。建设行政主管部门要加强住宅建设工程招、投标管理，强化工程监理，严格工程质量分部检验和竣工综合验收制度。凡没有取得商品房预售许可证或房屋产权初始登记证明，没有住房质量保证书和使用说明书的新建商品住宅，一律不得上市销（预）售；商品房销售广告必须经房地产管理部门审查后方可发布。房地产管理部门要进一步健全房屋产权测绘队伍，加强房屋面积测量和计算管理工作，杜绝销售商品房“缺斤短两”的现象；要加快住房管理体制的改革，大力发展社会化、专业化的物业管理，要把偏高的物业管理费降到群众能接受的合理水平，消除购房者的后顾之忧。

四川省人民政府

1999年11月18日

中共四川省委 四川省人民政府 关于鼓励消费扩大内需的若干意见

各市、地、州委，各市、州人民政府，各地区行政公署，省级各部门：

中央经济工作会议指出，为应对当前国际经济局势，保证我国国民经济稳步健康持续增长，1999年及今后的一段时期内，要在继续适度扩大固定资产投资规模，加快基础设施建设的同时，鼓励和扩大城乡人民群众的消费需求，进一步开拓国内市场，实现投资需求和消费需求对经济增长的双重拉动，为实现这一战略目标，要千方百计提高城乡居民收入水平，大力调整产业、产品结构，鼓励和引导城乡居民增加即期消费，通过扩大内需，形成经济发展的良性循环。根据我省实际情况，现提出以下意见，请各地、各部门认真贯彻执行。

一、加快推进住房市场化，引导居民积极购房

（一）从今年开始，各级党政机关停止住房实物分配，全面进入城镇住房分配货币化和个人购买住房的新机制。鼓励和支持城乡居民个人投资购房，改善居住条件。

（二）降低住房价格。简化购房手续，开放住房交易二级市场。大力整顿土地转让价格，完善住房拆迁补偿机制，按照砍费保税、就低不就高的原则，区别不同情况，在一定时期内降低或免除房地产开发、交易中的各种收费，从而切实降低商品房尤其是经济适用房的价格。有条件的市地州要尽快开放住房交易二级市场，活跃住房交易，推动住房市场的形成。

（三）完善住房产权抵押登记制度，简化购房手续。以房地产开发公司为依托组建住房置业担保公司，住房置业担保公司接受消费者委托代办贷款、保险、公证等必要的手续。

（四）用好用活住房公积金。各地可在保证住房公积金安全的前提下，以公积金作为低息贷款等方式支持职工特别是本单位职工购房。

（五）强化住房售后服务。要加强监管力度，努力提高建房质量。健全住房售后保修制度和服务网络，规范住房物业管理，提供质价相符的服务，推动住房销售市场的健康发展。

二、积极开拓农村市场，满足农民消费需求

（六）搞活农村商品流通。鼓励城市商业企业到县城或大集镇开办连锁网点，支持供销社发展以县基联营为主要形式的连锁经营，扶持农村个体和私营商业特别是各类运销专业户和运销合作社的发展。除国家有特别规定的外，各类流通企业均可经营农村需要的各类商品。工商企业要在县城或大集镇联合设置大件耐用消费品维修网点，以消除农村消费者的后顾之忧。要多方开辟农村市场建设的资金来源，鼓励企业、单位、个人利用现有场地开办各类市场。对开办市场实行“谁投资、谁管理、谁受益”。

（七）加快农村以电网建设和公路改造为重点的水、电、气、路和信息传输网络等基础设施建

设。鼓励各行各业以各种经营机制投资参与农村基础设施建设，以改善农村消费环境，为家用电器和其他耐用消费品进入农村居民家庭创造必要条件。

（八）加快农村小城镇和中心村的建设进程。农村小城镇建设要尽可能与当地农业产业化经营、乡镇企业发展、旅游开发和基础设施建设结合起来，以提高投资效益和增强小城镇的经济活力。同时，要逐步完善农村户口管理制度，使农村居民有序地向小城镇转移和集中。鼓励和支持小城镇及农村第三产业的发展，增加农民的商品性消费。

（九）积极推进农村住房消费。金融机构要加大农村住房消费信贷力度，支持农民建房。有条件的地方要搞好规划，相对集中，在不乱占耕地的基础上，结合建设文明新村，加快农村住房及其配套设施建设，努力改善人民生活环境。

三、努力培育消费热点，促进经济增长

（十）严格执行国家发展计划委员会、省人民政府批准的新的电信资费标准，启动电信消费市场。积极推进政府部门、企事业单位计算机入网，鼓励居民家用电脑上网，推动我省信息产业的发展和信息产品的消费。电信行业要转变观念，打破部门垄断，进一步改进服务态度，提高服务质量，开展公平、有序的竞争。

（十一）拓宽天然气消费领域。取消以前限量消费天然气的各项规定，降低燃气配套费等有关费用，大力推进城市气化和天然气汽车的发展。尤其是有条件的城镇和风景名胜区，都应逐步将生产、生活用煤改为用气。要注意研制开发以天然气为原料的下游产品，拓宽天然气新的消费渠道。

（十二）大力发展旅游业，推动旅游消费。鼓励各种投资者参与旅游基础设施建设和旅游项目开发，特别要改善旅游风景区的交通、能源、电信、食宿条件。完善旅游价格管理，进一步清理整顿旅游景点的收费项目和收费标准，保护消费者权益。大力发展旅游特色商品，开发一批高档次的地方旅游商品，满足游客需要。结合本地实际情况，开展生态旅游、民族风情旅游、节庆旅游、包机旅游、旅游专列、购物团、专线之旅等特色旅游。加大宣传促销和行业管理力度，整顿旅游市场，加强导游和旅游企业职工培训，提高服务水平，以旅游业带动相关行业的发展。

（十三）扩大影视消费。逐步理顺有线电视传输网络的组建和完善工作，充分发挥广播电视、电信部门和地方各自的优势，协调好三方的利益和合作关系，共同开拓市场。在搞好规划、坚决制止重复建设、不加重用户负担的前提下，加快广播电视网络建设，积极发展农村有线电视，确保全省城乡有线电视入网用户年增长15%左右的发展目标的实现。

（十四）努力扩大电力消费。要加快实施对城镇居民家庭用电抄表到户，落实居民家庭生活用电的优惠政策，鼓励城乡居民增加生活用电。省内有条件的大中城市要逐步实施城市夜间“亮化工程”，扩展电力消费市场。改革电力价格形成机制，逐步将目前按个别成本核定还本付息电价的办法，改为按社会平均成本核定上网电价，促进厂网分开，竞价上网。优化电力资源配置，鼓励高耗能企业用电和工业企业丰期、低谷用电。加快农村电力体制改革，降低农村电价，减轻农民负担，争取在几年内实现全省城乡用电同网同价。

（十五）促进城乡居民对汽车的有效需求。整顿、降低汽车交易、落籍和使用过程中的各种收费，简化购车手续。结合城市改造积极规划和建设停车场，改善交通堵塞现象。严格执行汽车报废制度，保持正常的汽车更新周期。

（十六）大力发展城乡餐饮业。发挥川菜的传统优势，以名店、名厨、名菜开拓国内外市场。同时，要发展面向大众的具有地方特色的餐饮业，以适应城乡居民生活节奏的变化和不同消费层次的需求。

（十七）大力发展室内装饰装修业。完善室内装饰装修质量检查体系，严格实行装饰装修市场准入制，推广使用健康安全型建材，严肃查处施工质量事故及欺诈行为，推进室内装饰装修业稳步快速发展。

（十八）扩大教育消费，加速教育产业化进程。调整政策，加强引导，多渠道开辟资金来源投入教育基础设施建设；支持社会办学和私人办学。加快普通教育、高等教育、成人教育、职业教育以及留学生教育等非义务教育的发展，为人民群众提高文化素质、科学技术水平和职业技术技能创造条件。

（十九）转变观念，放宽政策，提供条件，努力开拓其他新的消费领域。大力开发健康保健品，推动城乡居民非基本医疗保健的消费；大力拓宽文化、体育、娱乐、休闲、健身、美容等新的消费领域；推进社区服务、家务劳动社会化；尽可能满足城乡居民多层次、多样化的消费需求。

四、积极发展消费信贷，支持扩大即期消费

（二十）各金融机构要拓展服务范围，普及消费信贷知识，简化贷款手续，缩短评估和审批时间，提高效率，以信贷手段支持、扩大即期消费，鼓励一部分具备条件的城乡居民改变传统的消费方式，促使潜在的消费需求转化为现实的购买力。

（二十一）进一步办好信用卡业务，对符合条件的持卡人授信消费。应尽快建立和完善信用卡发放工资的运行机制。以信用卡发放工资的单位、企业应与银行密切配合，以保证持卡人的信用和信贷资金的安全。

（二十二）进一步改善消费信贷的外部环境。各级政府部门要加强与银行的联系，积极配合和支持银行搞好消费信贷工作，降低担保、抵押登记、评估等环节收费标准，减少中间环节和程序。同时，要支持银行防范信贷风险。

（二十三）积极扩展消费信贷的服务领域。要进一步扩大个人住房贷款发放范围，适当延长贷款期限，继续鼓励私人贷款购房，加大汽车消费贷款力度。积极试办一些新的消费贷款品种，如室内装饰装修、耐用消费品、教育助学、旅游等贷款。有条件的大型商场可试行分期付款等销售方式，促进大件商品的消费。

五、推行新的营销方式，进一步规范和搞活流通

（二十四）要打破部门垄断和地区封锁。除国家另有规定的外，各地、各部门一律不得设置关卡，不得强制消费者购买指定品牌商品或在指定机构购买商品。进一步发挥我省历史上已形成的商品优势和商品集散地优势，增强辐射力。要制定优惠政策，鼓励川货出川，提高川货在省内外市场的占有率。

（二十五）积极推行新的营销方式。进一步发展连锁经营、仓储式超市等经营业态，开展多种形式的商品促销活动，鼓励和引导消费。扩大旧货流通，盘活工商企业现有库存商品，促进城乡间的物资交流和居民家庭消费品的升级换代。有条件的商业企业要积极开展大件耐用消费品租赁消费或

以旧换新活动。

（二十六）整顿市场秩序，依法保护消费者的合法权益。要加大打击假冒伪劣商品的力度，严禁低价倾销商品，反垄断，反暴利，治理不正当竞争，为企业提供公平竞争的外部条件，为城乡居民创造良好的消费环境，增强消费信心。

六、调整消费政策，加强宏观调控

（二十七）正确引导消费心理，增加即期消费。各级政府要加强消费引导，鼓励个人消费，激活消费市场。宣传部门和新闻媒体要根据经济发展中出现的新形势、新情况，做好鼓励消费的舆论导向工作。在教育、医疗、养老、劳保、住房制度等改革进程中，要措施明晰，政策具体，增加居民对未来各项支出的理性预测，从而合理适度地增加即期消费。

（二十八）充分发挥价格合理配置资源和调节利益分配的杠杆作用，促进产业结构调整，加强新产品的开发，刺激消费增长。进一步深化价格体制改革，完善价格政策，加强价格监督检查，严肃查处价格违法行为。

（二十九）行政机关、实行预算管理的企事业单位和接受财政补助的社会团体要逐步实行“政府采购制”，在公开公正公平的原则下，优先选用本省产品。

各级政府要紧紧围绕鼓励消费、扩大内需这个战略目标，加强领导和统筹协调，结合本地实际采取切实可行的措施，扩大消费。省建设、经贸、物价、教育、文化、旅游等部门应尽快提出具体实施意见，报省政府批准后实施。

中共四川省委　四川省人民政府

1994年4月9日

四川省人民政府关于搞好退耕还林试点工作的通知

（川府发〔1999〕66号）

为贯彻落实中央关于实行“退耕还林（草）、封山绿化、以粮代赈、个体承包”的指示精神，搞好我省退耕还林试点工作，经研究，特作如下通知。

一、充分认识退耕还林试点工作的重大意义

我省地处长江上游，治理水土流失，增加森林植被，对改善生态环境，促进长江流域经济社会可持续发展，具有极其重要的意义。党中央、国务院对长江上游的生态环境建设高度重视，去年批准在我省率先实施天然林资源保护工程，一年来，在广大干部群众的共同努力下，工程建设取得了阶段性成果，得到了朱总理的充分肯定。但是必须看到，坡耕地种植造成的水土流失仍然十分严重，只有把退耕还林与荒山绿化、天然林资源保护结合起来，实行综合治理，才能从根本上遏制水土流

失，建设好生态环境。国家决定在四川开展退耕还林试点，是党中央、国务院做出的又一重大战略部署，也是我省调整农业结构、发展农村经济、建设生态农业、实现可持续发展的一次重大机遇。各级领导一定要提高认识，统一思想，坚决按照党中央和国务院的要求，把退耕还林试点工作切实抓好，抓出成效。

二、明确退耕还林的目标任务

按照中央的要求，全省陡坡垦植的坡耕地要有计划、有步骤地退耕还林。今明两年，先搞300万亩试点。这次试点，以阿坝、甘孜、凉山三州和盆周山区贫困县为重点，工程涉及全省21个市（地、州）、120个县（市、区），今明两年完成退耕栽植任务。

各地要把退耕还林与生态环境建设、产业结构调整、扶贫攻坚和旅游开发结合起来，深入调查研究，加强总结交流，积极探索符合本地实际的政策和措施，为指导、推动面上的退耕还林工作提供有益的经验。

三、因地制宜科学规划

各地要根据国家、省的部署和全省退耕还林试点实施方案，抓紧编制县级规划和作业设计。本着生态效益优先、三大效益兼顾和突出重点、先易后难的原则实施。规划设计要到村到组，到户到地；要根据退耕地的实际情况，宜林则林，宜竹则竹，宜草则草，实行多树种、乔灌草结合，有条件的地方可发展名特优经济林，做到因地制宜，科学配置，最大限度地发挥综合效益。

四、认真落实有关扶持政策

要长期坚持我国现行的农村家庭承包责任制，稳定土地承包使用权。坡耕地退耕还林后，原定的承包关系保持不变，可将林地使用权延长至50年；坚持“谁造谁有”的林业基本政策，及时核发林权证；落实好对退耕农户的粮食补助和造林种苗供应，严禁层层截留；对退耕地承担的农业税和定购粮，实行免交。

五、大力推行个体承包

退耕还林关系到千家万户农民的切身利益，必须依靠群众，推行个体承包的新机制，充分调动广大农民的积极性。采取分户建卡、分户实施的办法，依托现有农户，分户签定合同，明确面积、时间和质量要求，把退耕还林的责任与粮食补助、种苗供应挂起钩来，确保退耕还林试点工作顺利进行。

六、切实加强对退耕还林试点工作的领导

退耕还林涉及面广，政策性强，是一项复杂的系统工程，必须加强领导，协同配合，分工负责，落实责任。这项工作由各级政府组织实施，实行行政首长目标责任制，主要领导要亲自抓，分管领导具体抓，有关部门配合抓。林业部门要认真做好项目规划、作业设计、种苗供应、技术指导和检查验收工作；计委、农委（办）要加强有关政策研究与协调；以工代赈和粮食部门要做好补助粮食的调动与发放工作；有关职能部门要各司其职，各负其责，通力协作搞好退耕还林试点工作。

各地要按照省天然林资源保护和退耕还林工程领导小组制定的《退耕还林试点工程管理实施意见》，加强监督检查，特别是对退耕面积、造林质量、保存成效要进行认真核实，确保工程建设的质量。对质量达不到要求的，可停发补助粮；对在工程建设中弄虚作假的，要追究有关人员的责任。

附：四川省退耕还林试点工程管理实施意见

四川省人民政府
1999年11月19日

四川省退耕还林试点工程管理实施意见

（四川省天然林资源保护和退耕还林工程领导小组　1999年11月10日）

党中央、国务院决定在我省开展退耕还林试点工程建设，是加强长江上游生态环境建设、促进长江流域经济社会可持续发展的一项重大战略决策。为搞好退耕还林试点工程，确保工程建设任务的全面完成，提高造林质量和成效，尽快改善生态环境，充分发挥工程的综合效益，根据国家、省有关法律、法规，特提出以下意见：

一、总体要求与建设原则

退耕还林试点工程管理必须坚持基本建设程序，按照基本建设工程项目要求进行。主要内容包括规划设计、种苗供应、检查验收、粮食发放及有关政策、资金管理、科技管理、组织管理。

工程建设范围、规模和内容：在全省21个市（地、州）、120个县（市、区）开展试点，总规模300万亩，1999年至2000年完成退耕栽植任务。

工程建设的指导思想：按照退耕还林（草）、封山绿化、以粮代赈、个体承包、验收发证、落实兑现的原则，坚持天然林保护、荒山治理、退耕还林相结合，把退耕还林与生态环境建设、产业结构调整、扶贫攻坚和旅游开发结合起来，制定相关的政策和措施，总结、积累经验，指导、推动面上的退耕还林工作。

工程建设的原则：统一规划，因地制宜，突出重点，先易后难；生态效益优先，兼顾经济效益和社会效益；多树种、多方式造林，乔、灌、草结合；依靠群众，尊重农民意愿，推行个体承包；依靠科技成果，确保工程建设质量。

二、规划设计

退耕还林试点工程项目规划设计必须经过审批同意后方可实施。规划设计工作包括编制省级、县级试点实施方案和乡（镇）作业设计说明书。

实施方案和作业设计的编制应由具有相应资质的规划设计单位承担。

省级实施方案由省林业厅负责编制，报省政府审批。县级实施方案根据全省退耕还林试点工程确定的原则、计划，由试点县（市、区）政府组织，林业部门负责编制，经县（市、区）政府审定同意后，报市、州人民政府、地区行政公署审批，送省林业厅备案。实施方案规划到乡，成果资料由报告书、统计表、土地类型表、造林类型表等组成。

各试点县（市、区）根据县级实施方案，由林业部门会同相关单位组织人员，按照适地适树和尊重农民意愿的原则，编制乡（镇）作业设计说明书，经乡（镇）政府同意，报县（市、区）政府审批，县林业局存档，作业设计以乡（镇）为单位，设计到村、组、户，落实到地块，作业设计统计表抄送试点乡（镇）粮食部门一份，作为发放补助、兑现粮食的基础资料。

签订退耕还林合同书、填发分户建卡卡片与作业设计结合进行。

退耕还林合同书的主要内容：户主名、所在地名、退耕还林面积、上交农业税和定购粮指标、承包期限、种苗供应、补助粮发放、林权证核发、农业税和定购粮核减、违约责任等。合同书由乡（镇）政府与退耕农户签订。

分户建卡卡片的主要内容：户主名、所在地名、退耕地块名、四至界限、造林面积、树种、方式、密度、时间、需苗量、林地抚育管护、检查验收结果等。卡片由作业设计人员填发，一式二份，退耕农户和所在乡（镇）各持一份。

退耕还林合同书和分户建卡卡片是供应种苗、检查验收、发放补助粮、核发林权证、核减农业税和定购粮的主要依据。

三、种苗供应

林业部门要作好种苗供应工作。提前作好种苗准备，统一负责组织种苗培育、调运和作好余缺调剂，按每亩50元的启动标准，根据作业设计和造林树种要求，及时向退耕农户供应合格种苗。

种苗培育以现有国有场圃的技术力量和设施设备为基础，实行固定苗圃与临时苗圃相结合，国有场圃与专业户育苗相结合；对交通不便的退耕还林地，可以规划和建立临时育苗点。林业部门负责无偿技术服务指导，加强种苗质量检测工作，育苗单位和个人按规定树种、数量、质量培育合格种苗。

四、检查验收

县级林业部门作好退耕还林试点工程造林的检查验收工作。检查内容主要包括造林面积、质量、成活率、保存率、幼林抚育面积及质量等。造林检查验收在第二年春夏进行；幼林抚育检查验收在造林后第二至五年内，每年施工结束后进行。

人工造林质量标准：造林密度按国家《造林技术规定》规定执行。造林成活率达到85%以上，造林三年后保存率达到80%（高原丘陵区、高海拔区、干旱干热河谷区70%）以上。

幼林抚育质量标准：无妨碍造林树种生长的攀缘植物，无明显病虫为害。

检查验收首先由县林业部门会同工程实施乡（镇）组织自查，验收合格后，在分户建卡卡片有关栏目填写意见。验收结束后编写检查验收报告，上报市（地、州）林业局备案。验收统计表抄送乡（镇）财政、粮食部门各一份，作为发放补助粮的基础资料。

省级、市级林业部门将进行抽查核实。检查指标主要有造林面积核实率、成活合格率、保存率等。

五、粮食发放与有关政策兑现

各级以工代赈、财政、粮食、林业部门要作好退耕还林补助粮食的调运、发放工作。退一亩，按启动标准每年补助粮食200斤，一定五年。发放补助粮食采取粮食供应票和分户建卡卡片相结合的形式。第一年实行预拨制，分两次兑现。第一次由乡（镇）政府组织人员检查确认退耕后，乡（镇）政府凭分户建卡卡片发放50%的粮食供应票，农户凭票和分户建卡卡片到粮食供应点领粮；粮食供应票以县为单位统一制发，加盖乡（镇）政府印章。第二次在造林检查验收合格后，乡（镇）政府凭分户建卡卡片和检查验收统计表发放余下50%的粮食供应票。以后每年农户在幼林抚育验收合格后，凭乡（镇）政府发放的粮食供应票和分户建卡卡片，到粮食供应点领粮。粮食部门按月或按季度，凭收回的粮食供应票，向有关部门按核定的结算价格核销粮食贷款和必要的费用。以工代赈部门要加强粮食兑现的监督管理。

县级财政、地税、粮食部门与乡（镇）政府一道，凭退耕还林合同书、分户建卡卡片，作好退耕还林地农业税、定购粮的核减工作。

在县级政府的领导下，林业部门要及时作好退耕还林地林权证的核发工作。

六、资金管理

退耕还林试点工程资金实行专户存储，专款专用，专人管理，“一支笔”审批。

专户存储。安排或使用退耕还林试点工程资金的有关部门必须在银行开设“以工代赈退耕还林”专户。

专款专用，退耕还林种苗资金由林业部门安排，只能用于培育种苗和外购种苗，供应退耕还林农户造林。各单位不得以任何方式挤占、截留或挪作他用；不得违规支出。

种苗供给应根据造林计划和作业设计建立台账，并分解到退耕农户，年终根据农户在分户建卡卡片上签字领用的种苗量，进行汇总后予以核销。严禁虚列开支，编制假账。

退耕还林种苗资金实行预、决算制度。根据国家、省下达的年度造林计划和资金计划，由各试点县（市、区）林业部门编制预算。要严格控制开支，防止铺张浪费，完善审核、报销制度。年终各县（市、区）林业部门要编制年度决算并逐级上报，根据上级决算批复逐级核销。

要建立健全财务月、季报制度，各级财政、以工代赈、审计、林业部门要加强财务管理，及时划拨资金。

加强财务监督。安排或使用退耕还林试点工程资金的有关部门，必须接受同级财政、审计等部门及上级主管部门的财务监督。对严重违反本办法的，依据有关法律、规定，追究有关人员的责任。

七、科技管理

各级林业部门依托林业科技推广体系结合退耕还林生产实际，作好技术推广、科学研究工作。

科技工作的重点：大力推广现有林业实用技术；建立高水平的科技示范林、科研试验林；开展育苗、树种选择、干旱干热河谷区造林、生物埂技术、高效营林模式等科研攻关；开展退耕还林效益检测；对技术骨干、退耕农户进行技术培训。

建立档案和信息汇报制度。按工程建设的程序，将实施和完成工程的时间、地点、数量、管护等内容详细记载，连同实施方案、作业设计说明书、检查验收报告、工作总结及有关文件、合同书、图表等资料、分年建立专门档案。

各级林业部门要确定专人负责信息管理，随时掌握退耕还林动态，定期汇报工程实施进度及有关情况。

八、组织管理

退耕还林试点工程实行行政首长目标责任制，层层签订责任状，明确责任人，落实领导责任。

各级退耕还林试点工程由天然林资源保护和退耕还林工程领导小组负责领导和组织实施，成员单位各司其职，各负其责，共同抓好试点工程实施工作。

中共四川省委　四川省人民政府
关于加强技术创新　发展高科技　实现产业化的实施意见

（川委发〔2000〕3号）

为认真贯彻落实《中共中央国务院关于加强技术创新，发展高科技，实现产业化的决定》（中发〔1999〕14号），大力实施“科教兴川”战略，促进我省经济持续、快速、健康发展和社会全面进步，现提出以下实施意见：

一、加强技术创新，发展高科技，实现产业化，推动跨越式发展

（一）加强技术创新，发展高科技，实现产业化，是经济和社会发展的迫切要求和必由之路。新中国成立50年来，特别是改革开放以来，我省科技事业取得了巨大成就，为推动全省经济、社会发展发挥了重要作用，广大科技人员为现代化建设作出了突出贡献。但是，从总体来看，目前我省国民经济整体素质不高，经济结构、传统的产业结构、产品结构越来越不适应市场变化和人民生活改善的需要，技术创新和科技成果产业化的总体水平较低，自主创新能力较弱，科技与经济脱节的问题还没有得到根本好转。要解决这些问题，必须强化“科学技术是第一生产力”的意识，加大实施“科教兴川”战略的力度，抓住西部大开发这一历史机遇，将科技进步、技术创新同经济和社会发展紧密结合起来，发展高科技，实现产业化，促进经济结构的优化，实现经济和社会的跨越式发展。

（二）加强技术创新，发展高科技，实现产业化的发展目标。到2005年，初步形成以企业为主体，适应社会主义市场经济体制和现代科技发展规律的技术创新体系及有效运行机制。办好5个高新技术产业开发区、5个高校科技园区，构建成都—德阳—绵阳（以下简称成德绵）高新技术产业带，发展一大批拥有自主知识产权、市场竞争力强、支撑和带动我省经济发展的高新技术企业或企业集团。

（三）加强技术创新，发展高科技，实现产业化，必须坚持的原则。坚持以市场和经济、社会发

展的需求为基本出发点，强化企业技术创新意识，提高科学技术应用于产业发展的能力，提高产业竞争力；坚持企业是主体，机制是关键，人才是根本，投入是保证，从体制、机制、政策上促进科技与经济结合，推进技术创新体系的建设，实现经济社会持续健康发展；坚持以激活科技资源、激发创新活力为重点，推动大多数科技力量进入市场创新创业；坚持自主研究开发与引进消化吸收国内外先进技术相结合，加强协作攻关，实现在较高水平上的技术跨越；坚持近期目标与长远目标相结合，有所为，有所不为，实现优势集成，重点突破。

（四）统筹规划，突出重点，在一些重要技术和产业领域取得新的突破。实施新的农业科技革命行动计划。加强生物技术、信息技术与传统农业技术的结合，研究开发一批关键技术。特别要在优良品种培育和节水农业技术、农产品深精加工技术、植被恢复技术等方面实现突破，为农业产业化、现代化提供技术支撑。加快应用高新技术改造传统产业，促进产业结构升级。重点抓好智能技术、高效节能技术、计算机集成技术等的推广应用，提高我省工业技术装备水平。充分发挥我省军工技术与人工优势，大力发展军民两用技术，加快军用技术向民用领域的转移，促进高科技产业的发展。

突出高新技术产业领域的自主创新，培育新的经济增长点。重点在信息技术、生物技术及新医药、新材料三大高新技术领域，发展形成具有四川特色的高新技术产业。在信息技术领域，强化信息技术与产品开发，大力发展通信网络、软件产业，推进电子商务、电子媒体、远程教学、远程医疗等新兴服务业的发展。在生物技术及新医药领域，重点用生物技术改造传统化学制药工艺，开发新制剂和新产品。在新材料领域，重点发展电子信息材料、高性能结构材料、新型功能材料、生物医学材料和新型建筑材料。

加强环境保护、资源综合开发利用、城市建设和社会公共安全等社会发展领域的技术创新。加强重大灾害预测预报的研究与防治技术的开发，大力发展清洁能源、清洁生产技术及其产业。

抓好中药现代化科技产业（四川）基地建设，建立和完善现代中药产业化体系，加快中药现代化发展进程。

二、深化改革，全面推进技术创新，发展高科技及其产业

（五）提高企业技术创新能力，促进企业尽快成为技术创新主体。企业尤其是国有企业要把建立健全技术创新机制作为建立现代企业制度的重要内容和关键措施，把推进科技进步、加强技术创新的工作成效作为考核企业负责人的重要指标，不断提高企业的创新能力和管理水平。继续大力组织实施技术创新工程，建立一批企业技术中心，形成自主创新的技术进步机制，逐步构建起以企业技术中心为主要方式的技术创新体系。企业要切实增加科技投入，逐步成为技术开发投入的主体。高新技术企业用于研究开发的经费要逐步达到销售额的5%以上。

大中型企业特别是国有大中型企业要走在技术进步和产业升级的前列，在高新技术产业和新兴产业中占据重要地位，发挥先导作用。要以市场为导向，用先进技术改造传统产业，围绕增加品种、改进质量、提高效益和扩大出口，加强技术改造。进一步建立和完善技术中心，研究开发具有自主知识产权的技术和产品，增强市场竞争力。加强企业技术创新人才，尤其是高素质技术带头人的培养，搞好技术人才培训，推进产学研结合。要面向市场需求不断开发新产品、新技术、新工艺，采用新的经营管理方式和组织形式科学地组织生产、销售和服务，努力形成有利于技术创新和科技成果产业化的有效运行机制。支持和鼓励企业建立技术创新资金，集中用于关键性和前沿性重大科技

问题的研究开发和产业化。

积极发展和扶持各种所有制、多种组织形式的科技型中小企业，推动其从事科技成果产业化，提高技术创新能力和市场竞争力。积极鼓励和支持民营科技企业的发展。要从管理制度上保证民营科技企业平等地承担政府科技计划项目。对因历史原因造成的民营科技企业与国有（集体）企事业单位的产权纠纷，要本着既保护国有资产权益、又有利于鼓励成果转化和支持科技人员创业的原则妥善解决。在企业决策、管理、分配等方面要充分保障个人的合法权益。允许民营科技企业采用股份期权等形式，以调动有创新能力的科技人员或经营管理人员的积极性。

（六）深化科研院所改革，优化科技力量布局和科技资源配置。切实推进应用型科研机构、有市场潜力的社会公益性科研机构、科技型服务机构、设计院所转制成为科技型企业、整体或部分进入企业或转为中介服务机构。科研机构转制后，要建立现代企业制度，充分发挥科学研究与技术开发的优势，尽快形成一批拥有自主知识产权、具有市场竞争力的高科技企业或企业集团。省属应用型科研机构的转制工作力争在2000年底基本完成。

对向社会提供公共服务，无法得到相应经济回报的社会公益性科研机构，应调整结构和分流人员，按非营利机构的机制运行和管理，政府以竞争择优方式为其提供项目和经费扶持。

（七）大力推进产学研结合。积极推进企业与高等院校、科研机构的联合协作，大力组织实施以企业为主体的产学研联合工程。鼓励科研机构和高等院校的科研力量进入企业和企业集团。鼓励在企业内部、高等院校和科研机构中，建立企业的或企业与高等院校、科研院所共建的研究开发机构。企业也可以合同的形式委托高等院校、科研机构进行项目研究开发。高等院校、科研机构申请政府资助的技术开发和产业化项目，须有明确的产业目标和企业的参与、应用。

高等院校和科研机构要充分发挥在知识创新体系中的作用，切实加强科学研究和技术开发，为技术创新和最新技术产业化提供知识源泉和技术储备。

（八）加强高新技术产业开发区建设，构建成德绵高新技术产业带。成都、绵阳、德阳、自贡、乐山高新技术产业开发区（园区），要加大综合配套改革力度，以“孵化器”为核心，以开发区的软硬件服务设施为支撑，形成较完整的中小企业培育体系。认真办好大学科技园、软件园、海外留学人员创业园等，吸引、凝聚优秀科技人员和经营管理者创新创业。要由重招商引资和基本建设向重招贤引智和优化配置科技资源转移，由扩大建设项目向优化创新创业环境转移，由产业分散向集中优势发展特色产业转移，不断增强发展高新技术产业的能力，在区域经济发展中发挥辐射和带动作用。建立省级高新技术开发产业开发区以及高新技术企业的指标评价体系。对于少数不再具备条件、管理不善、成效不大的开发区和企业，经评估审定后取消其资格。

支持高等院校科技园区的发展，培育一批知识密集、具有市场竞争优势的高新技术企业和企业集团，使产学研更加紧密地结合。

依托成都、绵阳高新技术产业开发区和德阳高科技产业园区，以及优势企业，构建成德绵高新技术产业带。到2005年，产业带高新技术产业力争实现年产值1000亿元，创利税200亿元，约占成都平原经济圈当年工业总产值的25%左右。

（九）大力发展科技中介服务机构，建立和完善社会化科技服务体系。按照组织网络化、功能社会化、服务产业化的方向，引导和扶持各类科技中介服务机构的发展。积极推进工业技术创新中心、生产力促进中心、咨询服务机构以及其他各种中介服务机构的发展，为企业在技术、人才、信息、投资导向、对外合作、市场营销、管理咨询和法律咨询等方面提供服务，促进科技成果的交易、技术的评估和知识产权的保护。进一步培育和完善技术市场。根据市场需求，通过竞争，优选一批综合服务能力较强的科研机构进行试点，建立科技信息服务网、科技培训服务网、大型精密仪器共用协作网、实验动物共享共用网等服务网络。

进一步完善农业科技推广服务体系。农业技术推广服务机构要转变服务方式，不断提高服务功能和水平。积极发展“五专”带农户等中介服务机构与农户紧密结合的新型农业技术推广模式，提高农业产业化经营水平，引导广大农户及时调整产业结构，根据市场需求组织生产。

三、采取有效措施，营造创新创业良好环境

（十）严格按照《四川省科学技术进步条例》的规定，加大对科技的投入。省和各市地州科技三项费的年增长速度要高于财政经常性收入的年增长速度，力争高出1个百分点以上，经济较发达地区，增长幅度要更大一些。建立高科技成果转化资金，专项用于高新技术成果产业化项目贴息，促进高新技术产业的发展，培育新的经济增长点。

强化我省高新技术产品的政府采购政策，引导和鼓励政府部门、企事业单位择优购买高新技术及其设备和产品。鼓励各行业、部门将高新技术成果用于生产建设性项目，允许行业、部门在生产建设性项目中列支技术开发经费。

（十一）实行积极的财税扶持政策。经省级科技行政管理部门认定的高新技术成果产业化项目，自认定之日起3年内，政府返还项目用地的土地使用权出让金的地方收入部分；减半征收购置生产经营用房地产转让（买卖）手续费；企业所得税由同级财政按规定实行先征后返，之后2年内，由同级财政按规定返还50%；经认定的拥有自主知识产权的高新技术成果产业化项目，则从认定之日起5年内，企业所得税由同级财政实行先征后返，之后3年内，由财政按规定返还50%；经认定的高新技术成果产业化项目持有者创办该项目产业化企业，免收组建公司时行政机关收取的有关费用(国家有规定的除外)。

经认定的民营科技企业，经省财政厅批准后，3年内所得税按33%征收，按18%返还；企业发生的技术开发费比上年实际增长10%以上的，报经企业主管地方税务局审核确认后，允许再按技术开发费实际发生额的50%抵扣当年度的应纳税所得额。

对国家级和省级新产品所缴纳的增值税地方分成部分，按国家和省现有规定执行。

（十二）大力培育有利于高新技术产业发展的资本市场。积极争取设立以政府资金为引导、民间资本为主的高科技风险投资公司和风险投资基金，开展高新技术风险投资担保业务。对风险投资机构投资高新技术项目所得缴纳的所得税，3年内由同级财政按20%递减的比例返还给该公司，用于风险补偿。积极探索促进高新技术企业产权流动的新路子。加快培养一批从事风险投资事业的专门人才，加速制定相关政策法规，规范风险投资的市场行为。

扩大融资和社会筹资渠道。采取有力措施推进我省高新技术企业上市。积极支持有条件的高新技术企业进入国内国际资本市场。鼓励以各种形式引进外资发展高新技术产业。

（十三）加快培养和造就创新创业人才。加速高科技产业化，人才是关键。要大力培养具有创新意识和创业精神的科技人才和企业家，造就一批适应市场竞争、善于经营管理、勇于开拓的技术创新带头人和经营管理人才。努力为他们的成长创造良好的环境和条件，促使优秀人才特别是青年人

才脱颖而出。调整高等院校的学科、专业设置和教学方式，大力培养学生的创新创业意识和能力，鼓励学生参与创新创业活动。加强科学技术普及和知识产权保护的宣传，加速科技知识向全社会的传播，提高全社会创新意识和科学文化水平。

对企业和高新技术成果产业化项目急需的外省市具有博士、硕士学位和具有高级专业技术职务的专业技术人员和管理人员，以及携带科技成果来我省从事高新技术产品开发和生产的具有硕士及以上学位的留学人员，及其他具有特殊贡献和特殊需要的人员，凡被企事业单位正式录用的，经有关主管部门批准，公安部门对其本人及配偶、子女给予办理入户手续。鼓励科技人员在科研机构之间、科研机构与企业之间合理流动。各有关部门要积极争取在我省多设立博士后科研流动站和工作站，吸引更多的高级人才来川工作。

（十四）建立创新创业人员贡献与报酬挂钩的分配机制。高新技术成果作为无形资产参与转化项目投资，成果价值占注册资本比例可达35%，另有约定的除外。高新技术成果作为无形资产投资的价值，需经具有资质的评估机构评估后，由工商行政管理部门办理登记注册。

高新技术成果作为投资的股权，其成果完成人可获得与之相当的股权收益。企业自主开发（含二次开发）的高新技术成果，可对主要完成人，视其贡献大小，在项目实现的税后利润中，提取一定的比例作为回报。

从事高新技术成果产业化的科技人员的股权收益，用于高新技术成果产业化项目投资，在计征个人所得税时给予税基扣除。从事高新技术成果产业化的海外留学生在川取得的工薪收入，可视同境外收入，在计算个人应纳所得税额时，除减除规定费用外，可适用附加减除费用的规定。

（十五）积极扶持应用型科研机构转制为科技型企业。科研机构转制时可自主选择转为企业或进入企业的具体方式。其全部资产（包括土地使用权）减去负债转作国有资本金或股本金。原拨付的正常事业费继续拨付，主要用于离退休人员的社会保障。

对由事业单位法人转变为企业法人，或直接进入企业的科研机构，经省科技行政管理部门批准，可继续保留原科研机构名称或以原科研机构名称登记企业法人，从领取企业法人执照之日起5年内继续享受科研机构的所有政策。其开发新产品、新技术、新工艺所发生的各项费用，可按规定计入管理费用。科研机构在改革过渡的5年内要实行科研主体和产业实体并存发展，分别按事业法人和企业法人管理。科研机构转制为企业后，实行企业的劳动用人制度和工资分配制度。

对改组成股份有限公司或股份合作制企业的科研机构，在自愿的基础上，鼓励职工投资入股，职工个人持股股权配置方案要经职代会讨论通过。经批准，允许小型科研机构职工购买国有小型科研机构。可以根据职工的实际购买能力分期付款，一次性买断的可获得25%的折扣优惠。出售科研机构回收的资金作为专项资金纳入预算管理，经同级政府批准后专项用于发展科技事业。

（十六）完善科技成果评价和科技奖励，加强知识产权保护。按照《国家科学技术奖励条例》及其有关规定，建立客观、公正的科学技术奖励评审办法，规范奖励行为，精简奖励数目，加大奖励力度。要侧重自主知识产权和经济、社会效益，强化高新技术成果产业化的导向。对在科学技术领域内为四川做出创造性的、具有广泛影响、重大意义的成就，以及在技术创新、科技成果商品化和产业化中创造出巨大经济效益或社会效益的杰出科技人才实行重奖。

改革现行成果管理体制，完善对研究开发成果或产品的鉴定办法。根据国家的需要和取得的经济、社会效益，作为科技成果评价的主要依据，建立多元化的科技成果评价体系。政府计划项目成果应委托有资格的社会中介服务机构进行评估，严格按照合同进行验收。

加强知识产权保护，要重视运用知识产权制度保护法人和个人的合法权益。对于知识产权的职务发明人、设计人、作者及主要实施者，要给予与其实际贡献相当的报酬或股权收益。进一步提高全社会知识产权保护意识和法制观念，加大知识产权保护和执法力度，坚决查处和制裁各种侵权行为，及时有效地处理知识产权侵权和纠纷案件。

四、加强领导，开创技术创新，发展高科技，实现产业化的新局面

（十七）加强党和政府对推进技术创新，发展高科技，实现产业化工作的领导。各级党委和政府以及有关部门要充分认识加强技术创新，发展高科技，实现产业化的必要性、紧迫性，切实加强对这项工作的领导。要根据党中央、国务院的《决定》和本《实施意见》的精神，组织力量认真调查研究，从实际出发，进一步明确本地区、本部门技术创新工作的战略目标和重点，增强科学性、系统性和前瞻性。要结合各自实际情况，认真落实各项政策措施，加强检查、监督。认真落实党政一把手抓第一生产力责任制，把抓科技进步和技术创新的实效作为考核党政主要领导干部政绩的一项重要内容。

各级科技、计划、经贸、教育、财政等有关部门要充分发挥各自的职能作用，落实责任，加强指导，协调配合，主动为技术创新和高新技术产业化服务。努力开创加强技术创新，发展高科技，实现产业化的局面。

（十八）进一步完善科技政策、法规，依法推进技术创新体系建设。各地要加强调查研究，进一步制定完善推进科技进步，加快高新技术成果转化，发展高科技产业的政策和措施，依法加快科技创新，发展高科技，实现产业化。

中共四川省委　四川省人民政府

2000年1月26日

中共四川省委　四川省人民政府
关于抓住西部大开发机遇、加快发展的意见

（川委发〔2000〕27号）

实施西部大开发战略，是党中央高瞻远瞩、统揽全局、审时度势做出的重大决策，为四川加快发展提供了难得的历史机遇。根据《中共中央国务院关于转发国家发展计划委员会〈关于实施西部大开发战略初步设想的汇报〉的通知》（中发〔2000〕2号）和国务院西部地区开发工作会议精神，省委、省政府对我省抓住机遇、加快发展的一系列重大问题，经过反复讨论和认真研究，提出如下意见。

一、加快四川发展势在必行

中华人民共和国成立50年来，特别是改革开放20多年来，在党中央、国务院的领导下，经过全省人民艰苦奋斗，四川的改革和发展取得了巨大成绩，提前实现国内生产总值翻两番的目标。但由于地处内陆，人口多，底子薄，经济结构不合理的矛盾十分突出等诸多原因，我省与全国平均水平特别是东部沿海省市的差距逐渐拉大。四川经济总量在全国的位次，由1978年的第六位下降到1999年第十位；人均国内生产总值1999年仅为4450元，比全国平均水平低2095元，列第二十六位。我们一定要认清形势，看到差距，增加忧患意识和加快发展的紧迫感。

四川是西部大省，具有十分重要的战略地位。人口占西部10省区市的30%，国内生产总值占31%；地处长江上游，对长江流域的生态环境影响重大；是全国优势资源富集区之一，水能资源富甲天下，天然气、钒、钛等8种矿产探明储量居全国之冠，生物资源种类繁多，旅游资源得天独厚；周边与7个省区市接壤，商品流通量大，全社会消费品零售约占西部地区的三分之一；是多民族省份，有全国第二大藏族聚居区、最大彝族聚居区和唯一的羌族聚居区；还是我国三级建设布局和高科技较为集中的省份。加快四川发展，对西部乃至全国都具有重大意义。我们一定要增强加快发展的责任感和使命感。

四川加快发展的条件基本具备。党中央、国务院十分关心我省发展，做出了一系列重要指示，为我们指明了前进的方向。我国综合国力显著增强，特别是东部地区有了长足发展，有能力加大对西部包括对我省的支持力度。经过多年发展，我省工业、农业、交通、科技等取得了重大成就，为加快发展奠定了良好基础，积累了丰富经验。加之我省资源富集，人才众多，科技实力雄厚，市场潜力巨大、有着加快发展的优势。更为重要的是，全省8500多万人民具有加快发展的强烈愿望和巨大的积极性，迫切要求抓住机遇，实现“追赶型”、“跨越式”发展。随着西部大开发战略的实施，四川经济社会发展必将进入一个新的时期。我们对加快发展，充满必然的信心。

二、加快四川发展的目标和基本原则

21世纪前10年，四川加快发展的总体目标是：建成西部经济强省和长江上游生态屏障，经济社会协调发展，努力实现新的跨越。

经济增长目标。国内生产总值年均增长速度高于全国平均水平。人均国内生产总值，2005年超过2000年全国平均水平，2010年力争赶上当年全国平均水平。经济质量和效益明显提高，全员劳动生产率年均增长程度10%以上，财政收入年均增长速度比国内生产总值增长速度高1—2个百分点。

结构调整目标。经济结构战略性调整取得较大进展，经济发展水平明显提高。一、二、三产业增加值的比例，由目前的25：42：33调整为15：45：40。非公有制经济比重有较大提高，实现公有制为主体、多种所有制经济共同发展。城市化水平力争年均提高1个百分点以上，2010年达到30%以上。

生态建设目标。生态环境明显改善，5年初见成效，10年大见成效。2010年，森林覆盖率达到30%以上，流入长江的泥沙量得到有效控制，大中城市空气质量稳定在Ⅱ级，出川江水基本达到国家Ⅱ类水质标准。

社会发展目标。2010年，城镇居民人均可支配收入赶上当年全国平均水平，农民人均纯收入基本达到当年全国平均水平。人口年均自然增长率控制在7‰以内。城镇登记失业率控制在4%以内。社会保障体系基本健全。科技、教育、文化、卫生、体育水平明显提高，各项社会事业全面发展。基本实现宽裕型小康。

加快四川发展，要坚持以下基本原则。解放思想、实事求是的原则，既要打破因循守旧的思维方式，勇于探索和创新，又要一切从实际出发，按客观规律办事；全面规划、分步实施的原则，既要谋划长远，制定科学的总体规划，又要立足当前，狠抓落实；速度与效益相统一的原则，既要有较快的速度，实现新的跨越，又要以市场为导向，以效益为中心，实现经济社会的可持续发展；市场调节与政治调控相结合的原则，既要充分发挥市场在社会资源配置中的基础性作用，又要切实加强政府对经济运行的宏观调控；兼顾一般、突出重点的原则，既要统筹安排，协调发展，又要有所侧重，集中力量办大事；自力更生、艰苦奋斗的原则，既要争取中央支持，积极扩大对内对外开放，更要立足自身努力，充分调动和发挥各方面的积极性。

加快四川发展，要努力做好基础建设、生态工程、结构调整、科教兴川、改革开放“五篇文章”。重点抓好稳定发展农业这一基础，全力推进生态建设和“四网”改造两大工程，大力抓好交通、水利两大基础建设，加快成都平原和攀西两大地区发展，逐步形成水电、电子信息、机械冶金、旅游、医药化工和饮料食品6个支柱产业。

三、加快基础设施建设

基础设施建设是加快四川发展的基础。近几年我省基础设施的“瓶颈”制约虽有所缓解，但仍不适应加快发展的要求。要围绕经济发展目标，整体规划，突出重点，加大投入，量力而行，适当超前，先行建设。争取再用10年左右时间，使我省基础设施基本适应经济社会发展的需要。

（一）交通运输。基本形成以公路为重点，铁路、航空、水运、管道协调发展的立项交通运输体系。

1．公路：全省高速公路达到2000公里，一、二级公路达到1.3万公里。按照“内联市县，外接周边，通江达海”的要求，重点实施“通达、联网、通乡”三大工程。

通达工程：以打通出川主通道为目标，新建与改扩建相结合，建成或开工建设9条我省与周边省区市连接的高速或高等级公路。重庆方向，建设邻水—垫江高速公路；云南方向，建设宜宾—水富高速公路、攀枝花—田房高等级公路；贵州方向，建设纳溪—大方高等级公路；陕西方向，建设达州—万源铁匠垭高等级公路；甘肃方向，建设广元—姚渡、汶川—朗木寺高等级公路；西藏方向，建设和改造康定—竹巴笼、马尔康—岗托公路。

联网工程：形成以成都为中心、与市地州连接的高速或高等级公路骨架网，以及市地州之间和市地州到县的二级路网，特别是要加快旅游、国防和少数民族地区公路的改造与建设。重点建设成都—南充、绵阳—广元、成都环线、南充—广安、广元—巴中—达州、雅安—西昌—攀枝花、二郎山—康定、都江堰—汶川、鹧鸪山隧道等项目。

通乡工程：通公路乡的比重要达到99%，基本实现乡乡通公路。

2．铁路：以基本实现全川铁路干线电气化，形成内外通畅、优质高效运输网为目标，重点加快襄渝铁路达渝段和内宜铁路电气化工程及内昆、达万、金筠3条在建铁路建设，争取遂渝怀快速铁路遂宁—重庆段、隆纳铁路泸州—纳溪段等项目尽快开工，做好隆昌—广西百色铁路、兰渝铁路的前期工作。

3．机场：以建设干、支线机场合理布局的民用运输体系为目标，重点建成并配套完善成都双流国际机场，加快建成绵阳、广元、泸州、攀枝花机场，建设九寨黄龙机场，改造达州机场，做好康定等机场的前期工作并开工建设。

4．水运：重点扩建宜宾港二期等工程，整治江河航道，提高通航能力。

5．管道：开工建设兰州至成都输油管道工程，支持国家实施天然气东输工程。

（二）水利设施。继续实行“大中小微相结合、蓄引提相结合、新建与挖潜相结合”的方针，抓紧抓好灌溉工程建设。争取武都、升钟、大桥3个水利二期工程早日立项建设，加快都江堰、玉溪河两大灌区节水改造及续建配套，做好毗河引水工程的前期工作。新增有效灌面300万亩，实现人均半亩以上高产稳产农田。

为减少长江中下游分蓄洪区的压力和损失，在我省已有40多亿立方米蓄水调节能力的基础上，需新增160亿立方米调蓄库容。争取国家把四川主要江河的控制性水利工程纳入长江流域防洪建设总体规划，尽快分步实施岷江紫坪铺、嘉陵江亭子口、金沙江溪洛渡、大渡河瀑布沟和雅砻江锦屏一级等5座水利枢纽工程，有效拦截泥沙，缓解对中下游的洪涝威胁。同时，搞好重要江河堤防的工程建设，提高防汛保安水平。

（三）电网、气网、水网和信息网建设。以城乡电网改造为重点，认真抓好“四网”建设。

电网：基本实现“两改一同价”（农网改造、农村电力管理体制改革与同网同价）和村村通电的目标。经过两年左右的努力，完成全省180个县（市、区）农村电网的建设与改造，加快成都等16个大中城市电网改造步伐。

气网：以提高天然气普及率为目标，加快天然气资源的开发和管网建设。全省规划普及天然气的县以上城市平均气化率由65%提高到80%以上。

水网：以基本解决我省城市供水和农村人畜饮水问题为目标，加快县以上城市特别是81个严重缺水县城的供水工程和农村人畜饮水工程建设。全省县以上城市供水普及率提高到98%，乡镇供水普及率提高到80%，使人民群众吃上符合卫生标准的饮用水。

信息网：以建设信息大通道、电话容量翻番、“三网”互联、电子邮政商务四大工程为重点，加快信息网络建设。2005年，全省光缆长度达到10万公里，交换机容量达到2700万门，固定电话用户达到1900万户，普及率达到21.9%，同时加快移动通信网络建设；建成高速、宽带、安全的多媒体数据网络，电子邮政商务覆盖各市地州、县（市、区）；广播电视覆盖率达到90%以上，基本实现广播电视村村通；大中城市基本实现互联网、广播电视网、电信网“三网”互联，发挥整合优势。

四、全力推进生态环境保护和建设

加强生态环境保护和建设是加快四川发展的根本和切入点。按照建设大生态的思路，重点抓好天然林保护、退耕还林还草、生态环境综合治理和污染整治四大工程，努力改善我省生态环境，并为长江流域生态环境改善做出贡献。

（一）天然林资源保护工程。按照国家的总体部署，切实抓好天然林管护、林业结构调整和生态公益林建设。管护好天然林及其他森林2.88亿亩，造林4400万亩，封山育林1400万亩。

（二）退耕还林还草工程。坚决贯彻中央“退耕还林（草）、封山绿化、以粮代赈、个体承包”

的政策，对坡耕地有计划有步骤地实施退耕还林还草，努力恢复和扩大林草植被。在抓好300万亩陡坡耕地退耕还林还草试点基础上，争取再退耕还林还草700万亩，共完成1000万亩。

（三）生态环境综合治理工程。按流域统筹规划，集中成片综合治理。认真实施《四川省生态环境建设规划》，在100个水土流失重点县开展生态环境综合整治，遏制我省长江上游重点地区生态环境恶化的趋势。加强地质灾害的监控和治理，搞好国土规划和整治。

（四）污染整治工程。水污染整治，以沱江、岷江、嘉陵江等流域为重点，认真实施国务院批准的《长江上游水污染整治规划》，抓紧重点工业污染源的治理，提高城市生活污水和垃圾处理率，改善流域水环境质量。大气污染整治，突出抓好二氧化硫和酸雨国家控制区的"双控"工作，特别是抓好13个重点市地州的治理。

五、积极推进经济结构战略性调整

实施经济结构战略性是加快四川发展的关键。要坚持以市场为导向，从我省资源特点和自身优势出发，依靠科技进步，积极调整经济结构，努力培育和形成新的经济增长点，增强整体经济实力，提高经济质量。

（一）调整农业结构，稳定和加强农业。稳定农村基本政策，稳定基本农田面积，稳定粮食生产能力。紧紧围绕增加农民收入，大力推进农业和农村经济结构调整，重点是搞好三个优化：优化农产品质量，发展名特优产品，2010年优质稻种植面积达到60%以上，"双低"油菜率达到90%以上，优质水果率达到60%以上；优化农业产业结构，加快发展畜牧业、水产业、林业，2010年畜牧、水产、林业产值占农业总产值的比重达到60%以上；优化农业区域布局，因地制宜发展特色农业、生态农业、高效农业，培育壮大区域优势产业。切实搞好农田水利基本建设和农业综合开发，提高机械化水平，改善农业生产基本条件。积极推进农业产业化经营，大力发展农产品加工、储藏、保鲜和运销，开拓农产品市场，建立健全农业社会化服务体系，提高农业综合经济效益。大力调整和提高乡镇企业，搞好劳务输出，推进农村劳动力的转移。今后10年农业增加值年均增长4%，实现由农业大省向农业强省的转变。

（二）调整工业结构，加快发展工业。用高新技术改造和提升传统产业，大力培育和发展新兴产业。2005年，全省大中型骨干工业企业的技术装备基本达到90年代国际先进水平，高新技术产业占工业总产值的比重达到20%。工业增加值年均增长速度，"十五"达到12%，"十一五"达到15%。通过结构调整，逐步形成水电、电子信息、机械冶金、医药化工、饮料食品等支柱产业。

水电业：以国家实施"西电东送"为契机，加快金沙江、雅砻江和大渡河等水电资源的滚动开发，建设溪洛渡、锦屏、瀑布沟等电站。积极鼓励省内用电，发展高耗能工业等，开拓内部市场。近期争取东送120万千瓦，远期外送1000万—2000万千瓦，建设国家水电能源基地。

电子信息业：重点发展数字化技术产品、宽带综合信息网络产品、通信产品、新型元器件、智能家电等主导产品，争取建成以软件、集成电路、元器件为基础的国家重要的电子信息产业基地。

机械冶金业：机械业以提高大型发电设备、重型机械、工程机械、国防装备的科技含量为重点，提升产品档次，建成国家重大装备国产化基地。冶金业要按市场需求调整产品结构，提高特种钢生产的数量和质量，加强钒钛、稀土等优势资源的综合利用，大力开发新产品，建成我国重要的特种钢基地和钒钛等新材料基地。

医药化工业：大力发展生物工程技术，研制开发新药，发展医药生化制品，加快建设国家中药现代化科技产业基地。积极发展天然气化工、磷化工、精细化工等，建设国家天然气化工基地。

饮料食品业：以名酒、名烟、川菜、肉制品、绿色保健品等为拳头产品，扩大名品比重，提高市场占有率，建成国家饮料食品工业基地。

（三）大力发展以旅游业为重点的第三产业。加快九寨沟、黄龙、峨眉山—乐山大佛、都江堰—青城山、海螺沟、卧龙大熊猫自然保护区、四姑娘山、西岭雪山、蜀南竹海、剑门蜀道、三里堆、自贡恐龙博物馆等世界自然、文化遗产和国家级旅游风景区的基础设施及配套设施建设。强化旅游管理，提高服务水平和质量。抓好旅游商品开发。搞好旅游促销。创全国名牌，创世界级旅游产品，努力建成旅游大省。

积极发展交通运输、仓储、邮电通信、批发零售贸易和餐饮等传统第三产业，加快发展金融、证券、保险、房地产、信息咨询、电子商务等新兴第三产业。大力培育中介机构和要素市场，推进城市社区服务、农村社会化服务和高校后勤服务社会化。第三产业增加值要比国内生产总值年均增长速度高1—2个百分点。

（四）调整区域经济结构，实现全省区域经济协调发展。四川地域辽阔，发展条件和水平差异较大，必须因地制宜，发挥优势，突出重点，发展特色经济。

成都平原地区是我省经济和科技最发达的地区，电子信息、现代医药及生物制品、新材料等高新技术产业初具规模。要以高新技术产业为主导，加快发展速度，提高发展水平，发挥好示范、带动和辐射作用。2010年成都市要率先基本实现现代化。

攀西地区是我国重要的资源富集区，生物、水能、光热、钒钛、稀土等优势资源具备较好开发条件，发展潜力大。要重点抓好水电开发，提高特种钢生产水平，搞好钒钛、稀土综合利用，综合开发国土资源，大力发展生态经济。发展速度要超过全省平均水平，尽快将资源优势变为经济优势。

民族地区是我省经济社会发展相对滞后的区域，要加大支持力度，建设一批能增强经济实力、有效益的造血型重点项目。突出抓好特色农牧业，生态工程，基础建设，旅游、优势矿产和水能资源开发，以发展教育为重点，加快科技、文化、卫生等社会事业的发展。国内生产总值增长速度力争接近或达到全省平均水平，人民生活基本实现小康。

丘陵地区、盆周山区是我省农业资源、天然气资源、人力资源等较丰富的地区。要优化农业结构，大力发展经济作物和养殖业，提高商品粮、商品畜禽和水果等农产品的优质品率和加工深度。要加大工业结构的调整力度，开发利用天然气等优势资源，发展饮料、食品、轻纺、化工、建材等特色产业。加快农业剩余劳动力的转移，开拓劳务市场，扩大劳务输出。国内生产总值的增长速度力争达到或超过全省平均水平。

（五）调整城乡经济结构，加快城市化进程。搞好城市发展规划，提高特大城市的现代化水平，积极培育大中城市，大力发展小城市，加快小城镇建设步伐。完善有利于加快城市化进程的户籍、土地、城市用工等政策，积极引导农村劳动力向城镇转移和集聚，有序推进城市化进程。逐步形成以特大城市成都为中心、绵阳等8个大城市、16个中等城市和33个小城市以及1000个小城镇协调发展的城市体系。

六、坚持科教兴川，加快人才培养

科技教育和人才是加快四川发展的重要条件。要把发展科技教育和培养使用人才放到突出位置，为加快四川发展提供有力支持。

（一）加强科技创新。重点在信息技术、生物技术、核应用技术、新医药、新材料、新能源、高效节能和环保技术等领域取得突破性进展。加快科技体制改革，积极发展多种形式的产学研结合，推进应用型科技机构转制成为企业、整体或部分进入企业。提高企业技术创新能力，促进企业尽快成为技术创新主体。鼓励发展自主知识产权。加强科技中介机构建设，健全科技推广服务体系，加速科技成果的推广和应用，把科技优势转化为经济优势。多渠道加大科技投入，建立科技风险投资基金，落实技术入股等优惠政策，大力培育有利于高新技术产业发展的资本市场。办好成都、绵阳两个国家级高新技术开发区和德阳、乐山、自贡3个省级高新技术开发区，在技术创新和高新技术孵化等方面取得突破性进展，尽快形成高新技术产业群。

（二）大力发展教育事业。全面贯彻党的教育方针，大力推进素质教育，促进学生德、智、体、美全面发展。继续推进义务教育，提高义务教育普及水平和教育质量。努力扩大高中阶段教育和高等教育规模，2010年全省城镇和有条件的农村地区普及高中阶段教育，适龄人口高等教育入学率达到15%以上。搞好高等教育体制改革，面向经济社会发展需要，调整专业和课程设置，提高教学和科研水平。大力发展职业教育和成人教育，建立和完善终身教育体系，不断提高劳动者素质。多渠道增加教育投入，鼓励社会力量投资办学，加大对民族地区和贫困地区教育发展的支持力度。积极发展现代远程教育，加快大学科技产业园区等一批重点项目建设。

（三）积极开发人才资源。努力创造尊重知识、尊重人才的社会环境，形成优秀人才脱颖而出、人尽其才的用人机制。大力培养和起用一批具有创新意识和创业精神和各类高素质人才。用事业、感情、适当的待遇留住人才，吸引人才，激发人才的积极性和创造精神，充分发挥各类人才的作用。推进人才的市场化配置，规范人才的合理流动。通过实行优惠政策，采用灵活方式，拓宽智力引进渠道，吸引国内外高水平的专门人才包括海外留学人员参加四川的开发和建设。

七、继续深化改革，努力扩大开放

改革开放是加快四川发展的强大动力。要积极推进“两个根本性转变”，努力探索新思路、新方法、新机制，走出一条有四川特色的加快发展的新路子。

（一）加快国有企业改革。以国有企业改革为经济体制改革的中心环节，全面实施改革、改组、改造和加强企业管理。从战略上调整国有经济布局，坚持有进有退，提高国民经济的整体素质，积极探索公有制的多种有效实现形式，鼓励和引导个体、私营等非公有制经济发展。积极推进国有企业战略性改组，培育一批实力雄厚、具有竞争力的大企业和企业集团，采取多种形式放开搞活国有中小型企业。建立现代企业制度，完善法人治理结构，转换经营机制。探索国有资产管理的有效形式，建立国有资产管理、监督、营运体系和机制。进一步完善对国有企业经营管理者的管理办法，建立健全激励和约束机制。充分发挥企业党组织的政治核心作用，全心全意依靠职工群众，健全企业民主管理制度，实行厂务公开。切实减轻企业负担。

（二）深化财税、投融资体制改革。财税金融要为加快四川发展服好务。逐步建立起公共财政的基本框架，调整财政支出结构，加大对民族地区和其他困难地区的转移支付，统筹政府可支配财力，集中预算内外资金办大事。坚持依法治税。加强税收征管，促进公平竞争。积极探索建立面向市场的投融资机制，采用国际通行的筹融资方式，加大利用资本市场直接融资的力度，把国家投资与社会融资结合起来，支持重点项目建设。各金融机构要搞好重点建设项目的论证评估，调整信贷结构，积极组织资金，加大信贷投入。规范金融秩序，防范金融风险。加强银行和企业间的协调，建立新型银企关系。

（三）努力扩大对外开放。坚持大开放促进大开发，实行全方位对外开放。切实改善投资环境，完善外商投资服务体系，保障外商合法权益。以企业为主体，加大招商引资力度，注重引进国外知名公司，加强重点引资项目的工作。在积极利用国外长期优惠贷款加快基础设施和生态环境建设的同时，努力扩大外商投资领域，放手采用直接投资、发行股票、出让企业股权、转让特许经营权等多种形式，更多地直接吸引国外资金、先进技术和管理经验。积极实施“走出去”的战略，鼓励和引导企业走向国际市场，推进对外投资，发展对外工程承包和劳务合作。深化外贸体制改革，优化出口商品结构，支持高新技术产品、机电成套设备、钒钛产品和纺织、服装等优势产品出口。引进利用外资、外贸出口及海外承包工程合同金额年均增长速度都要达到10%以上。加大对内开放力度，搞好“东引西联”工作，主动出击，特别是加强与东部地区的合作，多形式、多渠道、宽领域地引进国内优势企业的项目、资金、品牌、技术和人才，互惠互利，共图发展。建设好国家级成都经济技术开发区和省级经济技术开发区，使之成为对外对内开放的窗口。

八、切实做好维护社会稳定工作

保持社会稳定，是加快四川发展的前提。没有稳定，什么事情也办不成，加快发展就会成为一句空话。

（一）确保民族地区稳定。民族地区的稳定是一项重要的政治任务。要加强爱国主义教育和民族团结教育，使“汉族离不开少数民族、少数民族离不开汉族、各个少数民族之间也相互离不开”的思想深入人心。认真贯彻党的民族政策，进一步巩固和发展平等、团结、互助的社会主义民族关系，实现各民族共同繁荣和进步。全面正确地执行党的宗教信仰自由政策，依法加强对宗教事务的管理，积极引导宗教与社会主义社会相适应。加强民族地区基层党组织和政权建设，团结依靠各民族群众，旗帜鲜明地开展反分裂斗争。坚持以发展促稳定、以稳定保发展，加快藏区牧区“人草畜三配套”工程建设，改善彝区生产生活条件，对不具备生存条件的群众有计划地实施移民脱贫工程，使民族地区在加快发展、改善生活中保持稳定。

（二）切实减轻农民负担。积极为农民提供生产、生活等各种服务，为他们排忧解难，带领农民发展经济、增加收入。认真落实农民合理负担定项限额的政策，严禁乱收费、乱集资、乱罚款和各种摊派，严禁虚报农民收入、变相加重农民负担的错误做法，严肃查处违法行为和涉及农民负担的恶性案件。认真抓好农村税费改革试点工作，探索建立规范的农村税费制度，从根本上减轻农民负担。

（三）加强社会保障工作。坚持和完善国有企业下岗职工基本生活保障、失业保险和城镇居民最低生活保障的“三条保障线”制度，努力做到制度建设到位、资金到账、保障到人。积极开拓就业门路，搞好职业培训，促进下岗职工再就业。大力发展养老、医疗等各项社会保险。逐步形成独立于企事业单位之外、资金来源多渠道、管理服务社会化、完善统一规范的社会保障体系。

（四）加强社会治安综合治理。严格执法，依法打击各种犯罪活动。强化社区管理，开展群防群治。制止金融“三乱”，妥善处理各种基金会、非法集资和发行债券的问题。高度重视、正确处理新形势下的人民内部矛盾，认真解决社会热点、难点问题，及时、妥善处置群体性事件、把问题解决在基层，把矛盾解决在萌芽状态。

九、大力加强精神文明建设和民主法制建设

加快四川发展，必须坚持“两手抓，两手都要硬”的方针，切实抓好社会主义精神文明建设和民主法制建设，为发展提供强大的精神动力和有力的法制保障。

进一步加强思想政治工作。坚持以邓小平理论武装头脑、指导行动。加强以爱国主义、集体主义、社会主义为核心的思想道德教育，大力提供实事求是的科学精神、艰苦奋斗的创业精神、开拓创新的进取精神、忘我工作的奉献精神。在全省范围广泛深入地开展“西部大开发，四川怎么办?”的大讨论，不断增强加快发展的责任感、使命感、紧迫感和机遇意识。进一步解放思想，转变观念，克服自我封闭、“小富即安”等思想，发扬“敢为天下先”和改革开放、开拓创新的精神。充分调动全省党员、干部、群众和驻川部队指战员、武警官兵的积极性，把各方面力量凝聚到加快发展上来，形成人人为西部大开发贡献智慧和力量的生动局面。城市、农村、各行各业和各级机关要根据自身特点，深入持久地开展群众性精神文明创建活动，为西部大开发创造良好的社会环境。宣传部门和报刊、广播、电视等新闻单位要加大宣传力度，坚持正确的舆论导向，提高宣传水平，营造良好的舆论氛围，扩大四川在国内外的知名度。文艺、出版单位要努力繁荣创作，多出优秀作品，振奋锐意进取的精神，激励昂扬走上的斗志。

大力加强民主法制建设。制定规划、研究政策、论证项目等，都要坚持走群众路线，充分听取群众意见特别是专家意见，实行民主决策和科学决策。全面推进依法治省，深入开展普法教育，加强地方立法工作，尤其是尽快制定和完善有利于加快四川发展的法规，坚持依法行政、公正司法，把全省的经济社会发展纳入法制化的轨道。

十、加强领导，把加快发展的各项工作落到实处

加快四川发展，必须加强领导。全省各级党委、政府都要把加快发展作为中心任务和头等大事，集中精力，摆上重要议事日程。主要领导要亲自抓，分管领导要具体抓，做到各司其职、各负其责。要定期研究，定期部署，定期检查，保证加快发展各项任务的落实。要建立严格的责任制度，包括领导分工责任制、重大项目责任制。要实行相应的考核、奖惩制度，确保各项工作和重大项目的顺利进行。

当前，根据国家部署和跨越式发展的要求，要尽快制定四川加快发展的总体规则和专项规划，研究制定促进发展的政策。同时抓好项目启动，选准选好重点项目，成熟一个，启动一个，为加快发展开好局、起好步。今年要开工建设一批重点项目，加快在建项目建设，保质按期竣工一批项目。

大力加强党的建设和领导班子建设。各级党组织要按照江泽民总书记关于“讲学习、讲政治、讲正气”和“要使我们党始终成为中国先进社会生产力的发展要求、中国先进文化的前进方向、中

国最广大人民的根本利益的忠实代表”的要求，全面加强党的思想、政治、组织、作风建设。各级政府要切实转变职能，理顺关系，精简机构和人员，建立起办事高效、运转协调、行为规范的行政管理体系和工作机制。各级领导班子要按照新形势的要求，努力建设成为政治上强、开拓创新、团结协调、廉政勤政的领导班子。

各级领导干部要振奋精神，转变作风，真抓实干，狠抓落实。要迎难而上，开拓进取，工作使出最大力气，工作成效达到最高水平。要从“文山会海”中解放出来，多深入实际，多调查研究，把主要精力放在抓大事、抓主要矛盾上，不断提高对重大问题的研究和决策能力。要“严”字当头，坚持从严治党、从严治政、从严治企，敢于抓管理，善于抓管理，切实解决普遍存在的管理松懈、纪律松弛、秩序混乱等问题。

各地区、各部门要认真贯彻党中央、国务院的指示精神和省委、省政府的统一部署，创造性地开展工作。要紧密结合当地和本部门的实际，因地制宜，发挥优势，制订切实可行的规划和目标。要找准切入点，克服各种困难，努力取得新突破。

省委、省政府号召，全省各级党委、政府和广大党员、干部、群众，要紧密团结在以江泽民同志为核心的党中央周围，高举邓小平理论伟大旗帜，万众一心，奋发图强，抓住机遇，开拓进取，以百倍的责任感和万分的紧迫感，为加快我省发展、实现新的跨越而努力奋斗。

中共四川省委　四川省人民政府
2000年5月29日

四川省人民政府
印发《关于加快发展我省民办教育的若干意见》的通知

（川府发〔2000〕34号）

《关于加快发展我省民办教育的若干意见》已经省政府第42次常务会议讨论通过，现印发你们，请遵照执行。

四川省人民政府
2000年7月25日

关于加快发展我省民办教育的若干意见

根据《四川省社会力量办学条例》和全国教育工作会议精神，为鼓励、支持和正确引导社会力量办学，现就加快发展民办教育提出以下意见。

一、积极探索、大胆实践符合国家法律、法规的办学形式。企事业单位、社会团体、公民个人和其他社会组织可以依法独立投资办学，可以多种形式合资办学；可以与政府、国办学校和科研机构等协作办学；可以根据需要，与国办学校实行“公办民助”和“国有民办”等改制试验办学；同时，欢迎港、澳、台同胞、海外侨胞和外国法人组织、个人以及有关国际组织来川合作办学、投资办学或提供捐赠用于办学。

二、采取灵活多样的形式，积极发展民办高等教育。在师资、教学设备许可，并按国家现行政策规定对拟投入资产进行资产评估立项确认后，在其产权明晰、国有资产保值或增值的前提下，经有关部门批准，普通高校可以举办相对独立的按民办机制运行的二级学院，或者通过资源重组、优势互补等形式，与社会力量合作共建以高等职业教育为主的、具有独立法人资格的民办高校。根据地方政府发展教育的规划，社会力量可以参与举办社区学院。对办学条件较好、质量有保证的民办高等学校，经批准设立高等学历教育教学班的，其招生计划、招生考试录取和教育教学等工作与国办高等学校一样统一管理。积极推进高等教育学历文凭考试试点工作，充分利用现代网络技术发展远程教育，建立开放性的教育体系。

三、依法保护办学投资者和学校的合法权益。民办学校与公办学校一样享受国家规定的减免税费政策。涉及民办学校的行政事业性收费，应严格按省政府的规定执行，各部门、各单位均不得违反规定向民办学校乱收费。要加强对民办学校的资产管理，政府减免的税费以及学校接受社会的各种捐助费、赞助费，不得作为投资者的回报，应当用于学校建设。民办学校收取的经费实行财政专户储存，全额由学校统筹安排用于办学。

四、逐步实行民办学校按生均培养成本确定收费标准。民办学校在执行现行收费控制标准的同时，可根据其投资情况、生均培养成本、学校运行成本等因素，测算出生均收费标准，报经教育或劳动保障行政部门同意，由物价、财政行政部门批准后执行。民办幼儿园、小学、初中的收费标准，按管理关系归口由市（地、州）或县（市、区）物价、财政行政部门审批；其他民办学校的收费标准，由省物价、财政、教育行政部门制定基准收费标准和浮动幅度，学校在规定的范围内自行确定具体收费标准。民办学校应规范收费行为，不得以任何名目乱收费。

五、民办教育基本建设项目的申报程序和审批权限按照国家和省的有关规定执行。民办学校建校征地，按公益性用地依照土地管理法律、法规规定办理。民办学校征用或租赁土地修建校舍与国办学校一样享受优惠政策。改变征地和建设用途的，按有关规定补交税费及相关规费。涉及土地使用权转移的，应报经县级以上人民政府土地管理部门审查批准，并依法办理土地使用权变更登记手续。经国有资产管理部门批准，允许国办学校及其他企事业单位将闲置的校产、房产及其设备设施等资源，以国有资产投入的形式与社会力量合作办学，或优先、优惠出租给民办学校使用。

六、开辟民办学校教师来源，为形成一支相对稳定、素质较高的民办学校教师队伍创造条件。鼓励大、中专毕业生到民办学校任教，允许公办学校和民办学校的教师双向流动。在征得原任教学校同意，民办学校与公办学校签订合同后，民办学校可以聘用公办学校的在岗教师到民办学校兼课。在民办学校任教的教师，其教师资格认定、业务进修培训、职称评审、评优表彰等，与公办学校教师一视同仁，纳入教育行政部门统一管理。公办学校富余教师和教育工作者流动到民办学校任教任职的，可以保留原有身份，其人事关系、档案由各级人民政府人事部门所属的人才交流机构实行代理。

七、民办学校要坚持依法办学，坚持社会主义办学方向，认真贯彻党的教育方针，全面推进素质教育，努力提高教育质量，建立健全学校民主管理和监督制度。教育行政部门要严格执法，加强管理，严格审批，建立健全督导评估制度。对各种违法办学行为，要依据有关法律、法规严肃查处。对在民办教育发展中做出突出成绩和贡献的应予以表彰和奖励。

八、各级政府要高度重视发展民办教育，并将其纳入当地教育事业发展规划。根据本地实际情况，制定 鼓励和扶持民办教育发展的保障措施和政策。教育行政部门要加强对民办教育的管理，以适应民办教育发展的需要。计划、国土、建设、城市规划、人事、财政、物价、税务、公安、卫生等有关职能部门要认真做好各项服务工作，切实落实促进民办教育发展的政策，确保民办学校享有与公办学校平等的法律地位和待遇。

四川省人民政府关于进一步完善粮食生产和流通有关政策的通知

（川府发〔2000〕36号）

我省的粮改工作，按照党中央、国务院的部署，认真执行“三项政策、一项改革”，取得了明显成效：一是加快了对农业和粮食生产结构的调整；二是坚持按保护价敞开收购农民余粮；三是加大了粮食顺价销售的力度；四是加强了粮食收购资金、粮食风险基金和粮食市场的管理；五是推进了粮食购销企业自身改革；六是加快了粮食仓储设施的建设。但各地工作进展和执行政策情况不平衡，粮食生产和流通中还存在一些需要重视和解决的问题。主要是：粮食生产结构调整面临不少实际困难；部分地区按保护价敞开收购农民余粮政策没有完全落实；市场粮价持续下跌，粮食购销企业顺价销售困难；库存粮食价高且陈化严重，部分粮食产区风险基金不足，超储补贴拨补不及时；粮食仓容严重不足，收储矛盾比较突出；国有粮食购销企业改革滞后，经营管理状况亟待改善。针对当前粮食生产和流通中存在的问题，国务院召开了全国粮食生产和流通工作会议，并下发了《国务院关于进一步完善粮食生产和流通有关政策措施的通知》（国发〔2000〕12号）。为了认真贯彻国务院全国粮食生产和流通工作会议精神，结合我省实际，现就进一步完善我省粮食生产和流通有关政策措施通知如下：

一、大力推进农业和粮食生产结构的战略性调整，促进粮食生产和流通协调发展

（一）要在保护好基本农田和稳定粮食生产能力的前提下，因地制宜调整农业和粮食生产结构，优化区域布局。对经济发达地区和城市郊区，要适当减少粮食种植面积，积极发展高效农业和出口创汇农业。三州和盆周丘陵、山区要有计划、有步骤地退耕还林、还草，改善生态环境。

（二）优化粮食品种，提高粮食质量和效益。进一步加强优质品种的引进、选育和推广工作，尽快淘汰劣质品种。粮食主产区要加快粮食品种和生产结构的调整，由一般品种向优质、专用品种转变，由单纯注重产量向提高效益转变，由单一粮食生产向发展多种经营转变。

（三）充分发挥市场对粮食生产的引导和促进作用。加强县以上粮食批发市场和粮食市场信息网络建设，以市场为导向，引导农民按市场需求安排粮食生产，发展“订单农业”，大力发展农业产业化经营，扶持培育一批重点龙头企业，支持龙头企业参与农业产业化经营。

（四）各地要加强对农业和粮食生产结构调整的指导，防止在粮食生产结构调整中出现趋同化和忽视粮食生产的倾向。在引导粮食生产结构调整中，要充分尊重农民的生产经营自主权，绝不能搞行政命令，层层下指标，强迫农民种这种那。继续增加农田水利基础设施建设的投入，保护基本农田，保护粮食生产能力，保护农民的种粮积极性。

二、认真贯彻落实按保护价敞开收购农民余粮政策，切实保护农民利益

（一）各级政府和有关部门要统一思想认识，不折不扣地落实按保护价敞开收购农民余粮政策。在当前粮食库存增加，市场粮价走低的情况下，敞开收购农民余粮，是保护农民利益和稳定粮食生产能力的关键措施，只有“敞开”，才能“放开”。对列入保护价收购范围的粮食，国有粮食购销企业要切实做到常年常时挂牌敞开收购农民余粮。要认真执行国家粮食质量标准和省定的粮食收购价格政策，不准限收、拒收、停收，不准压级压价收购。要切实改善服务态度，提高服务质量，方便农民售粮。省政府决定保留粮食定购制度，继续实行农税征实政策，以利国家掌握必要的粮源。各级政府和粮食、物价、工商行政管理、质量技术监督部门要加强对粮食收购的监督检查，对拒收、限收、压级、压价的，要严厉查处，并追究有关负责人的责任。

（二）今年，玉米仍纳入粮食保护价收购范围。根据我省饲料、酿酒业发展较快，玉米需求较大，产不足销的情况，为了发展玉米生产，今年我省的玉米仍纳入保护价收购范围，由国有粮食购销企业按保护价敞开收购。《四川省人民政府关于做好2000年粮油购销工作的通知》中（川府发〔2000〕22号）关于“从2000年新粮上市起，玉米退出保护价收购范围”的规定暂不执行。

（三）对列入保护价收购范围的粮食，农业发展银行要继续按现行办法，及时发放贷款，确保收购资金供应。对退出保护价收购范围的粮食，农业发展银行要按照“以销定贷、以效定贷”的原则提供收购贷款，支持国有粮食企业主渠道掌握粮源。同时，要加强对粮食收购资金的管理，防止挤占挪用收购资金。

（四）对稻谷、玉米实行定购价和保护价两价合一的综合价收购政策，并继续实行地区差价、品质差价、新陈差价，以促进粮食在地区之间的正常流通和鼓励农民交售好粮。今年，我省加大了粮食品种结构调整力度，优质稻面积扩大，各地要认真落实优质优价政策，粮食购销企业要参照国家优质稻标准，按照收得进、卖得出、不亏损的原则来确定优质稻的收购价格，保证已定收购合同兑现。稻谷、玉米收购定价权在省（优质品种除外），具体收购价格由省物价局、省粮食局下达。各市、地、州根据省定原则确定具体收购价格省物价局审批后执行。

三、适当增加粮食风险基金规模，保证资金及时拨补到位

为确保按保护价敞开收购农民余粮政策的贯彻落实，中央决定在包干资金之外再增加粮食风险基金规模80亿元，主要用于粮食产区收购农民余粮。为保证此项政策得到落实，今年各地粮食风险基金，首先要保证按保护价收购粮食发生的超储费用利息正常开支，其次用于在省下达的处理陈化粮计划销售内发生的陈化粮价差损失，由此形成的粮食风险基金缺口，经省认定后，由省和市、地、

州财政按一定的筹资比例负担，其具体负担办法由省财政厅另行规定。各级政府必须把应负担的粮食风险基金纳入同级财政预算，通过调整财政支出结构，确保预算安排的粮食风险基金足额到位。地方配套的粮食风险基金不能及时足额到位的，省财政应通过扣款强制到位。

为了确保粮食超储补贴及时足额拨付到粮食购销企业，从今年起，省财政按季将地方筹集的粮食风险基金，拨付到省财政在农业发展银行开设的专户。各地财政部门必须在每季最后一个月的15日之前，将应拨的补贴，通过农业发展银行足额拨付到粮食购销企业。如不能及时拨付，先由农业发展银行按上季度拨款数额的80%拨付给粮食购销企业，随后再行清算并拨补到位，具体办法由省财政厅会同农业发展银行和有关部门研究制定。

四、扩大国家粮库建设规模，增加有效仓容

针对当前粮食主产区粮食仓储设施严重不足的情况，中央决定在已建成500亿斤仓容的基础上，今年和明年再分别安排200亿斤粮库建设。今年中央批准我省8.5亿斤粮库建设，各地和各项目单位要按照工程质量和进度的要求，抓紧进行。同时，要做好粮库建设的前期工作，新建粮库主要安排在粮食产区。为了解决当前粮食主产区仓库严重不足且十分破旧的问题，农业发展银行要安排建仓贷款，以搭建简易仓棚和维修部分破旧仓库。各地农业发展银行、财政、粮食部门要统筹规划，根据当地财力和仓容状况，上报贷款规模，按照谁贷款，谁付息的原则，由省财政统一筹措资金补贴，贴息到贷款全部归还为止。具体办法由农业发展银行商省财政厅制定。

五、进一步拓宽粮食购销渠道，搞活粮食流通

对列入保护价收购范围的粮食，由国有粮食购销企业敞开收购，同时允许和鼓励经省工商行政管理部门审核批准的用粮企业、粮食经营企业，按照国家收购政策要求，直接到农村收购粮食。工商行政管理部门审批入市企业时，可征求粮食行政管理部门的意见。对经批准的大型用粮企业，允许跨地区到粮食主产区直接收购，但要与当地工商行政管理部门搞好衔接，或者委托当地国有粮食购销企业收购自用粮。对甘孜、阿坝和凉山部分少数民族地区及少数交通不便的边远山区，允许经市、地、州或县级工商行政管理部门审核批准的粮食经营企业和粮商到所辖农村收购粮食。

对退出保护价收购范围的粮食，允许经县级以上工商行政管理部门审核批准的用粮企业、粮食经营企业直接到农村收购。

农村集贸市场坚持常年开放，允许农民通过集贸市场出售自产粮食，不受数量限制。允许经工商行政管理部门批准的粮食经营企业、粮商到农村集贸市场和粮食批发市场购买和销售粮食。

工商行政管理部门要继续采取有效措施，加强对粮食收购市场的管理。严禁无照经营和违规经营，严厉打击扰乱市场、损害农民利益的不法行为，维持市场的正常秩序。

六、积极促进粮食销售、加工转化，加快库存粮食转换

（一）进一步加大粮食销售力度。今年省政府继续实行超销奖励政策，并与敞开收购业绩挂钩，各级政府也要制定相应的奖励措施，鼓励粮食购销企业积极促销。国有粮食购销企业要重视市场营销工作，建立粮食销售激励机制，积极采取措施，开拓市场，扩大销售。对库存高价位周转粮食的轮库，要采取购销结合的办法，实行等量对冲，推陈储新。轮换库存粮食的必要合理费用，列入销

售成本。各级政府要继续对促销工作建立激励机制，鼓励粮食购销企业积极促销，减少库存积压。国有粮食购销企业不得低价亏本销售，更不准以处理陈化粮为名，降价销售粮食，对因低价销售粮食造成的资金损失，由当地政府和企业承担。各级政府和粮食主管部门要加强对粮食销售的监督和检查。

（二）按照有关部门颁发的陈化粮鉴定标准，妥善处理陈化粮。销售陈化粮发生的价差损失，属中央储备粮的由中央财政负担，属省储备粮的由省财政负担，属粮食购销企业商品周转库存的原则上由粮食风险基金负担，具体办法另行确定。为避免陈化粮投放市场过多和时间过于集中，陈化粮销售要制定年度销售计划并报省粮食局、省财政厅批准，接受宏观计划指导，超计划销售的，省财政不予补贴。陈化粮的销售要在县级以上粮油批发市场公开拍卖，竞价交易，由市场形成价格。陈化粮只能直接卖给饲料和工业用粮企业，不得再进入口粮消费市场。

（三）大力发展粮食精深加工，促进粮食转化增值。对重点粮食加工项目，各级政府要给予政策扶持，银行等金融机构要提供信贷支持，多方筹措资金，建成一批大型的技术先进的粮食精深加工转化项目。积极支持现有粮食加工转化企业的技改和资产重组，形成合理布局，努力开发新产品和优质品牌产品。

七、加快国有粮食购销企业改革步伐，提高企业竞争力

（一）粮食行政管理部门与粮食购销企业之间，必须真正做到政企分开。粮食行政管理部门要认真做好国家粮食政策的贯彻落实，监督、引导国有粮食企业搞好粮食流通，指导粮食企业加快自身改革，但不得向企业摊派费用，粮食行政管理部门的负责人不得兼任粮食购销企业的职务。

（二）加大粮食购销企业自身改革力度。粮食购销企业要严格按照经营量和不产生亏损的原则合理定员、定岗，建立能上能下、能进能出的人事、劳动机制，实行竞争上岗。继续抓好富余人员的下岗分流和减员增效工作，今年粮食购销企业要实现3年分流人员达到职工总数的50%的目标。各级政府要积极支持，把下岗人员纳入当地社会保障和再就业体系。对国有大中型粮食企业，要按国企改革的有关政策，争取银行支持，实行债转股，减轻负担，轻装上阵。

（三）加强企业内部管理，提高经济效益。在全省粮食系统认真开展“管理效益年”活动，抓好企业管理的基础工作。切实落实企业法人代表责任制，明确各项考核指标，做到奖惩逗硬。在收入分配上实行绩效挂钩，能高能低，充分调动企业干部职工的积极性。加强对企业干部职工的业务培训，努力提高业务素质，特别是要提高企业法人代表和财会人员的素质，要推广粮食购销企业财会人员委派制。尽快落实《国务院关于进一步完善粮食流通体制改革政策措施的补充通知》（国发〔1999〕20号）中关于“原附营业务占用贷款中仍由国有粮食购销企业承担的部分，实行停息挂账”的政策，减轻国有粮食购销企业的负担。

八、切实加强领导，确保粮食流通体制改革顺利进行

当前我国农业和粮食生产已进入一个新的发展阶段，各级政府和有关部门必须进一步统一思想，充分认识农业在国民经济中的基础地位，任何时候都不能放松粮食生产。各地要认真落实粮食工作行政首长责任制，加强对粮食生产和流通工作的领导，确保各项政策落到实处。各级政府和有关部门要加强对各项粮改政策执行情况的监督检查，发现问题及时查处；要按照今年中央农村工作会议

的部署和“三项政策、一项改革”的要求，继续抓好农业和粮食生产结构调整，推进粮食流通体制改革，促进粮食生产和流通的协调发展。

四川省人民政府
2000年8月1日

中共四川省委 四川省人民政府
关于贯彻《中共中央 国务院关于促进小城镇健康发展的若干意见》的意见

（川委发〔2000〕42号）

最近，中共中央、国务院发出了《关于促进小城镇健康发展的若干意见》（中发〔2000〕11号，以下简称中央11号文件），对发展小城镇建设提出了新的要求。为认真贯彻落实中央11号文件精神，进一步推动我省小城镇建设，现提出如下贯彻意见。

一、认真学习，深化认识，按照中央的统一部署，扎扎实实抓好小城镇建设工作

中央11号文件是关于小城镇建设的纲领性文件，充分体现了党中央、国务院高度重视小城镇建设和农村经济社会的全面发展，对推动我省小城镇建设试点工作，推进农村工业化、城镇化和现代化具有重大意义。中央11号文件就小城镇健康发展的战略意义、指导原则、规划布局、经济发展、投资体制、建设用地、户籍管理制度、经济和社会管理职能、民主法制和精神文明建设、组织领导等10个方面进行了全面部署，各地要认真学习，统一思想，抓好落实。我省小城镇建设试点6年多来，虽然有了良好开端，取得了明显成效，但按中央11号文件要求，还有很大差距，必须通过不懈努力，艰苦奋斗，埋头苦干，才能达到党中央、国务院的要求。省委、省政府决定，到2010年末期，我省小城镇试点镇达到1000个，吸纳农村人口1000万以上，进一步加快农村工业化和城镇化进程。从我省的实际情况出发，以发展小城镇为载体，建立社会主义市场经济的新体制，提高全省农业和农村经济的整体素质和效益，增加农民收入，是我们的首要任务。加快小城镇建设，有利于实现农村富余劳动力转移，提高农业劳动生产率和综合经济效益，增加农民收入；有利于促进乡镇企业集中连片发展和结构调整，带动农村第三产业的发展，为农民创造更多的就业岗位，推动农村城镇化进程；有利于向农民传播现代科学技术和文化、改造传统意识和习俗，从整体上提高农村人口素质，逐步缩小城乡差别，实现城乡经济协调发展；有利于带动农村基础设施和房地产业发展，拓展农村市场，扩大内需，拉动国民经济的增长。因此，加快小城镇建设是农村经济社会发展的必然要求和最佳选择，各级党委、政府一定要把认识统一到中央11号文件精神上，按照党中央、国务院和省委、省政府的统一部署，在西部大开发中把小城镇建设作为我省发展农业和农村经济的切入点，作为当前和今后较长时期农村改革与发展的一项重要任务，坚持不懈地抓下去，以推动全省农村经济发展和工业化、城镇化进程。

二、坚持以经济建设为中心，突出特色，实现镇域经济可持续增长和跨越式发展

发展镇域经济是小城镇建设的首要任务，也是小城镇繁荣和发展的基础。要实现经济的可持续增长，关键是要发挥优势，突出特色，走出自己的经济发展路子。要以市场为导向，以产业为依托，逐步形成以商贸流通、旅游开发、市场建设、农副产品加工等为主的小城镇建设的支撑点，

把小城镇建设与发展个体私营经济和乡镇企业结合起来。创造良好条件，鼓励农民和外出务工人员进镇经商办企业，为农村劳动力提供新的就业空间和门路。要抓住国有企业战略改组和产业结构调整的机遇，吸引技术、资金、人才和相关产业向小城镇转移，壮大镇域经济实力。

把小城镇建设与农业结构调整和产业化经营结合起来。优化农产品质量，优化农村产业结构，优化农业区域布局，逐步构建起高效农业的产业体系。着力培育各类农业产业化经营的龙头企业，把农民引向市场，增强农民的组织化和市场化程度，为实现传统农业向现代农业转变创造条件，提高农业和农村经济的整体素质和效益，增加农民收入。

把小城镇建设与建立农村市场体系结合起来。要逐步提高市场建设水平，完善市场功能，把农产品的生产、加工、销售联结起来，提高农业效益。

三、深化改革，落实政策，为小城镇建设营造宽松的发展环境

各地、各部门要进一步解放思想，放权让利，落实政策，搞好服务，支持小城镇发展。我省小城镇建设试点工作开展以来，省委、省政府先后制定了一系列政策性文件，涉及到小城镇的规划布局、经济发展、户籍制度改革、建设用地、基础设施建设、资金筹措、经济和社会管理职能等方面。现在关键是狠抓落实。落实政策不能停留在一般号召上，要认认真真地解决试点中存在的问题。首先，各地要对近年来小城镇建设的政策落实情况进行一次清理，总结经验，找出存在的问题，有针对性地逐项解决落实。对那些政策长期不落实的地方和部门，要采取措施，限期改正。其次，各地、各有关部门要根据中央和省上文件精神，结合西部大开发，研究制定一些更为优惠的扶持政策，支持小城镇建设。第三，要保证政令畅通，健全督促检查制度，确保政策落实。第四，要在调查研究的基础上，分阶段解决试点中的突出问题。在规划的编制、评审和审批过程中，要按照优质、高效、经济的要求，积极帮助和指导试点镇，尽快完成这一基础性工作。在建设用地的征用上，要进一步坚持节约用地、保护耕地的原则，树立土地开发为小城镇建设服务的思想，不断探索小城镇土地保护与开发利用的新形式。对试点镇建设项目用地，既要坚持国家大政方针，又要采取灵活多样的有效措施，确保试点镇能够及时征地、用地，推动试点工作。

改革小城镇建设方式，建立适应社会主义市场经济的投融资体制，积极探索运用市场机制建设小城镇的经验，逐步走出一条在政府引导下主要依靠社会资金发展小城镇的路子。要调动广大群众的积极性，鼓励农民进镇建房，建设小城镇。同时，省财政、扶贫、以工代赈、计划；水利、交通、邮电、电力、金融等部门，要按照党中央、国务院和省委、省政府的要求，重点扶持试点镇的电网改造、镇区道路、给排水、环境等公用设施和公益事业建设，各市、地、州、县（市、区）也要安排专项资金，支持小城镇改善基础设施条件。

四、科学规划，建管并重，把小城镇建设提高到一个新的水平

各地要按照统一规划、合理布局、综合开发、配套建设的要求，抓紧修订和编制小城镇发展规划，并将其列入国民经济和社会发展“十五”计划。要按照有关法律法规，科学规划，建管并重，加强管理，依法治镇，提高小城镇的建设质量和管理水平。

规划的编制要注重经济社会和环境的全面发展，切实做好与土地利用总体规划、区域经济规划、产业发展布局等各方面规划的衔接与协调。规划要服务和服从于社会经济发展目标，把握好小城镇的发展特色和建设方向，既要适度超前，坚持高起点、高标准，又要切合实际，防止贪大求洋和乱铺摊子。规划的编制和调整，必须依法行事，按程序办理，确保小城镇建设健康发展。

要结合实施西部大开发战略，以基础设施建设为先导，搞好综合配套建设。小城镇建设要各具特色，根据自身的自然、地理、交通条件，特别要注意保护文物古迹以及具有民族和地方特点的人文、自然景观，塑造不同的建筑风貌，切忌千篇一律，百镇一色。要注重建设质量，提高建设水平，促进小城镇建设再上台阶。

加强管理，是小城镇建设的一项重要内容。要健全城镇管理体系，提高管理干部队伍素质，依法治镇，认真执行国家的有关法律法规，对规划、建设、绿化、卫生、文化、交通以及市政设施等进行全程监管。要增强广大干部群众的城镇化意识，建立良好的社会秩序，逐步形成适应城镇要求的生活方式，实现农村两个文明共同进步。

五、加强领导，协同配合，不断推动全省小城镇建设工作

小城镇建设是农村产业结构调整、非农化社会变革的系统工程，涉及到多层次、多领域，需要各地、各有关部门加强领导，协同配合，打好总体战。发展小城镇，要站在区域经济发展的长远角度，放权让利，处理好发展镇域经济与壮大县域经济的关系，支持小城镇建设；要调动各方面的积极性，增加投人，处理好政府适当投入与引导社会资金发展小城镇的关系。要健全领导体系，特别是那些机构不完善和今年新增加试点任务的地方，要尽快落实。各有关部门要主动服务，提高办事效率，为基层着想，切实把各项政策落到实处。各试点镇也要进一步转变作风，发扬艰苦奋斗、勤俭建镇的精神，知难而进，努力实践，在试点中不断提高自己的工作能力和管理水平。要继续推行领导负责制和部门责任制，完善领导和部门联系镇制度、现场办公制度、定期会议制度和信息反馈制度，掌握动态，指导工作。要对小城镇建设进行目标管理，逐步建立淘汰机制，对那些通过一段时期的试点，发展缓慢，变化不大，不能起到典型示范作用的镇，要淘汰出局。要及时总结试点中的先进经验，通过典型引路、重点帮扶等措施，不断推动全省小城镇建设取得新的成绩。

中共四川省委　四川省人民政府

2000年10月12日

四川省人民政府关于加快职业教育发展的通知

（川府发〔2001〕24号）

为推动我省职业教育持续、健康发展，实现“走创新之路，建教育强省”的奋斗目标，根据《中华人民共和国职业教育法》和《中共中央国务院关于深化教育改革全面推进素质教育的决定》（中发〔1999〕9号）精神，现就加快我省职业教育发展的有关问题通知如下：

一、提高发展职业教育重要性的认识，增强责任感和紧迫感

发展职业教育，是提高劳动者素质的重要途径，是优化教育资源结构、提高教育整体效益的内在要求，是实施科教兴国战略的重要组成部分。近年来，我省职业教育得到了较大发展，职业教育各项改革稳步推进，职业学校办学条件得到改善，骨干示范职业学校建设取得显著成绩，各级各类职业学校向社会输送了大批应用型高素质劳动者，为推动全省经济建设和社会发展做出了重要贡献。但是，一些地方和部门领导仍然对职业教育战略地位和重要性的认识不足，发展职业教育在实际工作中没有得到足够重视，从总体上看职业教育的发展还不能适应四川改革开放和追赶型跨越式发展的需要。为此，地方各级政府和有关部门一定要从实施“科教兴川”战略的高度出发，增强发展职业教育的责任感和紧迫感，把发展职业教育作为我省现代化建设一项长期的重要任务抓紧抓好。

二、完善职业教育体系，实现“十五”期间职业教育发展目标

“十五”期间，我省职业教育发展的目标是：因地制宜地推进以初中后分流为重点的，不同阶段的多层次、多形式的职业教育，完善适合我省省情的从初等到高等、职前教育与职后培训并举、学历教育与职业资格教育并重、各类教育相互沟通、协调发展的职业教育体系；合理调整学校布局、专业设置和课程结构，挖掘办学潜力，充分利用职业教育资源，让更多的受教育者有机会接受良好的职业教育和培训；推进职业教育改革，努力探索适应社会主义市场经济体制的管理体制、办学体制和运行机制；发展民办职业教育和短期职业培训，促进办学主体的多元化和办学形式的多样化。到“十五”末期，使全省职业教育办学规模明显扩大、办学条件明显改善、办学质量和效益明显提高，职业教育结构和布局更加合理。

（一）继续发展初等职业教育。农村和民族地区，要积极探索初等职业教育与普及九年义务教育有机结合的形式，在普通教育中渗透职业教育因素。农村各级职业学校和成人学校，要向受教育者广泛传授生产、生活中的实用技术，为巩固义务教育作贡献。在农村继续推行“绿色证书”教育，让学生掌握为当地经济建设服务的生产、管理、服务技能，帮助农民脱贫致富奔小康。

（二）大力发展中等职业教育。“十五”期间，中等职业学校在校生数占高中阶段学生的比例，

全省平均保持在50%左右，使高中阶段各类教育按比例协调发展。各地、各部门（行业）要根据全省统一部署，加大布局结构调整力度，争取用3年左右的时间，将全省中等职业学校调整到680所左右，使之形成与经济和社会发展相适应的中等职业学校结构体系。在县级区域，要积极推进职成教育资源的整合优化，搞好县级职业教育中心建设，办好示范性中等职业学校；各市、州要建好省级重点职业学校或职业教育中心；条件许可的市、州，要建设好国家级重点职业学校。到2005年，全省力争建成60所国家级重点中等职业学校，180所省（部）级重点中等职业学校。

（三）积极发展高等职业教育。按照国家发展高等职业教育的方针和原则，结合我省经济结构调整、产业发展规划，要有计划地将独立设置的成人高校、部分高等专科学校以及符合条件的中等职业学校调整、合并或升格为职业技术学院；支持本科高等院校举办或与企业联合举办职业技术学院；鼓励社会力量举办民办高等职业技术学院。要积极探索多种形式的高等职业教育，逐步扩大初中后五年制高等职业教育的规模，实现中、高职之间的衔接；扩大高等职业技术学院对口招收中等职业学校毕业生和有实践经验在职人员的规模。

（四）广泛开展各种形式的职业培训。各地、各部门（行业）和企事业单位，要抓住经济社会发展的大好时机，充分发挥职业学校和职业培训机构的作用，形成初级、中级、高级相配套的职业培训网络，积极开展继续教育、岗位培训等多种形式的职业技能培训，使每年新增劳动力以及企业从业人员得到必需的职业培训。

三、加快改革创新步伐，促进职业教育的可持续发展

要积极探索多种办学模式，鼓励并支持行业、境内外社会团体、企事业单位及公民个人依法举办职业和成人教育培训学校。在产权明晰、职责明确的基础上，逐步建立多层次、多形式、多元化的办学体制，通过盘活闲置的职业教育资源，增强职业教育办学活力。

（一）建立与社会主义市场经济相适应的职业教育运行机制。要形成政府宏观决策、统筹规划，行政部门各尽其责、紧密协作，行业组织和企事业单位依法承担发展职业教育的相应任务，社会各方面多形式参与、职业学校面向市场自主办学的管理体制。教育行政部门负责职业教育的统一规划、综合协调、督导评估；劳动，保障部门负责对技工学校、劳动就业训练中心、以技能培训为主的职业培训机构和企业职工培训的综合管理；经贸部门负责组织企业经营管理人员的培训；其他相关部门在各自的职责范围内采取措施，支持职业教育的发展。明确举办者与管理者之间的责、权、利关系，依法落实职业学校的法人地位，在中等职业学校实行校长负责制，扩大职业学校办学自主权。各级各类职业学校都应按照社会主义市场经济的客观要求，深化以人事、分配制度为核心的内部管理体制改革，形成自我约束、自我管理、自我发展的运行机制。

（二）积极推行职业资格证书制度和劳动预备制度。实行职业资格证书制、劳动预备制，是提高劳动者素质、发展劳动力市场的有效途径，地方各级政府和有关部门要坚持“先培训、后就业，先培训、后上岗”的原则，依靠各行业组织，按照国家制定的有关标准，制定实施办法，严格实行就业准入制度。各级劳动保障部门要加大劳动用工监察力度，对违反劳动用工规定的应按有关法规给予处罚。

（三）改革职业院校招生与毕业生就业制度。教育部门要加强招生工作管理，规范招生秩序、净化招生环境，制止和纠正招生工作中的不正之风。放宽中等职业学校入学限制，简化招生手续，实行“宽进严出”的招生制度，使更多的初中毕业生或同等学历的青少年进入职业学校学习。每年新增的高校专科招生计划，应主要用于发展高等职业教育。根据社会经济发展形势，逐步扩大高等职业技术学院招收中等职业学校毕业生的比例；建立适合中等职业教育与高等教育相衔接、与劳动就业相结合的招生制度，满足社会各行各业对培养高等实用技术人才的需要。

职业院校毕业生在国家政策指导下，通过双向选择、自主择业。在全省形成毕业生就业指导服务网络，为毕业生提供就业信息服务。各职业院校要根据劳动力市场的变化情况，加强对毕业生就业的指导与服务。

（四）加速农村和民族地区职业教育的发展。地方各级政府要把发展农村职业教育，特别是民族地区、贫困地区、边远山区职业教育作为工作重点，制定切实可行措施，加大“农科教结合”和“三教统筹”力度。民族地区职业教育要充分发挥传播科学文化知识、传播现代生产生活方式、传播现代文明的作用。依靠农村各类职业学校和成人学校，积极实施“星火计划”、“燎原计划’和“丰收计划”，使农村基础教育、职业教育、成人教育协调发展。

地方各级政府要采取切实措施，在经费投入、师资培训、对口支援等方面扶持农村和民族地区发展职业教育。有关部门要在租赁土地、提供良种、设备、实习基地等方面给予职业学校优惠。对获得《职业资格证书》、《职业培训证书》、《绿色证书》回乡务农的毕业生，有关部门要在人才聘用、农民技术职称评定、土地承包、信用贷款、创办领办企业等方面给予优先、优惠和扶持。

（五）深化教育教学改革。教育行政部门要会同经贸部门、劳动保障部门，认真分析当地经济结构和产业状况对职业技术人才的需求，优化职业学校专业设置，引导职业学校办出特色。学校要以全面提高学生素质和综合能力为出发点，更新教育思想，创新人才培养模式，构建新的课程体系，改革教学内容、教学方法，强化实践教学环节，加强专业现代化建设，突出培养学生职业适应能力和创业的实际本领，根据职业教育特点和学生实际需要，积极试行“弹性学制”和“学分制”，形成与终身教育制度相适应的教学管理制度，使每一个学生都能得到适合自身特点的最佳教育和最好发展。

四、依法多渠道筹措办学经费，完善职业教育投资体制

职业教育办学经费，在以各级政府财政拨款为主的基础上，坚持行业、企事业单位及用人单位合理负担，举办者自筹，受教育者适当缴费，以及贷款、校办产业创收、社会捐资等多渠道筹集。

地方政府和有关部门，要认真落实《职业教育法》规定的“用于举办职业学校和职业培训机构的财政性经费应当逐步增长”，与此同时，要注意研究新形势下的新情况，制定行之有效的措施，加大对职业教育的投入。各级财政每年增加的职业教育经费应安排一定数量专项经费，用于支持骨干示范职业学校建设和师资培训及职教科研工作。各行业主管部门也应安排一定数额的职业教育专款，用于所属职业学校和职业培训机构改善办学条件、提高教师队伍素质和实验实习设备的装备水平。

政府有关部门应依照有关政策规定，对各类职业教育学校在土地征用、基建投资、校办产业等

方面给予普通教育学校同样的税费优惠政策，不向学校乱摊派费用，以减轻职业学校办学负担，降低办学成本。政府和办学单位、主管部门要抓住创重评优、布局结构调整等时机，帮助职业学校提高办学效益。

建立职业教育培养成本分担机制，合理确定学费在教育培养成本中的比例，适当拉开不同学校、不同专业之间的收费档次。建立奖学、贷学、助学金等保障制度，帮助经济困难的优秀学生完成学业。

企业要树立职业教育经费是生产性投资的观念，依法按职工工资总额提取一定比例的职业教育经费，重点用于职工岗位培训和继续教育，当年结余的经费可结转下年使用。县乡地方政府要结合农村经济发展形势，安排适当数额的资金用于农村职业教育和培训。

积极支持金融机构与职业学校合作，安排贷款用于各类骨干职业学校和职业培训机构改善基础设施、购置教学设备和发展校办产业，增强职业学校自身的造血功能。

各地用于发展职业教育的专项经费，要合理安排提高使用效益，坚持重点倾斜、以奖代补、贴息代补等行之有效的做法。积极探索面向贫困地区和家庭困难的学生提供职业教育经费资助的办法，努力提高职教经费的使用效益。完善职业教育办学经费的各项管理制度和审计制度，确保专款专用，任何单位和个人不准挪作他用，对违者要严肃查处。

五、加强职教师资队伍建设，保障教师合法权益

职业教育师资队伍建设事关职业教育改革发展的大局，地方各级政府、有关部门和各职业学校必须高度重视。坚持以全面提高教师队伍整体素质为核心，以骨干教师队伍建设为重点，以优化教师队伍结构为主线，努力建设一支高素质、高水平、适应职业教育事业发展需要、具有活力和创新精神的职业教育师资队伍。

加快职业学校教师学历达标步伐，到“十五”末期，普通中专、职业高中、成人中专的专任教师学历达标率分别达到90%、85%、85%，“双师型”教师人数超过专业课教师总数的60%。职业培训机构和技工学校专任教师学历达标率分别达到90%、80%，“双师型”教师人数超过专业课教师总数的50%。高等职业学校专任教师中具有研究生学历人数达30%左右，专业课教师中“双师型”教师力争达60%以上。

各级教育、劳动保障、人事部门和有关单位要支持职业学校从有关行业、企事业单位聘请专业课兼职教师。从企业选调具有本科学历、有丰富实践经验和较高学术水平并适合教学的中高级专业技术人员，到职业院校担任教师和实习指导教师；高级技工、技师调入职业学校任教，按有关规定和程序办理聘用制干部手续和职称评审手续。

要认真解决职业学校教师的实际困难，不断提高职业学校教师的待遇。各类职业学校教师在住房、工资福利、医疗保险、子女入学、职务晋升等方面，享受同地区同级普通学校教师的相同待遇。职业学校专业课教师和实习指导教师，在按国家和省的有关规定评聘专业技术职务和教师职务时，享受其他各类学校同类人员的同等待遇。

六、切实加强对职业教育工作的领导。开创职业教育工作新局面

地方各级政府要把职业教育纳入国民经济和社会发展总体规划，根据本地经济和社会发展对各类专门人才的需求，制定职业教育中长期发展规划和年度计划，并采取切实措施认真落实。要进一步加大学习、宣传、实施《职业教育法》的力度，把职业教育事业的发展和管理全面纳入法治轨道，依法办学、依法管理。要本着优先发展和适度超前的原则，切实落实职业教育的战略地位，坚持规模、质量、效益相统一的原则，认真解决职业教育面临的困难和问题，推动我省职业教育取得更大的发展。

四川省人民政府
2001年6月25日

四川省人民政府关于进一步深化行政审批制度改革的意见

（川府发〔2001〕52号）

去年以来，按照党中央、国务院和省委、省政府的部署，各市、州和省级各部门对行政审批事项进行一初步清理和精简，对暂时保留的审批事项进行了进一步简化，规范了办事程序，强化了监督制约机制。省和部分市、县还通过建立政务服务中心等方式，积极探索审批方式的改革。但从目前情况看，我省行政审批制度改革取得的成效只是初步的，还存在着许多与发展社会主义市场经济、实施西部大开发战略和我国加入世贸组织不相适应的问题，必须继续下大力气进一步深化这项改革。为此，根据《中共中央办公厅、国务院办公厅关于适应我国加入世贸组织进程清理地方性法规、地方政府规章和其他政策措施的意见》（中办发〔2001〕22号）、《国务院批转关于行政审批制度改革工作实施意见的通知》（国发〔2001〕33号）和国务院行政审批制度改革电视电话会议精神，结合我省实际，现就进一步深化行政审批制度改革提出如下意见，请认真执行。

一、进一步提高对行政审批制度改革的认识

行政审批制度改革是党中央、国务院做出的重大决策，是落实“三个代表”重要思想、贯彻党的十五届六中全会精神的具体体现，是适应加入世贸组织的需要，是一项长期、艰巨而复杂的任务。各地、各部门要进一步提高认识，不断增强做好行政审批制度改革工作的自觉性和责任感、紧迫感。要在前一段工作的基础上，采取有力措施，进一步深化行政审批制度改革。通过深化改革，不断转变政府职能和管理方式，切实解决政府越位、错位和不到位的问题，实现政府行政管理法制化、规范化、公开化，从体制上、源头上预防和治理腐败，真正建立起适应社会主义市场经济规律，适应西部大开发发展战略，适应我国加入世贸组织新形势的行政审批制度。

二、进一步清理和精简行政审批事项

目前，一些地方和部门保留的行政审批事项仍然过多，审批环节仍然过繁。各地、各部门要在过去清理精简的基础上，认真按照《中共四川省委办公厅、四川省人民政府办公厅〈关于贯彻落实中共中央办公厅、国务院办公厅关于适应我国加入世贸组织进程清理地方性法规、地方政府规章和其他政策措施的意见〉的通知》（川委办〔2001〕55号）规定，加大清理精简工作力度。对不需要审批的，坚决取消；对确需保留的，要进一步简化审批程序，规范行政行为。在再次清理中，要坚持“合法原则”。凡是没有法律、法规、规章依据和党中央、国务院及其部委和省委、省政府明令废止、失效的行政审批坚决取消；要坚持“合理原则”。凡不符合政企分开、政事分开原则，妨碍市场开发和公平竞争的行政审批坚决取消；凡可通过市场机制或通过依法成立的中介组织、行业自律运行的，应当通过市场机制或中介组织、行业自律去解决。如有关经营性土地使用权出让、建设工程招标投标、政府采购和产权交易等事项，必须通过市场机制运作，不得再进行行政审批。省级各部门要加强同国务院相关部门的衔接。对上级下放的审批事项，各级政府要及时研究，提出落实意见。上级政府依据法律、法规、规章确定的审批项目，下级政府可以提出取消或者作其他处理的建议，但必须依法经批准后执行，不得自行宣布处理意见。对本级政府决定取消、下放的审批事项，除本级政府发布公告外，相关业务主管部门应通过各种形式做好同下级相关业务部门的衔接工作。

三、切实提高行政审批服务质量

行政审批是政府政务工作的重要组成部分，体现政府的服务质量。凡有行政审批职能的部门要本着方便群众、提高效率、便于操作管理和公开、公平、公正的原则，做好审批工作。目前，从省和部分市、县政府建立的政务服务中心的实践看，实行“一站式办公，一条龙服务，并联式审批，阳光下作业，规范化管理”，对促进政府职能转变，提高办事效率，改进工作作风，防止以权谋私起到了积极作用，得到社会和群众的好评。但由于政务服务中心是在深化行政审批制度改革过程中出现的新生事物，需要在实践中不断完善和提高。已建立政务服务中心的地方，要加强领导，完善管理，改进服务，提高效率，取信于民，真正起到窗口作用、纽带作用、示范作用。对已进入政务服务中心受理的审批事项，有关部门一律不得在政务服务中心外另行审批。对审批事项涉及几个部门的，应由政府确定牵头部门，会同其他有关部门共同及时研究办理，并规定行政审批办结时限。各级政府要在认真调查研究的基础上，采取切实有效措施，解决重复交叉审批问题。按照依法行政要求，通过严格审批内容、审批条件和操作规程，规范审批实施人员的审批行为，养活审批人员的自由裁量权。没有建立政务服务中心的地方，要积极创造条件，争取早日建立。确定没有条件建立的地方，也要简化审批程序，实行政务公开。审批事项较多的部门，要按照政务服务中心实行“窗口”式办事制度方式，一个“窗口”进出，方便基层和群众办事，接受监督。要采取有效措施，强化内部监督制约机制。能够建立政务服务中心的，应及时建立并规范管理。

四、加强监督和责任追究

审批过程中的“暗箱操作”，是近年来少数国家公务员利用审批以权谋私、滋生腐败的一个重要原因。从现在起，除国家明确不能公开的审批事项外，各级政府及其部门所有审批事项及其程序、办结时限和收费标准等都必须公开。进一步建立健全行政审批事项的监督管理制度。对不按审批条件、程序实施行政审批，越权审批，瞒报、虚报行政审批项目，对决定取消的项目搞变相审批和违反规定擅自新设行政审批项目，甚至滥用职权、徇私舞弊，利用行政审批乱收费，加重行政审批当事人负担的，各级监察机关要严肃查处。审批机关的直接责任人、主管领导必须承担相应的行政和法律责任。

五、加强领导，确保行政审批制度改革措施的落实

行政审批制度改革是一项涉及面广、政策性强的系统工程。各级政府要成立专门的领导机构和工作班子，加强对这项工作的组织领导，扎扎实实地抓好落实。各级政府部门要明确1名领导同志负责这项工作。监察、法制、体改、机构编制等部门要充分发挥职能作用，加强组织协调，搞好相互配合，形成整体合力。在积极稳妥推进行政审批制度改革中，要注意总结经验，及时发现和解决问题。尤其是涉及体制、制度、机制等深化层次问题，要加强政策研究，提高对策。要将行政审批制度改革工作同机构改革、推行政务公开和落实“收支两条线”等工作结合起来，相互促进，整体推进。切实加强对行政审批制度改革工作的监督检查，绝不允许搞“上有政策、下有对策”，有令不行、有禁不止，坚决反对和防止官僚主义、形式主义。

四川省人民政府

2001年12月25日

中共四川省委　四川省人民政府
关于做好农村土地使用权合理流转工作促进农村经济发展的意见

（川委发〔2002〕6号）

最近，中央发行了《关于做好农户承包地使用权流转工作的通知》（中发〔2001〕18号），对农村承包地使用权流转的有关问题做出了明确规定。这对稳定和完善农村土地承包关系，促进承包地合理流转，加快农业现代化进程具有重要意义。各地、各有关部门要认真学习、宣传和贯彻中央《通知》精神。近年来，我省一些地方积极探索放活农村土地使用权的各种途径，通过转包、租赁、股份合作等多种形式促进农村土地使用权流转，吸引了一批愿意扩大经营规模的农民和城镇单位、企业、个人开发、经营农村土地，较好地发挥了农村土地资源的效益，有力地促进了农业结构调整，丰富了农村土地经营形式，合理地配置了社会资源，增加了农民收入，取得了较好的效果。但也存在流转不规范基本损害农民利益的情况。为在稳定农村土地承包关系和充分维护农民利益的前提下，大胆探索、逐步建立有利于农业结构调整和产业化经营的土地经营机制，推动农村土地使用权有序、规范流转，现根据中央《通知》精神，结合我省实际，提出以下意见。

一、建立农村土地使用权合理流转机制的基本原则

建立农村土地使用权合理流转机制是一项政策性强、影响面宽的工作，既要积极推动，又要稳妥进行。总的要求是“依法、自愿、有偿”。在具体工作中要坚持以下基本原则：

（一）稳定家庭承包经营体制，稳定土地承包关系。以家庭承包经营为基础、统分结合的双层经营体制，是党在农村的一项基本政策，也是农村经济的一项基本制度，必须坚持长期稳定不变。建立农村土地使用权合理流转机制的基本前提是坚持土地所有权，稳定土地承包权，在此基础上充分放活农村土地的使用权，切实维护农民利益。

（二）因地制宜，分类指导。各地要根据不同的情况，采取不同的办法和措施引导土地使用权流转。二、三产业发达的地方、劳动力外出较多的地方、人均耕地较多的地方，可以积极引导流转。不具备这些条件的，要慎重。对非耕地，要大胆推进，既允许在社区内农户间流转，又鼓励国家、集体单位及各种所有制企业、城镇个人等到农村通过多种形式获得土地使用权，经营农村非耕地。对耕地，要稳妥，流转应当主要在农户间进行。允许龙头企业、农产品加工和流通企业、农业科技单位租赁耕地建立种苗繁育、示范推广基地，发展优、新、特、绿农产品和设施农业。

（三）要坚持自愿互利的原则，充分尊重流转双方当事人的意愿，特别要尊重农民的自主权，严禁任何形式的强迫命令。农村土地使用权流转要有利于农村土地资源的充分利用、有利于农村生产力水平的提高、有利于农民增收。要充分尊重农民意愿，保障农民的利益。土地使用权流转的转包、租赁费，应由农户与受让方或承租方协商确定，并全部归具有土地承包权的农民所有，乡（镇）政府及村、社集体经济组织和任何个人不得侵占、截留。

（四）要依法、规范进行。农村土地使用权流转要符合《土地管理法》和农业承包政策的规定，不能“流”而不用，不能改变土地的农业用途。土地流转时要有规范的合同，明确流转双方的权利、义务和各项保障条款，确保流转双方的利益不受损害，特别要注意保护农民的利益。

（五）土地使用权流转要与农业产业结构战略性调整相结合，尽量符合农业结构调整区域布局的要求。流转后，不能破坏林草植被和原有农业基础设施，不能损害生态和生产环境。

（六）土地使用权流转的期限可长可短，最长不能超过承包期的剩余年限。对土地使用权流转的经营规模和参与农户的多少，由业主根据所开发项目的实际情况自定，不能下指标作硬性规定。

二、放活农村土地使用权的形式

（一）放活农村土地使用权要从实际出发，因地制宜，多种形式并举。政府鼓励采取以下形式放活农村土地使用权：一是农户间的转包、转让；二是为了耕种、管理的方便，农户与农户、农户与集体之间的土地置换；三是社区外的单位、企业和个人到农村租赁经营非耕地或少量租用耕地，农户以现金或实物的形式获取租金；四是在农民自愿的前提下，由集体经济组织作为中介协助农民流转土地使用权；五是农户以土地使用权入股的形式，与个人或企业合作经营土地；六是对成片的“四荒”进行拍卖。

（二）要通过非耕地和小规模耕地使用权流转，推进、培育、扶持一批以基地为依托、公司加农户的龙头企业，通过龙头企业带动千家万户发展商品生产，形成适当集中与分散生产相结合的规模生产优势。

（三）有条件的地方，可以在县（市、区）或乡（镇）探索建立农村土地资源流转服务中心，收集发布土地流转信息，帮助农户寻找流转对象，协助办理土地流转手续，协调土地资源配置关系。

三、放活农村土地使用权的政策措施

为了鼓励和规范农村土地使用权的有序流转，促进农业和农村经济发展，各地要结合本地实际，制定切实可行的措施，保障农民的利益和土地使用权流转健康发展。

（一）农户以转包、租赁、入股等形式流转土地使用权后，在签订的合同或协议期内，全家户口外迁的，土地使用权流转合同或协议应继续执行。原土地承包合同和土地使用权流转的收益权是否变更，由各地从实际出发，自行决定。

（二）流转使用权的土地若属退耕还林还草试点范围内的，原承包户继续享受国家政策性补助不变，获得使用权的经营者须按退耕还林还草政策经营林草业。经营者成片开发坡耕地还林还草效果好的，允许纳入退耕还林还草政策扶持范围。纳入政策扶持范围后，国家政策性补助按规定兑现到原承包农户，并由流转双方自行协商解决利益分配问题。

（三）科研院所、各种所有制企业、城乡个人等，不受地域限制，在平等、自愿、有偿的前提下，都可以到农村通过不同形式获得非耕地土地使用权，开发农业项目。建立种苗繁育、示范推广基地和发展优、新、特、绿农产品及设施农业等需要租赁耕地的，要注意控制规模和租赁时间。项目属于高新技术范围的，可以享受相关优惠政策。

（四）获得土地使用权的经营者的合法权益受法律保护，在合同或协议规定的时间内，土地的使用权可以继承、参股和经发包方同意后再转让。合同或协议到期后，原经营者在同等条件下有优先获得土地使用权的权利。

（五）对获得土地使用权开发、经营耕地和“四荒”地的，5年内原税赋不变；对开发经国家和省部级评定确认的优、新品种的，还应按农业产业化基地建设的相关政策给予适当优惠。

（六）坚持“谁投资、谁所有、谁受益”的原则，鼓励获得土地使用权的单位和个人投资兴建农田水利基础设施，其投资及利益受法律保护。

（七）经营者在获得使用权的土地上修建直接用于农业生产和管理、服务的非永久性固定建筑物，其占地不视为建设用地，免去相关手续和收费。

（八）对获得成片“四荒”地使用权时间在10年以上的，可以由土地管理部门发放使用时间相同的农村土地使用权证，以此作为经营者经济交往的土地使用权凭证。在发证中，土地管理部门应以服务为主，只收取工本费。

（九）银行、农村信用社等金融部门对到农村开发、经营土地的企业，要在资金和金融服务上给予支持。金融部门要积极探索并试行农村土地使用权抵押贷款和担保贷款的具体办法，允许业主用已经进行了大量投入的土地的使用权抵押或担保获得贷款。保险部门要积极探索和开拓支持农村土地规模经营的有关保险业务。

（十）对投资多、面积大、开发时间长的“四荒”开发项目，在“四荒”所有者和使用方自愿并符合总体规划的前提下，允许由政府出面先征用，后出让，以利于吸引大企业和国外资金投资“四荒”开发。

（十一）各级政府和有关部门及村社集体经济组织要为到农村开发、经营土地的单位、企业和个人搞好服务，提供方便。要教育群众依法办事，维护土地经营者的合法权益。

四、加强对农村土地使用权合理流转的组织管理

各级党委、政府要加强对农村土地使用权流转工作的宣传、指导和管理，坚持自愿互利原则，正确引导和规范土地使用权流转依法有序地进行。各级农业行政主管部门要依法承担农村土地使用权流转的监督和管理职能，认真指导土地流转合同的订立，完善规范合同内容，妥善调解和处理土地使用权流转纠纷，并搞好服务。土地管理部门要加强对农村土地征占用的管理，防止以土地使用权流转为名，擅自改变土地农业用途。水利、林业等相关部门要在具体的开发、使用上搞好服务、指导和监督，及时帮助土地的开发、经营者解决遇到的困难。在承包期内，农户对承包的土地有自主的使用权、收益权和流转权，有权依法自主决定承包地是否流转和流转的形式，无须政府部门审批；土地使用权流转要重视签订合同、完备手续并报集体经济组织和乡（镇）农业承包合同管理部门备案。在土地流转中，严禁任何部门或单位借机乱收费、乱摊派。

农村土地使用权流转关系到农民的切身利益，关系到农村的稳定和发展，要特别注意在流转中切实保护农民的利益。尤其是耕地使用权流转，其租金（或转包费）要充分考虑到今后市场和物价可能发生的变化，宜以实物或分段动态计价，并高于当年农民自己种植一般农作物的收入，以避免物价大幅变化时的利益纠纷。同时，不管以哪种形式流转耕地使用权，都要特别注意维护或标明承包地原来的边界，不能破坏耕地的种植能力，以保证在受让方经营不善无法兑现合同时，农民可以自己耕种。对集体未承包土地的流转，要充分征求群众意见，做到公开、公平、公正。集体经济组织协助农户开展土地使用权流转工作，必须以服务为目的，防止使用经济组织或其他个人利用土地使用权流转赚取差价，损害农民利益。

中共四川省委　四川省人民政府

2002年2月23日

中共四川省委　四川省人民政府
关于全省农村税费改革试点工作的实施意见

（川委发〔2002〕16号）

根据《中共中央、国务院关于进行农村税费改革试点工作的通知》（中发〔2002〕7号，以下简称《通知》）精神和国务院的工作部署，省委、省政府决定2002年在全省进行农村税费改革试点工作。现提出以下实施意见：

一、农村税费改革试点工作的指导思想、目标任务和基本原则

（一）农村税费改革试点工作的指导思想是：全面贯彻执行党中央、国务院关于进行农村税费改

革试点工作的方针、政策，按照发展社会主义市场经济和推进农村民主法制建设的要求，从根本上治理对农民的乱收费、乱集资和乱摊派，切实减轻农民负担，建立规范的农村税费管理制度，进一步加强农村基层组织建设，巩固农村基层政权，调动和保护农民的生产积极性，促进农村经济的持续健康发展和农村社会稳定。

（二）农村税费改革试点工作的目标任务是：对农村税费管理制度进行全面调整，理顺和规范国家、集体、农民三者之间的分配关系，建立与社会主义市场经济相适应的农村分配制度。确保全省平均减轻农民负担水平在20%以上，人均负担控制在80元以内，农民负担不反弹；确保乡（镇）机构和村级组织正常运转；确保农村义务教育经费正常需要。

（三）农村税费改革试点工作应当坚持以下基本原则：

1．从轻确定农民负担，并保持长期稳定。根据农民的实际承受能力和农村基层组织运转的需要，从轻确定农民负担。新的农民负担水平一经正式确定，要保持长期稳定。对面向农民的收费项目和标准要进行全面清理整顿，重新审定，并在全省范围内公布。坚决取消对农民的各种乱收费，保护农民的根本利益。

2．保证农村基层组织的正常运转。在保证农民负担明显减轻的前提下，注意兼顾各方面的承受能力，采取配套改革措施，着力调整财政支出结构，增加财政转移支付，使乡（镇）机构和村级组织能够正常运转。

3．实行科学规范的分配制度和简便易行的征收方式。实行以农业税为主的税收方式，把农民负担纳入规范化、法制化的管理轨道。采用符合农民意愿，能够为农民所接受的税收征管办法，便于实际操作和群众监督。

4．实施配套改革。农村税费改革是上层建筑领域的革命，必须认真搞好各项配套改革。同时，税费改革后，乡村收入减少，除各级财政加大支持力度外，还必须切实抓好乡（镇）机构改革，搞好乡村的调整和合并，合理调整农村中小学布局结构，精简机构，压缩人员，节约开支，以保证改革的顺利推进。

二、农村税费改革试点工作的主要内容

（一）取消乡（镇）统筹费

取消现行的按农民人均纯收入一定比例收取的乡（镇）统筹费，即：乡村两级九年制义务教育办学经费（农村教育附加费）、计划生育、优抚、民兵训练、卫生、文化、广播、乡村道路修建维护等8项费用。

取消乡（镇）统筹费后，原由乡（镇）统筹费开支的乡村两级九年制义务教育、计划生育、优抚和民兵训练必需支出，由各级政府通过财政预算予以安排。农村卫生、文化、广播等事业逐步实行有偿服务，政府适当补助。修建维护乡村道路所需资金不再固定向农民收取，村级道路建设资金由村民大会民主协商解决，乡级道路建设资金由政府视财力安排。

（二）取消农村教育集资等专门面向农民征收的行政事业性收费和政府性基金、集资，农村例、学危房改造所需资金由财政予以安排。

（三）取消屠宰税及随屠宰税收取的附加、基金，并不得以任何形式变相征收。

（四）逐步取消劳动积累工和义务工。

目前，我省农田水利、乡村道路等基础设施薄弱，建设任务繁重，计划用3年时间逐步取消劳动积累工和义务工（以下简称“两工”）。2002年每个农村劳动力承担的“两工”要比税费改革前当地农民负担的“两工”减少1／3，最高限额不超过15个；2003年再减少1／3，最高限额不超过10个；2004年再减少1／3，最高限额不超过5个；2005年起全部取消。过渡期内逐步取消“两工”的地方，一律不得再向农民筹资筹劳。经济条件好的县（市、区）可一步到位，今年即取消“两工”。

“两工”取消后，村内进行农田水利基本建设，修建村级道路、桥梁，改善自身生产、生活条件和发展其他社会公益事业，由全体村民大会或村民代表大会讨论决定，坚持“量力而行、群众受益、民主决定、上限控制”的原则，实行一事一议。筹劳每年劳平不超过10个，筹资每年人平不超过15元，并接受群众监督。筹资与筹劳，只能取其一。同时，村民委员会应将通过后的筹资或筹劳方案，报经乡（镇）政府审核批准，并报县级人民政府备案。各级农民负担监督管理部门要加强对村内筹资筹劳的审计监督和管理，具体按《四川省村级范围内筹资筹劳管理暂行办法》执行。

除遇特大防洪、抢险、抗旱等紧急任务，经县级以上人民政府批准可临时动用农村劳动力外，任何地方和部门不得违背农民意愿无偿动用农村劳动力。

（五）调整农业税政策

1. 确定农业税计税土地面积。农业税计税面积，以农民第二轮承包用于农业生产的土地面积为基础确定。各地要张榜公布第二轮承包后农民承包的土地面积。个别农户的承包面积确有不准确的，由村委会会同土地承包合同管理部门、农业税征收机关认真核实，如实确定。但一律不得扩大范围重新丈量土地面积，不准随意增加农民承包的土地面积。第二轮承包后，新增耕地或因征占、自然灾害等减少耕地，可实事求是地进行个别调整。各级农业税征收机关要会同土地承包合同管理部门建立农业税计税土地档案，实行动态管理，计税土地面积发生增减变化时，其农业税应当进行相应的调整。其他单位和个人从事农业生产的，计税土地面积为实际用于农业生产的土地面积。

2. 核定农业税计税常年产量。农业税计税常年产量按1994年至1998年农作物平均产量核定，并保持长期稳定。要坚持走群众路线，实事求是地核定农作物常年产量。各县（市、区）、乡（镇）在测算出全县（市、区）、乡（镇）的平均常年产量后，对不同质量不同条件的土地实行差别常年产量，经农户认可后，张榜公布，落实到户。

3. 确定新的农业税税率。全省农业税税率确定为70%。民族地区农业税税率按照“不高于原农业税负担水平”的原则从低确定，报省人民政府批准后执行。

4. 农业税计税价格。农业税计税价格按全省2000年中等稻谷收购平均价1.07元／公斤执行，保持3年不变。

5. 农业税减免。农业税的社会减免和灾情减免仍维持现行政策不变，社会减免实行“先减后征”，灾情减免实行“即灾即减即免”。具体按《四川省农业税征收管理暂行办法》执行。

（六）调整农业特产税政策

按照农业税与农业特产税不重复征收和农业特产税税率略高于农业税税率的原则，确定农业特产税政策。取消原一个应税品目两道环节征税，实行一个品目只在生产或收购一道环节征税。对在非农业税计税土地上从事应税农业特产品生产的，征收农业特产税。对农民宅旁隙地种植和间种的农业特产品免征农业特产税。农业特产税不得按人头或田亩平摊。具体按《四川省农业特产税征收管理暂行办法》执行。

（七）改革村提留收取使用办法

村干部报酬、办公经费、五保户供养，除原由集体经营收入开支的仍继续保留外，对由农民上缴村提留开支的部分，统一采取农业税附加或农业特产税附加的方式收取。附加比例统一确定为税费改革后农业税或农业特产税的20%。实行乡管村用，由乡镇经营管理部门监督管理，任何单位或个人不得平调、挪用。

原由乡（镇）、村集体负担乡统筹费和村提留的，可以继续采取适当方式实行以工补农。对不承包土地并从事工商业活动的农村居民，可按照权利和义务对等的原则，经村民大会或村民代表大会讨论确定，在原乡统筹费和新农业税附加或农业特产税附加的负担水平内，向其收取每人每年最高不超过30元的集体公益事业金。

（八）征收主体和方式

农业税及其附加和农业特产税及其附加的征收，在县（市、区）、乡（镇）政府的统一领导和组织下，以地方税务机关为征收主体，不另增加人员编制，具体按《四川省农业税征收管理暂行办法》和《四川省农业特产税征收管理暂行办法》等规定执行，并确保农业税收任务的完成。

农业税及其附加和农业特产税及其附加、集体公益事业金以征收代金为主。对粮食主产区的农户，也可以征收实物，采取“实物缴纳，货币结算”的方式，由粮食收储企业接收，按当年的粮食收购价格结付价款并扣缴农业税及其附加，农民在当年内可分夏秋两季或一次性缴纳。

牧业税暂维持现行政策不变。

三、农村税费改革试点工作的配套措施

农村税费改革是农村分配制度和上层建筑领域的一次重大改革，必须采取综合配套改革措施予以推进。省委、省政府制定了一系列配套改革措施和办法，各地要结合实际情况，制定相应的实施细则或办法，认真落实。各级各部门要统一思想认识，自觉服从改革大局，通力协作，保证改革的成功。要着重做好以下几个方面工作：

（一）改革乡（镇）财政管理体制

按照财权与事权相统一的原则和分税制财政体制的要求，切实加强乡（镇）财政建设和规范管理。新增加的农业税收原则上留给乡（镇）财政。在中央财政对地方实施转移支付的同时，省、市（州）、县（市、区）政府要调整财政支出结构，加大对乡（镇）政府的转移支付力度，制定科学合理的转移支付办法，对民族地区、困难地区予以适当补助，确保乡（镇）机构、村级组织的正常运转和农村九年制义务教育经费的正常需要。

（二）规范征收行为，强化农业税收征管

农村税费改革后，农业税收征管任务繁重。各地要根据农村税费改革试点工作的基本原则，按照国家税法和农村税费改革试点工作的要求，制定科学的操作规程，依法征税，依法减免。要在农村加强依法纳税的宣传和教育，让广大农民理解支持农村税费改革，增强依法纳税意识，自觉缴纳农业税收。同时，坚持在乡（镇）政府统一领导下，搞好农业税征管队伍建设，提高征收人员的政策水平和业务素质，确保税收任务的完成。

（三）精简乡（镇）机构，压缩人员

农村税费改革后，为保证乡（镇）政府机构正常运转，要按照社会主义市场经济的要求，搞好

乡（镇）机构改革，转变乡（镇）政府职能，科学设置乡（镇）机构，合理核定人员编制，减少财政供养人员，建立办事高效、运转协调的乡（镇）机构和公务员队伍：一是彻底清退编外和临时聘用人员；二是精简机构，转变职能，压缩财政供养人员20%，并在3年内逐步消化；三是清理和整顿执法队伍；四是继续做好撤乡并镇和村社合并工作。支持乡村干部、村社干部交叉任职。在乡（镇）机构改革中，各部门不得要求上下对口，干预乡（镇）机构改革。

（四）合理调整农村中小学布局，保证农村基础教育的基本支出

按照办学规模与效益相结合的原则，优化教育资源，适当合并现有乡村学校，合理调整中小学布局。科学核定农村中小学教职工编制，对教师队伍进行必要的整顿和压缩。实行教师竞争择优上岗，试行校长聘任制，对不符合教师条件的及其他富余人员予以辞退。积极鼓励社会力量办学。

农村义务教育实行“各级政府分工负责，以县为主”的管理体制。将农村中小学教职工工资的发放和管理全部上收到县（市、区）。原乡（镇）财政收入中用于农村中小学教职工工资发放的部分，按规定上划到县级财政，实行财政“工资资金专户”管理，通过银行直接发放给教师个人。教育部门要精简和优化教师队伍，加强学校管理，提高教学质量。各级政府要着力调整财政支出结构，加大转移支付力度，建立和完善农村义务教育经费保障机制，保证农村基础教育的基本支出。

（五）清理涉农收费项目，建立健全农民负担监督机制

结合农村税费改革试点工作，各地对本行政区域内涉及农民负担的收费项目进行一次全面清理。凡中央和省规定取消的收费项目和各地自行出台的收费、集资项目，一律取消。各级不得在农民建房、婚姻登记、计划生育、子女入学、农村户籍、外出务工、农机监理等管理工作中搭车收费。乡（镇）有关站所承担的不体现政府职能的有偿服务收费，推向市场转为经营性收费，规范管理，严格控制收费标准。坚决取消涉及农民负担的各种达标升级活动。

为了切实减轻农民负担，防止农民负担反弹，各级党委、政府要建立健全有效的农民负担监督管理机制。将取消的各种收费和政府基金、集资项目，通过多种形式向社会公布，接受农民和社会监督。加强对违反规定加重农民负担行为的监督。把减轻农民负担工作纳入对各级党委、政府和干部的考核范围。

（六）清理修订有关法规文件

对省人民代表大会及其常务委员会发布的地方性法规和决议、省政府制定的规章和省委、省政府（含省委办公厅、省政府办公厅）及省级有关部门制定的规范性文件进行清理，凡与《通知》规定不相符的，按法定程序进行修订，确保农村税费改革试点工作顺利实施。

（七）加强村级集体资产和财务管理

村级资金实行乡管村用。按照加强农村民主法制建设的要求，对村社集体收入的取得和支出，要张榜公布，接受村民监督，做到公开、公平、公正。加强农村基层财务人员培训，制定集体资产和财务管理办法，完善农村基层组织财务核算和管理。农村报刊订阅实行限额管理，不得突破，压缩报刊订阅开支。村社一律不得设置招待费用。

（八）调整结构，促进农村经济发展

减轻农民负担，保障农村基层政权的正常运转，最根本的是靠发展农村经济。各级党委、政府要牢固树立为农业服务的思想，按照省委、省政府统一部署，转变农村工作思路，调整农村工作重点，以市场为导向，狠抓农村产业结构调整和优化区域布局，促进乡镇企业二次创业和农村劳务输

出，加快二、三产业和小城镇建设步伐，发展农业产业化经营。通过制定本区域农村经济发展规划，引导农业生产和农村经济向规模化、集约化、现代化方向发展。建立和完善农副产品市场，深化粮食购销体制改革，健全科技服务体系，提供市场信息，营造良好环境，促进农村经济的发展，增加农民收入，提高农村居民生活水平。

四、农村税费改革试点工作步骤

按照省委、省政府总体部署，从今年2月起，我省分五个阶段全面推进农村税费改革试点工作。

第一阶段：3月底之前，做好组织准备。调整健全各级农村税费改革领导小组和工作机构，修改完善我省农村税费改革试点工作的实施意见及配套文件并上报国务院。

第二阶段：4至5月，调查测算，制定实施方案。各市（州）结合本地实际制定农村税费改革试点工作实施方案上报省政府，抄送省农村税费改革领导小组办公室。

第三阶段：5至6月，做好农村税费改革试点工作的学习、宣传、动员、培训。一是各级党委、政府和领导干部学习党中央、国务院和省关于农村税费改革试点工作的政策规定，统一思想；二是通过多种形式进行广泛深入的宣传发动，把农村税费改革的方针、政策、方法、措施、目标传达到农村，让广大农民理解支持并积极参与农村税费改革；三是培训工作骨干。省上将通过以会代训和专题培训等形式，组织市（州）、县（市、区）干部进行培训，各市（州）、县（市、区）也要加强对基层干部的培训，尽快让各级干部和基层工作骨干掌握农村税费改革各项方针政策，提高政策水平和业务水平。

第四阶段：6月，审批和组织实施。省政府批准市（州）实施方案，市（州）认真组织实施。

第五阶段：6月以后，检查落实。组织力量检查试点工作实施方案落实情况，及时解决农村税费改革试点工作中出现的新情况、新问题，确保试点成功。

中共四川省委　四川省人民政府

2002年6月21日

四川省人民代表大会常务委员会
关于加强预防职务犯罪工作的决议

（2002年7月20日四川省第九届人民代表大会常务委员会第三十次会议通过）

为了加强预防职务犯罪工作，有效遏制和防止职务犯罪，推进依法治国和廉政建设，维护社会稳定，促进经济建设，特作如下决议：

一、预防职务犯罪贯彻“教育是基础，法制是保证，监督是关键”的指导思想，坚持法治和德治相结合、打击和预防相结合、专项预防和社会预防相结合、专门工作和群众工作相结合的工作方针，运用政治、经济、文化、教育、行政和法律等手段，调动社会各方面的力量，形成全社会广泛参与的预防工作格局。

二、国家机关、社会团体、企事业单位要高度重视预防职务犯罪工作，加强对干部职工的宣传教育，建立健全规章制度，强化内部管理，完善内部监督制约机制，落实预防职务犯罪工作领导责任制和责任追究制。对重点工程建设、重大公共投资、大宗商业贸易等，应当采取严密的监督措施。交通、水电、工商、税务、医药、国土资源、司法等部门和建筑、金融、证券等行业是预防职务犯罪的重点。国有企事业单位应当加强对法人代表和管理人员以及财务、供应、销售等重要岗位人员的管理和监督。

公民、法人或者其他组织发现涉嫌职务犯罪的行为，有权向有关机关举报。

新闻媒体应当加强预防职务犯罪宣传和舆论监督。

三、各级人民政府及其职能部门应当采取有效预防职务犯罪的措施，改革审批制度，完善政府采购、招标投标等制度，落实领导干部任职回避制和任期审计制，推行政务公开，增强政府工作的透明度。

四、各级人民法院、人民检察院应当建立健全预防职务犯罪自律机制，完善办案跟踪监督、错案责任追究等制度，推行审判公开、检务公开。

各级人民法院、人民检察院及各级人民政府监察、审计机关要充分发挥职能作用，运用司法建议、监察建议、审计建议等形式，督促被建议单位加强预防职务犯罪工作。有关单位应根据建议制订整改措施，限期整改落实，并书面回复建议机关。

各级检察机关应当认真履行职责，开展预防职务犯罪宣传教育，深入研究预防对策，加强对预防职务犯罪工作的指导，建立预防职务犯罪工作机制和社会网络。开展预防职务犯罪工作必须依法进行，维护正常工作、生产和经营秩序。

五、各级人大常委会要加强检查督促，采取视察、评议和执法检查等方式，监督本级人民政府、人民法院、人民检察院及其工作人员依法行使职权和贯彻实施本决议的情况。

四川省人民代表大会常务委员会进一步促进个体私营经济发展的决定

（2002年11月30日四川省第九届人民代表大会常务委员会第三十二次会议通过）

为了大力促进我省个体、私营经济快速健康发展，充分发挥各种形式的非公有制经济在促进经济增长、扩大就业和活跃市场等方面的重要作用，特作如下决定：

一、各级、各部门一定要把认识统一到党的十六大精神上来，以邓小平理论和“三个代表”重要思想为指导，以“三个有利于”为标准，进一步解放思想、转变观念，毫不动摇地鼓励、支持和引导个体、私营经济发展。要大力宣传个体、私营经济对发展国民经济、建立社会主义市场经济体制和全面建设小康社会的重大意义，宣传私营企业家和个体工商户在缴纳税金、提供就业岗位、活跃城乡市场等方面的贡献和先进典型，在全社会形成有利于个体、私营经济发展的舆论氛围。

二、各级人民政府要把发展个体、私营经济摆在全局工作的重要位置，进一步加强组织领导和综合协调。要切实转变政府职能，严格依法行政，强化服务意识，改进工作作风，主动为个体工商户、私营企业提供服务。省人民政府及其职能部门应当根据法律、行政法规，结合我省实际，抓紧研究起草促进个体、私营经济发展的地方性法规、规章和政策措施。

三、进一步放宽国内民间资本的市场准入领域，认真清理和调整现行的限制个体、私营经济发展的地方性法规、规章和政策，使个体工商户、私营企业与公有制企业在投融资、税收、土地使用和对外贸易等方面都能切实享受同等待遇，实现公平竞争。

四、抓紧清理我省地方性法规、规章和政策中设置的有关个体工商户、私营企业登记注册的不合理前置审批项目，并按照法定程序予以修改或废除；对清理后确需保留的前置审批项目，要逐步实行并联审批，按照“工商受理、抄告相关、限时反馈、同步审批、一次办结”的方式，简化审批环节，提高审批效率。

五、切实保护个体工商户、私营企业的合法权益，严格执行国务院和我省关于减轻企业负担的规定，任何地区、部门和单位都不得在国务院、省人民政府规定之外，自行出台收费项目，已经出台的一律取消。行政执法部门不得利用职权向个体工商户、私营企业变相收费和摊派。个体工商户、私营企业对违反规定乱收费、乱摊派、乱罚款的任何部门和单位，有权拒付、举报和投诉。各级行政监察部门要坚决查处违法违纪和打击报复行为。

六、切实加强各部门在对个体工商户、私营企业行政执法和服务中的协调，改进行政执法方式方法。对个体工商户、私营企业实施的必要的检查，要逐步推行综合检查。对同一行政执法对象的同一项检查（检测）项目，原则上应只由一级部门承担。

七、大力发展商业性融资担保组织，有条件的地方可以建立政府或民间的风险投资基金。鼓励和积极支持具备条件的私营企业特别是高科技企业进入资本市场，通过发行企业债券、股票上市等方式直接融资。政府有关部门要进一步加强银企关系的协调，促进个体工商户、私营企业信用信息的社会共享。

八、加快建立和完善为个体工商户、私营企业服务的社会化服务体系，扶持发展区域性、具有专业化特色的中介服务机构，积极为个体工商户、私营企业提供法律政策和信息咨询、技术支持、人才培训等服务。

九、鼓励和支持个体工商户、私营企业通过收购、兼并、控股、参股、联合、承包、租赁等形式，参与国有、集体企业的改制、改组和改造。对个体工商户、私营企业参与国有、集体企业改革中遇到的困难和问题，各级人民政府要积极采取措施帮助其解决。

十、鼓励、引导和支持个体工商户、私营企业积极引进先进管理经验和技术人才，不断进行制度创新、技术创新和管理创新，走“专、精、特、新”的路子，在改革中求生存，在竞争中求发展，不断增强市场竞争力。

十一、个体工商户、私营企业经营者要认真学习有关法律法规，学习现代企业管理、科学技术和市场经济等知识，努力提高自身素质。要建立健全财会、统计、质量、安全等各项管理制度，努力提高经营水平。要严格遵守法律法规，诚实守信，公平竞争，合法经营，照章纳税，自觉维护市场秩序，努力形成“外讲信用，依法经营；内讲制度，科学管理”的现代企业形象。

十二、各级人大常委会要进一步加强监督，督促司法机关、行政执法机关严格依法办事，公正执法，保障公有制企业和非公有制企业在法律面前一律平等，为个体、私营经济的发展创造良好的法制环境。要认真对待司法和执法过程中对个体工商户、私营企业的歧视案件和投诉，依法保护他们的合法权益和私人财产。

中共四川省委　四川省人民政府
关于加快建设西部文化强省的若干意见

（川委发〔2002〕34号）

党的十六大把全面建设小康社会确立为我国新世纪头二十年的奋斗目标，指出当今世界文化与经济和政治相互交融，在综合国力竞争中的地位和作用越来越突出，全面建设小康社会必须大力发展社会主义文化。我省第八次党代会把西部文化强省建设取得明显成效作为今后五年全省认真实践“三个代表”重要思想、奋力推动四川发展新跨越的四个主要目标之一，完全符合党的十六大精神。

加快西部文化强省建设，是我省贯彻十六大精神的具体体现；是实践“三个代表”重要思想，代表先进文化前进方向的重要内容；是促进经济社会协调发展，实现四川发展新跨越和全面建设小康社会的重要举措；是深化文化体制改革，解放和发展文化生产力，不断丰富人民群众的精神文化生活的重要保证。为紧紧抓住本世纪头二十年这一可以大有作为的重要战略机遇期，加快推进西部文化强省建设，特制定本意见。

本意见所指的文化建设，主要包括思想道德建设、教育、科技、哲学社会科学、新闻出版、广播影视、文学艺术、体育、旅游文化、信息网络等方面。

一、指导思想和基本原则

（一）指导思想

高举邓小平理论伟大旗帜，全面贯彻“三个代表”重要思想，牢牢把握先进文化的前进方向，坚持以科学的理论武装人，以正确的舆论引导人，以高尚的精神塑造人，以优秀的作品鼓舞人，培养有理想、有道德、有文化、有纪律的社会主义公民。继承革命传统文化，发扬巴蜀优秀文化，汲取世界文化精华，发展现代先进文化，高扬以爱国主义为核心的民族精神，塑造四川人民昂扬向上、跨越发展的时代风貌。遵循文化发展规律和市场经济规律，深化改革，积极推进观念创新、体制创新、机制创新，解放和发展文化生产力，为四川的经济社会发展提供强有力的思想保证、精神动力和智力支持，使文化事业和文化产业在经济社会发展中的地位不断提高，文化产业增加值在国民经济总量中所占份额不断增大，促进四川的跨越式发展和全面建设小康社会。

（二）基本原则

经济发展与文化发展相协调。经济发展为文化发展提供必要的物质基础，文化发展为经济发展提供强大的推动力和新的发展空间。坚持“两手抓、两手都要硬”的方针，将文化强省战略目标纳入四川省经济社会发展总体规划，促进经济、文化协调发展，推进社会全面进步。

社会效益和经济效益相统一。文化发展必须把社会效益放在首位，对不同类型的文化，采取不同的政策和管理办法。加大对公益性文化事业的投入，实施文化精品战略，提高文化产品的经济效益，实现社会效益和经济效益的最佳结合。

改革创新和继承借鉴相衔接。坚持“二为”方向和“双百”方针，继承和弘扬优秀传统文化，开发利用我省丰富的文化资源，广泛吸收和借鉴外来优秀文化成果。不断深化改革，把深化改革同调整结构和促进发展结合起来，建立健全推动文化创新的管理体制和运行机制，建设面向现代化、面向世界、面向未来的、民族的、科学的、大众的社会主义文化。

文化产业与文化事业相促进。文化强省建设包括文化事业的发展和文化产业的壮大，两者密不可分，相互促进。在全面发展我省文化事业的同时，要以壮大文化产业为突破口，突出重点，分步实施，优化文化产业结构，将文化产业逐步培育成我省国民经济新的增长点。

政府引导和市场机制相结合。坚持政府引导，创造优良环境，依法加强管理；遵循市场经济规律，运用市场机制，广泛吸纳社会力量，优化文化资源配置，发展文化事业，壮大文化产业，繁荣社会主义文化。

二、目标体系

（三）总体目标

建立适应社会主义市场经济发展的思想道德体系，健全与人民群众日益增长的文化需求相适应的文化生产服务体系，形成与全面建设小康社会发展要求相适应的文化发展格局，完善符合社会主义文化发展规律的运行机制，营造有利于出人才、出成果、出效益的文化发展环境，把四川建设成为全民素质优良、社会文明进步、科技教育发达、文化事业整体水平和文化产业整体实力西部领先的文化强省。

（四）今后五年目标

深化体制改革，完善运行机制，加强思想道德建设，夯实教育基础，推动科技进步，繁荣文艺创作，壮大文化产业，活跃文化市场，扩大文化交流，丰富文化生活，培育“一个文化中心”，突出“四大特色文化”，达到“三个四分之一”，实现“两个提高”，西部文化强省建设取得明显成效。

“一个文化中心”是：把成都市培育成文化建设整体水平在西部地区名列前茅的重要文化中心。

“四大特色文化”是：革命传统文化、巴蜀历史及文学艺术文化、少数民族及宗教名胜文化、现代高科技文化。

“三个四分之一”是：四川文化产业经济总量占西部地区的四分之一，文化从业人员数占西部地区的四分之一，获国家级奖的文化成果数占西部地区的四分之一。

“两个提高”是：提高文化产业的发展速度，其增速高于全省GDP的增长速度；提高文化产业增加值在全省GDP中所占份额。

三、工作重点

（五）加强思想道德建设，提高全社会文明程度

坚持用马列主义、毛泽东思想、邓小平理论和“三个代表”重要思想武装党员干部，教育人民群众。坚持不懈地进行党的基本理论、基本路线、基本纲领和基本经验教育，广泛开展爱国主义、集体主义、社会主义和唯物论、无神论教育，努力建设学习型社会，不断提高全民思想素质。

全面贯彻《公民道德建设实施纲要》，倡导“爱国守法、明礼诚信、团结友善、勤俭自强、敬业奉献”的基本道德规范；倡导社会公德、职业道德和家庭美德，推进群众性道德实践活动；以创建文明城市、文明社区、文明村镇、文明行业、文明单位、文明家庭等活动为载体，深入持久地开展群众性精神文明创建活动。加强党政机关思想作风建设，抓好青少年的思想教育，做好农村、企业、社区、学校的思想政治工作，探索加强和改进思想政治工作的新途径、新办法，增强思想政治工作的针对性、主动性、实效性和时代感。

（六）大力发展教育事业，构建西部人才高地

按照“走创新之路，建教育强省”的思路和目标，教育事业着力推进“三项改革”、突出“四个重点”、实现“三个突破”。“三项改革”，即按照教育创新的要求，完成办学体制、管理体制和教育教学体制三项改革的阶段性任务。“四个重点”：一是巩固“普九”成果，提高“普九”的质量和水平。全省小学、初中适龄人口入学率分别达到99.5%和90%以上，青壮年非文盲率保持在95%以上，全省高中阶段教育毛入学率达到64%，成都平原经济圈基本普及高中阶段教育。二是提高高等教育的总体水平和办学实力，建成一批高水平的全国重点大学和重点学科。在确保质量的前提下，继续适度扩大高等教育规模，高等教育毛入学率达到15.5%，初步实现高等教育大众化。三是把职业教育作为一个大战略来抓。大力推进职业教育特别是中等职业教育的改革和发展，使其切实为经济社会发展服务，为实施西部大开发战略服务。四是认真实施《四川省民族地区教育发展十年行动计划》。加大对民族地区教育的扶持力度，到2005年，民族地区所有县普及初等义务教育，45%的县基本普及九年义务教育，“普九”人口占民族地区总人口比例达50%以上，基本扫除青壮年文盲，初步建立民族地区远程教育体系。“三个突破”：一是素质教育实现新突破，着力培养学生的创新精神和实践能力，抓好学校德育工作、课程体系和考试评价制度改革，全省县城以上学校和有条件的乡镇小学普遍开设英语课和计算机必修课。二是结构调整实现新突破，基本完成各级各类教育布局结构和层次结构调整的阶段性目标，重点抓好高校学科和专业结构调整。三是民办教育发展实现新突破，建成一批实力雄厚的民办学校。同时，大力发展现代远程教育、继续教育、高等教育自学考试，构建终身教育体系。抓好扶贫支教和贫困学生助学工作。全省国民教育普及程度接近全国水平。

（七）大力发展科技事业，全面推进科技进步

科技工作要以技术创新为基础，以发展高新技术为重点，以实现产业化为目标。今后五年，要始终坚持“三个面向”、加强“四项工作”、狠抓“五个重点”。“三个面向”，即坚持面向农业增效、农民增收和农村致富，面向培育壮大六大支柱产业，面向培育和形成新的经济增长点。“四项工作”，即加快高新技术产业化，加强开发研究和学术交流，加速科技成果转化，加大科普工作力度。“五个重点”：一是农业新品种、农产品加工、节水灌溉、农业生态环境建设及资源开发等技术攻关取得突破性进展。培育一批优质、高产、高效新品种，研究开发一批农业新技术，建好一批农业科技园区。

二是攻克一批具有自主知识产权的产业关键技术和共性技术。建成2至3个具有国内先进水平的高新技术产业开发区，建成2至4个国家级大学科技园区，培育一批具有国际竞争力的高新技术企业集团。三是培养、扶持、引进一批知名专家和适应市场竞争的科技创新人才，资助培养一批中青年学科带头人。四是形成以政府资金为引导，企业为主体，金融机构及社会多渠道投入的科技投融资体系。今后五年，研究与发展经费逐步达到GDP的1.5%以上，财政科技投入的增长幅度高于当年财政经常性收入的增长幅度，企业研究开发经费投入占全社会研究开发经费投入的比例超过50%，高新技术企业研究开发经费投入占销售收入的5%以上。五是大力实施长江上游生态重建科技行动计划，促进医药卫生、资源开发与综合利用、减灾防灾、城乡建设与人居环境、科技中介、社会服务等社会事业及相关产业快速发展，重点抓好1至2个国家新技术改造传统制造业试点市，中药现代化科技产业（四川）基地建设取得明显进展。

（八）加强哲学社会科学研究，提高理论创新水平

哲学社会科学要始终坚持用科学的理论武装人，以改革开放和现代化建设的重大理论和实践问题为主攻方向，注重基础理论研究，加强应用理论研究。大胆探索，不断创新，每年推出一批有较高学术价值和重大现实意义，在全国有较大影响的理论成果。增加哲学社会科学研究基金，加强哲学社会科学研究基础设施建设，不断改进研究条件和手段。围绕省委、省政府的工作重点及我省改革开放和跨越式发展中的重大现实问题，协调力量，集中攻关，为省委、省政府的决策提供参考。整合全省社科资源，集中研究力量，加强优势学科和重点问题研究，着重建设好邓小平理论和“三个代表”重要思想、四川经济社会发展、县域经济发展、巴蜀文化、少数民族文化等五大研究基地。切实加强社科队伍建设，造就在全国有重要影响的学术大师和著名学者，培养一批哲学社会科学的学术带头人。

（九）壮大新闻出版业，促进新闻事业全面发展

新闻宣传要增强政治意识、大局意识、责任意识，坚持马克思列宁主义、毛泽东思想、邓小平理论和“三个代表”重要思想的主导地位，把握正确的舆论导向，提高新闻舆论引导水平。一手抓繁荣，一手抓管理，搞好规划，突出重点，着力搞好重大主题宣传。围绕中心，服务大局，贴近实际，加大对改革开放、现代化建设和我省发展新跨越的宣传力度。客观真实，讲究艺术，增强新闻宣传的感召力和吸引力。

加强出版物贸易和版权保护工作，完成出版物流配送中心和出版发行中心的建设工程。壮大四川日报报业集团和成都日报报业集团、四川新华书店发行集团和四川党建期刊集团，组建好四川出版集团。实施精品战略，培育一批具有全国领先水平的学术、科技期刊，出版一批既有广泛市场前景，又能传之后世的精品。加强市（州）新闻出版业的建设与发展。五年内，把成都培育成立足全省、辐射西部、面向全国的出版、发行、印刷、复制中心，进而把四川建设成为我国西部地区的出版强省、全国出版发行重要基地之一。

（十）壮大广播影视业，促进广电事业全面发展

坚持体制改革和机制创新，着力组建好四川广播影视集团和峨眉电影集团，力争3至5年成为跨行业、跨地区的多媒体传媒集团。

调整广播电视频道结构，完善专业频道。积极培养名记者、名主持人、名制片人等各种专业人才。提高节目水平，推出具有全国影响的名牌栏目，扩大社会影响力。充分发挥卫星、无线发射、

有线网络、数字微波等综合传输覆盖效能，不断扩大广播电视节目覆盖面，增大发展空间和发展能力。

建设好省、市（州）、县（市、区）、乡镇四级贯通的统一管理、统一运营、统一业务、统一标准的广播电视传输网络，保证广播电视节目安全传输。积极开展网上数字增值业务，培育新的经济增长点，为实现广播电视网、互联网、电信网的相互融通打下基础。

建设好影视节目制作交易系统和电影院线网络，争取每年都有重点作品问世或1至2年有精品在全国播出。拓宽影视发行销售渠道，形成连接国内外两个市场的发行流通网，取得良好的社会效益和经济效益。

以数字化、网络化为目标，积极推进广播电视技术更新，加快全省广播电视基础设施建设，今后五年，广播电视综合人口覆盖率均达到95%以上，有线电视入网用户达到1000万户。力争使全省广播电视收入年增长速度保持两位数。

（十一）注重打造精品，繁荣文艺创作

文艺创作要把表现现实生活与发掘历史题材结合起来，创作出更多弘扬民族精神、体现时代特征、展示四川特点，具有国家级水平、经得起历史检验的文艺精品。认真抓好以“五个一工程”和全国精品工程为龙头，以长篇小说、电影电视、少儿文艺为重点的文艺创作。振兴川剧，抓好演出、创作、教学和理论研究基地建设，培养优秀人才，推出优秀剧目。抓好戏曲、舞蹈、音乐、影视创作，每年产生2至3台（部）在全国有影响的优秀剧（节）目，至少有一台（部）获国家级大奖。抓好美术、书法创作及展出。继续抓好“巴蜀文艺奖”、“四川省文学奖”、“四川省少数民族优秀文学作品奖”和“四川省文艺评论奖”等评奖工作，鼓励优秀文艺作品的创作。

（十二）发展演艺娱乐业、会展业和艺术品业，丰富文化消费市场

加大改革力度，激发演出团体自身活力，发挥名人、名剧、名团的品牌效应，加强演出团体之间的协作。瞄准国内外市场，利用现代科技手段，挖掘历史的、民族的、时代的优秀文化资源，创新剧（节）目。加大对有较长历史和较大影响的高雅艺术演出团体的扶持力度，提高四川高雅艺术演出水平。加强与国内外演出团体的合作与交流，拓展演出流通渠道，活跃演出市场。抓好高科技娱乐设施建设，发展健康有益的大众娱乐消费，促进娱乐业向健康规范和规模化、综合性、高档次方向发展。

大力发展会展业，加快建设一批高档次、多功能的现代化会展场馆和其他会展设施，重视搞好综合利用和配套服务，大力开拓国内国际会展市场。

培育和繁荣艺术品交易市场，不断提高群众文化艺术素养和欣赏审美水平，激发社会各界对艺术品的投资和消费热情。保护民族艺术精品，规范艺术品交易行为，促进艺术品市场健康发展。

（十三）壮大体育产业，促进体育事业全面发展

大力推进全民健身运动，努力构建多元化体育服务体系，建设好群众健身场地，健全群众性体育活动组织，广泛开展群众性体育活动。今后五年，经常参加体育锻炼的人数达到全省总人口的37%以上；学校《国家体育锻炼标准》实施面达到100%，达标率在96%以上。

加快我省优秀运动队的改革发展，大力培养优秀运动员，增强竞技体育整体实力，确保西部地区第一，在全国运动会上总分稳定在前八名，在奥运会等重大国际体育赛事中力争多拿奖牌。

加快发展体育产业，大力开发和培育体育市场，形成以体育竞赛、体育表演、健身娱乐、体育

用品产销、体育彩票、体育赞助广告、运动人才培养和对外交流为主要内容，结构合理、项目齐全、管理完善的体育产业体系。扶持壮大一批体育产业企业，推出一批体育名牌产品，提升体育产业的竞争力。稳定体育彩票市场占有率，保持其发行量位居全国前列。今后五年，通过承办2003年世界女足锦标赛（成都赛区）、2004年亚洲杯足球赛（成都赛区）等重大国内国际比赛，发展体育事业，壮大体育产业，实现社会效益和经济效益双丰收。

（十四）充分挖掘和利用文化资源，促进旅游经济发展

增强文物保护意识，加强对文物的保护和管理。发挥文博业在旅游产业中的人文核心作用，抓好四大世界自然文化遗产和三星堆、金沙等历史文化遗址的发掘、保护和有效利用。加大以三星堆遗址和金沙遗址等为代表的中国先秦都城遗址世界文化遗产申报力度，抓好以丹巴碉群、甲居藏寨等为代表的嘉绒藏族民俗文化和以理县桃坪羌寨为代表的羌族民俗文化的川西高原藏羌碉群世界文化遗产的申报工作。重点丰富、提升4条旅游精品线路的旅游文化内涵和品位，抓紧5条后续旅游精品线路的旅游文化设施建设。

突出抓好“四大特色文化”的开发和利用。革命传统文化，要以红军长征纪念碑园、川陕革命根据地博物馆、万源保卫战战史陈列馆、泸定桥、彝海结盟地、夹金山和邓小平故居、朱德故居、陈毅故居以及辛亥保路运动纪念地等为重点，充分发挥其革命传统教育功能和旅游效能。巴蜀历史及文学艺术文化，要以三星堆、金沙遗址、都江堰、武侯祠、剑门蜀道、自贡盐业博物馆、遂宁宋瓷博物馆、李白纪念馆、杜甫草堂、三苏祠、郭沫若故居、张大千纪念馆以及川剧、木偶、皮影和绵竹年画等为重点，充分做好文化与旅游的结合，发挥其教育、考古和旅游等方面的功能。少数民族及宗教名胜文化，要以康定情歌文化、泸沽湖摩挲文化、凉山火把节文化、川西高原藏羌民俗文化等少数民族优秀的传统文化、少数民族风情、少数民族文物古迹以及乐山大佛、峨眉山和青城山等宗教名胜为重点，发挥其在增进民族团结和开展特色旅游等方面的独特功能。现代高科技文化要以西昌卫星基地、成都高新区、绵阳科技城、中国工程物理研究院科学技术馆以及知名大学和科研院所的部分场馆等为重点，发挥其在科学知识普及、爱国主义教育、陶冶情操等方面的功能。同时，自贡恐龙博物馆和灯会、蜀南竹海竹文化、酒文化、茶文化以及现代工业、大型工程、工艺美术、饮食、服饰等现代产业文化也要突出特色，争取做精做大。国家历史文化名城和文化古镇要反映民族特点、展示地方特色，成为旅游文化中的新亮点。

加强与周边省、自治区、直辖市的旅游文化合作，形成西部大旅游文化网络。发挥旅游业综合消费功能，重点抓好旅游文化产品的开发。把川剧、曲艺、武术、杂技、民族歌舞表演与旅游结合起来，活跃旅游演出市场，提高旅游活动的文化附加值。积极实施“走出去”战略，加大旅游文化整体形象营销力度，开拓国际、国内两个市场，促进旅游业的发展。

（十五）大力发展信息网络业，构建全省信息网络平台

今后五年，要依托四川党政网，把电子政务建设作为我省信息化工作的重点。电子政务建设要根据政府业务的需要，结合人民群众的要求，充分利用已有的网络基础、业务系统和信息资源，逐步建立标准统一、功能完善、安全可靠的政务信息网络平台。

加强网站建设和管理，加快信息资源的开发和利用。抓好重点网站尤其是重点新闻网站建设，使之成为全国名牌网站。建立和完善网络的管理体系和运行机制，打破地区、部门、行业界限，整合网络信息资源，促进网站的有序建设，实现资源共享。强化对网吧和经营性网站的管理，坚决取

缔非法、有害网络站点，抵制境内外敌对势力利用网络进行思想文化渗透。

加快文化事业和文化产业信息化、数字化建设。大力发展和扶持一批从事教育软件和文化娱乐软件开发制作的专业公司，努力培育成新的经济增长点，把成都建成西部教育软件和文化娱乐软件的开发基地和光盘生产基地。

（十六）以城市社区和乡镇为重点，广泛开展群众性文化活动

以城市社区文化建设为重点，建立健全城市公共文化服务网络，发挥城市文化整体功能。城市规划和建设要充分体现文化品位，塑造个性鲜明的城市文化形象。城市建筑、城雕、广场、旅游景点、生态环境以及广告、街名等都要注重特色，体现人文内涵。成都作为省会城市和历史文化名城，要率先强化文化功能，提高文化品位，成为全省文化集聚、辐射的中心。其他城市要突出发展重点，形成鲜明特色，高起点营造现代城市文化。

积极挖掘民俗文化、民间艺术资源，发展和引导集市商贸文化、乡村假日文化，举办形式多样、各具特色的农村文化活动。重视农村文化阵地建设，继续实施广播电视“村村通”工程，抓好乡镇宣传文化服务中心建设。继续开展文化下乡活动，抓好“百县千乡宣传文化工程”和农村电影“2131”工程。办好农村乡镇“两站三校”，抓好“万村书库”建设，五年内，全省75%以上经济文化发展较快的村要办起图书室。民族地区要逐步配备文化流动车。要切实推广普通话，规范语言文字的使用。

（十七）扩大对外文化交流合作，拓展文化发展空间

发挥大、中城市在对外文化交流中的龙头和窗口作用，积极开展与全国各省、自治区、直辖市的文化交流与合作，重视港澳台地区和华人华侨在对外文化交流中的特殊作用。进一步加强国际文化交流，拓展政府交流与民间交流渠道。加大对外文化宣传力度，提高四川在国际上的知名度。积极承揽在国内外具有广泛影响的节庆活动、各类大型文化活动和体育赛事。四川电视节、四川国际熊猫节、蓉城之秋音乐节和中国民间工艺品、收藏品、旅游纪念品交易博览会等活动要提高档次，扩大规模，形成多个具有四川特色的国际性文化活动亮点。整合我省对外文化交流资源，加强文化交流精品包装，加大文化产品输出力度，推进文化事业和文化产业积极参与国内外文化市场竞争。多渠道筹集对外文化交流资金，培养对外文化交流人才。坚持把引进优秀文化艺术精品同繁荣我省文化市场，提高人民文化素养相结合，吸收外来文化精华和先进管理经验，让世界优秀文化走进四川，让巴蜀优秀文化走向世界。

（十八）加大基础设施建设力度，形成布局合理的文化设施体系

合理调整布局，优化资源配置，有计划地改造一批现有的文化设施，新建一批现代化重点文化设施，逐步形成与现代化进程相适应的覆盖全省的文化设施体系。今后五年，成都的文化设施建设要在西部领先，其他区域中心城市重点建造2至3个重点文化设施；加快建设博物馆、陈列馆、广播电视中心等设施，把四川博物馆新馆工程、省图书馆新馆工程建设成国家一流的文化工程；积极筹建集科普、展教、娱乐为一体的省科技馆；抓好公共体育设施建设，建好全省国民体质监测网络和四川省体育活动中心，经济较发达的市（州）要具备举办省级综合性运动会的能力，经济较发达的县（市、区）达到“一场一池一房”标准，民族地区、贫困地区要达到一个田径场加一个标准化体育设施的普及型标准；旅游文化设施建设要不断完善，提高档次，丰富内涵。

四、保障措施

（十九）制定和完善文化经济政策

继续坚定地执行中央和地方已出台的增加教育、科技投入的有关政策。今后五年，各级政府的教育财政拨款的增长应当高于财政经常性收入的增长。依法加强各项教育税费的征收和管理，各级、各部门都不得截留和拖欠教育拨款。在农村税费改革中，要确保对义务教育的投入，保证中小学正常运转和教师工资的发放；要加大危房改造工作力度，改善办学条件。教育预算外收入应全部用于教育，地方不得“统筹”。对新建和扩建的学校用地，各级政府要减免有关配套费用。省和各市（州）科技三项费的增长要高于财政经常性收入的增长。大力培育有利于高新技术产业发展的资本市场，扩大融资和社会筹资渠道。

制定完善文化发展的投入政策。按照公共财政改革和文化事业发展的要求，调整财政支出结构，对文化事业的投入应与经常性财政支出增长基本同步。重点扶持博物馆、图书馆、科技馆、文化馆、档案馆等公益性单位，扶持体现国家水准和民族特色的重大文化项目和艺术院团，扶持省内重要的新闻媒体和社会科学研究机构，扶持重要文化遗产和民间优秀艺术的保护和挖掘，扶持民族地区和贫困地区的文化发展。鼓励社会资金投入、资助文化事业，多渠道、多形式增加投入。

继续贯彻落实国家支持文化发展的财税优惠政策。宣传文化事业单位和宣传文化部门与非宣传文化部门或外资合办的文化企业或经营单位，符合国家现行税法规定的，享受国家赋予的各项优惠政策。非宣传文化部门（含各种所有制单位及外资企业）和文化单位富余人员新办的文化企业或经营单位，符合《财政部、国家税务总局、海关总署关于西部大开发税收优惠政策问题的通知》（财税〔2001〕202号）有关规定的，可享受政策优惠。

制定完善文化市场准入政策。在国家政策允许的范围内，拓宽准入领域，鼓励社会、企业、个人、外资进入文化市场，在工商登记、项目审批、土地征用、税费减免及从业人员的职称评定、成果评奖等方面与国办单位享受同等待遇。注重奖励和表彰对促进我省文化产业发展有突出贡献的单位和个人，调动各方面参与西部文化强省建设的积极性。

制定完善文化产业发展用地政策。经政府认定的公益性文化设施建设，其用地由政府予以划拨，建设过程中的城市配套费、电力增容费等相关费用一般应予减免；对现有的基层文化设施用地，建设单位一律不得随意改变使用性质，挪作他用，因城乡建设确需改变文化设施用地或拆迁公共文化设施的，必须先按法定程序调整规划，规划调整的内容应包括对占用文化设施用地或拆除文化设施的补救方案，原则上做到先建后拆或建拆同时进行，重建的文化设施原则上不低于原有的规模；鼓励文化产业单位与乡镇联合，利用乡镇企业富裕和废弃的用地、用房兴办文化产业。

省、市（州）、县（市、区）要采取多种政策措施，创造良好的文化产业投资环境，遵循市场经济规律，发挥市场机制作用，积极吸引各方面社会资金投入文化产业发展，扶持公共文化设施的建设，支持重点文化产业项目和企业发展壮大。金融部门应将文化产业纳入信贷支持范围。

（二十）推进文化体制改革和创新，完善文化市场管理机制

继续深化教育、科技体制改革。改革办学体制，大力发展民办教育，形成以政府办学为主、社会各界共同参与，公办学校和民办学校共同发展的办学体制，实现办学主体的多元化。改革管理体制，继续完善基础教育主要由地方政府负责、分级管理、以县为主的体制。积极推进高等教育管理

体制改革，加快布局结构调整步伐，优化资源配置。改革学校内部体制，加大学校人事制度、分配制度的改革力度，积极推进高校后勤管理改革，努力实现高校后勤社会化。继续深化科技体制改革，着力调整结构、分流人员、机制转换和制度创新。以市场为导向，以产品开发为动力，建立和健全以企业为主投入应用型科研开发的机制。大力发展科技中介组织，推进产、学、研结合。进一步深化科研院所改革，技术开发类科研机构实行企业化转制，社会公益类科研机构包括社会科学科研机构，按照国家关于其他类型事业单位的改革部署进行改革。

转变政府职能，实行政企分开、政事分开、管办分离，变政府“办文化”为政府“管文化”。积极推进文化事业单位改革和结构调整。经营性文化事业单位，逐步进行企业管理的改革，实行独立核算、自主经营、自负盈亏。鼓励文化单位之间打破地区、部门、行业和所有制界限，资源共享，优势互补，促进资产、人才、技术等生产要素的优化组合。将社会力量办文化纳入文化发展的总体规划中。探索以市场化运作方式发展文化的新途径，建立新的分配激励机制、市场营销机制、风险防范机制。对各类文艺体育活动，要积极引入招投标机制。鼓励社会、集体、个人参与艺术、体育产业竞争。运用联合重组、股份制等多种形式，吸纳社会资金参与文化建设。积极发展文化中介组织，完善文化经纪人制度，强化行业自律机制，规范文化经营行为。文化中介机构要与政府脱钩，成为独立的市场活动主体和连接文化生产、文化服务、文化消费的纽带。

积极应对思想文化领域在加入世贸组织后面临的挑战，完善宏观管理，规范行业行为，管住管好未放开的广播电视领域、新闻出版行业中的出版制作和经营管理领域，巩固舆论阵地。进一步完善文化市场管理体制，改进管理的手段和方法，加大文化执法力度，维护合法经营。加强对文化市场的引导，大力扶持健康的文化产品，倡导健康有益的文化娱乐活动，加大“扫黄”、“打非”、“禁盗”工作力度，取缔非法娱乐场所，打击违法犯罪活动，确保文化市场健康发展。

（二十一）建设高素质的文化队伍

创造能上能下、能进能出、选优汰劣、合理流动的用人机制，鼓励优秀人才脱颖而出。对高层骨干人才实行特殊政策，鼓励各方面文化工作者钻研业务，多出成果。加快文化人才资源配置市场化步伐，促进人才合理流动，优化人才结构。鼓励文化专业人才办事业、闯市场。加强对文化人才的管理，健全在职人员继续教育制度，加快知识更新，提高文化队伍的业务水平和整体素质。

整合优化现有文化艺术教育资源，重点扶持1至2所文化艺术高等院校，着力培养一大批急需的高级专业人才和复合型文化人才，建设一支文化管理、经营和科技人才队伍；拓宽视野，面向全国、全社会招聘、引进高精尖人才，并在住房、户籍、职称、分配、家属安置等方面给予政策倾斜，集聚优秀人才，形成人才优势。

（二十二）加强领导，狠抓落实

各级党委、政府要从国民经济与社会事业协调发展的角度，从增强综合竞争力和全面建设小康社会的战略高度，充分认识建设西部文化强省的重要性和紧迫性，切实加强领导，将这项工作纳入经济社会发展的全局。各级领导干部要解放思想，转变观念，牢固树立先进文化意识和创新的文化观念，真正认识到发展先进文化，既是实践“三个代表”重要思想的要求，也是全面建设小康社会的重要内容，还是经济发展的新领域、新空间，大有前景。思考问题、决策问题，要真正体现经济文化相协调、两手抓，真正成为代表先进文化前进方向的引导者和实践者。

省上建立由省委分管领导为组长，省委、省政府相关领导为副组长，有关部门参加的联席会议制度，负责对建设西部文化强省重大问题进行组织、协调，对西部文化强省建设过程中出现的问题进行跟踪调研，为省委的决策提供依据。人大、政协要在立法、监督等方面充分发挥作用。各职能部门要各司其职，各尽其责，加强协作，狠抓落实，积极主动地开展工作。各市（州）党委、政府也要建立协调文化发展的联席会议制度，主要领导要亲自抓，分管领导具体抓，真正做到领导落实、责任落实、工作落实。

省级有关部门、各市（州）要根据十六大精神，按照本意见的要求，结合自身实际，制定具体规划和实施方案，特别要抓紧制定文化产业发展方案，建立相应的目标考核责任制，把目标落实到具体部门、单位和个人，做到有部署、有措施、有检查、有考核、有奖惩，形成上下配合、横向联动、共同促进的工作局面。省委、省政府每年要对各地开展西部文化强省建设工作的情况和文化经济政策的落实情况进行检查，各市（州）和省级有关部门每年要就西部文化强省建设的工作情况向省委、省政府写出书面报告。

加快西部文化强省建设既是一项开创性的事业，又是一项艰巨的工程。全省各级党组织、各级政府和广大党员、干部、群众，要紧密团结在以胡锦涛同志为总书记的党中央周围，高举邓小平理论伟大旗帜，努力实践“三个代表”重要思想，认真贯彻党的十六大和省第八次党代会精神，团结一心，开拓创新，为加快西部文化强省建设，推进四川发展新跨越，全面建设小康社会而努力奋斗！

中共四川省委　四川省人民政府

2002年12月31日

四川省人民政府办公厅
转发省公安厅《关于推进城市户籍管理制度改革意见》的通知

（川办发〔2003〕4号）

各市、州人民政府，省级各部门：

省公安厅《关于推进城市户籍管理制度改革意见》已经省政府第86次常务会议审议同意，现转发你们，请认真贯彻执行。

推进城市户籍管理制度改革是全面贯彻十六大精神，认真实践“三个代表”重要思想，加快城镇化进程，促进四川新跨越，全面建设小康社会的重要措施。各地要加强领导，按照统一规定，精心组织实施，积极稳妥地把这项工作做好。

四川省人民政府办公厅

2003年1月20日

关于推进城市户籍管理制度改革意见

（四川省公安厅　2002年11月）

根据《国务院办公厅转发国务院西部开发办关于西部大开发若干政策措施实施意见的通知》（国办发〔2001〕73号）精神，为进一步加快我省户籍管理制度改革步伐，更好地为西部大开发服务，现就推进城市户籍管理制度改革提出以下意见。

一、建立城乡统一的户口登记制度

严格按照户籍管理各项法律规定，以居住地登记户口、人户一致为原则，在城乡全面建立健全常住、暂住、出生、死亡、迁出、迁入、变更更正7项户口登记制度。地方各级政府和有关部门不得对公民依法申报登记户口设置各种限制条件。对未落常住户口人员，要按照居住地登记户口的原则及时予以落户。门（楼）牌的编制管理在国家没有新的统一的管理规定出台前，仍维持管理现状。现由公安机关管理的由公安机关管理，现由民政部门管理的仍由民政部门管理。国家有新的规定从其规定。

二、在大中城市实行居住地登记户口制度

凡在地级以下城市（含地级市。成都市5城区和高新区除外，下同）有合法固定的住所、稳定的职业或生活来源的人员，均可根据本人意愿办理城市常住户口，与其共同居住生活的直系亲属可以随迁。

成都市应根据社会和经济发展的实际需要及综合承受能力，在城市规划和人口规划的指导下，以合法固定的住所、稳定的职业或生活来源为基本落户条件，制定在5城区和高新区落户的具体政策。

合法固定的住所，是指对实际居住的房屋拥有房屋所有权或单位住房使用权（单位住房包括单位自管公房和房管部门直管公房）。

稳定的职业或生活来源，是指被所在城市的机关、团体、事业单位录用（聘用），被机关、团体、事业单位、企业招收并依法签订劳动合同，或在城镇从事商业活动并持有工商执照，或按规定领取基本养老金及其他的生活来源。

共同居住生活的直系亲属，是指与当事人生活、居住在一起的当事人的父母、未成年子女（含年满18周岁以上的在校学生）及与当事人居住、生活在一起并由当事人赡养、抚养的当事人的祖父母、外祖父母、孙子女、外孙子女等直系亲属。

三、调整和改革普通大、中专院校学生户口迁移政策

自2003年起，被省内普通大、中专院校录取的新生在校学习期间，其户口可根据自愿的原则，选择在原籍保留或按原有规定迁入就读学校。户口在原籍保留的农村籍新生，可凭《录取通知书》到户籍所在地公安机关申请办理城镇户口手续。被省外大、中专院校录取的四川籍新生，其户口按录取院校所在省、市、自治区的规定办理。

户口在原籍保留的大、中专学生毕业后落实了工作单位的，公安机关凭用人单位与毕业生签定

的《就业协议书》（或用人单位录、聘用手续或劳动合同）和毕业生《就业报到证》办理户口迁移和落户手续。

户口迁入学校的大、中专学生毕业后，其户口迁移按四川省公安厅、四川省教育厅联合下发的《关于四川省普通高等学校毕业生户口迁移有关问题的通知》（公厅治发〔2001〕199号）规定办理。对未落实工作单位的毕业生，其户口可迁回原籍也可在原就读学校保留两年。对其中入学前系农村户口，本人自愿迁返原籍农村，且从事农业生产、居住在农村家中满1年以上的（含1年），经原籍村民委员会、村民小组同意，户口登记机关调查核实后，可将其户口迁回原籍落农村户口。

研究生的户口参照上述规定执行。

四、放宽户口迁移及投靠限制

积极调整户口迁移政策，放宽户口迁移限制，以落户条件取代计划指标，引导人口的合理有序流动。在地级以下城市无合法固定的住所，但具有国家承认的大专以上学历的人员，只要落实了用人单位且单位已建集体户口或具备建立集体户口条件的，其户口可迁入所在单位落集体户口。

凡在地级以下城市有合法固定住所并有常住户口的居民，其配偶、未成年子女（含年满18周岁以上的在校学生）投靠与其共同居住生活的，户口可迁入，不受年龄、结婚时间、暂住期限、有否职业的限制。

五、严格落户审批

各级公安机关要做好具体组织实施工作，严格按照落户基本条件和迁移程序，统一行使户口审批权，办理入户手续。

经批准到城市落户的各类人员，在入学、参军、就业、社会保障等方面与原城市居民享受同等待遇，履行同等义务。

对符合条件申请落户的各类人员办理户口登记时，除按标准收取工本费外，一律不得以任何理由收取或变相收取其他费用。

对各地在执行过程出现的新情况，省公安厅应会同有关部门及时研究解决。

中共四川省委　四川省人民政府
关于进一步加快民营经济发展的决定

（川委发〔2003〕14号）

各市、州、县委，各市、州、县人民政府，省级各部门：

为深入贯彻党的十六大和省第八次党代会精神，进一步加快我省民营经济的发展，充分发挥其在推进四川发展新跨越、全面建设小康社会中的重要作用，特作如下决定：

一、坚持与时俱进，不断加快发展

1. 进一步解放思想，转变观念。充分肯定民营经济是社会主义市场经济的重要组成部分，民营经济的经营者和从业人员是中国特色社会主义事业的建设者；充分认识加快民营经济的发展是解放和发展生产力、富民强省、推进四川发展新跨越、全面建设小康社会的重大战略举措，增强发展的紧迫感和使命感，明确新思路，采取大动作，推动大发展。

2. 发展民营经济的基本思路：高举邓小平理论伟大旗帜，全面实践“三个代表”重要思想，坚持和完善基本经济制度，毫不动摇地加快发展民营经济。切实解决平等待遇和权益保护问题，着力建立诚信、担保和社会化服务体系，努力优化政策环境、市场环境、法制环境、政务环境和舆论环境，大力扶持科技型、劳动密集型、农产品加工型、生态环保型和外向型企业，用先进的经济思想和经营理念，用创新的体制和灵活的政策，用改革的举措和务实的作风，努力开创民营经济发展的新局面。

3. 今后5年民营经济发展的预期目标：年均增长20%以上，到2007年，民营经济所创造的国内生产总值占全省国内生产总值的50%以上，民营企业、个体工商户的数量和从业人员在2002年基础上有突破性发展；形成一批提供就业岗位多、技术含量高、出口创汇能力强、税收贡献大的企业，使我省民营经济发展迈上一个新台阶。

二、扩大市场准入，实行平等待遇

4. 放开经营范围和管理限制。除国家明确限制的投资领域外，所有竞争性领域和对外开放的领域，都要以与国有资本和外资同等的条件和政策对民营资本开放。鼓励和引导民营资本投资支柱产业、高新技术产业、环保产业和现代服务业，参与水利、交通、能源等基础设施和公用事业建设；鼓励民营资本进入金融、保险业；积极支持和推进民营企业、个体工商户进入电信、公共信息网络、教育、卫生、体育、文化、旅游、社区服务等领域。把重点民间投资项目纳入省重点建设项目规划。政府采购应一视同仁地向民营企业、个体工商户开放。放开注册资本限制条件，允许新设立的民营有限责任公司注册资本分步到位，限期补足。允许跨行业经营，进行无经营范围的登记制试点。

5. 实行平等待遇。各级政府和部门要按照公平、公正、竞争的原则，认真清理各种政策文件，废除和修订带有所有制差别和对民营企业在申请立项、进出口、投融资、税收、用地、人才引进、职称评定、办理证照、收费等方面存在不公平待遇的政策规定。除法律、法规和国家政策规定外，取消对民营企业、个体工商户核准登记的前置条件，为各类市场主体创造公平竞争的条件。创办民营科技型、农产品加工型、扶贫型企业以及下岗失业人员创办非公司制企业，其非关键条件一年内可完善的，可由工商部门核发为期一年的临时营业执照，实行预备期管理。

6. 大力发展混合所有制经济。鼓励各种所有制企业相互参股、并购，支持民营企业通过参股、收购、兼并、重组等方式参与国有、集体企业改革，有关债务清偿、职工安置、土地使用、税费解缴等方面的优惠政策，要一视同仁地予以兑现。

7. 鼓励省外资本来川投资。加大招商引资力度和招才引智力度，创新利用外资方式，吸引更多的国内外知名企业来川投资兴业。省内企业要结合自身发展实际，突出比较优势，主动寻找省外战略伙伴，实现招商方式、引资来源和出口方式的多元化；加强与沿海地区的资本、劳务、商务合作，优势互补，共同发展，实现双赢。要关心和支持省外来川投资企业的发展，保障他们的合法权益，鼓励他们以资引资，以项目引资，带动更多的省外资金入川。凡省外来川投资企业，在各方面享受与本省企业同等的待遇，符合《国家税务总局关于落实西部大开发有关税收政策具体实施意见的通知》（国税发〔2002〕47号）规定条件的，享受同等税收优惠政策。

三、加强产业引导，实施重点支持

8．鼓励和引导民营资本投资高新技术产业。鼓励高等院校、科研院所的科研人员，留学回国人员和社会各界人士创办和投资民营科技企业。鼓励科研机构、高等院校兴办的企业和国有企业转制为民营科技企业，其转制过渡期内，继续享受国家有关优惠政策；采用股份制形式转化职务成果的，可将科技成果入股时作价金额20%的股份奖励给成果完成者；转制为企业的科研院所，可以从科技企业净资产中划出15%的股份作为创业股和管理股奖励给企业创办人和主要经营管理人员。按照《四川省工业结构调整规划纲要》要求，将符合条件的民营企业纳入省重点技术改造项目、国债专项资金技术改造项目和国家重点技术改造“双高一优”项目规划。民营企业被认定为民营科技企业的，按照国家和省有关规定享受税收优惠。以高新技术成果投资兴办民营科技企业的，其成果经专门机构评估和省级科技行政主管部门认定后，技术成果占企业注册资本比例可不受限制，由投资各方协商约定。

9．鼓励发展劳动密集型产业。认真落实《中共中央、国务院关于进一步做好下岗失业人员再就业工作的通知》（中发〔2002〕12号）精神，下岗失业人员从事个体经营的，享受相应的税费优惠政策。民营企业吸纳下岗失业人员达到《中共四川省委、四川省人民政府关于进一步做好下岗失业人员再就业工作的通知》（川委发〔2002〕31号）要求的，按规定享受相关再就业扶持政策。

10．鼓励发展农产品加工业。各级政府的涉农扶持资金要安排一定比例用于扶持农产品加工型民营企业的基地建设、科研开发、技术服务、人员培训、质量标准和信息网络建设。农产品加工企业及其仓库的新增建设用地，要优先纳入土地利用总体规划和年度使用计划，有偿使用费除上缴中央的外，其余的可缓交3年。按照《国务院办公厅印发关于促进农产品加工业发展的意见的通知》（国办发〔2002〕62号）精神，农产品加工企业研究开发新产品、新技术、新工艺所发生的各项费用，在缴纳所得税前扣除；对重点农产品加工骨干企业从事种植业、养殖业和农产品初加工所得，免征3至5年所得税。开通农产品运输绿色通道，对整车鲜活农产品运输，3年内停收过路（包括高速公路）、过桥和过隧道费。停止征收农业特产税，促进农业产业结构的调整和优化。

11．鼓励参与生态环境建设。认真落实《国务院办公厅转发国务院西部开发办关于西部大开发若干政策措施实施意见的通知》（国办发〔2001〕73号）精神，完善操作性办法，对国有荒山、荒地等未利用地依法出让给民营企业、个体工商户进行造林、种草等生态建设的，可以减免土地出让金；对取得土地使用权从事生态环境建设的，土地使用年限可延长到70年。

12．鼓励参与国际竞争。降低民营企业取得自营进出口权的条件，支持民营企业开拓国际市场，积极推荐符合条件的民营出口生产企业实施“绿色通道”制度，鼓励有比较优势的民营企业“走出去”，并在信贷、外汇管理等方面给予政策支持。

13．实行税收优惠。按照《国家税务总局关于落实西部大开发有关税收政策具体实施意见的通知》（国税发〔2002〕47号）规定，对以国家规定的鼓励类产业项目为主营业务的企业和新办交通、电力、水利等基础产业的企业实行税收政策优惠；经省政府批准后，民族地区的企业可享受定期减征和免征企业所得税的待遇。

四、转变政府职能，健全服务体系

14. 深化行政审批制度改革。简化办事程序，提高服务效率，进一步减少行政审批项目，办好政务服务中心，按照“工商受理、抄告相关、同步审批、限时反馈、一次办结”的原则，实施审批办照的“互联审批制”，除法定的特殊情况外，办理时限原则上不超过5个工作日。对民营资本投资国家和省产业政策鼓励发展项目的，除国家有规定的外，一律实行项目登记备案制。

15. 减轻企业负担。目前已经削减的各项行政收费项目必须落实，决不能再收费；要继续清理、减少各种收费项目。停止收取个体工商户管理费。除国家规定外，省不再出台新的收费项目。根据国家规定，要新出台行政收费政策，我省的具体实施方案必须经过由专家、企业和人民代表等参加的听证会通过；市（州）级以下各级政府不得自行制定行政收费政策。

16. 建立和完善涵盖民营经济的社会中介服务体系。按照“自发组建、自愿入会、自主办会”的市场化原则，加快培育和发展各类民间商会、行业协会和中介机构，突出民办性质和独立地位，提高社会化组织程度，强化服务功能和自律协调作用。规范中介机构的服务行为，加快建立执业标准和监督机制。

17. 推进社会信用制度建设。按照加快建立以政府信用为主导、企业信用为重点、个人信用为基础的社会信用体系的要求，建立覆盖各种所有制企业和个体工商户的信用信息征集评价体系和信用档案库，实现信用信息查询的社会化，提高民营企业、个体工商户的信用透明度和知名度。逐步建立信用登记、信用评估、风险预警、风险管理等企业信用评价机构和管理制度。加快建立由政府投资建设的网站，连接有关政府部门和中小企业服务机构网页，公开有关政策法规，确保民营企业、个体工商户的知情权。

五、优化法制环境，保障合法权益

18. 严格规范执法行为。任何单位和个人不得干预民营经济单位的合法生产经营活动，不得违反有关规定随意进入企业检查。严禁乱收费、乱摊派、乱罚款，严禁侵占民营企业、个体工商户合法的财产和经营场所，严禁强制征订各类报刊杂志和强行要求参加评比、竞赛、研讨等活动。除工商行政管理机关外，任何单位和个人无权扣缴、吊销民营企业及个体工商户的营业执照。

19. 切实保障合法权益。依法保障民营企业、个体工商户及其人员的财产、人身安全，未经法定程序，任何单位不得查封、冻结民营企业及个体工商户的财产、资金；未经法定程序，不得采取强制措施。切实维护民营经济主体的各项民事权利，为民营企业、个体工商户创造良好的生产经营环境。

20. 保护平等竞争。大力整顿和规范市场经济秩序，坚决打击制售假冒伪劣产品行为，查处取缔无照经营。依法保护民营企业及个体工商户的知识产权、非专利技术和商业秘密。取消对企业挂牌保护的做法，鼓励和保护所有民营企业、个体工商户依法平等地参与市场竞争。

21. 加大对损害民营经济发展环境行为的监督和责任追究力度。建立和完善对政府职能部门的社会化测评机制，发挥测评的监督效能。在县以上各级纪检监察机关设立投诉中心，负责受理行政机关及其工作人员侵犯民营企业、个体工商户合法权益的投诉并依法依纪予以查处；监督国家和省有关发展民营经济各项政策措施的贯彻落实；组织民营企业、个体工商户参加对政府重点部门行业作风的民主评议活动，将评议结果作为目标考核的一项依据，并向社会公布评议结果。

六、建立担保体系，优化融资环境

22．推进信用担保体系建设。积极引导和推进投资主体多元化、形式多样的中小企业信用担保体系建设，鼓励各级政府根据自身财力出资参与建立担保机构，鼓励具备条件的社会法人尤其是民营企业成立担保机构和开展担保业务，鼓励发展企业互助担保和商业担保业务。对不以营利为主要目的的中小企业信用担保和再担保机构从事担保业务的收入，按照《国务院办公厅转发国家经贸委关于鼓励和促进中小企业发展的若干政策意见的通知》（国办发〔2000〕59号）的有关规定3年内免征营业税。

23．拓宽直接融资渠道。引导、支持运用股份制、股份合作制等形式，集中民间资金转化为民营资本。鼓励和支持公司制的民营企业，特别是符合产业政策的企业创造条件上市融资和发行债券。鼓励民营企业与外商合资合作，支持民间投资项目申请利用国外政府和国际金融机构贷款。

24．加大金融支持力度。建立激励金融机构支持民营经济发展的机制，组织协调金融部门开展银企授信活动，鼓励金融机构创新和灵活运用各种金融工具和利率杠杆为民营企业、个体工商户提供金融服务。简化抵押、担保手续，降低评估费用，对符合条件的企业发放信用贷款或非全额担保贷款，扩大授信额度，不断优化融资环境。

七、激发内在动力，提高发展质量

25．不断拓展创业发展空间。积极支持个体工商户创办私营企业；支持具备一定规模和素质条件的个人独资和合伙企业积极改组为股份公司；支持公司制的民营企业健全法人治理结构，改进内部组织结构和管理结构，逐步实现所有权与经营权分离。鼓励民营企业通过相互参股、职工持股、吸引外资等多种形式，建立多元和开放的产权结构，允许以管理、技术等无形资产作为资本投入，推行期权制，形成有利于吸引社会资金和容聚高层次人才的制度保障。鼓励和支持民营企业、个体工商户以市场为导向，整合资本、技术等生产要素，推进制度创新、管理创新和技术创新，注重资源节约和环境保护，积极采用先进技术标准，开展质量基础工作，加强产品质量管理，培育自主知识产权，争创驰名商标和著名品牌。鼓励民营企业与不同所有制的大型骨干企业开展各种类型的经济技术合作，提高专业化分工和产业化协作水平。

26．促进人才资源向人才资本转变。鼓励高等院校、科研院所的科研人员，留学回国人员，大中专毕业生从事个体经营、创办民营企业或到民营企业就业。鼓励民营企业建立人才资源转变为人才资本的机制。鼓励外出投资者和务工人员回川创业。破除人事管理中的身份和所有制界限，民营企业引进人才、吸纳大中专毕业生，在其入城落户、档案管理、职称评定、住房和子女入学入托等方面享受一视同仁的待遇。开展面向民营企业经营管理人员的培训，组织民营企业主出国考察和开展省际、国际交流。

27．坚持诚信经营原则。引导民营企业、个体工商户增强法制观念，依法经营，照章纳税，诚实守信，公平竞争，自觉抵制假冒伪劣产品，自觉维护消费者权益。鼓励民营企业加快建立规范化的内部信用管理制度。民营企业、个体工商户要依法与从业人员签订劳动合同，按时足额支付工资，依法缴纳社会保险费，维护从业人员的合法权益，加强安全和劳动保护，确保安全生产。引导民营企业、个体工商户致富思源、富而思进，积极参加“光彩事业”，自觉地把自身企业的发展与国家的发展结合起来，把个人富裕与全体人民的共同富裕结合起来，把遵循市场法则与发扬社会主义道德结合起来，为经济发展和社会进步多作贡献。

八、加强组织领导，统筹协调发展

28. 加强对民营经济工作的领导。发展是第一要务，各级党委、政府要把发展民营经济提上重要议事日程，纳入本地区国民经济和社会发展计划，搞好发展预测、重大结构与布局规划。走可持续发展之路，统筹安排土地、能源、资金，把民营经济的发展与区域特色经济发展相结合、与经营城市相结合、与促进中小企业发展相结合，实现三次产业互动、城乡经济相融。

29. 建设一批特色工业园区。各县（市、区）要根据本地民营企业发展的需要，与城镇总体建设规划相衔接，把工业园区作为发展民营经济的载体，引导、支持和协调民营资本兴办“专、精、特、新”的工业企业和专业市场，并由政府做好优质高效的配套服务。鼓励民营企业进入工业园区，培育企业集群和产业集群，形成产业链，发挥集聚效应。对产业发展用地要及时供应，保证发展需要；园区建设要把握投资密度，提高土地利用率和产出效益，严禁圈而不用、多占少用。在经省政府批准的个体私营经济试验区、乡镇企业示范区中选择部分开发建设成效显著的，纳入全省重点开发区管理系列，并享受《四川省开发区管理条例》赋予的优惠政策。

30. 建立发展协调机制。省、市（州）、县（市、区）都要建立发展民营经济工作领导小组，并设立办公室，统筹研究、协调解决发展民营经济的重要问题，督促、检查、考核各项政策和工作的落实情况。各级党委统战部要认真做好民营经济代表人士的思想政治工作和政治安排工作。充分发挥工商联和个体劳动者协会、私营企业协会在发展民营经济中的桥梁和纽带作用。县以上统计行政部门要建立和完善民营经济统计制度，加强民营经济的统计核算、动态监测，及时、准确地反映民营经济的发展状况。

31. 加大政府资金扶持力度。将民营企业纳入政府支持产业发展的各项资金的扶持范围，现有的技改补助资金、科技三项费用资金、支持农业产业化资金等，对民营企业、个体工商户申报的符合产业政策的项目要一视同仁，给予支持和帮助。试行技改贴息项目公开招投标制度。

32. 加强民营企业党的建设。积极在民营企业开展党的工作、发展党员，有条件的要建立党组织，发挥党组织在贯彻党的方针政策、引导和监督企业遵守国家的法律法规等方面的作用。引导和督促民营企业建立工会组织，加强企业党组织对工会、共青团等群众组织的领导，团结凝聚职工群众，维护各方合法权益，促进企业健康发展。

33. 营造良好的社会氛围。建立促进民营经济发展的表彰制度，定期表彰诚信守法、提供税收和就业岗位多的民营企业、个体工商户。新闻媒体要积极宣传党和政府发展民营经济的方针政策，宣传民营企业、个体工商户中的优秀分子和先进事迹，努力为加快民营经济的发展创造良好的舆论环境。

本决定自2003年6月1日起执行，凡与本决定精神不相符合的文件同时作废。对违反有关规定的行为，各级纪检监察机关要及时调查核实，对直接责任人给予党纪政纪处分，对情节严重的要追究领导责任，对触犯刑律的要及时移交司法机关处理。省级有关部门依据本决定精神制定的具体配套措施，由省委办公厅、省政府办公厅统一转发，同时实施。

中共四川省委　四川省人民政府

2003年5月19日

四川省人民政府关于印发《四川省传染性非典型肺炎防治工作预案（试行）》的通知

各市、州人民政府，省级各部门：

为进一步做好全省传染性非典型肺炎防治工作，现将《四川省传染性非典型肺炎防治工作预案（试行）》印发你们，请遵照执行。

2003年6月27日

四川省传染性非典型肺炎防治工作预案（试行）

第一章　总　则

第一条　目的

为有效应对传染性非典型肺炎疫情，坚持“预防为主、防治结合、分级负责、依靠科学、依法管理”的原则，立足于“防大疫、抗反复”，一旦发生疫情，及时采取有效防治措施和迅速控制疫情，保障广大人民群众的身体健康，维护社会稳定和经济发展。依据《中华人民共和国传染病防治法》、《中华人民共和国国境卫生检疫法》和《突发公共卫生事件应急条例》等有关法律、法规，制定本预案。

第二条　适用范围

本预案适用于预防和控制省内传染性非典型肺炎疫情。

第二章　组织机构与职责分工

第三条　组织机构

（一）四川省传染性非典型肺炎防治工作领导小组。省政府成立四川省传染性非典型肺炎防治工作领导小组，省委副书记、省长张中伟任组长，省委副书记陶武先，副省长陈文光、柯尊平、刘晓峰，省政府秘书长李洪仁，武警四川省总队副总队长陈明乐任副组长，省卫生厅、省委宣传部、省政府办公厅、省公安厅、省财政厅、省交通厅、省教育厅、省民政厅、省劳动保障厅、省农业厅、省科技厅、省经贸委、省计生委、省外事办、省委农办、省政府口岸办、省药品监督管理局、省中医管理局、省出入境检验检疫局、成都铁路局、民航西南管理局、四川航空公司、国航西南公司、成都双流国际机场、成都军区联勤部、武警四川省总队后勤部领导为成员。领导小组下设办公室，各成员单位抽调专人参加。

（二）四川省传染性非典型肺炎应急领导小组。成立省传染性非典型肺炎应急领导小组，省卫生厅厅长谢明道任组长，副厅长沈骥、赵晓光任副组长。省卫生厅相关处室、省疾病预防控制中心、省卫生执法监督所、成都市卫生局、成都市疾病预防控制中心、成都铁路局卫生处、民航西南管理局卫生处主要负责人为成员。下设省传染性非典型肺炎疫情控制应急处置工作队，分4个应急组，人员由流行病学、卫生学、临床救护、急诊医学、实验室检测、消杀灭、后勤保障等方面的专家和人员组成。

（三）市（州）、县（市、区）、乡镇（街道办事处）、村（居委会）级传染性非典型肺炎应急组织。各市（州）、县（市、区）、乡镇（街道办事处）、村（居委会）成立传染性非典型肺炎防治工作领导小组、疫情控制应急领导小组和应急处置工作队，组成人员参照省级执行。

（四）各级有关部门传染性非典型肺炎应急组织。省、市（州）、县（市、区）、乡镇（街道办事处）各级有关部门成立传染性非典型肺炎防治工作领导小组，各有关部门应根据本部门情况和需要，成立相应的应急工作队。

四川省传染性非典型肺炎防治工作组织机构图（见附件1）。

第四条　职责分工

（一）省传染性非典型肺炎防治工作领导小组职责。

1．在省委、省政府的统一指挥下，领导全省传染性非典型肺炎防治工作，协调地方、部队和各有关部门之间关系，使全省传染性非典型肺炎的防治和应急处理工作高效、有序、持续进行。

2．制定和发布全省传染性非典型肺炎防治工作的重大政策、措施，确保全省传染性非典型肺炎防治工作顺利开展。

3．组织督查省内重点地区、重点部门、重点单位传染性非典型肺炎防治工作进展情况，检查传染性非典型肺炎防治工作预案的制定和应急措施落实情况，协同省政府和其他部门做好传染性非典型肺炎应急处理的相关工作。

4．负责向全国防治非典型肺炎指挥部及时汇报有关信息及防治工作进展情况。

5．表彰奖励在传染性非典型肺炎防治工作中做出突出贡献的单位和个人，及时查处在传染性非典型肺炎防治工作中渎职、失职造成疫情扩散、蔓延的单位及相关人员。

（二）省传染性非典型肺炎防治工作领导小组办公室职责。

1．在领导小组的领导下，组织实施全省传染性非典型肺炎疫情防治工作和市、州首例传染性非典型肺炎病人或疑似病人的现场确认。

2．负责疫情报告归口管理，及时收集、核实和上报全省传染性非典型肺炎疫情，撰写传染性非典型肺炎防治工作动态、疫情快报和应急处理信息。定期向社会发布、通报疫情和防治情况。

3．组织全省传染性非典型肺炎防治知识宣传和卫生防病健康教育。

4．负责组织对省本级和市（州）级医疗机构和医务人员关于传染性非典型肺炎诊断治疗、消毒隔离和个人防护等相关知识的培训。

5．承担省传染性非典型肺炎防治工作领导小组日常工作和领导小组及省领导交办的各项工作。

（三）省传染性非典型肺炎应急领导小组职责。

1．协同省政府其他部门做好传染性非典型肺炎应急处理的相关工作。

2．组建省级应急处置工作队（组）负责省内重大传染性非典型肺炎疫情的现场处置，对市、州级传染性非典型肺炎疫情处置提供技术支持。

3．组织与领导传染性非典型肺炎疫情的监测、流行病学调查、实验室检测、病人临床救治、隔离、病区和环境消毒、疫情保密和上报工作。

4．省传染性非典型肺炎应急领导小组办公室负责省传染性非典型肺炎应急领导小组的日常工作。

（四）省传染性非典型肺炎防治工作领导小组各成员单位和其他有关单位职责。

省卫生厅：对全省传染性非典型肺炎的疾病防治工作实施统一监督管理。负责制定预防和控制传染性非典型肺炎的各项技术方案；负责确定监测点及监测网络，及时掌握疫情动态；负责组建由卫生管理、流行病学、临床医学、检验检测等专业的专家组成的专家咨询组；组建、培训由流行病学、临床医学、实验室检验、卫生监督、环境消毒等专业技术人员组成的应急处置队伍和医疗急救队伍，落实病人的隔离救治措施，做好病人的流行病学调查、密切接触者的留验观察及实验室检测工作；组织对疫情现场进行卫生处置，提出疫情控制措施以及监督措施的落实；开展健康教育，保护易感人群，防止疫情扩散；协调疫区当地政府和各相关部门开展应急处置，确保在当地政府的统一指挥下，使疫情控制和医学救护工作高效、有序进行。必要时，提请当地政府对疫区采取疫情紧急控制措施。

省公安厅：协助卫生及有关部门及时隔离控制可疑区域，做好疫点、疫区现场隔离控制的治安管理工作；搞好交通疏导，保障疫情处理车辆、人员迅速抵达疫区；对不予配合的隔离治疗病人、密切接触者、留验观察人员，依法采取强制隔离措施。会同有关部门依法查处利用传染性非典型肺炎造谣惑众、制假贩假、哄抬物价等严重扰乱市场经济秩序的违法犯罪行为。

省财政厅：划拨专款，落实各项应急物资准备、疫情应急处置、病人隔离治疗、密切接触者留验观察期间诊疗等所需费用。

省委宣传部：指导新闻单位准确、及时发布全省疫情信息、预防控制措施和成效，为媒体提供传染性非典型肺炎防治的相关信息，协助做好群众防病知识宣传，提高群众自我防范意识和能力。

省交通厅、成都铁路局、民航西南管理局、四川航空公司、国航西南公司、成都双流国际机场：督促并协助各级政府在长途汽车客运站中转站、市州级及以上的城市所在地火车站、主要码头、机场设立预防传染性非典型肺炎检疫交通留验站。督促运输单位或所属单位落实各项预防措施，发现有可疑症状的旅客及时按规定向卫生等有关部门报告；必要时协助疏散旅客、优先安排运送“防非”救援物资。

省教育厅：负责指导学校、托幼机构做好健康教育和预防工作；协助地方政府督查学校内的各项疫情控制措施；按临时紧急控制措施的相关要求，落实学校停课、停学等措施。

省民政厅：做好城乡困难群众防治传染性非典型肺炎的医疗救助工作；负责对流浪乞讨人员的管理和医疗救助工作；负责传染性非典型肺炎患者死亡遗体的火化；做好防治传染性非典型肺炎社会捐助工作。

省农业厅、省委农办：加强调查研究，提出防止传染性非典型肺炎向农村扩散的对策和措施，并贯彻落实农村防治传染性非典型肺炎的有关政策规定；配合有关部门及时对农村传染性非典型肺炎患者和疑似患者采取救治措施；协助地方政府加强对农村广大农民开展防治传染性非典型肺炎知识的宣传教育和普及工作；配合地方政府做好外出务工人员的生产助耕活动和对从疫情流行区返乡的务工人员实施疫情监测，并组织实施农村传染性非典型肺炎防治的督查工作。

省劳动保障厅：督促用人单位落实传染性非典型肺炎病人治疗期、疑似非典型肺炎病人及密切接触者隔离观察期间的工资待遇。

省科技厅：制定防治传染性非典型肺炎技术研究方案及相关政策；组织科研力量成立科技攻关组，进行防治传染性非典型肺炎科技攻关；统一协调防治传染性非典型肺炎科研中涉及的有关问题；组织有关专家开展防治传染性非典型肺炎应急咨询和国际交流与合作。

省经贸委：及时提供救援防护设施和用品，做好应急药物、器械的供应和储备。

省计生委：与卫生部门共同做好农村及社区防病宣传、培训工作，做好外地返乡人员的医学观察和疫情监测工作。

省药品监督管理局：负责药品、医疗器械、诊断试剂的研制、生产、经营使用的监督管理；查处制售假劣药品、医疗器械、诊断试剂的违法行为；列入国家防治传染性非典型肺炎药品医疗器械、诊断试剂目录品种，进入快速审批通道，加快审批或转报；负责医疗机构防治传染性非典型肺炎制剂品种配制及省内调剂使用的审批和医疗机构自行研究医疗器械（Ⅰ、Ⅱ类产品）的审批。

省中医管理局：组织制定、实施传染性非典型肺炎防治中医药技术方案，规范运用中医药技术防治传染性非典型肺炎；为防治传染性非典型肺炎提供中医药技术指导和服务，规范中医医疗市场秩序，做好中医系统传染性非典型肺炎的防治工作。

四川出入境检验检疫局、省政府口岸办：加强国境口岸检验检疫和卫生监督工作，及时发现有可疑症状的病人，做好口岸现场临时隔离工作，并通报卫生部门；对病人的污染物及其污染区域立即进行严格彻底的消毒处理。

省外事办：负责与美国驻成都总领事馆等外国驻川机构的协调、沟通工作；负责协调在川外籍人员传染性非典型肺炎的防治工作。

成都军区、武警四川省总队：支持地方做好传染性非典型肺炎疫情的控制、监测、报告，疫区秩序维护，负责所辖部队的传染性非典型肺炎防治工作。

（五）市（州）级防治传染性非典型肺炎工作职责。

1. 在市（州）党委、政府的统一指挥下，领导、部署辖区传染性非典型肺炎防治和疫情处置的指挥协调工作，使传染性非典型肺炎应急处理工作高效、有序进行。

2. 按照省委、省政府的统一部署，制定本地区防治策略、措施，组织督查组督查辖区各级、各部门传染性非典型肺炎防治工作预案的制定和防治、应急措施的落实情况。

3. 全面收集、汇总、分析传染性非典型肺炎防治预防、控制的有关信息和防治工作进展情况，并负责向省委、省政府、省传染性非典型肺炎防治工作领导小组及时汇报。

4. 负责组织对市（州）本级和县（市、区）级医疗机构和医务人员关于传染性非典型肺炎诊断治疗、消毒隔离和个人防护等相关知识的培训。

5. 负责在长途公共汽车站、火车站、机场、水运码头或主要公路关口设立交通检疫留验站。

6. 组织应急队伍，建立物资、技术等保障机制，统一调配。指定医院对辖区内病例实行定点收治。

7. 承担对县（市、区）传染性非典型肺炎防治工作的技术指导，负责病人的确诊，指导和协助辖区内传染性非典型肺炎疫情的现场处置，必要时按省的统一调配，参与省内重大传染性非典型肺炎疫情的现场处置。

8. 表彰奖励在传染性非典型肺炎防治工作中做出突出贡献的单位和个人，及时查处在传染性非典型肺炎防治工作中渎职、失职造成疫情扩散、蔓延的单位及相关人员。

（六）县（市、区）级传染性非典型肺炎防治工作职责。

1. 在县（市、区）党委、政府的统一指挥下，具体实施传染性非典型肺炎防治工作。制定防治策略、措施，督查落实传染性非典型肺炎防治工作各项应急措施。

2. 全面收集、汇总、上报传染性非典型肺炎防治预防、控制的有关信息和防治工作进展情况。

3. 负责组织对县（市、区）本级和乡（镇）医疗机构和医务人员关于传染性非典型肺炎诊断治疗、消毒隔离和个人防护等相关知识的培训。充分发挥城乡基层卫生机构在传染性非典型肺炎预防控制方面的优势和积极作用，做好传染性非典型肺炎社区防治工作。

4. 组织应急队伍，具体组织实施传染性非典型肺炎防治工作的各项技术措施和疫情的现场处置工作，必要时受市（州）的统一调配，参与重大传染性非典型肺炎疫情的现场处置。

5. 指定传染性非典型肺炎集中收治医院和在长途公共汽车站、火车站、机场、水运码头或主要公路关口设立交通检疫留验站。

6. 指定医疗机构设立发热门诊和隔离观察室，负责收治可疑发热病人，实行首诊负责制。发现病人或疑似病人时应当采取急控措施，并及时报告当地疾病预防控制中心。

7. 表彰奖励在传染性非典型肺炎防治工作中做出突出贡献的单位和个人，及时查处在传染性非典型肺炎防治工作中渎职、失职造成疫情扩散、蔓延的单位及相关人员。

（七）乡镇（街道办事处）级传染性非典型肺炎防治工作职责。

1. 在乡镇（街道办事处）党委、政府的统一指挥下，按照县（市、区）的统一部署和要求，实施传染性非典型肺炎防治工作。

2. 做好对省外务工和外省返乡人员的“普查、劝阻、帮助、报告、体检、培训”组织工作。

3. 负责组织对基层医疗机构和医务人员关于传染性非典型肺炎诊断治疗、消毒隔离和个人防护等相关知识的培训。

4. 有条件的地方设立发热病观察室，发现可疑发热病人时，及时通知县级医疗机构派专门技术人员诊断或转诊。

5. 采取多种形式面向广大城市居民和农民群众宣传传染性非典型肺炎防治基本知识，提高其自我防范意识。充分利用“全国亿万农民健康促进行动”工作网络开展社区健康教育工作。

（八）村（居委会）级传染性非典型肺炎防治工作职责。

1. 负责做好村（居委会）在省外务工和返乡人员进行传染性非典型肺炎排查，并登记造册，发现可疑病人及时报告。

2. 做好省外务工人员的劝阻和返乡人员的医学观察工作。

3. 大力开展爱国卫生运动，加强传染性非典型肺炎健康教育和法制宣传，发动群众做好农村环境卫生，加强农村饮用水管理。提高群众防治意识，发动群众力量群防群控，切断传播途径。

第三章 疫情监测与报告

第五条 疫情监测

（一）工作原则：坚持“早发现、早报告、早隔离、早治疗”的原则，做好疑似病例、临床诊断病例的主动监测工作，及时发现和报告可疑病例。

（二）监测重点对象：医院门诊就诊的发热、咳嗽病人；来自省外高发传染性非典型肺炎地区的出差、旅游、学习、务工、经商、探亲人员；来自省内传染性非典型肺炎重点病区的人员。

（三）监测网络的设置：各级疾病预防控制机构、各级各类医疗保健机构、各级各类学校、国境口岸、各交通检疫点、留验站、各基层村组（居委会）外出人员调查组共同组成全省传染性非典型肺炎疫情监测网络。

1. 各级各类医疗保健机构认真按照诊断标准作好诊断和转诊工作，及时筛查、报告疑似病例。

2. 各级各类学校均要建立全体师生健康状况晨查制，发现可疑病人及时报告并向医院转治。

3. 各交通检疫点、留验站要具备基本条件，规范工作程序，做好旅客检疫和留验工作，发现可疑病例及时报告并送医院诊治。

4. 省重点指导叙永、大竹、隆昌3个交通站，泸州码头1个水路监测点，广元、万源、攀枝花3个铁路监测点，成都双流机场1个民航监测点开展卫生检疫和疫情监测工作。同时入川主要交通检疫点将登记返乡人员情况（姓名、性别、年龄、身份证号码、何处返回目的地）在2小时内报送给返乡人员目的地所在市（州）“防非”办，市（州）“防非”办应在1小时内将有关情况通知到返乡人员目的所在村，使医务人员在第一时间与之联系，并实施医学观察14天。

5. 建立以县疾病预防控制机构为中心，县医院、乡（镇）卫生院和村卫生室为依托，村为基础的预防控制传染性非典型肺炎疫情监测和报告体系。各基层村组（居委会）要组织对外出务工和其他活动的人员进行登记造册，重点对从疫情流行区近期返回的农民工、大专院校学生和其他人员情况的全面清理排查，以村为单位，逐一登记，加强监测。一旦发现有发热、咳嗽等症状的可疑病例及时报告并送医院诊治。

第六条 疫情报告

（一）报告人。医疗保健人员、疾病预防控制人员和个体开业医生等医疗卫生人员为责任报告人。学校、交通检疫留验站、基层乡（镇、街道）、村（居委会）负责人为规定报告人。知情群众为义务报告人。

（二）报告程序。责任报告人除按常规疫情报告要求进行报告外，对发现的病人或疑似病人要立即报告当地县级疾病预防控制机构。规定报告人和义务报告人对发现的可疑传染性非典型肺炎病例，要及时报告当地县级疾病预防控制机构。疾病预防控制机构应以最快的通讯方式报告上级疾病预防控制机构、同级卫生行政部门和“防非”办。卫生行政部门和“防非”办接到报告后，应以最快的通讯方式报告同级人民政府、上级卫生行政部门和“防非”办。

（三）报告时限。

1. 发现病人或疑似病人的城镇于6小时内，农村于12小时内报告。

2. 传染性非典型肺炎疫情发生时，当地疾病控制机构得到通知后，必须会同医疗机构在4小时内做出初步调查，并将调查结果向当地卫生行政部门、“防非”办和上级疾病控制机构报告。

3. 市（州）“防非”办每日上午10时30分前通过普通传真向省“防非”办报告前日上午10时至当日上午10时的疫情，市（州）疾病预防控制中心（防疫站）每日上午10时30分前通过“国家疾病报告管理信息系统”向省疾病预防控制中心报告前日上午10时至当日上午10时的传染性非典型肺炎个案疫情，并实行零报告制度。报告内容包括当日和累计的临床诊断病例和疑似病例数、死亡数，治愈出院以及“传染性非典型肺炎（严重急性呼吸综合症）病例或疑似病例报告表”及防治措施落实情况。各级“防非”办与疾病预防控制机构每日上报的疫情数据必须一致。

4. 省“防非”办每日中午12时前将全省传染性非典型肺炎疫情报告卫生部。省疾病预防控制中心每日中午12时前通过“国家疾病报告管理信息系统”报国家疾病预防控制中心。

（四）报告要求。各地实行传染性非典型肺炎疑似病例和新增病例每日报告或零报告制度。

不得隐瞒、缓报、谎报或者授意他人隐瞒、缓报、谎报。

四川省传染性非典型肺炎疫情报告网络图（见附件2）。

第四章　现场处置

第七条　处置原则

统一领导，各司其职，密切协作；快速反应，高效处置，及时扑灭传染性非典型肺炎疫情。

（一）外省输入疫情。各地在长途公共汽车站、火车站、机场、水运码头或主要公路关口设立检疫留验站，负责按《四川省防治传染性非典型肺炎交通检疫留验工作规范（试行）》对入川客车司乘人员进行检疫。对检疫合格的客车，出具检疫合格证明。发现传染性非典型肺炎病人或疑似病人立即按规定送指定医院进行诊治，并报告当地县级疾病预防控制机构，对交通工具中的“密切接触者”在当地留验站集中进行隔离观察。

（二）散在发生。出现传染性非典型肺炎散发疫情按属地管理原则，由发病所在地县级传染性非典型肺炎医学应急处置工作队处理，市级以上传染性非典型肺炎医学应急处置工作队给予指导和协助。接到报告后，县（市、区）“防非”办立即组织应急处置工作队前往现场按要求将病人和疑似病人转移至当地传染性非典型肺炎病人指定医院进行诊治，并开展流行病学调查，对污染环境进行消毒，对密切接触者进行隔离观察，按规定要求及时上报疫情。同时采取有针对性的健康教育，防止续发病例。

（三）局部发生。如出现传染性非典型肺炎局部暴发疫情，由市（州）级和当地县级传染性非典型肺炎医学应急处置工作队共同处理，省级传染性非典型肺炎医学应急处置工作队给予技术支持。接到报告后，县（市、区）“防非”办立即上报市（州）“防非”办，按照市（州）“防非”办的统一部署共同组织应急处置工作队前往现场按要求将病人和疑似病人转移至传染性非典型肺炎病人集中收治医院进行诊治，采取严格消毒隔离措施，防止院内感染。开展流行病学调查，对污染环境进行消毒，对密切接触者送留验点进行集中隔离观察。在该区域交通出口建立交通检疫点，防止可疑病例外流。按规定要求及时上报疫情。采取有针对性的健康教育和特异性保护措施保护易感人群，实施群防群控，切断传播途径，落实各项防范措施，防止续发病例。同时做好传染性非典型肺炎防治的医疗器械、防护用品、消毒用品、药品的储备工作。

（四）大面积暴发。如发生传染性非典型肺炎大流行，由省传染性非典型肺炎应急领导小组组织当地、毗邻市（州）、省传染性非典型肺炎疫情控制应急处置工作队共同处理。接到报告后，按照省“防非”办的统一部署，实施省、市、县、乡镇（街道办事处）、村（居委会）“五级联动”，紧急组建足够的集中收治医院对病人和疑似病人转移进行集中诊治。开展流行病学调查，对污染环境进行消毒，对密切接触者送指定留验点进行集中隔离观察。公安、交通等部门要立即采取针对性的强制措施对该地区实行交通管制，在该地区交通出口建立交通检疫点，防止可疑病例外流，必要时报政府批准后依法对该地区实施封锁。相邻市（州）、县区根据具体情况在长途公共汽车站、火车站、机场、水运码头或主要公路关口设立交通检疫点，负责对出入本市（州）、县区的乘客进行卫生检疫。按规定要求及时上报疫情，大力开展宣传和普及健康教育，实施群防群控，落实各项防范措施，切断传播途径。全面开展爱国卫生运动，消除卫生死角。有关部门及时做好医疗器械、防护用品、消毒用品、药品的储备和调剂工作，确保传染性非典型肺炎防治工作所需。各级政府要组织督查各项措施的落实。

第八条 现场处置职责与分工

（一）指挥机构。可能或确定的传染性非典型肺炎疫情发生后，在当地政府和传染性非典型肺炎防治领导小组的统一指挥下，传染性非典型肺炎应急领导小组负责现场处置的组织指挥工作。

（二）执行机构。传染性非典型肺炎应急处置工作队承担现场具体处置工作任务。包括现场流行病学调查、现场污染物处理、标本采集、环境消毒、病人救护和转运与隔离等。

（三）支持机构。各级、各部门和医疗卫生机构是现场处置的支持机构，在传染性非典型肺炎应急领导小组领导下，做好人员、物资调配；病区建立与隔离和病人后续治疗；严重污染区外围的消杀灭工作；社会动员，群防群治；监测和后续处理等工作任务。公安、交通等相关部门应全力配合现场处置工作。

第九条 工作程序

四川省传染性非典型肺炎病人处置工作流程（见附件3）。

（一）流行病学调查。重点对可疑病人的接触史进行详细的流行病学调查，特别是发病前的接触情况，以及到外地务工、与可疑传染性非典型肺炎病人接触的情况，以便发现可能的感染来源线索。详见《传染性非典型肺炎病例流行病学调查提纲（试行）》。

（二）指定医疗机构。确诊病人或疑似病人送当地指定医院隔离治疗（指定医院每市、县至少1个，由当地卫生行政部门确定，原则是就近并具有收治传染病的条件），对密切接触者进行医学观察；医学观察的时间不得短于2周。

（三）医疗救治。病人就地隔离治疗，治疗方案参见《传染性非典型肺炎病例或疑似病例的推荐治疗方案和出院诊断参考标准（试行）》。由于本病病因尚未完全确定，目前暂无特效治疗药物，主要是采取抗感染、对症治疗和支持疗法。发生呼吸困难的，要尽早采用吸氧和机械辅助通气等措施。一定要注意开展系统规范的治疗，不断总结、完善治疗方案。病区环境平时加强病房通风换气，避免房间密闭，可用紫外线照射，过氧乙酸熏蒸或喷雾等；地面、墙壁、门窗可用含氯消毒剂喷雾消毒；物品表面可用含氯消毒剂擦拭；痰液等分泌物用含氯消毒剂浸泡。详见《医院消毒隔离工作指南（试行）》。

（四）现场处置。在疾病预防控制机构的指导下，有关单位和个人对病人或者疑似病人污染的场所、物品进行卫生处理，对传染性非典型肺炎病原体污染的污水、污物、粪便进行严密消毒后处理。对死于传染性非典型肺炎患者的遗体按照立即消毒、就地火化的原则进行处理，不得转运，不得采用埋葬等其他方式处理遗体。不得举行遗体告别仪式或利用遗体进行其他形式的丧葬活动。医疗保健机构、疾病预防控制机构必要时可以在办理相关手续后，对病人或疑似病人的尸体进行解剖，进一步做医学检查和采标本检验。检疫留验站旅客的检疫留验和交通工具的消毒等现场处置工作详见《四川省防治传染性非典型肺炎交通检疫留验工作规范》。

（五）实验室检测。采集疑似病人、临床诊断病人的急性期、恢复期血清样本。采集、运送及保管的技术要求详见《传染性非典型肺炎病例实验室检测标本采集技术指南（试行）》“血清样本采集与运送”部分。标本采集后，当地能开展血清血检验的可在当地检验。若当地检验有困难，可将血清送四川省疾控中心检验。各地应注意原始标本的妥善保存和留样，以便上级机构复检和确认。

（六）疾病预防控制机构、医疗机构、从事传染性非典型肺炎科学研究机构，必须严格执行有关管理制度、操作规程，防止医源性感染、医院内感染、实验室感染和致病性微生物扩散。

医疗卫生人员在处置传染性非典型肺炎病人或疑似病人的过程中，防护应按如下工作流程：

1．转运流程。

穿、戴全套防护用品→出车至医疗机构接病人→将病人安置在车厢→将病人转运至接受医疗机构→更换全套防护用品→返回→车辆及设备消毒（污染物品按照有关规定处理）→人员防护消毒。

2．穿戴及脱防护物品流程。

穿戴防护物品流程：连身服→长筒胶靴→防护头套→口罩→防护眼镜→隔离衣→胶皮手套。脱防护物品流程：隔离衣→胶皮手套→防护眼镜→口罩→防护头套→长筒胶靴→连身服。

第十条　宣传、培训、疫情信息发布和保密

（一）利用各种宣传媒介和多种宣传形式，在全省广泛开展传染性非典型肺炎预防知识的宣传。教育群众加强个人卫生，勤洗手；保持生活、工作环境的空气流通；根据天气变化，注意防寒保暖；多参加锻炼，增强自身抵抗疾病的能力。

四川大学华西医院设立解答外国人有关传染性非典型肺炎问题的24小时咨询电话（英文）。

省传染性非典型肺炎防治工作领导小组办公室在成都电信局专门开设传染性非典型肺炎咨询语音信箱。各级传染性非典型肺炎防治工作领导小组办公室和疾病控制机构、医疗机构开设公众咨询电话。

（二）按分级培训的原则积极做好医疗机构和医务人员关于传染性非典型肺炎诊断治疗、消毒隔离和个人防护等相关知识的培训。

（三）传染性非典型肺炎医学应急领导小组要按上级有关指示，统一口径，注意保密，正面宣传，减少社会恐慌，维护社会稳定。传染性非典型肺炎疫情由省卫生厅按规定程序报省委宣传部进行发布。

（四）除省委宣传部对外发布的病例数字外，所有涉及疫情信息的资料均需注明“机密”字样，并按保密要求妥善保管、处置。各有关部门和单位在实施传染性非典型肺炎防治工作中，要注意保护病人及密切接触者的隐私权。

第十一条　技术措施与后勤保障

一、技术措施。各地组织对医护、疾病控制人员的培训，学习有关传染性非典型肺炎防治的专

业知识和技术要求。技术措施参照国家疾病预防控制中心制订的《传染性非典型肺炎防治技术方案》。

二、后勤保障。统一指挥，统一调配，多方协作，快速、准确、高效配合现场工作。

（一）经费支持。各级财政部门应提供足够的处置传染性非典型肺炎疫情的医疗救护与卫生防疫防病及其他相应工作所需经费。

（二）物资供应和储备。各级经贸部门要做好应急药物、器械的供应和储备。

县级以上地方卫生行政部门应当指定具有隔离、消毒条件，配备必要的救治设备的专门医疗机构负责收治病人或疑似病人，隔离治疗，避免交叉感染；指定专门机构和车辆负责转运工作，并建立安全的转诊制度。

各地、各部门应制定药品、器械、防护设备等所需物资的储备方案，配备必需的交通、通讯工具，现场医疗救护设备和消杀灭药械、个人防护物品，以保障应急任务的执行。

（三）医疗卫生保障。各级卫生行政部门和医疗机构要做好应对传染性非典型肺炎疫情的医护人员、设备、病房、药品贮备工作；各级疾病预防控制机构要提高应急处置能力，做好传染性非典型肺炎预防控制的各项准备工作，包括流行病学监测和预警、现场调查、现场防病处置、实验室检测等。

（四）现场通讯。建立运行良好的通讯网络，提高信息传播效率，准确通报信息。

第五章　组织体系和应对能力建设

第十二条　建立、健全高效、统一的组织保障系统

各级政府必须对传染性非典型肺炎疫情的危害性予以充分认识，必须从维护社会稳定、安定团结的大局出发，必须以维护广大人民群众的根本利益为己任，建立、健全相应的领导体系和应急反应体系，在思想上、组织体系上做好处置传染性非典型肺炎疫情的应对准备。

第六章　传染性非典型肺炎疫情的处理结果评估

第十三条　评估

各级传染性非典型肺炎医学应急领导小组在传染性非典型肺炎疫情处理完毕后，要对处理过程与结果进行评估，总结经验与教训。通过科学评价提出处理类似事件的改进意见和建议。

第七章　附　则

第十四条　本《传染性非典型肺炎防治工作预案（试行）》自公布之日起执行，原省卫生厅印发的《四川省处置非典型肺炎疫情应急预案（试行）》停止执行。

附件：1. 四川省传染性非典型肺炎防治工作组织机构图（略）

2. 四川省传染性非典型肺炎疫情报告网络图（略）

3. 四川省传染性非典型肺炎病人处置工作流程（略）

中共四川省委　四川省人民政府
关于加快人才资源向人才资本转变的若干意见

（川委发〔2003〕24号）

各市、州、县委，各市、州、县人民政府，省级各部门：

为深入贯彻“三个代表”重要思想，全面落实党的十六大和中央政治局人才工作会议精神，按照尊重劳动、尊重知识、尊重人才、尊重创造的方针，实施人才强省战略，充分发挥人才在推进四川发展新跨越、全面建设小康社会中的重要作用，现就加快我省人才资源向人才资本转变提出以下意见。

一、树立人才开发新理念，确立人才工作新思路

1. 树立加快人才资源向人才资本转变的新理念。加快人才资源向人才资本转变，是适应社会主义市场经济客观规律、推进人才资本优先积累、发展先进生产力的新战略，是立足四川省情、最大限度地开发人才资源、推动跨越式发展的新途径，是深化改革、应对经济全球化和国内外人才竞争挑战的新举措。各地、各部门要从战略和全局的高度，充分认识加快人才资源向人才资本转变的重要性和必要性，增强紧迫感和责任感，坚持以人为本，牢固树立“人才资源是第一资源”、“人才资本是第一资本”、“人才资本投资是效益最好的投资”和开发人才、经营人才、服务人才的新理念。

2. 确立以市场为基础配置和转化人才资源的新思路。充分发挥市场配置资源的基础性作用，突出市场取向，加快人才流动，促进人才与其他生产要素的结合，推动人才资源通过市场配置和转化；充分发挥企事业单位和人才两个主体的能动作用，建立人才资本产权制度，支持人才两个主体的能动作用，建立人才资本产权制度，支持人才创新创业，激发人才的积极性和创造力；充分发挥经济利益和社会价值双重激励作用，注重人才在经济社会发展中的创造性成果和实际成效，让在经济社会发展中的创造性人才通过创新创业先富起来；充分发挥政府的调控作用，调动和发挥用人主体、人才及社会各方面的积极性，加速体制和机制创新，破除制约人才资源向人才资本转变的体制性障碍和政策壁垒，调整人才资源结构，加强人才能力建设，不拘一格使用人才。要形成人尽其才、人尽其用和人才辈出的新机制，变人力资源大省为人才资源大省和人才资本强省，变人才优势为科技优势和经济优势，以加快人才资源向人才资本转变的新跨越，推进四川发展的新跨越。

二、拓宽留才引智渠道，创造人才流入“洼池”

3. 敞开大门接收高等院校毕业生。具有国民教育硕士以上学位的毕业生，可在省内任何城市先落户后择业；国民教育大学本科和专科毕业生，可在省会城市先择业后落户，也可在省会城市以外的其他城市先落户后择业，各地一律不得收取除工本费以外的任何费用。先落户后择业的毕业生可

根据本人意愿将档案保留在学校或政府人事部门所属人才交流服务机构，2年内免交人事代理服务费。

4. 大力吸引海外优秀人才。大力加强国（境）外智力引进工作，吸引国（境）外优秀人才来川服务。支持和鼓励留学回国人员携资金、项目来川创业，放宽行业准入条件，加大科技项目择优资助力度。对来川工作的留学回国人员，用人单位应逐步提高其科研启动经费。公派与自费留学回国人员在国外获得硕士、博士学位的留学时间及出国前在国内工作的时间，应与来川工作时间合并计算连续工龄。有关部门和机构应为留学回国人员在办理出入境和落户手续以及政策咨询、就业推荐、创业项目申报等方面提供优质高效的服务。

5. 加快引进高层次紧缺人才。支持和鼓励高等院校、科研院所和企业设置"特聘教授"、"特聘研究员"、"特聘工程师"、"特聘技师"等职位，面向国内外吸引高层次、急需人才。对来川工作或服务的国家有突出贡献专家、省部级学术技术带头人、正高级职称专业技术人员、博士等高层次人才及产业、学科、项目急需和拥有自主知识产权或特殊技能的紧缺人才，用人单位应为其提供一定的科研、项目启动经费和与实际贡献相应的工作津贴、住房补贴等优惠待遇，并解决其随迁家属就业、工作调动等后顾之忧。从国（境）外、省外引进的高层次人才的子女在省内中小学校就读的，享受有关优惠政策。

6. 依托项目聚集人才。以科技研发和建设项目为平台，面向国内外吸引专业技术人才、经营管理人才、技能型人才和实用人才，加快人才聚集。在高等院校、科研院所和企业大力推行科技研发项目招标和首席专家负责制，落实首席专家在项目实施中各方面的权利。支持和鼓励企业以新产品开发和新工艺推广等项目，面向社会招标揽才。支持和鼓励科技人才联合申报各类科技项目或联合承担重大工程。政府资助和出资的大中型科研项目，只要不涉及国家安全，都应公开招标，并积极向符合条件的个人开放。

7. 加快博士后流动（工作）站建设。支持高等院校、科研院所的重点、优势学科设立博士后流动站，支持符合条件的企业、科研院所设立博士后工作站，大力吸引省内外优秀博士进站工作。加大企事业单位自筹经费招收博士后的工作力度，其科研资助经费全额计入成本，对有较大经济效益的科研项目，有关方面要积极给予资助。出站留川工作的博士后，享受高层次紧缺人才的相关待遇。

8. 建立"四川省引进人才工作证"制度。省外来川工作或创业的专业技术人才、经营管理人才、技能型人才和实用人才，可以按照本人意愿户口不迁、关系不转、来去自由。来川1年以上的，可通过县以上政府人事部门或省级主管部门申领省人事厅统一印制的"四川省引进人才工作证"，在职称评聘、职务晋升、工资晋级、申报科研项目资助和科技奖励、参与创业、子女入学等方面享受与本地人才相同的待遇。用人单位可为来川工作的人才建立工作档案，按实际贡献从优确定引进人才待遇，对到财政拨款单位工作的，可保留原工资待遇。

三、破除体制性障碍，推进人才流动和人才资源转化

9. 激发人才流动活力，变"单位人"为"社会人"。大力推行事业单位人员聘用制。取消企事业单位人才流动的部门、行业、身份和所有制性质等限制，在不涉及国家安全、不影响国家重大科研项目、不侵害原单位知识产权和合法权益的前提下，允许专业技术人才、经营管理人才和技能型人才在省内合理流动，单位或主管部门不得以任何条件或形式加以限制。

10. 鼓励人才向艰苦边远地区和基层流动。通过加大项目支持力度、加快开发特色产业等方式，吸引人才向艰苦边远地区流动。到国家规定的艰苦边远地区就业的大专以上毕业生，可高定2至3个工资档次，工作2年后报考研究生或公务员的，在同等条件下优先推荐、录取或录用。在大中城市城区中小学校任教2年以上的大专以上毕业生，一般要到艰苦边远地区或乡（镇）中小学校支教2年，才能晋升职称、评选学科带头人。

11. 积极推动人才“柔性”流动。按照“不求所有、但求所用”的原则，鼓励省内企事业单位人才在完成本职工作、不侵害原单位合法权益的前提下，通过参与项目研发、技术攻关和提供科技咨询、技术服务、人才培训等多种方式，在省内不同地区、不同企事业单位兼职兼薪。兼职中获得的科技成果或知识产权，按有关法律法规规定或事前约定享有相应的权益。经单位同意，企事业单位专业技术人才、经营管理人才和技能型人才可不办理正式调动手续，受聘到其他企事业单位工作，并以合同形式约定其与用人单位的权利、义务。

12. 拓宽中央在川单位人才服务地方经济建设的渠道。扩大地方与在川高等院校、科研院所和企业的人才、技术、项目双向交流，促进资源共享。以技术和项目为依托，吸纳中央在川单位科技和管理人才到地方企事业单位、重点建设项目从事科技研发和管理工作。加强技术集成和产业配套，发挥在川军工企业和国防科研单位的人才、技术、设备等优势，带动我省相关产业发展。中央在川单位科技人才在地方领办、创办高新技术企业的，享受国家和省的优惠政策。

13. 鼓励人才自主创新创业。鼓励和支持企事业单位专业技术人才、经营管理人才和技能型人才以知识、技术、成果、专利、管理等要素，在国家没有明确限制的一切领域投资创业，经法定机构认定、评估的高新技术成果作价入股的，所占注册资金的比例不受限制，由投资各方约定。事业单位专业技术人才领办、创办企业的，可在3年内保留原单位职工身份，到农村和艰苦边远地区创办企业的，经与原单位协商，可在3年内保留职工身份和工资待遇。引导人才更新观念，增强竞争意识和创业意识，寻求与生产要素或岗位的最佳结合，实现自身价值和社会价值和最大化。

14. 充分发挥实用型人才作用。大力扶持能够整合社会资源、生产要素和聚集各类人才的经营管理人才创新创业、兴办实体，做强做大。充分发挥各类企业作为技能型人才开发主体的作用，在技师评聘、收入分配、表彰奖励等方面为技能型人才发挥作用创造条件。大力培育、发展各类专业技术协会，聚集、培训实用技术人才，开展科技咨询与服务。发展壮大市场营销人才队伍，鼓励他们在产品营销中创造更大的社会价值。采取提供农贸资金、市场信息、技术支持等方式，鼓励人才创办农副产品加工龙头企业；鼓励人才参加由政府资金支持的农业开发项目招投标，推进农业产业化经营。积极引导、大力扶持掌握一定技能的外出务工人员回乡兴办实体、发展创业。

15. 加快科研机构体制改革步伐。应用型科研机构要广泛进行企业化经营和管理体制改革，推动符合条件的科研机构尽快转制为科技型企业或科技服务型中介机构，培育拥有自主知识产权、具有市场竞争力的高科技企业或企业集团。支持和鼓励科研机构在条件成熟时并入企业或与企业组成研发、生产联合体。

16. 加快科技成果转化。充分发挥企业作为应用型科技研发投入主体的作用，鼓励高等院校和科研院所加大对科技研发和科技成果转化资金的投入，支持和吸引企业与高等院校、科研院所合作开发、转化科技成果。改进和完善科技成果评价体系，特别注重对能转化为产品、产生显著经济效益、形成产业规模并有良好市场前景的科技成果做出科学的评价。加快技术产权交易市场建设，充分发挥各级生产力促进中心和其他中介机构的作用，整合并定期发布技术成熟度高、具备产业化条件的科技成果信息，搭建科技成果与资金、企业对接的桥梁。对事业单位1年以上无合理理由未能实施职务科技成果转化的，应许可或授权成果完成人实施该职务科技成果转化。科技成果完成人自行开发、自行实施职务科技成果转化的，可按照不低于65%的比例享受转化后的收益。

17. 探索建立人才资本产权制度。科学界定人才资本产权，培育多元化的人才资本产权主体，明晰企事业单位人才资本的产权归属。制定产权分配的相关政策，合理划分人才与用人单位的权益份额。鼓励用人单位对做出突出贡献的专业技术人才、经营管理人才和技能型人才实行股权、期权激励。探索建立企业兼并重组中的人才资本及科研成果转移制度，推行人才资本有偿转移。企业、高等院校和科研院所进行科技研发或产品开发，应以合同形式约定人才的权益。单位转化职务科技成果，科技成果完成人的收益比例最高可占成果转化收益的50%。

18. 强化分配激励机制。深化企事业单位收入分配制度改革，大力推行知识、技术、管理等生产要素按贡献参与分配，让创造了较大社会价值和经济效益的人才享有优厚待遇。事业单位在人事部门核定的工资总额的基础上，可实行协议工资制、岗位工资制、年薪制和业绩工资加项目工资、基本报酬加效益提成等多种形式的绩效分配机制。

19. 强化职称评聘激励机制。进一步深化职称改革，推进职称评定社会化。职称评审和专家选拔，应十分注重面向在创新成果转化上业绩突出的人才。鼓励高等院校、科研院所对在成果转化中取得突出业绩的人才评聘职称。在农业院校、科研院所大力开展评聘“推广教授”、“推广研究员”等职称。进一步做好农村实用人才职称评定工作，积极开展营销人才和技能型人才职称评定。

20. 建立多元化的人才奖励制度。建立以政府奖励为导向、用人单位奖励为主体、社会力量奖励为补充的多元化人才奖励制度。进一步规范和完善各类人才奖励评选标准和办法，重奖创造了具有自主知识产权和核心竞争力的科研成果并在成果转化中产生了重大经济社会效益的优秀人才。大力支持用人单位、社会组织和个人设立人才奖项。支持和鼓励各级政府、企事业单位对为经济建设和社会发展做出突出贡献和优秀人才给予多种形式的精神鼓励。

四、完善配套服务体系，营造良好人才环境

21. 加强人才市场建设。完善人才市场体系，积极引导和促进人才供给和需求两个主体到位。建立健全市场准入制度，支持和鼓励民间资金、外资投入人才市场。建立全省人才统计指标新体系和人才统计年报制度，整合人才信息资源，建成全省统一、分类的人才基本数据库，定期发布客观、真实的人才供求等相关信息，形成人才市场的供求导向机制。拓展人事代理范围，积极开展素质测评、资格认证、能力培训等中介服务，强化市场服务功能。加强人才市场监管，推进人才市场法制化建设，营造公平竞争的市场环境。

22. 发挥用单位的主体作用。扩大和落实用人单位的用人和分配自主权，完善竞争激励机制，鼓励作为用人主体的各类企事业单位将人才作为资本进行投资、开发和经营。探索建立人才资本积累和经营的社会评价机制将人才资本状况纳入企事业单位综合考评和资质评价体系，鼓励用人单位通过提供科研经费、聘任首席专家、委托研发项目、提供后勤保障等方式，为人才创新创业创造条件。依法保护用人单位在人才开发上的合法权益。

23. 搭建人才的事业发展平台。广泛推行企事业单位项目开发承包制，并以合同形式约定绩效

目标及人才与单位的权利、义务。大力推动产学研联合，引导产学研各方在技术创新、产品开发、成果转化和人才培养等方面开展多种形式的合作。吸引人才积极参加产学研重大联合攻关项目，对产学研联合开发项目优先予以支持。支持和鼓励企业加快以技术中心为主要形式的技术创新体系建设及高等院校、科研院所共建工程技术研究中心，加快高新技术、军转民技术等科技成果的二次开发。积极探索“虚拟制度”加产业开发的新模式。加快创业服务中心、大学科技园及高新技术产业开发区、留学回国人员创业园区和中央在川科研单位科技园区、军转民工业园区等各类专业孵化器的建设，落实土地、工商管理、配套资金、基础设施和公共服务等方面的优惠政策。

24. 建立风险投资机制。鼓励国（境）内外民间资本在省内设立风险投资机构，加快发展专业性创业投资机构及各类信用担保和再担保机构。经工商部门核准，风险投资机构的注册资金可以分期分批到位。积极吸引国内外资金在川开展风险投资业务。符合国家产业政策，属于鼓励发展的风险投资项目，可享受西部大开发税收优惠政策。允许风险投资机构通过企业并购、股权回购、上市等方式，回收其风险投资。支持商业银行试办中小企业专利权质押贷款等信贷新业务。

25. 健全社会保障机制。全面落实和完善企事业单位各类人才的养老、失业、医疗、工伤、生育保险。进一步落实院士的医疗待遇，制定国家有突出贡献的中青年科学技术管理专家、省学术和技术带头人、省有突出贡献的优秀专家等高层次人才的医疗待遇政策。企事业单位应为做出突出贡献的优秀人才办理补充养老和医疗保险。积极探索建立高层次人才社会优待制度，鼓励社会各界在医疗、购房、交通、文化娱乐、子女入学入托等方面给予高层次人才优惠待遇。

26. 建立多元化的人才开发投入机制。积极鼓励社会资金和外资以多种形式投资人才培养，发展民办教育和技能培训等，并按合同约定享有相应权益。各类用人单位、经营性投资项目都要提取一定比例的资金用于人才培训。国有企业用于职工教育培训的经费应达到职工工资总额的2.5%。鼓励社会各界通过农业广播电视学校、农村专业技术协会、农业产业化龙头企业和科技下乡等，进行农村实用技术、劳务输出培训和农技人员培训。各级政府要把人才开发经费列入财政预算，设立人才开发专项资金，加大对继续教育、技能型人才和农村实用人才开发培训的投入。

27. 健全各类人才的法律保护机制。尽快建立重要人才安全管理制度，对承担国家重点工程、涉及国家秘密和企业核心技术或商业秘密的人才依法实行保护。依法保护涉及人才和用人单位合法权益的相关合同关系，依法调处人事和劳动争议。加强对知识产权的保护，支持科技成果依法取得知识产权。加大对人才在科技研发、项目承包、技术服务、创业、兼职、流动等活动中合法权益的法律保护力度，营造良好的人才保护法制环境。

五、加强组织领导，狠抓工作落实。

28. 健全工作机制。各地、各部门要切实加强领导，把加快人才资源向人才资本转变工作作为一项重要战略任务，摆上重要议事日程，党政“一把手”亲自抓。要把加快人才资源向人才资本转变工作纳入省委、省政府对市（州）党政“一把手”抓“第一生产力”目标责任制和省级部门“一把手”抓人才工作目标责任制年度目标考核。要按照党管人才的原则，形成在党委统一领导下，组织部门牵头抓总，党政有关部门各司其职、密切配合、充分发挥职能作用的人才工作新格局，创新适应社会主义市场经济体制要求的人才工作方式。

29. 加强舆论宣传。各级宣传部门和新闻媒体要大力宣传加快人才资源向人才资本转变的新理念、新思路，营造良好的舆论氛围，促进广大用人单位和各类人才解放思想、更新观念。要加强人才资源向人才资本转变的理论研究，寻求多种实现途径。大力宣传各地、各部门推进人才资源向人才资本转变的政策措施，宣传各类用人单位的典型经验和优秀人才的典型事迹，发挥典型的示范、辐射、带动作用。

30．狠抓工作落实。各地、各部门要紧密结合本地区、本部门的实际，出台配套政策，制定实施细则，加强督促检查，确保各项政策落到实处，推动人才资源向人才资本转变工作不断取得新成效，为推进四川发展新跨越提供强有力的智力支持和人才保证。

凡与本意见精神不一致的政策规定，以本意见为准。

中共四川省委　四川省人民政府

2003年8月5日

中共四川省委　四川省人民政府
关于贯彻《中共中央　国务院关于加快林业发展的决定》的意见

各市、州、县委，各市、州、县人民政府，省级各部门：

《中共中央、国务院关于加快林业发展的决定》（中发〔2003〕9号，以下简称《决定》）进一步阐明了林业在社会主义现代化建设中的地位和作用，提出了新时期、新阶段林业建设的指导思想、基本方针和主要任务，明确了加快林业发展的政策措施，是指导当前和今后一个时期林业发展的纲领性文件。为认真贯彻《决定》精神，进一步加快我省林业发展，建设长江上游生态屏障，推进四川发展新跨越，现提出以下意见。

一、充分认识加快林业发展的重要性和紧迫性

（一）林业正经历着重大的历史性转变。森林是陆地生态系统的主体，林业是生态建设的主体，又承担着林产品供给的任务，是一项重要的公益事业和基础产业，在全面建设小康社会，加快推进社会主义现代化进程中发挥着越来越重要的作用。随着经济发展、社会进步和人民生活水平的提高，林业正经历着以木材生产为主向以生态建设为主的历史性转变。加强生态建设，维护生态安全，已成为人类面临的共同主题，生态需求上升为社会对林业的第一需求。在新的历史阶段必须高度重视和加强林业工作，在贯彻可持续发展战略中要把林业摆在重要地位；在生态建设中要把林业摆在首要地位；在西部大开发中要把林业摆在基础地位。

（二）林业在我省经济社会发展中具有重要作用。四川地处长江及黄河上游，又是以高原、山地和丘陵为主的农业大省，加快林业发展尤为重要。这不仅是加强生态建设，加速推进西部大开发，把四川建成西部经济强省和长江上游生态屏障的战略性举措，也是调整农村产业结构，扩大群众就业，拉动经济增长，促进农民增收致富的重要途径，与广大人民群众的根本利益休戚相关。搞好林

业建设，对于实现我省经济社会可持续发展，维护整个长江经济带及黄河流域的生态安全，都具有极其重要的意义。各级党委、政府必须把思想统一到《决定》上来，把林业建设放在更加突出的位置。

（三）我省林业建设取得了巨大成就。中华人民共和国成立以来，特别是改革开放以来，经过广大干部群众和林业职工坚持不懈的努力，全省林业建设取得了巨大成就，“绿化全川”实现阶段目标，森林资源稳步增长，累计为国家生产商品材1.2亿立方米，保存人工林面积380万公顷，森林覆盖率上升到26%以上，活立木蓄积达15亿立方米，森林面积和蓄积位居全国前列。特别是1998年、1999年在全国率先启动天然林保护和退耕还林工程，进一步加快了我省林业发展的步伐，生态建设步入全面推进、重点突破的新阶段。砍树人转变为种树人、护林人，天然林采伐区转变为生物多样性保护区，毁林开垦转变为退耕还林，林区“木头财政”正向多元化生态经济转变，林业为国民经济建设和农村经济发展做出了重要贡献。

（四）我省林业发展面临的任务还十分艰巨。我省属于典型的生态脆弱区、西部高寒山区，干热干旱河谷治理难度大，部分地方水土流失、土地沙化、干旱洪涝等生态灾害仍较突出，乱砍滥伐林木、乱征滥占林地、乱捕滥猎野生动物、乱采滥挖野生植物等现象时有发生，森林火灾和病虫害对林业的威胁仍很严重，生态建设和保护的任务还十分艰巨。同时，林业基础设施薄弱，产业发展滞后，经济实力不强；现有的管理体制和经营机制还不能适应形势发展的需要，林业改革、发展和稳定的任务比任何时候都更加繁重。因此，要充分认识做好林业工作的重要性、艰巨性和紧迫性，进一步增强使命感，采取更有力的措施，推进我省林业跨越式发展。

二、加快林业发展的指导思想、基本方针和目标任务

（一）指导思想。以邓小平理论和“三个代表”重要思想为指导，深入贯彻十六大精神和《决定》，确立以生态建设为主的林业可持续发展道路，建立以森林植被为主体、林草结合的国土生态安全体系，建设山川秀美的生态文明社会，大力保护、培育和合理利用森林资源，建设长江上游生态屏障，加快绿川富民建小康进程，使林业更好地为国民经济和社会发展服务。

（二）基本方针。坚持全民搞绿化，全社会办林业；坚持生态效益优先，生态效益、经济效益和社会效益相统一；坚持严格保护、积极发展、科学经营、持续利用森林资源；坚持政府主导和市场调节相结合，实行林业分类经营和管理；坚持尊重自然规律和经济规律，因地制宜，乔灌草合理配置，城乡林业协调发展；坚持科教兴林；坚持依法治林。

（三）目标任务。通过管好现有森林资源，加大退耕还林和荒山荒地治理的力度，进一步深化林业改革，优化林业结构，加快林业发展。力争到2010年全省森林覆盖率达到30%以上，生态面貌显著改善，林业产业实力明显增强；到2020年全省森林覆盖率达到并稳定在35%以上，建成比较完备的森林生态体系和比较发达的林业产业体系；到本世纪中叶，实现山川秀美。

三、抓好林业重点工程，全力推进生态建设

（一）统筹规划，分区突破。对天然林资源保护、退耕还林、野生动植物保护及自然保护区建设、防沙治沙、长江防护林工程及绿色通道建设、城市绿化等生态工程进行统筹安排，科学规划，突出重点，整体推进。在总体布局上突出江河源头、沿江沿路、陡坡地段、湖库周围、沙化干旱地

区等治理重点，通过划定封禁保护区、种树种草、小流域治理、舍饲圈养、生态移民、合理利用水资源等综合措施，保护和增加林草植被。针对我省地域特点实行分类指导、分区突破。西部地区重点保护好天然林和其他林草植被，治理干热干旱河谷、沙质荒漠化土地和水土流失严重的坡耕地；盆周山区重点抓好封山绿化、退耕还林，治理荒山荒地和陡坡耕地；盆中地区重点开展退耕还林和“四旁”绿化，治理丘陵旱地。

（二）全力抓好重点生态工程。

1. 加大力度实施天然林资源保护工程。进一步完善森林资源保护管理措施，落实管护责任制，严禁采伐天然林，严格制止乱砍滥伐、毁林开垦、乱捕滥猎、乱采滥挖，搞好森林防火、病虫害防治工作。对宜林荒山荒地采取封山育林、飞播造林、人工栽植等多种形式进行治理，尽快恢复林草植被。

2. 继续推进退耕还林工程。优先安排生态脆弱、水土流失严重的地区实施退耕还林。不断探索和完善科学高效的治理模式和管理办法，确保生态目标，确保工程质量，确保群众生计；积极开辟退耕农民钱粮补助期满后的增收途径，巩固退耕还林成果，尤其要结合农田基本建设、农业结构调整和农村能源及扶贫开发，积极培育后续产业；认真落实涉及农民利益的各项政策措施，搞好种苗供应，及时发放林权证，保护和调动广大群众退耕还林的积极性。

3. 切实抓好野生动植物保护及自然保护区建设工程。抓紧抢救大熊猫等濒危珍稀物种，修复典型生态系统，完善自然保护区功能，提高保护水平和管理级别，切实保护好野生动植物资源、湿地资源和生物多样性。加强种质资源的保护和管理，防止境外有害生物传入。

（三）深入开展全民义务植树运动。加大全民义务植树宣传力度，不断丰富和完善义务植树的形式，提高公民义务植树的参与度和实际成效。鼓励军队、社会团体、广大群众和国际友好人士植树造林，形成多主体、多层次、多形式的造林绿化格局。各级绿化委员会要充分发挥组织协调和监督检查职能，统筹协调本地区的城乡绿化工作，实行城乡绿化整体推进。进一步明确部门和单位绿化责任。绿色通道工程要与道路建设和河渠整治统筹规划，落实建设资金，限期完成绿化任务。城市绿化要与经营城市、美化环境、增强生态功能结合起来，提高建设水平。

四、优化林业结构，培育生态经济产业

（一）加速发展林业产业。围绕国民经济结构的战略性调整，用新的经济思想和经营理念促进生态建设产业化、产业建设生态化，在可持续发展的平台上，培育生态经济“双赢”的新型林业产业。根据市场需求、资源条件和产业基础，抓紧编制发展规划，精心培育一批拥有自主知识产权、主业突出、带动能力强的龙头企业，建设一批高起点、高质量、高产出的产业示范基地，发展一批覆盖面广、功能完善、规范高效的产业中介服务组织，实现一、二、三产业良性互动，推动林业产业优化升级。

（二）突出产业发展重点。

1. 工业原料林培育业。充分利用条件较好又不易造成水土流失的荒山荒地和部分退耕地，大力培育速生丰产用材林、林产化工原料林，特别是优质纸浆竹林、笋用竹林、笋材两用竹林，适当发展大径级珍贵树种。采取“公司+农户”等多种形式和现代工业的方式组织生产，实行集约经营，搞好基地建设。

2. 林果及种苗产业。发挥区域比较优势，因地制宜地发展名特优新经济林、中药材、林木种

苗、花卉、森林食品等，建立生态经济复合型林园和生产基地。同时鼓励开发林下资源，发展种植、养殖、培植、采集等多种经营。

3．林产加工业。面向市场需求，调整改造一批以木材、竹材、林化、林副产品为原料的林产加工企业，尤其要发展精深加工，提高资源利用率和产品附加值，培育带动作用大、经济效益好的优势产业，创造名牌产品，增强竞争能力。

4．生态旅游业。积极打造大九寨、峨眉山、大熊猫等旅游精品，同时依托国家级和省级森林公园、自然保护区及其他森林景观资源，吸引国内外资金参与生态旅游基础设施建设，培育一批高品位的森林旅游区，大力发展生态旅游，促进地方经济发展。

五、推进“三个转变”，激活加快林业发展的生产要素

（一）明晰林业产权，促进森林资源向森林资本转变，创造加快林业发展的新优势。保持林权长期稳定，依法保障林地、林木所有者和使用者的合法权益。对取得土地使用权进行植树、种草的，林地使用年限可延长到70年。对权属不清的林木林地和退耕还林地要尽快确定权属，颁发林权证。在明晰产权的基础上积极培育林地和活立木市场，采取承包、租赁、转让、拍卖、协商、划拨等多种形式，鼓励森林、林木和林地使用权合理流转，实行资本化运作，变林业的资源优势为经济优势。对划拨林地要从严控制，严格用途管制。当前要重点推动宜林荒山荒地荒沙荒滩使用权的流转。坚持“谁造谁有”的政策，切实维护林业生产经营者的林木所有权、林地使用权、经营自主权和财产处置权。森林、林木和林地使用权可依法继承、抵押、担保、入股和作为合资、合作的资本或条件。要建立健全森林资源资产评估体系，切实加强管理，规范流转秩序。

（二）放手发展非公有制林业，促进民间资金向民营资本转变，集聚加快林业发展的建设资金。鼓励农户、城乡居民、科技人员、企事业单位、机关团体的干部职工和私营、外商等非公有制经济主体，以独资、合资、合作、特许等多种方式参与林业建设，广泛吸纳各种民营资本投入产业开发，培育民营龙头企业。对非公有制林业一视同仁，统一税费政策、资源利用政策和投融资政策，为各种林业经营主体创造公平竞争的环境。非公有制经济主体通过招投标等方式参加国家林业重点工程建设，经验收合格后，享受同等补助政策。对非公有制经济主体从事林产种植业、养殖业和林产品初加工所得收入，按照税法及《财政部、国家税务总局关于林业税收政策问题的通知》（财税〔2001〕171号）的有关规定，给予所得税减免优惠政策。对国有荒山、荒地依法出让给民营企业和个人进行造林、种草等生态建设的，可以减免土地出让金。利用农村集体所有荒山、荒地进行造林、种草的，可以通过承包、租赁、拍卖等方式取得土地使用权。

（三）实施科教兴林，促进人才资源向人才资本转变，增强加快林业发展的创新能力。重视林业科学基础研究和应用研究，重点研发林木良种选育、困难立地造林、危险性森林病虫害防治、林火管理与控制及林产品加工转化等关键性技术。搞好森林资源与生态监测、重点生态工程监理和林业标准化工作，抓好高新技术的开发和推广应用。深化林业科技体制改革，推动林科教、技工贸相结合。坚持不拘一格选用人才，广泛吸引各类人才投入林业建设，推广应用新品种、新成果、新技术、新工艺，创办生态建设和产业开发试验示范基地。鼓励、支持科技人才以知识、技术、成果、专利、管理等要素投资创业，以无形资产作价入股，所占注册资金的比例不受限制。积极推进产学研结合，面向社会公开招标确定科技研发和推广项目的单位与人员，依靠事业聚集人才。积极探索人才创造

价值的激励机制，对贡献突出的科技人才、经营管理人才和高级技能人才实行效益分成和股权、期权待遇。抓好专业技术人才队伍、经营管理人才队伍和实用技术人才队伍建设和培训，不断提高人才素质，实现人力资本增值。

六、深化体制改革，优化加快林业发展的社会环境

（一）实行林业分类经营管理体制。按照主要用途的不同，将林业区分为公益林业和商品林业两大类，分别采取不同的管理体制、经营机制和政策措施。公益林业要按照公益事业进行管理，由政府投入为主；商品林业要按照基础产业进行管理，主要由市场配置资源，政府给予必要扶持。分类经营要与天然林保护、退耕还林工程紧密衔接起来。公益林以发挥生态社会效益为主，严格控制采伐，其生态效益补偿基金按照事权划分原则由各级政府承担。要逐步改变现行的造林投入和管理方式，安排部分造林投资，积极探索直接收购各种社会主体营造的非国有公益林。商品林按照市场机制运作，自主经营，自负盈亏，实行灵活多样的经营利用形式。对定向培育的工业原料林、速生丰产用材林等人工商品林实行限额内单报单批；对省重点产业化龙头企业和利用外资营造的商品林，由省林业主管部门专项下达和保证采伐限额；对造林大户营造的商品林优先安排采伐；对胸径小于10厘米（含10厘米）的扶抚育间伐材、因受病虫或火灾等灾害影响必须采伐的林木实行限额管理，总量控制；对农民生产的木材，允许依法上市销售，产销直接见面。

（二）深化森工企业和国有林场管理体制改革。进一步完善国有森林资源管理体制，按照政企分开的原则，把森林资源管理职能从森工企业中剥离出来，由国有林管理机构代表国家行使并履行出资人职责，享受所有者权益。推进企业改制改组，把目前由企业承担的社会管理职能逐步分离出来，转由同级政府承担；采取政策性安置、发展多种经营等形式，妥善分流企业富余人员。森工企业要深化改革，组织精干的营林和护林队伍搞好生态建设，同时抓紧培育替代产业，转换经营机制，增强发展活力。按照分类经营原则，逐步将国有林场划分为生态公益型林场和商品经营型林场。生态公益型林场按从事公益事业单位管理，所需资金按行政隶属关系由同级政府承担。商品经营型林场在兼顾社会生态效益的前提下主要由市场配置资源，实行企业化管理，自主经营、自负盈亏；可以通过个体承包、职工参股、托管经营、租赁、拍卖等多种形式推动资产重组，搞活林场经济。

（三）完善林业经济扶持政策。要把公益林业建设、管理和重大林业基础设施建设的投资纳入各级政府的财政预算并统筹安排。建立森林生态效益补偿制度，森林生态效益补偿基金分别纳入中央和地方财政预算并逐步增加资金规模。以工代赈、农业综合开发等财政支农资金对林业投入的份额要逐年增加。继续对林业实行长期限、低利息信贷扶持政策。林业经营者可依法以林木抵押申请银行贷款。有关金融机构对林业产业发展和个人造林育林要适当放宽贷款条件，增加贷款额度，扩大面向农户和林业职工的小额贷款和联保贷款。继续执行国家、省已经出台的各项林业税收优惠政策。减轻林业税费负担，取消对林农和其他林业生产经营者的各种不合理收费。改革育林基金征收、管理和使用办法，育林基金要取之于林、用之于林，不得平调、挪用、挤占，征收的育林基金要逐步全部返回给林业生产经营者，基层林业管理单位因此出现的经费缺口由财政解决。

（四）加大依法治林力度。进一步健全完善林业法规体系，严格依法行政，保护生产经营者的合法权益。加强森林和野生动植物资源保护管理，严格执行有关法律法规，严厉打击各种破坏森林资源的违法犯罪行为。加强林地管理，各种建设征占用林地必须依法经林业主管部门审核同意并缴纳

森林植被恢复费。加强对木材采伐、运输、经营加工、野生动物猎捕、驯养繁殖的监督管理，规范行政行为，减少审批环节。要充实林业执法监管力量，改善执法监管条件，提高执法监管队伍素质。推进林业行政执法体制改革，开展林业综合行政执法，充分发挥森林公安的作用。加强林业法制教育，为依法治林创造良好的执法环境。

七、切实加强领导，落实目标责任制

（一）高度重视林业工作。各级党委、政府要切实加强对林业工作的领导，将其纳入国民经济和社会发展规划，做到认识到位、责任到位、政策到位、工作到位。各有关部门要各司其职，各尽其责，密切配合，共同推进林业发展。各级党政领导干部要转变作风，深入实际调查研究，及时解决林业改革、发展、稳定中的重大问题。强化林业行政管理体系，加强各级政府的林业行政机构建设，建立健全林业基层服务体系。乡镇林业工作站是对林业生产经营实施组织管理的最基层机构，要充分发挥其政策宣传、资源管理、林政执法、生产组织、科技推广和社会化服务等职能和作用，其公益性事务所需经费按财政管理体制纳入预算解决。

（二）坚持并完善林业建设任期目标责任制。各级政府对本地区林业工作全面负责，政府主要负责同志是林业建设的第一责任人，分管负责同志是林业建设的主要责任人。林业建设的主要指标要纳入年度目标管理和年度工作总结，接受同级人民代表大会监督。对各地履行林业建设责任制的情况，上级林业主管部门要定期检查通报，严格进行考核。实行重大毁林案件、违规使用资金和工程质量事故责任追究制度，对违反规定的，要严格追究有关领导人的责任。

（三）动员全社会力量关心支持林业。新闻媒体要将林业宣传纳入公益性宣传范围。各地要采取群众喜闻乐见的形式，加大林业宣传力度，不断增强广大群众的国土绿化意识。各级工会、妇联、共青团和民兵、青年、学生组织及其他社会团体要发挥各自作用，广泛动员社会力量，参与林业建设，搞好绿化事业。林业行业要继续发扬艰苦奋斗、无私奉献的精神，为加快林业发展奋力拼搏，努力开创我省林业建设新局面。

中共四川省委　四川省人民政府

2003年11月8日

中共四川省委　四川省人民政府
关于走新型工业化道路加快工业发展的意见

（川委发〔2004〕14号）

为深入贯彻“三个代表”重要思想，全面落实党的十六大和十六届三中全会精神，树立和落实科学发展观，大力推进“三个转变”，加快工业化进程，实现四川发展新跨越，现就我省走新型工业

化道路、加快工业发展提出以下意见。

一、解放思想，创新思路，加快工业化进程

（一）走新型工业化道路、加快工业发展是我省当前和今后一段时期的一项重要而紧迫的战略任务。工业是经济发展和社会进步的主要推动力、支撑力，是四川加快发展的关键所在。我省工业已具有一定的基础，形成了一定的总量规模，近年来发展速度加快、效益提高、结构改善、活力增强，已成为推进我省经济发展的主导产业。但目前我省工业化进程滞后，总体上仍处于工业化初期向工业化中期过渡的阶段。存在的主要问题是：思想理念不新，体制性障碍严重，结构性矛盾突出，外向度不高，资源整合力度不大，产业链条不长，大企业、大集团不多，民营经济发展缓慢，核心自主知识产权缺乏，整体竞争力不强。面对国内外市场竞争的日趋激烈、资源约束的不断强化、生态环境压力的急剧加大，各地、各部门必须树立强烈的忧患意识，增强责任感、使命感，充分认识走新型工业化道路、加快工业发展是竞争所迫、发展所需、人民所盼、大势所趋，是增加财力、带动农业、促进就业、建设经济强省的必然选择，是实现发展新跨越、全面建设小康社会的必由之路。要紧紧抓住经济全球化进程加快、科技发展日新月异、产业结构调整加速、西部大开发和国有企业改革深入推进的历史性机遇，紧密结合我省实际，走新型工业化道路，奋力推进四川工业跨越式发展。

（二）走新型工业化道路、加快工业发展的总体要求和基本原则。

1. 总体要求：以邓小平理论和“三个代表”重要思想为指导，树立和落实科学发展观，深入推进“三个转变”，突出发展主题，转变增长方式，坚持以信息化带动工业化，推进产业整合与结构升级，加快体制机制创新，扩大对内对外开放，强化科技和人才支撑，形成特色鲜明、优势突出、布局合理的工业发展格局，走出一条科技含量高、经济效益好、资源消耗低、环境污染少、人力资源优势得到充分发挥的新型工业化路子，不断增强工业的整体竞争力和综合实力，实现我省工业跨越式发展。

2. 基本原则：

坚持充分发挥市场配置资源的基础性作用。深入推进“三个转变”，突破体制性障碍，以市场为导向，以企业为主体，充分发挥市场在资源配置中的基础性作用，大力促进特色资源向重点地区、优势产业和企业集中，尽快形成经济优势。

坚持在优化结构中加快发展。紧紧抓住发展这个第一要务，以体制机制创新和技术改造为重点盘活存量，以招商引资为重点扩大增量，大力促进产业、产品结构优化升级，不断提高工业经济运行质量和效益，奋力实现工业经济总量的突破性增长。

坚持依靠科技进步和以信息化带动工业化。大力发展以电子信息产业为代表的高新技术产业，用高新技术和先进适用技术改造和提升传统产业，加快社会信息化步伐，发挥信息化对工业化的倍增和催化作用。

坚持工业化与城镇化协调发展。以大中城市为依托，以都市卫星城和区位优势明显的县城为重点，实施经营城市战略，加快发展特色产业集群和城市集群，以城镇化推动工业化，以工业化加速城镇化。

坚持以工业化带动农业产业化。按照统筹城乡发展的要求，以农业产业化、农村现代化为重要

内容，大力发展农畜产品深加工，促进农村劳动力向非农产业有序转移，以加快工业化推动城乡一体化。

坚持产业发展与扩大就业相结合。坚持既重视发展资金技术密集型产业，又大力发展劳动密集型产业，积极扶持和改造中小企业，充分发挥人力资源优势，努力扩大就业。

坚持工业化与保护生态环境相统一。把推进工业化进程与建设长江上游生态屏障有机结合起来，遵循生态规律组织经济活动，促进增长方式的转变，尽快形成合理开采、低消耗、达标排放、再利用的循环经济。

（三）走新型工业化道路、加快工业发展的主要目标。

走新型工业化道路、加快工业发展的主要目标是：2020年前，基本实现工业化，把我省建设成为中西部工业强省。

工业经济综合实力跃上新台阶。全省工业增加值2010年前年均增长12%以上，2010年全省工业增加值占全省生产总值的比重达到40%，2020年达到50%以上，为全省人均生产总值达到或超过3000美元做出突出贡献。规模以上企业工业经济效益综合指数2010年名列中西部前茅，2020年达到全国平均水平。全社会研发投入占全省生产总值的比重，2010年达到2%，2020年达到3%。工业企业全员劳动生产率2010年达到8万元/人，2020年达到16万元/人。工业产业的市场竞争力明显增强，工业产品的市场占有率明显提高。工业税收占财政收入的比重2010年达到目前全国平均水平，2020年达到当时全国平均水平。

以电子信息产业为代表的高新技术产业不断发展壮大。全省高新技术产业增加值占全省生产总值的比重2010年达到15%，2020年达到30%以上。规模以上企业生产及管理信息化系统覆盖率2010年达到50%，2020年达到100%。骨干企业技术装备2010年达到上世纪末的国际水平，2020年达到当时世界中等发达国家水平。

城镇化水平和非农产业就业比重明显提高。城镇化率2010年达到40%，2020年达到50%以上。全省非农产业就业比重2010年达到55%以上，2020年达到65%以上。

可持续发展能力进一步增强。工业污染物排放全面达标。每万元工业产值能耗2010年降到1.9吨标煤，2020年降到0.9吨标煤。废物资源的利用率2010年达到70%，2020年达到90%以上。

二、巩固基础，整合资源，形成竞争力强的产业链和产业集群

（四）依托优势基地和工业园区，发展区域特色经济。立足区域经济特色，强化要素流动互补，依托大中城市和城市集群，着力建设成都高新区、经济技术开发区和出口加工区，绵阳科技城，德阳重大装备制造业基地，攀西钢铁、钒钛、稀土新材料基地，川南、川东北能源化工和纺织基地，金沙江、雅砻江、大渡河“三江”流域水电能源基地。积极实施一批老工业城市重大技术改造项目，加大城市功能调整、企业搬迁和土地置换等政策的落实力度。发展和壮大一批优势突出、特色鲜明、功能齐全、配套完善的工业园区，增强项目的承载能力。进一步落实关于保障工业用地促进经济发展的有关政策，严格土地管理，依法用地，集约用地，保障用地。限制并逐步停止零星工业用地审批，新建工业项目和调整搬迁工业企业原则上要进入依法设立的园区或城市工业功能区，进园率2010年达到70%，2020年达到90%以上。着力打造一批工业强县。

（五）大力发展特色优势产业，构建和延伸产业链条。大力发展具有资源特色和比较优势的产

业，重点发展电子信息、水电、机械冶金、医药化工、食品饮料等支柱产业。着力抓好芯片、光通信、数字视听、软件、信息安全、电子元器件、重大装备制造、航空航天、核电设备、汽车、钢铁、名烟名酒、中药材加工、天然气化工、盐化工、石油化工、煤电冶等产业链的培育和发展。充分发挥可再生的生物资源优势，按照国际标准，以粮油、肉奶、果蔬、茶叶、药材、丝麻、林竹、花卉等为重点，抓好一批农畜产品深加工重点项目建设，加快发展一批具有较强实力和知名品牌的农畜产品深加工龙头企业和农村专业合作经济组织，建成西部重要的农畜产品深加工中心和营销中心。

（六）着力发展大企业、大集团，增强其对工业经济的支撑和带动作用。通过跨国、跨区域、跨行业、跨所有制的资源整合，采取托管经营、产权连接、资产重组等方式，发挥核心企业的扩张、聚集、扩散能力，打造一批拥有自主知识产权和国际竞争力的大企业、大集团。到2010年，销售收入在10亿元以上的企业达到50户、在50亿元以上的达到20户、在100亿元以上的达到10户，到2020年，销售收入在10亿元以上的企业达到100户、在50亿元以上的达到40户、在100亿元以上的达到20户。充分发挥大企业、大集团资金、技术、品牌、管理的优势，积极推动中小企业与大企业、大集团的配套协作，形成竞争力强的产业集群。

（七）整合科研、军工优势，促进科技成果产业化。通过体制改革和机制创新，积极推进军民结合、军地结合、产学研结合。充分发挥军工企业、高等学校和科研机构的优势与潜能，实现资源共享。强化分工协作，促进中央企业、军工企业与地方企业的经济技术合作。通过科研投入多元化、人才技术资本化等方式，形成企业与高等学校、科研机构的紧密联合，促进我省科研、军工优势转化为产业优势。

（八）充分发挥人力资源优势，努力发展劳动密集型产业。充分利用我省劳动力资源丰富的优势，大力发展纺织、服装、丝绸、食品、陶瓷、皮革等劳动密集型产业，重点扶持技术含量高、就业容量大、出口能力强的企业，积极发展都市型产业、特色加工产业以及面向生产领域的服务业。努力提高劳动者素质，通过劳务订单、项目承包、定向培训等方式，做大做强劳务输出产业。

（九）大力推行资源综合利用和再利用，积极发展循环经济。发展环保产业，推行清洁生产和绿色技术，淘汰污染严重、高耗材和高耗能的落后工艺和装备，采用和推广无害、低害、废弃物回收处理新工艺、新技术，全面推进能源、原材料、水、土地等资源节约工作，提高资源的利用和再利用效率。抓紧矿产资源勘查，实现科学合理开采。加大对生态型工业园区的政策扶持，加强对工业污染的监控治理，加快建立生态环境保护建设的长效机制。

三、面向市场，扩大开放，着力培育新的经济增长点

（十）抓好一批重大工业项目，增强工业发展后劲。做好重大项目的实施和储备工作。抓紧抓实英特尔芯片封装、年产60万吨乙烯、80万吨甲醇、10万吨二甲醚、8万吨甲烷氯化物、1000万套轮胎、攀西钒钛资源综合利用和瀑布沟、锦屏一二级、溪洛渡、向家坝、两河口、双江口、亭子口水电站等重大项目的实施工作。继续保持成套设备、水电、名酒、飞机制造和航空电子等特色优势产业在全国的领先地位。积极引进和滚动实施一批市场前景好、竞争力强的大项目，增强工业发展后劲。

（十一）全方位扩大对内对外开放，促进产业升级。充分利用国际国内两种资源，大力拓展国际国内两个市场，努力提高对内对外开放水平。积极参与区域经济合作，有选择地承接国际和东部沿

海地区产业转移，引进国内外知名企业入川发展，推动招商引资与结构调整良性互动，促进产业升级。对引进重大项目，实行重点招商、重点跟踪、重点协调、重点服务、重点督查，并在项目立项、工商注册等方面给予政策支持。对一般性竞争领域的对外招商项目放开持股比例限制。加大国际市场开拓力度，着力扩大机电产品、高新技术产品和特色优势产品出口。

（十二）大力发展民营工业，增强发展活力。认真贯彻落实《中共四川省委、四川省人民政府关于进一步加快民营经济发展的决定》（川委发〔2003〕14号）的有关政策，为加快民营经济发展消除体制性障碍。重点支持科技型、劳动密集型、农畜产品加工型、生态环保型和外向型民营企业加快发展。鼓励和支持竞争力强的民营企业上市融资，参与国有企业改革改制。着力培育一批“专、精、特、新”的中小企业，切实解决中小企业在融资担保、技术创新、社会服务、权益保护、信息支撑等方面的问题。

四、依靠科技，推进创新，提高产业和企业的核心竞争力

（十三）发展以信息产业为代表的高新技术产业，促进信息化与工业化的相互融合。积极推进以电子信息、新材料、生物制药等为重点的高新技术产业的发展。着力抓好电子信息产业的产品制造、教育培训、科研开发、传播输送和国家级、省级制造业信息化重点城市工作，加强国家级软件产业基地、信息安全产业化基地和集成电路设计基地的建设，加快社会信息化建设，打造西部信息产业高地。加大国家和省级高新技术开发区、国家中药现代化科技产业基地、国家新材料产业基地、国家级农业科技园区、绵阳科技城数字家电产业基地的建设力度。

（十四）用高新技术、先进适用技术改造和提升传统产业，加快企业信息化建设步伐。积极应用信息技术、自动化技术、先进制造技术、新材料技术、清洁燃烧技术、高效节能技术、安全生产技术等高新技术、先进适用技术改造和提升传统产业，促进企业提质增效和产品升级换代。加快企业信息化建设，提高企业的设计、工艺、生产、仓储、营销、管理等系统的信息化水平，增强企业市场竞争能力。

（十五）建立技术创新体系，提高企业核心竞争力。加强企业技术创新体系建设，着力培养企业原创能力，抓好孵化器、重点实验室、大学科技园区、工程技术中心等的建设，构建以企业为主体的区域技术创新体系。实施技术创新工程，抓好各类科技中介服务体系建设。加大财政对科技研发和技改贴息的投入力度，确保每年财政安排的科技投入高于经常性财政收入增长，力争全社会重点科技创新投入年增长15%以上。建立和完善科技创新风险投资机制，积极争取国家科技型中小企业创新基金支持。集中力量实施一批产业共性技术和关键技术的研发，加快科研成果转化。引导企业提高知识产权管理意识和管理水平，大力开发一批核心技术，形成自主知识产权，力争创建行业技术标准；推动企业实施专利战略，建立优势产业和重点企业知识产权预警机制；鼓励企业实施品牌战略，提高产品质量和附加值；培育和发展一批技术含量高、品牌信誉好、市场竞争力强的拳头产品，大幅度提高四川品牌在国内名牌中的比例，争创国际品牌。

五、深化改革，健全机制，增强国有经济的影响力和带动力

（十六）推进产权制度改革，增强企业创业创新动力。按照建立现代产权制度的要求，加快国有企业产权制度改革，推进体制机制创新，规范企业改制和产权交易，促进产权的合理有序流动，增

强企业发展的内在动力。按照建立现代企业制度的要求，把改革、改组、改造和加强管理有机地结合起来，完善法人治理结构。加快主辅分离，做强做大主业，放开搞活辅业。积极引进实力雄厚、产业关联度高的战略投资者，大力推进股权多元化和股权结构合理化，大力发展混合所有制经济。尽快完成省属国有企业改革改制。

（十七）建立经营预算制度，提高国有资本运行效率。加快推进国有资产管理体制改革，建立和完善企业国有资本经营预算制度和企业经营业绩考核体系，建立有效的制衡和监督机制，确保国有资产保值增值。提高国有资本运行效率，确保国有资本投向影响力大、带动力强的产业，促进国有经济结构优化和产业升级。

（十八）健全资本进退流动机制，促进企业国有资本优化配置。充分发挥资本市场的作用，健全国有资本灵活进入和退出企业的机制，推进国有资产的整合，抓好国有资本的运作，积极促进企业国有资本的合理流动和优化配置。打造一批具有国际竞争力的优势骨干企业和企业集团，增强国有经济的影响力和带动力。

六、转变职能，完善体系，大力优化加快工业发展的环境

（十九）创建服务型政府，努力提高行政效率。坚持依法行政，按照《中华人民共和国行政许可法》的有关规定，改革行政执法体制，加快行政程序建设，完善执法监督机制，规范行政执法行为。进一步深化行政审批制度改革，建立和完善重大工业项目审批的绿色通道，继续清理行政审批项目，加强对取消的审批事项的后续监管。全面推行政务公开和公用事业单位办事公开，办好政务服务中心，推行电子政务，实行行政公示制、行政过错责任追究制、服务承诺制。坚持政企分开，尊重企业的市场主体地位，搞好对企业的引导和服务，切实解决多头执法和“三乱”等问题，努力减轻企业负担。

（二十）加快基础设施和要素市场建设，有效改善工业发展条件。继续加强水陆交通运输干线、枢纽等重大工程建设，增强立体综合交通网配套能力，加强口岸建设，实施“大通关”战略。统筹和加快电源电网等重大能源基地建设，改善电源结构，抓好能源的供应和调度，保障工业发展对能源的需求。加快区域产权、土地、矿产、技术、人才、劳动力等市场的建设，提高公开化、市场化程度。尽快建立四川产权交易中心。大力推进流通业结构调整，构建现代物流体系，支持成都建成西部现代物流中心。鼓励企业和社团自主组建行业协会、民间商会等中介组织。继续整顿和规范市场经济秩序，坚决打破条块分割、地方保护和行业垄断，促进市场分割向市场一体化转变，促进行政区经济向区域经济一体化转变。

（二十一）推进投资体制改革，不断拓宽企业融资渠道。努力建立市场引导投资、企业自主决策、银行独立审贷、融资方式多样、中介服务规范、宏观调控有效的新型投资体制。充分发挥各级财政投入对工业发展的导向作用，财政技改贴息等资金重点向优势产业和企业倾斜；引导和促进金融机构创新金融品种和服务，完善创业投资、债券融资、上市融资、租赁融资等投融资方式；建立完善国有商业银行对重大技术装备制造项目的原材料、技术改造所需资金的“绿色评审”通道，加快建立多形式、多元化的中小企业信用担保体系。积极整合信用信息资源，2005年初步建成以工商、银行、法院、税务等部门信息资源共享为主的“全省企业信用征信体系”。加快信用制度建设，着力打造“信用四川”。

（二十二）加强人才资源开发，形成工业发展的智力支撑。认真贯彻落实《中共四川省委、四川省人民政府关于加快人才资源向人才资本转变的若干意见》（川委发〔2003〕24号）的有关政策，坚持党管干部原则与董事会依法选用经营管理者结合起来，建立健全适应现代企业制度要求的国有资本出资人代表、职业经理人的选用机制和激励约束机制，加快职业经理人的选聘步伐，争取2010年职业经理人达到50%以上。调动社会力量，整合教育资源，鼓励企业与高等学校联办培训基地，大力发展继续教育和民办职业技术教育，加强企业专业技术人才队伍和技能型人才队伍建设，着力提高广大职工科学文化技术素质，加大对下岗职工、失地无业农民和农民工的就业技能培训。引导企业重视文化建设，积极创建学习型企业。实施人才创新创业激励机制，启动人才柔性流动和管理机制，鼓励高等学校、科研院所的专业技术人员到企业兼职。发挥科技社团聚集人才的作用。建立健全人才流动市场，提高人才资源的市场化配置程度。

（二十三）完善社会保障体系，构建工业经济发展的安全机制。建立完善职工基本养老保险、失业保险、医疗保险、工伤和生育保险等制度，2005年基本实现国有企业下岗职工基本生活保障向失业保险并轨。完善劳动合同制度，改善劳动关系。认真落实促进再就业的各项扶持政策，政府出资开发的公益性岗位要优先安置就业困难人员和再就业救助对象。逐步建立农民工和失地无业农民的社会保障制度。实行对安全、环保等重大事故的责任追究制，完善伤亡事故赔偿和生产安全事故经济赔偿制度，建立安全生产的长效机制。

七、加强领导，狠抓落实，扎实推进工业化进程

（二十四）切实加强和改进对工业工作的领导。各级党委、政府要切实加强和改进对工业工作的领导，党政“一把手”要亲自抓，并配强抓工业工作的领导，充实抓工业工作的力量。加强企业党建和工会工作。制定本地区走新型工业化道路、加快工业发展的实施方案，周密部署，狠抓落实。各部门要根据各自职责，制定相关的配套政策和措施，密切配合，形成合力。要建立健全工业发展目标责任制，严格考核，奖惩分明。

（二十五）努力提高对工业经济的调控水平。构建与市场经济联系紧密的工业运行监测体系和预警导向机制。从发展规划、产业政策、投资引导、国际合作、技术标准、信息服务等方面加强对产业、企业发展的引导和规范。增加对工业的投入，加大对重点工业园区、重大工业项目的扶持。制定促进循环经济发展的政策法规，建立绿色国民经济核算体系。

（二十六）积极营造工业发展的良好舆论氛围。充分发挥新闻媒体的舆论导向和监督促进作用，在全社会形成加快工业化进程的共识。加强对工业政策法规、优势企业、名优特新产品和先进典型的宣传。大力表彰有突出贡献的企业家、管理人员、科技人员、高级技术工人和经营团队，努力营造浓厚的工业发展氛围。

中共四川省委　四川省人民政府

2004年6月9日

四川省人民政府关于印发《四川省人民政府工作规则》的通知

（川办发〔2004〕17号）

各市（州）人民政府，省级各部门：

《四川省人民政府工作规则》已经2004年8月19日省政府第42次常务会议修订通过，现予印发。

四川省人民政府

2004年8月24日

四川省人民政府工作规则

第一章　总　则

一、根据《中华人民共和国宪法》、《中华人民共和国地方各级人民代表大会和地方各级人民政府组织法》和《国务院工作规则》，结合四川省人民政府工作实际，制定本规则。

二、省政府工作以邓小平理论和“三个代表”重要思想为指导，贯彻党的路线、方针和政策，坚持以人为本，树立和落实科学发展观，全面履行政府职能，实行科学民主决策，坚持依法行政，加强行政监督，形成行为规范、运转协调、公正透明、廉洁高效的行政管理体制，建设法治政府，深入推进“三个转变”，促进四川发展新跨越。

三、省政府组成人员要履行宪法、法律、法规赋予的职责，坚持解放思想，实事求是，与时俱进，开拓创新；忠于职守，服从命令，顾全大局，全心全意为人民服务。

四、省政府各部门要依照法律、法规和规章行使职权，进一步转变政府职能和工作作风，改进管理方式，增强执行力，提高行政效能，切实贯彻省政府各项工作部署。

第二章　组成人员职责

五、省政府由下列人员组成：省长、副省长、秘书长、各委员会主任、各厅厅长。

六、省政府实行省长负责制。省长领导省政府的工作；负责常务工作的副省长协助省长处理省政府的日常工作，副省长协助省长工作。

七、省长召集和主持省政府全体会议。省长或省长委托负责常务工作的副省长召集和主持省政府常务会议。省政府工作中的重大事项，必须经省政府全体会议或省政府常务会议讨论决定。对紧急和突发性重大事件，来不及召开会议而又必须及时处理的，分管副省长协调处理后，向省长报告。

八、省长代表省政府向省人民代表大会及其常务委员会报告工作。省长或副省长代表省政府参加省人民代表大会及其常务委员会并报告工作；省政府的工作部门受省政府的委托向省人民代表大会及其常务委员会汇报某一方面的工作。

九、副省长按分工负责处理分管工作。受省长委托，负责其他方面的工作或专项任务并代表省政府进行外事活动。

十、秘书长在省长领导下，协助负责常务工作的副省长处理省政府的日常工作，领导省政府办公厅的工作。

十一、省长出国访问期间，由负责常务工作的副省长代行省长职务。

十二、省政府各委员会主任、各厅厅长负责本部门的工作。

各委员会、各厅根据法律、国务院的行政法规、决定、命令和地方性法规、国务院部门的规章、省政府的规章、决定、命令，在本部门的职权范围内制定规范性文件。

审计厅在省长和审计署的双重领导下，依照法律规定独立行使审计监督权，不受其他行政机关、社会团体和个人的干涉。

第三章　政府职能

十三、省政府及各部门要加快政府职能转变，全面履行经济调节、市场监管、社会管理和公共服务职能。

十四、健全经济调节职能，主要运用经济、法律手段和必要的行政手段，引导和调控经济运行，调整和优化经济结构，改善投资环境，发挥比较优势，加强对外经济贸易和区域经济合作，推进西部大开发，实现经济增长、增加就业和稳定物价。

十五、加强市场监管，创造公平和可预见的法制环境，完善行政执法、行业自律、舆论监督、群众参与相结合的市场监管体系，建立健全社会信用体系，实行信用监督和失信惩戒制度，整顿和规范市场经济秩序，建设统一、开放、竞争、有序的现代市场体系。

十六、认真履行社会管理职能，完善社会管理政策和政府规章，依法管理和规范社会组织、社会事务，妥善处理社会矛盾，维护社会秩序和社会稳定，促进社会公正。加强城乡基层群众性自治组织和社区建设。培育并引导各类民间组织健康发展，充分发挥其作用。依法建立健全各种突发公共事件应急机制，提高政府应对公共危机的能力。

十七、强化公共服务职能，完善公共政策，健全公共服务体系，努力提供公共产品和服务，推进部分公共产品和服务的市场化进程，建立健全公共产品和服务的监管和绩效评估制度，简化程序，降低成本，讲求质量，提高效益，建设服务型政府。

第四章　决策机制

十八、省政府及各部门要完善群众参与、专家咨询和政府决策相结合的决策机制，健全重大决策的规则和程序，实行依法决策、科学决策和民主决策。

十九、全省国民经济和社会发展计划、财政预决算草案、地方性法规草案和议案、行政规章、经济调控和改革开放的政策措施、社会管理事务、大型项目和关系社会稳定及其他急要事项等重大决策，由省政府全体会议或省政府常务会议讨论决定。

二十、各部门提请省政府讨论决定的重大决策建议，必须以全省的基础性、战略性研究或发展规划为依据，经过专家或研究、咨询、中介机构的论证评估，由法制机构作法律分析。涉及相关部门的，应充分协商；涉及基层的，应事先征求意见；涉及人民群众切身利益的，一般应通过社会公示或听证会等形式听取意见和建议。

二十一、省政府在作出重大决策前，根据需要通过召开座谈会等形式，直接听取民主党派、群众团体、专家学者等方面的意见和建议。

二十二、各部门、各市（州）政府必须坚决贯彻落实省政府的重大决策，及时跟踪和反馈执行情况。省政府办公厅要加强督促检查，确保政令畅通。

第五章　依法行政

二十三、依法行政的核心是规范行政权力。省政府及各部门要按照合法行政、合理行政、程序正当、高效便民、诚实守信、权责一致的要求行使行政权力，强化责任意识，不断提高依法行政的能力和水平。

二十四、省政府根据社会主义市场经济发展、社会全面进步和扩大对外开放的需要，适时提出地方性法规草案，制定政府规章，修改或废止不相适应的法律规范，确保地方性法规草案和政府规章的质量。

二十五、各部门、各市（州）政府制定的规范性文件，必须符合宪法、法律、法规、规章和国务院、省政府的决定、命令以及国家的方针政策。涉及两个以上部门职权范围的事项，应由省政府制定政府规章、发布决定和命令，或由有关部门联合制定规范性文件。部门和市（州）政府规范性文件要依法及时报省政府备案，由省政府法制机构审查并定期向省政府报告。制定机关要定期对规范性文件进行清理。

二十六、省政府的规章和提请省人民代表大会及其常务委员会审议的地方性法规草案由省政府法制机构审查或组织起草，经省政府常务会议讨论、审定。省政府规章的解释工作由省政府法制机构承办。

二十七、按照行政执法与经济利益脱钩、与责任挂钩的原则理顺行政执法体制，科学配置执法机关的职责和权限，继续开展相对集中行政处罚权工作，积极探索相对集中行政许可权，推进综合执法试点。严格实行行政执法责任制、评议考核制和执法过错或错案责任追究制，切实做到严格执法、公正执法、文明执法。

第六章　行政监督

二十八、省政府要自觉接受省人民代表大会及其常务委员会的法律监督和工作监督，向其报告工作、接受质询，依法备案政府规章；接受省政协的民主监督，虚心听取意见和建议。

二十九、省政府各部门要按照行政诉讼法及有关法律规定，接受司法监督；同时要自觉接受监察、审计等部门的专项监督。对司法监督和专项监督中发现的问题，要认真查处和整改并向省政府报告。

三十、加强全省行政系统内部监督，严格执行行政复议法和四川省行政执法监督条例，及时发现并纠正违反法律、法规、规章的行政行为并主动征询和认真听取市（州）政府及其部门的意见和建议。

三十一、省政府及各部门要高度重视人民群众来信来访工作，进一步完善信访制度，确保信访渠道的畅通；省政府领导同志及各部门负责人要亲自阅批重要的群众来信。

三十二、省政府及各部门要进一步推行政务公开，接受新闻舆论和群众的监督，重视新闻媒体报道和反映的问题。对重大问题，各部门要积极主动地查处和整改并向省政府报告。要加强电子政务建设，拓展公众知情、参与和监督的渠道，重视群众和其他组织通过多种方式对行政行为实施的监督。

第七章　工作部署

三十三、省政府及各部门要加强工作的计划性、系统性和预见性，搞好年度工作部署并根据形势和任务的变化及时作出调整。

三十四、省政府提出的年度工作目标、工作重点、工作措施和年度立法计划，确定需要讨论和审议的政府规章和地方性法规草案，省政府召开的全省性会议和制发的公文等事项，形成省政府年度工作部署下发执行。

三十五、各部门、各市（州）政府要认真落实省政府年度工作部署并在年中和年末向省政府报告执行情况。省政府办公厅负责催办、督查并适时作出通报。

第八章　会议制度

三十六、省政府实行省政府全体会议和省政府常务会议制度。

三十七、省政府全体会议由省长、副省长、秘书长和省政府组成部门的各委员会主任、各厅厅长组成。省军区负责同志参加会议。

省政府顾问、副秘书长、省政府各直属机构、综合办事机构和省级有关单位（含中央与地方双重领导单位）负责同志列席省政府全体会议。邀请省人大常委会、省政协、省法院、省检察院、各民主党派、工商联、各人民团体负责人和无党派人士代表列席省政府全体会议。

省政府全体会议一般每半年召开一次，由省长召集和主持。省政府全体会议的主要任务是：

（一）传达贯彻党中央、国务院及省委的重要指示、决定和重要会议精神；

（二）讨论和决定省政府工作中的重大事项；

（三）部署省政府的重要工作；

（四）通报全省经济社会形势；

（五）讨论提交省人民代表大会审议的《政府工作报告》；

（六）讨论通过按照法律规定需由省政府全体会议决定的其他重要事项。

三十八、省政府常务会议由省长、副省长、秘书长组成，会议出席人员必须在常务会议组成人员的半数以上。省军区负责同志参加会议。

省政府顾问、副秘书长、省政府办公厅有关副主任、与议题有关的省级部门主要负责人列席省政府常务会议。根据需要邀请省人大常委会、省政协有关领导及有关部门和新闻单位的主要负责同志列席省政府常务会议。

省政府常务会议一般每月召开3次，如有需要可临时召开。由省长或省长委托负责常务工作的副省长召集和主持。省政府常务会议的主要任务是：

（一）研究制订完成党中央、国务院和省委下达的重要任务的措施，讨论决定上报国务院和省委的重要请示、报告；

（二）研究分析全省经济社会形势；

（三）讨论决定省政府工作安排、立法计划和其他重要事项；

（四）讨论和审议提交省人民代表大会及其常务委员会审议的地方性法规草案等议案以及须经省人民代表大会及其常务委员会通过的人事任免事项；

（五）讨论决定由省政府公布的规章、决定、命令和规范性文件；

（六）听取有关部门、市（州）政府的专题汇报，研究有关政策措施，讨论决定有关重要事项；

（七）依照法律、法规和有关规定，讨论决定省政府各部门负责干部的职务任免；各部门、各市（州）负责干部的奖惩以及以省政府名义召开的需要市（州）政府负责同志参加的会议和以省政府名义对个人、集体的表彰、奖励及授予荣誉称号等；

（八）通报和讨论省政府其他事项及省长认为须经常务会议讨论决定的事项。

三十九、提请省政府全体会议和省政府常务会议讨论的议题，由省政府分管领导同志协调或审核后提出，报省长确定。省政府全体会议和省政府常务会议的组织工作由省政府办公厅负责，文件和议题于会前送达与会同志。

四十、省政府领导同志不能出席省政府全体会议和省政府常务会议，向省长或负责常务工作的副省长请假；如对议题有意见或建议，可在会前提出。

四十一、省政府全体会议和省政府常务会议的纪要由省长签发；会议讨论决定的事项宜于公开的，应及时报道。新闻稿须经秘书长或有关副秘书长审定，如有需要，报省长或负责常务工作的副省长审定。

四十二、副省长、秘书长受省长委托或按照分工召开专题会议，研究、协调和处理有关省政府工作的问题。

四十三、省政府及各部门召开的工作会议要减少数量，控制规模，严格审批。应由各部门召开的全省性会议不得要求以省政府或省政府办公厅的名义召开，一般不邀请市（州）政府负责人出席，确需邀请的须报省政府批准。全省性会议应尽可能采用电视电话会等快捷、节俭的形式召开。

第九章　公文审批

四十四、各部门、各市（州）政府报送省政府的公文，应当符合《国家行政机关公文处理办法》和《四川省国家行政机关公文处理实施细则》的规定。除省政府领导同志交办事项和必须直接报送的绝密事项外，一律送省政府办公厅统一按规定程序办理，一般不得直接向省政府领导同志个人报送公文。各部门报送省政府的请示性公文，部门间如有分歧意见，主办部门的主要负责人要主动协商，不能取得一致意见的，应列出各方理据，提出办理建议。

四十五、各部门、各市（州）政府报送省政府审批的公文，由省政府办公厅按照省政府领导同志分工呈批，重大事项报省长审批。如属有关部门职责范围内的问题，由省政府办公厅直接转交有关部门办理，承办部门应及时向省政府办公厅反馈办理结果。

四十六、省政府的规章，发布的决定、命令，向省人民代表大会或省人民代表大会常务委员会提出的草案、议案，人员任免，由省长签署。

四十七、以省政府名义发文，经省政府分管领导同志审核后，由省长签发。属于分管副省长职权范围的事项并以省政府函件下达的，可授权分管副省长签发；常规事项的行文，可由秘书长签发。

以省政府办公厅名义下发的政务类公文，由分管副省长或省政府秘书长签发。以省政府办公厅名义下发的事务类函件可由秘书长或副秘书长签发。

各部门报请以省政府或省政府办公厅名义发文，可根据情况授权有关部门冠“经省政府领导同意”并由分管副省长或秘书长审签后向各部门、各市（州）政府行文。

省政府及省政府办公厅的公文以及省政府各部门发布的规范性公文，除需要保密的外，应及时公布。

四十八、省政府及各部门要进一步精简公文，部门职权范围内的事务，由部门自行发文或联合发文，不得要求省政府批转或省政府办公厅转发。要加快网络化办公进程，提高公文办理的效率。

第十章　作风纪律

四十九、省政府领导同志要做学习的表率，密切关注国际国内经济、社会、科技等方面发展变化的新趋势，不断充实新知识，丰富新经验。建设学习型政府。省政府通过举办讲座等方式组织学习经济、科技、法律和现代管理等方面知识。省政府领导同志及各部门负责人参加，至少一季度安排一次。

五十、省政府领导同志和各部门负责同志要坚持求真务实，深入基层，考察调研，了解情况，指导工作，解决实际问题。下基层要减少陪同和随行人员，简化接待，轻车简从；不要地方负责人到机场、车站、码头及辖区分界处迎送。

五十一、省政府领导同志不为部门和地方的会议活动等发贺信、贺电，不题词。因特殊需要发贺信、贺电和题词，一般不公开发表。

五十二、省政府领导同志出席会议活动、下基层考察调研的新闻报道和外事活动安排，按中央和省有关规定办理。

五十三、省政府组成人员必须坚决执行省政府的决定，如有不同意见可在省政府内部提出。在没有重新作出决定前，不得有任何与省政府决定相违背的言论和行为；代表省政府发表涉及未经省政府决定的重大问题及事项的讲话或文章，事先须经省政府同意。

五十四、省政府组成人员必须严格执行报告和请假制度。省长与负责常务工作的副省长一般不同时外出。副省长、秘书长出访、出差和休假应事先报告省长或负责常务工作的副省长。省长、副省长、秘书长外出活动的安排和在外地的活动情况应及时告知省政府办公厅。由省政府办公厅通报其他领导同志。

省政府各部门主要负责人外出，应事先向省政府办公厅报告，由省政府办公厅向省政府领导同志报告。对省政府召开的会议，各部门负责人应按省政府通知要求出席；因故不能出席的，应提前向会议组织人请假，未经同意不得由他人代替出席。

五十五、省政府及各部门要增强服务观念，认真履行职责，树立规范服务、清正廉洁、从严治政的新风。对职权范围内的事项要按程序和时限积极主动地办理，对不符合规定的事项要坚持原则不得办理。省政府组成人员要严格遵守中央和省有关廉政建设的规定，严格遵守廉政承诺，严格要求亲属和身边的工作人员，不得利用特殊身份拉关系、谋私利，坚决拒收礼金；不得用公款相互送礼和宴请，不得接受下级和基层的送礼和宴请；对因推诿、拖延等官僚作风造成影响和损失的，要追究责任；对越权办事、以权谋私等违规、违纪、违法行为，要严肃查处。

四川省人民政府关于四川省国土资源管理体制改革的实施意见

（川府发〔2004〕35号）

根据《国务院关于做好省级以下国土资源管理体制改革有关问题的通知》（国发〔2004〕12号）和《国务院关于深化改革严格土地管理的决定》（国发〔2004〕28号）精神，为理顺我省国土资源管理体制，切实加强国土资源管理，实行最严格的土地管理制度，省政府决定对全省国土资源管理体制实施改革。特制定如下实施意见。

一、指导思想

以党的十六大和十六届三中、四中全会精神为指导，坚持“十分珍惜、合理利用土地和切实保护耕地”的基本国策，按照国务院部署，切实开展我省国土资源管理体制改革，进一步加强国家对国土资源的宏观调控，强化省级人民政府保护土地资源的责任，落实最严格的耕地保护制度，切实加强矿产资源管理，全面推进依法行政，确保最严格的土地管理制度得以全面实行。

二、理顺省以下国土资源管理体制

（一）调整市（州）、县（市）国土资源主管部门干部管理体制，是加强市（州）、县（市）国土资源主管部门领导班子建设的重要举措，是国土资源管理体制改革的重要内容，各地要认真按照省委组织部关于调整省以下国土资源主管部门干部管理体制有关问题的通知执行。

（二）市（州）、县（市）国土资源主管部门是同级人民政府的工作部门，其机构、编制、经费仍由同级人民政府管理。市辖区（含各类开发区）国土资源主管部门的机构、编制、经费上收到市人民政府管理，改为国土资源分局，作为市国土资源主管部门的派出机构，机构性质、行政级别仍保持不变。市辖区国土资源主管部门所属事业单位的机构、编制、经费也同时上收，纳入到市国土资源主管部门统一管理。已按《中共四川省委四川省人民政府关于实施经营城市战略的意见》（川委发〔2003〕5号）精神实现市对区上收管理的，要按本次体制改革要求进一步规范和完善。

（三）乡（镇）国土资源管理所的机构、编制上收到县（市）人民政府管理。县（市）根据经济发展情况和工作需要按乡（镇）、街道或区域设置国土资源管理所，为县（市）国土资源主管部门的派出机构。市辖区设置的乡（镇）、街道国土资源管理所的机构、编制、经费上收到市人民政府管理，作为市国土资源主管部门的派出机构，业务隶属于区国土资源分局管理。在总编制不超的前提下，每个所的人员编制一般控制在3名以内，个别工作任务重的可增加1名；其机构性质和编制性质由省国土资源主管部门会同省机构编制管理部门进行清理后确定。

（四）原实行国土资源与建设、环保、水利等合设或合署办公的市、县，可在上级批准的机构限额内单独设置国土资源局。

（五）切实加强土地和矿产资源的集中统一管理，任何单位、部门不得在国土资源管理系统外设置与国土资源相关的行政管理机构或事业单位。各地的统征、储备、交易等机构应在本次管理体制改革中统一划归同级国土资源主管部门管理。

（六）妥善安排国土资源管理经费，确保国土资源管理工作的正常运行。为增强国土资源主管部门的业务调控能力，在省国土资源厅的国土事业费财务科目内可以列支业务补助经费。市（州）、县（市）人民政府应按照财政财务管理体制、预算标准和支出水平安排好国土资源主管部门及派出机构、直属单位的人员经费（特别是市对区、县对乡镇的上收直管人员）、办公经费、业务及专项经费等并纳入部门预算。市（州）、县（市）国土资源主管部门应依法做好行政事业性收费、罚没收入、专项收入和政府性基金的收缴工作，严格按照收支两条线和相关规定管理。建立健全会计核算管理制度和系统财务审计制度，加强对国土资源专项资金的管理，专款专用。各级财政部门要切实加强监管，具体办法由省财政厅与省国土资源厅共同商定。

成都市国土资源系统的管理体制改革，参照本方案执行。

三、完善土地利用总体规划编制和审批管理体制

各级人民政府要依照法律规定和省人民政府的部署编制本级土地利用总体规划。各市（州）、县（市、区）人民政府编制的土地利用总体规划依据法律规定报国务院或省人民政府审批。

经省人民政府授权，设区的市、自治州人民政府审批除县（市、区）人民政府所在城镇规划区之外的乡（镇）土地利用总体规划。市（州）人民政府在审批乡（镇）土地利用总体规划时应以省人民政府批准的县（市、区）土地利用总体规划为依据，各乡（镇）的建设用地规模、耕地保有量、基本农田保护指标、新增建设用地占用耕地指标等控制指标和土地用途分区图必须与经批准的县（市、区）土地利用总体规划确定的各乡（镇）控制指标相符，与土地利用分区一致。乡（镇）土地利用总体规划的修改或调整，涉及改变规划规定内容的，必须由设区的市、自治州人民政府审查同

意后报经省人民政府批准。

各市（州）人民政府审批的乡（镇）土地利用总体规划应在一个月内报省国土资源厅备案。

四、强化国土资源执法监察职能

（一）进一步建立健全全省国土资源执法监察体系，实行三级执法监察联动，形成执法监察网络。经机构编制管理部门批准，分别设立省、市（州）、县（市、区）国土资源执法监察机构和队伍，并隶属于同级国土资源主管部门，接受上级国土资源执法监察机构和队伍的业务指导。市（州）、县（市、区）国土资源执法监察队伍的性质为行政执法单位，其人员编制在现有执法人员编制内调剂核定，人员按公务员进行管理。

（二）切实加大执法监察力度。省政府、省国土资源厅要切实加强对市（州）、县（市）政府及其国土资源主管部门执行和遵守国土资源管理法律法规情况的监督检查，加大直接查处市（州）、县（市）政府及其国土资源主管部门违反国土资源管理法律法规行为的力度，对典型案件要公开曝光。市（州）、县（市）政府和国土资源主管部门要严格履行国土资源管理职责，按照国家国土资源管理的方针、法律法规和省有关国土资源管理的地方性法规及政策推进依法行政，保证政令畅通。省国土资源厅要加强对下级国土资源主管部门履行职责的管理监督，对坚持原则、严格执法的干部要加以保护，对不执行和不遵守国土资源管理法律法规的行为要严肃追究有关人员的责任。

（三）市（州）、县（市）政府要切实履行国土资源管理职责，依法对本行政区域内国土资源进行规划、管理、保护和开发利用，严肃依法查处违反国土资源管理法律法规的行为。市（州）、县（市）政府及其国土资源主管部门要切实加强执法监察机构和队伍建设，提高执法监察人员素质。认真落实国土资源执法监察报告备案、动态巡查等各项制度，特别要加强对耕地保护的动态巡查，发现违法行为要及时制止、纠正并报告，力争将破坏耕地、滥占耕地的行为控制在初始状态。

为了适应强化国土资源管理职能的需要，对省国土资源厅的职能、内设机构、人员编制等作相应调整，具体事宜由省编办商省国土资源厅、省财政厅提出意见报省编委批准。

五、加强组织领导，确保国土资源管理体制改革的顺利实施

（一）提高认识，加强领导。实行省以下国土资源管理体制改革是党中央、国务院为进一步加强国家对国土资源宏观调控，强化和分解省级人民政府保护土地资源的责任，落实最严格的土地管理制度，切实加强矿产资源管理，推进依法行政，解决国土资源管理特别是土地管理中的突出问题，保证国民经济平稳运行做出的重大决策。各级政府要提高认识，服从大局，加强领导，成立由政府分管领导任组长，组织、人事、编制、财政、监察、国土资源等有关部门负责同志参加的国土资源管理体制改革领导小组，全面负责本行政区国土资源管理体制的改革工作。

（二）严肃纪律，严格要求。体制改革期间，严禁突击提拔干部和提高干部待遇。加强国有资产管理，防止流失。不得借改革之机乱分乱发钱物，严禁抽逃资产、资金，隐匿、转移或者虚列债权债务，不得以任何名义突击花钱、公费旅游、公款吃喝，铺张浪费。对违反规定的行为，一经发现要严肃查处并追究主要负责人的责任。

（三）积极协调，稳步推进。各级国土资源主管部门要妥善处理好各方面关系，保证各项改革工作规范、平稳地进行，做到思想不散，秩序不乱，工作不断。各级国土资源主管部门要根据业务归

类、职能整合的原则综合设置内部机构。凡涉及机构的设置、变更、撤销、领导职数的调整，应事先征求上一级国土资源主管部门的意见，再按规定程序报批。

（四）切实加强国土资源主管部门队伍建设，不断提高整体素质。各级国土资源主管部门应在核定的编制、职数内配备人员。国土资源管理行政机关、经批准按照公务员制度管理的国土资源管理所、国土资源执法监察机构录用主任科员及以下非领导职务人员，必须按照《国家公务员暂行条例》、《四川省考试录用国家公务员暂行办法》的有关规定，坚持“凡进必考”，实行考试录用；事业单位人员一律实行聘用制。在国土资源管理体制改革中要坚持按编制接收人，按职数任命干部。对原乡（镇）国土资源管理所、执法监察队的在编在岗具有公务员身份的人员，可在本次改革后设置的机构编制内直接划转；其余人员在编制内通过竞争性考试择优录用，具体办法由省国土资源厅商省人事厅确定。未划转人员由市（州）、县（市、区）人民政府负责妥善安置。

此次国土资源管理体制改革工作时间紧，任务重，要求高，各地要按照本方案的要求，结合本地实际尽快制订具体工作方案，经党委、政府研究并报上一级国土资源主管部门备案后实施。改革工作完成后，各市（州）人民政府要将有关情况向省人民政府书面报告并抄送省国土资源厅。

四川省人民政府

2004年12月27日

四川省人民政府关于进一步加强岷江、沱江、嘉陵江流域重点工业污染源综合治理的通知

（川府发〔2005〕9号）

为认真贯彻全省环境保护工作现场会议精神，全面落实《中共四川省委四川省人民政府关于进一步加强环境保护工作的决定》（川委发〔2004〕38号）要求，确保2005年全省工业污染源全面达标目标的实现，省政府决定继续加强对岷江、沱江、嘉陵江流域重点工业污染源实施综合治理。现就有关工作事项通知如下。

一、治理目标

2005年12月31日前，岷江、沱江、嘉陵江流域内实现污染企业主要污染因子全面达标排放；巩固近两年的治理成果，确保32家制浆造纸厂、564家重点污染企业稳定达标；继续整治电力、冶金、建材、矿山等行业237家重点污染企业并于2005年12月31日前完成治理任务。其中，水污染企业要安装自动监测系统并实现联网；对死灰复燃的“十五小”企业或不符合国家产业政策的企业一律取缔、关闭；对违反环保法规的新、扩、改建项目，已经投产的要责令停产整顿，正在建设中的要责令停止建设并依法处理。

二、治理步骤

（一）清理整顿。对全省范围内所有工业污染源排放情况进行一次全面调查，摸清全省工业排污的基本情况。省政府成立由环保、经贸、统计等相关部门组成的专门工作小组，各市（州）、县（市、区）要建立相应工作机构，负责行政区域内污染源调查工作，具体调查工作办法由省环保局负责制订。对普查中发现的未达标企业要纳入整治范围，限期治理。

（二）限期完成。三江流域的237家企业（附件1）要进行限期治理，其中30家企业（附件2）列入省挂牌督查目标，列入限期治理的企业必须于2005年12月31日前完成治理任务，实现达标排放。逾期未完成的一律停产治理，治理无望的予以关闭。

（三）考核验收。按照严格标准、按级负责、完成一个验收一个的原则进行验收。水污染企业的验收，按照省经委、省环保局《关于做好岷江、沱江、嘉陵江流域工业污染源整治重点企业污染治理考核验收工作的通知》（川经资源〔2004〕253号）要求进行。大气污染企业的验收办法由省环保局和省经委另行制订。省控30家重点污染企业的验收由省环保局和省经委组织实施，其余企业由各市（州）环保局和经委（经贸委）组织实施。

三、工作措施

（一）明确责任，切实加强对治理工作的领导。重点工业污染源整治工作和全面达标工程事关“还一江清水，让人民满意”目标的实现。各级政府要从践行“三个代表”重要思想的高度认真搞好整治工作。省政府将今年岷江、沱江、嘉陵江流域重点工业污染源治理工作及全面达标作为为民办实事项目并纳入各市（州）党政一把手目标考核内容。

（二）严格监管，促进治理工作的深入开展。

1. 限期治理和工业污染源调查工作由各市（州）政府负责并组织实施。各市（州）政府要按照省政府的统一部署组织制订本地的调查工作方案和限期治理计划及实施方案，认真查清本行政区域内重点污染企业的达标排放情况，将治理任务切实落实到基层、企业，确保全面达标目标的实现。

2. 严格实行环境容量总量控制计划。岷江、沱江流域要按照省政府核定的容量和总量要求，完成2005年的主要污染物削减任务。

3. 严格执行环境影响评价和“三同时”制度。对未依法开展环评或未经环保部门审批的规划和建设项目一律不予立项。对无环境容量的地区，除治理污染的项目外，一律停上新项目。

4. 把发展循环经济、推行清洁生产作为产业结构调整的重要举措。在整治工作中积极采用资源节约和综合利用措施及清洁生产方式，促进循环经济的发展。

5. 在整治工作中积极调整优化产业结构，坚决扭转高消耗、重污染、低产出的状况，采用高新技术改造传统产业，淘汰落后设备、工艺和技术。根据资源条件和区域特点合理调整产业布局，逐步构建节约型、环保型的产业结构。

（三）加强配合，确保治理工作的顺利进行。各市（州）政府和有关部门要搞好分工协调，加强配合和分类指导。环保和经委等相关部门要协助企业寻求科学治污技术和方案，制定环保设施运行管理制度，建立环境安全事故应急预案，设立专项治理资金，严厉打击违法排污行为，支持和鼓励企业搞好污染治理。

（四）搞好宣传，营造治理工作的良好氛围。综合治理涉及到人民群众和企业的切身利益，各市（州）政府要加强对整治工作的舆论宣传，发挥宣传工作在综合治理中的积极作用，让整治工作深入人心。各级政府及职能部门要设立举报电话，完善和落实环境违法行为有奖举报制度，调动人民群众的参与热情。

各市（州）政府要以整治工作为契机，按照对行政区域内环境质量负责的要求改善环境质量，促进区域经济发展，为推动我省经济社会全面协调可持续发展做出新贡献。

附件：

1. 2005年岷江、沱江、嘉陵江流域限期治理企业名单（略）

2. 2005年省挂牌督察企业名单（略）

四川省人民政府

2005年3月1日

四川省人民政府关于进一步加强大型水利水电工程移民管理工作的通知

（川府发〔2005〕7号）

为了顺利推进国家西电东送战略性电源基地建设，培育我省水电支柱产业，加快实现“三个转变”，根据国家发展改革委（原国家计委）《关于印发水电工程建设征地移民工作暂行管理办法的通知》（计基础〔2002〕2623号）和有关法律法规的规定，现将进一步加强全省大型水利水电工程移民管理工作即经国家投资主管部门、行业行政主管部门和省投资主管部门审批、核准的大型水利水电工程移民迁建安置、库区复建、移民后期扶持等管理工作通知如下。

一、移民工作管理体制

大型水利水电工程移民管理工作实行政府负责、投资包干、业主参与、综合监理的管理体制。各级政府、省级有关部门、企事业单位要高度重视移民管理工作，根据各自职能职责积极主动承担、参与移民迁建安置、后期扶持工作。

建设征地移民工作实行省人民政府全面负责，县为基础、分级负责的管理方式。省人民政府根据国务院投资主管部门批准的大型水利水电工程移民安置规划，负责做好全省的征地移民工作。

（一）市（州）、县（市、区）人民政府职责：

各市（州）、县（市、区）人民政府是本行政区征地移民工作的责任主体，应加强对移民工作的领导并根据需要明确专门的管理机构负责移民工作。人员经费由同级财政在预算中列支，办公经费在移民工作管理费中解决。主要职责为：

1. 贯彻执行征地移民的法律、法规和政策，根据国家和省的有关规定制订本地的具体实施办法。参与电站建设和移民安置前期规划设计，开展本行政区内的移民迁建安置、扶持实施规划设计及概算编制。按规定管理使用上级下达的移民资金，配合对移民资金使用情况的审计，确保移民资金的安全。

2. 按批准的实施规划设计及概算组织实施本行政区内移民迁建安置和后期扶持工作，实施本级管理的移民迁建安置配套建设项目，落实与移民迁建安置相关的社会发展项目的投资。负责所管辖移民建设项目工程监理，配合移民安置综合监理。组织本行政区内移民迁建安置、扶持分阶段验收和全面验收。

3. 办理外迁移民的保险，作好本地移民群众的稳定工作。组织本地移民干部培训和农村移民劳动力转移性职业培训。

（二）省级有关部门职责：

省移民机构作为全省大型水利水电工程建设征地移民工作的责任单位，认真贯彻执行有关法律、法规、政策，研究制订具体措施，根据省人民政府的授权与项目法人签订移民安置任务及补偿投资包干协议。组织有关部门配合项目法人和设计单位开展移民安置的前期规划设计。依据国家批准的移民安置规划和枢纽工程建设施工计划组织有关单位编制、审查移民安置实施规划和年度计划。及时协调、处理移民安置中的问题，与项目法人共同委托开展移民综合监理，组织有关单位向项目法人编报实施进度及资金使用的统计报表，配合国家和省级有关部门对移民资金使用情况进行审计。组织项目法人、设计、监理等单位对移民安置进行检查验收，配合工程立项审批（核准）部门组织的移民安置竣工验收。负责实施移民后期扶持和对移民干部及移民的技术业务培训。

省投资主管部门负责审查业主和主体设计单位资格，协调水库移民投资与枢纽投资的关系，督促业主及主体设计单位在大型水利水电工程各设计阶段必须进行移民迁建安置社会稳定影响评估，要求移民安置规划设计与枢纽工程设计达到同等技术深度，一并审核报批。审核上报移民迁建安置实施规划设计及其实施过程中的重大设计变更和投资规模变化，参与移民迁建安置阶段性验收和全面验收。

省城乡建设主管部门负责对参加移民迁建安置工程建设的施工单位进行资格审查，从前期工作开始参与对迁建城（集）镇新址的各阶段论证、审查、核定，监督移民迁建安置工程的招投标，参与工程的单项验收和全面验收。

省交通主管部门在大型水利水电工程可研阶段负责对淹没迁建公路、水运设施建设等库区交通网络的统筹规划，避免重复建设。落实交通建设项目实施单位，协助业主与项目实施单位签订协议。会同省移民机构审查审批交通建设项目初步设计。迁建公路、水运设施所需资金由业主根据批准的概算按协议拨付项目实施单位，省交通主管部门负责协调与监督。

省国土资源主管部门参与枢纽工程建设及移民迁建安置前期规划设计，审查实施规划设计阶段的土地利用规划和评估，协调落实移民迁建安置所需的用地指标，负责业主、地方政府、专项实施单位申报的枢纽施工区、水库淹没区、新址占地区征地手续的审查报批。依照耕地占补平衡规定，结合移民安置规划实施耕地占补平衡开发，新开发的耕地首先用于安置农村移民。参与移民工作的阶段验收和全面初验。

省水利主管部门参与移民迁建安置前期规划设计和实施规划，审查其水资源开发利用、节约用水与水资源保护规划，对配套骨干水利工程的建设实行行业管理。组织实施农村移民安置水利发展规划和农村移民安置配套的社会水利发展规划，参与移民工作的阶段验收和全面初验。

省文物主管部门参与移民迁建安置可研阶段前期规划设计，对涉及区域提出文物调查方案。按批准的调查方案实施文物发掘调查，负责保护好已发现的文物并做出文物保护、迁移、陈列等实施规划设计。按照批准的文物保护实施规划设计及概算和已发现文物等级监督文物保护实施规划设计的具体落实并组织验收、移交。

工矿企业省级行政主管部门参与移民迁建安置可研阶段前期规划和实施规划设计，对需要搬迁的工矿企业进行搬迁评估，指导工矿企业迁建、重置复建、改组新建。

省劳动保障主管部门参与移民迁建安置实施规划设计和制定农村移民安置中的社会保障政策，审查以社会保障形式作为农村移民安置渠道的相关方案，监督检查农村移民安置中社会保障权益的落实情况。

省物价主管部门参与移民迁建安置实施规划设计阶段有关价格测算，按照国家价格法规和移民后期扶持政策测算制订移民扶持资金进入电价、水价成本水平及移民后扶征收标准，监督检查涉及移民群众权益的价格政策的贯彻落实。

财政、林业、民政、环保等部门参与做好移民前期工作和实施管理工作。

电网经营企业参与大型水利水电工程移民迁建安置前期规划设计，按照批准的规划设计方案和概算制订和实施水库淹没区电力网络恢复重建和移民迁建安置供电配套工程建设计划。提出水库淹没区电力网络设施拆迁补偿方案并参与审查确定。指导供区内用户电力设施恢复重建、配套新建并对接入系统设施进行验收。按照国家、省的有关规定承办省人民政府委托通过电网征收、提取的移民扶持政府性基金的代收统缴。

省级通信运营企业参与大型水利水电工程移民迁建安置可研阶段前期规划和实施规划设计，按批准的移民迁建安置实施规划设计及概算组织实施属本企业资产的设施、网络、台、站的重置复建和配套新建。

项目法人应设立征地移民管理机构，委托有资质的设计单位进行征地移民安置的前期规划设计和移民迁建安置社会稳定评估，参与征地移民安置实施规划设计。根据批准的征地移民安置规划与有关地方政府或移民机构签订征地移民安置任务及补偿投资包干协议。按照规定的程序办理建设征地的相关手续。协同省移民机构审核移民安置和资金使用年度计划，按计划拨付移民资金。与省移民机构共同委托移民安置综合监理。配合国家和省级有关部门对移民资金使用情况进行检查和审计，参与移民工作的检查验收，按规定对移民进行扶持。做好与地方政府的沟通、协调、联系，维护社会稳定。

二、设计管理

承担移民安置规划设计的单位必须具有国家认可的水电工程勘测设计及相关专业设计的资质，可研阶段所提交的移民规划设计、概算和移民迁建安置评估报告应达到与枢纽工程设计同等深度。移民安置规划应会同地方政府进行编制，报初步设计审批部门批准。未经批准不得开工建设。工程开工后，必须依据批准的移民安置规划编制实施规划，报省人民政府批准。实施规划有重大变更的，应按规定逐级上报审批。承担实施规划编制任务的设计单位要派代表驻移民安置实施现场负责设计交底并配合做好移民安置规划的实施。在移民安置实施中发生重大设计变更的，设计单位应分析原因并提出处理意见，经移民监理单位签署意见后按有关规定逐级上报审批。

参与移民前期规划、实物指标调查、社会稳定评估和移民迁建安置实施规划设计的单位和主持评审的单位，对其提交、审定的技术成果承担相应的经济、法律责任。

征地移民安置规划审批后3年尚未开工建设的，应重新组织编制，按原审批程序报批。

三、资金管理

移民资金是专项用于水利水电工程移民迁建安置和扶持的资金，严禁任何单位和个人挪作他用。移民资金以批准的水库淹没补偿标准、移民投资概算、迁建安置实施规划和后期扶持规划为依据，由项目法人或省财政部门根据省移民机构下达的移民迁建安置年度计划、实施进度和后期扶持计划按资金管理核算渠道分期拨付。

按照省级负责、县为基础的原则，对移民资金实行统一计划，分级管理，专款专用。省移民机构负责全省移民资金财务管理并对资金使用情况进行监督检查。省以下移民机构负责本级和所属单位移民资金的财务管理并对上级主管部门负责。

省移民机构依照批准的移民迁建安置规划将批准的投资概算及调整概算分解到移民迁建配套项目、农村移民安置点（或集体经济组织）及移民人口，由当地政府张榜公布。

县（市、区）移民机构应在移民搬迁前把移民个人补偿补助费、土地补偿费、安置补助费、基础设施配套费和集体财产补偿费等项资金按实施方案在移民村、组或安置点张榜公布。

市（州）、县（市、区）移民机构应到当地国有或国有控股商业银行开设专户，将移民机构工作经费与移民补偿、补助、扶持、建设项目等资金专户分账管理，不得互相挤占挪用。县（市、区）以下设立的移民工程建设指挥部（管委会）和乡（镇）不是一级财务核算单位，移民资金不得经其转拨。

按规定应直接兑付给移民户的财产补偿、搬迁补助、集体财产分配、后期扶持等资金必须及时张榜公布，采取存折（卡）形式按规定时间转账兑现给移民户。任何单位和个人不得以任何理由挤占、截留和拖延。

移民资金、资产形成的债权不得随意减免。确需减免的，按管理权限和规定程序报批。

建立移民资金审批、使用责任制，地方移民机构和实施部门应对移民资金的使用严格管理，建立健全移民资金使用监督管理制度。同级监察、审计、财政等部门要加大对移民资金的监管力度（具体办法由省财政部门会同省移民部门制定）。审计部门要定期对移民资金使用进行审计并将审计结果向社会公布。

四、工程管理

实行移民迁建开发、后期扶持项目申报、审批、实施责任制。各级政府及移民机构应依照法律和政策规定管理移民项目。省移民机构应按照征地移民安置任务、补偿投资包干协议的要求和批准的后期扶持规划组织迁建实施机构和地方人民政府对移民工程具体实施和管理。有移民安置任务的各级地方人民政府及有关部门要按征地移民安置实施规划和枢纽工程建设进度要求编制实施年度计划经移民综合监理签证，由省移民机构会同项目法人审核后下达。审核下达的实施年度计划必须严格执行。

移民安置的项目实施应分类管理。对工程项目的实施应严格执行基本建设项目管理的规定；对补偿项目的实施应将确定的补偿内容、补偿标准及支付方式向移民群众公布，按移民搬迁安置进度支付。

水利水电设施、工矿企业的迁建、重置复建、防护、改扩建、配套新建，由企业在当地政府的指导下按批准的规划设计和补偿概算实施。

各移民安置实施单位要定期填报实施进度、完成工程量报表，经移民综合监理签证后报上级移民机构和项目法人。省移民机构要对全省移民安置实施进度、质量进行监督检查，对不符合要求的要及时整改。

移民迁建安置和扶持工作要按规定的程序、标准、内容进行验收。首先由各市（州）、县（市、区）组织对本行政区域内移民迁建安置进行初验，报省移民机构组织全面验收，经验收合格呈省人民政府审核后报国务院投资主管部门进行最终验收。

移民迁建安置和扶持工作必须建立档案。省移民机构建立大项目档案，县（市、区）移民机构建立移民分户档案和全部项目档案并按照规定进行档案管理。

五、移民监理

征地移民安置的实施必须由有资质的监理单位依据项目法人与地方政府或政府委托的移民机构签订的征地移民安置任务及补偿投资包干协议以及经批准的实施规划、概算和下达的年度计划，对征地移民安置的总体进度、综合质量和补偿投资的使用进行全过程监理。移民迁建安置和扶持中的单项工程项目由项目责任单位通过招标方式选择有资质的监理单位进行建设监理。

监理单位和监理工程师的资质由国家有关部门统一管理。

六、后期扶持管理

移民后期扶持的对象是经国家批准核定的水库淹没影响区、枢纽工程施工区和城（集）镇及专项设施新址征地范围内的生产安置移民人口。移民后期扶持统一执行国家有关政策，如因特殊情况需加大扶持力度或延长扶持时间的，由省移民机构提出，经省人民政府同意后报国家有关部门审批。

省移民机构根据移民安置工作实际和国家有关移民后期扶持政策制订移民后期扶持实施办法，报省人民政府批准后会同有关单位、省级有关部门落实后期扶持资金和编制下达年度实施计划，县（市、区）人民政府及移民机构按规定落实。

后期扶持实施的工程项目由各市（州）、县（市、区）组织初步验收，经省移民机构复核后报省人民政府组织最终验收。

七、监督检查

任何单位和个人未经批准不得擅自调整、修改移民安置实施规划和移民资金年度项目计划，不得擅自将移民迁建用地的使用权转让或者用于非移民项目，不得在淹没线以下擅自新建、扩建和改建项目。违者由有关部门依法处理并追究直接责任人的责任。

移民资金必须专款专用，坚决制止挤占、挪用、截留移民资金。严禁将移民资金用于非移民项目、偿还非移民债务和平衡地方财政预算，严禁利用移民资金进行融资、投资和提供担保以及购买股票、债券和其他有价证券。违者由监察、审计、财政机关依法处理并追究直接责任人的责任。构成犯罪的，由司法机关依法追究法律责任。

四川省人民政府
2005年3月4日

四川省人民政府关于进一步促进非公有制经济发展的实施意见

（川府发〔2005〕21号）

各市（州）人民政府，省级各部门：

为深入贯彻《国务院关于鼓励支持和引导个体私营等非公有制经济发展的若干意见》（国发〔2005〕3号，以下简称《意见》）精神，加大支持非公有制经济发展的力度，加快我省非公有制经济持续健康发展，充分发挥非公有制经济在推进四川发展新跨越、全面建设小康、构建社会主义和谐社会的重要作用，结合我省经济发展实际，现提出如下实施意见。

一、放宽非公有制经济市场准入，实行公平待遇

（一）非公有资本可进入法律法规未禁入的行业和领域。贯彻“平等准入、公平待遇”原则，允许国内非公有资本进入国家允许外资进入的所有行业和领域。对非公有制企业与其他所有制企业在投资核准、融资服务、财税政策、土地使用、人才引进、职称评定、证照办理、收费标准、对外贸易和经济技术合作等方面实行同等待遇。

（二）鼓励非公有资本进入垄断行业。推进垄断行业改革，对非公有资本进入垄断行业和领域实行平等的市场准入条件。鼓励非公有资本以参股等方式进入自然垄断行业。在地方电力、电信、铁路、民航、石油等行业和领域进一步引入市场竞争机制，吸引和鼓励非公有资本以独资、合资、合作、项目融资等方式进入垄断行业和领域。对国家规划和法律法规允许非公有资本进入的矿产资源开发领域，支持鼓励非公有制企业依法取得矿产资源的探矿权、采矿权进行商业性矿产资源的勘查开发。逐步完善对垄断行业的价格管制方式。

（三）引导和鼓励非公有资本进入公用事业、基础设施和国防工业建设领域。大力推进公用事业和基础设施领域市场化进程。支持鼓励非公有资本积极参与城镇供水、供气、供热、公共交通、污水处理等市政公用事业和基础设施领域的投资、建设与营运。完善政府特许经营制度，规范招投标行为。鼓励非公有制企业参与市政公用事业、单位的产权制度和经营方式改革。在保障国家利益和公众利益的前提下，积极推行BOT（建设—经营—转让）、TOT（转让—经营—转让）有效形式。非公有制企业可参与军工生产和科研项目的竞标以及军工企业的改组改制，参与军民两用高技术开发

及其产业化。

（四）非公有制经济可积极参与国有经济结构调整和国有企业重组。大力发展国有资本、集体资本和非公有资本等参股的混合所有制经济。鼓励非公有制企业通过并购和控股、参股等多种形式参与国有和集体企业的改组改制。非公有制企业并购国有企业、参与其分离办社会职能和辅业改制，在资产处置、债务处理、职工安置和社会保障等方面参照执行国有企业改革的相应政策。

（五）支持鼓励非公有资本进入社会事业领域。支持、引导和规范非公有资本投资教育、科研、卫生、文化、体育等社会事业。支持非公有制经济参与公有制社会事业单位的改组改制。

认真贯彻《中华人民共和国民办教育促进法》（主席令第80号）、《中华人民共和国民办教育促进法实施条例》和《四川省人民政府关于大力促进民办教育发展的决定》（川府发〔2003〕43号），民办学校依法享受与公办学校的同等待遇。

积极发展非公有制科技型企业，加快促进各类科技成果转化和高新技术发展。加强企业孵化基地建设，改善非公有制科技型企业创业孵化服务条件，推进非公有制企业之间和非公有制企业与公有制企业、各类高校和科研机构的产学研合作，建立各种形式的科技和研发合作联盟。支持具备条件的非公有制企业和非公有资本自主创办科研开发机构以及参与国有科研机构的改制，扶持非公有制企业创立高新技术品牌。鼓励国有科研机构向非公有制企业开放实验室，充分利用现有科技资源逐步建立技术市场，搞好对非公有制企业的技术转移服务。鼓励有专长的离退休人员为非公有制企业提供技术服务。降低非公有制企业创新创业的成本和风险。

非公有制资本可对农村非政府举办的医疗机构资源重组或改制。支持城市非公有制医疗机构到农村办医。允许有条件的非公有制医疗机构参与举办社区卫生服务站，支持非公有制医疗机构申请医保定点医疗资格。

认真贯彻《国务院关于非公有资本进入文化产业的若干决定》（国发〔2005〕10号）精神，加快文化产品市场建设。鼓励和支持非公有制文化、体育企业产品出口、申报产业示范基地、竞标政府文化、体育项目采购和建设。鼓励非公有制资本及个人投资兴办艺术学校、表演团体、文化馆、文化活动中心、书画院、博物馆、美术馆、收藏馆等文化类民办非企业机构。鼓励非公有资本进入印刷、发行领域。支持非公有制经济兴办资金投入多、设备先进、技术起点高的包装装潢印刷企业。在坚持备案、审批制度的前提下，取消省外出版物来川代印管理的收费项目。

（六）鼓励投资主体多元化，扩大出资者范围。凡是法律不禁止的企业法人、社会团体、事业单位、民办非企业单位以及不具备法人资格的个人独资企业、合伙企业、个体工商户、自然人（除法律、法规、规章和党纪、政纪限制的外）均可成为公司股东或联营企业、外商投资企业的出资人。鼓励企业内部职工投资入股，对职工人数超过股东法定人数的，允许依托工会设立职工持股会，以职工持股会的名义投资入股。

（七）允许以技术等无形资产作为资本投入办企业。技术或专利所有权人用以法律形式取得产权的高新技术成果或专利、专有技术投资办各类企业的，经专业的科技评估机构评估和省科技主管部门认定，企业驰名商标、著名商标经有资格评估机构评估后，都可以作为企业注册的出资形式。但在注册资本中的比例货币出资不得低于30%。

（八）放宽企业对外投资比例，降低公司设立注册资本金的最低限额。不论公司还是非公司制企业对外投资比例，除企业章程另有规定外，累计投资额可达其净资产的70%。有限责任公司设立时最低注册资本为3万元，可一次缴清公司章程规定的全额出资，也可在两年内缴清，但首期出资不得低于注册资本的20%和最低限额。

二、鼓励支持非公有制经济发展的各项政策措施

（九）加大财税支持和服务力度。各级地方政府和财政部门在安排工业发展资金和中小企业发展专项资金时要与其他所有制企业一视同仁。税务部门要健全税收管理体制，用好用活现行税收政策，改进工作机制，强化税收服务，优化治税环境，维护纳税人合法权益。认真贯彻《财政部、国家税务总局关于下岗失业人员再就业有关税收政策问题的通知》（财税〔2002〕208号）精神，从我省实际出发，提高个体工商户、私营企业增值税起征点。各级财政根据财力可以设立专项资金，用于支持民办教育的发展和民办教育的科研；奖励和表彰有突出贡献的集体和个人；对在贫穷地区设立的具有公益性的民办教育机构给予补助。对非公有制经济投资的民办教育，其收费标准可按教育成本并适当考虑合理回报制订。

（十）鼓励投融资服务创新，加大信贷支持力度。金融机构要加强与非公有制企业的信息沟通与交流，调整信贷资产结构，拓宽业务领域，积极主动地与一批成长型的非公有制企业建立长期的银企关系。鼓励从事水利、交通、能源、垃圾和污水处理、环卫设施等基础设施和公用事业领域投资的非公有制企业承包开展项目融资。对优势非公有制企业的建设项目引入国家和地方的重点项目规划和管理，利用贷款利率等政策措施，引导、鼓励各金融机构逐步提高对中小企业的贷款比例。鼓励金融机构积极主动地为非公有制企业提供融资租赁、公司理财、账户托管等服务。拓展以非公有制企业为主要对象的实物资产抵押贷款业务。积极探索多种银行抵押、质押保证方式，特别是开发既能满足企业需求、又能控制银行风险的信贷新品种，积极为非公有制企业提供票据贴现和动产、应收账款、工业产权、非专利技术等质押贷款，拓展信贷市场。

各保险机构要认真研究非公有制企业的特点，深入分析非公有制企业对保险的需求，积极探索非公有制企业保险产品创新和服务新途径，大力开发设计适合非公有制经济特点的保险产品和销售方式，切实为非公有制企业快速健康发展提供专业化保险服务。

（十一）积极开展信用担保信贷业务。完善适合非公有制企业的资信评估和授信制度。各金融机构要不断完善资信评估办法，按照统一公平的标准客观评定非公有制企业的信用等级。对非公有制企业特别是中小企业要采用与大企业不同的信用评级和授信办法，积极开展“信用企业”创建活动。建立和完善担保机构信用体系，建立信用担保机构的行业准入、风险控制、损失补偿机制和再担保机制。鼓励符合条件的非公有制企业成立商业性担保机构和互助性担保机构，依法开展各类互助性融资担保。各金融机构要主动与当地中小企业信用担保基金和区域性信用担保机构发展业务合作，就担保基金的担保融资扩大比例、贷款风险损失的分担等充分协商，发挥好信用担保基金和信用担保机构在解决中小企业融资方面的保障作用，积极为中小企业提供信用担保信贷服务。各保险机构应与其他监管机构、金融机构合作，建立风险信息和信用共享平台，提高识别和评估风险的能力，大力发展信用保险和保证保险业务，为中小企业融资提供保险保障服务。

（十二）大力发展和完善直接融资体系。支持非公有制企业利用资本市场平台加快发展。抓紧培育非公有制企业中优质上市公司的后备资源，推荐符合条件的非公有制企业公开发行股票并上市，鼓励非公有制企业承包以股权融资和项目融资等方式筹集资金。允许符合国家产业政策、信誉良好、

实力较强的非公有制企业依照国家有关规定发行企业债券。鼓励信托投资公司探索面向收益稳定、风险可控的非公有制企业承包的股票信托计划。整合全省产权交易市场，推进多层次、多品种资本市场的建设，增加非公有制企业的资本性融资渠道。

（十三）加快促进非公有制经济发展的社会化服务体系建设。建立与非公有制企业发展相配套的社会服务协作体系，加快咨询、评估、会计、律师、招投标代理等中介服务的标准制订的管理工作监督机制建设。加大对中介服务机构的支持力度，坚持社会化、专业化、市场化的原则，支持发展创业辅导、筹资融资、市场开拓、技术支持、认证认可、信息服务、管理咨询等各类社会中介服务机构，积极为初创小企业提供各类创业服务和政策支持。按照市场化原则发展和规范各类行业协会、商会等自律性组织，促进非公有制经济优势互补、协作发展，提高企业在整个社会中的组织化程度。

（十四）引导非公有制经济优化产业结构，提高技术含量和产品附加值。支持鼓励非公有制企业开发新产品、新技术、新工艺，运用先进的技术改造传统产业。非公有制经济优势企业的重点项目可申请政府财政挖潜改造资金、技改贷款贴息资金和科技三项费用的支持。

（十五）加大科技计划对非公有制经济的支持力度。公开各项政策措施和各种计划的申报程序和渠道，鼓励和支持非公有制企业通过公平竞争承担科技攻关计划、星火计划、火炬计划等科技专项计划。积极指导、支持非公有制企业争取国家863计划、国家重点新产品计划及科技型中小企业创新基金和农业科技成果转化资金。支持非公有制企业技术创新活动，帮助其通过项目支持整合科技资源，提高企业技术创新能力和市场竞争能力。支持非公有资本创办科技型中小企业和科技开发机构。

（十六）大力推进农业产业化进程。支持鼓励农业协会组织的建立和发展，充分发挥农协在农业信息服务、农业科技推广和促进产业发展的作用。大力培育和扶持非公有农业产业化龙头企业，通过农业产业化整合优化当地物资资源和人力资源配置，为非公有制经济拓展新的发展空间和领域。

支持鼓励非公有制企业走农业产业化发展道路。按照“公司＋基地＋农户”的产业化经营模式，积极帮助企业建立稳定的订单生产基地。大力发展无公害农产品、绿色食品、名牌优质农产品和出口农产品，培育一批标准化的生产基地、出口基地和大型农产品加工龙头企业、国内外知名品牌。

（十七）支持鼓励农村经济结构调整和农业科技创新。鼓励各级农技推广专业技术人员以合股或合作等形式领办、创办非公有制农业科研所和科技服务企业，促进非公有制科技企业发展壮大，在服务农业和农村经济结构调整中发挥更大作用。

（十八）支持鼓励非公有制企业开展医药新技术、新产品的研发。大力支持和引导非公有制企业开展中药材种植、养殖，帮助其搭建和疏通引进国内外新品种、新技术、新设备的平台和通道，变四川中药材资源优势为资本优势，促进我省中药材种植、养殖业走向规范化、规模化。

（十九）加大投资促进服务工作，积极开拓国内外市场，充分发挥非公有制企业在招商引资中的积极作用。支持鼓励非公有制企业积极开展招商引资，提高“招商引资”实效。支持我省非公有制企业利用现有生产技术条件做国内外大企业、大品牌、大城市的生产基地和加工车间。

支持鼓励非公有制企业以多种方式吸引外资，引进先进技术、品牌和管理经验。鼓励和支持非公有制企业“走出去”，开展多种形式的境外投资，加大对非公有制企业在境外进行资源勘探、开发、从事境外加工贸易的支持力度。在制定和执行西部促进资金、中小企业国际市场开拓资金、出口信用保险保费贴息等鼓励扶持政策的工作中，与其他所有制企业同等对待。

（二十）引导和鼓励非公有制企业大力实施名牌商标战略。工商和质监部门要积极帮助非公有制企业争创驰名商标和著名商标，争创中国名牌、四川名牌和免检产品，积极申请驰名商标、著名商标和产品原产地域保护，增强我省非公有制企业的市场竞争能力。

（二十一）支持鼓励非公有制企业做大做强，推进专业化协作和产业集群化。各级政府及有关部门要支持鼓励非公有制企业通过重组、兼并、联合、收购等途径向规模化、集团化、跨国化发展，组建一批非公有制企业集团，培育一批高科技企业。推进产品标准化，引导企业向“专、精、特、新”方向发展，搞好特色经营。鼓励中小企业与省内外、国内外大企业开展多种形式合作，建立稳定的产销渠道。实施西部大开发战略，积极引进资金、技术、管理和品牌，利用我省优势，扩大与省外、国外的技术合作。积极发展各种专业市场，抓好工业园区建设，促进产业集约化、规模化。

（二十二）鼓励和倡导公众创业。通过开展创业培训、贷款担保与贴息、场地扶持、开业指导、信息服务等措施，鼓励扶持个人自主创业。除法律法规另有规定外，允许在职人员向非公有制企业出资入股。鼓励各类社会中介组织为初创非公有小企业提供信息及代理服务。

鼓励留学归国人员和高校毕业生自主创业。大力发展创业辅导（孵化）基地，对留学归国人员和高校毕业生以技术入股或投资形式创办的独资、合资或合作的高新技术、支柱产业和新兴服务业企业以及各类新办的非公有制企业提供有关创办企业、信息咨询、市场开拓、技术支持、进出口代理、商务、公用事业、劳动人事和融资担保等方面的专门服务。

鼓励公众创办民办非企业单位。民办非企业单位在土地使用、办公用房、公用事业收费等方面享受与公办机构同等待遇，经认定的高新技术民办非企业单位享受国家税收优惠政策。从机关、国有事业单位转到民办非企业单位的人员的养老保险待遇，结合事业单位改革实行统一政策。

鼓励发展非正规就业劳动组织。鼓励和引导失业和农村富余劳动力通过开办非正规就业劳动组织开发社区服务业，发展家庭工业和工艺作坊等小型制作业，为单位提供社会化服务等方式实现自主创业。经认定的非正规就业劳动组织可享受有关税费减免、从业风险综合保险、岗位补贴和开业指导等优惠扶持政策。

（二十三）鼓励非公有制企业聘用高校毕业生。对非公有制企业聘用外地高校毕业生，成都及各市（州）城市不得限制户口迁入。在申请科研项目和经费、申报科技成果、授予荣誉称号等方面与国有企业职工享受同等待遇。

鼓励非公有制企业吸纳再就业人员。吸纳非农就业、下岗失业和残疾人就业的非公有制企业、民办非企业单位和非正规就业劳动组织，与国有企业一样享受国家和本省有关税费减免的优惠政策。

（二十四）试行“企业法人资格和经营资格相分离的登记制度”。凡符合企业法人条件的生产型企业，经营项目需前置审批而暂未取得批准文件的，经企业申请，可核发“筹办”企业营业执照，待企业完备前置审批再核定经营范围后方能对外开展经营活动。企业法人因重组改制或经营不善丧失经营能力而停止经营，企业要求保留企业法人资格以供清理债权债务的，可将其经营范围予以取消。

（二十五）为非公有制企业在申办工业产品、计量器具、压力容器、特种设备等生产许可证提供帮助和服务。在保证产品质量并符合产业政策和满足生产条件的要求，受理后允许其产品试产试销，质监部门不得以无证生产查处。在企业改制、更名期间，原生产许可证可继续使用到换发新证。

（二十六）非公有制企业自身暂不具备检测手段和检测人员的（行政许可事项除外），可与有关法定检测机构或其他具备检测能力的单位签订委托检测协议，产品经检验合格后允许出厂销售。对国家质检总局规定的有关企业在规模、设备、资金等方面必须达到的部分限制性条款（行政许可事项除外），可根据实际情况允许其在一定期限内分步达到规定要求，在此期间可到质监部门履行相关手续后开展正常生产经营活动。

三、搞好服务，为非公有制经济发展创造良好环境

（二十七）努力改进政府服务。认真贯彻《行政许可法》，深化行政审批制度改革，切实转变政府职能，改善和创新对非公有制企业的服务。把能够通过市场机制调节的职能交给市场，把可以由市场中介组织解决的事务交给市场中介组织，把非公有制企业可以自主决定的事情交给非公有制企业自己依法办理，创造公开、公平、法制化的非公有制经济发展环境。推进政务公开，建立一体化的政务平台。省级经济综合部门要定期向社会发布有关产业政策、发展规划、国企改革、投资重点、市场需求和经济运行等方面的信息和预警信号。

（二十八）切实维护非公有资本投资主体的合法权益。各级政府要切实保护非公有资本投资主体的合法经营权、财产权、知识产权和其他合法权益。对非法改变非公有制企业财产权属关系的依法予以纠正。建立和完善保护非公有资本和非公有制企业合法权益的法规、规章体系。逐步建立规范有序的市场经济秩序，严格规范执法行为，保护平等竞争，严格对非公有制企业乱收费、乱摊派、乱检查、乱代理、乱指定。设立非公有制企业投诉中心。

加强信访工作，对损害投资者权益的行为进行公开披露和处理。加强对非公有制企业的法律知识普及教育，建立和完善维护非公有制企业合法权益的法律咨询、法律服务及法律援助体系。

（二十九）依法保障非公有制企业从业人员的合法权益。非公有制企业要尊重和维护劳动者的合法权益。严格按照《中华人民共和国劳动法》等法律法规，在平等自愿，协商一致的基础上与职工签定规范的劳动合同；遵守国家关于最低工资的规定，规范工资支付行为，按时足额支付职工工资，建立合理的工资正常增长机制。遵守国家关于禁止使用童工的规定，保障职工休息的权利。指导和帮助非公有制企业建立健全平等协商合同制度，建立劳动关系自主协调机制，加强劳动保护和职业病防治，改善工作条件，保护女工的合法权益和特殊利益。劳动保障、法制、监察、工会等部门要开展经常性的检查活动，对企业违反法律法规的行为责令限期改正。

（三十）推进社会保障制度建设。非公有制企业及其职工必须按照国家规定参加企业职工养老、失业、医疗、工伤、生育等社会保险，按时足额缴纳社会保险费。非公有制企业职工流动时，要按照规定及时办理养老保险关系转移，为接续保险做好服务。劳动保障、卫生等有关部门要加强研究，建立健全非公有制企业职工流动的社会保险转接制度，为非公有制企业职工流动做好社会保险接续服务。劳动、工会、保监等部门要认真贯彻落实《劳动法》、《工会法》等法律法规，加强对非公有制企业执行劳动合同、工资报酬、劳动保护和社会保险等法规、政策的监督检查，推行劳动合同制度，尽快建立我省劳动关系协商制度，为构建和谐社会做出努力。

（三十一）做好非公有制企业工会建设。按照《工会法》和《四川省〈中华人民共和国工会法〉实施办法》的规定，保障非公有制企业职工依法参加和组建工会的权利，依法拨付工会经费，为工会正常开展活动创造必要的条件，支持工会依法独立自主开展工作。企业工会组织实行民主管理，依法代表和维护职工合法权益。必须保障职工的劳动权益，建立基层工会委员会的企业可以建立劳

动争议调解机构。必须建立以职工代表大会为基本形式的企业民主管理制度，实行厂务公开制度。

（三十二）全面落实国家法律法规和政策规定。引导和监督非公有制企业依法经营，照章纳税。非公有制企业要依法从事生产经营活动，依法取得相应的资质及许可，服从国家宏观调控，依照《劳动法》、《会计法》、《产品质量法》、《合同法》、《担保法》、《票据法》等来调整和规范生产经营行为，建立健全安全、环保、卫生、劳动保护等责任制度，积极调整和优化产品结构，加快技术创新，提高产品质量，降低资源消耗，减少环境污染。完善安全生产监管体制和机制，切实加强安全生产工作。完善会计核算制度和统计报送制度。

（三十三）完善非公有制企业的组织制度。按照《公司法》等有关法律法规的规定建立规范的个人独资企业、合伙企业和公司制企业。完善企业法人治理结构，建立科学的决策机制。帮助非公有制企业建立产权明晰、组织规范的现代企业制度。积极探索有限合伙制，鼓励发展创业投资公司和创业投资管理公司。

（三十四）加强教育培训体系建设，提高我省非公有制企业经营管理者的素质。引导非公有制企业经营管理者更新知识，改善结构，提高素质。创新培训机制，拓宽培训渠道，更新培训内容，重点开展方针政策、管理知识、专业技能、创新能力等培训。努力建立政府引导、社会支持和企业自主相结合的培训机制，推进以企业家为核心的企业高素质人才队伍建设。建立职业经理人测评与推荐制度，加快非公有制企业经营管理人才职业化和市场化进程。人事部门要抓好我省非公有制企业的人事管理、表彰奖励等工作。各级政府要在城市再就业培训和农村劳动力转移培训上给予资金支持。

（三十五）依法行政，改进监管方式。各级人民政府、省级各部门要结合实际，因地制宜，根据非公有制经济生产经营特点制定监管规章制度，履行必要的管理职能。各监管部门要按照《行政许可法》的要求改革审批和监管制度。运用告知承诺、过程监管等创新方式推进医疗卫生、文化市场、城市管理、经济领域的综合执法，加强对非公有制企业承包的守法教育和市场经营行为监管。加大非公有制企业知识产权保护的监管和执法力度。发挥消费者权益保护等社会组织作用，多渠道拓宽对非公有制企业经营和产品的社会监督。加强工商、税务、金融、技监、监察等监管和执法队伍建设，提高执法队伍素质。监管和执法部门要及时向社会公布监管信息，实行执法公示制度，对有争议的执法行为依法接受行政诉讼的监督。

（三十六）规范国家行政机关和事业单位的收费行为。监察、物价、财政等部门要积极配合，严格执行《财政部、国家发展改革委关于发布〈行政事业性收费项目审批管理暂行办法〉的通知》（财综〔2004〕100号）规定，全面彻底逐项清理并规范我省行政事业性收费项目，减少收费事项，降低收费标准，严格收费项目审批制度。凡保留的收费项目都要严格实行“收支两条线”、“征缴两分离”的综合管理制度。同时对行政部门和行使行政管理权利的事业单位的奖金、福利和补贴由财政统一标准、统一发放，坚决与收费脱钩。各地可试行“多家费，一家收”，严格禁止各种形式的乱收费、乱罚款、乱集资、乱摊派和行政事业单位的中介服务、有偿服务、强制服务等行为。

（三十七）进一步完善统计制度。统计部门要全面、完整、系统、有效地反映非公有制经济发展状况。开展调查研究，及时反映非公有制经济发展出现的新情况和新问题，科学分析非公有制经济发展总量、速度、结构和区域性等运行情况，为各级政府制定有关政策和计划、进行经济管理和宏观调控提供依据，为社会各界提供信息服务。搞好非公有制经济发展成果的评价考核，协助政府进行非公有制经济目标管理考核，对非公有制经济发展情况进行动态监测评价并提出评价报告。

（三十八）营造良好的舆论氛围。新闻媒体要大力宣传党和国家鼓励、支持和引导非公有制经济发展的方针政策与法律法规，宣传非公有制经济在社会主义现代化建设中的重要地位和作用，宣传和表彰非公有制经济中涌现出的先进典型。特别是艰苦创业、依法经营、诚实纳税、致富不忘国家、积极回报社会等先进典型人物，树立非公有制企业的良好形象。各级广播、电视、报业机构要将鼓励支持和引导个体私营等非公有制经济发展的宣传作为一项重要工作纳入年度目标考核。

（三十九）加强对非公有制经济工作的领导和协调力度。要根据《意见》“建立非公有制经济协调机制”的精神，结合工作实际建立发展非公有制经济工作的部门联席会议制度并下设日常办事机构，通过对本级各部门的编制调剂、配备人员，拨付必要的工作经费、提供办公条件等，做到机构、人员、经费、工作“四落实”。加强非公有制经济发展的协调工作，形成上下联动的非公有制经济工作机制。各地要研究提出非公有制经济发展的总体目标并纳入各级地方政府经济发展目标考核。充分发挥各级工商联在政府管理非公有制经济方面的助手作用，工商联要协助政府加强与民间商会、同业公会等机构和非公有制企业的联系，做好非公有制经济代表人士的思想政治工作。

（四十）认真做好贯彻落实工作。各级政府要把贯彻落实《意见》和《中共四川省委、四川省人民政府关于进一步加快民营经济发展的决定》（川委发〔2003〕14号）精神有机结合起来，并根据当地实际制订发展非公有制经济的具体措施和配套办法，切实解决发展非公有制经济出现的各种新问题。对贯彻落实执行情况督促检查，对非公有制经济的重点、热点问题进行督查督办，确保国务院、省、市的各项政策措施落到实处，促进我省非公有制经济持续健康发展。

四川省人民政府

2005年8月25日

中共四川省委　四川省人民政府
关于加强自主创新、走创新型发展道路的决定

（川委发〔2005〕14号）

为切实提高自主创新能力，加快产业结构调整和推进经济增长方式转变，增强核心竞争力，促进全省经济社会持续快速协调发展，现就加强自主创新、走创新型发展道路做出如下决定。

一、落实科学发展观，坚定不移走创新型发展道路

（一）加强自主创新，走创新型发展道路的重大意义。科学技术是第一生产力，当今世界，国家之间、地区之间综合实力的竞争越来越表现为科技的竞争，尤其是自主创新能力的竞争。面对新形势，党中央把握发展大势，提出必须更加坚定地把科技进步和创新作为经济社会发展的首要推动力量，把提高自主创新能力作为调整经济结构、转变增长方式、提高国家竞争力的中心环节，把建设

创新型国家作为面向未来的重大战略。近年来，我省经济社会快速发展，综合实力不断增强，进入了现代化建设进程中最为关键的发展时期。但产业结构不合理、自主知识产权匮乏、整体竞争力较弱、资源环境约束加剧等问题日益突出。经济全球化和科技进步的日新月异，对我省发展既带来了良好机遇，也是严峻挑战。充分发挥我省科技优势，加强自主创新、走创新型发展道路，是强化科技支撑、引领经济发展的现实选择，是实现全面建设小康社会奋斗目标的必由之路。各地、各部门必须转变观念，把提高自主创新能力作为推动经济结构调整、转变增长方式、增强综合竞争实力的中心环节，努力实现发展思路的重大转变，坚定不移走创新型发展道路。

（二）加强自主创新，走创新型发展道路的总体要求。以邓小平理论和“三个代表”重要思想为指导，全面树立和落实科学发展观，坚持“自主创新、重点跨越、支撑发展、引领未来”的方针，深入实施“科教兴川”和“人才强省”战略，围绕经济社会发展这个中心，以推动自主创新为核心，以体制机制创新为动力，以人才队伍建设为支撑，以高新技术产业化和优势特色产业发展为重点，突出企业创新主体地位，走具有四川特点的创新型发展道路。

（三）加强自主创新，走创新型发展道路的主要目标。到2010年，以企业为主体、产学研结合的技术创新体系进一步完善，自主创新能力、科技进步水平显著提高，科学技术综合实力明显增强，形成国家重要的创新型区域、高新技术产业聚集区。全社会R&D投入占全省生产总值的比重达到2%以上，发明专利年度授权量进入全国前列，高新技术产业增加值占全省生产总值的比重达到15%以上，科技进步贡献率达到45%以上。到2020年，建成完善的区域科技创新体系，科技综合实力进入全国前列，若干高技术领域进入世界先进行列，科技进步贡献率达到55%以上。

（四）加强自主创新、走创新型发展道路的主要任务。加强原始创新、集成创新和在引进先进技术基础上的消化吸收创新。集中力量实施一批攻克核心技术、共性关键技术和配套技术的重大科技专项，造就一批拥有自主知识产权、具有国际竞争力的知名企业和品牌。重点发展高新技术产业、优势资源产业、装备制造业、农产品加工业等优势特色产业，广泛应用高新技术改造提升传统产业，推进农业产业化，促进资源集约、节约利用。

二、突出企业创新主体，增强核心竞争力

（五）强化企业技术创新主体地位。深化企业改革，建立完善现代企业制度，充分发挥市场机制作用，推动企业成为技术创新活动的主体、研究开发投入的主体、成果转化和产业化的主体。有关部门要按照国家有关政策抓紧制定激励和扶持企业成为技术创新主体的政策措施，调动企业自主创新的积极性，鼓励企业以市场需求为导向，确立创新战略、品牌战略、技术标准战略目标，努力开发拥有自主知识产权的主导产品、关键技术，掌握一批具有自主知识产权的核心技术和自主品牌，掌握市场竞争主动权，提高核心竞争力。

（六）完善推进企业技术创新的体制机制。深化科技体制改革，支持转制科研机构进入企业，成为企业的重要研发力量；支持有条件的科研院所成为面向企业、开放式的创新基地。完善企业主导、优势互补、利益共享、风险共担的产学研合作机制，推进产学研互动。完善市场导向、政府引导并有利于创新的资源、人才配置机制，推动知识、技术、人才资源向企业流转，努力提高技术转移效率。完善促进企业技术创新的激励机制，建立健全企业技术创新绩效评估和奖励制度，落实国家和省有关技术、知识要素参与创新收益分配的有关政策，依法保证企业技术创新的合法权益。提高企

业管理水平，形成研究开发、成果产业化、技术改造的一体化机制，加快创新成果产业化步伐。

（七）完善企业为主体的技术创新体系。围绕提升企业创新能力，大力推进企业研发机构建设，努力提高企业研发机构运行质量，充分发挥企业研发机构在产业发展中的基础性平台作用。支持企业研发机构强强联合，鼓励大中型企业建立行业技术联盟。推动企业在关键、共性、重大与成套技术方面开展自主创新，突破产业发展的关键技术瓶颈，抢占产业和技术发展制高点。支持以企业为主体建立产学研联盟，鼓励企业与高等学校、科研院所开展共建研发机构、联合培养人才、合作研究、成果转让、信息与仪器设备共享等多种形式的合作。实施知识产权战略，推动企业建立和完善知识产权制度，加强对企业自主知识产权和核心技术的保护。搭建支持企业技术创新的中介服务和投融资平台，强化以企业为主体的技术创新体系功能。

（八）引导和支持企业开展技术创新。进一步规范政府、企业、社会中介等各方行为，大力支持企业技术创新。

定期向社会发布相关产业政策、产业技术政策和重点产业发展信息，为企业开展技术创新提供指导服务。

定期向社会公布企业自主创新能力、创新绩效、创新投入状况，强化企业创新意识。

实施政府采购向自主创新产品倾斜政策。制定支持企业创新的政府采购政策，优先采购拥有自主知识产权的产品，引导公共消费推动技术创新产品广泛应用。

实施税收扶持政策。认真落实国家鼓励企业自主创新的税收政策，帮助企业化减技术创新风险。

完善以企业牵头承担科技开发项目的科技计划管理制度。以政府科技计划项目为载体，集聚各种资源，凝聚各方力量，引导企业自主创新。

重点科研基地全面对企业开放。在川国家和省重点实验室、工程技术研究中心、基础条件平台面向企业开放，支持企业技术创新。

支持科技型中小企业加快发展。加大科技型中小企业创新资金投入，引导、支持中小企业参与国家科技型中小企业发展路线图计划，对高成长的、具有自主知识产权的科技型中小企业上市提供绿色通道和融资便利。企业为开发新技术、研制新产品所购置的试制用关键设备和测试仪器，可按有关政策一次或分次摊入管理费用。

推行民营企业创新创业活动与国有企业同等待遇。民营企业在建立内部研发机构、申请财政科技项目投入、获取公共服务等方面享受与国有企业同等待遇。

企业从事技术转让、技术开发业务和与之相关的技术咨询、技术服务取得的收入免征营业税。企事业单位进行技术转让及在技术转化过程中发生的与技术转让有关的技术咨询、技术服务、技术培训等所得，可按有关政策暂免征收所得税。

三、加强科技创新，增强经济社会发展能力

（九）把大力发展高新技术产业作为科技创新的重中之重。大力加强高技术领域自主创新，在电子信息、生物技术、新材料、中医药、成套装备技术及民用核技术等领域，实现重大关键技术、瓶颈技术的突破。发展壮大特色化、集群化高新技术产业，推进用高新技术、先进适用技术改造和提升装备制造、医药化工等传统产业，带动产业结构升级。

（十）推动优势特色产业发展。针对我省具有优势的矿产、水能、旅游、生物、天然气等资源，

加强开发集约利用的新技术、新工艺、新设备、新材料和新产品的科技攻关，形成我省优势特色产业链和产业集群，带动优势特色产业发展壮大。

（十一）促进农业产业化。加大对新品种、新技术的研究开发力度，大幅度提升农业技术水平和核心竞争力。大力推进农产品精深加工，开发一批具有市场份额和品牌优势的特色产品，延长产业链，培育壮大一批龙头企业，促进农业产业拓展和技术升级，加快农业产业化进程。实施科技富民强县行动，推动县域经济发展，促进农民增收致富。

（十二）推进可持续发展。加快建立节约型社会的技术支撑体系。加强绿色技术、清洁生产等新技术研究开发，促进循环经济发展。开展遏制环境污染关键技术和流域综合治理技术研究，推进长江上游生态屏障建设。大力推进医疗卫生领域科技创新，切实提高重大疾病监测、预防与控制水平。开展食品安全、灾害预测预警和安全防范技术研究，为公共安全提供科技支撑。

四、整合创新资源，增强自主创新能力

（十三）建立完善区域科技创新体系。深化科技体制改革，扩大对内对外科技合作与交流。完善以企业自主创新体系为主体、以科研院所和高等院校为依托、以中介服务为纽带、以科技投入为基本条件、以制度创新和政策法规为保障的具有四川特点的区域创新体系，不断提高科研开发能力、成果产业化能力和中介服务能力。通过支持、引导、市场配置等形式，把中央在川科技资源、国防科技资源和我省科技资源集中到事关我省经济建设全局的高技术研究领域和事关实现全面协调可持续发展的社会公益性领域，形成产学研有机结合、充满活力的创新网络和群体，为经济社会发展提供不竭动力。

（十四）大力构建创新创业平台。加强重点实验室、工程技术研究中心等研究开发平台建设，建设一批国家及省部级重点实验室和工程技术研究中心。加快科学仪器、自然科技资源、科技文献信息、科技数据与网络环境及技术标准等科技基础条件平台建设，实现资源共享。培育壮大一批专业孵化器、生产力促进中心、技术转移中心等科技中介服务机构，充分发挥其要素聚集、创新服务、桥梁纽带等功能。在体制、政策、资金和发展空间等方面对高新技术开发区给予重点支持，进一步营造集约发展、局部更优的创新创业环境，推动高新区成为科技创新的先行区。建设各类科技成果转化示范基地，搭建技术研发、技术转移、产业化示范等成果转化平台。

（十五）发挥科研院所、高等院校科技创新中的重要作用。鼓励科研院所和高等院校在自主创新活动中自强扩张，充分发挥科研院所在科学研究、公益研究和高技术研发中的骨干作用，充分发挥高等院校在基础研究、高技术前沿、培养创新人才和应用开发研究中的生力军作用。促进产学研之是的知识流动、技术转移和成果共享。科研院所和高等学校要加强科技创新的组织和投入，提高科技成果的技术水平和成熟度，增强有效供给和集成供给，不断拓展技术创新领域。

（十六）推进军民结合。实施军转民科技示范工程，推进军民双向互动。支持军工企业集团就地就近与地方联合创办生产企业、科技企业，带动地方配套企业发展。支持军工企业和科研机构发展科技型中小企业，推进国防科技成果向民用转化。支持军地合作共建中试基地、技术研发中心，共同进行新技术、新产品研究与开发。积极开发军工富余人员和非在岗军工科技人员智力资源，建设军民两用区域创新团队。建设军民结合型高科技产业化示范基地和产业园区，推进绵阳科技城建设，增强其带动和辐射作用。培育壮大军民结合、优势互补的企业集团，打造我省具有独特优势的航空、

航天、核技术、军工电子等战略高技术产业基地。

（十七）建设创新型人才队伍。建立完善“开放、流动、竞争、协作”的人才激励机制。实施科技创新人才培育工程，加强人才培养和引进力度，促进科技创新人才队伍结构调整和优化。加大省青年科技基金支持力度，积极支持优秀科研人才进入国家各类高层次人才培养计划，促进拔尖人才、领军人才的成长，培育一批科技创新团队。积极参与国内外科技人才竞争，吸引优秀人才和高层次人才来川创新创业。大力发展职业技术教育，着力培养专业技术人才和实用技能人才。加强现有科技人才的知识更新和再培训，增强科技人员的创新能力。完善人才评价和使用机制，鼓励技术、管理等要素参与分配，推进科技人才资源向人才资本转化。

五、营造创新环境，为走创新型发展道路提供保障

（十八）积极营造鼓励创新的良好氛围。大力宣传自主创新的重要性和重大意义，发展科学技术普及事业，全面提升公众创新文化素质。树立鼓励创新、宽容失败的社会风尚，营造创新无权威、创新无禁区的良好氛围。积极开展群众性科技创新活动。对科技创新取得重大成就的单位和个人给予表彰奖励，激发全社会科技创新热情。完善加强自主创新的科技政策法规，强化政策法规执行监督力度。加强知识产权管理和保护。

（十九）加大科技创新投入力度。各级政府要依法落实科技投入，根据经济社会发展和推动科技进步的需要，适时加大科技投入占公共财政支出中的比重，确保财政用于科技经费的增长幅度高于财政经常性收入的增长幅度。建立政府引导、企业主体、金融机构及其他社会力量参与的多元化科技投入体系。构建兼顾基本科技投入和专项科技投入的政府科技投入机制。省、市（州）设立重大科技专项资金，支持重大科技专项和重点科技工程的实施。积极培育科技创新风险投资主体，鼓励企业、金融机构、个人、外商等各类投资者参与风险投资。加大对风险投资的政策扶持。

（二十）加强领导，狠抓落实。各级党委、政府必须从树立和落实科学发展观的高度，增强进取意识、创新意识，更新观念、勇于探索，从发展的大局出发，坚定不移推动科技创新，及时研究解决事关科技创新的重大问题。各地、各部门要结合实际，建立健全党政领导抓科技进步的目标责任制，制定具体工作意见，把加强自主创新、走创新型发展道路纳入目标考核和主要领导干部政绩考核的内容。各级领导干部要切实落实“一把手抓第一生产力”的要求，带头学习科技知识，不断提高科学执政的水平和能力，确保走创新型发展道路的各项方针政策落到实处。

中共四川省委　四川省人民政府

2005年9月26日

四川省志·附　录

第二辑　重大事件专题记述

“依托一点、构筑一圈、开发两片、扶持三区”发展战略

改革开放后，四川坚持非均衡发展的战略思路，在不同发展时期确立相应的重点区域，以重点区域的发展带动和促进整个四川经济的全面协调发展。这一战略思路既符合中国国情，也充分体现四川省情。四川在不同时期提出的区域发展战略在当时都有特定的社会经济背景和条件，在一定程度上适应四川区域经济发展不同阶段的发展特征。20 世纪 90 年代中期，受重庆成为直辖市影响，四川的区域战略布局由“一线两翼”迅速调整为“依托一点、构筑一圈、开发两片、扶持三区”，这种转变充分体现中共四川省委清晰的发展思路。

“一线两翼”发展战略

1992 年 3 月，中共四川省委、四川省人民政府（以下简称省委、省政府）召开经济发展专题座谈会，研究加快发展经济和改革的战略思路。会后，中共四川省委办公厅、四川省人民政府办公厅印发《关于印发〈“发展县域经济，先抓一条线”座谈会纪要〉的通知》，部署在发展县域经济上先抓“一条线”，即以成都为中心，优先发展从江油到峨眉山这条线上的 4 个市及所管辖的 10 多个县（市、区），使其在经济发展上加快步伐，改革开放先行一步。“一条线”战略实施后，省委、省政府下放部分权限，积极创造条件使沿线县（市、区）依靠自身力量，调动干部和群众积极性，打牢农业基础，突出抓好乡镇企业，大力引进外资，并发挥科技优势自主发展。“一条线”上的 22 个县（市、区）1994 年的地区生产总值和工农业总产值比 1991 年增长 15.4% 和 148.1%，实现 3 年翻一番，乡镇企业同期内增长 4.5 倍，明显快于省内其他地区。

1992 年 6 月，重庆市被国务院确定为长江沿岸开放城市，享有多项东部开放城市的优惠政策，成为西部改革开放的示范区和新的经济增长点，给四川经济的发展注入新的生机与活力。1993 年，省委、省政府决定加快开发川东南一翼和攀西、川南一翼，将“一条线”战略拓展为“一线两翼”，以形成“立足盆地、开发两翼”新局面。川东一翼，包括重庆、涪陵、黔江和万县一带。1994 年 9 月，国务院批准建立长江三峡经济开发区，实行沿海开放城市的政策，川东万县市和涪陵市被列为沿江开放城市，川东一翼政策优势更为明显。到 1995 年，国家共下达三峡工程四川库区移民项目资金 12.08 亿元。

攀西、川南一翼，以攀枝花工业基地为依托，坚持市场和资源双重导向，加大投资，加快开发攀西、川南资源。“一线两翼”战略出台后，攀西地区加快矿产资源开发利用，加快建设攀钢二期工程。同时，二滩电站、大桥水库、成昆铁路电气化改造、渡口场和成昆光缆工程等一批大项目集中投建，安宁河流域农业综合开发成为全省示范工程。“八五”期间，攀枝花市以占全省 1.3% 的面

积，获得占全省 6% 的固定资产投资，总额达 183 亿元，成为全省重点项目最多、投资面积最大和投资力度最强的地区。

“依托一点、构筑一圈、开发两片、扶持三区”发展战略

1997 年设立重庆直辖市前，四川长期坚持成都、重庆作为全省两大省域经济中心的战略（即“依托两市、抓好两线、开发两翼、带动全省”），使两市发展一路领先，成都、重庆两市地区生产总值在重庆直辖前居于西部前两位。成都、重庆两个中心城市的集聚功能不断强化，吸附全省人口、产业、资本和技术向其集中，使得成都和重庆自身的经济实力迅速提升，成为四川省国民经济的支柱和增长极，主导四川省域经济社会的发展，深远影响到此后成渝经济圈的“双核”基本构架。

四川长期实施的“两点式”发展战略在重庆直辖后失去适用条件，两点变成一点，两翼变成一翼。重庆积累的雄厚且较为完善的工业体系，尤其是其突出的重工业优势，随着重庆直辖已不再属于四川省，全省相当大一部分的现代工业家底划归重庆。

1997 年 3 月 28—29 日，中共四川省委六届九次全委会议重点研讨行政区划变动后四川跨世纪经济发展战略。会议强调，区划调整后的四川，在全国经济发展大局中，仍处重要位置。四川仍是中国西部稳定可靠的粮食和副食品基地，是西部工业门类最齐全和优势产品最多的工业基地，是中国最大的水能开发基地，是人才大省、科技大省、劳动力资源大省、旅游资源极为丰富的大省，是西部巨大的市场和物资集散中心；行政区划调整不仅对重庆发展有利，而且也给四川自身乃至西部地区发展带来新的机遇，全省一定要紧紧抓住这一发展机遇，把四川建设得更好。会议提出要培育经济中心，将四川省在重庆直辖前的“依托两市、发展两线、开发两翼、带动全省”战略调整为“依托一点（成都）、构筑一圈（成都平原经济圈）、开发两片（攀西、川南）、扶持三区（丘陵地区、盆周山区、少数民族地区）”战略。

1997 年 6 月 9 日，中共四川省委、四川省人民政府印发《关于印发〈四川省国民经济跨世纪发展战略〉的通知》。《四川省国民经济跨世纪发展战略》对全省国民经济发展中全局性、长远性的重大问题进行系统决策，其中，对“依托一点、构筑一圈、开发两片、扶持三区”发展战略作出详细部署。

“依托一点”，就是要充分利用成都现有经济技术基础，大力发展名牌优势产品，增强经济实力，高水平发展金融、商贸、科技、教育、信息等产业，全面增强成都集聚、辐射、扩散等功能，使其成为全省的经济增长中心。

“构筑一圈”，就是要构建成都经济圈，在扩大对外开放、强化企业技术改造、壮大支柱产业、培育高新技术产业、加快农业产业化进程、发展县域经济等方面，继续保持和加强快速发展势头，带动全省经济发展上新台阶。

“开发两片”，即加快开发攀西和川南资源，使攀西、川南能尽快起到替代重庆对全省发展的支撑作用。把攀西建成全省乃至全国的水电基地、钒钛钢铁基地、有色金属工业基地和高效农业基地，把西昌建设成为名副其实的中国航天城，把攀枝花建设成为长江上游、川滇交界的工业和商贸中心，增强全省经济发展后劲；充分发挥自贡、宜宾、泸州、内江等城市群体的作用，加快优势资源开发，把川南建设成为四川省最大的煤炭工业基地、全国有特色的化学工业基地和食品工业基地、以工程机械为主体的机械工业基地。

“扶持三区”，则是要加大对丘陵地区、盆周山区和少数民族地区的扶持力度。丘陵地区重点抓

好农副产品基地建设，改造提高轻纺工业生产能力水平，促进工业化和城镇化进程；盆周山区加强山区农业资源的综合开发，因地制宜发展能源和原材料工业，同时提高对外开放水平；少数民族地区全面贯彻党的民族政策和“以开明促开放、以开放促开发、以开发促发展”方针，积极开发本地资源，发展优势产业，并做好对口支援，加大投入力度。

进入 21 世纪后，国家提出西部大开发战略。2000 年 5 月，中共四川省委提出“追赶式、跨越式”发展战略，并制定具体举措，取代“依托一点、构筑一圈、开发两片、扶持三区”发展战略。

长江三峡水利枢纽工程

长江三峡水利枢纽工程，简称“三峡工程”，是国家在长江上游段建设的大型水利工程项目。该工程分布在重庆市到湖北省宜昌市的长江干流上，大坝位于三峡西陵峡内的宜昌市夷陵区三斗坪，与其下游不远的葛洲坝水电站形成梯级调度电站。整个“三峡工程”由工程建设和移民安置两部分组成。

工程建设

在长江三峡建造大坝的设想，最早可追溯至孙中山《建国方略》（1919 年发表）一书中《实业计划》。孙中山认为，长江“自宜昌以上，入峡行”的这一段“当以水闸堰其水，使舟得溯流以行，而又可资其水利”。中华人民共和国成立后，三峡大坝建设被提上议事日程。经过 40 多年的勘测设计和论证，三峡工程议案于 1992 年 4 月在全国人大七届五次会议上获得通过。

1993 年，国务院三峡工程建设委员会成立，为工程的最高决策机构，国务院总理兼任委员会主任，第一任主任为李鹏。此后，工程项目法人中国长江三峡工程开发总公司成立，实行国家计划单列，由国务院三峡工程建设委员会直接管理。1994 年 12 月 14 日，三峡工程项目在三峡坝址举行开工典礼。

三峡工程在建设中全面实行项目法人负责制、招标投标制、建设工程监理制、合同管理制等制度，以确保工程质量。为实现竞争，还把主要建设项目拆成单项进行招标。三峡工程的业主是中国长江三峡工程开发总公司，设计单位和主要监理单位均为水利部长江水利委员会。主要施工单位有中国葛洲坝集团公司（葛洲坝股份有限公司）、中国安能建设总公司（中国人民武装警察部队水电部队）、中国水利水电第四工程局（联营体）、中国水利水电第八工程局（联营体）、中国水利水电第十四工程局（联营体）等。这些企业曾承担包括葛洲坝水电站、二滩水电站、引滦入津工程在内的许多大型水利工程建设。

三峡工程预测的静态总投资 900 亿元人民币（1993 年 5 月末价格），其中工程投资 500 亿元，移民安置 400 亿元。预测动态总投资 2039 亿元，估计实际总投资约 1800 亿元。建设资金主要来自三峡工程建设基金及电费附加费。

三峡工程的总体建设方案是“一级开发，一次建成，分期蓄水，连续移民”。工程分三期进行，总工期 18 年。

一期工程从 1993 年初开始，利用江中的中堡岛，围护住其右侧后河，筑起土石围堰深挖基坑，并修建导流明渠。在此期间，大江继续过流，同时在左侧岸边修建临时船闸。1997 年导流明渠正式通航，同年 11 月 8 日实现大江截流，标志着一期工程达到预定目标。

二期工程从1998年开始，在大江河段浇筑土石围堰，开工建设泄洪坝段、左岸大坝、左岸电厂和永久船闸。在这一阶段，水流通过导流明渠下泄，船舶可从导流明渠或临时船闸通过。到2002年，左岸大坝上下游的围堰先后被打破，三峡大坝开始正式挡水。2002年11月6日实现导流明渠截流，标志着三峡全线截流，江水只能通过泄洪坝段下泄。2003年6月1日起，三峡大坝开始下闸蓄水，到6月10日蓄水至135米，永久船闸开始通航。7月10日，第一台机组并网发电，11月，首批4台机组全部并网发电，标志着三峡二期工程结束。

三期工程在二期工程的导流明渠截流后开始动工，首先是抢修加高一期时在右岸修建的土石围堰，并在其保护下修建右岸大坝、右岸电站和地下电站、电源电站。同时继续安装左岸电站，将临时船闸改建为泄沙通道。

2006年5月20日，三峡大坝主体部分完工。2009年底全部完工。整个工程包括一座混凝重力式大坝、泄水闸、一座堤后式水电站、一座永久性通航船闸和一架升船机。全部建成后的水库调洪可削减洪峰流量达每秒2.7万—3.3万立方米，荆江河段防洪标准将由10年一遇提高到100年一遇，为保护荆江南北1500万人口和2300万亩良田、华中特大城市武汉以及京广大动脉的安全，发挥着重要作用。三峡水电站共有32台单机容量为70万千瓦的水轮发电机组，总装机容量为2240万千瓦，年平均发电量846.8亿千瓦时，相当于一座年产5000万吨原煤的煤矿，比已建成的世界上容量最大的巴西伊泰普水电站还高出40%。

三峡工程，是迄今世界上最大的水利水电枢纽工程，具有防洪、发电、航运、供水等综合效益。

移民安置

1992年7月，四川省三峡工程移民办公室挂牌，三峡工程百万移民试点工作在四川启动。按照设计，三峡工程坝址在湖北省宜昌市三斗坪，正常蓄水位175米，库区淹没涉及川鄂20个县（市）。四川为工程水库的主要淹没区，涉及万县、涪陵、黔江、重庆4个市（地）的16个县（市），受淹耕地31.5万亩、工厂555个。全省共需搬迁安置移民95.5万人，约占移民总任务的85%。

1993年5月6日，中共四川省委、四川省人民政府发布加快三峡工程四川库区经济发展与移民安置的政策措施：库区市（地）今后将享受较大的经济管理权限和较多的减税让利照顾；凡资金和外部条件不需要省平衡的基础设施、社会服务设施、三资企业项目，省一级的权限全部下放给市（地）；信贷、征地、物价管理作相应改进；万县市、涪陵地区税务局享有省级税务机关减免税审批权，移民搬迁开发项目实行比例税率，新办移民企业免征所得税2年、减征3年；库区收取的能源基金、国家预算调节基金、移民安置征地的耕地占用税、外汇收入交省部分全部留市（地）、县；决定给三峡库区安排一批项目，同步发展科、教、文、卫、旅游、商业等事业。

1994年4月7日，国务院办公厅转发国务院三峡工程建设委员会移民开发局《关于深入开展对口支援三峡工程库区移民工作意见的报告》，对库区移民工作作出安排。与四川库区县对口支援的重点省市分别是：巫山县—广东省，巫溪县—吉林省，奉节县—辽宁省，云阳县—江苏省，开县—四川省，万县市龙宝区—天津市、南京市、厦门市，万县市天城区—福建省，万县市五桥区—上海市、宁波市，忠县—山东省、沈阳市，石柱县—云南省，丰都县—河北省，涪陵市—浙江省，武隆县—江西省、云南省，长寿县—广西壮族自治区，重庆市江北区—安徽省，巴县—河南省。

1994年8月25日，国务院批准设立长江三峡经济开发区，利用兴建长江三峡水利枢纽工程良机，推动三峡库区经济快速发展。将三峡库区 17 个县列为长江三峡对外经济开发区，将万县市、涪陵市列为沿江开放城市，分别享受沿海经济开发区和沿海开放城市的政策。

长江三峡经济开发区包括四川省的巫山县、巫溪县、奉节县、云阳县、开县、忠县、石柱县、丰都县、武隆县、长寿县、重庆市江北区、巴县、江津市及湖北省的宜昌县、秭归县、兴山县、巴东县共 17 个县级行政区域。

设立长江三峡经济开发区，是为了配合三峡工程建设，加快该地区经济发展。由国家计划委员会牵头，会同国务院有关部门编制的《三峡地区经济发展规划项目表》，是三峡经济开放区具体发展规划，共规划建设项目 326 个，总投资 440 亿元，其中重点项目 124 个、推荐项目 202 个。1994—2000 年，国家每年给三峡库区安排一定技改专项拨款，对搬迁工厂进行改造，在乡镇企业贷款及以工代赈等方面给予支持。

截至 2005 年，三峡移民基本得到妥善安置，三峡库区经济得到稳步发展。

四川工业体制改革

四川工业体制改革主要从三个方面逐步推进：工业企业扩大自主权、股份制改革、中小企业产权制度改革。

工业企业扩大自主权

1978年10月，中共四川省委（以下简称省委）决定在全国率先开展工业方面扩大企业自主权的试点，这是新时期中国最早的城市经济体制改革尝试，由此拉开国有企业改革序幕。

1978年中共十一届三中全会后，四川率先对经济体制进行探索性改革。农业从实行各种形式的生产责任制入手，经过小段包工、联产到组等过渡形式，逐步建立起以家庭联产承包为主的生产责任制。工业管理体制的改革从扩大企业自主权入手。

1978年10月，省委决定在工业企业开展扩大企业自主权试点，并首选重庆钢铁公司、成都无缝钢管厂、宁江机床厂等6家企业进行试点。1979年2月，在总结初步经验、反复调查研究的基础上，制定试点办法，即《关于扩大企业权力，加快生产建设步伐的试点意见》（又称“十四条”），并决定从1979年起把试点范围扩大到100家工业企业。1979年12月，省委制定出台《关于进一步搞好地方工业企业扩大自主权试点工作的通知》（又称“十二条”），肯定“十四条”中当时认为可行的规定，补充新的内容。

经过1979年的实践，试点企业呈现出前所未有的活力，取得显著成效。1979年6月25日，四川宁江机床厂在《人民日报》第四版刊登一则向国内外订货的商业广告，内容为：“各种精密、高效单轴自动车床典型工件，承接国内外用户直接订货。宁江机床厂出品。厂址：四川省灌县 电报挂号：3068。”这是中华人民共和国成立后，《人民日报》首次刊登推销产品的广告，也是全国第一个生产资料广告，突破生产资料不能作为商品的禁区。这一事件激发全国争论，也给其他企业转变观念提供借鉴。8月5日，《人民日报》头版头条发表《产销直接见面 供需双方满意》的文章，并配发编者按指出：“宁江机床厂在报纸上刊登广告……产销见面的试验，就是一项很有意义的改革。”广告刊登后，短期内，宁江机床厂与全国各地用户签订1300台机床供货合同，为前几年全年产量的2倍。

为探索全民所有制企业新的经营方式，使责、权、利更加紧密结合，从1980年起，进行企业相对自负盈亏试点。为此，省委印发《关于在五个工业企业中进行自负盈亏试点的通知》（又称“二十条”）。接着选择宁江机床厂等5家企业，试行所得税统一税率，征收差额收入调节税的办法。1981年，四川在重庆市一轻、电子仪表2个行业（58家企业）试行所得税统一税率、按行业征收利润调节税、税率一定三年不变的办法。同时，在成都、重庆两市选择9家利润在20万元以下的国营小企业，在上缴“两费”（固定资金占用费、流动资金占用费）后，按城镇集体所有制企业征收八级超额累进税的办法征收所得税，增长部分所得税则减半征收。

到1981年，以上各类扩权试点企业有447家，其产值约占地方工业总产值的70%，利润占80%，上缴税额占90%。此外，各地按照全省统一规定，对亏损和微利企业实行包干，县属企业普遍实行国家、县、企业按四、三、三或四、二、四的比例分成的利润分配办法。商业、供销的基层企业也进行扩大自主权和自负盈亏的试点。

通过扩大企业自主权的试点，企业有了部分计划权、部分产品购销权等。由于企业有了这些自主权，尽管遇到国民经济调整、产供销条件发生急剧变化、能源紧缺、任务不足等不利条件，都能发扬积极主动精神，挖掘内部潜力，战胜各种困难，取得较好的经济效果。主要表现在：促进干部、职工思想的解放，涌现出一批精明能干的社会主义企业家；促进企业技术改造；提高经济效益；改善职工生活福利，住房紧张状况有所缓和；初步改革企业领导制度，加强民主管理；推动工业结构和企业组织结构向合理化方向发展。农业、工业、商业等基本经济单位体制的变革和自主权的扩大，促使现行体制的各个方面进行改革，从而推动整个经济管理体制的变革。

股份制改革

20世纪80年代初，四川一些企业开始进行股份制试点探索，通过发行股票和债券为企业筹集资金提供一条新的渠道。1980年6月11日，成都市人民政府批准成立成都市工业展销信托股份公司；当年，公司印制发行股票，每张1万元。公司是以募集资金方式设立的全国最早的股份公司之一，也是改革开放以后发行第一张股票的企业。1990年2月18日，公司更名为成都蜀都大厦股份有限公司。1992年9月11—13日，四川省股份制试点工作会议在德阳市召开，强调股份制试点工作必须贯彻“坚决试，不求多，但求好，不能乱”的方针。至1993年底，四川有股份合作制企业1000余家、有限责任公司800余家、定向募集公司200余家，公开发行股票的公司50家。“川盐化”“川天歌”“乐山电力”“蜀都大厦”等15家公司分别在上海证券交易所、深圳证券交易所和STAQ交易系统上市，四川成为中国当时除上海和深圳外上市公司最多的地区。

1981年起，除国务院开始发行国库券外，四川的一些新集体企业和中小型国有企业开始发行股票和债券。1986—1987年，中国人民银行批准部分信托投资公司试办证券柜台交易业务，同年11月，中国人民银行四川省分行批准四川省长江国际信托投资公司办理证券柜台交易业务。1988年4月，中国人民银行总行批准成立四川省证券股份有限公司专营证券业务，标志着证券业已在四川地区兴起。

1991年12月26日，四川金融市场证券交易中心在成都市红庙子街挂牌开业，这是全国首家证券交易中心。1992年起，在红庙子街逐渐形成全国首个自发的、规模最大的、影响最广的证券交易市场。1993年3月22日，该市场搬迁至成都市城北体育馆；1994年1月3日，正式关闭。

县属中小企业产权制度改革

四川县属企业的产权制度改革在全国起步较早。20世纪80年代中期至20世纪90年代初期为产权制度改革的自发探索阶段，仅局限于个别地区的极少数企业，由企业自发进行。这一时期企业的产权制度改革，主要出现在改革意识较强的重庆、成都两大中心城市及其附近的个别县（区）。

1991年下半年至1994年春为产权制度改革的积极试点阶段。政府积极提倡并制定有关政策，自觉进行产权制度改革试点。改革以完善国有企业产权制度为目标，旨在探索一条与社会主义市场经济体制相适应的企业产权制度。试点突破个别企业的范围，开始在一个“小面”（如县、市、区）展开。改革试点多以小型国有企业为重点，以卖为主，多种形式并用。以产权制度为核心，在企业内部的三项制度和企业外部的政企关系及社会保障等方面进行配套改革。这一时期，最具影响的是宜宾县以“国家转让产权，政府转换职能，职工共同持股，企业转换机制”为主要内容的产权制度改革试点。这一改革以“彻底、配套、科学、可行”等突出优势而轰动全国，并被人们称之为“宜宾经验”。“宜宾经验”对四川省乃至全国县属国有企业产权制度改革起到重要的推动作用。

1994年春产权制度改革进入普遍推广阶段。宜宾县改革经验的出现，引起省委、省政府的高度重视，并于1994年春在宜宾县召开全省县属企业改革经验交流会，要求各地认真学习、借鉴和推广“宜宾经验”，标志着这一改革由试点阶段转入推广阶段。1995年春，省委、省政府在总结金堂、射洪、新都、涪陵等地新的改革经验的基础上，再一次在射洪县召开全省县属企业改革工作会议，并在该会议上作出“三年内基本上完成县属企业改革”的重要部署，全省县属国有企业产权制度改革步伐明显加快，并出现第一个高潮。截至1995年底，全省县属企业产权制度改革的进展状况为：约有1/3的县（市、区）进展较快，其中约有10%的县（市、区）已基本完成（指改制面达到或超过70%），宜宾、金堂、新都、犍为、彭山等县（区）所属国有工业企业已全部完成改制；1/3的县（市、区）正在迅速推进；1/3的县（市、区）则处于起步和初步推进阶段。

改革开放后，在工业体制领域，四川在全国率先推行中小企业产权制度改革、企业集团扩大经营权试点、公司制股份化改造，大力推进国企改革，探索发展民营经济，一大批企业集团脱颖而出。新希望、五粮液、长虹等一批企业经营业务收入迈向千亿元，以通威、蓝剑、科伦等为代表的大型民营企业加快发展，英特尔、富士康、一汽大众等一大批知名企业到四川发展。四川工业进入发展快车道，增加值年均增长12.4%，成为名副其实的工业大省。

发掘三星堆遗址与金沙遗址

三星堆遗址

广汉市三星堆遗址位于广汉市南兴镇三星村、真武村、回龙村和三星乡人民村、仁胜村所在的鸭子河与马牧河两岸阶地上，面积逾6000平方米。遗址发现于1929年。1934年春，华西大学考古队对遗址进行首次发掘，出土文物600余件。之后考古挖掘长期停滞。20世纪50年代重新恢复三星堆考古。1963年，由冯汉骥领队，四川省博物馆、四川大学历史系组成的联合考古队再次发掘三星堆遗址的月亮湾等地点，展现三星堆遗址和文化的基本面貌。1980—2005年，四川省文物考古研究所（院）先后对广汉三星堆遗址进行14次发掘，发掘面积逾5000平方米。

三星堆文化遗址的分期，可根据其考古时的发现分为一期、二期、三期和四期，也可按照研究后文化类别分为宝墩文化、三星堆青铜文化和十二桥文化。文化遗址的分期对于认识三星堆与当地先秦时期青铜文化和新石器文化的关系有着重要作用，也奠定了完善四川古文化发展谱系、确定巴蜀文明形成的基础。

遗址第一期距今4070—4700年，属新石器时代晚期成都平原宝墩文化范畴。出土的陶器陶质主要以泥质灰陶为主，出土陶器中约65%为该类陶质，包括泥质青灰陶和灰白陶。其次是夹砂褐陶，另外有少量不均匀的泥质橙黄陶。器形比较单调，主要是平底器，但也有少量圈足器，大部分难以复原。纹饰主要是绳纹，其次是划纹，划纹包括平行线划纹、水波状划纹、几何形划纹，也有在平行划纹上再弄出齿状。另外有少量的锥刺纹和镂孔装饰。这一时期陶器的显著特点之一是器口压成锯齿状花边。器物有宽平沿器、花边形口沿深腹器、大翻领圆腹器、镂空高柄豆等。石器均磨制，形体较小，主要有斧、锛和凿。第一期的地层中已出现房屋建筑，平面通常呈圆形或方形，采用挖柱洞立柱桩的方法，中间联结以泥墙。有些房屋的面积只有10—12平方米，据推测可能是干栏式的小房子。

第二期距今3600—4070年。与第一期文化相比，这一期的文化面貌大有改变，包括特色鲜明的陶器和石器，可以说代表三星堆文化特征的典型器物群已出现。其与第三期的区别主要是数量比例和个别品种上的区别。陶器陶质变化主要以夹砂褐陶为主，其次是泥质褐陶。器形比第一期丰富很多，新出现小平底罐、高柄豆、平底盘等，也出现少量鸟头形状的勺柄。纹饰以粗绳纹和细绳纹为主，新出现凸弦纹、附加堆纹、网纹等。石器包括斧、锛、凿、杵和砍砸器，开始出现石壁和石纺车。建筑房屋单间的平面通常呈长方形或方形，有些数间连接成组，有些房屋墙基内还另有小沟，小沟内再立木桩。

第三期距今3200—3600年。第三期的陶器与第二期大致相同，但出现个别尖底器，素面陶略有增加。第二期、第三期属古蜀青铜文明时代，引起世人惊叹而从不为人所知的辉煌青铜文明就指这一时期。大批青铜神器和礼器以及玉器、金杖、象牙等文物，多在二期祭祀器物坑中发现。

第四期属十二桥文化，距今2875—3110年，出土陶器以夹砂灰陶为主，泥质陶的比例大增。除第二、三期常见陶器外，尖底器盛行，纹饰简化，素面陶较多。

三星堆遗址的城墙布局略呈长方形。现残存东、南、西面部分城垣，残存的东垣长1250米，南垣长1400米，西垣长540米，高3—6米。城内残存面积（北面被鸭子河冲毁）180多万平方米。墙体用斜坡堆筑法夯筑，夯层清晰，局部可见夯窝痕迹。第二、三期文化遗存，面积达3600平方米，相当于郑州商城大小，当是鱼凫时期蜀国的都城遗存。

遗址的房屋为平地挖槽起建，木骨泥墙，有的地面有一层灰白色膏泥。平面有圆形、方形和长方形三种，除圆形房屋面积较小，直径3—4米外，其余的面积15—30平方米，最大的有200平方米。

三星堆出土的青铜器最具特色，主要是具有浓厚宗教色彩的大型立人像、人头像等塑像群，神树、神兽及礼器。这些青铜器造型独特、铸工精细，有世界最早、最高的青铜神树，高384厘米；世界上最大、最完整的青铜大立人像，通高262厘米，重达180公斤，被称为青铜像之王；世界上最大的青铜纵目人面具，高64.5厘米，两耳间相距138.5厘米；一次性出土最多的青铜人头像面具，达50多件。

三星堆遗址证明古巴蜀文化是长江上游古文明起源和发展的中心，是中华民族文化的一个重要摇篮。

1988年，国务院公布三星堆遗址为全国重点文物保护单位。

金沙遗址

金沙遗址位于成都市青羊区金沙村、龙嘴村和金牛区黄忠村、红山村和郎家村，遗址横跨摸底河两岸，面积近400万平方米。自1995年起，金沙遗址先后经历24次发掘，在遗址内发现祭祀区、大型建筑区、一般居住区和墓地等遗迹3000余处，出土金器、铜器、玉器、石器、漆器、象牙器等5000余件，还有数以吨计的象牙，数十万计的陶器、陶片，以及数以千计的野猪獠牙和鹿角。金沙遗址堪称世界范围内出土金器、玉器最丰富，象牙最密集的遗址。

祭祀区位于摸底河南岸，面积约2万平方米，共发现24处祭祀遗存。这些遗存分布在4个既相互连接、又有区别的小区域内。在不同区域内，祭祀用器不尽相同，有的以玉器、铜器为主，有的以玉器、象牙为主，有的以象牙为主，有的以石器为主，有的以鹿角、野猪獠牙为主。金、铜、玉、石器共计4000余件，象牙1000余根及数以千计的野猪獠牙和鹿角。其中有一件玉璋，上刻四组对称肩扛象牙的跪坐人像。另外还出土一件长0.59米的卜甲。

大型建筑区位于摸底河以北，共发现房址、窑址17座，灰坑300余个，墓13座。房址均为木骨泥墙式建筑。有5座同一时期的房址，总面积达1000余平方米。其中最大的单体建筑，长度在54.80米以上，宽近8米，面积逾430平方米，该房地址是迄今为止西南地区商至西周时期规模最大的建筑遗存。一般居住区的面积达数十万平方米。在该范围内发现房址数十座、窑址100座、灰坑近2000个、墓近700座。

墓地位于摸底河南岸，面积约3万平方米。已清理的200余座墓，均为小型竖穴土坑墓，头向西北或东南。有少量合葬墓。以仰身直肢葬为主，有少量屈肢葬和二次葬。葬品以陶器为主，有尖底盏、尖底杯、圈足罐和高柄豆，也有少量铜器和玉器。

在出土的金器中，有金面具、鱼纹金带、太阳神鸟金箔、蛙形金箔、喇叭形金器、盒形金器等30多件，其中金面具与广汉三星堆的青铜面具在造型风格上基本一致。金面具、太阳神鸟金饰与十节玉琮被称为金沙遗址博物馆镇馆之宝。太阳神鸟金饰为直径125毫米、厚0.2毫米的圆形金箔，分为内外两层，内层为52.9毫米的12条镂空顺时针旋转的弧形光芒，象征太阳，外侧为4只镂空的鸟型纹饰，象征“金乌负日”。金带中刻有箭穿鱼鸟的纹饰，与三星堆出土的金杖上的纹饰十分相似，有学者认为这代表的是古蜀国传说中的王“鱼凫”。

出土的玉器种类繁多，且十分精美，其中最大的一件是高约22厘米的十节玉琮，颜色为翡翠绿，雕工极其精细，表面有细若发丝的微刻花纹和一人形图案，堪称国宝，其造型风格与良渚文化完全一致，经专家鉴定，其历史比金沙遗址的历史还要长1000余年。

出土的400多件青铜器主要以小型器物为主，有青铜立人、铜虎、铜铃、铜璧、铜立鸟等，其中铜立人像与三星堆出土的青铜立人像相差无几。

出土的石器有170件，包括石人、石虎、石蛇、石龟等，是四川迄今发现的年代最早、最精美的石器。其中的跪坐人像造型栩栩如生，专家认为极可能是当时贵族的奴隶或战俘，这表明当时的蜀国已比较强大。石器中的石虎造型古朴生动。

现今可以确认，金沙遗址主体文化遗存的时代应在公元前12世纪至公元前7世纪（距今2600—3200年）商代晚期至西周时期，极有可能是三星堆文明衰落后在成都平原兴起的又一个政治、经济、文化中心，是古蜀国在商代晚期至西周时期的都邑所在，也是中国先秦时期最重要的遗址之一。

金沙遗址的发现，把成都建城史由距今2300年推进至3000年以前，极大地拓展了古蜀文化的内涵与外延，对蜀文化起源、发展、衰亡的研究有着重大意义，特别是为破解三星堆文明突然消亡之谜找到有力证据。金沙遗址复活一段失落的历史，再现古代蜀国的辉煌，并与成都平原的史前城址群、三星堆遗址、战国船棺墓葬共同构建古蜀文明发展演进的4个阶段，共同证明成都平原是长江上游文明起源的中心，是华夏文明重要的有机组成部分，为中华古代文明起源“多元一体”学说的确立提供重要佐证。2001年，金沙遗址被评为“全国十大考古新发现”。2006年，国务院公布金沙遗址为全国重点文物保护单位。

2005年，金沙遗址出土的商周太阳神鸟金饰图案被国家文物局定为中国文化遗产标志，同时其本身亦被列入《第三批禁止出国（境）展览文物目录》。

建设旅游大省战略

四川地理地貌多样、文化底蕴深厚、民族民俗风情丰富多彩，是公认的旅游资源大省。2002年前，四川拥有的国家级风景区数量居全国第一；拥有的联合国世界遗产景区、全国重点文物保护单位、中国历史文化名城，均位居全国前列。

四川现代旅游业，与全国旅游业一样，起步于1980年前后。在起步阶段，四川旅游业主要是外事旅游接待和旅游团体观光游，旅游经济基数低，基础设施落后。到1985年，四川旅游业有了初步发展，当年接待入境旅游者突破10万人次，外汇收入3475万美元，接待国内旅游者2241万人次，收入7亿元人民币。但旅游业规模仍很小，接待能力不足，从业人员偏少。

1986—1995年，四川旅游业从接待事业型向一般经济产业型转变。1992年，旅游业被列为第三产业中的重要产业。1995年，四川省接待入境旅游者37.80万人次，外汇收入1.25亿美元；接待国内旅游者4960万人次，收入108亿元人民币。与1985年相比，旅行社数量增长3倍多，从业人员增长79%。但总的说，旅游经济占全省经济总量的比重仍很小，旅游基础设施与旅游管理水平仍处于初级发展阶段。

1996—2005年，四川旅游业从一般经济产业型向支柱产业型转变，实现跨越式大发展。这一时期旅游业的发展特点，是确立了“政府主导、企业主体、市场化运作”发展战略，旅游业进入全面发展阶段。

1997年，重庆市直辖后，根据行政区划调整后的新格局，中共四川省委、四川省人民政府（以下简称省委、省政府）及时调整，制定《四川省国民经济跨世纪发展战略》，确定培育六大支柱产业，旅游业成为其中之一。这在四川旅游业发展史上具有里程碑意义。

1998年6月1日，省委、省政府印发《关于加快旅游业发展的决定》，重申把旅游业确定为四川省21世纪培育壮大的六大支柱产业之一，并提出建设中国旅游经济大省的战略构想和发展目标。省委、省政府在随后召开的全省旅游工作会议上强调，要从战略和全局高度充分认识旅游业在全省经济和社会发展中的重要地位，加快把四川建成旅游大省、经济强省。从当年起，省财政设立旅游业发展专项资金，当年为2000万元，以后逐年递增。各级政府也加大对旅游业的投入，加强旅游业的招商引资和景区建设管理。

1999年3月22日，省政府发布《四川省旅游发展总体规划》（以下简称《规划》）。同年4月14日，省委、省政府印发《关于实施〈四川省旅游发展总体规划〉的通知》。这是由省政府委托世界旅游组织编制的全国第一个区域性旅游发展总体规划，历时近1年半，耗资500万元。规划包括三个部分：一是远期规划（1999—2015年），内容主要是为实现总体规划目标而应确定的各项目标、政策和战略；二是近、中期实施规划（1999—2005年），内容是实现2005年前的近期目标应采取的规划、管理和开发行动；三是6个试点项目的土地使用规划和前期可行性评估报告，并提出具体的开发思路和布局。该规划将四川定位为中国自然生态旅游和文化旅游的目的地，将大熊猫作为品牌形象加以推广，确定优先开发成都口岸旅游区、川西自然生态旅游区、乐山—峨眉旅游区、自贡—竹海旅游区4个世界级旅游区，以及从成都出发分别往北、往南、往西的3条旅游环线。该《规划》确定全省旅游业发展目标为：1999—2005年，外汇收入年均增长15%，到2005年达到2.45亿美元，国内旅游收入达到265亿元人民币；2006—2010年，国际旅游和国内旅游收入年均增长18.6%和13.6%，分别达到5.66亿美元和593亿元人民币，旅游总收入相当于全省GDP的8%；2011—2015年是巩固、充实、完善阶段，旅游总收入将达到全省GDP的8.2%。

该《规划》反映四川经济实行可持续发展战略对旅游业的总体要求，按照国际惯例对全省旅游资源、旅游产品、旅游基础设施、旅游服务设施、客源市场、人力资源开发、旅游投入与产出、旅游管理等各个子系统进行科学策划和总体布局，具有很强的可操作性。该《规划》的出台，对规范和做大四川旅游产业具有纲领性的指导意义。

聘请世界旅游组织的专家编制旅游发展规划的决策在全国首创，得到国家旅游局全力支持和充分肯定，其他省（直辖市、自治区）也纷纷到四川学习交流经验。

根据《规划》，四川省打造一系列专题旅游品牌与路线。如红色旅游线路打造出“长征丰碑”“将帅故里”“川陕苏区”三大红色旅游品牌。2004年8月，省政府发布《四川省生态旅游发展报告》，提出生态旅游建设目标，建成九环线、西环线等6条生态旅游精品线路，建成“九寨国际旅游区”、中国“第一山”国际旅游区等10个生态旅游精品区。2004年，省旅游局启动《四川省文化旅游发展报告》编制工作，2005年基本完成。《四川省文化旅游发展报告》提出构建“一个中心、三带、五区”的文化旅游格局，即把成都市培育成文化旅游开发建设整体水平在西部地区名列前茅的重要文化旅游中心；形成三国文化、南方丝绸之路文化、茶马古道文化3个特色文化旅游带；规划建设好康巴风情文化旅游区、古羌风情旅游区、攀西大裂谷阳光彝族风情旅游区、嘉陵江流域“巴文化”旅游区、川南苗岭文化和夜郎文化旅游区5个特别旅游文化区。2005年，省旅游局开始着手制定《四川省乡村旅游发展报告》，提出构建5个乡村旅游特色板块，即环大中城市“天府农家”乡村旅游板块、川西“藏羌风情”乡村旅游板块、川东“苏区新貌”乡村旅游板块、攀西“生态农业”乡村旅游板块和川南“古镇古寨”乡村旅游板块。在此基础上，四川还以大熊猫、三星堆、九寨沟和世界四大遗产为支撑，着力打造建设五大国际精品旅游区，即中国“第一山”国际旅游区、大九寨国际旅游区、卧龙中华大熊猫生态旅游区、三星堆古迹遗址文化旅游区和都江堰—青城山生态文化旅游区。2003—2005年，四川省对五大旅游区累计投资250亿元，建设162个项目，最终创造良好的旅游效益。峨眉山、九寨沟被中央精神文明办、建设部、国家旅游局评为国家“文明示范风景旅游区”。2005年，五大旅游区旅游总收入占全省旅游总收入65%以上，成为带动四川旅游发展的龙头。

2000年11月13日，省委、省政府印发《关于加快培育旅游支柱产业，建设旅游经济强省的决定》，确定四川加快旅游发展的总体目标，即到2005年把四川建成中国自然生态和历史文化旅游的重要地区，把旅游业培育成四川国民经济的支柱产业，实现从旅游资源大省向旅游经济大省的跨越；到2010年，旅游业实力进一步巩固、壮大，实现从旅游经济大省向旅游经济强省的历史性跨越。

2001年，省政府印发《关于加强旅游景区建设和管理，提升我省旅游整体形象的通知》；2002年，省政府印发《关于加强旅游市场管理的实施意见》；2003年，省政府印发《关于加快四川旅游产业发展的实施意见》。2003年起，每年召开一次全省旅游发展大会，在全国属首创。这些文件的先后出台，明确四川旅游业的地位和作用，为规范和促进四川旅游业做大做强指明战略重心和发展方向，全省旅游业逐步形成大旅游、大产业、大市场的良好发展氛围。

与此同时，四川扩大对外开放，加强区域合作。比如，与云南省签署联合开发“泸沽湖旅游景区”协议，与云南省、西藏自治区签署联合开发“中国香格里拉生态旅游区”协议，与贵州省、重庆市达成联合开发川黔渝“金三角”生态旅游区的共识，与陕西省形成开发建设“川陕旅游协作区”的合作框架，与浙江、北京、上海、广东等国内主要客源地签署互组客源协议。利用“泛珠三角（9+2）区域合作”契机，在中国香港和中国澳门举办“四川—香港合作周”“四川—澳门合作周”活动；同时，与中国香港、新加坡签订互送客源协议，还与泰国签订“中泰旅游精美组合”协议，联合开发国际旅游线路。

截至 2005 年，四川实现从旅游资源大省向旅游经济大省的转变。2005 年，四川的中国优秀旅游城市达 14 座，居西部第一位。全省有 A 级旅游景区 76 个，全省旅游直接从业人员 36 万人，带动相关行业从业人员 180 多万人。当年全省接待入境旅游超过 100 万人次，外汇收入 3. 16 亿美元，是 1995 年的 6. 24 倍；接待国内旅游者 1. 32 亿人次，国内旅游收入 695 亿元人民币，是 1995 年的 8. 78 倍。全省旅游总收入达 721. 26 亿元，相当于全省 GDP 的 9. 8%，是 1995 年的 8. 67 倍，在全国排名从第二十一位上升到第九位。

四川省实施“科教兴川”战略

20世纪90年代，四川省开始实施“科教兴川”战略，把科技和教育摆在经济和社会发展的优先地位，大力推进科技进步，实现技术跨越，大力培养人才以及吸引和用好人才，努力提高科技对经济社会发展的支撑和引领作用。

1992年1月7日，中共四川省委、四川省人民政府（以下简称省委、省政府）印发《关于大力推动科技进步，振兴四川经济的决定》（即“科教兴川五十条”），并制定颁布13个政策性配套文件和“知识分子工作二十三条”。“科教兴川”战略明确规定科技人员可以合理流动，鼓励他们进行技术承包、技术服务或领办、创办、租赁企业，以促进科技人员进入经济建设主战场，将众多科技成果转化为实际生产力。《决定》共50条，分10个方面：坚定不移地实施科教兴川的战略方针；加强科研机构为经济建设服务的能力与活力；充分调动科技人员的积极性；进一步搞好农村科技工作；大力推进企业技术进步；有重点有步骤地发展高新技术和高新技术产业；加强科技成果的商品化和产业化；坚持对外开放，推进对外科技合作与交流；增加全社会对科技的投入；切实加强对科技工作的领导和协调。随后全省19个市（地、州）和近80%的县（市、区）确立“科技兴市（县）”战略，出台贯彻“科教兴川五十条”的实施办法和细则规定100多个，普遍成立党政一把手任组长的科技领导小组，全省形成依靠科技发展经济的共识。

在贯彻执行“科教兴川五十条”的基础上，从1993年3月起，四川省从经济社会综合协调发展的全局推进科技与经济的有机结合，完善宏观科技管理体制，增强科技投入。1994年3月1日，省政府印发《四川省加快科技体制改革方案要点》，明确提出在20世纪90年代逐步建立适应社会主义市场经济发展、符合科技自身发展规律、科技与经济密切结合的新型科技体制和运行机制，促使科学技术为经济建设做出直接贡献。

1995年2月28日，科技兴川“千亿工程”全面启动。这是四川围绕社会经济发展的主要任务，以推进科技成果转化为主要手段，以加速科技经济一体化和科技为经济直接贡献为目标而采取的一项重大举措。其主要目标是：通过大力兴办科技产业和推广应用科技成果，到2000年使全省工农业产值新增1200亿元，其中科技产业实现产值400亿元、推广应用科技成果实现产值800亿元，将科技进步对经济增长的贡献率提高到50%。在科技兴川“千亿工程”启动仪式上，副省长徐世群代表省政府与全省市（地、州）负责人在目标任务责任书上签字。

1995年，中共中央、国务院作出《关于加速科学技术进步的决定》，确立科教兴国战略。1996年，省委、省政府出台《关于贯彻〈中共中央国务院关于加速科技进步的决定〉的实施意见》（以下简称《实施意见》）。《实施意见》共50条，是新形势下对“科教兴川五十条”的补充，两个“五十条”构成四川科教兴川战略的整个框架体系。

四川省在实施“科教兴川”战略中，努力创造让科技人才脱颖而出的政策环境。1991年12月，四川首批给予190名做出突出贡献的专家、学者以政府特殊津贴。1995年3月，省委、省政府设立

“四川优秀人才奖”，作为四川各类优秀人才的最高奖励，每两年评选表彰一次。1998 年 4 月，省委、省政府设立“四川省科技杰出贡献奖”。1999 年 8 月，首届四川省科技杰出贡献奖在成都市颁奖，四川农业大学周开达、成都地奥集团李伯刚、西南化工研究设计院冯孝庭 3 人获奖。

随着科教兴川战略的深入推进，其内涵不断丰富和提升。2000 年 9 月 4 日，中共中央、国务院作出建设绵阳科技城的战略决策。绵阳科技城是全国唯一的科技城，它的建设实践，成为全国创新驱动发展“试验田”、军民深度融合“排头兵”。同年，省委、省政府印发《关于加强技术创新发展高科技实现产业化的实施意见》，将加强技术创新作为四川科技与经济结合的切入点，把发展高科技作为四川国民经济新的增长点，确立建设创新型四川的思路。2002 年，全省启动实施人才、专利、技术标准三大战略。2005 年，省委、省政府作出《关于加强自主创新走创新型发展道路的决定》，确立建设创新型四川的战略目标，提出未来 15 年四川科技工作的发展方向是加强自主创新，走创新型发展道路。

在实施“科教兴川”战略期间，四川省建立一系列国家重点实验室，取得若干项重大技术突破。1995 年 11 月 2 日，在西南交通大学建成的中国交通行业唯一的牵引动力国家重点实验室通过国家级验收。该实验室主要研究方向包括：以轮轨相互作用研究为基础，着重研究重载、高速用现代新型机车车辆，为自主开发中国高速列车和大型货运机车车辆提供试验研究基地。该实验室是亚太地区规模最大、功能最全的机车车辆整车动力学试验设备。这标志着中国的机车车辆基础理论研究与大型实验技术跨入国际先进行列。1996 年 1 月 29 日，由牵引动力实验室研制的中国首台 4 吨常导载人磁悬浮列车及实验线，在成都通过国家鉴定和验收。这使中国成为继德国、日本、法国、俄罗斯、英国等少数国家后拥有这项先进技术和应用水平的国家，标志着中国陆上交通运输技术进入国际先进水平。2000 年 12 月 31 日，世界首辆载人高温超导磁悬浮实验车“世纪号”研制成功。高温超导磁悬浮实验车项目是国家“863”计划项目，由西南交通大学应用物理系超导技术研究所王家素、王素玉夫妇主持，北京有色金属研究总院、中国科学院电工技术研究所、西北有色金属研究院参加研制。2001 年 2 月 11 日，专家组对“高温超导悬浮实验车”项目进行验收，认为该项目的成功标志着中国已在高温超导磁悬浮应用基础研究和相关技术研究方面取得重大突破，居于世界同类研究的前列。该项目获 2001 年度四川省科技进步奖特等奖。

1997 年 1 月 16 日，国内唯一的国家天然药物工程技术研究中心，由科学技术部批准组建，是以中科院成都生物研究所和中科院成都地奥制药公司为依托，专业从事天然药物工程技术研究的国家级科研开发实体。该中心的建立，为中药现代化、产业化提供了示范。

1997 年 11 月 11 日，中国成都高性能计算中心在西南交通大学成立，这是国内第三个、西部地区第一个国家高性能计算中心。该计算中心采用一台“曙光 1000”作为主计算服务器，含 32 个主计算结点（CPU），整机浮点运算速度达每秒 26 亿次，内存总容量 1000 兆字节，是中国第一个国产大规模并行计算机系列，也是国家“863”计划的重大成果，达到国际先进水平。

1996 年 1 月 12 日，优质赛拓稻在中国科学院成都生物研究所培育成功。采用世界首创的细胞工程技术培育出的特优赛拓稻，经国内贸易部粮油食品质量监督检验测试中心检测，其所含蛋白质、脂肪、直链淀粉与支链淀粉之比以及胶稠度等指标均优于泰国香米。该稻经 4000 余亩栽植，表现出质优、稳产、造就性强等特点，且省水、省肥、耐旱能力强，亩产可达 400—500 公斤。由赛拓稻加工而成的赛拓米具有天然麦香味，口感好，营养丰富，被誉为“中国第一米”。2000 年 12 月，四川省著名水稻专家、院士周开达主持的国家“九五”重点科技攻关项目“高产、抗逆、抗病、优质水稻生物技术育种专题”，在北京通过科技部组织的专家验收。“九五”期间，该专题利用细胞工程技术共育成19个通过省级以上审定的水稻新品种，累计推广面积6040万亩，增产稻谷25亿公斤。四川在细胞工程育种领域已跻身世界先进行列。

“科教兴川”战略实施后，全省的科技意识不断增强，科技创新环境不断优化，科技与经济结合日益紧密，科技进步对经济增长的贡献率达50%，科技创新实力显著提升，科技管理体系建设逐步增强，有力推动全省经济和社会发展。

2006年1月，省委、省政府召开全省科学技术大会，学习贯彻全国科技大会精神，部署实施《四川省中长期科学和技术发展规划纲要》。会议提出把科教兴川作为推动创新发展的主体战略，号召全省人民坚定不移地走创新型发展道路，努力建设创新型四川。自此，“科教兴川”战略进入自主创新和跨越式发展的崭新阶段。

实施天然林保护、退耕还林工程

四川是长江上游重要的生态屏障和水源涵养地，肩负着维护国家生态安全的重要使命。1998年，长江、松花江以及嫩江流域发生特大洪灾后，中共中央、国务院印发《关于灾后重建、整治江河、兴修水利的若干意见》，把“封山植树、退耕还林”放到综合治理措施的首位。同年，国务院印发《全国生态环境建设规划》，明确生态环境建设的总体目标，提出用大约50年的时间，动员和组织全国人民，依靠科学技术，加强对现有天然林及野生动植物资源的保护，大力开展植树种草，治理水土流失，防治荒漠化，建设生态环境，改善生产和生活条件，完成一批对改善全国生态环境有重要影响的工程，扭转生态恶化的势头。特别是中共十六大，把可持续发展能力不断增强，生态环境得到改善，资源利用效率显著提高，促进人与自然和谐，推动整个社会走上生产发展、生活富裕、生态良好的文明发展道路，作为全面建设小康社会的奋斗目标。在这样的历史大背景下，中共四川省委、四川省人民政府（以下简称省委、省政府）启动一系列林业重点工程，推动生态建设。

1998年8月21日，省政府印发《关于实施天然林资源保护工程的决定》（以下简称《决定》），决定在四川省西部地区实施天然林保护工程（以下简称“天保工程”）。根据《决定》，从1998年9月1日起，在工程区内的阿坝州、甘孜州、凉山州、攀枝花市、乐山市、雅安地区全部停止天然林采伐；加强森林资源管护和生态公益林建设；积极发展多种经营，转产分流富余人员；确保离退休人员养老金和下岗职工基本生活费发放；加强资源林政管理，严格依法治林；加强领导，落实责任，确保天然林资源保护工程顺利实施。9月29日，省政府办公厅发出紧急通知，决定从1998年10月1日起全省范围内所有天然林一律停止采伐；严禁任何单位和个人乱砍滥伐、毁坏天然林。全省约有10万伐木工人因此放下斧头，此举对维护长江流域生态平衡、保护森林资源、改善生态环境具有重要意义。

1999年1月29日，四川省九届人大七次会议通过《四川省天然林保护条例》（以下简称《条例》），这是全国第一部关于保护天然林的地方性法规。同年，四川在全国率先开展退耕还林工程。10月19—20日，省政府在成都市召开四川省退耕还林试点工作会议，落实中共中央、国务院关于退耕还林在四川先行启动的战略部署，布置1999—2000年退耕还林20万公顷的试点任务。根据部署，全省21个市（地、州）的120个县，按照“退耕还林、封山绿化、以粮代赈、个体承包、验收发证、落实兑现”的政策措施，全面启动首批300万亩退耕还林任务，转为植树造林。首先将高山陡坡地带、江河源头地区、沙化干旱地区及其他生态脆弱地区的森林资源管护好，同时根据不同自然地理条件，采取人工栽植、封山育林、飞机播种相结合，乔木、灌木和种草相结合的办法，加大植被恢复与生态重建力度。另一方面，运用法律、行政和经济等手段，动员社会各界力量共同参与造林绿化和生态建设。全民义务植树持续开展，发挥示范带头作用；公路、铁路、水利等部门加快绿化工作，成为推进国土绿化的重要力量；通过项目带动和政策引导，吸引社会资金投向林业；支持业主和龙头企业采取租赁、承包、“公司+农户”等形式，建立产业化基地，带动农民发展用材林、经济林和种苗花卉等生产，加快荒山荒滩、陡坡耕地的造林进度。

全省坚持政策引导与广大农民意愿相结合，退耕还林与扶贫攻坚和产业结构调整相结合，生态建设与发展地方经济、增加农民收入相结合，初步探索出一条适合四川省情的生态改善、经济发展和农民增收的“三赢”之路，推动退耕还林工程的顺利实施。到2003年，全省累计完成退耕还林面积1163万亩，占全省耕地面积的19.1%，给四川乃至长江中下游地区带来初步的生态效益，也给四川带来初步的经济效益。

2005年12月20日，四川省召开“十五”期间林业建设成就及“十一五”期间林业发展展望新闻发布会。全省森林覆盖率由2000年的24.23%上升到2005年的28.98%，省委、省政府提出的建设长江上游生态屏障五年初见成效的目标如期实现。

据统计，1998—2006年，四川累计完成退耕还林89.1万公顷、荒山造林247.8万公顷，封山育林243.4万公顷，义务植树8.9亿株，绿色通道建设1.65万公里。森林面积由1998年前的1172.35万公顷上升到1464.34万公顷，森林面积和蓄积量分别居全国第四位和第二位。随着森林资源的不断增加，全省5万多平方公里水土流失面积得到有效控制，每年减少土壤侵蚀量2.53亿吨；森林资源在涵养水源、保育土壤、固定二氧化碳和供给氧气等方面的综合服务价值每年达1332.5亿元。

府南河综合整治工程

府南河包括府河、南河，历史上合称锦江，是岷江水系都江堰渠首工程的延伸，是成都城市千百年来人们生产生活的母亲河。府河进入市区后绕城北城东而流；南河进入市区后顺城西城南而流。两河在合江亭相汇东去往南经乐山、宜宾入长江。府河、南河流经旧城区段总长 29 公里。抗日战争结束后，两河航运大大萎缩，河道逐段水浅，以后随着陆上交通兴起，航运进一步衰落。

到 20 世纪 80 年代，府河水位骤降，基本断航。由于河道被破坏，急降大雨或上游洪水泄入时，两河往往无力容纳，酿成灾害。同时，随着城市发展，两河污染日益严重，水质急剧恶化。1985 年，地处锦江河畔的成都市龙江路小学全体少先队员联名给市长胡懋洲写信呼吁："还我锦江清水"；社会各界人士通过各种渠道向政府呼吁"治治这条臭河"。四川省、成都市领导杨汝岱、吴希海、胡懋洲、黄寅逵等为此作出批示，责成有关部门组织专门力量，为解决这个遗留已久的老大难问题，研究一个标本兼治的对策。

1987 年，成都市建委组织专门力量，对府南河的状况进行全面调查，制定出治理、改造的规划方案。1992 年在总体规划的基础上，制定详细规划，逐步明确府南河必须进行"综合治理"的思路，提出短期提高城市防洪能力，中长期为治污治水、"还两河清流"的目标规划。按照规划，府南河综合整治包括防洪、环保、滨河绿化、道路管网、居民安居五大工程，计划在 5 年内实施完成。

具体而言，防洪工程是针对府南河河堤低矮、河道淤积、部分河道狭窄、泄洪能力严重不足，为全国防洪能力最差的省会城市之一的现状，实施包括新修河堤、整治河道、新建改建跨河桥及配套设施在内的防洪工程。环保工程，是针对府南河污染严重，原有 650 多个排污口，每天排出 60 多万吨污水，有害物质达 15 种之多的现状，实施包括污水截流、污水处理在内的环保工程，并将沿河有污染的企业搬迁至城外的工业点进行改造；对沿河的数十座公厕重新布局修建，切断污染源。绿化工程，是针对府南河两岸人口、房屋密度过大，危破房、建筑物过多，资源配置不合理，绿地空间不够，绿化严重滞后的现状，实施包括滨河绿化和文化艺术小品在内的绿化、文化工程，营造都市风景线。道路管网工程，是针对府南河两岸道路狭窄、交通不畅、管网不全、功能不足的现状，实施道路管网工程。居民安居工程，是针对府南河两岸约 4 平方公里面积内 3 万多户 10 万多名居民住房破旧、居住环境十分恶劣的状况，实施安居工程。

府南河综合整治工程规模大、投资大。仅动迁就涉及 4 平方公里、188 条街道、24 个街道办事处、1291 个单位、拆迁面积达 200 多万平方米。为保障工程顺利实施，成都市人民政府（以下简称市政府）制定一系列政策措施。为确保政令畅通，要求各相关部门主要领导作为第一责任人全权负责，明确规定把干部在府南河工程的政绩纳入对干部的考核使用；将凡是涉及到府南河的工作任务，全部编进目标责任书，纳入一级目标管理，从上到下、从左到右，责任到人，分工明确；市、区两级纪检监察机关发布"关于确保府南河工程顺利实施的若干规定"，对府南河工程开展监督检查并制定相应措施。各施工单位设置监察员，对施工过程实行全方位监督；对于自来水、煤气拆迁，拆迁居民及农转非户口迁移、拆迁户子女入学等具体问题，市政府也出台专项措施。

1993 年 1 月 27 日，成都市人民政府以成府发〔1993〕12 号文正式批准项目全面实施。1994 年 6 月 3 日，成都府南河综合整治工程正式实施，成都市人民政府分别与工程段的武侯区、青羊区、锦江区、金牛区、成华区人民政府签订专项目标责任书。1995 年，成都市进入“市政拆迁年”，3 万户 10 万人的拆迁相继得到落实。1996 年，市政道路和园林建设全面展开。1997 年 12 月 29 日，这项总投资 27 亿元，集防洪、治污、绿化、安居、文化与道路管网改造于一体，造福百姓、树立省城形象的府南河综合整治工程城区段全面竣工。

防洪工程基本实现目标，新建河堤和加固河堤 42 公里；疏淘河道 16 公里，清运淤泥、堆积物 95 万立方米；新建和改建跨河桥 18 座、新建拦水坝 5 座、码头 12 个；整治后的河道宽度由原来的 30—80 米拓宽至 40—120 米，泄洪能力大大增强，提高了城市中心的安全度。安居工程全面实施，新建的 20 多个拆迁小区配套设施基本到位，有 3 万多户 10 万多人从居住几十年的狭窄潮湿的低洼棚屋搬出，住进宽敞明亮，厨、卫功能齐全的套房，结束大雨大漏、小雨小漏、苦不堪言的历史。环保工程有序推进，完成雨污分流工程，26 公里长的排污干管铺设完毕，污水总出口工程全线贯通。污水处理厂一期工程完工，日处理 30 万吨的二期工程在按计划进行。沿河 1000 多家有污染的工厂、商家迁出市中心，几十个公厕得到改善，截断倾入河道的大部分污源，河道水质改善。绿化工程大部完成，种植乔木 1.5 万株、灌木 4000 株（丛）、草坪 15 万平方米。滨河绿地率达 85%，绿化覆盖率达 95%，大幅改善城市生态平衡。道路管网工程规模初具。在府南河两侧分别形成长 14.79 公里、宽 25 米的内环路；长 8.6 公里、宽 20 米的外侧道路；长 10.79 公里、宽 16 米的护河通道。地下管网如污水、雨水、供水、供气、电力、通信等管线建设与道路建设同步实施，全面强化城市基础设施综合服务功能。文化工程方面，围绕沿河两岸修建音乐广场和一大批有历史内涵、有时代特色、有生活气息的园林小品、建筑小品，汉、唐、宋等文化名人雕塑和诗碑以及各具特色的小景园。

府南河综合整治工程的成功经验主要体现在以下几个方面。第一，它是一项实现多功能的系统工程：旧城改造与新区开发、住宅建设与基础设施、自然景观与人文景观、水面与陆地、地上与地下协调统一，构成一个庞大的系统，具有综合性和整体性。第二，它是一项体现最大整体效益的综合工程，包括优良的环境效益、可观的经济效益、明显的社会效益。第三，它是一项社会广泛参与的民心工程。在工程建设过程中，成都市民踊跃参与，献言献策献力，先后有 300 多万人次为工程提出意见与建议，而且工程收到捐献物资价值达 4000 多万元。第四，它是一项传统文化与现代文化有机结合的文化工程。府南河沿河两岸的文化工程，一方面具有鲜明的时代特征和超前意识，另一方面又包含丰富的巴蜀文化底蕴，人们在休闲、运动、游览及领略现代物质文明的同时，受到中华民族多姿多彩的传统文化和现代文明意识熏陶。

府南河整治工程建设，为中国城市走向现代化，探索并实践一条切实可行的道路。

（一）工程具体解决城市现代化建设和发展的关系问题，如经济发展与环境建设的协调和统一，物质文明建设与精神文明建设的相互促进，城市新区建设与旧城改造（更新）的协调；城市经济增长与居民生活质量的协调等。

（二）工程使现代城市以人为本、一切为人的设计思想和建设方针从理念变成行动，它不仅改善市民居住环境，提高居民生活质量，也充分发挥居民的主动性和积极性，体现人民城市人民建的精神。

（三）工程是推进城市可持续发展的实践范例，在综合解决水源、环境、土地和居民素质等方面，为成都市可持续发展创造必要条件。

府南河综合整治工程在国内外引起强烈反响。中共中央政治局常委、国务院总理李鹏，中共中央政治局常委、全国政协主席李瑞环，中共中央政治局常委、中央军委副主席刘华清等领导在考察府南河工程后，都对工程建设给予高度评价。国家重点城市环境综合整治考核小组考察后认为：成都市以治理府南河为龙头带动城市环境建设，不仅有力遏制环境污染发展趋势和生态环境恶化，而且还从根本上解决城市的可持续发展问题，在全国带了一个好头。天津、上海、广州、深圳、杭州、合肥等 16 个城市的代表团专程到成都市考察府南河工程，吸取借鉴经验。美国、法国、德国、英国、荷兰、新加坡、秘鲁等政府代表团前来考察后认为：发展中国家的欠发达地区能够在没有外援的情况下，依靠自己的力量组织实施如此浩大工程，体现政府的远见卓识和对人民、对地球、对环境负责的精神。

1998 年 10 月，府南河综合整治工程因全力推进城市可持续发展，改善市民的生活质量和解决贫困市民的安居问题，获得联合国人居中心颁发的“世界人居奖”。

四川省建立城乡居民最低生活保障制度

城市居民最低生活保障制度，是政府对城市贫困人口按最低生活保障标准进行差额救助的新型社会救济制度。农村居民最低生活保障制度，是政府对农村贫困人口按最低生活保障标准进行差额救助的新型社会救济制度。两者合称城乡居民最低生活保障制度。

城市居民最低生活保障制度

1994 年，在国务院召开的全国第十次民政会议上，民政部提出“对城市救济对象实行按当地最低生活保障标准进行社会救济”的改革目标，并部署在部分地区进行试点。

1997 年 7 月，四川省城市低保工作试点在成都彭州市进行。彭州市对该市城镇居民特困户 422 户 889 人，按人均月收入 110 元标准实施最低生活保障，一年共需保障资金 48.4 万元，全部由市财政负担。此外，该市为特困户在就业、个体经营、就医等方面制定优先照顾政策，逐渐建立起一套较为完善的最低生活保障制度。彭州市成为四川省第一个全面实施城乡最低生活保障制度的县级市，被民政部列为西部地区建立社会保障制度的试点市。

1997 年 7 月，成都市人民政府批准在 5 个城区与高新技术开发区实施城市低保制度；年中，内江市开始首先在城区实施该项制度。

1997 年 9 月 2 日，国务院颁布《关于在全国建立城市居民最低生活保障制度的通知》，要求各地在 1999 年底以前在所有城市建立城市居民最低生活保障制度。根据国务院文件精神，四川省人民政府在 1997—2002 年先后出台《关于在全省建立城市居民最低生活保障制度的通知》《四川省城市居民最低生活保障实施办法》和《关于进一步做好城市居民最低生活保障工作的通知》。1998 年、1999 年，中共四川省委、四川省人民政府连续两年将建立城市居民最低生活保障制度列入当年要为全省人民办的 10 件实事中。

到 1999 年 7 月 1 日，四川省 180 个县（市、区）全面建立城市居民最低生活保障制度，提前 5 个月完成国务院《关于在全国建立城市居民最低生活保障制度的通知》中下达的任务。到年底，全省享受城市居民最低生活保障的对象人数为 16 万人。2001 年，在全国城市低保工作会议召开后，四川省人民政府于 9 月 27 日组织召开全省城市低保工作会议。会议要求各市（州）立即开展大范围的低保对象扩面工作，在 10 月 20 日前将所有符合低保条件的城市贫困居民全部纳入低保范围，实行应保尽保。通过这次低保扩面工作，四川省低保对象总人数达到 131.5 万人。到 2002 年 8 月底，四川省投入的低保资金达 3.03 亿元，至年底，低保对象增加到 143 万人，占全省非农业人口的 8.6%，基本达到“应保尽保”的目标，四川省城市居民最低生活保障制度工作重点转入制度本身的规范与完善阶段。同年，省、市（州）两级民政部门按照民政部要求，建立城市居民最低生活保障信息系统，并在年底投入使用，实现省、市（州）联网。

农村居民最低生活保障制度

20世纪80年代开始，四川省农村社会救济工作即对农村贫困户和五保户实行不定期临时救济，在一定程度上缓解了他们的生活困难，但保障水平普遍偏低，只能解决临时生活困难，不是长久之计。为解决这些问题，一些地方开始探索农村社会保障问题。一方面实行农村定期定量救济，保证农村贫困户的基本生活；另一方面探索乡（镇）统筹补助办法，提高对农村贫困户的保障能力。这些措施为全省进一步探索农村社会保障制度奠定基础。

1996年7月，四川省首先在成都彭州市建立农村最低生活保障制度试点。彭州市率先对农村传统的救济制度实施改革，根据本地经济发展水平，确定农村特困户2069人，按年人均收入600元标准实施最低生活保障，要求乡、村对生活在最低生活保障线以下的贫困户实施救助，使贫困户的基本生活水平达到最低生活保障线。1997年11月，成都市人民政府印发《关于积极推进农村最低生活保障制度工作的通知》，推广彭州市经验，将农村最低生活保障制度纳入为民办实事目标。到1998年12月底，成都市所有区（县、市）全部建立农村最低生活保障制度，保障标准为年人均600—1000元。

2000年3月，四川省民政厅召开全省城乡居民最低生活保障工作座谈会，要求各地在做好城市居民最低生活保障工作的同时，逐步探索和走出一条城乡一体化的最低生活保障制度的道路；要求各级党委、政府把农村居民最低生活保障工作列入重要议事日程。各级民政部门先后行动起来，把建立和实施农村居民最低生活保障制度作为为贫困群众办实事和促进社会稳定的“民心工程”“德政工程”。成都市、德阳市、乐山市、巴中市等地党委和政府在组织领导、资金落实方面，遵循“急事急办、特事特办”原则，从人力、物力、财力上给予大力支持，在落实农村居民最低生活保障制度上走在前列，给其他地区作出表率和示范。

截至2002年12月，四川省共有89个县（市、区）建立和实施农村居民最低生活保障制度。成都市、攀枝花市、德阳市、乐山市、广安市、巴中市、眉山市、资阳市全面实施这项制度。全省共有4万余户、12万余人的农村贫困对象得到最低生活保障，占全省农业人口的0.18%。2005年6月，中共四川省委、四川省人民政府印发《关于推进城乡社会救助体系建设的意见》，决定从当年下半年开始，用3年时间在全省建立起规范完善的农村居民最低生活保障制度。8月，四川省民政厅、四川省财政厅印发《关于在全省启动和建立农村居民最低生活保障制度的通知》，对农村低保对象、保障标准，对农村低保申请、审批程序和保障资金发放办法等提出统一要求。12月，占全省72.4%的县（市、区）建立农村居民最低生活保障制度。在保障对象上，首先将因病、因灾导致家庭丧失主要劳动力和难以维持日常基本生活的农村困难家庭纳入保障范围；在制度建设上，各地结合实际和实践经验制定当地农村居民最低生活保障暂行实施办法或细则，抓好农村低保政策法规建设，逐步健全、完善农村低保管理制度和审批程序，加强农村低保工作制度化、规范化管理；在资金投入上，省、市（州）、县（市、区）将农村低保资金纳入财政预算，逐年加大投入，2005年四川省各级财政安排农村低保资金1.04亿元。

四川省农村劳动力转移输出

从20世纪70年代末80年代初开始，四川农村劳动力自发性地向省内外非农产业流动，一度形成“民工潮”。在省内，由于大量农村劳动力进城务工，与城镇劳动力分享就业岗位，城镇就业矛盾变得更加突出。而随着广东深圳等经济特区的建立与发展，沿海对劳动力的需求旺盛，积极向广东等沿海地区输送劳动力，就成为解决农村剩余劳动力输出的重要途径。1986年，中共四川省委、四川省人民政府（以下简称省委、省政府）决定把农村劳动力转移当作振兴四川经济的战略措施来抓，提出“七五”时期转移500万人，到2000年转移2000万人的中长期目标。同年7月，省政府成立四川省社会劳动力统筹协调领导小组（以下简称省协调领导小组），负责统筹、协调、指导、服务全省城镇劳动力就业和农村劳动力转移工作。在四川省社会劳动力管理局设立农村劳动力管理处，负责组织农村劳动力输出工作。随后，各地建立农村劳动力管理机构。同年12月，四川省在成都市召开全省劳动力统筹协调、农村剩余劳动力转移工作会议，确定1987年全省农村劳动力转移100万的计划目标。省协调领导小组根据各地农村人口数量、经济发展水平和工作状况向各地下达任务数量指标。

1987年，省政府批转省劳动人事厅《关于进一步做好小城镇劳动就业工作的报告》，要求各乡镇逐步建立乡镇劳动服务公司，并对乡镇劳动服务公司的领导管理体制、主要职责、经费来源等作出规定。同年，全省向非农领域转移农村劳动力129万人，超额完成100万人的预定目标。

1991年后，农村劳动力外出流动数量大幅增加，流动中存在一定的盲目性。为此，国家开始推行农村劳动力流动有序化工作。四川省开始建立地方农村就业服务机构，开展农村劳动力转移的信息咨询、技术、跟踪管理及服务，扩大有组织的劳务输出。1993年，四川对劳务输入大省加强省级劳务协作，先后在广东、海南、北京等省（直辖市）和深圳、珠海、江门、海口、厦门等沿海城市设立劳务管理处（站），与当地有关部门协调、配合，加强劳务输出人员的服务和管理，维护劳务输出人员的合法权益。

到1995年，全省共建立乡镇劳动服务站1798个，新建劳务驻外机构6个，各级就业服务管理机构直接组织输出劳务人员18.60万人。1996年，四川省就业服务管理局按照劳动部要求，对全省劳动服务站的基本情况进行调查，并于同年7月形成《关于我省乡镇劳动服务机构基本状况的调查报告》，全面总结四川省乡镇劳动服务站的工作成绩、存在的问题。同年，全省农村劳动力输出工作与流动就业管理取得显著成效，尤其是春运农民工有序流动工作，受到劳动部通报表扬。当年外出农民工给家乡汇回的劳务收入200多亿元。1998年，四川省农村劳务输出工作因成效显著，被评为“四川省改革开放二十年成果（1978—1998）20件大事”之一。

1999年，全省建立乡镇劳动服务站2128个，春运期间有1056个服务站为农民工提供外出登记购票服务，各级就业服务机构在车站、码头设立169个服务站，确保农民工快速、有序流动。同年，四川省农民工有序流动和农村劳动力就地安置工作得到国务院检查组充分肯定，受到劳动和社会保障部的授牌表彰。

进入 21 世纪，全国城市化进程加快，四川省的农村劳动力转移输出步入快速发展阶段。2001 年，四川省民工疏导领导小组办公室成立，加强民工疏导工作，办公室的日常工作由四川省就业服务管理局承担。同年，四川省部分地区遭受罕见的冬、春、夏、秋四季连旱，给农业生产、农村经济和农民生活造成严重损失。8 月，省政府办公厅印发《关于切实抓好当前劳务输出工作的通知》，要求各级政府要把劳务输出摆在突出位置，纳入工作议程和目标管理，把扩大劳务输出作为救灾措施，在输出地域上实行巩固东部、进军西部，开拓海外的战略。在各地共同努力下，2001 年全省共输出 1260 万名农村劳动力，确保实现农民增收目标。

2003 年，针对省内一些地方存在的农民进城务工受到不合理限制，以及农民工遭遇到就业歧视、拖欠克扣工资、乱收费现象突出等问题，四川省劳动和社会保障厅印发《关于切实做好农民进城务工就业管理和服务工作的通知》，要求各地允许用人单位自主招用农民工，任何部门不得干涉和变相干涉；要对涉及农民进城务工的文件进行清理，取消对农民进城务工的不合理限制；取消对农民的不合理收费；各级劳动保障部门要规范用人单位与农民工的劳动关系，用人单位必须依法与农民工签订劳动合同，按照合同约定按时足额发放农民工工资；就业服务机构要建立、完善对农民工的跟踪服务，在省外流动就业的农民工与用人单位发生劳动争议，应及时提供援助服务；各级劳动保障部门要积极开展培训，不断提高农民工素质，做好农民工的各项社会保险工作。

2004 年 9 月，四川省物价局、四川省财政厅、四川省公安厅、四川省劳动和社会保障厅、四川省农业厅、四川省卫生厅、四川省教育厅、四川省纠正行业不正之风办公室、四川省人口和计划生育委员会九部门印发《关于贯彻国家发展改革委等九部门清理和取消针对农民跨地区就业和进城务工歧视性规定和不合理收费的通知》，要求全面清理针对农民跨地区就业和进城务工的行政审批事项，清理行政事业收费项目，严格规范各种中介服务费，明确除“流动人口婚育证明工本费”“流动人口暂住证工本费”外，不得收取任何费用。同年 12 月，国务院办公厅印发《关于进一步做好改善农民进城就业环境工作的通知》，进一步改善农民进城就业环境，维护其合法权益，要求各地清理取消针对农民进城就业的歧视性规定与不合理限制，取消企业使用农民工的行政审批；城市各公共职业介绍机构要免费向农民开放，提供就业信息和政策资讯；要加强对农民进城就业的培训，明确培训费由政府、用人单位和农民个人共同负担，各级财政要安排专项经费扶持农民职业技能培训工作；要求切实维护农民进城就业合法权益，整顿劳动力市场秩序，探索建立城乡一体化的劳动力市场。根据国务院办公厅的通知要求，四川进一步清理和取消对农民就业的歧视性规定，整顿职业介绍机构，向农民开放公共职业介绍机构。率先探索城乡一体化建设的成都市，免费对农民工进行就业培训。全省农村劳动力转移工作进入新时期。

2005 年 3 月，四川省劳动和社会保障厅转发劳动和社会保障部《关于废止农村劳动力跨省流动就业管理暂行规定及有关配套文件的通知》，决定清理废止原有限制农民进城就业的政策文件，要求各地对剩余的“四川省外出人员就业登记卡”进行销毁。截至当年底，全省有流动就业人员 1637. 80 万人，占全省农村劳动力总人数的 41. 5%，其中跨省劳务输出 817. 80 万人。农民人均纯收入达到 2580 元，其中农民人均外出务工收入 551 元，比上年增长 20. 7%。

立体交通体系建设

交通体系主要包括公路、水路、铁路、航空几大体系。

公路与水路交通体系

20 世纪 70 年代末 80 年代初，随着中国改革开放的序幕拉开，四川省交通运输业与全国交通运输业一起，进行渐进改革。在管理体制方面，首先实行政企分离、简政放权；然后围绕政府职能，强化企业市场主体地位，建立现代企业制度。1978 年，四川省公路总里程为 82391 公里，其中县道 63928 公里，公路总里程中无高等级公路，有路面铺装的公路大多是沥青表面，也仅有 7601 公里，尚有未铺装路面 74790 公里。20 世纪 80 年代初，国家开始改革传统的、单一渠道的公路建设投资体制，相继出台贷款修路收费还贷、公开募集社会资金以及“以工代赈”等政策，支持各地方政府采用多元化筹资方式进行公路建设，拓宽公路建设资金投资渠道。

四川省正式批准的第一条收费公路是 1984 年 10 月宜宾市人民政府应沿线厂矿请求，采用民办公助、集资修路的办法改造的宜宾市吊（黄楼）白（沙）公路，开启四川省公路建设史上“贷款修路、收费还贷”的新型建设模式。1986 年 11 月建成的眉山县（今眉山市东坡区）岷江大桥是四川省正式批准的第一座收费大桥。

公路投资主体的多元化、公路建设体制改革，调动各级地方政府和农村群众投资修路的积极性，拓宽公路建设资金来源，促进公路建设发展。到 2005 年底，四川省公路总里程达 11.5 万公里，与“九五”末期相比，增加 2.4 万公里。其中高速公路通车里程达 1759 公里，新增 759 公里；二级以上公路达 1.3 万公里，新增 4000 公里；公路密度达每百平方公里 23.5 公里，增加 5 公里；高级、次高级路面铺装率达 42%，提高 7.6 个百分点。公路运输客货运量在综合运输体系中所占比重分别达 95% 和 85%，公路交通的主导地位和基础性作用进一步稳固，已初步形成以国道、省道为依托，以县道为骨架，以乡村道路为支撑的四通八达的公路交通网络，为四川经济发展奠定良好的交通基础条件。

其间，水路建设成效显著。全省三至七航道里程达 4026 公里，全省有年货物吞吐量 1 万吨以上的港口 61 个，其中年吞吐量 100 万吨以上的港口 10 个，50 万—100 万吨的港口 11 个、20 万—50 万吨的港口 18 个。有 59 个港口经营客运，其中泸州港、乐山港的旅客年进出量在 200 万人次以上。全省全年完成港口货物吞吐量 3460 万吨，完成旅客吞吐量 4128 万人次。

铁路交通体系

20世纪80年代，四川铁路全是单线，线路坡陡弯急，桥隧相连，技术标准低、运输能力小、安全基础弱。1986—1992年，四川铁路建设以既有线路改造为主，未修筑新线路。至20世纪90年代初，四川人乘火车仍是“一票难求”。中共四川省委书记杨汝岱认为：“蜀道之难，难在进出川。”四川铁路能力不足，尤其制约四川的发展。

1991年3月，国家开征铁路建设基金，缓解铁路建设的资金困难。收取的建设基金，财政部以资本形式拨给铁道部，专项用于铁路建设，四川铁路建设因而得以加快发展。1992—1993年，四川境内开工宝成铁路阳（平关）成（都）段增建二线、新建达成合资铁路、襄渝铁路达（县）渝段电气化改造、成昆铁路电气化改造等重点项目。1997—1998年，四川境内开工内昆铁路水（富）梅（花山）段续建、内（江）宜（宾）段电气化改造、新建达万铁路等重点项目。2003年，修改设计后的列车时速160—200公里的遂渝铁路开工建设。

到2005年，四川境内先后建成普（济）乐（坝）、万（盛）南（川）、清（白江）温（家店）、金（沙湾）筠（连）、隆（昌）泸（州）地方铁路，泸（州）纳（溪）铁路全线贯通，纳（溪）叙（永）铁路在建。铁路数量和质量均有质的提升，在勘察设计、工程施工、建设管理等方面得到全面提高，为四川铁路的历史大发展奠定基础。当年四川境内有国家铁路2394公里、合资铁路419公里、地方铁路148公里。四川铁路营业里程2960公里，居全国各省（市、自治区）第十位；铁路旅客、货物周转量均居全国各省（市、自治区）第十四位。成都铁路局管辖的四川国家铁路中，电气化铁路1781公里，是1986年的2.24倍，双线电气化铁路从1986年的零公里增至347.5公里。四川国家铁路干线全部电气化，铁路电气化率在全国领先。

航空交通体系

1986年，四川省境内没有独立的民用航空运输公司，也没有国际航线，只有国内、省内航线35条，地区航线仅有成都—香港包机航线一条；有大、中、小型运输机28架；有民用营运机场11个（含重庆市），仅成都、重庆、西昌3个机场通航使用。当年四川省境内3个通航使用机场全年航空运输旅客吞吐量88.27万人次，邮货吞吐量25654吨。

从1986年开始，民航管理体系开始进行体制改革。围绕“政企分开、简政放权”核心原则，民航管理体系在机场管理体制、行政管理体制、空中交通管理体制3个方面进行深化改革。1986年9月19日，四川省第一家地方组建的航空公司——四川省航空公司正式成立。1987年10月15日，全国第一个按政企分开改革原则组建的国家骨干航空公司——中国西南航空公司在成都成立。1992年7月，位于四川广汉的中国民用航空飞行学院为改善办学条件，提高办学能力，以适应民航的快速发展，组建长城航空公司。2004年4月17日，国内第一家民营航空运输业——鹰联航空有限公司在成都成立。

在进行体制改革的同时，四川加大民航科技投入，促进民航科技进步。1991—2000年，民航二所研发的“机场综合信息管理系统”获国家科技进步三等奖，“航空发动机（CFM56、JT3D）性能监控与故障诊断系统”“候机办理乘机手续引导系统”“多语种实时编辑航班信息自动广播系统”获民航科技进步二等奖。2002 年，民航二所成立后投入最大的科研项目“机场行李自动分拣系统”通过民航总局的技术鉴定，填补国内在该技术方面的空白，在部分关键技术及性能上达到国际先进水平；2005 年，该项目获民航科技进步二等奖。2003 年，成都航贸储运有限责任公司开发研制的、具有国际先进水平的 RJF-3 型飞机压力加油接嘴在第十届北京国际航空展览会上展出，受到国内外客户的青睐，并且该航空器材售价只有国际同类产品的 1/4。到 2005 年，成都建成中国民航业一流的空管和电子信息科研基地。空管新技术应用实验室、航化适航测试中心、农林航空测试中心、节能减排监测中心、机场信息系统集成技术、行李自动分拣技术、场面移动引导控制技术、无线射频识别技术、空管自动化控制技术、航空化学应用技术、机场弱电系统设计技术均处于国内先进水平。

随着体制改革的深化和民航科技的进步，四川省民航交通建设迅速发展。到 2005 年，四川省境内先后组建成立国家所有、地方所有、民航飞行学院集体所有和民营等多种所有制民用航空运输公司 4 家，拥有大、中、小型运输机 81 架，全年起降飞机 15. 17 万架次，日均航班 415. 58 架次。开通从成都出发的国际、地区航线 24 条，成都与国内外 93 个大中城市定期通航。中国西南航空公司先后开辟航线 260 余条，四川航空公司开辟航线 150 余条，长城航空公司开辟航线 50 余条，鹰联航空公司开辟成都—深圳航线。四川省内新建、扩建 4C 级及以上标准投入运营的民用机场 10 个。其中，成都双流国际机场高峰日航班量达 513 架次，最高月吞吐量达 153 万人次，成为中西部第一家跨入千万人次的枢纽机场，也是继北京、上海、广州、深圳之后，全国第五家跨入世界繁忙机场行列的机场之一。2005 年，四川省内机场全年航空运输旅客 1566. 66 万人次，邮货 25. 72 万吨，分别是 1986 年的 17. 75 倍、10. 03 倍。

第三辑　《四川省志（1986—2005）》编纂始末和首轮省志分卷获奖志书简介

一、《四川省志（1986—2005）》编纂始末

（一）编纂方案的制定与实施

1996 年，国务院办公厅印发《关于进一步加强地方志编纂工作的通知》，首次确定地方志分为三级：省、自治区、直辖市编纂的地方志，设区的市、地区、自治州、盟编纂的地方志，县、自治县、旗、不设区的市、市辖区编纂的地方志；明确每 20 年左右编修一次的要求。为贯彻执行国务院《关于进一步加强地方志编纂工作的通知》，在首轮《四川省志》编修进入尾声阶段，四川省地方志编纂委员会（以下简称省志编委）从四川省地方志工作长远出发，于 1997 年开始着手远景规划，并积极争取中共四川省委、四川省人民政府（以下简称省委、省政府）支持。

1997 年 10 月 16 日，中共四川省委办公厅、四川省人民政府办公厅印发《关于转发〈四川省地方志工作 2010 年目标规划纲要〉的通知》（川委办〔1997〕58 号），明确要求续修《四川省志》，并规划续修市志 4 种、州志 3 种，新修市志 8 种、地区志 5 种，续修（新修）县（市、区）志 179 种。《四川省地方志工作 2010 年目标规划纲要》（以下简称《规划纲要》）主要从“总则”“发展目标和主要工作任务”和“保障措施”3 个方面对首轮编修工作和第二轮续修工作作出全面规划，并明确四川省续修（新修）三级地方志规划任务。《规划纲要》首次提出地方志工作要坚持党委领导，政府主持的领导体制，将地方志工作纳入地方经济社会发展规划和各级政府的工作任务；要切实保证地方志工作领导到位、人员到位、经费到位、工作条件到位。《规划纲要》明确提出，列入规划的地方志分为三级：即由省政府主持编纂的《四川省志》；由市（州）政府、地区行署主持编纂的市（地、州）地方志；由县（市、区）政府主持编纂的县（市、区）地方志。中共四川省委办公厅、省人民政府办公厅在《关于转发〈四川省地方志工作 2010 年目标规划纲要〉的通知》中提出可将名山大川、重要事业、名城重镇志列为专门志，进入各级地方志序列。各行业（部门）编修志书不作统一规划，由各主管单位自行编修，各级地方志机构负责指导和审查验收。同时，通知还对编纂方案的编制、报批、实施，志书的审定、出版，地方志工作的领导体制、组织保障、机构、队伍建设、经费保障等作出明确规定。

1999 年 9 月 14—15 日，省志编委在成都市召开四川省县志续修座谈会。成都市大邑县、南充市顺庆区、宜宾市兴文县已出版续志的 3 个县（区）地方志办以及正开展或拟开展续修工作的遂宁市蓬溪县，乐山市井研县、犍为县，眉山地区眉山县，成都市崇州市，资阳市简阳市，绵阳市北川县等县（市）地方志办负责人参会。会议围绕续志的指导思想、编纂方案、基本内容及编纂中将涉

及的具体问题进行讨论，交流续修工作的经验体会，为下阶段续修工作的全面开展做好准备。

此后，少数已完成首轮《四川省志》编修任务的部门积极筹备，开展第二轮《四川省志》编修工作。2000年12月，省农业厅向厅属各单位印发通知，对编纂《四川省志·农业志》提出要求、下达目标、明确责任，并设计编纂篇目。

2001年，全省首轮地方志三级志书编纂出版任务全面完成。为贯彻落实国务院办公厅《关于进一步加强地方志编纂工作的通知》精神，2001年5月11日，中共四川省委办公厅、四川省人民政府办公厅印发《关于进一步加强地方志工作的通知》（川委办〔2001〕27号），从提高认识，切实加强对地方志工作的领导，做好续修三级志书各项工作，加强地方志、综合年鉴等地方文献的规范管理工作，加强四川省情数据库建设，做好地方志工作机构和队伍建设等方面提出明确要求。

为认真总结首轮志书编修经验，增强第二轮志书编修的科学性，省志编委积极推进第二轮志书编修试点工作，在总结经验基础上做好全面展开第二轮修志工作准备。2001年12月20日，四川省人民政府办公厅印发《关于认真开展志书续修试点工作的通知》（川办函〔2001〕292号），确定省交通厅、省电力公司2个省直部门，成都崇州市、攀枝花市东区、自贡市荣县、泸州市纳溪区、德阳绵竹市、绵阳市安县、广元市旺苍县、遂宁市射洪县、内江市东兴区、乐山市犍为县、南充市营山县、宜宾市翠屏区、广安市岳池县、达州市宣汉县、巴中市巴州区、雅安市名山县、眉山市东坡区、资阳市雁江区、阿坝州汶川县、甘孜州巴塘县、凉山州西昌市21个县（市、区）为续修（新修）工作试点单位，积极探索新形势下第二轮三级志书组织形式、编纂模式，为全面开展第二轮三级志书编修作理论和实践准备。

在做好第二轮三级志书编纂准备工作的同时，四川省地方志立法工作同步推进。省志编委通过1993年、1995年、1997年对全省市、县志工作的检查督促，根据各地开展地方志工作在机构、经费、人员方面的投入情况，为实现全省地方志事业科学发展，积极着手研究地方志工作立法可行性问题。1999年初，省政协委员、省志编委党组书记、常务副主任秦安禄等在省政协八届二次会议上提出加强全省地方志立法工作的提案。提案转到省政府后，省政府法制办与省志编委多次交换意见。在省政府法制办指导下，省志编委于2000年初开始着手起草《四川省地方志工作条例》，并到部分市（地、州）调研，形成征求意见稿。2001年7月，省志编委专门召开市（州）地方志机构负责人座谈会，讨论修改方案。同年12月，省志编委再次征求市（州）地方志机构及省直部门修改意见，修改完善后形成《四川省地方志工作条例（草案）》（代拟稿）报送省政府。省政府法制办在充分研究和综合各方意见的基础上修改完善，在审查过程中，书面征求保密、法制、新闻出版、编办、财政等有关部门和部分市（州）的意见，并与省志编委多次反复研讨和协商，在各方意见基本一致的基础上，形成《四川省地方志工作条例（草案）》（送审稿）。省人大常委会将其列入2002年立法计划。2002年3月27日，在省十届人大常委会第二次会议上，省志编委党组书记、常务副主任秦安禄受省政府委托，就《四川省地方志工作条例（草案）》作了说明。省人大教科文卫委组织立法调研组，分别于2002年4月、8月，先后到内江市、威远县和绵阳市、安县进行调研。调研结束后，根据收集到的意见，对《四川省地方志工作条例（草案）》再次进行修改。2002年5月27日，省人大常委会第三次会议对《四川省地方志工作条例》（修改稿）再次审议后，由省人大法工委负责定稿。2002年7月12日，在省长张中伟主持的省政府第80次常务会议上，经讨论同意，随后提请省人大常委会审议。《四川省地方志工作条例》于2003年7月24日由四川省第十届人民代表大会常务委员会第四次会议通过，从 2003 年 10 月 1 日起施行。作为全国地方志工作第一个地方性法规的《四川省地方志工作条例》，共设 13 条，仅千余字，重点规范地方志的范围，地方各级人民政府将地方志工作纳入当地经济和社会发展规划，地方志工作经费纳入各级人民政府财政预算，县级以上地方人民政府地方志工作机构负责地方志的编纂和管理工作。同时对省、市、县三级志书的续修、出版、验收及地方志专职人员应具备的条件和资料的报送等内容作出明确规定。

2004 年 4 月，中国地方志指导小组将河南省、四川省作为全国第二轮修志的试点省，四川省交通厅作为基层修志试点单位。

2005 年 11 月，四川省召开第七次地方志工作会议，部署全省第二轮三级志书编修工作。中共四川省委副书记、四川省人民政府副省长蒋巨峰到会并讲话，要求各级各部门高度重视地方志工作，加强组织领导，树立精品意识。同年 12 月 13 日，中共四川省委办公厅、四川省人民政府办公厅印发《关于全面开展四川省第二轮修志工作的通知》（川委厅〔2005〕47 号），全面部署四川省第二轮三级志书编纂任务，明确四川省第二轮修志工作的指导思想、工作任务、组织保障，提出四川省续修（新修）省志、市（州）、县（市、区）三级志书规划 203 种，要求 2010 年全面完成续修（新修）任务。

2006 年 2 月 10 日，中共四川省委办公厅、四川省人民政府办公厅印发《〈四川省志（1986—2000）〉编纂方案》（川委厅〔2006〕4 号）。《〈四川省志（1986—2000）〉编纂方案》（以下简称《编纂方案》）指出地方志是传承中华文明的重要载体和社会主义精神文明建设的重要组成部分，是地方政府一项基础性工作，也是一项“功在当代、利在千秋”的社会事业。编修《四川省志》，对于总结历史经验，吸取历史教训，弘扬和传播先进文化，推进改革开放和现代化建设，实现四川跨越式发展，构建和谐社会具有重要意义。《编纂方案》对《四川省志（1986—2000）》93 个分卷编纂的指导思想、目标任务、体例结构、工作任务、经费保障、组织领导进行明确规定。其中特别是规定前期经费由财政根据各牵头承编参编单位具体情况解决的方案，体现省委、省政府对该项工作的高度重视，突破首轮志书由各牵头承编参编单位自行解决的模式。

在指导思想方面，《编纂方案》明确《四川省志（1986—2000）》要以马克思列宁主义、毛泽东思想、邓小平理论和“三个代表”重要思想为指导，认真贯彻党的路线、方针、政策，全面落实科学发展观，严格遵循法律、法规，运用辩证唯物主义和历史唯物主义的观点和方法，坚持求实存真、经世致用，突出四川的区域特点，客观记述四川改革开放以来社会主义现代化建设取得的主要成就和经验教训、行政区域内自然与社会各个方面的基本状况及全川人民在中国共产党领导下探索建设中国特色社会主义道路的历史进程，叙载四川丰厚悠久的文化底蕴，力求做到思想性、科学性和资料性的统一，为四川省社会主义经济建设、政治建设、文化建设、社会建设服务。

在目标任务方面，《编纂方案》提出《四川省志（1986—2000）》的编纂模式采用丛书形式，拟由独立出版的 93 个分卷构成，包括总类、大事纪述、人物志、市（州）概况、附录各 1 卷和专志（包括基本专志和特色专志）88 卷。编纂工作既参照社会分工和学科分类，又兼顾实用性、科学性、可操作性，突出时代特色、地方特色和专业特色。

在体例结构方面，《编纂方案》就书名、断限、体裁、结构、行文等方面作出较为详细的规定。在书名方面，《四川省志（1986—2000）》，各分卷名称为《四川省志・××志（1986—2000）》或《四川省志・××志》（特色志），如《四川省志・财政志（1986—2000）》、《四川省志・川酒志》（特色志)。关于时间断限，各分卷除特色志和个别新设基本专志外，上限一般起自1986年，下限一般截至2000年，可以因事而异，适当上溯或下延（缘由应写入各卷编辑说明中）。志书的体裁，采用述、记、志、传、图、表、录、考等形式，以志为主。结构方面，由总类、大事纪述、专志（分志)、人物志、附录构成。总类含序言、凡例、总述、卷目等。大事纪述以编年体与纪事本末体相结合，客观记述四川1986—2000年自然和社会发展的重大历史进程。各专志也可视实际情况设“大事记”，以编年体为主记载各行各业的大事、要事并收入该专志“附录”中。人物志采用传、录、表多种形式，坚持“生不立传”原则，在世人物的突出事迹以事系人写入各专志。人物传统一收入人物志。各专志可视实际情况设“人物”篇，收入有关人物录（简介）或人物表；若不能设“人物”篇，则将有关人物表收入专志“附录”中。附录主要收录文献辑存、修志始末等，为末卷。各专志也可设“附录”，用以收录正文无法记入的重要文献资料、趣闻轶事、人物表（含编纂人员名录）和该专志编纂始末等。各专志（分志）根据社会分工和学科分类的实际，按照“以类相从”或“突出专业、地方特色”的原则设立，为省志的主体部分。专志采用篇、章、节横分类别，节、目以下纵述史事，立足反映四川省行政区域某一事类（事业、行业）断限期内历史与现状的全貌，重点记述本行业或本专业的基本情况。各专志不写序言，不设凡例（可列编辑说明），一般在正文前、后分设概述和附录。专志概述一般应超越时间断限，对本行业或本专业的历史沿革作简要追溯。行文上全志采用叙述性语体文，如实记述，不加评论，寓观点于记事之中，表述力求准确、朴实、简洁、流畅，行文按照《四川省志·凡例》和《〈四川省志〉编写细则》予以规范。

《编纂方案》还就《四川省志（1986—2000）》编纂工作步骤作出安排，将编纂工作划分为组建班子及培训人员、收集和整理资料、撰稿及编审、审定出版、总结表彰等阶段。

在工作经费方面，《编纂方案》明确提出《四川省志（1986—2000）》工作经费以及由省志编委牵头承编分卷编纂所需经费由省志编委提出方案，经省财政厅审核并报省政府同意后纳入省志编委部门预算。其他专志的修志经费由承编部门按照部门预算编制有关要求，商省志编委提出方案，经省财政厅审核并报省政府同意后纳入承编单位部门预算。

《四川省志（1986—2000）》总体规划及分工

表3－1

志　序	志　　名	规划字数（万）	承　编　单　位
卷一	总　类	30	省志编委
卷二	大事纪述	30	省志编委
卷三	中共志	40	省委办公厅（牵头）、省纪委（监察厅）、省委组织部、省委宣传部、省委统战部、省委政法委、省委政研室、省委党史研究室、省委党校
卷四	人大志	20	省人大办公厅（牵头）
卷五	政府志	40	省政府办公厅（牵头）
卷六	政协志	20	省政协办公厅（牵头）
卷七	公安志	30	省公安厅
卷八	检察志	30	省人民检察院

续表 3-1

志 序	志 名	规划字数（万）	承 编 单 位
卷九	审判志	30	省高级人民法院
卷十	司法行政志	20	省司法厅（牵头）、省监狱管理局、省劳教局
卷十一	军事志	40	省军区（牵头）、省人防办
卷十二	武警志	15	武警四川总队
卷十三	人事志	20	省人事厅（牵头）、省编办
卷十四	民政志	25	省民政厅
卷十五	残疾人工作志	15	省残联
卷十六	外事志	20	省政府外事办
卷十七	侨务志	15	省政府侨办
卷十八	民主党派·工商联志	20	省委统战部（牵头）、省工商联、各民主党派
卷十九	工会志	20	省总工会
卷二十	共青团志	20	团省委
卷二十一	妇联志	20	省妇联
卷二十二	国民经济与社会发展志	50	省发展和改革委员会（牵头）
卷二十三	统计志	20	省统计局
卷二十四	审计志	20	省审计厅（牵头）、审计署驻成都特派员办事处
卷二十五	物价志	20	省物价局
卷二十六	质量技术监督志	20	省质量技术监督局
卷二十七	食品药品监督志	20	省食品药品监督管理局（牵头）、省卫生厅、省工商局、省质监局、省商务厅、省农业厅、省畜牧食品局、省经济委员会
卷二十八	工商行政管理志	20	省工商局
卷二十九	国土资源志	30	省国土资源厅
卷三十	国有资产管理志	20	省国资委
卷三十一	劳动和社会保障志	20	省劳动和社会保障厅
卷三十二	安全生产管理志	20	省安全生产监督管理局（牵头）、省煤监局
卷三十三	财政志	20	省财政厅
卷三十四	税务志	20	省国税局（牵头）、省地税局
卷三十五	金融志	30	中国人民银行成都分行（牵头）、中国人民银行成都分行营业管理部、中国银行业监督管理委员会四川监管局、中国保险业监督管理委员会四川监管局、中国证券监督管理委员会四川监管局
卷三十六	粮食志	20	省粮食局
卷三十七	商务志	35	省商务厅
卷三十八	出入境检验检疫志	15	四川出入境检验检疫局
卷三十九	海关志	15	成都海关
卷四十	旅游志	20	省旅游局
卷四十一	建设志	30	省建设厅

续表 3-1

志序	志名	规划字数（万）	承编单位
卷四十二	环境保护志	20	省环保局
卷四十三	测绘志	15	省测绘局
卷四十四	地矿勘查开发志	20	省地质矿产勘查开发局
卷四十五	地震志	20	省地震局
卷四十六	气象志	20	省气象局
卷四十七	农业志	30	省农业厅
卷四十八	林业志	30	省林业厅
卷四十九	水利志（含水产）	30	省水利厅
卷五十	畜牧食品志	20	省畜牧食品局
卷五十一	乡镇企业志	20	省乡镇企业局
卷五十二	农机志	20	省农机局
卷五十三	工业经济志	50	省经济委员会
卷五十四	电力志	30	省电力公司（牵头）
卷五十五	石油天然气志	20	四川石油管理局（牵头）、中石油、中石化在川单位
卷五十六	盐业志	20	省经济委员会（牵头）、省盐务局
卷五十七	烟草志	20	省烟草专卖局（公司）
卷五十八	交通志	40	省交通厅
卷五十九	铁路志	25	成都铁路局（牵头）、中铁二局、铁二院、中铁集装箱公司、中铁行包运输公司、中铁八局、省地方铁路局和眉山、资阳、成都机车（车辆）厂
卷六十	民航志	25	民航西南管理局（牵头）、中国国际航空公司四川航空集团公司
卷六十一	信息产业志	20	省信息产业厅
卷六十二	邮政志	20	省邮政局
卷六十三	通信志	20	省通信管理局（牵头）、省通信股份有限公司、中国电信集团四川省电信公司、四川移动通信有限责任公司、中国联合通信有限公司四川分公司
卷六十四	科学技术志	30	省科学技术厅（牵头）、省科协、中国科学院成都分院、省国防科工办
卷六十五	哲学·社会科学志	30	省社科联（牵头）、省社会科学院
卷六十六	教育志	40	省教育厅
卷六十七	文化艺术志	30	省文化厅（牵头）、省文联
卷六十八	文物志	20	省文化厅（牵头）、四川省博物馆、四川省文物考古研究所
卷六十九	报业志	20	省委宣传部（牵头）、四川日报报业集团
卷七十	广播影视志	20	省广播电影电视局（牵头）、四川人民广播电台、四川电视台、峨眉电影制片厂
卷七十一	出版志	20	省新闻出版局

续表 3-1

志序	志名	规划字数（万）	承编单位
卷七十二	档案志	15	省档案局
卷七十三	体育志	20	省体育局
卷七十四	卫生志	20	省卫生厅（牵头）、省中医药管理局、省红十字会
卷七十五	人口和计划生育志	20	省计生委（牵头）
卷七十六	扶贫开发志	20	省扶贫开发办
卷七十七	民族志	20	省民委
卷七十八	宗教志	20	省政府宗教局
卷七十九	方言志	20	省志编委（牵头）
卷八十	川剧志	20	省文化厅（牵头）、省川剧研究所、省川剧院
卷八十一	川酒志	20	省食品协会（牵头）、省商务厅
卷八十二	川菜志	30	省志编委（牵头）、省烹饪协会
卷八十三	川茶志	20	省志编委（牵头）、雅安蒙顶山茶文化博物馆、省旅游局
卷八十四	大熊猫志	20	省林业厅（牵头）、卧龙管理局、雅安蜂桶寨管理局
卷八十五	都江堰志	25	都江堰管理局
第八十六	青城山志	20	青城山管理局
卷八十七	九寨沟志	25	九寨沟管理局
卷八十八	黄龙志	25	黄龙管理局
第八十九	乐山大佛志	20	乐山大佛管理局
卷九十	武侯祠志	30	成都武侯祠博物馆
卷九十一	人物志	40	省志编委
卷九十二	市州概况	40	省志编委（牵头）、各市（州）地方志办公室
卷九十三	附　录	20	省志编委

说明：①上轮修志所设《地理志》《民俗志》《峨眉山志》等，因所记内容变动不大，续修《四川省志》不再单设。关于自然环境、建置沿革、经济与社会历史发展状况等基本省情在《总类·总述》中作简要复载或反映；
②由于近年省级机构变动较大，上轮修志所设各工业专志内容，除电力、石油、盐业、烟草外，纳入《工业经济志》记述；
③卷七十九至九十系特色专志，其记述上限不受（1986）限制

2006年5月15日，四川省人民政府办公厅转发《四川省第二轮三级志书2006—2010年度编纂工作安排意见》的通知（川办函〔2006〕104号），要求各级各部门高度重视地方志工作，按照年度工作进度安排认真组织实施，及时规范各项工作制度，建立健全责任制度和激励机制，加强督查督办和检查指导，全力推进第二轮修志工作。

2007年3月9日，根据《地方志工作条例》第十条“地方志书每20年左右编修一次”的规定，中共四川省委办公厅、四川省人民政府办公厅决定将续修《四川省志》断限由1986—2000年调整为1986—2005年。除特色志外，各分卷（专志）名称变更为《四川省志·××志（1986—2005）》，规划字数适当增加。

2008年7月2日，省志编委根据中共四川省委办公厅、四川省人民政府办公厅《关于调整续修〈四川省志〉断限的通知》和国家有关部门关于出版物编辑标准规范的最新规定，印发《关于修订〈四川省志·凡例〉和〈（四川省志）编写细则〉的通知》（川志发〔2008〕15号），规范第二轮省志编纂工作。《四川省志·凡例》明确规定：一、该书系首部《四川省志》续编，总名《四川省志（1986—2005）》，由独立出版的93卷构成。各卷（专志）名称为《四川省志·××志（1986—2005）》或《四川省志·××志》（特色志），设中英文目录。二、该书编纂工作以马克思列宁主义、毛泽东思想、邓小平理论、“三个代表”重要思想和科学发展观为指导，全面客观地反映四川省行政区域内自然、政治、经济、文化和社会的历史与现状。三、该书续载前志下限以后的事项；补载、更正前志漏载、误载的某些事项；简要复载前志记载后变化不大的某些事项；升格详载具有地方特色的某些事项。四、该书上限一般起自1986年，前志未设专志或篇章从事物发端写起；下限一般截至2005年。五、该书记述的地域范围以断限期内四川省行政区划为准（含1997年前今重庆市范围）。六、该书采用述、记、志、传、图、表、录、考等体裁，以志为主。七、该书总类卷设序言、凡例、总述、卷目等，为各卷之首，全书之纲。关于自然环境、建置沿革、经济与社会历史发展状况等基本省情在总述中作简要复载或反映。大事纪述卷客观记述四川1986—2005年自然和社会发展的重大历史事件，为全书之经。各专志卷根据社会分工和学科分类的实际，按照“以类相从”或“突出地方特色”的原则设立，为全书的主体部分。各专志卷以篇、章、节横分类别，节、目以下纵述史实，立足反映四川省行政区域某一事物（事业、行业）断限期内历史与现状的全貌。人物志卷采用传、录、表诸种表述形式，坚持“生不立传”原则，在世人物的突出事迹以事系人载入相关专志。附录卷主要辑存重要文献、补载前志遗漏史实、收录该书编纂始末等，为各卷之末。八、该书采用现代规范书面语体文、记述体，寓观点于记事之中。表述力求准确、朴实、简洁、流畅、合乎语法。语言文字、标点符号、数字数据、计量单位的使用和引文注释的书写等按照国家有关规定执行。九、该书使用公元纪年，各卷正文（除引文外）采用第三人称表述；除涉及人名、地名、纪年和简称等项采用括注外，其余采用脚注方式对文稿中的某些问题作必要的简短注释。十、该书图片分为插页和插图，插图和表格均以篇为单位依次排序编号；所用地图均以省测绘局审定的为准。

《〈四川省志〉编写细则》是按照《〈四川省志〉（1986—2005）编纂方案》和《四川省志·凡例》的总体要求，对《四川省志（1986—2005）》编写工作进行的细化规范。《〈四川省志〉编写细则》对《四川省志（1986—2005）》各分卷的书名、断限、体裁等均进行了明确规范。

书名：该书总名《四川省志（1986—2005）》，由独立出版的93卷构成，大体按照政治、经济、文化、社会和特色（志）等类别排列，并分别编以序号。各分卷名称为“《四川省志·××志（1986—2005）》”或“《四川省志·××志》（特色志）”，如“《四川省志·财政志（1986—2005）》”“《四川省志·川酒志》（特色志）”等。

断限：该书各分卷上限一般起自1986年，下限一般截至2005年，可因事而异，适当上溯或下延（缘由应写入各卷的“编辑说明”中），前志未设专志或篇章从事物发端写起。

体裁：该书采用述、记、志、传、图、表、录、考等体裁，以志为主。其中“述”指总述、各专志概述；“记”即大事纪述卷、各专志大事记（收入专志附录中）；“志”即各专志；“传”即人物传；“图”即图片；“表”即表格；“录”即附录卷、各专志附录；“考”即对所记事物的考证。

结构：该书由总类（含序言、凡例、总述、卷目等）、大事纪述、专志、人物志、市（州）概况、附录构成。各分卷基本构架为：图片插页、编纂机构人员署名、编辑说明、目录（中、英文）、概述、正文（分篇、章、节、目）、附录、编后记。各专志的篇目设置，应合乎学科分类和社会分工实际，体现时代特色、地方特色和专业（行业）特色，做到门类合理，归属得当，层次分明，排列有序。篇章节均以事命题，高度概括，一般采用名词或名词性词组，简明扼要。标题前冠以序号，篇章节目使用分级标题。各篇单独编排章节序号，篇、章、节一律用汉字数词标示（如："第一篇""第二章""第三节"等），以下目次分别以"一、二、三……"；"（一）、（二）、（三）……"；"1、2、3……"等形式标示。条目层次不宜过多。各专志附录相同标目及排列顺序：人物表（包括领导人、专家、全国劳模等）、大事记、文献辑存、统计表、专题记述等项目。

文体：该书采用规范的现代汉语（书面语）、记述体。"横排竖写，述而不论"，即将所记内容事项横分门类，纵述发展历史，不加评论，寓观点于记述之中。除引用历史文献外，概不使用文言文或口语，并尽量避免文白夹杂和方言土语。行文力求准确、朴实、简洁、流畅、规范，杜绝浮文、空话、套话。

用字：该书行文遵照《中华人民共和国国家通用语言文字法》（2001 年 1 月 1 日起施行）和《出版物汉字使用管理规定》（新闻出版署、国家语言文字工作委员会 1992 年发布）的要求，使用规范汉字（主要依据国家语言文字工作委员会 1986 年重新发布的《简化字总表》所收录的简化字和国家语言文字工作委员会、新闻出版署 1988 年发布的《现代汉语通用字表》中收录的汉字）。使用汉语简化字，不用繁体字、异体字（但在引用古籍或用作姓名时，遇到个别容易引起歧义的字，可以保留繁体字或异体字）。该书中如出现外国语言文字，应当用国家通用语言文字作必要的注释。

数字：该书数字使用应准确无误，合乎国家技术监督局 1995 年发布的《出版物上数字用法的规定》。运用统计数字，应遵照国家统计法的有关规定。凡属国家规定的统计项目，以四川省统计局公布的统计数字为准。出现歧义的数字资料时，应尽量选用原始报表的数字资料，或以业务部门的有效数据为准。凡统计数字，应注明年份，一般保留小数点后两位数字。应注意上下文、正文与表格之间的数字相一致。关于阿拉伯数字和汉字数字的使用情况，应遵照以下要求：（一）下列各项应当使用阿拉伯数字：1. 公历世纪、年代、年、月、日、时、分、秒。2. 计数与计量的数值（包括正负数、分数、小数、百分比、比例、约数等）。3. 引文标注中的版次、卷次、页码（除古籍应与所据版本一致外）及表格、年表中的数字。4. 代号、代码和序号中的数字，凡是可以使用阿拉伯数字而且又很得体的地方，特别是当所表示的数目比较精确时，均应使用阿拉伯数字。（二）下列各项必须使用汉字数字：1. 定型的词、词组、成语、惯用语、缩略语或具有修辞色彩的词语中作为语素的数字。2. 相邻数字连用表示的概数和带"几"字的约数。3. 非公历纪年一律用汉字数字，但应在其后括注阿拉伯数字公历年份。4. 含有月日简称表示事件、节日和其他意义的词组中的数字，应使用汉字数字。当涉及一月、十一月、十二月时，应用间隔号" · "将表示月和日的数字隔开，并外加引号；涉及其他月份时，不用间隔号。5. 竖排文字中的数字，除与字母连用可顺时针转 90 度排外，一律改用汉字数字。（三）阿拉伯数字的书写规则：1. 凡 4 位和 4 位以上的数字，采用国际通行的三位分节法，节与节之间空半个阿拉伯数字的位置（从小数点起向左或向右每 3 位数分成 1 组，组间留一空隙）。2. 凡 5 位以上的数字，尾数零多的，可改写成以万、亿为单位的数字。一般情况下，不得以十、百、千、十万、百万、千万、十亿、百亿、千亿为单位（千克、千米、千瓦、兆赫等法定计量单位中的词头不在此例）。如 345 000 000 公里可写成 3.45 亿公里或 34 500 万公里，但不能写作3亿4500万公里或3亿4千5百万公里。3. 用阿拉伯数字书写的一个多位数字不能移行。

时间：该书一律使用公元纪年，用阿拉伯数字全称书写，不得省略前两位数字。该书行文若涉及有必要交代当时的帝王年号纪年时，在公元年代后括注帝王年号纪年。在引用原始文献时，中华民国以前的年份一律用当时历史纪年即用帝王年号纪年，即先书写朝代年号，然后括注公元纪年，年号纪年年份一律用汉字数字，括注公元年份用阿拉伯数字。公元前年份必须写明“公元前”三字，如系两个连接的公元前年份，后一个可简写为“前××年”。公元后年份不必写出“公元”二字。关于“××年代”的表述，一律采用在公元年代个位数零后加“年代”的写法。民国年份换算成公元年份的计算方法是，在民国年份数字上加“1911”。行文中除非引文，不得使用“今年”“明年”“本月”“上月”等时间名词；亦不得使用“前不久”“最近”“目前”“多年前”“解放后”等不具体的时间概念。

标点：该书标点符号的使用，一律以国家技术监督局1995年发布的《标点符号用法》（GB/T15834—1995）为准。标点符号写在行内，每一标点符号占一格，但不能出现在移行的头一格。书名、篇名、报刊名、文件名等一律用书名号，书名和篇名连用时在两者之间加间隔号“ · ”。应特别注意表示否定意义的引号的使用，如“大跃进”“文化大革命”等名词必须加引号。注意连接号的使用：“～”浪纹号用于连接相关的阿拉伯数字或代表数量的字母，表示数值范围。但时间之间的连接号用“—”。

注释：凡涉及引文，应注明资料出处。引文注释应遵守学术规范，要素齐备，便于查找原文。引文宜少，应尽量直接引用原著，少用转引；若系转引，须注明转引出处。引文应忠实原文，不得任意改动。若原文有错，可在错误字词后加方括弧“［ ］”予以注释纠正。引文注释标注格式按照国家标准《文后参考文献著录规则》（GB/T 7714—2005）执行。其主要格式如下：引用专著的标注形式为：“作者. 书名. 版次. 出版地：出版者，出版年：页码”。文献的第一版不著录版次，其他版本说明应著录。引用连续出版物（期刊）中析出文献的标注形式为：“作者·论文名称·出版物名称，出版年（期号）：页码”。专著或报纸中析出文献的标注形式为：“析出文献主要责任者. 析出文献题名. 专著主要责任者 .//专著题名：其他题名信息 . 版本项 . 出版地：出版者 . 出版年：析出文献的页码［引用日期］”。引用文件资料，应注明发文单位、年份、字别、文号、标题。但正文涉及文件的一律不用文号，只写明发文单位和文件名称。引用档案资料，应注明存放该资料的档案馆（室）、全宗号、案卷号、页码。除涉及人名、地名、纪年和简称等项采用括注外，其余一律采用脚注。脚注在两条以上时，其序号使用①②③……形式排列。

计量：计量单位的名称、符号书写规则，均按国家技术监督局1993年发布的有关量和单位的书写规则（GB 3100—1993～GB 3102—1993）的规定执行。度量衡单位，使用标准的公制。除公里、公顷、公斤以外的“公字号”单位一律停止使用，如长度中的“公尺”“公分”，应分别改为“米”“厘米”；面积中的“公亩”，应改为百平方米；重量中的“公分”、容积中的“公升”，应分别改为“克”“升”。市制一般不用，必要时可用“亩”。旧时计量单位和外国计量单位，如“斗”“石”；英制的“哩”“码”“磅”等，在引文或叙述当时史实时可以使用，但应做出法定计量单位的换算注释。温度使用摄氏温度，不用华氏温度和列氏温度。摄氏温度用阿拉伯数字和符号表示。当使用计量单位符号时，前面的数字应用阿拉伯数字书写。行文中，除非公式图表，不能在文字之间夹杂使用物理符号、数学符号、计量单位符号、化学分子式和其他符号。行文中，当列有同一计量单位的一系列数字时，可在最末一个数字后面列出计量单位名称，前几个数字后的名称可以省略。

名称：慎用简称。行政区划、机关、团体、企事业单位的名称，应用全称，若全称较长，重复出现时可适当采用简称。切忌滥用词不达意、容易含混的简称。有的不宜随意简称的，即使民间已成口语习惯，也要用全称，如“文革”应改为“文化大革命”，书写当时名称。不同时期的国家、机构、职务、地名等，均以当时名称为准写入志书，不得以后来的名称代替，以便如实反映当时的真实历史面貌。使用后来发生变化的地名，应在其首次出现时注明今地名。涉及政区地名时，应注意1997年3月重庆设中央直辖市之后的行政区域变化，若原属四川省管辖但在行政区划调整后划归重庆的地名，入志时需注明“今属重庆市”（参照《辞海》最新版本）。使用行政区划或机构名称时，应注意名称的演变。使用地名时，应遵照国家语言文字工作委员会、中国地名委员会、铁道部、交通部、国家海洋局、国家测绘局1987年发布的《关于地名使用的若干规定》。慎用译名。凡外国地名、人名及党派、机构、报刊等名称，均以新华社的译名为准。如无新华社的译名，须在其首次出现时用括号注明其外文原名（用印刷体书写），并在上下文中保持中文译名的前后一致。

人称、称谓：该书一律用第三人称记述，不得使用“我国”“我省”“我市”“我局”“我委”“本单位”“我党”“我军”等第一人称叙述。入志人物直书其名，可在其首次出现时于姓名前加职务、职称称谓，除非引文，不在人名之后加“同志”“先生”“教授”等称呼。如系有字、号的中国人，可在第一次出现时记其字、号，之后只写其姓名即可。人名后可括注其生卒年份（用阿拉伯数字）。同名人物同时出现时，括注籍贯等以示区别。

图片：该书力求图文并茂，简明扼要，一目了然。图片处理应充分利用数码技术等现代化的制作手段。图片应精心制作，合理使用，力求清晰。图片包括绘制图片和照片。图片按其摆放位置，可分为插页和插图。插页主要用彩色图片；插图主要用黑白图片。尽量选用和本地、本行业（专业）密切相关并能较好反映其重大发展变化情况的图片。《人物志》中列传的人物，应尽可能配照片。绘制图片包括地图和专题图，如政区图、示意图等。凡涉及国界的地图，应严格按照国家测绘部门最新版地图绘制。物产、资源图等应使用国家测绘部门的底图绘制。凡地图均须四川省测绘局审定。

表格：该书表格，应制作规范，清晰简明。各表设计应包括表号、表题、表文、单位、表注等项目，要素齐全，数据准确。表号的编法以篇为单位，依次排列。表的排序编号写在表格的左上角，表题写在表格上面居中，表注紧接表格之下。字距、行距等须一致，数字的单位要上下对齐，数码多的以靠后排齐为准。表格左右不画边线。

署名：该书各分卷应统一编纂者署名格式，名副其实地体现修志工作的组织领导和具体分工负责情形。署名格式分为以下几级：（一）四川省地方志编纂委员会成员名单：1. 主任委员、副主任委员、委员；2.《四川省志》审核委员会成员；3.《四川省志》总编、副总编；4. 该分卷（专志）责任总编；5. 该分卷（专志）责任编辑。（二）《四川省志·××志》编纂机构成员名单：1.《四川省志·××志》编纂委员会成员（含主任委员、副主任委员、委员）；2.《四川省志·××志》评审组成员；3.《四川省志·××志》主编、副主编；4.《四川省志·××志》编辑（撰稿）、编务人员。以上署名位于各分卷图片插页后，“编辑说明”和“目录”前。书脊、版权页不署主编姓名。

在《四川省志（1986—2005）》编纂过程中，省志编委在组织和指导各分卷编纂工作的同时，根据社会情况变化与编纂情况实际，及时调整工作计划与指导方案。

2012年7月10日，根据省志编纂工作的客观需要，省志编委印发《关于修订〈四川省志

（1986—2005）·凡例〉的通知》（川志发〔2012〕13号），实施新的《四川省志（1986—2005）·凡例》，同时废止原川志发〔2008〕15号修订的《四川省志·凡例》。

新印发的《四川省志（1986—2005）·凡例》主要内容有：一、编纂工作以马克思列宁主义、毛泽东思想、邓小平理论和“三个代表”重要思想为指导，全面贯彻落实科学发展观，坚持辩证唯物和历史唯物主义的立场、观点和方法，全面客观地记述四川省行政区域内自然、政治、经济、文化和社会的历史与现状。二、该书系中华人民共和国成立后首部《四川省志》续编，总名《四川省志（1986—2005）》，由总类、大事纪述、专志、人物、市（州）概况、附录共计93卷构成。各分卷名称为《四川省志·××志（1986—2005）》或《四川省志·××志》（后者为特色志志名），设中英文目录。三、上限一般起自1986年，下限一般截至2005年。对前志未设之分卷或篇章从事物发端写起；对前志漏载、误载的某些事项进行补载、更正；对前志记载后变化不大的某些事项进行简要复载；升格详载具有地方特色的某些事项。四、记述的地域范围以1986—2005年四川省行政区划为准。五、采用述、记、志、传、图、表、录等体裁，以志为主。六、总类卷设序言、凡例、总述、卷目等，为各卷之首，全书之纲。关于自然环境、建置沿革、经济与社会历史发展状况等基本省情在总述中作简要复载或反映。各专志（分卷）根据社会分工和学科分类的实际，按照“以类相从”或“突出地方特色”的原则设立，以篇、章、节横分类别，节、目以下纵述史实，立足反映四川省行政区域某一事物（事业、行业）断限期内历史与现状的全貌。人物志卷采用传、录、表诸种表述形式，坚持“生不立传”原则，在世人物的突出事迹以事系人载入相关分卷。人物传统一收入人物志。本书大事记以编年体为主，辅以纪事本末体。为完整记述一些重要事物，保存有价值史料，部分分卷可设置专记。七、使用规范的现代语体文记述，行文严谨、朴实、简洁、流畅、合乎语法。使用规范汉字，用词概念准确，符合现代汉语语法规范。使用的标点符号、数字、计量单位等均按国家规定的统一标准书写。八、使用公元纪年，各卷正文（除引文外）采用第三人称表述；行文涉及机构、会议、文件、职衔、地名等，均按当时称谓；除涉及人名、地名、纪年和简称等项采用括注外，其余采用页下脚注。九、资料来源于文献、档案、报刊、书摘、口碑及实地调查等，所用资料均经各修志部门考证、核实。各分卷数据一般采用省统计局公布的数据，省统计局缺乏的，采用有关部门正式提供的数据。十、各分卷图片分为前置图片和随文插图，随文插图和表格均以篇为单位依次排序编号；所用地图均以省测绘局审定的为准。十一、各分卷需要特别说明的事项，均在各分卷的《编辑说明》中注明。

同年7月10日，为规范《四川省志（1986—2005）》编辑说明和编后记的编写，省志编委印发《〈四川省志（1986—2005）〉各分卷编辑说明和编后记编写规范的通知》（川志发〔2012〕14号）。随通知下发的《〈四川省志（1986—2005）〉各分卷编辑说明编写要点》和《〈四川省志（1986—2005）〉各分卷编后记编写要求》，分别对《四川省志（1986—2005）》各分卷编辑说明和编后记的编写提出明确规范。对各分卷编辑说明的编写要求规范有：一要说明分卷的断限。除特色志和新增设的分卷外，上限一般起自1986年，下限一般至2005年，可因事而异，适当上溯或下延，并作说明。二要说明分卷记述的地域范围。以1986—2005年四川省行政区划为准，有超出或者未覆盖的地域，应予以说明（涉及重庆直辖前后的资料、数据的问题应予以注明）。三要说明由于种种原因未记述的内容或者有升格记述内容等特殊部分。四要说明分卷资料、数据来源。资料、数据存在不足的应予以明确。五要说明特殊简称。六要说明分卷篇、章、节规模。七要说明语言文字、标点符号、数字、计量单位的使用和引文注释的书写、称谓、图表的编制等因行业（事业）惯例而与《〈四川省志〉编写细则》要求不一致的情况。八、各分卷编后记的编写要简洁有序，文字准确、精练，叙议结合、言之有物而不空洞。“编后记”的主要记述内容包括：本分卷和前志的承继和创新关系，编纂工作的组织发动，篇目设置及审批，资料收集与整理，志稿撰写与初审，复审终审以及修改完善情况。“编后记”的篇幅控制在2000字内为宜。“编后记”采用叙议结合的记述方法，在记述各阶段的工作时，据实记述，秉笔直书，客观记述；在记述修志工作的过程、经验和教训、独到的体会和感悟时，可适当地采用叙议结合的手法，适度抒发编纂观感，警示来者，启迪后人。

2018年1月起，新出版印刷的《四川省志（1986—2005）》分卷对《凡例》进行修订；对指导思想的表述进行调整：“本书编纂工作以马克思列宁主义、毛泽东思想、邓小平理论、‘三个代表’重要思想、科学发展观、习近平新时代中国特色社会主义思想为指导，坚持辩证唯物和历史唯物主义的立场、观点和方法，全面客观地记述四川省行政区域内自然、政治、经济、文化和社会的历史与现状。”

2019年3月，中央军委政治工作部印发《关于印发〈军队党史军史重大编纂任务调整方案〉的通知》（军政〔2019〕151号），明确要求“武警部队担负的武警志不再单独编修，统一纳入省军区系统承担的军事志”。武警四川省总队根据文件精神，于2019年3月19日向四川省地方志工作办公室（2015年7月，四川省地方志编纂委员会更名为四川省地方志工作办公室，以下简称省地方志办）发文，明确函告停止《四川省志·武警志（1986—2005）》编修工作。根据中央军委政治工作部要求以及武警四川省总队请求，2019年7月10日，省地方志办向省委、省政府报送《四川省地方志工作办公室关于撤销〈四川省志·武警志（1986—2005）〉的报告》（川志发〔2019〕13号）并备案。2019年12月，省地方志办也将撤销《四川省志·武警志（1986—2005）》情况上报中国地方志指导小组。据此，《四川省志（1986—2005）》分卷由93卷调整为92卷。

2020年1月，省地方志办再次对《凡例》进行调整，调整后的《凡例》主要内容为：一、该书编纂工作以马克思列宁主义、毛泽东思想、邓小平理论、“三个代表”重要思想、科学发展观、习近平新时代中国特色社会主义思想为指导，坚持辩证唯物主义和历史唯物主义的立场、观点和方法，全面客观地记述四川省行政区域内自然、政治、经济、文化和社会的历史与现状。二、该书系中华人民共和国成立后首部《四川省志》续编，总名《四川省志（1986—2005）》，由总类、大事纪述、专志、人物、市（州）概况、附录共92卷构成。各分卷名称为《四川省志•××志（1986—2005）》或《四川省志•××志》（后者为特色志志名），设中英文目录。三、上限一般起自1986年，下限一般截至2005年。对前志未设之分卷或篇章从事物发端写起；对前志漏载、误载的某些事项进行补载、更正；对前志记载后变化不大的某些事项进行简要复载；升格详载具有地方特色的某些事项。四、记述的地域范围以1986—2005年四川省行政区划为准。五、采用述、记、志、传、图、表、录等体裁，以志为主。六、总类卷设序言、凡例、总述、卷目等，为各卷之首，全书之纲。关于自然环境、建置沿革、经济与社会历史发展状况等基本省情在总述中作简要复载或反映。各专志（分卷）根据社会分工和学科分类的实际，按照“以类相从”或“突出地方特色”的原则设立，以篇、章、节横分类别，节、目以下纵述史实，立足反映四川省行政区域某一事物（事业、行业）断限期内历史与现状的全貌。人物志卷采用传、录、表诸种表述形式，坚持“生不立传”原则，在世人物的突出事迹以事系人载入相关分卷。人物传统一收入人物志。本书大事记以编年体为主，辅以纪事本末体。

为完整记述一些重要事物，保存有价值史料，有些分卷设置专记。七、使用规范的现代语体文记述，行文严谨、朴实、简洁、流畅。使用规范汉字，用词概念准确，符合现代汉语语法规范。使用的标点符号、数字、计量单位等均按国家规定的统一标准书写。八、使用公元纪年，各卷正文（除引文外）采用第三人称表述；行文涉及机构、会议、文件、职衔、地名等，均按当时称谓；除涉及人名、地名、纪年和简称等项采用括注外，其余采用页下脚注。九、资料来源于文献、档案、报刊、书摘、口碑及实地调查等，所用资料均经各修志部门考证、核实。各分卷数据一般采用省统计局公布的数据，省统计局缺乏的，采用有关部门正式提供的数据。十、各分卷图片分为前置图片和随文插图，随文插图和表格均以篇为单位依次排序编号；所用地图均以省测绘局审定的为准。十一、各分卷需要特别说明的事项，均在各分卷的《编辑说明》中注明。

（二）省志编纂业务培训与调研督查

1. 省志编纂业务培训

在《四川省志（1986—2005）》编修工作正式启动后，针对修志工作者兼职多、人员变动大、业务技能普遍不高等问题，省志编委（省地方志办）先后举办10余期省志编纂专题业务培训班，面向110余个《四川省志》各分卷承编单位开展集中培训，受训1300余人次。编修初始阶段，主要采取集中培训方式，以提高地方志工作者及编纂人员业务素质；编修进入初稿撰写和总纂阶段后，采取定期举办主编培训班，召开专题研讨会、业务研讨会、志稿评议会等方式，以会代训，做好关键环节人员培训工作。

2006年，省志编委举办2期省志编修业务培训班，参训人员240余人次，就“省志总体设计与其分卷（专志）的篇目拟订”“续志资料的搜集鉴别和整理”“新方志记述的结构与体式”“如何编纂专业志”等方面进行详细讲解。2011年11月，省志编委在宜宾市召开2011年度《四川省志》分卷主任（主编）学习会议，集中研讨交流省志各分卷在总纂统稿和评审修改阶段的经验和做法，安排部署下一阶段的工作重点，切实抓好志稿初审工作。

2012—2019年，省志编委（省地方志办）每年在下半年召开一次《四川省志》各分卷承编单位、省直部门志编纂单位志办主任（主编）学习会，就《四川省志》各分卷编纂的近期工作进行安排部署，并根据编纂情况对参训人员进行专业培训；参训人员交流《四川省志》分卷编纂工作经验。

2014年11月10—11日，《四川省志》分卷承编单位主任（主编）学习培训会在都江堰市举行。会议以“提高志书编纂质量的几个途径”为主题作专题讲座。从进一步做好篇目优化、志稿材料组合深化、严控出版流程等方面，提出提高志书质量的对策与方案。各单位参会代表在分组讨论阶段通报了各自工作进展情况，并就《四川省地方志事业发展规划（2016—2020）（征求意见稿）》进行讨论，提出意见和建议。

2018年11月9日，省地方志办在成都市召开2018年度《四川省志》分卷承编单位暨部门大事记编写单位工作培训会。培训会邀请北京市地方志编纂委员会办公室副巡视员、市志指导处负责人运子微作《地方志编纂之大事记的撰写》《地方志编纂之人物志的撰写》专题培训。

各级地方志工作机构还通过考察交流学习，提高业务水平。

2006—2019年《四川省志（1986—2005）》业务培训一览表

表3－2

年　度	培　训　主　题	参会人数	备　　注
2006	《四川省志》编修业务培训	240余人	共举办两期，其中，一期170余人，二期70余人
2007	《四川省志》分卷主编培训	220余人	共举办两期，其中一期120余人，二期100余人
2008	学习科学发展观重要论述，交流工作经验，探讨解决有关疑难问题	113人	
2009	《四川省志》各分卷承编部门志办主任（主编）学习会	80余人	
2010	深入学习实践科学发展观，切实推进《四川省志》各分卷编纂工作，圆满完成年度目标任务	95人	
2011	集中研讨交流省志各分卷在总纂统稿和评审修改阶段的经验和做法，安排部署下一阶段工作	110余人	
2012	围绕学习贯彻党的十八大精神，贯彻落实科学发展观，推进文化强省建设，加快文化大发展大繁荣，研究交流、安排部署省志和部门志编纂工作	101人	
2013	《四川省志》各分卷承编单位及志办主任（主编）学习培训	90余人	
2014	解读志书编纂过程中遇到的问题；抓好志书编纂后期工作对策	90余人	
2015	传达全国第二轮省级志书编纂工作座谈会议精神和王伟光到四川考察讲话精神；交流《四川省志》分卷编纂工作经验	80人	
2016	学习贯彻《四川省地方志事业“十三五”规划纲要》；省（市、区）志编纂工作机制与方式；部门年鉴编纂、巴蜀文化与地方志编修讲座	85人	
2017	结合学习贯彻党的十九大会议精神，推进《四川省志》及部门志、部门年鉴编纂工作	80人	
2018	《地方志编纂之大事记的撰写》《地方志编纂之人物志的撰写》专题培训	150余人	
2019	《大事记编写问题》《〈四川年鉴〉省级部门年鉴文稿的组织和撰写》专题培训	150余人	

2. 督查第二轮“两全目标”完成情况

为进一步推进省、市、县三级志书编修工作，确保到2020年全面实现第二轮规划省、市、县三级书志全部出版和省、市、县三级地方综合年鉴一年一鉴、公开出版的目标（以下简称“两全目标”），省地方志办决定从2018年第一季度开始实行“两全目标”工作进度季通报制度。2018年4

月26日，省地方志办印发《关于加快推进〈四川省地方志事业第十三个五年发展规划（2016—2020年）〉如期完成“两全目标”任务的通知》（川志发〔2018〕17号），要求尚未进入出版流程的《四川省志（1986—2005）》分卷承编单位，于5月20日前以正式文件报送工作方案。同年5月28日，省地方志办印发《关于2018年第一季度〈四川省志（1986—2005）〉目标任务完成情况和文件落实情况的通报》（川志函〔2018〕36号），在统计公布《四川省志（1986—2005）》各分卷工作进度的同时，明确要求各承编单位要高度重视《四川省志（1986—2005）》推进工作，全力以赴、攻坚克难。《通报》提出，尚未完成《四川省志（1986—2005）》分卷编纂任务的承编单位，要秉承高度的责任感和使命感，充分认识编纂任务的法定性、政治性、紧迫性，制定切实可行的“时间表、路线图”，挂图作战、倒排工期，按照计划全力推进。在通报中，省地方志办决定建立季度通报制度，强化对《四川省志（1986—2005）》编纂进度的督查，强化督查手段，建立常态化督查通报机制、责任倒逼机制、任务落实机制，以督促行，切实提升工作效能，提升实现“两全目标”的落实力。

从2018年第二季度开始，省地方志办严格执行包括省志工作在内的“两全目标”季度通报制度、定期通报制度，按季度对《四川省志（1986—2005）》各分卷编纂工作进度进行统计和通报，通报内容包括《四川省志（1986—2005）》完成总体情况、未出版《四川省志（1986—2005）》分卷情况、有关工作要求等，同时将通报抄送省政府督查室，倒逼工作落实。从2019年1月开始，在按季度对《四川省志（1986—2005）》各分卷编纂工作进行统计督察通报的同时，省地方志办以函件的形式，对编纂进度明显滞后的部分分卷编纂工作进行督查指导，要求相关承编单位高度重视，加强力量并有效组织，尽快完成相关省志分卷的编纂工作，并对其编纂进度各个时间节点提出明确要求，如初审时间、复审时间、终审时间及出版时间等。

2019年，省地方志办两次联合省政府督查室印发地方志工作“两全目标”完成情况的通报。2019年、2020年省地方志办组织开展“两全目标”调研督导，由省地方志办领导带队，到志书年鉴推进工作滞后的市县和省直部门督促指导，了解进度滞后原因，调整安排计划，督促其加快进度，确保按时完成目标任务。截至2020年8月，省地方志办共向工作进度缓慢的省直部门、市（州）人民政府点对点发函46份，要求明确目标任务，倒排工期，挂图作战，细化措施，加快推进。在对《四川省志（1986—2005）》分卷编纂工作进行督查指导的同时，省地方志办积极协调四川民族出版社、成都地图出版社、四川省第二测绘地理信息工程院等单位在出版书号、出版管理费、地图使用等方面给予支持，为推进“两全目标”提供保障。

截至2020年9月25日，全省规划编纂的《四川省志（1986—2005）》92个分卷已出版70卷，剩余22个分卷全部进入出版程序。

（三）编修队伍

2006年2月，中共四川省委办公厅、四川省人民政府办公厅印发《〈四川省志（1986—2000）〉编纂方案》（以下简称《方案》），对第二轮省志编修队伍建设提出指导性意见。该《方案》的“工作步骤”和“组织领导”部分对编修队伍的组建、分工等进行安排，要求省志各分卷承编单位要按照规定成立专志（分志）编纂班子，组织修志人员积极参加相关业务培训，在完成入志资料的收集、考证、整理及志稿试写后，再全面撰稿和统稿，并根据审稿评议意见对志稿进行修改。

2008 年 7 月，省志编委印发《〈四川省志〉编写细则》，对《四川省志（1986—2005）》各分卷编纂者署名格式进行规范，名副其实地体现修志工作的组织领导和具体分工负责情形，同时明确第二轮省志编修队伍的组成模式与分工概况。根据《〈四川省志〉编写细则》，第二轮省志编修队伍可分为两个层级，一是省级编修队伍，工作任务主要为组织、培训、指导、审核第二轮省志，以四川省地方志编纂委员会成员为主，队伍成员和具体分工为四川省地方志编纂委员会主任委员、副主任委员、委员，《四川省志》审核委员会成员，《四川省志》总编、副总编，各分卷（专志）责任总编，各分卷（专志）责任编辑。另一层级为各分卷承编单位编修队伍，工作任务主要为资料收集、整理、省志稿件的编写及修改等，以各分卷承编单位工作人员为主，具体人员组成为：省志各分卷编纂委员会成员（含主任委员、副主任委员、委员），各分卷主编、副主编，各分卷编辑（撰稿）、编务人员等。

在第二轮省志编修工作中，针对修志工作中人才不足问题，各级各部门积极争取社会协作，采取以专职修志力量为主，聘用社会人才为辅的修志模式，聘请一些熟悉情况，有写作能力，热爱地方志的社会人士参与到修志工作中。吸收一些熟悉业务的领导、有专长的学者担任修志顾问、总纂或参与审稿等工作。采用招标、协议、项目制等方式整合大学、科研院所、机关团体等各类人才资源。利用社会力量修志，解决修志人才不足的问题，且对志书质量的提高起到重要作用。

由于该轮省志编修时间较长，编修期间编修机构和编修人员存在一定的变动。如 2012 年 11 月 2 日，根据川委厅〔2006〕4 号文件的有关规定，因部分领导工作变动，省志编委印发《关于调整〈四川省志〉总编成员的通知》（川志发〔2012〕18 号），对《四川省志》总编部分成员进行调整，总编调整为马小彬，副总编调整为罗亚夫（常务）、王孝平、汪毅、曾新苗、何瑞明、陶利辉、熊倩、张兆法、邓瑜、高伟明。2017 年 11 月 1 日，因部分领导工作变动，省志编委印发《关于调整〈四川省志〉总编成员的通知》（川志发〔2017〕15 号），再次对《四川省志》总编部分成员进行调整，总编马小彬，副总编调整为赵行、邓瑜、陶利辉、熊倩、张兆法、高伟明、朱艳林、牛淼。

《四川省志（1986—2005）》编委会成员名单

表 3－3

任职时间	主任委员	副主任委员	委　员
2004 年 7 月至 2007 年 7 月	蒋巨峰	黄启国、王东洲、秦安禄、李尚志、陈宏志、罗亚夫	王福海、郑晓幸、鲁国铁、李亚平、张玉山、德尔基彭错、李卓明、谭开林、李　钢、李登全、魏阿庆、王卫南、杨占昌、陈荣仲、滕彩元、谢开华、张在德、周国良、张　新、史志伦、李明昌、陈焕仁、段　渝、蒋显伦、侍　俊、张祖芸（女）、余小平（女）、刘　哲、黄正良、何启书、翟义仲、刘国强、何　健、蒋辅义、闻光源、夏代荣、马　波、梁治辉、李伊林、徐爱婷（女）、罗勤宏、谷运龙、香根·巴登多吉、杨朝波

续表 3-3

任职时间	主任委员	副主任委员	委　　员
2007年8月至2009年12月	魏　宏	齐国生、秦安禄、张为人、李清禾、刘仁勇、罗亚夫	向怀树、殷建中、鲁国铁、李亚平、张玉山、何晓平、李卓明、周孟林、陈克福、李登全、魏阿庆、王卫南、杨占昌、胡　云、傅志康、谢开华、李兆泉、王　伟、张　新、史志伦、李明昌、罗　鸣、段　渝、赵小维、黄昌明、邵革军、梁伟华、张金明、左代富、王　菲、赵洪武、郑光伟、夏代荣、向　东、刘晓晨、庭继岗、邓宏志、陈延荣、李伊林、黄　跃、苟正礼、秦大林、香根·巴登多吉、蒲　波
2010年1月至2016年10月	魏　宏	薛　康、张为人、马小彬、吕　华、陈继宁、罗亚夫	向怀树、殷建中、徐立雷、开　平、张玉山、何晓平、李卓明、周孟林、陈克福、李登全、李泽远、王卫南、杨占昌、胡　云、傅志康、谢开华、李兆权、王　伟、张　新、史志伦、李明昌、李明泉、段　渝、傅勇林、陈吉明、沈　钧、梁伟华、邓国建、李　炜、王　菲、赵洪武、王　猛、徐建群、向　东、徐　进、庭继岗、何　平、陈延荣、李伊林、宋朝华、蒋　林、秦大林、王怀林、仰　协
2016年11月至今	王　宁	张为人、朱新华、蔡　竞、杜兰举、马小彬	叶文培、李　酌、高　山、江红英、宋晓云、张丽萍、李曙光、张澜涛、吴　成、何晓平、王映松、杨　杉、赵家栋、张　强、向华全、欧力生、陈　智、罗亚夫、王孝平

《四川省志（1986—2005）》总编、副总编名单

表 3－4

任 职 时 间	总　编	副　总　编
2006年12月至2008年12月	秦安禄	罗亚夫、曾新苗、何瑞明、王友平、陶利辉、张兆法
2009年1月至2010年2月	秦安禄	马小彬、罗亚夫、曾新苗、王友平、何瑞明、陶利辉、张兆法
2010年3月至2012年10月	马小彬	罗亚夫（常务）、曾新苗、王友平、何瑞明、陶利辉、汪　毅、叶　红、熊　倩、张兆法
2012年11月至2017年10	马小彬	罗亚夫（常务）、王孝平、汪　毅、曾新苗、何瑞明、陶利辉、熊　倩、张兆法、邓　瑜、高伟明
2017年11月至2018年2月	马小彬	赵　行、邓　瑜、陶利辉、熊　倩、张兆法、高伟明、朱艳林、牛　淼
2018年2月至今	陈建春	赵　行、邓　瑜、陶利辉、熊　倩、张兆法、高伟明、朱艳林、牛　淼

《四川省志（1986—2005）》各分卷责任编辑组名单

表 3－5 （截至 2020 年 9 月）

分卷名称	责任总编	责任编辑
中共志	陈建春	陶利辉
政府志	马小彬	陶利辉
财政志	马小彬	冯国梅
科学技术志	马小彬	何瑞明、吉正芬
档案志	马小彬	马渝川
方言志	马小彬	杨宗义（特聘）
川剧志	马小彬	吉正芬
川茶志	马小彬	冯国梅
农机志	马小彬	马渝川（李海毅）
交通志	马小彬	李海毅（邓肖亭）
九寨沟志	马小彬	冯国梅
环境保护志	马小彬	牛　淼
哲学社会科学志	马小彬	黄文记（李海毅、邓肖亭）
大事纪述	罗亚夫	陶利辉
审判志	罗亚夫	曾新苗、冯国梅
粮食志	罗亚夫	陶利辉
乡镇企业志	罗亚夫	邓肖亭
川菜志	罗亚夫	陶利辉
盐业志	赵　行	牛　淼
总　述	赵　行	邓肖亭、徐高芳
文化艺术志	赵　行	冯国梅
食品药品监督志	赵　行	牛　淼
出入境检验检疫志	赵　行	冯国梅
武警志（撤销分卷）	邓　瑜	冯国梅
市州概况	邓　瑜	邓肖亭
安全生产管理志	邓　瑜	牛　淼
报业志	邓　瑜	邓肖亭（陈婧妮）
海关志	邓　瑜	冯国梅
宗教志	邓　瑜	牛　淼
附　录	邓　瑜	朱艳林、冯国梅
出版志	王孝平	冯国梅
青城山志	王孝平	邓肖亭（陈婧妮）
妇女工作志	汪　毅	吉正芬

续表 3-5

分卷名称	责任总编	责任编辑
文物志	汪　毅	冯国梅
广播影视志	汪　毅	牛　淼
气象志	曾新苗	牛　淼
工业经济志	曾新苗	吉正芬
电力工业志	曾新苗	牛　淼
信息产业志	曾新苗	牛　淼
川酒志	曾新苗	牛　淼
黄龙志	曾新苗	牛　淼
工商行政管理志	何瑞明	吉正芬（牛　淼）
金融志	何瑞明	吉正芬
水利志	何瑞明	邓肖亭
体育志	何瑞明	邓肖亭
人大志	陶利辉	黄文记（徐高芳）
检察志	陶利辉	马渝川
司法行政志	陶利辉	邓肖亭（徐高芳）
民政志	陶利辉	高伟明
残疾人工作志	陶利辉	李海毅
侨务志	陶利辉	黄文记（徐高芳）
民主党派工商联志	陶利辉	邓肖亭（徐高芳）
质量技术监督志	陶利辉	马渝川
民航志	陶利辉	牛　淼
旅游志	陶利辉	邓肖亭
地矿勘查开发志	陶利辉	高伟明
农业志	陶利辉	邓肖亭（陈婧妮）
石油天然气志	陶利辉	邓肖亭
邮政志	陶利辉	邓肖亭
教育志	陶利辉	李海毅
民族志	陶利辉	牛　淼
乐山大佛志	陶利辉	黄文记（陈婧妮）
军事志	陶利辉	冯国梅
烟草志	陶利辉	黄文记（徐高芳）
人物志	陶利辉	牛　淼、陈婧妮
劳动社会保障志	熊　倩	牛　淼
地震志	熊　倩	高伟明

续表 3-5

分卷名称	责任总编	责任编辑
卫生志	熊 倩	李海毅（吴 琨）
人事志	熊 倩	李海毅
政协志	张兆法	李海毅
公安志	张兆法	李海毅
发展改革志	张兆法	黄文记
物价志	张兆法	左小清
国土资源志	张兆法	黄文记
国有资产管理志	张兆法	黄文记
税务志	张兆法	左小清
商务志	张兆法	李海毅
建设志	张兆法	李海毅
测绘志	张兆法	李海毅
林业志	张兆法	左小清
铁路志	张兆法	黄文记
通信志	张兆法	陈婧妮
人口和计划生育志	张兆法	徐高芳
扶贫开发志	张兆法	李海毅
工会志	张兆法	左小清
大熊猫志	张兆法	左小清
武侯祠志	张兆法	冯国梅
都江堰志	牛 淼	徐高芳
共青团志	牛 淼	冯国梅
统计志	牛 淼	牛 淼
审计志	高伟明	高伟明
畜牧志	王友平	李海毅（邓肖亭）
外事与港澳事务志	吉正芬	吉正芬（黄文记、陈婧妮）

说明：括号内为该分卷终审后责任编辑组负责协调修改人员

（四）志稿评审和定稿

2006 年，《〈四川省志〉（1986—2000）编纂方案》（以下简称《方案》）对第二轮省志评审和定稿提出指导性意见。该《方案》要求，《四川省志》各分卷实行三审制度：初审由承编单位负责；

复审由省志编委负责；终审由《四川省志》审核委员会（由熟悉省情的有关领导和专家学者组成）负责。各分卷须经三审后报省政府批准，由省志编委统一组织出版。

2009年7月，经省政府同意，省志编委印发《〈四川省志〉各分卷审查验收办法》（川志发〔2009〕15号），对省志分卷初审、复审、终审流程作出规定，明确省志审查验收7个方面的质量要求。《〈四川省志〉各分卷审查验收办法》共有12条，内容包括：初审由分卷承编（牵头承编）单位组织实施，应召开有主管领导和相关行业或部门专家等参加的志稿评议会，对志稿观点、体例、内容、记述、资料、行文和保密等进行基础审查。复审由省志编委组织实施。终审由省政府确定的《四川省志》审核委员会具体负责。终审验收合格的分卷报省政府批准，由省志编委统一组织出版。审查验收的质量标准：

（一）观点正确。以马克思列宁主义、毛泽东思想、邓小平理论和“三个代表”重要思想为指导；全面贯彻落实科学发展观，坚持辩证唯物主义和历史唯物主义的立场、观点和方法；严格遵循宪法和保密、统计、档案等法律、法规的规定，符合党和国家的民族、宗教、外事政策。

（二）体例严谨。符合志体，横排门类，纵述史实，述而不论；述、记、志、传、图、表、录等体裁并用，以志为主；篇目设计符合“事以类聚”“类为一志”的基本要求，布局合理，门类齐全，归属得当，层次分明，排列有序；标题简明规范，准确涵盖记述内容。

（三）内容全面。反映四川省行政区域某一事业（行业）断限期内的历史与现状，横不缺要项，纵不断主线，详略得当，体现时代特点、地方特点和行业特点。

（四）记述准确。区域、时间界限明确，注意对前志的拾遗补缺、订讹正误；记述事物、事件和人物要素不缺，寓观点于记述之中；“概述”中必要议论适度，不空泛。

（五）资料翔实。资料真实，经过鉴别、考证、核实，时间、地点、人物（单位）、事实、数据准确；主体资料齐全，重大史料无遗漏，能反映事物的连续性和系统性，人、事、物和时间、地点等要素齐备。

（六）行文规范。符合《四川省志·凡例》《〈四川省志〉编写细则》以及国家有关出版物的规定。

（七）配图恰当。图照真实清晰、要素齐全、主题明确、制作规范，具有存史价值。报送初审的分卷稿应符合《〈四川省志〉编写细则》要求，达到齐（内容齐全）、清（图文清晰）、定（业已定稿）标准。志稿经初审通过后，分卷承编（牵头承编）单位应填写《〈四川省志〉各分卷审查验收意见书》，连同送审报告、送审志稿一并报省志编委组织复审、终审。

2011年4月，省志编委印发《〈四川省志〉各分卷审查验收办法实施细则》（川志发〔2011〕10号），细化三审制流程，明确审查环节程序。《〈四川省志〉各分卷审查验收办法实施细则》（以下简称《实施细则》）是对《〈四川省志〉各分卷审查验收办法》的细化和补充。

对于省志各分卷初审，《实施细则》规定，分卷初审由分卷牵头承编单位负责，重点审查志稿政治性内容是否符合志书要求。同时对志稿史实的可靠性、资料翔实性、记述准确性以及行文规范进行审查。要求志稿不得有违背中国共产党的路线和方针政策、有损国家形象、泄露国家机密、侵犯他人利益、违背社会道德和科学准则的内容。初审工作程序主要有：一是委员（专家）分工阅稿，提出书面审查意见。二是召开初审会，形成初审意见；牵头承编单位按照初审意见修改志稿。报送复审的分卷须经分卷编委会复核，并按照《〈四川省志〉各分卷审查验收办法》要求，填表报送省志编委。三是报送复审稿文本应达到“齐、清、定”标准。图片像素达到印刷分色要求（每张3M以上）。报送复审稿文本数量为纸质文本12套/每种，Word电子文档刻盘两张。

对于省志各分卷复审，《实施细则》规定，复审由省志编委负责，重点按照志书质量标准审查志稿。其工作程序为：一是责任编辑、责任总编按照复审环节各自职责要求通审志稿，形成复审意见，复审中提出的意见由牵头承编单位负责修改。二是复审通过的分卷由责任总编写出复审审结报告，送《四川省志》总编组织复核。复核通过的分卷由省志编委报终审委员会终审；复核未通过的，按照规定由牵头承编单位负责修改。

对于省志各分卷终审，《实施细则》规定，分卷终审由《四川省志》审核委员会负责，重点审查分卷志稿内容是否符合中国共产党的路线和方针政策；是否符合保密规定；重大事件、重大历史问题、重要人物表述是否准确。其工作程序为：一是委员（专家）分工阅稿，提出书面审查意见。二是召开终审会，形成终审意见。终审会由《四川省志》审核委员会主任或副主任主持。会议议程包括：分卷主编汇报编修情况；分卷责任总编汇报复审情况；审核委员会委员（专家）陈述意见；审核委员会主任或副主任总结，形成终审验收意见。终审验收意见由省志编委整理，报审核委员会主任或副主任签批，作为牵头承编单位修改和省志编委报批分卷出版的依据。三是已通过终审的分卷由省志编委报省政府批准后出版。已报送出版的分卷在出版环节需要复核、补充、修改的事项由省志分卷牵头承编单位负责。

《实施细则》还对省志各分卷志稿提出系列基本要求，主要包括观点正确、体例规范、内容全面、记述准确、资料翔实、行文规范、配图恰当。《实施细则》要求志书必须坚持以马克思列宁主义、毛泽东思想、邓小平理论和“三个代表”重要思想为指导，全面贯彻落实科学发展观，正确体现中国共产党的路线和方针政策，注重体现辩证唯物主义和历史唯物主义的立场、观点和方法，志稿中有关政治性内容必须做到正确无误。内容记述符合国家宪法和有关法律规定，涉及民族、宗教、统战和涉外政策的地方，应符合有关规定和要求。在体例方面，《实施细则》要求志书主体部分采用章节体，大事记、人物等采用条目体；横排门类，类为一志，纵述史实，述而不论；内容布局合理，门类齐全，归属得当，层次分明，排列有序；标题简明规范，准确涵盖记述内容；以志为主，述、记、志、传、图、表、录七种体裁运用合理。在内容方面，《实施细则》要求志书应反映四川省行政区域某一事业（行业）断限期内的历史与现状，横不缺要项，纵不断主线，详略得当，体现特色（时代特色、地方特色和行业特色）；对前志缺漏、讹误的，应予补证。在记述方面，《实施细则》要求所记内容涉及的区域、时间界限明确，史实准确；记述事项要素不缺，脉络清晰，重点突出，寓观点于记述之中（“概述”中必要的议论适度，不空泛）；有交叉关系的事物，在相关部分记述中应把握不同的角度，分清主次，此详彼略，或用互见法处理；记述人物要求准确、客观、公允，注意以事系人，坚持生不立传。在资料方面，《实施细则》要求志书所采用资料真实，经过鉴别、考证、核实，资料涉及的时间、地点、人物（单位）、事实、数据准确；主体资料齐全，重大史料无遗漏，能反映事物的连续性和系统性，人、事、物和时间、地点等要素齐备。在行文方面，《实施细则》要求志稿文字应符合国家通用语言文字规范记述，依事直叙；行文严谨、朴实、简洁、流畅；不用总结报告、新闻报道、文学作品、教科书、论文等写法；除引文和特殊情况外，以第三人称记述；符合《地方志书质量规定》《四川省志・凡例》《〈四川省志〉编写细则》以及国家有关出版物对语言文字使用的规范要求。在配图方面，《实施细则》要求志书内图照真实清晰、要素齐全、主题明确、制作规范，符合国家有关出版物图照规定；内文插图，位置适中，图随文出；涉及人物照片坚持以事系人原则；严禁使用有广告倾向的图照；地图（包括本行政区域位置图、地形图、行政区划图、交通图）采用国家测绘部门绘制或审定的标准图；重要地理信息数据采用测绘部门公布的法定数据。

《四川省志（1986—2005）》审核委员会成员名单

表3-6

任职时间	主　任	副主任	委　　员	顾　问
2010年11月	魏　宏	薛　康	马小彬、何晓平、冯宝运、胡品生、罗亚夫、谭继和、陈世松、陈廷湘	蒋先继
2014年9月	钟　勉	陈越良	马小彬、冯宝运、何晓平、胡品生、罗亚夫、王孝平、谭继和、陈世松、陈廷湘	
2016年10月	王　宁	蔡　竞	马小彬、冯宝运、何晓平、胡品生、王孝平、谭继和、陈世松、陈廷湘	

《四川省志（1986—2005）》各分卷终审时间表

表3-7

志　　名	终　审　时　间
总　述	2020年7月31日
大事纪述	2014年10月28日
中共志	2015年9月25日
人大志	2016年12月30日
政府志	2016年11月22日
政协志	2014年8月29日
公安志	2012年1月18日
检察志	2012年11月30日
审判志	2013年3月29日
司法行政志	2016年5月30日
军事志	2016年9月30日
人事志	2014年6月27日
民政志	2015年11月27日
残疾人工作志	2015年8月27日
外事志	2013年7月31日
侨务志	2014年9月29日
民主党派工商联志	2017年5月31日
工会志	2011年10月8日
共青团志	2018年10月30日

续表 3-7

志 名	终审时间
妇女工作志	2013年6月28日
发展改革志	2014年8月29日
统计志	2012年9月18日
审计志	2016年9月30日
物价志	2012年3月30日
质量技术监督志	2013年5月31日
食品药品监督志	2020年5月26日
工商行政管理志	2012年8月28日
国土资源志	2015年12月31日
国有资产管理志	2016年8月22日
劳动和社会保障志	2014年6月27日
安全生产管理志	2016年12月30日
财政志	2017年12月21日
税务志	2011年10月8日
金融志	2012年12月27日
粮食志	2012年11月30日
商务志	2012年7月26日
出入境检验检疫志	2019年12月16日
海关志	2019年12月16日
旅游志	2013年3月29日
建设志	2014年1月8日
环境保护志	2016年5月30日
测绘志	2017年8月30日
地矿勘查开发志	2012年1月18日
地震志	2014年10月28日
气象志	2012年3月30日
农业志	2013年10月28日
林业志	2012年10月30日
水利志（含水产）	2014年11月28日
畜牧食品志	2012年12月27日
乡镇企业志	2013年10月28日
农机志	2017年6月27日
工业经济志	2013年6月28日

续表 3-7

志　　名	终　审　时　间
电力工业志	2012年7月26日
石油天然气志	2012年10月30日
盐业志	2020年5月26日
烟草志	2017年12月21日
交通志	2017年6月27日
铁路志	2015年12月31日
民航志	2018年12月4日
信息产业志	2014年9月29日
邮政志	2015年2月3日
通信志	2019年11月29日
科学技术志	2012年9月18日
哲学社会科学志	2016年8月22日
教育志	2015年4月23日
文化艺术志	2020年7月29日
文物志	2014年11月28日
报业志	2017年11月28日
广播影视志	2016年11月22日
出版志	2015年8月27日
档案志	2012年8月28日
体育志	2013年7月31日
卫生志	2015年11月27日
人口和计划生育志	2019年11月29日
扶贫开发志	2012年1月18日
民族志	2017年11月28日
宗教志	2020年6月30日
方言志	2012年3月30日
川剧志	2015年4月23日
川酒志	2011年10月8日
川菜志	2014年1月8日
川茶志	2017年8月30日
大熊猫志	2013年5月31日
都江堰志	2020年6月30日
青城山志	2017年5月31日

续表 3-7

志　　名	终　审　时　间
九寨沟志	2018年10月30日
黄龙志	2015年2月3日
乐山大佛志	2018年12月4日
武侯祠志	2020年6月30日
人物志	2020年7月31日
市州概况	2015年9月25日
附　录	2020年7月29日

（五）出版与发行

鉴于省志分卷编修时间长，多个印刷厂承印，对进入出版程序的《四川省志》分卷，2012年11月2日，省志编委印发《关于印发〈四川省志〉出版版式要求的函》（川志函〔2012〕78号），分别就《四川省志（1986—2005）》成品书印刷规格及参数、封面及封面字、彩页及版式、内文尺寸及版式等进行详细说明或举例演示，保证全套《四川省志（1986—2005）》成品书印刷的一致性和规范性。

在《四川省志（1986—2005）》成品书印刷规格及参数方面，文件明确要求，《四川省志》采用国际大16开本（889×1194毫米），成品尺寸210×285毫米。志书各部分内容排列顺序依次为：扉页、版权页、地图、彩页、全志编委会、分卷编委会、编纂审查机构（初审验收小组、主编、副主编、编辑、撰稿人员）、《四川省志·凡例》、编辑说明（分卷）、目录（中英文）、概述、正文、附录、编后记。封面和扉页按照统一设计的字体字号排版。地图应采用志书断限内省级以上测绘部门公开出版（带有审图号）的行政区划图。彩色照片版面应灵活、生动。图注用五号楷体字。全志编委会、分卷编委会、编纂审查机构（初审验收小组、主编、副主编、编辑、撰稿人员）标题用二号书宋字，通栏横排居中，版心内上空30毫米。正文用四号仿宋，通栏横排。凡例、编辑说明、编后记标题用二号小标宋体字，通栏横排居中，版心内上空30毫米；正文用小四号仿宋字，通栏横排，每页38字×37行。关于目录（中英文），中文“目录”二字用小二号黑体字，通栏横排居中，版心内上空30毫米；篇用四号黑体字占3行，章用小四号小标宋字占1行，节用小4号仿宋字占1行；目录内文通栏横排，各级标题逐级退1格，均以点线连接页码。英文“目录”为Times New Roman体，小一号，左对齐，上空两行，下空两行。英文目录“篇”为四号Times New Roman粗细二级，“章”为小四号Times New Roman粗细二级，左对齐；“节”为Times New Roman体小四号，缩进。

省志专篇标题中的“概述”“附录”为小标宋二号字，通栏横排居中，上空3行，下空2行。一级标题（篇），用小初号小标宋字，通栏横排居中，上空8行，下空3行单独占一页，篇前有序的，序内容接排，内容与版心上端距空135毫米起排。二级标题（章），用二号黑体字，通栏横排居中，占8行。三级标题（节），用三号仿宋字，通栏横排居中，占4行。四级标题（目），用小四号黑体字，左空2字排，上、下各空半行。四级以下标题小四号仿宋字。各级标题序号第一、第二、第三……。二、三级标题连排占10行，二、三、四级标题连排占12行。

省志专篇中的正文用五号宋体字，通栏横排，每页43字×37行。正文中大段引用原文并独立成段，用五号仿宋字。表格标题和表外附与上下文各距1行。跨页表应设置行标题和列标题。标题用五号黑体字，下空1行，通栏居中横排；表号用小五号宋体字，左空1字排于标题之下表头左部，占1行；计量单位用小五号宋体字，排于标题之下表头右部，与表号同占1行，右空1字；行标题和列标题用小五号宋体字，居中排；表内数据用小五号阿拉伯数字，个位对齐；表下说明用小五号楷体字，左空1字排于表下方。跨页表表号用五号宋体字标明“续表X-X”。文内插图，黑白照片与正文内容应统一，照片周围不加修饰图案，图片说明采用五号楷体字，第一行前空2字（并加注摄影者姓名）。注释，简短的注释加圆括号随文括注；较长的用小五号楷体字作页下注，序号用①②③……。无论文字或表格，均应遵循“单字不成行，单行不成页”的原则，避免出现单字排为一行或单行独占一页的现象。书眉和页码方面，双页为志名，单页为一级（篇）标题名。书眉、页码按照内文设计要求排版。

文件对省志出版的内文印刷所用纸张作出明确规范，如黑白内文用80克道林（山东临清）双胶本白纸，彩色图照纸张使用157克紫兴铜版纸，扉页纸张使用157克铜版纸。彩图油墨要采用深日油墨印刷。硬封采用3毫米荷兰版。封面采用咖啡色仿真皮。前后环衬采用180克金东高白度双胶压纹。在印刷方面，要求彩色图照还原率达到95%以上（含95%），色彩鲜艳，套印准确；内文纸张无色差，全书墨色一致。封面按照设计要求烫金和烫银。装订方面采用圆脊锁线精装。

对于《四川省志（1986—2005）》封面及字体，文件要求封面材质使用咖啡色仿真皮（厚度不低于0.5毫米），封面及背脊的所有白色字部分为烫银，背脊及封底的红色标志为烫黄金。书封文字最上方距成品47毫米，书封文字最下方距成品20毫米，整个文字居中。背脊图案最上方距成品26毫米，背脊文字最下方距成品23毫米，封底图案最上方距成品96毫米，封底图案最下方距成品148毫米，整个图案左右居中。

对于《四川省志（1986—2005）》各分卷彩页，文件要求单眉中文字使用16点汉仪粗宋简字，单眉汉语拼音使用10点Bookman Old Style，单眉年份数字使用12.5Arial，图章大小大致10.5毫米，双眉中文字使用16点汉仪粗宋简字，双眉汉语拼音使用10点Bookman Old Style，内彩标题中文字使用21点汉仪中宋简，内彩标题英文字使用12点Times New Roman。图片说明文字使用10.5点方正楷体简体字，图片说明序号使用10.5点方正黑体简体字。彩页版心使用175×238毫米，上空31毫米，左（右）边空15毫米，下空16毫米；中间距装订线20毫米，书眉线距成品天头21.25毫米。

对于《四川省志（1986—2005）》各分卷内文尺寸及版式，文件要求成品尺寸为210×285毫米。边空：上为32毫米，下为22毫米，左为24毫米，右为24毫米。版心尺寸：231×162毫米。眉线与版心上端距离：6毫米。页码与版心下端距离：10毫米。

截至2020年9月《四川省志（1986—2005）》各分卷出版与发行信息表

表3-8

志　　名	出版时间	出版社名称	册数	字　数	印　数
总　述	2020年9月	方志出版社	1	728千	2000
大事纪述	2019年7月	方志出版社	1	868千	2000

续表 3-8

志 名	出版时间	出版社名称	册数	字 数	印 数
中共志	重大选题报批	方志出版社	—	—	—
人大志	2020年3月	方志出版社	1	719千	2000
政府志	2018年10月	方志出版社	1	1031千	2000
政协志	2017年2月	方志出版社	1	708千	2000
公安志	2014年3月	方志出版社	1	567千	2000
检察志	2015年12月	方志出版社	1	805千	2000
审判志	2017年2月	方志出版社	1	852千	2000
司法行政志	2019年4月	方志出版社	1	833千	2000
军事志	重大选题报批	方志出版社	—	—	—
人物志	重大选题报批	方志出版社	—	—	—
人事志	2016年5月	方志出版社	1	973千	2000
民政志	2019年4月	方志出版社	1	647千	2000
残疾人工作志	2017年2月	方志出版社	1	691千	2000
外事志	2019年4月	方志出版社	1	1027千	2000
侨务志	2020年3月	方志出版社	1	626千	2000
民主党派工商联志	2019年4月	方志出版社	1	1202千	2000
工会志	2012年7月	方志出版社	1	702千	2000
共青团志	2020年3月	方志出版社	1	459千	2000
妇女工作志	2015年1月	方志出版社	1	604千	2000
发展改革志	2015年7月	方志出版社	1	889千	2000
统计志	2014年9月	方志出版社	1	603千	2000
审计志	2019年4月	方志出版社	1	745千	2000
物价志	2012年12月	方志出版社	1	755千	2000
质量技术监督志	2016年3月	方志出版社	1	765千	2000
食品药品监督志	2020年9月	方志出版社	1	639千	2000
工商行政管理志	2019年4月	方志出版社	1	446千	2000
国土资源志	2017年6月	方志出版社	1	921千	2000
国有资产管理志	2018年3月	方志出版社	1	835千	2000
劳动和社会保障志	2015年4月	方志出版社	1	627千	2000
安全生产管理志	2018年3月	方志出版社	1	513千	2000
财政志	2019年4月	方志出版社	1	801千	2000
税务志	2012年7月	方志出版社	1	587千	2000
金融志	2013年12月	方志出版社	1	846千	2000

续表 3-8

志　　名	出版时间	出版社名称	册数	字　数	印　数
粮食志	2014年12月	方志出版社	1	627千	2000
商务志	2014年7月	方志出版社	1	738千	2000
出入境检验检疫志	2020年6月	方志出版社	1	535千	2000
海关志	2020年6月	方志出版社	1	601千	2000
旅游志	2014年9月	方志出版社	1	698千	2000
建设志	2017年10月	方志出版社	1	1419千	2000
环境保护志	2018年6月	方志出版社	1	743千	2000
测绘志	2018年3月	方志出版社	1	741千	2000
地矿勘查开发志	2014年3月	方志出版社	1	620千	2000
地震志	2018年12月	方志出版社	1	851千	2000
气象志	2014年4月	方志出版社	1	491千	2000
农业志	2020年9月	方志出版社	1	788千	2000
林业志	2014年12月	方志出版社	1	840千	2000
水利志（含水产）	2016年11月	方志出版社	1	543千	2000
畜牧食品志	2019年5月	方志出版社	1	530千	2000
乡镇企业志	2016年12月	方志出版社	1	416千	2000
农机志	2019年4月	方志出版社	1	644千	2000
工业经济志	2018年1月	方志出版社	1	1741千	2000
电力志	2013年6月	方志出版社	1	779千	2000
石油天然气志	2014年5月	方志出版社	1	896千	2000
盐业志	2020年9月	方志出版社	1	1072千	2000
烟草志	2019年4月	方志出版社	1	614千	2000
交通志	2020年9月	方志出版社	1	1082千	2000
铁路志	2018年3月	方志出版社	1	1171千	2000
民航志	2019年5月	方志出版社	1	875千	2000
信息产业志	2017年6月	方志出版社	1	678千	2000
邮政志	2016年4月	方志出版社	1	540千	2000
通信志	2020年3月	方志出版社	1	721千	2000
科学技术志	2014年7月	方志出版社	1	1144千	2000
哲学社会科学志	2019年4月	方志出版社	1	869千	2000
教育志	2016年9月	方志出版社	1	1132千	2000
文化艺术志	2020年9月	方志出版社	1	741千	2000
文物志	2018年6月	方志出版社	1	709千	2000

续表 3-8

志　名	出版时间	出版社名称	册数	字　数	印　数
报业志	2019年4月	方志出版社	1	597千	2000
广播影视志	2019年4月	方志出版社	1	691千	2000
出版志	2018年3月	方志出版社	1	466千	2000
档案志	2013年12月	方志出版社	1	544千	2000
体育志	2018年6月	方志出版社	1	656千	2000
卫生志	2018年6月	方志出版社	1	1368千	2000
人口和计划生育志	2020年7月	方志出版社	1	673千	2000
扶贫开发志	2012年12月	方志出版社	1	634千	2000
民族志	2020年9月	方志出版社	1	679千	2000
宗教志	重大选题报批	方志出版社	—	—	—
方言志	2013年12月	方志出版社	1	958千	2000
川剧志	2016年10月	方志出版社	1	969千	2000
川酒志	2017年6月	方志出版社	1	651千	2000
川菜志	2016年4月	方志出版社	1	862千	2000
川茶志	2019年7月	方志出版社	1	964千	2000
大熊猫志	2018年1月	方志出版社	1	828千	2000
都江堰志	2020年9月	方志出版社	1	719千	2000
青城山志	2019年4月	方志出版社	1	537千	2000
九寨沟志	2019年9月	方志出版社	1	773千	2000
黄龙志	2017年6月	方志出版社	1	662千	2000
乐山大佛志	2020年7月	方志出版社	1	822千	2000
武侯祠志	重大选题报批	方志出版社	—	—	—
附　录	2020年9月	方志出版社	1	708千	2000
市州概况	2018年3月	方志出版社	2	1773千	2000

（六）本轮省志编修中的重要文件名录

《四川省志（1986—2005）》编修工作重要文件名录

表3-9

文件名称	印发单位	印发文号	印发时间
关于转发《四川省地方志工作2010年目标规划纲要》的通知	中共四川省委办公厅、四川省人民政府办公厅	川委办〔1997〕58号	1997年10月16日
关于进一步加强地方志工作的通知	中共四川省委办公厅、省人民政府办公厅	川委办〔2001〕27号	2001年5月11日
关于全面开展四川省第二轮修志工作的通知	中共四川省委办公厅、四川省人民政府办公厅	川委厅〔2005〕47号	2005年12月13日
关于印发《〈四川省志〉（1986—2000）编纂方案》的通知	中共四川省委办公厅、四川省人民政府办公厅	川委厅〔2006〕4号	2006年2月10日
关于转发《四川省第二轮三级志书2006—2010年度编纂工作安排意见》的通知	四川省人民政府办公厅	川办函〔2006〕104号	2006年5月15日
关于调整续修《四川省志》断限的通知	中共四川省委办公厅、四川省人民政府办公厅	川委办发电〔2007〕21号	2007年3月9日
关于修订《四川省志·凡例》和《〈四川省志〉编写细则》的通知	四川省地方志编纂委员会	川志发〔2008〕15号	2008年7月2日
关于印发《〈四川省志〉各分卷审查验收办法》的通知	四川省地方志编纂委员会	川志发〔2009〕15号	2009年7月27日
关于印发《〈四川省志〉各分卷审查验收办法实施细则》的通知	四川省地方志编纂委员会	川志发〔2011〕10号	2011年4月20日
关于修订《四川省志（1986—2005）·凡例》的通知	四川省地方志编纂委员会	川志发〔2012〕13号	2012年7月10日
关于印发《四川省志（1986—2005）》各分卷编辑说明和编后记编写规范的通知	四川省地方志编纂委员会	川志发〔2012〕14号	2012年7月10日
关于调整《四川省志》总编成员的通知	四川省地方志编纂委员会	川志发〔2012〕18号	2012年11月2日
关于印发《四川省志》出版版式要求的函	四川省地方志编纂委员会	川志函〔2012〕78号	2012年11月2日
关于进一步加强和改进新形势下地方志工作的意见	中共四川省委办公厅、四川省人民政府办公厅	川委办〔2015〕9号	2015年2月28日
关于四川省地方志编纂委员会更名等事项的通知	四川省人民政府办公厅	川办发〔2015〕67号	2015年7月3日

续表 3-9

文件名称	印发单位	印发文号	印发时间
关于印发四川省地方志事业第十三个五年发展规划（2016—2020年）的通知	四川省人民政府办公厅	川办发〔2016〕27号	2016年4月21日
关于贯彻落实四川省地方志事业第十三个五年发展规划（2016—2020年）的实施意见	四川省地方志工作办公室	川志发〔2016〕30号	2016年8月31日
关于调整《四川省志》总编成员的通知	四川省地方志工作办公室	川志发〔2017〕15号	2017年11月1日
关于实施地方志工作质量提升行动的意见	四川省地方志工作办公室	川志发〔2018〕39号	2018年9月19日

二、首轮省志分卷获奖志书简介

1993年9月，中国地方志指导小组办公室在北京召开全国新编地方志优秀成果全国评委会议，评出全国新编地方志优秀成果一等奖164部、二等奖247部、三等奖129部，共540部。其中，四川省获一等奖10部，二等奖18部，三等奖5部。《四川省志·冶金工业志》获全国部编地方志优秀成果一等奖。1997年，中国地方志指导小组召开全国优秀地方志成果颁奖大会，评出178项优秀成果。其中，四川省有17部志书获奖，获奖总数和一等奖比例均居全国各省（市、自治区）之首。其中，《四川省志·地理志》获一等奖，《四川省志·财政志》《四川省志·交通志》《四川省志·商检志》获二等奖。

1994—2002年，在四川省第六次至第十次哲学社会科学优秀成果奖评选中，共有14部首轮《四川省志》分卷获奖。

第一轮《四川省志》分卷获全国地方志优秀成果奖、四川省哲学社会科学优秀成果奖名单

表3－10

奖 项	志书名称	奖 次	出版社	出版时间
1993年全国部编地方志优秀成果奖	《四川省志·冶金工业志》	一等奖	四川省科学技术出版社	1992年1月
1997年全国地方志优秀成果奖	《四川省志·地理志》	一等奖	成都地图出版社	1996年7月
	《四川省志·交通志》	二等奖	四川科学技术出版社	1995年5月
	《四川省志·商检志》	二等奖	四川科学技术出版社	1996年12月
	《四川省志·财政志》	二等奖	四川人民出版社	1997年3月
四川省第六次哲学社会科学优秀成果奖	《四川省志·电子工业志》	二等奖	四川科学技术出版社	1993年10月
	《四川省志·邮政电信志》	三等奖	四川辞书出版社	1993年12月
四川省第七次哲学社会科学优秀成果奖	《四川省志·气象志》	三等奖	四川辞书出版社	1995年1月
	《四川省志·纺织工业志》	三等奖	四川辞书出版社	1995年12月
四川省第八次哲学社会科学优秀成果奖	《四川省志·金融志》	二等奖	四川辞书出版社	1996年5月
	《四川省志·农业志》	三等奖	四川辞书出版社	1996年12月

续表 3－10

奖　项	志书名称	奖　次	出版社	出版时间
	《四川省志·测绘志》	三等奖	成都地图出版社	1997年12月
	《四川省志·地震志》	三等奖	四川人民出版社	1998年3月
四川省第九次哲学社会科学优秀成果奖	《四川省志·宗教志》	三等奖	四川人民出版社	1998年7月
	《四川省志·文物志》	一等奖	四川人民出版社	1999年2月
	《四川省志·军事志》	三等奖	四川人民出版社	1999年8月
四川省第十次哲学社会科学优秀成果奖	《四川省志·大事纪述》	三等奖	四川科学技术出版社	1999年12月
	《四川省志·民俗志》	三等奖	四川人民出版社	2000年12月
	《四川省志·民族志》	三等奖	四川民族出版社	2000年12月

《四川省志·电子工业志》

四川省地方志编纂委员会编纂、四川省电子工业厅承编的《四川省志·电子工业志》（以下简称《电子工业志》），1993年10月由四川科学技术出版社出版发行。该志上限为1938年，下限为1985年。为反映事物发展的连续性，个别情况有所下延。全志除概述、附录外，正文设13篇64章175节，共计47万字。

《电子工业志》记述四川电子工业从20世纪30年代到20世纪80年代，历经半个多世纪的发展历程。该志有以下特点：一是从通信工业、雷达工业、广播电视工业、电子计算机产业、电子元件工业、电子器件工业、电子测量仪器工业、电子专用设备工业、电子材料、电子技术推广与应用、电子科学技术研究、电子教育、电子工业管理等方面，横向展示电子工业的全貌。二是纵向记述四川电子工业从20世纪30年代到中华人民共和国成立后几十年间的历史发展进程，特别是20世纪50年代以后经历重点建设、三线建设、改革开放3个发展阶段，四川逐步建成一个布局比较合理，专业门类比较齐全，技术力量比较雄厚，生产、科研、教育、服务基本协调发展的综合性电子工业基地，基本形成较完整的工业体系，电子工业成为四川新崛起的支柱产业这一历史进程；三是深刻总结四川电子工业在产品结构、技术改造、科研生产、经济效益、管理体制等方面的丰富经验，也反思了相关问题。

该志内容丰富、详略得当，体现电子工业自身的行业特色，可为社会各界人士了解研究四川省电子工业的历史提供系统的信息资料和可靠数据，具有存史、资政、交流的重要价值。

《四川省志·邮政电信志》

四川省地方志编纂委员会编纂、四川省邮电局承编的《四川省志·邮政电信志》（以下简称《邮电志》），1993 年 12 月由四川辞书出版社出版发行。该志上限为 1886 年，下限为 1985 年。全志除概述、附录外，正文设 5 篇 15 章 38 节，共计 29 万字。

《邮电志》从机构、邮政通信、电信通信、科研与工业、管理 5 个方面，记述四川邮政电信事业自 19 世纪 80 年代至 1985 年近 100 年间的发展历程。该志有以下特点：一是从时间轴上纵向勾勒了近 100 年间，在全世界科学技术飞速发展的时代背景下，通讯工具从电报通讯到有线电话网路，再到无线电话、现代移动电话；邮运方式从步班邮路到汽车邮路、铁道邮路，再到航空邮路的发展过程；二是着重突出从近代社会到中华人民共和国成立，特别是从 20 世纪 50—80 年代这几十年间四川邮电事业的发展历程。在记述时段内，中国社会的政治体制和经济制度发生数次重大变革，《邮电志》充分展示在这个曲折、漫长的历史时期，四川邮电管理制度与科学技术从发展缓慢到快速前进、从传统到现代的曲折发展过程，总结了发展过程中的经验与教训。

该志内容丰富、数据翔实，保存四川邮政电信事业发展的宝贵资料，为四川邮政电信事业以后的发展提供可供借鉴的经验教训。

《四川省志·气象志》

四川省地方志编纂委员会编纂、四川省气象局承编的《四川省志·气象志》（以下简称《气象志》），1995 年 1 月由四川辞书出版社出版发行。该志上限为 1840 年，下限为 1990 年末。全志除概述、附录外，设 3 篇 14 章 44 节，共计 30 万字。

《气象志》从气象机构、气象业务服务、气象科研教育 3 个方面，全面记述四川气象科学事业的发展历程与成就。该志有以下特点：一是从时间轴上纵向记述四川从古代到近代再到现代的天象观测事业。二是重点突出从近代社会到中华人民共和国成立，特别是从 20 世纪 50—80 年代这几十年间四川气象业的发展历程。在记述时段内，中国社会在政治体制和经济制度上发生数次重大变革，《气象志》充分展示在新旧体制转换过程中，四川气象管理制度从无到有、再到不断完善，以及气象科学技术从停滞到徘徊前进，再到快步发展，逐步形成一个专业门类较全、技术装备先进的现代化气象业务服务系统，在经济建设和人民生活中发挥着越来越大作用这一历史进程。在回顾历史、总结经验的基础上，该志实事求是地反映四川气象事业和气象科学技术发展存在的问题和困难，如气象监测预报水平有待进一步提高，气象服务的领域还有许多方面需要开拓等。

该志结构简明、层次清晰、资料翔实可靠，为社会各界人士了解研究四川省气象事业的发展提供系统的信息资料，具有存史、资政、交流的重要价值。

《四川省志·交通志》

四川省地方志编纂委员会编纂，四川省交通厅牵头，成都铁路局、铁二局、铁二院以及民航西南管理局 4 个单位共同承编的《四川省志·交通志》（以下简称《交通志》），1995 年 5 月由四川科学技术出版社出版。该志上限为 1840 年，下限为 1985 年，个别重大事项适当上溯、下延。全志除概述、附录外，正文设 4 篇 24 章 123 节，共约 50 万字。

《交通志》分为上、下两册，上册包括内河航运与公路运输两篇，下册包括铁路与民用航空两篇，全面记述断限内四川交通运输的历史和现状。该志系统记述四川交通从古代社会主要依赖人背肩挑、车运马驮，到民国时期公路运输、航空运输正式产生，再到中华人民共和国成立后，公路、水路、铁路、航运开始全面发展的历程，展示在不同历史时期，四川交通运输面貌的变化与发展。重点记述 1950—1985 年，四川交通运输建设取得的巨大成就，也如实记述断限期内四川交通运输现状与国民经济的发展要求仍相距甚远的事实。

由于行业特性，相比其他分卷，《交通志》的一大显著特点是数据与图片资料特别丰富，且图片清晰、数据图表应用得当。此外，该志突出四川交通运输行业管理的亮点，凸显四川省交通运输工作的行业特色、时代特征，具有较高的史料价值。

《四川省志·纺织工业志》

四川省地方志编纂委员会编纂、四川省纺织工业厅承编的《四川省志·纺织工业志》（以下简称《纺织工业志》），1995 年 12 月由四川辞书出版社出版发行。该志重点记述时段为 1840—1985 年，但因其是四川省第一部纺织工业志，为完整反映重大事类或重大事件始末，因事适当上溯或下延。全志除概述、附录外，设 8 篇 39 章 122 节，共计 53 万字。

《纺织工业志》从棉纺织业、麻纺织业、毛纺织业、针织业、化学纤维业、纺织工业专用设备制造业、纺织科研教育设计事业、管理 8 个方面，全面记述纺织业在四川的悠久历史与纺织工业在近、现代社会的发展面貌。该志有以下特点：一是简要回顾四川在古代社会的手工纺织发展历程，反映四川蚕丝业以其地域优势和丝织品优良的服用性而历久不衰、巴蜀麻布曾驰名天下的历史事实；二是记述纺织业发展成为四川近代工业的支柱行业之一的过程；三是重点记述从近代社会到中华人民共和国成立，特别是从 20 世纪 50—80 年代这几十年间，四川纺织工业的发展历程。在记述时段内，中国社会的政治体制和经济制度发生数次重大变革，《纺织工业志》充分展示在这个漫长而曲折的历史过程中，四川省纺织业积极探索从传统的手工作坊生产向现代化企业转变、逐步建成行业齐备的现代工业体系，在全国各省市纺织工业中居中上位置的快速发展历程。该志总结四川纺织工业发展的宝贵经验，也提出四川纺织工业在发展过程中存在的主要问题，如纺织原料数量不足和结构不合理、纺织产品结构不适应市场变化和不同层次消费水平的需求、纺织工业经济效益呈逐步下降趋势等。

该志内容丰富、资料翔实、重点突出，保存四川纺织工业发展的宝贵资料，为四川纺织业以后的发展提供可供借鉴的经验教训。

《四川省志·金融志》

四川省地方志编纂委员会编纂、中国人民银行四川省分行牵头，中国工商银行四川省分行、中国农业银行四川省分行、中国建设银行四川省分行、中国银行四川省分行、西南财经大学、四川银行学校共同承编的《四川省志·金融志》（以下简称《金融志》），1996 年 5 月由四川辞书出版社出版发行。该志断限上起 1840 年，下迄 1985 年。为了完整地记述事件的始末，有时作必要的上溯下延。全志除概述、附录外，设 11 篇 36 章 148 节，共计 57 万字。

《金融志》从金融机构、货币、存款、工商贷款、农业贷款、固定资产投资拨款与贷款、国际金融、保险、汇兑结算信托国库、金融市场、金融管理等方面，全面记述四川金融事业自近代至 20 世纪 80 年代的发展历程。该志有以下特点：一是简要回顾古代封建帝制时期的货币制度与近代社会现代金融业在四川的萌芽；二是重点记述从近代社会到中华人民共和国成立，特别是从 20 世纪 50—80 年代这几十年间四川金融业的发展历程。在记述时段内，中国社会在政治体制和经济制度上都发生颠覆性变革，《金融志》充分展示在新旧体制转换过程中，四川金融业徘徊前进、改革发展的曲折历程，特别是中共十一届三中全会召开后，四川金融体制改革这一重大历史进程，包括开办中短期设备贷款、改革信贷计划管理体制、改革利率制度、在银行内部进行管理制度改革、加强经济核算、实行利润留成和费用包干等；三是全面记录四川省金融事业的面貌在金融体制改革中发生的深刻变化，总结金融业发展的宝贵经验，也如实反映金融业许多方面仍不能适应城乡经济进一步发展和建立社会主义市场经济的需要、必须继续深化改革和加速发展的事实等。

该志结构完整，内容繁杂却井然有序，体现金融行业在不同历史时期的时代特色和行业特点，为四川金融事业以后的发展提供宝贵的历史经验。

《四川省志·地理志》

四川省地方志编纂委员会编纂、西南师范学院（1985 年更名为西南师范大学，2005 年，西南师范大学、西南农业大学合并组建为西南大学）承编的《四川省志·地理志》（以下简称《地理志》），1996 年 7 月由成都地图出版社出版。该志下限断至 1985 年。全志除概述、附录外，设 9 篇 31 章 96 节，共计 100 余万字。

四川省地域辽阔，自然环境结构十分复杂，自古行政区域又多次变迁，因而《地理志》的一个显著特点是时间跨度大、内容丰富、体量宏大。该志分上、下两册，上册包括概述及政区、人口、地质、地貌 4 篇，下册包括气候、水文、土壤、植被、野生动物 5 篇及附录。在内容上，该志首先记述自古以来四川行政区域的变化以及人口状况，展示四川省在不同历史时期的发展变化面貌。其次，该志详细记述四川复杂的自然环境结构与突出的地理特征。

该志内容丰富、数据翔实可靠，充分展示四川省在自然环境与地理地貌上的独特性，为社会各界人士了解四川的自然地理提供系统可靠的信息和资料，具有重要的史料价值。

《四川省志·商检志》

四川省地方志编纂委员会编纂、四川省商检局承编的《四川省志·商检志》（以下简称《商检志》），1996年12月由四川科学技术出版社出版。该志上限为1930年，下限为1992年底，为保持叙事的完整性、系统性，个别事件和部分章节适当上溯下延。该志除概述、附录外，正文设7篇23章61节，共计40余万字。

该志从机构与体制、法规政策、检务管理、进口商品检验、出口商品检验、监督管理、综合管理7个方面，全面、客观、系统地记述断限期内四川省在进出口商品检验、机构设置、管理等方面的历史。在时间轴上，该志追溯中华人民共和国成立前四川商务检验的历史，重点记述中华人民共和国成立后，四川商检业务逐年扩大，外事交往更加频繁，机构管理体制逐步成熟，四川商检局发展成为西南地区最大的综合性、多门类进出口商品监测中心，为四川对外贸易事业和四川经济发展作出重要贡献的历程。

《商检志》综合运用述、志、图、表、录等方志体裁，横排门类，纵述史实，直书其事；资料翔实、文风朴实、行文规范，实现资料性与实用性、完整性与规范性的统一，具有四川特色、行业特色和时代特色。

《四川省志·农业志》

四川省地方志编纂委员会编纂、四川省农牧厅牵头，四川省畜牧局、四川省农机局、四川省乡镇企业局、四川省农业科学院等共同承编的《四川省志·农业志》（以下简称《农业志》），1996年12月由四川辞书出版社出版。该志上限为1840年，下限为1985年，部分篇、章为阐明前因后果，偶有上溯下延。全志除概述、附录外，设15篇72章228节，共计97万字。

该志的特点主要体现在以下几个方面：一是结构上分为上、下两册，上册包括农业自然环境、生产关系变革、粮食生产、经济作物、果树蚕桑茶叶、农作物种子、土壤肥料、植物保护8篇，下册包括畜牧水产、农业机械化、乡镇企业、国营农场、农业教育、农业科学研究、农业管理7篇，从农业发展的各个方面横向记述四川农业发展面貌。二是从时间轴上纵向反映1985年前四川农业发展历程。三是重点突出从近代社会到中华人民共和国成立，特别是从20世纪50—80年代这几十年间四川农业的发展历程。在记述时段内，中国社会在政治体制和经济制度上都发生颠覆性变革，《农业志》充分展示在新旧体制转换过程中，四川农业稳定上升、跌落恢复、徘徊前进、改革发展的曲折历程，以及四川省积极探索从自给自足的传统小农经济向商品化、现代化农业转变的过程。

该志虽然体量宏大、内容繁多，但是体系完整、结构合理、纵横交错、详略得当，充分展现四川农业的发展历程和整体面貌，具有存史、资政、交流的重要价值。

《四川省志·财政志》

四川省地方志编纂委员会编纂、四川省财政厅承编的《四川省志·财政志》（以下简称《财政志》），1997年3月由四川人民出版社出版。该志上限为1840年，下限为1985年，某些不能割裂的内容适当上溯或下延。全志除概述、附录外，正文设3篇17章67节，共计51万字。

该志从财政收入、财政支出、财政管理3个方面，记述四川1840—1985年100多年间的财政事业发展面貌。1840—1985年，是中国社会屡经变革的重要历史阶段，《财政志》充分展示在新旧体制剧烈转换时期，四川财政经历的几次重大转型与变化：晚清时期和中华民国时期，四川财政以税收为主，重点为田赋、盐税及其附加，支出以军务费为主。抗日战争爆发后，军务费列入国家预算，地方财政支出重点转为行政管理费。中华人民共和国成立后，国家财政收入以税收为主，但税收的重点是全民所有制和集体所有制经济体交纳的工商税费，另一个重要收入来源是国营企业上交的企业收入。支出主要用于国家现代化建设，发展工农业生产和科学文教卫生事业，不断提高人民的物质和文化生活水平。

该志有以下特点：一是详细记述中华人民共和国成立后，四川财政贯彻党和政府的政策路线，建立起统一领导、分级管理，省、市（地、州）、县（市、区）和乡（镇）四级管理体制；二是突出展现四川财政围绕建立和完善社会主义经济体制，实践科学理财之道、不断壮大财政实力、完善财政运行管理模式，为促进四川社会经济全面发展作出的积极贡献；三是深入展现财政自身职能目标向公共性内涵转变的历史进程。

该志资料丰富、内容翔实，体现断限期内四川财政事业发展的时代特色和行业特点，可为社会各界人士了解研究四川省财政事业历史和发展提供完整系统的信息资料和可靠数据，具有存史、资政、交流的重要价值。

《四川省志·测绘志》

四川省地方志编纂委员会编纂、四川省测绘局承编的《四川省志·测绘志》（以下简称《测绘志》），1997年12月由成都地图出版社出版。该志上限原则定为1840年，下限断至1989年底，对重要的四川测绘史料适当上溯下延。全志除概述、附录外，设8篇42章156节，共计52万多字。

《测绘志》从大地测量、地形及地籍测量、资源勘查测量、工程测量、地图制图与印刷出版、测绘教育与测绘科技、测绘管理、测绘生产机构8个方面，全面记述四川测绘事业从先秦至20世纪80年代的悠久历史与发展面貌。该志具有以下特点：一是追溯在古代漫长的封建帝国时期，四川省测绘技术在全国的领先地位，都江堰水利工程的修建是有力证据，西汉时四川阆中人落下闳制成中国历史上第一台较为完备的浑仪，用以观测天体。二是充分展示从近代社会到中华人民共和国成立，特别是20世纪50—80年代这几十年间四川测绘事业的发展历程。在记述时段内，中国社会在政治体制和经济制度上都发生颠覆性变革，《测绘志》充分展示在新旧体制转换过程中，四川省积极探索测绘管理制度从无到有、再到逐步完善、不断革新，测绘科技水平不断提高的过程。三是着重记述四川测绘由原始测绘发展成为高科技领域的新技术，成为一种信息产业，为四川省农田水利建设、城市建设、土地资源调查、自然资源开发、主要交通线路的规划等提供基础资料，为四川省的经济社会发展作出的重要贡献。

该志资料丰富、内容翔实，体现四川省测绘事业在不同历史时期的时代特色和行业特点，为社会各界人士了解研究四川省测绘事业的历史和发展提供完整系统的信息资料，具有宝贵的历史价值。

《四川省志·地震志》

四川省地方志编纂委员会编纂、四川省地震局承编的《四川省志·地震志》（以下简称《地震志》），1998 年 3 月由四川人民出版社出版发行。该志上限自 1840 年，下限至 1985 年，个别史实略有下延。全志除概述、附录外，设 7 篇 26 章 59 节，共计 41 万字。

《地震志》从地震地质、地震纪实、工程地震、地震监测、地震预报、地震科研与科普、管理机构 7 个方面，记述四川省断限内主要地震活动以及地震科研事业的发展全貌。该志具有以下特点：一是详细记述自古以来四川境内的多次地震灾害，反映四川地震强度大、频度高、震灾严重的实际情况；二是简要记述近代四川境内的初步地震科研调查与观测活动；三是重点记述中华人民共和国成立后四川地震科研事业的发展，如 1957 年中国科学院在成都建起四川省第一个地震台，1970 年四川省成立专业地震工作机构等。该志详细记述四川省在地震监测、地震预报、工程地震和科学研究等多方面取得的显著成就，为四川乃至西部地区的经济建设、资源开发和国土整治等提供重要参考依据，也如实反映四川的地震工作起步较晚、科研水平不高、地震预报仍处于探索阶段的缺点。

该志结构清晰、层次分明、数据资料翔实可靠，为人们了解四川地震活动与地震科研事业提供丰富的资料，也为地震活动的观测和地震科研事业的进一步发展提供宝贵的经验。

《四川省志·宗教志》

四川省地方志编纂委员会编纂、四川省人民政府宗教事务局承编的《四川省志·宗教志》（以下简称《宗教志》），1998 年 7 月由四川人民出版社出版。该志按照“详今略古”“详近略远”原则，着重记述当代内容。但鉴于《宗教志》为首创，故上限溯及宗教传入或创建的年代，下限断至 1990 年。全志除概述、附录外，设 6 篇 32 章 126 节，共计 56 万字。

四川省自古以来便是宗教大省，中国道教发源于此，佛教、伊斯兰教、天主教和基督教传入四川的时期也较早。因而《宗教志》的一个显著特点是记述时间跨度大，从东汉时期道教的产生，到现代社会各种宗教在四川的发展，记述时限跨越近两千年，全面反映道教、佛教、伊斯兰教、天主教、基督教这五大宗教在不同历史时期的演变与传播状况。另一个特点是反映在不同历史时期政府在宗教政策管理上的变化，及其对宗教传播方式与发展状况的反向影响。

该志脉络清晰、结构完整、内容丰富，为社会各界人士了解研究四川宗教文化提供宝贵的历史资料，对政府的宗教事务管理工作具有重要的借鉴意义。

《四川省志·文物志》

四川省地方志编纂委员会编纂、四川省文化厅承编的《四川省志·文物志》（以下简称《文物志》），1999 年 2 月由四川人民出版社出版。该志收录年限，上起旧石器时代，下至近现代。全志除概述、附录外，设 4 篇 22 章 85 节，共计 90 余万字。

《文物志》体量宏大，内容丰富。该志在结构上分上、下两册，上册包括文物事业与古代文物两篇。下册包括近现代文物与民族文物两篇，篇章设置未按文物类别横分，而是采用史学分期将文物分成古代文物与近代文物两篇，且鉴于四川自古以来就是一个多民族的地区，丰富的民族文物各具特点，设置民族文物专篇。文物按一件一处分条写出，共收录文物 954 件、处（包括附的 7 条）。

在内容上，该志一方面纵向记述古代文物、近现代文物以及自 20 世纪初以来四川地区在不同时期的文物发掘与保护工作，另一方面横向记述汉族与各少数民族的文物，全面反映四川省在文物考古发掘、文物保护和研究方面的发展与成就，总结四川省在文物科研、文物保护以及文物专业人才培养等方面的成绩与经验及存在的问题。

该志在记述上纵横清晰、结构严密、内容丰富、资料翔实，为文物爱好者提供丰富而宝贵的资料。

《四川省志·军事志》

四川省地方志编纂委员会编纂，四川省军区、四川省人民防空办公室承编的《四川省志·军事志》（以下简称《军事志》），1999 年 8 月由四川人民出版社出版。该志记述 1840—1990 年四川的军事历史和现状，重点记述当代军事状况。全志除概述、附录外，设 8 篇 36 章 140 节，共计 74 万字。

《军事志》从纵向上记述 1840—1990 年四川省重要军事战略地位、历次重大战事与军事建设成就，尤其是重点记述中华人民共和国成立后四川省军事建设成就。从横向上，该志从军事体制、重大战事、军事训练、政治工作、后勤保障、民众武装、兵役、人民防空 8 个方面，全面记述断限内四川省军事建设历程。时间跨度大、体量宏大、内容丰富是该志的显著特征。从 20 世纪初到中华人民共和国成立前，是中国社会动荡、战乱频繁、时代发生巨变的重要历史阶段，在这个时期，也正是军事活动频繁、军事体制发生重大变革的阶段。《军事志》突出反映在中国共产党领导下的四川人民军队成长、壮大，为社会主义革命和社会主义建设事业作出重大贡献的过程，以及在新时代进行体制改革，向现代化、科技化军队转型的过程。

该志资料丰富、详略得当、数据可靠，为社会各界人士了解四川省军事史与军队建设历程提供重要的资料，也为推动四川省军事事业进一步发展提供宝贵的历史经验。

《四川省志·大事纪述》

四川省地方志编纂委员会承编的《四川省志·大事纪述》（以下简称《大事纪述》），1999年12月由四川科学技术出版社出版。该志上限为1840年，下限为1985年，共计100余万字。

在体例上，《大事纪述》区别于其他分卷的显著特点是，采用编年体与纪事本末体相结合的体裁，以时为序（年份为单元）、以事为条目的方法，记述1950—1985年四川社会发展中的大事、要事，力求如实反映历史的面貌。

在结构内容上，该志分为《晚清四川大事纪述》《民国四川大事纪述》《建国以来四川大事纪述》上、中、下三册。上册《晚清四川大事纪述》共记大事638条，其断限为1840—1911年。从全国范围来讲，这一时期正是外国资本主义入侵中国，中国由封建社会向半殖民地半封建社会变化的过程，也是中国人民反对帝国主义和封建主义的斗争过程。《晚清四川大事纪述》就是以这两个"过程"为基本线索，将所记大事贯通起来，构成一幅近代四川社会历史发展的简略画卷。中册《民国四川大事纪述》共记大事925条，其断限为1912—1949年，主要记述民国时期发生在四川（或发生在四川以外地区，与四川有直接关系），对四川产生重大或深远影响的政治、军事、经济、科技、文化等事件，以及后果较为严重的天灾人祸和自然环境的重大变化事件。下册《建国以来四川大事纪述》，上限自四川解放后建立人民政权开始，下限至1985年，记述中华人民共和国成立36年来四川省在政治、经济、社会各方面大事、要事。

该志资料丰富、详略得当，将1840—1985年的大事、要事基本收录齐全，全面展示中国社会在3个重大历史时期的整体面貌与发展变化，具有存史、资政的重要价值。

《四川省志·民俗志》

四川省地方志编纂委员会承编的《四川省志·民俗志》（以下简称《民俗志》），2000年12月由四川人民出版社出版。该志按照"详近略远""详今略古"原则，着重记述清末以来的汉民族习俗，对历史悠久的民俗适当上溯至可考之时，下限一般断至20世纪90年代。全志除概述、附录外，设9篇25章102节，共计86万字。

四川省地域广阔、人口多、民族众多且历史悠久，各地民俗民风丰富多彩。《民俗志》从家族与家庭、人生礼俗、生活习俗、生产习俗、帮会习俗、民间节祭俗、娱乐习俗、少数民族聚居区内的汉族风俗举要、四川境内的汉语方言9个方面，重点记述清末至20世纪90年代四川各种民俗文化，体量宏大、内容丰富、结构严谨、主次分明，这是该志的一个突出特点。该志的第二个特点是，按照时间顺序展示断限期内不同历史时期各种民俗文化的演化与变迁，脉络清晰、层次分明。该志尤其重点展示民国时期到中华人民共和国成立后，四川的民风民俗受到西方文化影响与政治运动的冲击而产生的深刻变化，以及20世纪80年代以后，随着对外开放的深入，四川民俗呈现出东西方文化交融的多元性、传统与现代的共存性、城乡日益扩大的差异性等显著特征。

该志内容丰富、重点突出、详略得当，保存丰富的民俗文化资料，为有关领域的学者查阅相关资料以及普通人了解四川民风民俗提供可靠的渠道。

《四川省志·民族志》

四川省地方志编纂委员会编纂、四川省民族事务委员会承编的《四川省志·民族志》（以下简称《民族志》），2000 年 12 月由四川民族出版社出版。该志上限根据占有资料尽量追溯，或以事物发端为始；下限一般为 1990 年，个别事物为记述完整作了适度延伸。全志除概述、附录外，设 2 篇 18 章 76 节，共计 60 余万字。

因四川省自古以来少数民族众多，历史悠久、文化丰富，因而《民族志》的显著特点是时间跨度大、内容丰富。该志首先记述四川省 53 个少数民族的基本情况、各民族的悠久历史和丰富文化，展示各民族断限期内的发展全貌，同时凸显各民族在古代、近代以及中华人民共和国成立之后几个不同历史阶段的变化，特别是在 1949—1990 年各民族在政治、经济、社会各方面的深刻变化。第二，该志记述各少数民族在经济、政治、文化生活诸方面，和汉族广泛而密切的联系与交往，以及各民族之间的互动交流。第三，该志记述不同历史阶段政府的民族政策变化及对各民族的影响，特别是中华人民共和国成立以后，中共四川省委、四川省人民政府贯彻执行党和国家民族政策，推行民族区域自治，动员和团结少数民族人民自力更生、艰苦奋斗，使四川各少数民族实现跨世纪飞跃，由奴隶制社会、封建农奴制社会进入社会主义社会初级阶段的发展变化。

该志内容丰富、资料翔实、结构严谨、主次分明，为社会各界人士了解研究四川少数民族的历史和文化提供可靠的资料，具有存史、资政、交流的重要价值。

编后记

按照中共四川省委办公厅、四川省人民政府办公厅《关于印发〈四川省志〉(1986—2000)编纂方案的通知》(川委厅〔2006〕4号)的安排部署,《四川省志·附录(1986—2005)》(以下简称《附录》)由四川省地方志编纂委员会(2015年7月更名为四川省地方志工作办公室)承编。四川省地方志编纂委员会委托四川年鉴社具体负责《附录》编纂工作。

2016年,四川年鉴社成立《附录》编辑组。2017年,编辑组完成《附录》篇目及资料收集大纲的设计,并经四川省地方志工作办公室(以下简称省地方志办)审核通过。

2018年,《附录》编纂工作正式启动。因其内容主要是资料辑录,故资料收集是编纂工作的重中之重。因各篇章内容相互独立的特殊性,该分卷未采取其他分卷“收集资料在先,编纂初稿在后”的工作步骤,而是收集资料与编纂工作同步进行。先收齐资料的部分,则先行编纂。如第一辑的“法规、规章”部分,在四川省政府各部门门户网站基本可以收集到,所以最先完成编纂。其他部分,无法从公共渠道收集资料,则最后完成。即便是容易收集到的资料,仍经多方对比、印证与核实。如第二辑“重大事件专题记述”,因《附录》编纂方案要求突出“专题”,反映重大事件的详情,形成对《大事纪述》分卷的补充,因而编辑组一方面要借鉴第二轮《大事纪述》分卷条目,另一方面还需参阅《四川年鉴》《巴蜀史志》,并结合其他分卷,在整合各方资料的基础上,力求将入选大事的前因后果叙述清楚。

截至2019年5月底,《附录》完成一份“不完全”初稿。之所以“不完全”,是因有些资料需等待有关部门协助提供。2019年6月至2020年4月,经省地方志办与相关部门衔接后,《附录》编辑组到中共四川省委政策研究室、《四川省志·政府志(1986—2005)》编纂办公室、四川省档案馆收集资料,资料收集耗时较长。加之二十多年来由于各单位人事改革、办公地址变迁等原因,有些资料丢失,难以收集齐全,这在一定程度上影响了《附录》收集资料的完整性。

2020年5月,《附录》初稿得以完成。6月,省地方志办完成初审,编辑组根据初审意见加紧修改形成复审送审稿；7月初，省地方志办完成复审，并对篇目进行调整，编辑组根据复审意见进行删减、增补。7月29日下午，《附录》通过《四川省志（1986—2005）》审核委员会第四十四次终审会审查。同时，终审专家对《附录》提出修改完善意见。最终于9月完成定稿。

《附录》的编写，得到中共四川省委政策研究室、四川省人民政府办公厅、四川省档案馆等相关部门的积极帮助与支持，同时得到社会相关人士的帮助，在此一并致谢！

限于水平和时间，本书尚有不足之处，敬请读者不吝批评指正。

《四川省志·附录（1986—2005）》编辑组

2020年9月